PERCORSI di
EGUAGLIANZA

PERCORSI di EGUAGLIANZA

a cura di

Francesca Rescigno

prefazione di Lorenza Carlassare

G. Giappichelli Editore

VIA PO, 21 - TEL. 011-81.53.111 - FAX 011-81.25.100
http://www.giappichelli.it

ISBN/EAN 978-88-921-0574-4

Stampa: LegoDigit s.r.l. - Lavis (TN)

Per mia figlia Romea Giulia
e per tutte le bambine e i bambini, perché crescano e diventino adulti in un mondo in cui l'eguaglianza estirpa pregiudizi e discriminazioni, perché il cambiamento e il futuro sono loro, ma forse potremmo già provare a fare qualcosa anche noi: ognuno di noi.

Francesca Rescigno

INDICE

Capitolo III

UGUALI SENZA DISTINZIONE DI LINGUA LINGUE E COSTITUZIONE, TRA PRINCIPIO DI EGUAGLIANZA DIRITTO ALLA DIVERSITÀ

(Valeria Piergigli)

Capitolo IV

UGUALI SENZA DISTINZIONE DI RELIGIONE

(Francesca Rescigno)

CAPITOLO V

UGUALI SENZA DISTINZIONE DI OPINIONI POLITICHE, CONDIZIONI PERSONALI E SOCIALI

NOTA DELLA CURATRICE *

Nasciamo uguali, ma l'uguaglianza cessa dopo cinque minuti: dipende dalla ruvidezza del panno in cui siamo avvolti, dal colore della stanza in cui ci mettono, dalla qualità del latte che beviamo e dalla gentilezza della donna che ci prende in braccio.

Joseph Mankiewicz

Tutti gli uomini nascono uguali,
però è l'ultima volta in cui lo sono.

Abraham Lincoln

Quale curatrice di questo volume mi paiono opportuni alcuni brevi chiarimenti rispetto allo stesso. Innanzitutto esprimo il mio più sincero e reale ringraziamento ad ognuna delle amiche e grandi studiose che hanno aderito a questo mio progetto impegnandosi con professionalità e competenza nel fornire contributi di estremo valore che rendono il volume un unicum nell'attuale panorama formativo giuridico e non solo. Questo volume nasce dall'esigenza di fornire uno strumento per chi si occupa di eguaglianza, esigenza che si è manifestata concretamente durante il mio corso di Diritto delle Pari Opportunità presso la Scuola di Scienze Politiche di Bologna. In tale contesto infatti ho avvertito fortemente – grazie alle mie studentesse e studenti sempre attenti e partecipi – la mancanza di un testo unico di riferimento, e così proprio spronata da loro ho deciso di intraprendere questa impresa che avrebbe potuto spaventare studiosi ben più illustri della sottoscritta ma che alla fine mi ha appassionata e coinvolta anche più di quanto potessi pensare.

Nel volume ho cercato di declinare il principio di eguaglianza in tutte le sue sfaccettature prendendo come *fil rouge* la formulazione effettuata dall'articolo 3 della nostra Costituzione: e così i parametri vanno dal sesso, alla razza, alla lingua, alla religione fino a cercare di individuare tutte le altre circostanze

---

* Nota a cura di Francesca Rescigno.

che possono dare vita a trattamenti di diseguaglianza; insomma eguaglianza interpretata quale pari opportunità nel senso più europeo ed omnicomprensivo del termine. Potrebbe definirsi un volume femminista, laico, anti-razzista e anti-specista, visto che mi riconosco in ognuna di queste definizioni ma, in realtà, è semplicemente un volume sull'eguaglianza, che credo essere oggi il nucleo centrale attorno al quale dovrebbero svilupparsi le moderne politiche nazionali, europee ed internazionali.

Nel volume sono state inserite anche alcune immagini scelte da me per offrire un supporto visivo immediato a corredo di quanto esplicato nei vari contributi, spesso infatti le immagini sono in grado di farci riflettere più di molte parole e se non sempre saremo capaci di riflettere a volte almeno sorrideremo.

L'eguaglianza dovrebbe essere il motore di ogni ragionamento ed essa andrebbe ricercata e perseguita con ogni sforzo in ogni settore sociale, culturale e produttivo.

Liberalismo economico, individualismo e giustizia sociale devono trovare il modo di conciliarsi: se come affermava Rousseau, '*l'uomo è suddito di se stesso*' allora la forza della ragione deve guidarci verso la realizzazione più compiuta possibile del principio di eguaglianza perché se è pur vero che l'eguaglianza come tale è una condizione utopica che non esiste in natura è altrettanto vero che senza eguaglianza non possiamo pensare di vivere insieme e solo l'eguaglianza rappresenta il collante credibile della convivenza in un mondo sempre più complesso ed interconnesso.

La sfida di questo volume, che è stata raccolta e magistralmente condotta da tutte le autrici, è dunque quella di evidenziare il percorso dell'eguaglianza, ciò che è stato fatto e quello che resta da fare, una guida per le giovani generazioni ma anche per quelli come me con qualche anno in più, perché l'eguaglianza deve guidarci in ogni nostra azione.

Infine, mi pare opportuno soffermarmi seppur brevemente sul fatto che a questo volume partecipano solo donne e per questo esso rappresenta già di per sé un'azione positiva in un mondo accademico (e non solo) ancora dominato dalla discriminazione di genere[1]. A dire il vero non è stata una scelta vo-

---

[1] Solo come precisazione sul mondo accademico: secondo una ricerca dello scorso anno condotta dalla rubrica 'La 27 ora' le ragazze con un diploma di scuola superiore che si iscrivono all'università sono circa sette su dieci, su 100 donne iscritte all'Università ben 22 si laureano contro 15 maschi su 100; eppure, le docenti universitarie sono poco più di un terzo del totale, cioè la percentuale più bassa del pubblico impiego. Così in Italia abbiamo il 52% di donne dottori di ricerca, il 45% di donne ricercatori, il 34% di donne professori associati e solo il 20% di donne professori ordinari. Ma il dato più inquietante che fa maggiormente riflettere sono le 5 donne Rettore su 79 atenei del paese (Zompo – Cagliari; Inverardi – L'Aquila; Messa – Bicocca; Molricchio – L'Orientale; Sole – Basilicata), un dato che non credo meriti ulteriori commenti.

luta sin dal principio, una scelta "sessista" o di "femminismo dell'ultima ora", anche se in questo ritengo non ci sarebbe nulla di male ma anzi risponderebbe all'applicazione dell'eguaglianza sostanziale; in ogni caso la scelta è nata spontaneamente senza forzature nel momento in cui si concretizzavano i vari tasselli che avrebbero dovuto formare il *puzzle* uguaglianza di questo volume. Facendolo mi sono trovata a pensare ad amiche e colleghe che conoscevo direttamente e di cui avevo sempre ammirato chiarezza e competenza, ad altre che pur non conoscendo personalmente avevo sentito parlare in convegni o che avevo letto con grande interesse, e mi sono resa conto in un secondo tempo che con tutte loro condividevo una forte sensibilità dovuta probabilmente anche all'appartenenza di genere e agli studi condotti negli anni e così le ho coinvolte una ad una in questo progetto. In ultima analisi posso ora affermare che questa connotazione "femminista" rappresenta un valore aggiunto del volume perché le donne coinvolte sono state capaci di parlare di eguaglianza con una consapevolezza ed una competenza davvero straordinaria anche superiore a quella che potevo immaginarmi. Magari lo avrebbero fatto anche colleghi ed amici uomini o forse no ma certamente la stessa struttura di questo volume rappresenta un segno tangibile di lotta alle diseguaglianze attraverso la valorizzazione del genere.

Grazie dunque a tutte le autrici, è stato un onore ed un immenso piacere lavorare con voi. Grazie alla professoressa Carlassare che ha accettato di curare la prefazione del volume con la sua solita competenza, gentilezza e simpatia, Lei per me è stata sempre e per sempre rimarrà un esempio e un punto di riferimento come studiosa e come persona, la sua partecipazione è quindi davvero un onore ed un privilegio.

Grazie (in rigoroso ordine di apparizione nel volume) ad Annalisa, Patrizia, Marilisa, Carla, Valeria D., Milly, Chiara S., Susanna, Giovanna, Chiara B., Lucia, Diletta, Valeria P., Orsetta, Maria Giulia, Elena, Elisabetta e Tania, per aver trovato tempo nelle loro vite complesse per aderire a questo progetto e averlo fatto così bene, mi auguro che sia solo l'inizio di tante proficue collaborazioni. Tutti voi potrete conoscerle meglio grazie ai brevi profili personali che chiudono il volume.

Grazie alle mie studentesse e ai miei studenti che si sono lasciati affascinare dal principio di eguaglianza dandomi grandi soddisfazioni, gli scambi di idee con loro mi hanno fatto riflettere su moltissimi aspetti di grande importanza.

Grazie a chi collabora con me e mi supporta con gentilezza, attenzione e competenza, grazie quindi con sincerità e stima a Gabriella, Elisa e Carlo.

Grazie all'editore Giappichelli e particolarmente a Rosalba (un'altra donna!) che ha subito accettato con entusiasmo il mio progetto, la sua gentilezza, preparazione e disponibilità sono state essenziali per la buona riuscita di questo lavoro.

Grazie a mia figlia Romea, che all'elezione dell'ultimo Pontefice mi chiese con grande semplicità se «poteva essere anche una Papessa», è bello pensare che esiste un'età in cui riteniamo di essere davvero tutti 'uguali' e che tutto sia possibile, grazie a lei che insieme a tutte le bambine e i bambini del mondo rappresenta il futuro, un domani che voglio immaginare sempre più paritario e privo di discriminazioni.

Grazie infine (*last but not least*) al mio compagno Daniele che ogni giorno si rapporta con una donna che crede realmente nel principio di eguaglianza e cerca di applicarlo in ogni sua azione, capisco che questa convinzione rende più complesso il vivere insieme per questo lo ringrazio sinceramente, averlo accanto mi arricchisce e mi completa e così è stato anche durante la complessa curatela di questo volume.

Grazie a tutti coloro che leggendo questo volume vorranno condividere con me e le altre autrici impressioni e suggerimenti magari in vista di possibili edizioni future.

PREFAZIONE DI LORENZA CARLASSARE

«Gli uomini nascono e rimangono liberi ed eguali nei diritti» si legge nella famosa *Dichiarazione dei diritti* del 1789 che, con la «proclamazione in uno strumento normativo solenne del principio di eguaglianza, rappresenta la svolta principale che segna il passaggio dall'Ancien régime all'era contemporanea». Non è solo l'affermazione che gli uomini sono eguali, ma la «*prescrizione* che essi sono *eguali nei diritti*»: un "comando giuridico" che impone di riconoscere eguale titolarità dei diritti a tutti gli uomini, e riconoscendo ai *diversi* diritti *eguali,* in definitiva tutela le differenze e nel riconoscere a tutti i cittadini diritti civili e *politici* rompe l'assetto politico dello Stato autoritario [1].

Un vincolo forte lega l'eguaglianza ai più alti principi che riempie di contenuto e valore; senza di essa perderebbero senso parole chiave – *democrazia*, *solidarietà*, *dignità* – essenziali in una Costituzione fondata sulla "persona" che, essendo patrimonio comune della tradizione cristiana e della cultura laica, fu il punto d'incontro fra Costituenti di diverse provenienze e culture.

I versanti molteplici dell'eguaglianza che coprono per intero la vita individuale e sociale, sono tutti ampiamente considerati in questo volume: rapporti fra i sessi, famiglia, lavoro, minoranze linguistiche, razziali e religiose, posizioni deboli o a rischio come quella delle donne, rapporti economici, diritti sociali. Un apporto prezioso, in un'area vasta piena di problemi non risolti.

Può esistere democrazia senza eguaglianza? Nel primo discorso pronunziato da una donna in un'Assemblea italiana, *Angela Guidi Cingolani*, nel suo intervento alla Consulta Nazionale (1945), rivendicava con fierezza il ruolo delle donne: «*credo di interpretare il pensiero di tutte noi Consultrici invitandovi a considerarci come espressione rappresentativa di quella metà del popolo italiano che ha pur qualcosa da dire, che ha lavorato con voi, con voi ha sofferto, ha resistito, ha combattuto[...] e che ora con voi lotta per una democrazia che sia libertà politica, giustizia sociale, elevazione morale. ... Il fascismo ha tentato di abbruttirci con la cosiddetta politica demografica considerandoci unicamente come fattrici di servi e di sgherri [...] . Per la stessa dignità di donne noi siamo contro*

---

[1] F. SORRENTINO, *Eguaglianza*, Torino, 2011, 3.

la tirannide di ieri come contro qualunque possibile ritorno ad una tirannide di domani». Un discorso che marcava le distanze, segnale di una posizione nuova. Eppure l'effettiva parità nella vita familiare, nel lavoro, nei diritti politici e nelle posizioni istituzionali è stata una difficile conquista per la lenta evoluzione del costume e per la persistenza di leggi discriminatorie. È sintomatico che la legge fascista del 1919 – che vietava alle donne l'accesso alla magistratura, agli alti livelli della pubblica amministrazione, alla carriera militare e ad altro ancora – non sia stata abrogata dal Parlamento, ma annullata dalla Corte costituzionale[2] che ha così aperto strade nuove. Ed è significativo dell'atteggiamento dei politici il fatto che il Governo sia intervenuto nel giudizio in difesa di quella legge e delle sue discriminazioni. Una linea, del resto, che il Governo ha tenuto sempre anche negli anni successivi: non solo intervenendo per difendere le discriminazioni, ma addirittura presentando ricorso (regolarmente bocciato) contro ogni legge che in qualche modo "favorisse" l'accesso delle donne alla rappresentanza[3].

L'eguaglianza politica, base della democrazia, riguarda ogni differenza, in particolare quella di *opinione politica*, ora di nuovo a rischio. La Corte costituzionale (sent. n. 1/2014), in nome del principio fondamentale di eguaglianza del voto che «esige comunque che ciascun voto contribuisca potenzialmente e *con pari efficacia* alla formazione degli organi elettivi (sentenza n. 43 del 1961)» ha dichiarato illegittima la legge elettorale (c.d. Porcellum). Una legge che sacrifica la rappresentanza[4] e comporta una «una diseguale valutazione del "peso" del voto "in uscita" ai fini dell'attribuzione dei seggi». Ma nemmeno questa chiara pronuncia è servita. La legge elettorale successivamente approvata (legge n. 52/2015) ripropone norme con i medesimi vizi; sottoposta anch' essa al giudizio della Corte, ora in corso, avrà probabilmente lo stesso giudizio negativo. L'eguaglianza è davvero difficile da raggiungere e difficile da conservare!

La Costituzione all'art. 3, comma 1, proclama il fondamentale principio di

---

[2] Ma anche dopo la sentenza la via è stata difficile per i ritardi della legislazione nell'adeguarsi alla sentenza: su queste vicende A.M. Isostra-R. Oliva, *Cinquant'anni non sono bastati. Le carriere delle donne a partire dalla sentenza n. 33/1960 della Corte costituzionale,* in corso di pubblicazione.

[3] Con l'argomento che, appunto, si trattasse di "norme di favore": persino contro la legge della Campania che introduce per la prima volta la cosiddetta "preferenza di genere" il governo presentò il ricorso, poi fermamente respinto dalla Corte cost. con sent. n. 4/2010.

[4] Producendo «una eccessiva divaricazione tra la composizione dell'organo della rappresentanza politica ... e la volontà dei cittadini espressa attraverso il voto, che costituisce il principale strumento di manifestazione della sovranità popolare, secondo l'art. 1, secondo comma, Cost.».

eguaglianza davanti alla legge, vietando ogni discriminazione, in particolare per ragioni di sesso, razza, lingua, religione, opinioni politiche, condizioni personali e sociali. Ma l'eguaglianza nei diritti non può essere effettiva se non esistono le condizioni che ne rendono possibile l'esercizio. L'eguale posizione dinnanzi alla legge non basta: le persone non sono eguali e proclamarle 'eguali' non è sufficiente a modificare una realtà che senza interventi diretti a produrre un minimo di omogeneità sociale rimane immutata lasciando sullo sfondo e l'eguaglianza come un miraggio irraggiungibile.

I Costituenti ne avevano piena coscienza e all'affermazione della parità di diritti (art. 3, comma 1) aggiunsero una eguaglianza nuova che va alla radice, tocca la sostanza delle cose per attenuare i dislivelli pesanti interni alla società, imponendo alla Repubblica di «rimuovere gli ostacoli di ordine economico e sociale che, limitando di fatto la libertà e l'eguaglianza dei cittadini, impediscono il pieno sviluppo della persona umana e l'effettiva partecipazione». Piace sottolineare che si deve a un emendamento voluto dalle donne e firmato da Teresa Mattei[5] l'inserimento nell'art. 3, comma 2, dell'espressione "*di fatto*" che ancor meglio esplicita il significato di questa disposizione fondamentale in cui trovano la prima base i *diritti sociali*.

Che oltre alle libertà tradizionali e per consentirne "*a tutti*" l'esercizio, fosse necessario assicurare "*a tutti*" condizioni minime di vita e sviluppo era un convincimento profondo dei Costituenti, fermi nell'intento di non lasciare *nessuno* senza sostegno, senza il necessario per vivere, solo nelle sue debolezze individuali e sociali. «Lo Stato ha il compito di assicurare *a tutti i cittadini il minimo necessario all'esistenza*» – proponeva Lina Merlin riformulando la proposta dell'on. Togni[6] – e «*in particolare dovrà provvedere all'esistenza di chi sia disoccupato senza sua colpa o incapace di lavorare per età o invalidità*». È importante ricordarlo oggi, in un momento in cui le diseguaglianze sono cresciute, troppi sono lasciati nella miseria e nell'abbandono e tanto si parla di *introdurre* il "reddito di cittadinanza", un diritto che l'art. 38 Cost., invero, già prevede. Lo hanno dimenticato o non se ne sono accorti mai?

Tutti i diritti sociali del resto, in maniera crescente, sono senza tutela: penso al diritto all'*istruzione*, cui corrisponde per lo Stato l'essenziale dovere di fornirla *a tutti*. L'ignoranza, oltre alla miseria, è uno dei maggiori ostacoli all'eguaglianza dei diritti e la scuola è l'unica speranza di un futuro per i giovani delle fasce sociali più deboli e abbandonate. Chi, quando, attraverso quali vie potrà poi recuperarli? Al danno per la loro formazione e sviluppo si ac-

---

[5] *III Sottocommissione*, 11 settembre 1946.

[6] Proposta che era anche più ampia: non diretta ai soli cittadini, ma ad «*Ogni essere che ... si trovi nell'impossibilità di lavorare ha diritto di ottenere dalla collettività mezzi adeguati di assistenza*».

compagna il danno per la società alla quale essi restano estranei, non partecipano sentendosi esclusi. E queste marginalità, rese più massicce dalla presenza dei numerosi profughi stranieri, non solo privano la collettività dell'apporto attivo e delle energie produttive di troppi, ma possono anche produrre fenomeni di devianza rischiosi per la collettività medesima. La sola repressione non assicura sicurezza.

Nella realtà attuale gli "ostacoli" che l'art. 3 vorrebbe rimossi sono enormemente cresciuti, sono cresciute le diseguaglianze nonostante la Costituzione: i suoi principi vitali, ricchi di prospettive e promesse, rinchiusi in una gabbia di indifferenza feroce che ne paralizza ogni possibile sviluppo rimangono sterili, oppure, sommersi da un profluvio di parole retoriche e vuote, vivono in apparenza, privi di significato e valore. Intanto, miseria, ignoranza, malattia e nuove situazioni di disagio producono fratture profonde nel corpo sociale e richiedono *interventi e sostegno*. Ma i diritti sociali "costano", è l'abbietto argomento troppo spesso addotto ignorando le priorità indicate dalla Costituzione e il dovere di intervenire imposto alla Repubblica dal secondo comma dell'art. 3 e dal principio di solidarietà nel suo valore *vincolante*[7]. Soltanto provocando l'intervento della Corte costituzionale a ripristino di questi fondamentali principi si può ancora, in qualche modo, sperare.

[7] Rinvio alle considerazioni svolte in *Priorità costituzionali e controllo sulla destinazione delle risorse*, in *Scritti in onore di Antonio D'Atena*, I°, Milano 2015, 299 ss.; e in *Solidarietà: un progetto politico* in *www.Costituzionalismo.it*, 2016, fasc. 1.

ANTE OMNIA

Costituzione Italiana – 1948

Articolo 3

Tutti i cittadini hanno pari dignità sociale e sono eguali davanti alla legge, senza distinzione di sesso, di razza, di lingua, di religione, di opinioni politiche, di condizioni personali e sociali.

È compito della Repubblica rimuovere gli ostacoli di ordine economico e sociale, che, limitando di fatto la libertà e l'eguaglianza dei cittadini, impediscono il pieno sviluppo della persona umana e l'effettiva partecipazione di tutti i lavoratori all'organizzazione politica, economica e sociale del Paese.

Dichiarazione Universale dei Diritti Umani – ONU 1948

Articolo 1

Tutti gli esseri umani nascono liberi ed eguali in dignità e diritti. Essi sono dotati di ragione e di coscienza e devono agire gli uni verso gli altri in spirito di fratellanza.

Articolo 2

Ad ogni individuo spettano tutti i diritti e tutte le libertà enunciate nella presente Dichiarazione, senza distinzione alcuna, per ragioni di razza, di colore, di sesso, di lingua, di religione, di opinione politica o di altro genere, di origine nazionale o sociale, di ricchezza, di nascita o di altra condizione. Nessuna distinzione sarà inoltre stabilita sulla base dello statuto politico, giuridico o internazionale del paese o del territorio cui una persona appartiene, sia indipendente, o sottoposto ad amministrazione fiduciaria o non autonomo, o soggetto a qualsiasi limitazione di sovranità.

Carta dei diritti fondamentali dell'Unione europea

Articolo 21 – Non discriminazione

1. *È vietata qualsiasi forma di discriminazione fondata, in particolare, sul sesso, la razza, il colore della pelle o l'origine etnica o sociale, le caratteristiche genetiche, la lingua, la religione o le convinzioni personali, le opinioni politiche o di qualsiasi altra natura, l'appartenenza ad una minoranza nazionale, il patrimonio, la nascita, gli handicap, l'età o le tendenze sessuali.*

2. *Nell'ambito d'applicazione del trattato che istituisce la Comunità europea e del trattato sull'Unione europea è vietata qualsiasi discriminazione fondata sulla cittadinanza, fatte salve le disposizioni particolari contenute nei trattati stessi.*

INTRODUZIONE *

Introdurre un volume sull'eguaglianza non è compito semplice poiché grandi studiosi si sono occupati nel corso del tempo di questo tema cruciale per la vita e le relazioni sociali dell'essere umano, ma allo stesso tempo sono molto fiera di poterlo fare perché questo volume realizza un percorso per me di grande importanza in cui ho creduto fermamente e anche questa piccola introduzione cercherà di dare un contributo a questa complessa ricerca che coinvolge studiose di notevole spessore.

Il principio di eguaglianza domina e informa le nostre esistenze ma non sembra riuscire ad espandersi in maniera omnicomprensiva incontrando ancora oggi un'evidente discrasia tra eguaglianza formale ed eguaglianza sostanziale [1].

---

* A cura di Francesca Rescigno.

[1] Considerata la sterminata bibliografia in tema di eguaglianza ci si consenta di richiamare senza alcuna pretesa di esaustività solo alcuni testi considerati fondamentali ai fini della nostra esposizione: C. ESPOSITO, *Eguaglianza e giustizia nell'articolo 3 della Costituzione*, in ID., *La Costituzione italiana. Saggi*, Padova, 1954, 17; L. PALADIN, *Il principio costituzionale di eguaglianza*, Milano, 1965; C. ROSSANO, *Il principio di eguaglianza nell'ordinamento costituzionale*, Milano, 1966; S. AGRÒ, *Art. 3*, in *Commentario della Costituzionale Branca*, Bologna-Roma, 1975, 123; N. BOBBIO, *Eguaglianza ed egualitarismo*, in *Rivista internazionale di filosofia del diritto*, 1977, 321; A. PIZZORUSSO, *Che cos'è l'eguaglianza*, Roma, 1983; B. CARAVITA, *Oltre l'eguaglianza formale. Un'analisi dell'articolo 3 comma 2 della Costituzione*, Padova, 1984; J.J. ROUSSEAU, *Origine della disuguaglianza*, Milano 1990; A. CERRI, *Uguaglianza (principio costituzionale di)*, in *Enciclopedia giuridica*, Treccani, Roma 1994; N. BOBBIO, *Eguaglianza e libertà*, Torino, 1995; T. NAGEL, *I paradossi dell'uguaglianza*, Milano 1998; M. AINIS, *Azioni positive e principio di eguaglianza*, in *Giurisprudenza costituzionale*, 1, 1992, 592; A. MORRONE, *Il custode della ragionevolezza*, Milano, 2001; I. CARTER (a cura di), *L'idea di eguaglianza*, Milano, 2001; A. PACE, *Eguaglianza e libertà*, in *Politica del diritto*, 2001, 2, 156; P. FERRAGAMO, *Il principio di eguaglianza nell'etica contemporanea*, Torino, 2002; AA.VV., *Corte costituzionale e principio di eguaglianza*, Atti del Convegno in ricordo di Livio Paladin, Padova, 2002; F. GHERA, *Il principio di eguaglianza nella Costituzione italiana e nel diritto comunitario*, Padova 2003; E. SOMAINI, *Paradigmi dell'uguaglianza*, Roma-Bari, 2005; A. CELOTTO, *Articolo 3, 1° comma*, in R. BIFULCO-A. CELOTTO-M. OLIVETTI, *Commentario alla Costituzione*, Torino, 2006, vol. 1., 65; GIORGIS, *Articolo 3, 2° comma*, in R. BIFULCO-A. CELOTTO-M. OLIVETTI, *Commentario alla Costituzione*, Torino, 2006, vol. 1, 88; R. CAPORALI, *L'uguaglianza*, Bologna, 2012.

L'eguaglianza costituisce uno dei pilastri fondamentali dell'ordinamento giuridico di ogni Paese democratico, la troviamo espressa nelle grandi dichiarazioni internazionali così come nelle carte fondamentali nazionali ed anche naturalmente nella nostra Costituzione repubblicana del 1948. È necessario però verificare quale sia il contenuto effettivo che viene dato all'eguaglianza e quanto di essa si sia realmente tradotto in pratica.

Esaminando la nostra Carta costituzionale, si nota come la sequenza dei primi tre articoli non sia casuale ma affermi un quadro giuridico di riferimento assai significativo per la successiva azione del Legislatore. L'articolo 1 stabilisce il principio democratico, il 2 quello di libertà riconoscendo i diritti inviolabili dell'uomo, mentre l'articolo 3 formula proprio il fondamentale principio di eguaglianza. Così facendo i Costituenti – donne e uomini – desideravano creare un quadro di democrazia chiaro ed efficace entro il quale, attraverso l'esercizio della libertà, realizzare sempre più perfezionate condizioni d'eguaglianza. La stessa espressione "*Repubblica democratica*" sancita dal primo articolo costituzionale riconduce ai fondamenti di libertà ed eguaglianza; i valori della democrazia si manifestano attraverso l'affermazione di spazi di libertà e con il riconoscimento dei diritti che non possono essere esercitati se non nell'adempimento dei doveri inderogabili di solidarietà sociale.

La Repubblica democratica esprime dunque i valori comuni di tutti i cittadini e non solo, valori che vanno dalla dignità umana, alla libertà, alla tolleranza, all'eguaglianza, al rispetto dei diritti umani, e a quello della legge, alla solidarietà e alla giustizia sociale, valori che fondano ed esprimono la democrazia in un circuito virtuoso senza fine. La realizzazione della dignità personale del singolo come tale ma anche nelle formazioni sociali dove decide di sviluppare la propria personalità va considerata principio supremo e l'attuazione del principio di eguaglianza costituisce presupposto per la garanzia della dignità attraverso il pieno esercizio della libertà [2]. L'eguaglianza è quindi presupposto della democrazia, essa è per usare le parole della Consulta «*principio generale che condiziona tutto l'ordinamento nella sua obiettiva struttura*» [3] ed ancora essa esprime un «*generale canone di coerenza dell'ordinamento normativo*» [4].

Si potrebbe dire che vale per l'articolo 3, assai più che per altre previsioni costituzionali certamente non meno importanti, ciò che un matematico definirebbe "*il valore posizionale delle cifre*": le cifre, al pari dei diritti universali

---

[2] In tal senso cfr. G. SILVESTRI, *Dal potere ai principi: libertà ed eguaglianza nel costituzionalismo contemporaneo*, Roma-Bari, 2009; C. PANZERA, *I livelli essenziali delle prestazioni concernenti i diritti sociali*, intervento al convegno "*Diritto costituzionale e diritto amministrativo: un confronto giurisprudenziale*", Lecce 19-20 luglio 2009.

[3] Cfr. sent. Corte cost. n. 25/1966 in *Giur. Cost.*, 1966, 241 e n. 175/1971, in *Giur. Cost.*, 1971, 2109.

[4] Cfr. sent. Corte cost. n. 204/1982, in *Giur. Cost.*, 1982, 2146.

quale in particolare è l'eguaglianza, assumono significato esclusivamente nel contesto di un numero che al tempo stesso le valorizza e le definisce. Analogamente il principio in sé universalmente valido dell'eguaglianza, ancorché enunciato con la formulazione ampiamente inclusiva che caratterizza la nostra Carta e, anzi, proprio a cagione di tale ampiezza, si definisce e si valorizza solo se contestualizzato e calato nelle diverse realtà, in quanto esclusivamente l'analisi di quelle realtà può, e deve, condurre alle azioni positive che sole potranno trasformare tale principio in un diritto effettivamente godibile.

L'obiettivo dello Stato sociale deve dunque essere quello (o almeno principalmente quello) di rimuovere le diseguaglianze in un'ottica di pieno sviluppo della persona umana.

Ma se l'eguaglianza è essenziale per la democrazia e per il vivere insieme allora è preliminarmente fondamentale definire cosa si intende con eguaglianza; poiché è noto che l'eguaglianza non è una condizione di fatto, in quanto gli esseri umani appaiono essenzialmente diversi, e a dire il vero l'eguaglianza non esiste nemmeno in natura, per cui essa è una regola che impone di considerare uguali, ma certamente non può imporre di considerare tutti uguali in tutto, poiché deve comunque convivere con le insopprimibili differenze di fatto esistenti; il principio di eguaglianza obbliga dunque a considerare uguale ciò che uguale non è, o almeno a farlo in determinati contesti per il corretto funzionamento della democrazia. La regola dell'eguaglianza per non essere vuota e priva di significato deve quindi essere capace di determinare tra chi deve esserci eguaglianza e rispetto a che cosa.

L'uguaglianza, così come la libertà, è «*un concetto generico e vuoto, che se non è precisato o riempito, non significa nulla*»[5], è un concetto etico, sociale, religioso, filosofico, politico e giuridico che presenta a prima vista un contenuto del tutto evidente, ma che si rivela oltremodo complesso una volta che dalle generiche e ideali affermazioni si tenti di passare ad una traduzione operativa di esse. L'eguaglianza è un principio giuridico essenziale sin dai tempi dell'antica Grecia e da allora ha continuato ad essere perseguita nelle sue diverse forme ed accezioni per tutta la storia giuridica dell'essere umano, ma questo non significa che sia oggi palese comprendere realmente cosa significa eguaglianza e quale eguaglianza perseguono e realizzano (o cercano di realizzare) le moderne democrazie.

Considerando che la ricerca dell'eguaglianza accompagna la storia dell'essere umano pressoché da sempre possiamo cercare di darle un significato partendo da un passato non troppo lontano e cioè dall'articolo 6 della celebre Dichiarazione francese dei diritti dell'uomo e del cittadino del 1789 che come

---

[5] Come giustamente notava N. BOBBIO, *Eguaglianza ed egualitarismo*, in *Rivista internazionale di filosofia del diritto*, 1977, 322.

noto dispone: «*La Legge è l'espressione della volontà generale. Tutti i cittadini hanno diritto di concorrere, personalmente o mediante i loro rappresentanti, alla sua formazione. Essa deve essere uguale per tutti, sia che protegga, sia che punisca. Tutti i cittadini, essendo uguali ai suoi occhi, sono ugualmente ammissibili a tutte le dignità, posti ed impieghi pubblici secondo la loro capacità, e senza altra distinzione che quella delle loro virtù e dei loro talenti*»[6]. La Dichiarazione combatteva l'ineguaglianza giuridica e le diverse dignità sociali esistenti anche se realmente l'*égalité* frutto della rivoluzione francese era comunque assai circoscritta ed essa stessa elitaria.

L'eguaglianza affermata nel 1789 si ripresenta, costituendo tratto essenziale delle Costituzioni successive, soprattutto grazie al contributo ideologico del movimento socialista-operaio che affianca all'eguaglianza parificatrice o formale l'eguaglianza distributiva o sostanziale con cui si cerca di porre rimedio alle diseguaglianze di fatto per garantire e proteggere i soggetti economicamente, fisicamente, culturalmente e socialmente più deboli.

---

[6] Citando la Dichiarazione del 1789 non si può fare a meno di rammentare come quasi contemporaneamente nel 1791 Olympe de Gouges pubblicava la "*Dichiarazione dei diritti della donna e della cittadina*", si tratta di un testo che polemicamente ricalca la Dichiarazione dei diritti dell'uomo e del cittadino, in cui si denuncia la mancanza di libertà delle donne e si chiede il riconoscimento di una serie di garanzie ed opportunità che rendano effettivi i principi della Rivoluzione anche per il genere femminile. Purtroppo Olympe e la sua Dichiarazione non ottennero quanto chiedevano ed anzi Robespierre proibì le associazioni femminili, chiuse i loro clubs ed i loro giornali, e nel novembre del 1793 Olympe de Gouges veniva ghigliottinata «*per aver dimenticato le virtù che convengono al suo sesso ed essersi immischiata nelle cose della Repubblica*».

Il Preambolo della dichiarazione di Olympe recitava: «*Le madri, le figlie, le sorelle, rappresentanti della nazione, chiedono di potersi costituire in Assemblea nazionale. Considerando che l'ignoranza, l'oblio o il disprezzo dei diritti della donna sono le cause delle disgrazie pubbliche e della corruzione dei governi, hanno deciso di esporre, in una Dichiarazione solenne, i diritti naturali, inalienabili e sacri della donna, affinché questa dichiarazione, costantemente presente a tutti i membri del corpo sociale, ricordi loro senza sosta i loro diritti e i loro doveri, affinché gli atti del potere delle donne e quelli del potere degli uomini, potendo essere paragonati ad ogni istante con gli scopi di ogni istituzione politica, siano più rispettati, affinché le proteste dei cittadini, fondate ormai su principi semplici e incontestabili, si rivolgano sempre al mantenimento della Costituzione, dei buoni costumi, e alla felicità di tutti. In conseguenza, il sesso superiore sia in bellezza che in coraggio, nelle sofferenze della maternità, riconosce e dichiara, in presenza e sotto gli auspici dell'essere supremo, i seguenti Diritti della Donna e della Cittadina*»; mentre l'articolo 6: «*La legge deve essere l'espressione della volontà generale; tutte le Cittadine e i Cittadini devono concorrere personalmente, o attraverso i loro rappresentanti, alla sua formazione; esse deve essere la stessa per tutti: Tutte le cittadine e tutti i cittadini, essendo uguali ai suoi occhi, devono essere ugualmente ammissibili a ogni dignità, posto e impiego pubblici secondo le loro capacità, e senza altre distinzioni che quelle delle loro virtù e dei loro talenti*».

È questa duplice eguaglianza che ritroviamo nella nostra Carta fondamentale che infatti affianca al riconoscimento dell'eguaglianza formale, espressa nell'art. 3, comma 1, la previsione dell'eguaglianza sostanziale formulata nel comma 2 del medesimo articolo fornendo un approccio "complesso" [7] all'eguaglianza, cercando di risolvere positivamente il dilemma tra "*eguaglianza ed egualitarismo*" [8].

Come detto il problema sostanziale dell'eguaglianza è quello di determinarne il contenuto e cioè di definire eguaglianza tra chi ed eguaglianza rispetto a che cosa. L'eguaglianza infatti non è identità ma comporta un concetto di diversità: siamo tutti diversi ma in alcune circostanze dobbiamo essere considerati uguali seppure non identici. Ecco perché l'eguaglianza è un concetto fluido che ha potuto e dovuto evolversi nel tempo e che ancora oggi non sembra aver trovato il suo definitivo compimento.

Innanzitutto nell'affermazione dell'eguaglianza formale va sostanziata l'eguaglianza davanti alla legge, poiché in tal modo si assicura che la legge venga applicata sia a quelli che governano che a coloro che vengono governati ai sensi della c.d. *rule of law*, e la legge si rivolge a tutti imponendo la regola dell'imparzialità al Legislatore, all'amministratore, al giudice, in tutti i loro rapporti con i soggetti privati, cittadini e stranieri, persone fisiche e giuridiche, singoli e gruppi.

Il principio di eguaglianza opera dunque prima di tutto a carico del potere legislativo e incide sul contenuto della legge oltre che sulla sua efficacia, evitando che precisi parametri vengano violati. Quale vincolo al contenuto delle leggi, l'uguaglianza ha veicolato anzitutto l'esigenza della loro generalità e astrattezza per cui l'uguaglianza è tanto più garantita quanto più le leggi sono generali e astratte, cioè rivolte a "tutti", applicabili solo per il futuro e per un numero indefinito di volte. La restrizione dei destinatari delle leggi ad alcune categorie di individui pone un limite al principio di uguaglianza, una vera sfida destinata ad aggravarsi man mano che la platea dei destinatari si restringe, fino al limite delle leggi personali e delle leggi provvedimento, e, fra queste, delle leggi retroattive. Peraltro, non tutte le leggi indirizzate a specifici soggetti devono essere considerate contrarie al principio di eguaglianza in quanto tale principio, per quanto centrale nei vari sistemi costituzionali, vive all'interno di essi in combinazione con altri principi e regole che possono presentare anche orientamenti non coerenti col principio di uguaglianza formale, anzi contrapposti a esso, ad esempio nei casi in cui si persegua l'uguaglianza sostanziale.

---

[7] Per la teoria dell'eguaglianza complessa cfr. M. WALZER, *Sphere of Justice: a Defense of Pluralism and Equality*, Oxford, 1983.

[8] Per riprendere la terminologia di N. BOBBIO, *Eguaglianza ed egualitarismo*, in *Rivista internazionale di filosofia del diritto*, 1977, 321.

Le leggi possono quindi perdere il requisito della generalità ed astrattezza senza violare il principio di eguaglianza ma per fare ciò non devono configurarsi quali interventi arbitrari ma essere sorrette dal requisito della ragionevolezza [9].

Il principio di eguaglianza nella legge si traduce dunque nel divieto di qualsiasi discriminazione irragionevole, e si ha discriminazione irragionevole tutte le volte che situazioni eguali vengono disciplinate in modo diverso e che situazioni diverse vengono disciplinate in modo eguale. Dal principio di eguaglianza nasce, fondendosi con esso, il principio di ragionevolezza, per cui qualunque distinzione di disciplina effettuata in relazione a qualunque elemento, tra qualunque gruppo di soggetti, diventa suscettibile di un giudizio sulla sua ragionevolezza, cioè sul fatto che quella distinzione sia fondata su elementi obiettivi, rilevanti e soprattutto giustificabili.

È necessario chiarire come la ragionevolezza non sia un concetto astratto, infatti una diseguaglianza legislativa sarà ragionevole e lecita solo se difendibile, cioè giustificabile, suscettibile di essere spiegata e motivata sulla base di criteri che in una data società e in un determinato momento storico sono considerati generalmente accettabili. Certamente la ragionevolezza, così come la stessa eguaglianza, è un concetto non univoco bensì flessibile, duttile, non immobile nel tempo ma dinamico e quindi a tratti può apparire incerto e ciò che in un determinato momento può essere considerato ragionevolmente conforme al principio di eguaglianza, può non esserlo più a distanza anche di poco tempo [10]. La ragionevolezza non fornisce quindi certezze granitiche ma re-

---

[9] Come è stato acutamente osservato la ragionevolezza deriva dall'uguaglianza «*come Eva da una costola di Adamo*» (cfr. G.U. RESCIGNO, *Il principio di eguaglianza*, in ASSOCIAZIONE ITALIANA DEI COSTITUZIONALISTI, *Annuario 1998*, Padova, 1999), in quanto essa impone che le differenziazioni legislative non siano arbitrarie ma, appunto, ragionevoli. Tuttavia la ragionevolezza, sempre come Eva rispetto ad Adamo, si è poi staccata dal principio di uguaglianza, divenendo un principio giuridico autonomo, dalla portata molto ampia, e dai contorni spesso equivoci e indeterminati (in tal senso cfr. G. SCACCIA, *Gli strumenti della ragionevolezza nel giudizio costituzionale*, Milano, 2000; A. MORRONE, *Il custode della ragionevolezza*, Milano, 2002) per cui effettivamente oggi solo la questione della ragionevole disuguaglianza conserva rilevanza all'interno del discorso sul principio di uguaglianza (cfr. G.U. RESCIGNO, *Il principio di eguaglianza*, in ASSOCIAZIONE ITALIANA DEI COSTITUZIONALISTI, *Annuario 1998*, Padova, 1999).

[10] Rispetto alla "flessibilità" della ragionevolezza si pensi al reato di adulterio femminile considerato penalmente punibile fino al 1968. L'art. 599, commi 1 e 2, c.p., stabiliva infatti la punibilità del solo adulterio commesso dalla donna (e veniva punito anche il correo), mentre non vi era alcuna punizione se l'adultero era l'uomo. Ci troviamo quindi dinanzi ad un tipico esempio di trattamento differenziato basato sul sesso, resta da vedere se tale differenza è giustificabile, cioè ragionevole. Prima che nel 1968 la Consulta giudicasse incostituzionale tale previsione lo stesso Giudice delle leggi si era già occupato della questione nel 1961 e in tale occasione non aveva ravvisato alcuna incostituzionalità considerando la

sta comunque l'unico strumento convincente attraverso il quale un Giudice delle leggi sensibile e attento può cancellare le differenze di trattamento che appaiono alla coscienza sociale come intollerabili.

Resta comunque il problema di definire eguaglianza tra chi ed eguaglianza rispetto a che cosa. La prima questione rappresenta oramai uno pseudo problema in quanto non possiamo certo pensare che l'eguaglianza quale principio generale che condiziona tutto l'ordinamento, essenza stessa della democrazia, possa riferirsi ai soli cittadini. Questa impostazione restrittiva è stata infatti progressivamente superata estendendo la portata dell'eguaglianza agli stranieri e agli apolidi sulla base dell'esegesi congiunta dell'articolo 2 e del secondo comma dell'articolo 10 [11]; ancora, ben presto l'eguaglianza ha coinvolto anche le persone giuridiche private e pubbliche [12] assumendo una portata omnicomprensiva trovando applicazione in ogni settore dell'ordinamento rispetto a qualsiasi soggetto.

Dobbiamo dunque verificare rispetto a che cosa si debba essere considerati uguali e in questo l'articolo 3, così come molte altre previsioni costituzionali, formula un elenco di parametri che non possono essere invocati per porre in essere distinzioni. Essi nella nostra Costituzione includono: il sesso, la razza, la lingua, la religione, le opinioni politiche e le condizioni personali e sociali [13].

---

discriminazione operata dal Codice Penale come ragionevole. Nella sent. n. 64/1961 (in *Giur. Cost.*, 1961, 1224 con nota di C. ESPOSITO, *Sulla punizione del solo adulterio femminile*, 1230) la Corte infatti non evidenzia alcuna violazione del principio di eguaglianza giustificando il trattamento differenziato basandosi sull'importanza del ruolo della donna nel mantenimento dell'unità familiare. Solo con la sent. n. 126/1968 (in *Giur. Cost.*, 1968, 2175,1224 con nota di G. GIANZA, *L'adulterio alla luce di due importanti sentenze della Corte Costituzionale*, 2178; F. MODUGNO, *L'adulterio come delitto e come causa di separazione*, 2190 e R. ZACCARIA, *Adulterio: Violazione dell'eguaglianza tra coniugi non "giustificata" dall'unità della famiglia*, 2198) la Corte modifica la sua giurisprudenza precedente dichiarando tale previsione legislativa incostituzionale affermando che: «*la discriminazione sancita non garantisca l'unità familiare, ma sia più che altro un privilegio assicurato al marito; e come tutti i privilegi viola il principio di parità*». Questo esempio risulta di grande utilità per comprendere la differenza tra discriminazione ragionevole e ingiustificabile privilegio e applicazione del principio di ragionevolezza.

[11] La regola dell'eguaglianza non può escludersi per gli stranieri là dove si tratti di assicurare la tutela dei diritti inviolabili della persona. In tal senso cfr. le sentenze della Corte cost. n. 120/1967 in *Giur. Cost.*, 1967, 1577; n. 104/1969 in *Giur. Cost.*, 1969, 1565; n. 14/1970 in *Giur. Cost.*, 1970, 134 e n. 47/1977 in *Giur. Cost.*, 1977, 188.

[12] In tal senso cfr. le sentt. della Corte cost. n. 25/1966 in *Giur. Cost.*, 1966, 241 e n. 2 del 1969 in *Giur. Cost.*, 1969, 16.

[13] Come ricorda M. OLIVETTI, *Uguaglianza*, in FLORES (a cura di), *Diritti Umani*, Dizionario II, H-W, 2007, 1315, altre Costituzioni prevedono elenchi più brevi ma anche più lunghi, in quest'ultimo caso vietando distinzioni anche per ragioni, per esempio, di condi-

Tali specificazioni potrebbero generare un equivoco, e cioè si potrebbe pensare che esse servano a circoscrivere l'efficacia dell'eguaglianza alle sole cause di discriminazione specificate, ma al contrario esse costituiscono un vincolo rafforzato di eguaglianza in tutti i settori puntualizzati, ambiti in cui era evidente un *deficit* egualitario. Tali divieti di discriminazione fanno sistema con le norme costituzionali che per altri aspetti interessano la causa in esame, e che prevedono distinzioni di genere, o di religione, o di lingua, per specifiche e limitate ragioni: si pensi ad esempio alle minoranze linguistiche, alle disposizioni in tema di uguaglianza dei coniugi e dei genitori o a quelle relative alla donna-madre-lavoratrice.

Le specificazioni del primo comma dell'articolo 3 si legano fortemente alla previsione dell'eguaglianza sostanziale effettuata dal secondo comma, l'eguaglianza sostanziale infatti considera con particolare attenzione tali settori e dove necessario giustifica l'introduzione di discipline differenziate che garantiscano la promozione dei gruppi sociali economicamente e socialmente svantaggiati.

L'unione tra eguaglianza formale ed eguaglianza sostanziale è la vera forza del principio di eguaglianza, essa ha consentito lo sviluppo e l'evoluzione stessa di tale principio. Infatti in un primo periodo si è assistito ad una configurazione restrittiva dell'eguaglianza, siamo negli anni '50 quando l'eguaglianza veniva soprattutto utilizzata quale argine contro gli eventuali arbìtri del Legislatore manifestamente volti a colpire singoli o categorie di cittadini, ma lentamente e inesorabilmente tende ad affermarsi un'interpretazione più estensiva dell'articolo 3 e dell'eguaglianza che non opera più solo contro eventuali abusi di potere, ma anche nei confronti di errori e scoordinamenti legislativi. L'eguaglianza diviene insomma «*un freno efficace ed opportuno alla disattenzione, alla mancata considerazione d'altre parti del sistema normativo*» [14] ma l'evoluzione continua e l'eguaglianza viene a configurarsi quale divieto sia di trattare in modo diverso situazioni uguali, sia di disporre un uguale trattamento per situazioni diverse; così si svincola l'eguaglianza dalla tipologia legislativa e l'operatività del principio diviene teoricamente illimitata [15].

Eguaglianza formale ed eguaglianza sostanziale si fondono nella volontà di

---

zioni di disabilità (si veda l'art. 3, comma 2, ultima frase, della Legge fondamentale di Bonn, risultante dalla revisione del 27-X-1994: «nessuno può essere discriminato a causa del proprio handicap»), di salute (art. 6, comma 2, Cost. finlandese), di istruzione (art. 13 Cost. portoghese del 1976), di stato maritale e di gravidanza (art. 9, comma 3, Cost. sudafricana del 1993, che contiene un elenco particolarmente lungo), di età e tendenze sessuali (così l'art. 21 della Carta dei diritti dell'Unione europea).

[14] Così A. CERRI, *Nuove note sul principio di eguaglianza*, in *Giur. Cost.*, 1971, 979.

[15] Su tale ricostruzione cfr. G. GEMMA, *Principio costituzionale di eguaglianza e rimessione della sanzione*, Milano, 1983, 220 ss.

cancellare le diseguaglianze almeno nelle situazioni di partenza per garantire ad ogni individuo le condizioni materiali, culturali e sociali per poter condurre un'esistenza libera e dignitosa, cioè per poter esercitare i diritti di libertà e partecipazione previsti proprio dal diritto costituzionale.

Eguaglianza formale ed eguaglianza sostanziale non confliggono tra loro come una lettura superficiale potrebbe lasciare intendere: infatti se è pur vero che l'eguaglianza formale impone il più possibile la parità di trattamento in condizioni di ragionevolezza, mentre l'eguaglianza sostanziale comporta una redistribuzione del potere e delle risorse e per fare ciò giustifica anche l'introduzione di disuguaglianze di diritto, tale ambiguità va collocata nell'ambito dei principi dello Stato sociale, uno Stato che può e che deve intervenire nella vita economica e sociale, creando eventualmente anche disuguaglianze legislative per contrastare ed equilibrare le disuguaglianze di fatto. I due valori sono coerenti tra di loro e necessari l'uno all'altro in quanto l'eguaglianza sostanziale, definita come pari opportunità di perseguire i progetti di vita e di partecipare all'organizzazione della società, costituisce uno sviluppo dell'eguaglianza formale basata sulla ragionevolezza.

Eguaglianza dunque quale pari opportunità: è questa infatti l'ultima tappa dell'evoluzione del principio fondamentale di cui al nostro articolo 3, essa rappresenta la sfida dei nostri tempi.

L'articolo 3 esordisce richiamando la pari dignità sociale e forse nemmeno gli stessi Costituenti avevano piena consapevolezza degli effetti di un simile riconoscimento e del reale contenuto dello stesso, nutrendo dubbi su come lo Stato potesse concretamente garantire un pari trattamento sociale, e nel migliore dei casi si riteneva questa affermazione una ripetizione più o meno utile dell'eguaglianza sostanziale e del divieto di discriminazioni in base alle condizioni personali o sociali. Ma la dignità sociale ha un proprio valore autonomo ed impegna lo Stato ad operare contro la miseria e contro l'ignoranza e contro i mali che degradano la dignità sociale dei soggetti; nella 'pari dignità sociale' si ritrova il valore della dignità umana rispetto a tutti i rapporti, il corollario della libertà e dell'eguaglianza, presupposto e strumento per il pieno sviluppo della persona umana; in sintesi la dignità sociale si identifica con la parità almeno potenziale nei diritti. La pari dignità sociale si pone quindi come una sorta di cerniera fra primo e secondo comma dell'articolo 3 in quanto la dignità dei cittadini è riconosciuta quale dignità sociale, nel senso che nello Stato contemporaneo la garanzia e lo sviluppo dei diritti e delle libertà del singolo, che ha come presupposto l'eguaglianza, è possibile solo nella pienezza della dimensione collettiva, cioè all'interno dell'organizzazione politica, economica e sociale del Paese.

L'eguaglianza presenta com'è evidente innumerevoli sfumature: eguaglianza di fronte alla legge, eguaglianza di diritto, eguaglianza nei diritti, eguaglianza giuridica ma anche eguaglianza delle opportunità che tenta di porre tutti i membri di una determinata società nella condizione di partecipare "*alla gara della vita*" partendo da posizioni uguali [16]. L'eguaglianza è ognuna di queste sfumature ma è anche il loro insieme e da tale insieme non possiamo prescindere nella costruzione dell'attuale convivenza democratica.

Il volume che si introduce rappresenta quindi un percorso nel cammino dell'eguaglianza partendo dalle specificazioni poste dalle madri e dai padri della nostra Costituzione, ma andando anche al di là di tali indicazioni costituzionali per verificare quante altre cause di diseguaglianza esistono e come esse vengono concretamente affrontate dal nostro Paese valutando altresì l'aspetto europeo ed internazionale, poiché nessuno Stato democratico può essere oggi considerato come una monade priva di interazioni esterne.

Il cammino effettuato è volto a dimostrare come l'eguaglianza oggi più che mai diventi sinonimo di democraticità e come rappresenti un elemento indispensabile nella società della globalizzazione e del multiculturalismo per cementare e mantenere unito e coerente anche ciò che a prima vista potrebbe apparire inconciliabile.

Purtroppo, ancora oggi, l'eguaglianza e le pari opportunità non sembrano essere state raggiunte ed anche capitoli di discriminazione che pensavamo ormai archiviati nel passato non sempre edificante del genere umano tendono a riaffiorare con nuovi nomi e nuove forme, ma sempre decisamente pericolosi.

Non hanno dunque sbagliato i nostri Costituenti a preoccuparsi di sottolineare come tutti dobbiamo essere trattati in maniera uguale e godere delle stesse possibilità indipendentemente ad esempio dal nostro genere di appartenenza; tuttavia a distanza di quasi 70 anni da tale affermazione e dal primo voto delle donne, proprio le donne soffrono ancora di una posizione di sostanziale subalternità rispetto agli uomini, per cui molto si deve ancora fare per aumentare la partecipazione femminile al mercato del lavoro conferendo loro pari indipendenza economica; a parità di lavoro infatti, malgrado la lungimirante previsione dell'art. 37 Cost. e delle varie disposizioni comunitarie esiste ancora un sostanziale divario di genere in materia di retribuzioni, salari e pensioni e, di conseguenza, una generale maggiore fragilità economica delle donne. Molto deve ancora essere fatto in materia di parità tra donne e uomini nel processo decisionale mentre incombe sempre di più il preoccupante fenomeno della violenza di genere che non può essere affrontato solo dal punto di vista del Diritto Penale e delle necessarie misure punitive ma necessità di un vero e proprio approccio educativo alla cittadinanza di genere che scardini progressivamente gli stereotipi ancora esistenti e definisca un nuovo rapporto tra i

[16] Sulle diverse sfumature dell'eguaglianza cfr. N. BOBBIO, *Eguaglianza e libertà*, Torino, 1995.

generi non più ancorato all'idea di possesso e sottomissione ma a quella di parità ed eguaglianza. Il primo capitolo di questo volume si concentra proprio sull'eguaglianza di genere muovendo dal diritto di famiglia e dalla difficile conquista della parità tra le mura domestiche, passando poi all'esame della ancora inesistente parità lavorativa e retributiva senza trascurare l'eguaglianza tra i sessi nel fondamentale settore della rappresentanza da cui le donne sono state per troppo tempo sostanzialmente estromesse, fino a giungere all'aspetto dell'autodeterminazione, della violenza e della medicina di genere quali tratti essenziali nella costruzione dell'identità femminile anche al fine di scardinare gli stereotipi che sin da bambini ci vengono presentati come normali se non addirittura necessari. Appare infatti di particolare importanza soffermarsi sull'educazione dei formatori cioè di coloro che per primi possono scardinare gli stereotipi di genere che ancora condizionano gli anni della nostra formazione ben più di quanto noi stessi siamo propensi ad ammettere. Educare gli educatori ed educare le bambine sono certamente le due grandi sfide che contraddistinguono il cammino verso la parità di genere nell'imminente futuro se davvero vogliamo modificare il quadro esistente [17].

---

[17] Rispetto all'educazione delle bambine nel mondo merita di essere ricordata la Campagna "*Because I am a Girl*" lanciata nel 2012 con l'obiettivo di aiutare un gruppo specifico di bambine o ragazze in una determinata comunità e Paese ad accedere alle stesse opportunità di educazione, formazione ed avviamento al lavoro dei ragazzi. La Campagna mondiale *Because I am a Girl* è stata lanciata ufficialmente da *Plan International* l'11 ottobre 2012, due giorni dopo l'attentato a Malala, la giovane pakistana a cui un talebano ha sparato alla testa solo perché voleva frequentare la scuola e ribadire il diritto all'educazione delle bambine. L'11 ottobre 2012 è stata anche la prima Giornata Mondiale delle Bambine, una celebrazione istituita dalle Nazioni Unite per sensibilizzare il pubblico mondiale e le istituzioni al dramma vissuto ogni giorno da milioni di bambine nel mondo. La Campagna ha come obiettivo quello di abbattere tutte le barriere che impediscono alle bambine di vedersi riconosciuto il diritto a completare il ciclo di istruzione con almeno nove anni di educazione e si prefigge di garantire l'istruzione ad almeno 4 milioni di bambine. Si basa essenzialmente su 6 richieste: 1. l'educazione delle bambine diventi una priorità per i leader mondiali; 2. il completamento dell'educazione secondaria di qualità delle bambine sia il focus dell'azione internazionale; 3. si aumentino i fondi destinati all'educazione delle bambine; 4. si metta fine alla piaga dei matrimoni prematuri; 5. si combatta la violenza di genere a scuola e nel contesto esterno; 6. ragazze e ragazzi partecipino alle decisioni e siano fonte di ispirazione per coloro che hanno il potere di agire. Dal 2012 la Campagna "*Because I'm a girl*" ha raggiunto milioni di bambine in tutto il mondo e in particolare: quasi 5 milioni di bambine sono state aiutate direttamente con progetti sull'uguaglianza di genere. Gli Obiettivi per uno Sviluppo Sostenibile richiedono cambiamenti che trasformino le comunità e le società; per *Plan International* questo significa dare slancio ai diritti delle bambine attraverso mutamenti nella politica, con leggi consolidate e programmi di trasformazione. *Plan International* continuerà a focalizzare il suo lavoro per migliorare l'accesso all'istruzione delle bambine, ma al contempo aggiungerà altre priorità come la

In conclusione di tale primo capitolo verrà effettuata una riflessione sull'importanza del parametro del sesso quale fonte di diseguaglianza anche al di là della mera distinzione di genere tra uomo e donna soffermandosi più in generale sul riconoscimento dell'identità sessuale e sulle forme di discriminazione che ancora contraddistinguono forme di "identità sessuale" diverse da ciò che viene considerato "normale". L'identità sessuale (o caratterizzazione sessuale) descrive la dimensione soggettiva del proprio essere sessuati; essa inoltre risponde ad un esigenza di classificazione e stabilità anche se contiene elementi di incertezza e di imprevedibilità essendo l'esito di un processo costruttivo influenzato dalla complessa interazione tra aspetti biologici, psicologici, educativi e socioculturali [18]. Si evidenzierà infine come dimostrare un'identità sessuale che esce dai canoni uomo/donna ancora oggi dà luogo, nel nostro Paese, a forme di discriminazione nell'ambito del godimento dei diritti personali.

Seguendo le indicazioni provenienti dalla nostra Costituzione il secondo capitolo si sofferma sull'eguaglianza senza distinzione di razza rispetto alla quale si potrebbe pensare (ed auspicare) che il capitolo discriminazioni razziali sia ormai chiuso e destinato unicamente ai libri di storia, ma purtroppo un esame approfondito di tale fattispecie dimostra che il razzismo contiene in sé un fascino intramontabile e che vanno affermandosi continuamente nuovi pericolosi movimenti xenofobi che dimostrano quanto poco l'essere umano riesca ad imparare dai propri errori. Era il 21 marzo del 1960, quando a Sharpe-

---

salute sessuale e riproduttiva, la violenza di genere e lo sviluppo economico: perché le bambine possano imparare, decidere e diventare donne libere e consapevoli. Questo tipo di campagne sono necessarie per affermare l'idea che i diritti delle bambine devono essere riconosciuti come diritti umani. Si ricorda infine che la stessa Malala sostiene questo progetto, la coraggiosa ragazzina il 12 luglio 2013 ha compiuto 16 anni, ma per lei e per altre 600 giovani ragazzine provenienti da tutto il mondo questo giorno è stato molto di più; per la prima volta nella storia alcuni giovani hanno simbolicamente occupato l'Assemblea Generale delle Nazioni Unite, e Malala ha pronunciato un discorso pubblico memorabile a favore del diritto all'istruzione per tutti. «*Questa è l'occasione per tutti i ragazzi sul pianeta di riunirsi e dire al mondo: avremo la nostra istruzione, a casa, a scuola, ovunque*» ha detto Malala, e ancora «*un bambino, un insegnante, una penna e un libro possono cambiare il mondo. L'istruzione è l'unica soluzione. L'educazione prima di tutto*».

[18] Le attuali teorie della sessuologia, in una prospettiva biologica, psicologica e sociale, considerano l'identità sessuale un costrutto multidimensionale costituito da quattro distinte componenti: Sesso biologico: ovvero l'appartenenza biologica al sesso maschile o femminile determinata dai cromosomi sessuali; Identità di genere: ovvero l'identificazione primaria della persona come maschio o femmina e tratto permanente, solitamente stabilito nella prima infanzia; Ruolo di genere: ovvero l'insieme di aspettative e ruoli su come gli uomini e le donne si debbano comportare in una data cultura e in un dato periodo storico e Orientamento sessuale: ovvero l'attrazione erotica ed affettiva per i membri del sesso opposto, dello stesso sesso o entrambi.

ville, in Sudafrica, 300 poliziotti bianchi aprirono il fuoco su una manifestazione contro l'apartheid e sessantanove persone rimasero uccise. In ricordo di quelle vittime, le Nazioni Unite istituirono la Giornata mondiale contro il razzismo: il 21 marzo di ogni anno, nei cinque continenti, si tengono eventi volti a sensibilizzare la popolazione sul tema. In Italia è l'Unar (Ufficio Nazionale Antidiscriminazioni Razziali) a promuovere iniziative nell'ambito della scuola, della cultura e dello sport, per invitare a riflettere sulla tolleranza sancita dall'articolo 3 della nostra Costituzione ma sembra che il nostro Paese debba ancora lavorare molto sul concetto di razza e razzismo [19]. La crisi economica e le grandi migrazioni legate alla povertà e alle guerre hanno provocato un'avanzata dei partiti ultra nazionalisti in molti Paesi europei e l'Italia non fa eccezione, e una recente ricerca condotta dal Pew Research Center ha rivelato che l'86 % degli italiani è prevenuto nei confronti dei rom, mentre il 61% è sfavorevole ai musulmani e il 21% guarda gli ebrei con sospetto. Il Censis rileva che appena il 17,2% degli italiani afferma di provare "comprensione" e di avere un approccio "amichevole" nei confronti degli immigrati; quattro italiani su cinque si dividono invece tra "diffidenza" (60,1%), "indifferenza" (15,8%) e "aperta ostilità" (6,9%), mentre due italiani su tre (65,2%) pensano che gli immigrati in Italia siano semplicemente troppi e tale sensazione diventa particolarmente forte quando entra in gioco la distribuzione dei servizi sociali per cui molti ritengono che a parità di requisiti, gli italiani dovrebbero essere inseriti in graduatoria prima degli immigrati e circa la metà pensa che in caso di scarsità di lavoro sia giusto dare la precedenza agli italiani nelle assunzioni [20]. Una

---

[19] Si segnala una ricerca effettuata nei primi mesi del 2016 dall'Istituto Ipsos Mori che ha evidenziato come gli italiani credono che il 30% della popolazione sia composta da immigrati, 20% dei quali musulmani. Una vera e propria «invasione», su cui si sviluppano convinzioni xenofobe del tipo: «ci rubano il lavoro», «stuprano le nostre donne», «rubano» e «puzzano». In realtà secondo i dati più recenti solo il 5,7 % della popolazione è extra-comunitaria mentre secondo l'ultima rilevazione Istat gli stranieri residenti in Italia si assestano intorno all'8,3% e i musulmani sono circa il 3,7% del totale. Sempre secondo l'Istat, il primato degli stranieri residenti in Europa è detenuto dalla Svizzera con il 23,8%, seguita da Austria (12,4%), Irlanda (11,8%) e Belgio (11,3%). Sono certamente dati da interpretare in quanto gli Stati che prevedono lo *ius soli* (nascendo in un dato territorio se ne acquisisce la cittadinanza) tendono ad avere una percentuale di stranieri più bassa, perché i figli di immigrati non entrano in queste statistiche. Inoltre, la preminenza della Svizzera è dovuta alla forte presenza di immigrati da territori limitrofi (Francia, Germania e Italia). In ogni caso il nostro Paese, con l'8,3% di stranieri residenti, si classifica all'ottavo posto. La comunità straniera più numerosa sul suolo italiano è quella romena (22,0%) seguita a distanza da quella albanese (10%) e marocchina (9,2%), poi cinesi (5,2%) e ucraini (4,5%).

[20] Interessante anche il dato concernente la criminalità, infatti malgrado sia opinione comune che gli stranieri siano in gran parte – criminali, secondo i dati dell'associazione Antigone solo il 32% di detenuti è straniero: 17.403 su un totale di 53.889 e spes-

riflessione sulla razza e sul trattamento da assicurare agli stranieri deve passare inevitabilmente anche attraverso il dato economico rispetto al quale il più recente Rapporto annuale sull'economia dell'immigrazione dimostra che i 2,3 milioni di occupati stranieri sul suolo italiano producono l'8,6% del Pil cioè circa 125 miliardi di euro garantendo un guadagno per lo Stato di circa 3,9 miliardi di euro.

Dopo aver esaminato il tema dell'eguaglianza senza distinzione di razza si affronta la questione dello "specismo" per verificare la possibile applicazione del principio di eguaglianza oltre la barriera della specie cioè oltre l'umano, interrogandoci sull'eguaglianza non come fatto ma come principio morale perché oltre ad essere uguali senza distinzione di razza potrebbe essere arrivato il momento di scardinare e sconfessare le teorie antropocentriche e speciste che da sempre dominano i nostri sistemi giuridici e trovare un nuovo approccio biocentrico non solo filosofico ma anche giuridico che realizzi il principio di eguaglianza oltre la specie coinvolgendo anche gli esseri animali.

Il terzo Capitolo si occupa del rapporto con il pluralismo linguistico che si realizza nella difficile mediazione tra l'articolo 3 e la protezione delle minoranze linguistiche ancora oggi connotata da una certa asimmetria mentre la diversità linguistica, così come quella culturale, meritano di essere considerate positivamente nell'evoluzione del concetto di eguaglianza. La questione della lingua infatti è emblematica delle contraddizioni esistenti nelle moderne società postindustriali che, di fronte al multiculturalismo, devono conciliare l'uguaglianza del diritto con il riconoscimento della differenza. La posta in gioco è l'idea stessa di democrazia.

In altre parole la politica dell'uguale dignità impone di trattare gli esseri umani nello stesso modo sulla base di ciò che è uguale per tutti, la politica della differenza vuole che sia concesso un riconoscimento e uno *status* a qualcosa che non è condiviso universalmente ma è legato alla specificità di ogni singola cultura. Paradossalmente l'identico principio moderno dell'identità intesa come riconoscimento, ispira entrambe le posizioni. Al contrario di quanto accadeva nelle società premoderne, nelle quali l'identità era ascritta alla propria posizione di nascita, nelle società moderne l'identità si costruisce interiormente attraverso un processo dialogico in cui le modalità di riconoscimento da parte di coloro con i quali, sin dall'inizio della nostra esistenza, continuamente interagiamo, risulta determinante nel definire i caratteri di ciò che siamo e ciò che vogliamo essere.

---

so sono detenuti per reati minori (il 50% di loro sconta pene inferiori o pari a un anno), solo il 12% è condannato a pene superiori ai 20 anni, contro l'88% dei nostri connazionali.

Riconoscere l'altro non significa quindi solo riconoscere in lui ciò che lo rende uguale a tutti gli altri esseri umani e lo accomuna sulla base di una serie di diritti universalistici quali la dignità, la libertà personale, l'uguaglianza ma anche riconoscerne la specificità, l'originalità, ciò che, insomma, ne costituisce l'individualità. Ecco perché appare particolarmente importante affermare l'eguaglianza senza distinzioni di lingua e al contempo proteggere e coltivare le differenze linguistiche e le singole identità culturali che possono arricchire il patrimonio di tutti.

L'esame della discriminazione sulla base della religione, dato anch'esso richiamato tra le specifiche dell'articolo 3, anima il quarto Capitolo che dimostra come a fronte di un pluralismo confessionale sancito da varie disposizioni costituzionali la nostra Costituzione mantenga comunque un deciso *favor* per la religione cattolica che ancora oggi sembra operare in una sorta di "regime monopolistico" per quanto concerne i simboli e il fondamentale argomento dell'insegnamento scolastico. Tale situazione di privilegio si ripercuote inevitabilmente sulla mancanza di effettiva laicità del nostro ordinamento ancora oggi ancorato ad un'idea di "laicità positiva" cioè una "*laicità battezzata e praticante*" fondata «*sulla norma implicita che continua a riconoscere al cattolicesimo – e non ai principi costituzionali – un ruolo pontificale nel processo d'integrazione societaria e, di conseguenza, un regime di privilegio in perfetta continuità con la natura di Nazione Stato e non di Stato-Nazione dell'Italia*»[21].

Una reale laicità dello Stato e un'effettiva eguaglianza al di là del dato religioso appaiono oggi più che mai dati essenziali nella costruzioni delle moderne democrazie multi etniche, multi culturali e multi religiose e per questo appare particolarmente opportuno che il nostro Stato riesca a superare il privilegio accordato alla sola religione cattolica e divenga effettivamente e neutralmente laico.

L'ultimo Capitolo del volume è dedicato alle altre cause che possono essere fonte di diseguaglianze e in tale ambito assai importanti appaiono le riflessioni su alcuni aspetti specifici come quello della disabilità[22] e del dato

---

[21] Cfr. A. FERRARI, *Laicità del diritto e laicità narrativa*, in *Il Mulino*, 2008, n. 6, 1123 ss.

[22] Rispetto alla questione della disabilità si ricorda che l'Assemblea delle Nazioni Unite ha approvato la Convenzione sui diritti delle persone con disabilità nel dicembre 2006. Attraverso i suoi 50 articoli, la Convenzione indica la strada che gli Stati del mondo devono percorrere per garantire i diritti di uguaglianza e di inclusione sociale di tutti i cittadini con disabilità. Tale Convenzione è stata ratificata dall'Italia nel febbraio del 2009 e nel dicembre 2010 è stata ratificata dall'Unione europea.

In materia di disabilità si segnala anche l'innovativo Trattato di Marrakech («*Trattato di Marrakech per facilitare l'accesso ai testi pubblicati alle persone cieche, con incapacità visive o altre difficoltà ad accedere al testo stampato*»), sottoscritto su impulso Organizzazione mondiale per la proprietà intellettuale (OMPI), in Marocco nel giugno 2013. Ad esso si deve l'introduzione del principio per cui il diritto d'autore può essere derogato di anagrafico[23] questioni che oggi più che mai impongono modelli di *welfare* nuovi e solidali non sempre prontamente recepiti dallo Stato[24]. Attenta con-

---

fronte alla necessità di permettere ai non vedenti o ipovedenti di accedere su un piano di parità al sapere. Il documento contiene eccezioni alla proprietà intellettuale per i testi destinati a persone con disabilità visiva (in audio, Braille, con caratteri ingranditi o in versione elettronica) e sancisce che tali libri possano essere scambiati, a livello transnazionale, fra organizzazione e organizzazione. La conclusione di questo documento a è stata salutata con entusiasmo dalla *European Blind Union*, l'organizzazione che rappresenta i non vedenti europei e tale entusiasmo è condivisibile considerando che ci sono circa 285 milioni di non vedenti e solo il 5% dei libri che vengono pubblicati è oggi disponibile in versione accessibile per loro. Purtroppo si segnala come il nostro Paese sia attualmente tra quelli che frenano l'entrata in vigore del Trattato ancora oggi non operativo nell'Unione europea.

[23] La questione del dato anagrafico appare particolarmente rilevante in tutte le sue sfaccettature, basti pensare alle prospettive lavorative e di vita riservate ai nostri giovani o a quanto il Welfare State sarà effettivamente in grado di assicurare ai nostri anziani e a coloro che non possono più produrre reddito. Ancora, merita una riflessione la questione dei c.d. *Neet* (né studio, né lavoro) i quali al loro interno possono distinguersi in 'esogeni' cioè coloro che cercano di entrare nel mercato del lavoro che però li respinge, ed 'endogeni' che sono invece gli scoraggiati che hanno ormai rinunciato a qualsiasi impegno. Purtroppo il nostro Paese detiene il triste primato europeo di 2, 3 milioni di giovani tra i 15 e 29 anni che non studiano, non lavorano e non risultano impegnati in un corso di formazione. Questa fascia della popolazione dovrebbe essere al centro dei progetti di eguaglianza dello Stato che in caso contrario pagherà costi ben più alti di quelli concernenti la loro inclusione.

Il dato anagrafico può divenire fonte di diseguaglianze anche in occasioni meno evidenti e a tale proposito è interessante richiamare una recente Sentenza della Corte di cassazione rispetto alla genitorialità. La pronuncia del giugno 2016 è una sentenza di revocazione che annulla una precedente pronuncia della stessa Cassazione riconoscendo che è stato commesso un errore e stabilendo il rinvio degli atti alla Corte di appello di Torino che dovrà decidere se la coppia (oggi 75 anni il marito e 63 la moglie) abbia o meno capacità genitoriale. Il caso era esploso quando il Tribunale dei minori aveva deciso di togliere una bambina di soli 35 giorni ai genitori, già "sorvegliati" dai servizi sociali dopo la segnalazione dell'ospedale in cui era nata la bambina (la mamma aveva al momento della nascita 57 anni), dopo che, durante un trasloco, era rimasta per alcuni minuti in auto da sola, ad un mese e mezzo di vita, nel cortile di casa. Alcuni vicini avevano segnalato l'episodio e si era verificato l'intervento che aveva condotto all'allontanamento. Al di là della singola vicenda i periti si erano interrogati sull'effettiva "capacità genitoriale" della coppia non più giovane arrivando alla decisione di togliere la bambina ai genitori dichiarandola adottabile. La Cassazione oggi afferma che non esisteva effettivamente «*alcuno stato di pericolo*» e ai sensi anche delle indicazioni della Corte di giustizia europea che considera l'adozione una "*extrema ratio*" alla quale ricorrere solo in caso di genitori "indegni", è necessario revocare la pronuncia precedente revocando lo stato di adottabilità. La Corte critica inoltre le motivazioni precedenti basate essenzialmente "*sull'età dei genitori*", è infatti «*errato il riferimento a pretesi "limiti" che la legge italiana prevederebbe per chi intende generare un figlio, i quali non esistono*», e non si forniscono siderazione merita anche la diseguaglianza che può derivare da una distorta applicazione dello *status civitatis* il quale applicato in un'ottica di privilegio ed esclusione può condurre alla discriminazione dello straniero e alla violazione del principio di eguaglianza che deve invece avere una portata universale investendo tutti i soggetti e non solo coloro che godono della cittadinanza italiana o di quella europea.

È necessaria infine un'attenta riflessione sui costi dell'eguaglianza, o per meglio dire una valutazione sull'ambiguità economica dell'eguaglianza perché se da un lato è certamente vero che l'eguaglianza ha un costo che deve essere sopportato dallo Stato che non sempre appare in grado di farlo, allo stesso tempo, dall'altro lato è altrettanto vero che anche la diseguaglianza non è a costo zero, ed anzi spesso le analisi economiche dimostrano come l'applicazione virtuosa del principio di eguaglianza si traduca un *plusvalore* economico a vantaggio dello Stato[25].

---

elementi «*che possano illuminare circa l'assoluta inidoneità genitoriale, agganciata all'età o ad altro, da cui far derivare la misura estrema, e dai risvolti irreversibili, quali è lo stato di adottabilità*». La Cassazione rileva, piuttosto, che erano emersi «*una serie di riscontri favorevoli circa la situazione complessiva della minore*» nella sua vita con mamma e papà, persone brave e stimate e senza "*patologie mentali*", prima che i servizi sociali la allontanassero dai suoi genitori. Questa vicenda è solo una delle tante che evidenziano come il dato anagrafico possa essere fonte di trattamenti differenziati non solo rispetto all'età pensionabile o all'accesso al lavoro ma anche per situazioni personalissime come quelle relative alla genitorialità.

[24] Rispetto al dato anagrafico si registrano numerosi interventi della Corte di giustizia dell'Unione europea soprattutto in materia lavoristica. A tale proposito si ricorda la pronuncia dell'ottobre 2015 con cui la Corte ha affermato che il principio di non discriminazione in ragione dell'età, sancito dall'art. 21 della Carta dei diritti fondamentali ed attuato dalla Direttiva 2000/79/CE non osta ad una normativa nazionale in virtù della quale un'indennità di fine rapporto non è prevista per un giovane che lavori soltanto nel periodo delle vacanze scolastiche o universitarie. Ancora, la sentenza del 9 settembre 2015, *Unland*, con cui la Corte ha affermato che il diritto dell'Unione si oppone alla normativa nazionale in virtù della quale il livello di stipendio di base di un giudice è determinato, al momento dell'assunzione, unicamente in base all'età di quest'ultimo.

[25] Pensiamo ad esempio ai costi causati dai trattamenti differenziati esistenti tra uomini e donne, ancora oggi infatti appare assai complicato per le donne conciliare la vita lavorativa con la gestione della famiglia e nel nostro Paese la divisione del lavoro domestico e della cura all'interno della coppia è decisamente molto sbilanciata, le donne devono prendersi cura dei figli, degli anziani, e spesso anche dei mariti. Ciò alimenta aspettative negative da parte delle imprese verso il lavoro femminile, e riduce le decisioni delle imprese di assumere e promuovere donne. Persistono elementi culturali che ostacolano il lavoro e le carriere delle donne, quali la visione della maternità come ostacolo al lavoro e la scarsa condivisione della cura tra uomini e donne. Le statistiche europee evidenziano per l'Italia un record d'altri tempi: le italiane dedicano al "lavoro domestico" – alla cura di casa e fa-

Il principio di eguaglianza non può considerarsi quale pura teoria filosofica ma appare strettamente legato nella sua concreta realizzazione ai temi economici, il *Welfare State* impegnato a realizzare l'eguaglianza sostanziale deve poter conciliare l'economia capitalistica di mercato con la democrazia, con il suf-

---

miglia – 5 ore e 20 minuti al giorno, gli uomini un'ora e 35; e se entrambi occupati, le donne scendono a 3 ore e 53 minuti, gli uomini ad un'ora e 10 minuti. Si tratta della famosa '27 *esima ora*' di cui spesso discutono quotidiani e *mass media*, cioè il fatto che le giornate delle donne hanno in pratica 3 ore in più di quelle degli uomini o meglio le hanno come carico di lavoro anche se le ore del giorno restano per tutti sempre 24. Le istituzioni rispecchiano la cultura dominante e il nostro sistema di *welfare* non appare capace di aiutare concretamente le famiglie e le donne lavoratrici. La mancanza di servizi alla prima infanzia lascia le famiglie di fronte alla scelta tra rinunciare al salario della donna – nella maggior parte dei casi inferiore a quello dell'uomo – oppure sostenere la spesa per la cura dei bambini piccoli mentre la mamma lavora. Dimenticando che l'occupazione femminile è uno dei principali motori di sviluppo e crescita e, in quanto tale, dovrebbe rappresentare una priorità per tutti i paesi, particolarmente nei periodi di crisi. Numero di ore lavorate e produttività sono i principali fattori che contribuiscono al Prodotto interno lordo, e alla crescita economica. Una maggiore occupazione femminile ha un impatto positivo sul PIL, sia per l'aumento diretto del numero di ore lavorate, sia perché la produttività del lavoro femminile non è certo inferiore a quella maschile. Il *World Economic Forum* mostra che il PIL pro capite è correlato positivamente con l'indicatore di uguaglianza di genere. Secondo recenti stime dell'OCSE e del Fondo Monetario Internazionale eliminare il *gender gap* in Europa porterebbe ad un aumento del PIL del 12% nei prossimi 15 anni. La stessa Bankitalia (che non può certo essere tacciata di essere un istituto femminista) in una ricerca di alcuni anni fa ha evidenziato che se l'Italia raggiungesse il traguardo fissato dal Trattato di Lisbona per un'occupazione femminile al 60% (oggi è circa al 46%), il nostro Prodotto interno lordo aumenterebbe del 7% con un conseguente incremento della ricchezza nazionale. Insomma aumentare l'eguaglianza di genere non è solo questione di diritti civili ma anche di convenienza economica. Infine si segnala che l'ultima ricerca di *Mc Kinsey Global Institute* del 2015 ha evidenziato quanto l'economia globale potrebbe guadagnare accelerando lo slancio verso la parità definendo «un problema urgente globale» la diseguaglianza di genere. Nei 95 Paesi analizzati nella ricerca le donne rappresentano attualmente solo il 37% del Pil pur essendo il 50% della popolazione (17% in India, 18% medio Oriente, 40% Europa, Nord America) mentre il 75% del lavoro non pagato (cura di bambini, anziani e della casa) spetta alle donne, ma questa tipologia di lavoro come noto non influisce sul Pil. Nel 2105 l'Italia si è collocata alla 41° posizione nel Global Gender Gap Index, tale indice, introdotto dal *World Economic Forum* nel 2006, fornisce un quadro in grado di mostrare l'ampiezza e la portata della disparità di genere in tutto il mondo. Per ogni nazione l'indice fissa uno standard del divario di genere basandosi su criteri economici, politici, in materia di educazione e salute. È pur vero che l'impatto dei diritti e delle possibili diseguaglianze non può essere discusso solo basandosi su dati meramente economici o sul "famigerato" Pil, tuttavia nel caso della lotta alle discriminazioni di genere – così come in diversi altri settori – è evidente che la realizzazione della parità risponderebbe non solo ad imperativi morali e giuridici ma anche economici che di questi tempi non sono certo trascurabili.

fragio universale e con la concreta partecipazione di tutte le cittadine e i cittadini.

Efficienza economica e giustizia sociale sono dunque legate in un circolo virtuoso o vizioso a seconda dei provvedimenti scelti e delle conseguenze che essi provocano. Spetta certamente alla politica guidare questo circolo nel senso della virtuosità con interventi di lungo termine coerenti con un programma di bene comune anche per le generazioni future[26]. L'economia insomma non è un Leviatano auto-creatosi e auto-gestito, la sfera economica non è obbligatoriamente disumana e antisociale, poiché l'economia è costituita da un insieme di atti personali e dalla relativa responsabilità che ne discende[27], così come dal senso del dovere oltre che dei diritti.

Appare dunque necessaria un'integrazione più effettiva ed efficace fra le libertà e i diritti sociali in modo che la giustizia sociale sia più economica e che al contempo l'economia sia più sociale, si deve lavorare insomma alla creazione di un'economia capace di avere il senso dell'etica[28].

Il principio di eguaglianza e i diritti sociali in generale sono stati messi a dura prova dalla crisi economica che da ormai molto tempo investe trasversalmente quasi ogni area del pianeta, i modelli economici predominanti sono stati lungamente (e forse lo sono ancora) ancorati al solo dato del prodotto interno lordo del singolo paese, per cui la qualità di vita di una nazione migliora quando, e solo quando, aumenta la percentuale pro capite di tale prodotto interno lordo, tuttavia questo non è effettivamente l'unico paradigma di sviluppo possibile, ne esiste anche un altro conosciuto come "*approccio dello sviluppo umano*" o "*approccio della/e capacità*" che si basa su cosa concretamente possono fare le persone in un determinato paese, quindi sui bisogni soddisfatti e sulle opportunità realmente offerte ai cittadini.

Questo nuovo paradigma di eguaglianza economica deve naturalmente confrontarsi con la c.d. positivizzazione costituzionale – soprattutto nella gran parte dei Paesi membri dell'Unione europea – del *Fiscal Compact*, il quale si basa essenzialmente sulle logiche elaborate dai mercati e dalle istituzioni mo-

---

[26] In tal senso cfr. A. D'ALOIA, *Introduzione. I diritti come immagini in movimento: tra norma e cultura costituzionale*, in A. D'ALOIA (a cura di), *Diritti e Costituzione: Profili evolutivi e dimensioni inedite*, Milano, 2003, LIII.

[27] Cfr. N. IRTI, *L'ordine giuridico del mercato*, Roma-Bari, 2004.

[28] Su tale impostazione etica cfr. F. CAFFÈ, *Lezioni di politica economica*, Torino, 1990; G. SAPELLI, *Etica dell'impresa e valori di giustizia*, Bologna, 2007; M. LUCIANI, *Unità nazionale e struttura economica. La prospettiva della Costituzione repubblicana*, in *Diritto e Società*, 2011; G. RAZZANO, *Lo "Statuto" costituzionale dei diritti sociali*, in E. CAVASINO-G. SCALA-G. VERDE (a cura di), *I diritti sociali dal riconoscimento alla garanzia: Il ruolo della giurisprudenza*, Napoli, 2013, 25.

netarie e in questa visione unidirezionale della realtà potrebbe addirittura condurre alla decostituzionalizzazione di alcuni diritti fondamentali. Non si vuole negare come il principio di equilibrio fra le entrate e le uscite risulti essere pienamente ragionevole, ma è opportuno soffermarsi sulla concreta valutazione degli effetti prodotti sul circuito dei diritti e dell'eguaglianza da disposizioni particolarmente rigide e perciò sostanzialmente sottratte al circuito democratico, venendo determinate per lo più da organi tecnocratici (soprattutto BCE e autorità monetarie internazionali). Questo sistema economico particolarmente inasprito dalla crisi economica comporta una forte compressione del diritto di eguaglianza ma questa azione non può essere considerata legittima in quanto l'eguaglianza quale principio di non discriminazione rappresenta la proiezione stessa della dignità della persona per cui essa non è un mero dato relazionale ma possiede un valore assiologico [29].

Ecco dunque perché ragionando di uguaglianza dobbiamo soffermarci sui costi della stessa, perché è arrivato il momento di riflettere approfonditamente se costi di più l'eguaglianza o la diseguaglianza anche considerando che in tutto il mondo le persone si sforzano di vivere dignitosamente e l'aumento del Pil non sempre fa la differenza nella qualità della vita individuale.

L'eguaglianza oggi ha dunque ancor più bisogno di un tempo dell'economia e di politiche che si pongano nel quadro "delle capacità" inteso come lo spazio più idoneo all'interno del quale valutare la qualità della vita, "l'approccio alle capacità" considera ogni persona come un fine, è un sistema incentrato sulla scelta o per meglio dire sulla libertà del singolo, per cui il bene fondamentale delle società consiste nella promozione per le rispettive popolazioni di un insieme di opportunità o libertà sostanziali [30]. L'approccio alle

---

[29] Cfr. M. BARBERA, *Eguaglianza e differenza nella nuova stagione del diritto antidiscriminatorio comunitario*, in *Giorn. dir. lav. e rel. ind.*, 2003, 399.

[30] In quest'ambito pare opportuno accennare alla recente sent. della Corte cost. (n. 173/2016) con cui è stata respinta la richiesta di incostituzionalità relativa al contributo, che scade nel dicembre 2016, sulle pensioni di importo più elevato. Su tali pensioni è stata inserita una trattenuta è progressiva: 6% per gli importi da 91.343 a 130.358,8 euro lordi annui; 12% per gli assegni da 130.358,81 a 195.538,20 euro; 18% da 195.538,21 euro in su. Per la Corte si tratta di un contributo di solidarietà interno al circuito previdenziale, giustificato in via del tutto eccezionale dalla crisi contingente e grave del sistema. La Corte, escludendo la natura tributaria, ha anche ritenuto che tale contributo rispetti il principio di progressività e, pur comportando innegabilmente un sacrificio sui pensionati colpiti, sia comunque sostenibile in quanto applicato solo sulle pensioni più elevate, da 14 a oltre 30 volte superiori alle pensioni minime. La previsione in esame era stata varata dal Governo Letta con la Finanziaria 2014 che aveva introdotto un prelievo di solidarietà triennale e progressivo sulle pensioni alte, oltre i 91 mila euro annui, e una revisione al ribasso, pure progressiva, dell'adeguamento Istat degli assegni al costo della vita. Tali disposizioni erano state successivamente impugnate con 6 diverse ordinanze da varie sezioni regionali della Corte dei Conti sulla scorta dei ricorsi presentati da ex magistrati, ex professori universitari e di-

capacità punta al rispetto della scelta delle persone, si preoccupa dell'ingiustizia sociale e delle diseguaglianze e conduce a migliorare la qualità della vita di ciascuno[31]. Economia ed eguaglianza potrebbero dunque anche camminare insieme.

Questo volume, nato da un'esigenza decisamente pratica, presenta contributi di grande spessore che cercano di ripercorrere il paradigma dell'eguaglianza; si è indagato il fenomeno dell'eguaglianza nelle sue molteplici sfaccet-

---

rigenti di enti pubblici e privati che le considerano irragionevoli rifacendosi sia ai precedenti della Consulta in materia che e al fatto che «*il reddito da pensione non ha ragione di contribuire di più rispetto ad altri redditi alle entrate e uscite pubbliche. Qui invece si ha il paradosso che se si prendono più di 300 mila euro di reddito non pensionistico, si concorre di meno che se se ne prendono altrettanti di pensione*». Per quanto concerne la giurisprudenza costituzionale, si nota come provvedimenti simili varati nel 2011 erano già stati esaminati e dichiarati incostituzionali. Il Governo Letta li ha però riproposti con dei correttivi per riequilibrare le misure ed evitare una delle principali censure e cioè che il prelievo di solidarietà venga assimilato ad una trattenuta di natura tributaria. La difesa degli interventi di prelievo si rifà al «*principio di solidarietà sociale, progressivo e temporaneo*», e tocca assegni a partire da 14 volte il minimo Inps e va valutata all'interno di un quadro che punta ad «*assicurare anche le pensioni future*» in un'ottica di solidarietà intergenerazionale. In questo senso il contributo di solidarietà non viola principi quali quello di solidarietà sancito dall'art. 2 Cost. o della capacità contributiva, previsto dall'art. 53. Secondo l'avvocatura dello Stato, intervenuta a nome della Presidenza del Consiglio, «*l'impostazione che sta dietro le ordinanze con cui è stata sollevata la questione di costituzionalità è vecchia, superata, perché non tiene conto del fatto che qualcosa è cambiato né della congiuntura economica*», considerando anche che con l'introduzione delle norme sull'equilibrio di bilancio «*la finanza pubblica diventa un bene da tutelare in via prioritaria*». Si parla di "solidarietà intergenerazionale" e la stabilità di bilancio non viene assunta come criterio astratto, ma tutto interno al sistema previdenziale, con l'obiettivo di assicurare anche in futuro gli assegni pensionistici. Questa pronuncia che ha fatto molto discutere dimostra l'importanza del dato economico nella realizzazione del principio di eguaglianza sostanziale, sempre più infatti lo Stato necessita di opportune risorse per cercare di ridurre le differenze sociali e garantire politiche di pari opportunità che come già detto implicano costi. L'eguaglianza dunque non è gratuita resta da vedere se è davvero legittimo costituzionalizzare un dovere di solidarietà contributivo, oppure se così facendo non si corra il rischio di minare lo stesso principio di eguaglianza.

[31] Non si deve credere che il c.d. "*approccio delle capacità*" rappresenti solo una riflessione filosofica priva di una base reale. Esso ha invece una vera e proprio concretezza economica come dimostrano gli studi e i diversi scritti del Premio Nobel per l'economia (1988) Amartya Kumar Sen.

Su tale importante paradigma economico cfr. A. SEN, *Welfare, and Measurement*, Oxford, 1982; A. SEN, *Risorse, valori, sviluppo*, Torino, 1992; A. SEN, *Lo sviluppo è libertà. Perché non c'è crescita senza la democrazia*, Milano, 2000; M.C. NUSSBAUM, *Diventare persone*, Bologna, 2001; A. SEN, *Etica ed economia*, Roma, 2002; M.C. NUSSBAUM, *Giustizia sociale e dignità umana*, Bologna, 2002; A. SEN, *Razionalità e libertà*, Bologna, 2006; A. SEN, *L'idea di giustizia*, Milano, 2010; M.C. NUSSBAUM, *Non per profitto*, 2011; M.C. NUSSBAUM, *Creare capacità. Liberarsi della dittatura del Pil*, Bologna, 2012.

tature anche se forse l'eguaglianza è un prisma con così tante facce che conoscerle tutte risulterà sempre impossibile [32].

Questo percorso ci ha comunque convinto ancora di più del valore e del significato essenziale del principio di eguaglianza nella vita di ognuno di noi. L'eguaglianza non è un semplice concetto filosofico, non è il sogno di un giurista, l'eguaglianza è libertà, è pari opportunità, essa impone uno sforzo continuo e costante dei singoli e dei governi al fine di rimuovere gli ostacoli che ancora oggi si frappongono alla declinazione completa di tale paradigma. Senza uguaglianza non possiamo esistere, uno Stato che si finge egualitario ma non offre pari opportunità ai soggetti che si trovano a vivere ed operare in esso è uno Stato effettivamente anti-democratico.

L'eguaglianza è essenziale per la democrazia e ognuno di noi deve contribuire a conoscere e stigmatizzare ogni forma di stereotipo e di diseguaglianza che incontra nel suo cammino di essere umano poiché solo in tal modo potremo sperare di contribuire a creare un mondo migliore per noi e per i nostri figli, non in un'ottica di utopica retorica ma nella concreta realtà delle nostre vite.

---

[32] Purtroppo le situazioni che possono dare origine a diseguaglianze sono più numerose di quelle riportate nel volume, ad esempio nel dicembre del 2014 nel caso *Fagog Arbejde* (FOA) la Corte di giustizia dell'Unione europea ha affermato che anche se nessun principio generale dell'Unione vieta le discriminazioni fondate sull'obesità, essa può essere ricompresa nella nozione di *handicap* quando impedisce, a talune condizioni, la piena ed effettiva partecipazione della persona alla vita professionale su base di uguaglianza con gli altri lavoratori. Insomma i trattamenti discriminanti possono sorgere rispetto ad infiniti parametri, ma come ricorda l'art. 3 nessuna condizione personale o sociale può essere alla base di un trattamento differenziato, per questo i campi di applicazione del principio di eguaglianza sono praticamente infiniti.

CAPITOLO I
UGUALI SENZA DISTINZIONE DI SESSO

SOMMARIO: 1. *L'eguaglianza tra i sessi nel diritto di famiglia* (di Annalisa Atti). – 1.1. Dal XIX secolo al codice civile del 1942: la famiglia tra diritto e tradizione. – 1.2. Visione del (speranza nel) futuro: l'art. 29 Cost. e la parità coniugi tra loro, l'art. 30 Cost. e la pari responsabilità nei confronti dei figli. – 1.3. *Festina lente*, ovvero il lento adeguamento del codice al dettato costituzionale. – 1.4. Le "riforme generazionali" del diritto di famiglia del 1975 e del 2012-13. – 1.5. Traguardo raggiunto? – 1.6. Le famiglie multiculturali e multidiritto. L'uguaglianza morale e giuridica dei coniugi tra diritto internazionale privato e principi fondanti dell'ordinamento. – 2. *L'eguaglianza tra i sessi nel lavoro* (di Patrizia Tullini). – 2.1. L'eguaglianza tra i sessi nel lavoro: il punto di partenza costituzionale e la narrazione pubblica. – 2.2. La partecipazione delle donne al mercato del lavoro: il dualismo cronico e un'interazione poco virtuosa tra fattori socio-economici, culturali e giuridici. – 2.3. Politiche e misure di conciliazione come strumenti di uguaglianza tra i sessi sul lavoro. – 2.4. Il vento della depenalizzazione sul diritto antidiscriminatorio. – 3. *L'eguaglianza tra i sessi e la rappresentanza* (di Marilisa D'Amico). – 3.1. Rappresentanza politica e rappresentanza "di genere". – 3.2. Il percorso italiano tra legislatore e Corte costituzionale. – 3.3. Il nuovo art. 51 Cost. e la doppia preferenza di genere. – 3.4. L'impegno delle Regioni per le pari opportunità in politica. – 3.5. La difficoltosa attuazione del principio costituzionale di pari opportunità da parte del legislatore statale. – 3.6. La democrazia paritaria in Parlamento. – 3.7. L'emblematico caso delle Giunte regionali e degli enti locali. – 3.8. I passi ancora da compiere nel cammino verso una democrazia paritaria. – 4. *Diritto e corpo delle donne* (di Carla Faralli). – 4.1. Premessa. – 4.2. La legge n. 194/1978 sull'interruzione volontaria di gravidanza. – 4.3. La legge n. 40/2004 sulla procreazione medicalmente assistita. – 4.4. La legge n. 66/1996 sulla violenza sessuale. – 5. *La medicina di genere* (di Valeria Dubini). – 5.1. Premessa. – 5.2. Un po' di storia. – 5.3. Per la costruzione di un'ottica di genere. – 5.4. Alcuni esempi. – 5.4.1. "Lo strano caso della malattia CV". – 5.4.2. Altre differenze. – 5.5. Breve riflessione conclusiva. – 6. *La violenza contro le donne come forma di discriminazione* (di Maria Milly Virgilio). – 7. *La violenza contro le donne e il fenomeno dello* stalking (di Chiara Sgarbi). – 7.1. *Stalking* e violenza contro le donne: premesse. – 7.2. Identificazione e diffusione dello *stalking*. – 7.3. Le modalità di attuazione dello *stalking*. – 7.4. Autori e vittime: caratteristiche e classificazioni. – 7.5. Conseguenze, protezione e interventi. – 7.6. Nuove prospettive di ricerca. – 8. *La risposta alla violenza di genere: la casa delle donne per non subire violenza* (di Susanna Zaccaria). – 8.1. La nascita dei centri antiviolenza. – 8.2. Un luogo deputato all'accoglienza: metodo e principi operativi. – 8.3. Le attività di sensibilizzazione e formazione. – 8.4. Il Centro Antiviolenza a Bologna oggi. – 8.5. I Centri in rete: il Coordinamento regionale dei Centri Antiviolenza e delle Case delle Donne–l'Associazione Di.re. – 9. *Dagli stereotipi alle diseguaglianze di genere: un passo che si può (e si deve) evitare* (di Giovanna Cosenza). – 9.1. Che cos'è uno stereotipo. – 9.2. Il nesso fra stereotipi e pregiudizi. – 9.3. Gli stereotipi sono in una certa misura necessari e come

1. L'eguaglianza tra i sessi nel diritto di famiglia *

1.1. Dal XIX secolo al codice civile del 1942: la famiglia tra diritto e tradizione.

Dopo secoli di irrilevanza della famiglia per il diritto statale, se non per aspetti patrimoniali legati ad un rapporto familiare (disciplina delle successioni, attribuzione della capacità d'agire ai soggetti facenti parte di una famiglia e regolamentazione della potestà su di loro, e così via), alla fine del secolo dei lumi la famiglia irrompe nel diritto (o, forse, sarebbe più appropriato dire che il diritto irrompe nella famiglia).

Lo Stato, da quel momento, rivendica la propria sovranità anche sull'unione familiare tra due persone, di cui intende disciplinare i profili "contrattuali" [1], mutando così atteggiamento rispetto all'indifferenza precedente, che lasciava unicamente al diritto canonico la regolamentazione dell'atto costitutivo del rapporto. Non è un caso che, proprio in virtù della netta secolarizzazione del matrimonio, il *Code Napoléon* introduca l'istituto del divorzio (artt. 229 [2] e

---

* Di Annalisa Atti.

[1] La Dichiarazione dell'Assemblea Costituente nella Cosituzione del 1791, articolo 7 del titolo primo parla della natura di "contratto civile" del matrimonio, cui fa seguito la legge 20 settembre 1792: «*La constitution appelle le mariage un contrat civil (...) ses bases tiennent uniquement au droit civil et naturel et il faut bien se garder de confondre le contrat et le sacrement. Le mariage n'est donc qu'un contrat civil, et, si c'est contrat, c'est à la puissance seculière d'en régler les formes*».

[2] Art. 229, «*Potrà il marito domandare il divorzio per causa d'adulterio della moglie*»; art. 230, «*Potrà la moglie domandare il divorzio per causa d'adulterio del marito, allorché egli avrà tenuta la sua concubina nella casa comune*», regola poi arrivata sino ai giorni nostri anche nel codice civile italiano, vedi *amplius infra*; art. 231, «*I conjugi potranno domandare reciprocamente il divorzio per eccessi, sevizie o ingiurie gravi dell'uno verso dell'altro*»; art. 232, «*La condanna di uno de' conjugi a pena infamante sarà per l'altro una causa di divorzio*».

ss., e in particolare art. 233 [3] c.c.), segnale della precisa presa di distanza dalla regolamentazione solo religiosa dell'unione, fino a quel momento seguita.

Nel disciplinare non il matrimonio come atto ma come rapporto, la disciplina "*Dei diritti e dei rispettivi doveri dei conjugi*", contenuta nel Capo VI del Libro I del *Code* agli artt. 212-226, a dire il vero ben poco innova rispetto alla tradizione consuetudinaria, sia per quanto riguarda la preponderante parte dedicata ai rapporti patrimoniali [4], sia per quanto riguarda quella sui rapporti più propriamente personali tra coniugi. Per questi ultimi, troviamo scarne regole, tralatizie, che permarranno in vigore, non solo in Francia, per tutto il se-

---

[3] «*Il consenso scambievole e perseverante de' conjugi, espresso nella maniera prescritta dalla legge, sotto le condizioni, e dopo gli esperimenti determinati da essa, proverà sufficientemente che la vita comune è loro insopportabile, e ch'esiste, relativamente ai medesimi, una causa perentoria di divorzio*». Questa norma sembra essere il più significativo indizio, appunto, della contrattualizzazione del matrimonio, fondato sull'accordo delle parti (art. 146 c.c., «*Non vi è matrimonio ove non vi è consenso*»), e quindi coerentemente scioglibile per mutuo dissenso; concezione che tarda quasi due secoli ad affermarsi in Italia.

È interessante notare che la disciplina del divorzio, di cui sono regolate minuziosamente formalità, procedure e conseguenze, sia in caso di divorzio per causa determinata (artt. 234-271), sia in caso di divorzio consensuale (artt. 275-294), oltre che gli effetti, in specie patrimoniali (artt. 295-305), contiene – per il solo divorzio consensuale – una previsione di salvaguardia per la moglie di grande delicatezza: l'art. 277, «*Parimente non si ammetterà il divorzio per reciproco consenso dopo venti anni di matrimonio, né quando la moglie sarà nell'età d'anni 45*». Altra disciplina di salvaguardia del coniuge debole è quella che, in corso di matrimonio, prevede la comunione dei beni come regime legale, scelta che da noi si affermerà solo con la riforma del diritto di famiglia del 1975.

[4] Sui rapporti patrimoniali, troviamo disposizioni coerenti con la mancanza di autonoma capacità di agire in capo alla moglie, salvo ipotesi eccezionali: «*La moglie non può stare in giudizio senza l'autorizzazione del marito, quand'anche ella esercitasse pubblicamente la mercatura, o non fosse in comunione, o fosse separata di beni*» (art. 215); «*La donna, ancorché non sia in comunione o sia separata di beni, non può donare, alienare, ipotecare, acquistare, a titolo gratuito od oneroso, senza che il marito concorra all'atto, o presti il suo consenso in iscritto*» (art. 217); la nullità che deriva dalla mancanza di autorizzazione è però relativa, ovvero può essere sollevata solo da marito, moglie e loro successori (art. 225). Sono previste possibilità di ricorso al giudice, per ottenere l'autorizzazione negata dal marito o impossibile a darsi da questi (artt. 218, 219, 221, 222, 224). I casi eccezionali di riconoscimento di capacità di agire della moglie sono contemplati negli artt. 216, «*L'autorizzazione del marito non è necessaria allorché la moglie è assoggettata ad inquisizione criminale o di polizia*», 220, «*La moglie, esercitando pubblicamente la mercatura, può, senza l'autorizzazione del marito, contrarre obbligazioni per ciò che concerne il suo negozio; e, nel detto caso, ella obbliga anche il marito, se vi è comunione tra essi. – La moglie non è considerata esercente pubblica mercatura, se non fa che vendere al minuto le mercanzie del traffico di suo marito, ma soltanto quando ella esercita un traffico separato*» e 226, «*La moglie può far testamento senza l'autorizzazione del marito*».

colo XIX ed oltre: «*I conjugi hanno il dovere di reciproca fedeltà, soccorso, assistenza*» (art. 212), «*Il marito è in dovere di proteggere la moglie, la moglie di obbedire al marito*» (art. 213), «*La moglie è obbligata ad abitar col marito, ed a seguitarlo ovunque egli crede opportuno di stabilire la sua residenza: il marito è obbligato a riceverla presso di sé, ed a somministrarle tutto ciò, ch'è necessario ai bisogni della vita, in proporzione delle sue sostanze e del suo stato*» (art. 214). Si può dire che, a parte fissare la gerarchia tra coniugi nel rapporto matrimoniale[5], ed alcuni principi di "organizzazione", il *Code Napoléon* evita di regolamentare in dettaglio la vita coniugale; probabilmente in ossequio alla concezione che la famiglia sia una società naturale, preesistente al diritto, rispetto alla quale questo deve limitarsi a disciplinare il "confine" giuridico dell'istituto/istituzione[6].

In Italia, dopo il periodo della Restaurazione, il codice civile unitario del 1865, c.d. Codice Pisanelli, è innovativo rispetto alle scelte, spesso esageratamente tradizionaliste, di molti codici preunitari, rifacendosi dichiaratamente al *Code Napolèon*; senza tuttavia raccoglierne integralmente gli spunti più rilevanti, che avrebbero comportato una netta cesura con le precedenti normative "nostrane". Non venne infatti accolto né l'istituto del divorzio, né la comunione dei beni come regime patrimoniale legale tra coniugi. Però il Codice Pisanelli contiene sia una sorta di parità e reciprocità nei diritti e doveri che discendono dal matrimonio (art. 130) – tanto che, pur ribadendo il ruolo di capofamiglia del marito, non impone alla moglie il dovere di obbedienza (artt. 131 e 132) –, sia una qualche condivisione di doveri e diritti rispetto alla prole (art. 138), pur nel riconoscimento del ruolo di capo famiglia in capo al padre. Le altre regole, concernenti autorizzazione maritale e rapporti patrimoniali, sono pressoché identiche a quanto già veniva disposto nel *Code Napoléon*.

Il quadro giuridico della disciplina del matrimonio e della famiglia si conserva poi sostanzialmente immutato fino alla nuova codificazione del secolo XX, anche se il sistema, nel suo complesso, conosce nel tempo intermedio importanti innovazioni, in particolare il riconoscimento della capacità femminile[7].

---

[5] E familiare, in quanto analoga regolamentazione gerarchica era prevista anche nel rapporto di filiazione, con preminenza, anzi esclusività, del ruolo paterno rispetto ai figli, artt. 371-387 c.c., Titolo IX del I Libro significativamente intitolato "*Della patria potestà*".

[6] «*Una roccia che il mare del diritto lambisce, ma non attraversa*", come affermava molto più tardi JEMOLO, *La famiglia e il diritto*, in *Annali del Seminario Giuridico dell'Università di Catania*, Napoli,1949.

[7] L'abrogazione dell'autorizzazione maritale, e dunque il riconoscimento alle donne della capacità di agire piena, avvenne per opera della legge 19 luglio 1919, n. 1176, c.d. legge Sacchi. Innovazione non a caso post bellica, ovvero che segue ad un periodo in cui, gli uomini assenti, le donne agivano in prima persona nell'amministrazione di beni, impre-

Il codice civile del 1942, tanto innovativo rispetto al passato in ambito negoziale, per quanto riguarda la famiglia non esce invece dal solco della tradizione[8]; l'art. 143, sui diritti e doveri che nascono dal matrimonio, è meramente riproduttivo dell'art. 130 Codice Pisanelli, e così pure l'art. 144, che riconosce nel marito il capo della famiglia, è uguale all'art. 132 c.c. del 1865; l'art. 147, sui doveri e diritti riguardo alla prole, è identico all'art. 138 c.c. del 1865. Il figlio deve onorare e rispettare i genitori (art. 315) indipendentemente dall'essere soggetto o no alla loro potestà, che è esercitata – di norma – dal solo padre (art. 316), pur se è attribuita[9] ad entrambi i genitori. Permane, anche nel codice del 1942, la separazione dei beni come regime patrimoniale legale.

Nei rapporti personali, il ribadire (artt. 143 e 144 c.c.) che il marito è il capo della famiglia, e deve "*proteggere*" la moglie, avvallò per lungo tempo, in ottica paternalistica, l'idea che egli godesse di un potere di correzione, veto e controllo sulla vita, privata oltre che lavorativa, della moglie. La differenza di considerazione della dignità personale dei coniugi è resa palese nella permanente previsione di una differenza tra adulterio della moglie ed adulterio del marito (Art. 151 «*Cause di separazione personale. La separazione può essere chiesta per causa di adulterio, di volontario abbandono, eccessi, sevizie, minacce o ingiurie gravi. – Non è ammessa l'azione di separazione per adulterio del marito, se non quando concorrono circostanze tali che il fatto costituisca un'ingiuria grave alla moglie*»), ribadita anche dalle disposizioni penalistiche in materia, di pochi anni precedenti[10].

In sostanza, il modello scelto dal legislatore del 1942 è coerente con la tradizione giuridica preesistente, ma anche con l'ideologia autoritaria dell'epoca: sono così spiegabili l'accentuazione del concetto di unità familiare (sulla scia della diffusa tendenza a ricondurre i rapporti tra soggetti, anche economici, a corporazioni, a istituzioni, dotate di propria consistenza e portatrici e rappresentanti di interessi superindividuali) e la previsione di una potestà di inter-

---

se, famiglie; identica considerazione può esser fatta per la concessione del diritto di voto alle donne, nel 1946; dopo la capacità giuridica, quella politica.

[8] Vi è da dire che il prevedere la prevalenza del capofamiglia, marito e padre, è pienamente coerente con l'impostazione "patrimonialistica" della codificazione italiana del 1942, che attribuisce maggiore rilievo alle ragioni della produzione, del commercio e della sicurezza dei traffici, della ricchezza, rispetto alle ragioni attinenti ad interessi non patrimoniali.

[9] Forse la disposizione più innovativa rispetto alla tradizione del *Code*.

[10] Reato di "adulterio" a carico della moglie che fosse stata infedele al marito, con pena della reclusione fino a un anno (art. 559 c.p.), e reato di "concubinato" a carico del marito che avesse tenuto una concubina nella casa coniugale o altrove, con pena della reclusione fino a due anni (art. 560 c.p.). Disposizioni, come si è visto, identiche a quelle contemplate già nel *Code Napoléon*.

vento pubblico nella famiglia (che consentiva al giudice di ingerirsi all'interno dei rapporti familiari, non solo per supplenza o integrazione, ma spesso anche per direzione e controllo) [11].

1.2. Visione del (speranza nel) futuro: l'art. 29 Cost. e la parità dei coniugi tra loro, l'art. 30 Cost. e la pari responsabilità nei confronti dei figli.

Il codice civile, nella sua originaria impostazione e formulazione, ebbe, come noto, vita breve. La fine della guerra, la caduta del fascismo, l'avvento della Repubblica, il mutamento del panorama internazionale e quello dello stesso contesto interno, rendevano per certi versi datato un testo elaborato solo pochi anni prima; ai fini del discorso che ci interessa, al successivo riconoscimento del diritto di voto alle donne (1946), e alla partecipazione di molte donne ai lavori dell'assemblea costituente non fu estranea l'attiva partecipazione femminile alla vita politica ed alla Resistenza, nel periodo pre e post bellico e durante la guerra.

Certamente, la principale causa di mutamento del quadro giuridico sistematico di riferimento è costituita, soprattutto nel campo dei diritti fondamentali, dalla Costituzione della neonata Repubblica. Il principio fondante che ispira la Costituzione repubblicana, e che ne costituisce il *fil rouge* per eccellenza, va individuato nella affermazione del valore e della centralità della persona nel sistema sociale, giuridico, economico del nostro Paese [12]. Ciò, sembra di particolare rilievo nella disciplina della famiglia, visto che il valore della persona trova la sua prima e più significativa sede e occasione di crescita nell'ambito della famiglia, come prima e "naturale" [13] "formazione sociale" in cui

---

[11] P. RESCIGNO, *Introduzione al Codice civile*, Roma-Bari, 1991, 30, 69, parla di linea "*paternalistica*" di uno Stato "*interventista*". Basti leggere gli artt. 330-337 c.c. testo originario; da segnalare che il codice del 1942, eliminando il "consiglio di famiglia" ed attribuendo i relativi compiti al Giudice tutelare, organo pubblico, accentuò gli aspetti autoritativi di disciplina dei rapporti familiari.

[12] La Costituzione «*inaugura e promuove una concezione nuova e diversa di famiglia, nucleare e propriamente comunitaria, funzionale e propriamente solidaristica, la quale, muovendo – con esatto rovesciamento di impostazione – dal "primato" della persona quale valore apicale dell'ordinamento, la famiglia ora intende e configura quale formazione sociale in esclusiva funzione esplicativa della persona stessa*» (così V. SCALISI, *Le stagioni della famiglia nel diritto dall'unità d'Italia ad oggi*, in *Riv. Dir. civ.*, 2013, 5, 11043, che qui riprende il pensiero di Pietro Rescigno).

[13] Parla di "*formazione sociale primaria*" Corte cost. n. 183/1988. Nell'intento dei Costituenti, l'art. 29 Cost. non aveva una portata giusnaturalistica: la dizione "società naturale" – come sostenuto da Nilde Iotti – intendeva affermare, in contrasto alla pratica diffusa

la persona crea e sviluppa la propria personalità (artt. 2 e 3 Cost.) [14]. Alla luce

---

nel precedente periodo e nello stesso codice, il rifiuto dell'ingerenza dello Stato nell'autonomia della famiglia, come ad esempio l'obbligo di indirizzare l'educazione dei figli al sentimento nazionale fascista; mirava alla dichiarazione della intangibilità naturale dell'organismo familiare (Dossetti) ed alla determinazione di limiti all'ingerenza dello Stato, possibile solo in determinati casi eccezionali, come l'assicurare l'uguaglianza tra i coniugi o l'educazione della prole; parlando di società naturale – e non "società di diritto naturale" – non si intendeva ammettere solo la famiglia legittima fondata sul matrimonio (così Moro); in questo senso "naturale" dovrebbe significare "razionale", nel senso che la famiglia società naturale non si esaurisce necessariamente nel consesso basato sul matrimonio, magari anche sacramento, ma è presistente ed in un certo senso indifferente al vincolo formalizzato. Il che introduce elementi di elasticità, e di relatività, sociale e storica, nel concetto di famiglia; forse senza che chi promulgava l'adozione di questo termine se ne rendesse conto. Secondo N. LIPARI, *Riflessioni sul matrimonio a trent'anni dalla riforma del diritto di famiglia*, in *Riv. trim. dir. proc. civ.*, 2005, 717, «*oggi la realtà fenomenica è tutta spostata sul versante del rapporto e quindi la disciplina va ricercata in funzione della posizione dei soggetti all'interno del medesimo; si rende così necessario il superamento del "riferimento ad un atto costitutivo come criterio rilevante per la determinazione di una disciplina del vincolo familiare"*». È tutt'ora aperto il dibattito sulla questione della adozione o meno, da parte della Costituzione, di un modello tipico di famiglia, quella fondata sul matrimonio, modello vincolante anche per il legislatore ordinario perché espressione di una «*scelta categoriale di valori operata a livello costituzionale*» (così G. GIACOBBE, *Il modello costituzionale della famiglia nell'ordinamento italiano*, in *Riv. Dir. Civ.*, 2006, 4, 10481 ss.).

La contraddizione implicita nel parlare di famiglia come società "naturale", però fondata sul matrimonio (tipicamente "negozio giuridico", come correttamente osservava Calamandrei in assemblea), proprio perché consente il richiamo a diverse posizioni e concezioni è stata definita una "*felice ambiguità*" (così P. RESCIGNO, *Le formazioni sociali intermedie*, in *Riv. Dir. Civ.*, 1998, I, 301 ss.); essa richiama, secondo questa interpretazione, la categoria delle formazioni sociali, luogo di autonomia privata e di sviluppo della personalità dei soggetti nel contesto dei rapporti sociali, di cui all'art. 2 Cost.

Non viene qui affrontata la problematica relativa alla riconduzione del diritto di famiglia all'ambito del diritto privato o pubblico, pur molto dibattuta per lungo tempo, e basata proprio sul presupposto di una rivendicata autonomia, e intima "sovranità", dell'istituzione rispetto alle regole del diritto privato, nonché alla teoria della pluralità degli ordinamenti giuridici del Santi Romano; occorre però far notare che essa ha avuto una decisa influenza nel dibattito tra considerazione delle norme costituzionali in materia come programmatiche oppure come direttamente precettive, spesso alla base di alcune pronunce della Corte costituzionale, in un senso o nell'altro.

[14] Secondo F. CAGGIA-A. ZOPPINI, in *Comm. Costituzione* (a cura di R. Bifulco-A. Celotto-M. Olivetti), *sub* art. 29, I, Torino, 2006, 607, l'art. 2 Cost., «*nell'anteporre i diritti dei singoli a quelli del gruppo, rappresenta un sicuro argomento in favore di un'autonomia del gruppo intesa nel senso di regolare in modo originale e libero il concreto interesse dei singoli e i loro rapporti*». La notazione non è priva di importanza anche nella successiva evoluzione del diritto di famiglia, sempre più votato ad una esaltazione dei diritti e delle posizioni individuali dei singoli componenti la famiglia, indifferente se non prevalente rispetto alla

della nuova impostazione, il codice del 1942 mostrava quindi nelle parti dedicate ai diritti della persona e della famiglia la sua non attualità, pur se in alcuni altri suoi principi fondanti, in specie quelli in materia contrattuale, manteneva una decisa innovatività rispetto al passato.

Il testo finale degli articoli della Costituzione che riguardano la famiglia mostra chiaramente la profonda innovazione rispetto alla tradizione [15], che si è appena visto essere rappresentata da norme sopravvissute pressoché invariate per quasi 150 anni, ma non rende l'idea del grande lavoro di mediazione e propulsione compiuto dall'Assemblea costituente su questo tema. Spesso, nelle parole dei costituenti, si trova affermata l'idea che occorra «*fare una Costituzione che impegna la legge futura ma non è impegnata dalla legge presente*» [16]: questa è, probabilmente, la migliore sintesi della portata innovativa della nostra Costituzione, soprattutto in questa materia [17].

Oggi, leggere che «*La Repubblica riconosce i diritti della famiglia come società naturale fondata sul matrimonio. – Il matrimonio è ordinato sull'eguaglianza morale e giuridica dei coniugi, con i limiti stabiliti dalla legge a garanzia dell'unità familiare*» (art. 29 Cost.), e che «*È dovere e diritto dei genitori mantenere, istruire ed educare i figli, anche se nati fuori del matrimonio. (...) – La legge assicura ai figli nati fuori del matrimonio ogni tutela giuridica e sociale, compatibile con i diritti dei membri della famiglia legittima*» (art. 30 Cost.), non ci appare rivoluzionario; ed anzi da tempo si discute della legittimità e portata di quei limiti stabiliti a garanzia dell'unita familiare, e di quella compatibilità tra famiglia "tradizionale" e filiazione extraconiugale.

Eppure, dietro alla formulazione di queste disposizioni vi era un cambiamento di visione epocale [18] rispetto al passato. Leggere le relazioni e gli

---

considerazione delle esigenze ed istanze del "gruppo" familiare come entità, dotata di proprio *ubi consistam*.

[15] Si veda F. BIONDI, *Famiglia e matrimonio. Quale modello costituzionale*, 2013, in *www.gruppodipisa.it*.

[16] Tupini, seduta del 23 aprile 1947. Osserva G. GIACOBBE, *Il modello costituzionale...*, cit., che la Costituzione «*Da un lato, ha recepito le istanze che promanavano dalla società civile, le ha giuridificate e ha identificato i rapporti che da tale giuridificazione conseguono; dall'altro, ha precorso l'evoluzione futura delle istanze della società*».

[17] M. BESSONE, *Art. 29*, in *Commentario della Costituzione*, a cura di G. BRANCA, *Rapporti etico-sociali (art. 29-34)*, Bologna-Roma, 1976, 3, parla di «*organiche direttive di contestuale trasformazione dell'ordinamento familiare e delle strutture di organizzazione della società* (che) *risultano coerenti al progetto complessivo di una carta costituzionale che una volta di più si segnala per il suo valore di "documento politico, oltre che giuridico"*».

[18] Parla di riforme generazionali ricorrenti nel diritto di famiglia V. CARBONE, *Le riforme generazionali del diritto di famiglia*, in *Fam. e dir.*, 2015, 972. Nell'articolo di Carbone è molto interessante la ricostruzione storico-sociologica del concetto di famiglia, in particolare per

atti dell'assemblea costituente[19] offre uno straordinario spaccato di quali fossero gli oggetti del dibattito e del confronto tra le diverse anime, ideologiche e culturali, dei padri e delle madri costituenti, di quali fossero le poste in gioco, e di quale sia stata la grandezza della sintesi cui si è pervenuti, su aspetti fondamentali quali l'indissolubilità del matrimonio, principio non accolto per soli tre voti e dopo dibattito estenuante; la parità giuridica e morale tra coniugi, principio affermato a dispetto del tentativo di costituzionalizzare invece il principio di necessaria, almeno in caso di conflitto o difficoltà, prevalenza maritale; la parità di posizioni e diritti, rispetto ai genitori, tra figli legittimi e figli naturali, affermata nonostante l'ostilità da più parti espressa.

E ciò, a dispetto di quello che veniva ritenuto "ovvio" da larga parte degli stessi costituenti. Calamandrei, in adunanza plenaria, affermò che «*il nostro diritto vigente – che nessuno, per ora, che io sappia, vuole cambiare – non è basato sull'uguaglianza giuridica dei coniugi: perché il capo della famiglia è il marito, è lui che dà il cognome alla moglie ed ai figli, è lui che stabilisce il domicilio della famiglia, e la moglie è obbligata a seguire il marito, e non viceversa. E questa diseguaglianza giuridica dei coniugi nella famiglia è una esigenza di quella unità della famiglia, di questa società, che, per poter vivere, ha bisogno di essere rappresentata e diretta da una sola persona. Si potrebbe cambiare questo sistema: e stabilire che capo della famiglia sia la moglie, che essa dia il cognome ai figli e stabilisca il domicilio, e che il marito sia obbligato a seguire la moglie; e che ad essa spetti la patria potestà sui figli. Sarebbe un altro sistema. Ma tra questi due sistemi bisogna scegliere: uno intermedio, che dia a tutt'e due i coniugi la assoluta parità giuridica, non esiste*». Bozzi, nella stessa sede, affermò che si rendeva «*conto delle esigenze, non solo sentimentali, che devono spingerci ad una maggiore considerazione verso i figli nati fuori del matrimonio; ma dobbiamo anche tenere presente che nella categoria dei figli naturali sono compresi diversi tipi, diverse sottocategorie. Vi sono i figli adulterini; i figli incestuosi, i quali nascono da un fatto che è spesso delittuoso. Ora, ammettere, senza alcuna distinzione, l'eguaglianza di tutte le categorie di figli naturali con i figli legittimi, a me pare non rispondente alla nostra coscienza civile e morale, ed in contrasto con gli stessi fini politici che la famiglia, fondata sul matrimonio, deve raggiungere come cellula primigenia dello Stato*».

---

quanto riguarda la distinzione tra i due piani orizzontale (rapporto tra coniugi) e verticale (rapporto tra genitori e figli) nell'evoluzione della disciplina normativa dal secolo scorso ad oggi.

[19] Rinvenibili (discussioni, relazioni e proposte) all'indirizzo web *http://legislature.camera.it/frameset.asp*. Si veda per un resoconto anche F. CAGGIA-A. ZOPPINI, in *Comm.* Bifulco-Celotto-Olivetti, cit., 602 ss., nonché R. BIAGI, *Famiglia e Costituzione*, Milano, 1989.

Nonostante ciò, i due articoli vennero approvati. Ma per parecchio tempo restarono sostanzialmente inattuati e vi è chi osserva che «*dottrina e giurisprudenza si sono mostrate poco recettive dei valori costituzionali, in posizione di quasi indifferenza. Attraverso una sorta di "costituzionalizzazione" della normativa codicistica vigente, si è dato vita, soprattutto ad opera della dottrina, a quella che nel tempo sarebbe apparsa come una vera e propria "inversione" della gerarchia delle fonti, e però posta in essere con l'avallo sia del giudice di legittimità che di quello delle leggi. Il tutto, nonostante che a sostegno della immediata "precettività" delle disposizioni costituzionali interessate, come pure della urgente necessità di una essenziale opera di adeguamento della disciplina vigente ai nuovi principi e valori, si fossero già all'epoca levate voci autorevoli sia del costituzionalismo che della stessa civilistica*» [20].

1.3. *Festina lente*, ovvero il lento adeguamento del codice al dettato costituzionale.

Il Giudice delle leggi cominciò ad affrontare l'esame della conformità alla Costituzione delle norme vigenti in materia di famiglia solo più di una decina di anni dopo l'entrata in vigore della Carta costituzionale.

Per quanto riguarda il principio di assoluta eguaglianza tra i coniugi senza distinzione di sesso (di cui all'art. 29 Cost.), spesso non è bastata una sola pronuncia per giungere alla (oggi la riterremmo scontata) dichiarazione di illegittimità di previsioni grossolanamente dispari; è il caso, in particolare, delle norme sui reati di adulterio e concubinato.

Con una prima decisione, la n. 64 del 28 novembre 1961, venne giudicata infondata la questione di legittimità riguardante l'art. 559 c.p., il quale «*prevedendo come reato soltanto l'adulterio della moglie e non anche quello del coniuge in generale, crea una disparità di trattamento giuridico fra i coniugi*». Leggere alcuni passi della decisione è particolarmente istruttivo circa il "comune sentire" dell'epoca: «*questa Corte ha avuto occasione di pronunciarsi in più sentenze; ed ha costantemente ritenuto che tale principio* (quello di eguaglianza, n.d.r.), *diretto evidentemente ad impedire che a danno dei cittadini siano dalle leggi disposte discriminazioni arbitrarie, non può significare che il legislatore sia obbligato a disporre per tutti una identica disciplina, mentre, al contrario, deve essergli consentito di adeguare le norme giuridiche ai vari aspetti della vita sociale, dettando norme diverse per situazioni diverse (...);* (la regola) *è da ritenersi valida non soltanto per il principio di eguaglianza in genere, ma per ogni norma ove il principio di eguaglianza venga in questione, anche in una sua applicazione particolare (...); secondo una pura valutazione mo-*

---

[20] V. Scalisi, *Le stagioni della famiglia* ..., cit.

rale, alla quale, a parte le leggi, è auspicabile che idealmente si ispiri la vita della famiglia, il principio della fedeltà coniugale è unico, e non soffre discriminazioni di carattere quantitativo. Tuttavia, l'ordinamento giuridico positivo non può del tutto prescindere, e di fatto non prescinde, dalle valutazioni che si affermano, spesso imperiosamente, nella vita sociale. Ora, che la moglie conceda i suoi amplessi ad un estraneo è apparso al legislatore, in base, come si è detto, alla prevalente opinione, offesa più grave che non quella derivante dalla isolata infedeltà del marito. Al di fuori di ogni apprezzamento, che non spetta alla Corte di compiere, trattasi della constatazione di un fatto della vita sociale, di un dato della esperienza comune, cui il legislatore ha ritenuto di non poter derogare. Da solo esso è idoneo a costituire quella diversità di situazione che esclude ogni carattere arbitrario e illegittimo nella diversità di trattamento. Del resto, nel disporre un siffatto trattamento, il legislatore penale, lungi dall'ispirarsi a sue limitate particolari vedute, non ha fatto che adeguarsi a una valutazione dell'ambiente sociale che, per la sua generalità, ha influenzato anche altre parti dell'ordinamento giuridico. (...) Anche l'adulterio del marito può, in date circostanze, manifestarsi coefficiente di disgregazione della unità familiare; ma, come per la fedeltà coniugale, così per la unità familiare il legislatore ha evidentemente ritenuto di avvertire una diversa e maggiore entità della illecita condotta della moglie, rappresentandosi la più grave influenza che tale condotta può esercitare sulle più delicate strutture e sui più vitali interessi di una famiglia: in primo luogo, l'azione disgregatrice che sulla intera famiglia e sulla sua coesione morale cagiona la sminuita reputazione nell'ambito sociale; indi, il turbamento psichico, con tutte le sue conseguenze sulla educazione e sulla disciplina morale che, in ispecie nelle famiglie (e sono la maggior parte) tuttora governate da sani principi morali, il pensiero della madre fra le braccia di un estraneo determina nei giovani figli, particolarmente nell'età in cui appena si annunciano gli stimoli e le immagini della vita sessuale; non ultimo il pericolo della introduzione nella famiglia di prole non appartenente al marito, e che a lui viene, tuttavia, attribuita per presunzione di legge, a parte la eventuale – rigorosamente condizionata – azione di disconoscimento».

Devono passare altri sette anni prima che la stessa Corte, con sentenza del 19 dicembre 1968, n. 128 muti radicalmente orientamento, affermando l'illegittimità della norma impugnata. Partendo dal presupposto che «*Nel sancire dunque sia l'eguaglianza fra coniugi, sia l'unità familiare, la Costituzione proclama la prevalenza dell'unità sul principio di eguaglianza, ma solo se e quando un trattamento di parità tra i coniugi la ponga in pericolo*», la Corte ritiene che, «*alla stregua dell'attuale realtà sociale, la discriminazione, lungi dall'essere utile, è di grave nocumento alla concordia ed alla unità della famiglia. La legge, non attribuendo rilevanza all'adulterio del marito e punendo invece quello della moglie, pone in stato di inferiorità quest'ultima, la quale viene lesa nella sua dignità, è costretta a sopportare l'infedeltà e l'ingiuria, e non ha alcuna tutela in sede penale. Per l'unità familiare costituisce indubbiamente un pericolo l'adulterio del marito e della moglie, ma, quando la legge faccia un differente trattamento, questo pericolo assume proporzioni più gravi, sia per i riflessi sul comportamento di entrambi i coniugi, sia per le conseguenze psicologiche sui soggetti. La Corte ritiene pertanto che la discriminazione sancita dal primo comma dell'art. 559 del Codice penale non garantisca l'unità familiare, ma sia più che altro un privilegio assicurato al marito; e, come tutti i privilegi, violi il principio di parità*».

Contemporaneamente, e per le stesse ragioni, la Corte con la sent. 19 dicembre 1968, n. 127, dichiarava illegittimo anche l'art. 151, comma 2 c.c.[21] (in materia di separazione tra coniugi).

Altri interventi della Corte hanno riguardato la differenza di disciplina tra il reato di concubinato e quello di relazione adulterina (sent. n. 147/1969), l'uso del cognome maritale dopo la separazione (sent. n. 128/1970)[22], la perdi-

---

[21] «*Poiché non sarebbe ragionevole ipotizzare che l'irrilevanza giuridica dell'infedeltà del marito contribuisca a conservare l'unità della famiglia, la disposizione impugnata non può non essere considerata fonte di una non consentita discriminazione a favore dell'uomo od a svantaggio della donna: di una disciplina, cioè, che è in contrasto con l'art. 29 cpv. della Costituzione. La conclusione non sarebbe diversa se si volesse supporre che l'art. 151, nella parte qui presa in considerazione, tuteli non già il diritto alla fedeltà, ma l'onorabilità del coniuge, e se si ritenesse che, a questo fine, il legislatore si sia conformato ad un diverso apprezzamento sociale dell'adulterio del marito e di quello della moglie. La Costituzione, infatti, afferma il principio dell'eguaglianza anche "morale" dei coniugi, ed esprime in tale modo una diretta sua valutazione della pari dignità di entrambi, disponendo che a questa debbano ispirarsi le strutture giuridiche del matrimonio: di tal che lo Stato non può avallare o, addirittura, consolidare col presidio della legge (la quale, peraltro, contribuisce, essa stessa, in misura rilevante alla formazione della coscienza sociale) un costume che risulti incompatibile con i valori morali verso i quali la Carta costituzionale volle indirizzare la nostra società*».

[22] La questione verteva sulla pretesa illegittimità dell'art. 156 c.c., basata sulla considerazione che «*tutelando l'art. 156, ultimo comma, del codice civile, l'interesse del marito ad evitare il pregiudizio che, in particolari circostanze, può venire alla sua onorabilità dal fatto che la moglie porti il cognome di lui, e non anche il correlativo interesse della moglie a che la propria onorabilità non riceva pregiudizio dall'uso del cognome del marito, si palesa non manifestamente infondata la questione di costituzionalità proposta con riferimento all'articolo 29 della Costituzione, nella parte in cui stabilisce l'eguaglianza dei coniugi*»; la questione venne giudicata fondata perché «*la diversità del trattamento nei due casi, che pur presentano caratteri simili, si pone in palese contrasto con il principio regolatore del rapporto matrimoniale che sanziona l'eguaglianza giuridica e morale dei coniugi, suscettibile di venire limitata per opera della legge solo quando si tratti di salvaguardare esigenze attinenti all'unità della famiglia. Esigenze che nella specie, riferentesi alla situazione di separazione personale, non ricorrono*».

ta della cittadinanza da parte della donna a seguito del matrimonio con uno straniero (sent. n. 87/1975)[23], ed infine il regime patrimoniale legale di separazione dei beni (sent. n. 187/1974)[24].

---

[23] Veniva fatto rilevare che «*Per l'art. 10 della legge 13 giugno 1912, n. 555, la cittadina italiana che, sposando uno straniero, ne acquisti la cittadinanza, perde automaticamente la nazionalità italiana, mentre, al contrario, il cittadino che sposi una straniera mantiene la propria nazionalità. Tale disparità di trattamento non apparirebbe in armonia con il principio generale di eguaglianza di cui all'art. 3 della Costituzione, concretandosi in una tipica discriminazione per ragione di sesso*»; norma dichiarata illegittima perché «*La differenza di trattamento dell'uomo e della donna e la condizione di minorazione ed inferiorità in cui quest'ultima è posta dalla norma impugnata si evidenzia ancora maggiormente per il fatto che la perdita della cittadinanza, stato giuridico costituzionalmente protetto e che importa una serie di diritti nel campo privatistico e pubblicistico e inoltre, in particolare, diritti politici, ha luogo senza che sia in alcun modo richiesta la volontà dell'interessata e anche contro la volontà di questa. La norma impugnata pone in essere anche una non giustificata disparità di trattamento fra le stesse donne italiane che compiono il medesimo atto del matrimonio con uno straniero, facendo dipendere nei riguardi di esse la perdita automatica o la conservazione della cittadinanza italiana dall'esistenza o meno di una norma straniera, cioè di una circostanza estranea alla loro volontà*».

[24] La questione di legittimità venne sollevata affermando che «*il vigente regime legale di separazione dei beni sarebbe in grave contrasto con l'articolo 29 della Costituzione, che vuole il matrimonio ordinato sull'eguaglianza morale e giuridica dei coniugi, con i soli limiti stabiliti dalla legge a garanzia dell'unità familiare, in quanto, ove i coniugi non abbiano convenzionalmente stipulato la comunione dei beni, nella forma richiesta dall'art. 162 sotto pena di nullità, in caso di separazione personale, la moglie non esplicante attività professionali estranee all'ambito della famiglia si troverebbe nella impossibilità di far valere i propri diritti sulla casa coniugale, e in genere sui beni immobili e mobili acquistati dal marito durante il matrimonio con i proventi del lavoro e risparmio comune, alla cui formazione essa abbia contribuito con l'opera di casalinga e collaboratrice del marito nell'economia familiare*»; questione giudicata infondata, perché sebbene «*é incontestabile che la vigente disciplina legislativa di questi rapporti può dar luogo a situazioni di inadeguata tutela giuridica, tra le quali appare particolarmente grave e meritevole di protezione, specie nel caso di separazione personale, quella della donna priva di un proprio lavoro professionale autonomo, che abbia dedicato la sua attività all'adempimento dei doveri di moglie e di madre, occupandosi assiduamente delle cure e faccende domestiche*», purtuttavia «*il potere di colmare tale lacuna compete esclusivamente al legislatore*» (che infatti avrebbe provveduto dopo appena un anno).

In precedenza, sugli aspetti patrimoniali dei rapporti tra coniugi sono rimarchevoli anche Corte cost. n. 46/1966, che giudicò illegittima costituzionalmente «*la sperequazione fra gli obblighi dei due coniugi*» di cui all'artt. 156 c.c., il quale «*nel determinare la misura delle prestazioni dovute dal marito per soddisfare le esigenze della moglie non richiedono che si abbia riguardo alle condizioni economiche di lei, in difformità di quanto dispongono nel caso inverso, dell'obbligo a carico della moglie che viene invece condizionato al fatto della mancanza nel consorte di mezzi sufficienti*»; Corte cost. n. 144/1967, che giudicò invece infondata analoga questione di legittimità dell'art. 145 c.c., «*poiché la diversità della distribuzio-*

Quanto alla parità tra coniugi nei diritti e doveri riguardo ai figli, legittimi o naturali, la Corte, prima della riforma del 1975, ha più volte contribuito alla già ricordata «*sorta di "costituzionalizzazione" della normativa codicistica vigente*», con «*vera e propria "inversione" della gerarchia delle fonti*»[25]. E ciò è particolarmente vero per ciò che concerne il principio di parità di cui all'art. 30 Cost.

Con la sentenza n. 102 dell'8 luglio 1967 la Corte giudica non fondata la questione di legittimità costituzionale degli artt. 316 e 320 c.c.[26], sollevata in

---

ne degli oneri fra i due coniugi trova fondamento nella diversa posizione che il vigente Codice di diritto privato, ritenendola necessaria ad assicurare l'unità della famiglia, conferisce loro e che si concreta nell'attribuire al marito (oltre che l'esclusività dell'esercizio della "patria potestà" sui figli) la titolarità di una "potestà maritale", alla quale connette una ampia serie di particolari poteri, tali da porlo in posizione di preminenza sulla moglie. A siffatta preminenza si accompagna poi anche l'affievolimento delle sue responsabilità per l'inadempimento di qualcuno degli obblighi derivanti dallo stato matrimoniale, come nel caso considerato dall'ultimo comma dell'art. 151 del Codice civile (...); i particolari doveri imposti al marito, quali sono quello della "protezione" della moglie e l'altro, del quale si controverte, della somministrazione ad essa di tutto quanto le è necessario per la soddisfazione di ogni suo bisogno, senza riguardo alle sostanze di lei, sono da valutare nel rapporto in cui si trovano di necessaria correlazione con la situazione di vantaggio a lui conferita", correggendo poi il tiro, ma non sulla sostanza, con successiva pronuncia n. 133/1970.

Interessante anche Corte cost. n. 143/1967, sulla disciplina processuale della cd. presunzione muciana, art. 622 c.p.c.: «*nel negare alla moglie la tutela di un proprio diritto, crea disparità di situazioni giuridiche, a seconda che il debito sia del marito o della moglie, perché i beni possono essere distratti dal patrimonio della moglie per il soddisfacimento di debiti personali del marito, mentre i beni del marito non possono essere destinati a garanzia dei creditori personali della moglie: la c.d. presunzione muciana non è più adeguata all'attuale organizzazione economica della famiglia, perché anche la moglie può esplicare, e spesso di fatto esplica, attività produttive di reddito al pari del marito*»; la Corte giudica fondata la questione, perché «*La norma impugnata si rifà ad una situazione non più rispondente all'attuale posizione economica e sociale della donna nella famiglia e fuori di* essa. (...) *La norma impugnata ferisce il principio di eguaglianza anche perché pone una diversità di tutela in ragione di una situazione dipendente dal sesso. (...) Quanto all'esigenza di evitare frodi, queste non possono avverarsi in danno dei creditori del marito più di quanto non possano organizzarsi in danno dei creditori della moglie; una diversa valutazione presupporrebbe uno stato di soggezione della moglie al marito, non solo non più corrispondente all'elevata posizione che oggi si dà alla moglie nella famiglia, sulla base di una mutata coscienza sociale, ma nemmeno corrispondente alle valutazioni compiute dalla legge fallimentare*».

[25] V. SCALISI, *Le stagioni della famiglia ...*, cit.

[26] Art. 316 (*Esercizio della patria potestà*) – Il figlio è soggetto alla potestà dei genitori sino all'età maggiore o all'emancipazione. Questa potestà è esercitata dal padre. Dopo la morte del padre e negli altri casi stabiliti dalla legge essa è esercitata dalla madre; art. 320. (*Rappresentanza e amministrazione*) – Il padre rappresenta i figli nati e nascituri in tutti gli atti civili e ne amministra i beni. (comma 5) Se sorge conflitto d'interessi tra figli soggetti

quanto «*la discriminazione fra i due coniugi in rapporto all'esercizio della patria potestà sui figli minori, quale risulta dagli articoli denunciati e dall'insieme delle altre disposizioni del Codice civile in materia, non è ispirata alla salvaguardia del principio dell'unità familiare, richiamato dall'art. 29 della Costituzione, ma invece alla pura semplice considerazione della diversità del sesso, in contrasto con l'art. 3 della Costituzione*», nonché per il «*contrasto delle norme denunciate con l'art. 30 della Costituzione, che attribuisce ad entrambi i coniugi parità nei doveri relativi al mantenimento, educazione ed istruzione dei figli (...) e che dovrebbe trovare corrispondenza nella parità dei diritti*».

La Corte afferma che «*se indubbiamente, secondo il sistema del Codice, è riconosciuta una prevalenza della volontà del padre in ordine alle funzioni in esame, è altresì vero che questa distinzione ripete la sua origine dalla esigenza, comunemente avvertita in ogni umano consorzio, di apprestare i mezzi per la formazione di una volontà unitaria riferibile al consorzio stesso (...). È, pertanto, evidente la necessità che la legge garantisca nella famiglia la formazione di una volontà unita-*

---

alla stessa patria potestà o tra essi e il padre, il giudice tutelare nomina ai figli un curatore speciale. La sentenza si legge in *http://www.giurcost.org/decisioni/1967.html.*

Nel testo della sentenza si fa riferimento ad un'altra pronuncia, la n. 9/1964, che esaminò la questione di legittimità costituzionale degli artt. 573 e 574 c.p. (reato di sottrazione di minore, con potere di sporgere querela attribuito al solo genitore esercente la patria potestà), in riferimento agli artt. 29, comma 2, e 30, comma 1 Cost., riconoscendola fondata, proprio in virtù del fatto che «*Senza immutazione o alterazione della figura di reato, ma per via di una interpretazione più aderente al suo reale contenuto, è da ritenere che la sottrazione del minore importi una offesa che non va circoscritta alla sola posizione dell'esercente la patria potestà, ma che investe tutta la famiglia, nella intera consistenza dei suoi interessi sociali, morali e affettivi*», per cui si rendeva necessaria la «*estensione della soggettività passiva, con la inclusione anche dell'altro coniuge, il quale, investito della patria potestà pur non avendone attualmente l'esercizio, non può, in questa ipotesi, essere escluso dalla rappresentanza della famiglia e dalla tutela dei suoi interessi*». Le medesime norme furono oggetto di altra pronuncia, la n. 54/1969, sulla pretesa «*disparità di trattamento a svantaggio della madre, che sarebbe passibile di sanzione nel caso in cui sottragga un figlio al padre, mentre quest'ultimo sarebbe invece indenne nel caso inverso*», giudicata non fondata. La medesima fattispecie fu anche oggetto (infondatezza) della pronuncia n. 9/1965, secondo cui «*il diritto di costituirsi parte civile nel procedimento penale nell'interesse del minore è attribuito nel vigente ordinamento al genitore esercente la patria potestà non da una particolare norma limitatrice della posizione dell'altro coniuge, bensì in applicazione del sistema generale della rappresentanza dell'incapace, di cui la rappresentanza in giudizio è una della manifestazioni*».

Nel testo si fa inoltre riferimento alla sent. n. 146/1966, che giudicò illegittima costituzionalmente «*la sperequazione fra gli obblighi dei due coniugi*» di cui agli artt. 145 e 156 c.c., «*dato che gli articoli predetti, nel determinare la misura delle prestazioni dovute dal marito per soddisfare le esigenze della moglie non richiedono che si abbia riguardo alle condizioni economiche di lei, in difformità di quanto dispongono nel caso inverso, dell'obbligo a carico della moglie che viene invece condizionato al fatto della mancanza nel consorte di mezzi sufficienti*».

ria (...). Il sistema posto in essere dal legislatore quindi, sia pure risentendo indubbiamente della tradizione storica che ha visto nel padre il capo della famiglia, non ha fatto che provvedere alla descritta esigenza fondamentale quando ha affidato l'esercizio della potestà ad uno solo dei genitori. Ciò ovviamente non esclude la perfettibilità della soluzione adottata (...). D'altra parte, la parità morale e giuridica dei coniugi è garantita dall'art. 29 secondo comma della Costituzione "con i limiti stabiliti dalla legge a garanzia della unità familiare". Il che vuol dire che il legislatore ordinario è appunto autorizzato ad individuare e codificare quelle limitazioni che siano obiettivamente necessarie ai fini delle fondamentali "esigenze di organizzazione della famiglia e che, senza creare alcuna inferiorità a carico della moglie, fanno tuttora del marito, per taluni aspetti, il punto di convergenza della unità familiare e della posizione della famiglia nella vita sociale» (sent 23 novembre 1961, n. 64). Pertanto, «*la prevalenza della volontà paterna nell'esercizio della patria potestà è conseguenza della sopraccennata esigenza unitaria*», e anche se «*esso rappresenta un'eccezione al principio di parità, da interpretarsi pertanto restrittivamente*», deve permanere per non «*snaturare l'essenza del limite medesimo interpretandone restrittivamente la portata fino al punto da svuotarlo di contenuto, come avverrebbe ove si ritenesse prevalente il principio di parità dei coniugi sulla necessità di tutelare l'unità della famiglia, attraverso l'apprestamento di norme che garantiscano, come si è detto, la concreta possibilità di perseguire quello che è il fine principale della famiglia stessa*».

Analogamente, ma con un percorso diverso, venne deciso con la sent. n. 71/1966 riguardo alla potestà su figli naturali, in particolare ad opera di genitori non conviventi, disciplinata dall'art. 260 c.c.[27]: «*Poiché i genitori naturali non costituiscono una famiglia e tanto meno una famiglia legittima, l'art. 29 della Costituzione, che riguarda solo la "società naturale fondata sul matrimonio", è male invocato. Quanto poi all'art. 3, sia che lo si guardi da solo sia che lo si legga insieme con l'art. 29, se ne potrebbe vedere la violazione qualora la norma denunciata apparisse arbitraria. Ma ciò deve escludersi quando si pensi che la patria potestà non è soltanto un diritto, ma notoriamente un potere da esercitarsi nell'interesse del figlio e che questo è un motivo per cui, anche nella famiglia legittima, il Codice*

---

[27] Art. 260. (*Poteri dei genitori*) – Il genitore che ha riconosciuto il figlio naturale ha rispetto a lui i diritti derivanti dalla patria potestà, tranne l'usufrutto legale. – Se il riconoscimento è fatto dai due genitori, congiuntamente o separatamente, i diritti derivanti dalla patria potestà sono esercitati dal padre. In caso di morte del padre, di lontananza o di altro impedimento che renda a lui impossibile l'esercizio dei diritti derivanti dalla patria potestà, e nel caso di decadenza da tali diritti secondo le norme del titolo IX di questo libro, questi diritti sono esercitati dalla madre. – Se l'interesse del figlio lo esige, il tribunale può attribuire alla madre, invece che al padre, l'esercizio dei diritti derivanti dalla patria potestà; può altresì limitare l'esercizio di questi diritti, ovvero escludere dall'esercizio di essi, in casi gravi, tutti e due i genitori. La sentenza è leggibile *http://www.giurcost.org/decision*.

ne attribuisce l'esercizio di regola al padre. (...) La norma, come che se ne giudichi il contenuto, non è irrazionale perché, considerato pericoloso per i figli l'esercizio collegiale della patria potestà là dove non esiste neanche l'unità familiare, non si poteva che attribuirlo ad uno dei genitori» (art. 260, comma 3).

Venne pure giudicata non fondata, da Corte cost. n. 49/1966, la questione di costituzionalità sollevata in relazione al fatto che il «*primo comma dell'art. 340 e in genere tutto il suo contenuto contrasterebbero con gli artt. 3 e 29 della Costituzione: vi si stabilisce, infatti, che la vedova, quando passi a nuove nozze, sia sottoposta a controllo del giudice perché possa conservare l'amministrazione dei beni dei figli del primo letto; poiché questo controllo è escluso nel caso in cui passi a nuove nozze il vedovo, ciò importerebbe una discriminazione tra vedova e vedovo non ammessa dai principi costituzionali: infatti non troverebbe giustificazione neanche nella chiusa dell'art. 29 della Costituzione essendo cessata, con la morte d'uno dei coniugi, quell'unità familiare che consente limiti alla eguaglianza fra i due*». Ciò perché, pur se «*La norma fa parte di quella complessa disciplina dei rapporti familiari sulla quale, come questa Corte ha già osservato, è opportuno un sistematico intervento legislativo*», «*nel sancire che alla madre rimasta vedova, e non al padre rimasto vedovo, possa essere negata l'amministrazione dei beni, il legislatore è stato mosso indubbiamente dal proposito di tutelare gli interessi dei figli di primo letto: se, da questo punto di vista e con questa preoccupazione, ha ritenuto che la madre, per essersi creata una nuova famiglia ed essendo distratta dalle cure che essa importa, possa dare minore affidamento od avere minori attitudini alla buona amministrazione di quei beni, la norma, anche perché il suo motivo ispiratore ritorna in altre disposizioni del Codice, non può dirsi arbitraria*».

1.4. Le "riforme generazionali" del diritto di famiglia del 1975 e del 2012-13.

Come più volte affermato dalla Corte costituzionale, i tempi oramai mutati richiedevano «*un sistematico intervento legislativo*», che giunse infine con la riforma del diritto di famiglia, introdotta con la legge 19 maggio 1975, n. 151 (ma i cui primi progetti di adeguamento alla Costituzione risalivano a vent'anni prima), la quale modificò radicalmente il quadro normativo vigente, rendendolo finalmente in sintonia con i precetti costituzionali. Appena un anno prima, il *referendum* del 12 maggio 1974, che mirava in realtà a sostenere il principio dell'indissolubilità del matrimonio, rigettò la proposta di abrogazione della legge sul divorzio (legge n. 898/1970).

I principi fondamentali della riforma trovano consacrazione in previsioni rivoluzionarie rispetto al passato[28]. Il nuovo art. 143 c.c. recita «*(Diritti e do-*

[28] Tra cui, non inerente al tema qui trattato, il prevedere che le cause di separazione

veri reciproci dei coniugi) – Con il matrimonio il marito e la moglie acquistano gli stessi diritti e assumono i medesimi doveri. – Dal matrimonio deriva l'obbligo reciproco alla fedeltà, all'assistenza morale e materiale, alla collaborazione nell'interesse della famiglia e alla coabitazione. – Entrambi i coniugi sono tenuti, ciascuno in relazione alle proprie sostanze e alla propria capacità di lavoro professionale o casalingo, a contribuire ai bisogni della famiglia» (e la moglie conserva il proprio cognome e la cittadinanza originaria – artt. 143-*bis* e *ter* c.c.). Il nuovo art. 144 c.c. dispone «*(Indirizzo della vita familiare e residenza della famiglia) – I coniugi concordano tra loro l'indirizzo della vita familiare e fissano la residenza della famiglia secondo le esigenze di entrambi e quelle preminenti della famiglia stessa. – A ciascuno del coniugi spetta il potere di attuare l'indirizzo concordato*» (in caso di disaccordo è possibile ricorrere all'opera mediatoria e/o suppletiva del Giudice)[29]. Il nuovo regime patrimoniale legale è quello della comunione dei beni, di cui all'art. 159 «*(Del regime patrimoniale legale tra i coniugi) – Il regime patrimoniale legale della famiglia, in mancanza di diversa convenzione stipulata a norma dell'art. 162, è costituito dalla comunione dei beni regolata dalla sezione III del presente capo*»; regime che, valorizzando il lavoro casalingo, riafferma il dovere solidale di contribuire ai bisogni della famiglia (art. 143, comma 3). Sempre in ambito patrimoniale, la riforma poi elimina residui trattamenti discriminatori, ad esempio con l'art. 540,

---

personale, e poi di scioglimento del matrimonio, sono fondate su basi oggettive, rappresentate da «*fatti tali da rendere intollerabile la prosecuzione della convivenza o da recare grave pregiudizio all'educazione della prole*» (art. 151 c.c.), senza più necessità del doversi basare su di un elemento soggettivo, la "colpa" della crisi, attribuibile ad uno dei coniugi.

Con la riforma (vedi anche l'art. 144 c.c.) si introduce il primo germe di un ampio spazio, all'interno della famiglia, per l'autonomia si direbbe negoziale dei coniugi, che troverà poi finale consacrazione nella recentissima introduzione della negoziazione assitita nella crisi familiare (d.l. 12 settembre 2014, n. 132, convertito in legge 10 novembre 2014, n. 162); pur se viene mantenuto sempre fermo il controllo sulle pattuizioni riguardanti i figli, come nella separazione consensuale dove il giudice può non tenere conto dell'accordo raggiunto dai coniugi, proponendo modifiche o rifiutando l'omologazione, qualora ritenga non sufficientemente tutelato l'interesse dei figli, e il limite fissato dall'art. 160 c.c. che, con un precetto di portata generale, preclude ai coniugi di concludere accordi in deroga ai diritti e doveri nascenti dal matrimonio.

[29] Art. 145 *(Intervento del giudice)* – In caso di disaccordo ciascuno dei coniugi può chiedere, senza formalità, l'intervento del giudice il quale, sentite le opinioni espresse dai coniugi e, per quanto opportuno, dai figli conviventi che abbiano compiuto il sedicesimo anno, tenta di raggiungere una soluzione concordata. – Ove questa non sia possibile e il disaccordo concerna la fissazione della residenza o altri affari essenziali, il giudice, qualora ne sia richiesto espressamente e congiuntamente dai coniugi, adotta, con provvedimento non impugnabile, la soluzione che ritiene più adeguata alle esigenze dell'unità e della vita della famiglia.

comma 2, c.c., che rende il coniuge superstite non più solo usufruttuario, ma erede e per di più legittimario, dei beni del coniuge defunto.

Nei rapporti di filiazione, l'art. 147 c.c. recita: «*(Doveri verso i figli) – Il matrimonio impone ad ambedue i coniugi l'obbligo di mantenere, istruire ed educare la prole tenendo conto delle capacità, dell'inclinazione naturale e delle aspirazioni dei figli*», sui quali viene esercitata la potestà, non più patria ma genitoriale (art. 316, comma 2, c.c.)[30]. L'art. 261 c.c., per la filiazione naturale, prevede che «*(Diritti e doveri derivanti al genitore dal riconoscimento). – Il riconoscimento comporta da parte del genitore l'assunzione di tutti i doveri e di tutti i diritti che egli ha nei confronti dei figli legittimi*».

Si tratta di norme di decisa evoluzione rispetto al passato, anch'esse, come già la nostra Carta fondamentale, avanzate rispetto ai tempi; se in larghe fasce della popolazione il modello tradizionale di famiglia, patriarcale e allargata, era ormai scomparso a favore della c.d. famiglia nucleare, basata sulla condivisione di vita tra eguali, spesso entrambi impegnati fuori casa, il nuovo modello di famiglia basato sulla parità assoluta e sulla eguale dignità introduceva comunque elementi di novità un po' "forzata" rispetto ad una tradizionale *forma mentis* ancora largamente condivisa. «*La Riforma del 1975* (ha) *rappresentato una rifondazione dell'istituto familiare intorno ai nuovi valori, stabili e uniformanti, posti dall'art. 29 Cost.*»; e ciò ha fatto pur restando «*in continuità con una tradizione che intendeva la società familiare costruita intorno al pilastro portante del matrimonio quale atto di impegno socialmente e giuridicamente rilevante, funzionale alla costituzione di una relazione stabile ed esclusiva*»[31], cosa

---

[30] Anche nei rapporti genitori figli trova applicazione il principio fondante della ricerca di una decisione il più possibile condivisa. Nota V. SCALISI, *Le stagioni della famiglia…*, cit., che «*il principio ha trovato successivamente estensione anche alle situazioni di crisi (separazione: art. 155, comma 3°, c.c., come riformato dalla l. 54/2006; e, per le decisioni di maggiore interesse, anche divorzio: art. 6, comma 4, l. 898/1970, come sostituito dalla l. 74/1987), situazioni, nelle quali, oltre alla previsione della "mediazione" finalizzata appunto al raggiungimento dell'accordo (art. 155 sexies, comma 2°, c.c., come inserito dalla l. 54/2006), è divenuta prioritaria regola anche l'affidamento condiviso (art. 155, comma 2°, c.c., come modificato dalla l. 54/2006; ma anche, art. 6, comma 2°, l. 898/1970, come sostituito dalla l. 74/1987), applicabile pure ai figli di genitori non coniugati (art. 4, comma 2°, l. 54/2006)*».

[31] P. SCHLESINGER, *Quarant'anni di riforme del diritto di famiglia*, in *Fam. e dir.*, 2015, p. 969. Concorda V. SCALISI, *Le stagioni della famigli …*, cit.: «*la stagione delle riforme post-codicistiche ha segnato per il nuovo diritto di famiglia il deciso e netto sopravvento di una diversa e prevalentemente funzionale concezione dei rapporti familiari (che) della famiglia esalta soprattutto la funzione, in quanto luogo di promozione e crescita della persona, strumento come tale al suo servizio. Ma con la persona elevata a principio costitutivo della famiglia, e la famiglia stessa intesa come svolgimento e particolare modo di esplicazione della persona, anche il fulcro gravitazionale di ogni valutazione si è spostato, trapassando su altro pia-*

che invece non si può dire della legislazione del periodo successivo. Un segno evidente del porsi la riforma in una linea di continuità rispetto alla tradizione è l'aver valorizzato i *bisogni della famiglia* (art. 143 c.c.), e l'aver qualificato come *preminenti le esigenze della famiglia* (art. 144 c.c.) rispetto a quelle dei suoi componenti.

In materia di filiazione, sono invece stati necessari ben 65 anni dall'entrata in vigore della Costituzione per arrivare ad una parificazione completa tra figli, nati o meno in costanza di matrimonio, adottivi o generati, perché solo con la recente riforma [32] della filiazione si sono rimosse le ultime residue differenti regole per tipologie di figli [33], e i divieti di riconoscimento, ancora vigenti per quanto riguardava i figli incestuosi [34].

---

no, quello del "rapporto", (...) è qui, nel rapporto, il nuovo principio di rilevanza e il criterio stesso di legittimazione e qualificazione giuridica della formazione-famiglia».

[32] Si può parlare anche qui di "riforma" perché si tratta di un intervento normativo dotato di una certa sistematicità ed organicità, diversamente come si è visto da altri, pur importanti, provvedimenti emanati in materia familiare negli ultimi decenni, tutti focalizzati su singoli aspetti e tematiche (ad es. affido condiviso, adozione, diritto internazionale privato).

[33] Anche se la condizione giuridica della filiazione naturale venne dalla riforma del 1975 largamente equiparata a quella dei figli legittimi (art. 261 c.c.: "«*Il riconoscimento comporta da parte del genitore l'assunzione di tutti i doveri e di tutti i diritti che egli ha nei confronti dei figli legittimi*»), continuavano a permanere alcune gravi limitazioni, e disparità, come le norme in tema di inserimento del figlio naturale nella famiglia legittima (art. 252 c.c.), le norme in tema di commutazione ereditaria (artt. 537, comma 3, e 566, comma 2, c.c.), la rilevanza della parentela naturale, soprattutto collaterale, e infine la disciplina riguardante i figli incestuosi (accertamento, art. 278 c.c.; riconoscimento, art. 251 c.c. ed effetti, artt. 580 e 594 c.c.). La giurisprudenza costituzionale spesso aveva preferito non intervenire direttamente, qualificando l'art. 30, comma 3, Cost. come norma programmatica e non precettiva, ed attribuendo alla legge ordinaria il compito di assicurare ai figli nati fuori dal matrimonio tutela giuridica (e sociale), valutando la *compatibilità* della stessa con i diritti dei membri della famiglia legittima.

[34] Si veda in argomento, anche per una ricostruzione storica dei corsi e ricorsi della giurisprudenza anche costituzionale in materia, G. FERRANDO, *La nuova legge sulla filiazione. Profili sostanziali*, in *Corriere giur.*, 2013, 525, e l'*Aggiornamento 2014* della medesima Autrice al proprio scritto *Diritto di famiglia*, Bologna, 2013 (oggi giunto alla seconda edizione, 2015), rinvenibile al link *http://static.zanichelli.it/catalogo/assets.pdf*. Ella osserva che «*l'affermazione del principio contenuto nell'art. 1, comma 7 della legge, "tutti i figli hanno lo stesso stato giuridico" segna una svolta epocale nel diritto della filiazione, in quanto a distanza di quasi quarant'anni dalla riforma del 1975 si realizza quella separazione tra filiazione e matrimonio in forza della quale la condizione giuridica del figlio è tutelata in ogni ordine di rapporti, come valore autonomo e indipendente dal vincolo eventualmente esistente tra i genitori*», dando altresì attuazione all'art. 21 della Carta di Nizza, che vieta qualsiasi discriminazione fondata sulla nascita.

Per quanto riguarda la posizione dei genitori rispetto ai figli, il nuovo testo di molti articoli del codice affina ulteriormente quanto già previsto fin dal 1975 sulla reciproca parità tra genitori; gli artt. 315, 315-*bis*, 316, 316-*bis* e 317 c.c. [35] collegano definitivamente posizione e complesso dei diritti e do-

---

[35] Art. 315 c.c. – *Stato giuridico della filiazione*. Tutti i figli hanno lo stesso stato giuridico.

Art. 315-*bis*. – *Diritti e doveri del figlio*. Il figlio ha diritto di essere mantenuto, educato, istruito e assistito moralmente dai genitori, nel rispetto delle sue capacità, delle sue inclinazioni naturali e delle sue aspirazioni.– Il figlio ha diritto di crescere in famiglia e di mantenere rapporti significativi con i parenti. – Il figlio minore che abbia compiuto gli anni dodici, e anche di età inferiore ove capace di discernimento, ha diritto di essere ascoltato in tutte le questioni e le procedure che lo riguardano. – Il figlio deve rispettare i genitori e deve contribuire, in relazione alle proprie capacità, alle proprie sostanze e al proprio reddito, al mantenimento della famiglia finché convive con essa.

Art. 316. – *Responsabilità genitoriale*. Entrambi i genitori hanno la responsabilità genitoriale che è esercitata di comune accordo tenendo conto delle capacità, delle inclinazioni naturali e delle aspirazioni del figlio. I genitori di comune accordo stabiliscono la residenza abituale del minore. – In caso di contrasto su questioni di particolare importanza ciascuno dei genitori può ricorrere senza formalità al giudice indicando i provvedimenti che ritiene più idonei. – Il giudice, sentiti i genitori e disposto l'ascolto del figlio minore che abbia compiuto gli anni dodici e anche di età inferiore ove capace di discernimento, suggerisce le determinazioni che ritiene più utili nell'interesse del figlio e dell'unità familiare. Se il contrasto permane il giudice attribuisce il potere di decisione a quello dei genitori che, nel singolo caso, ritiene il più idoneo a curare l'interesse del figlio. – Il genitore che ha riconosciuto il figlio esercita la responsabilità genitoriale su di lui. Se il riconoscimento del figlio, nato fuori del matrimonio, è fatto dai genitori, l'esercizio della responsabilità genitoriale spetta ad entrambi. – Il genitore che non esercita la responsabilità genitoriale vigila sull'istruzione, sull'educazione e sulle condizioni di vita del figlio.

Art. 316-*bis*.– *Concorso nel mantenimento*. I genitori devono adempiere i loro obblighi nei confronti dei figli in proporzione alle rispettive sostanze e secondo la loro capacità di lavoro professionale o casalingo. Quando i genitori non hanno mezzi sufficienti, gli altri ascendenti, in ordine di prossimità, sono tenuti a fornire ai genitori stessi i mezzi necessari affinché possano adempiere i loro doveri nei confronti dei figli. – In caso di inadempimento il presidente del tribunale, su istanza di chiunque vi ha interesse, sentito l'inadempiente ed assunte informazioni, può ordinare con decreto che una quota dei redditi dell'obbligato, in proporzione agli stessi, sia versata direttamente all'altro genitore o a chi sopporta le spese per il mantenimento, l'istruzione e l'educazione della prole. – Il decreto, notificato agli interessati ed al terzo debitore, costituisce titolo esecutivo, ma le parti ed il terzo debitore possono proporre opposizione nel termine di venti giorni dalla notifica. – L'opposizione è regolata dalle norme relative all'opposizione al decreto di ingiunzione, in quanto applicabili. – Le parti ed il terzo debitore possono sempre chiedere, con le forme del processo ordinario, la modificazione e la revoca del provvedimento.

Art. 317. – *Impedimento di uno dei genitori*. Nel caso di lontananza, di incapacità o di altro impedimento che renda impossibile ad uno dei genitori l'esercizio della responsabilità genitoriale, questa è esercitata in modo esclusivo dall'altro. – La responsabilità genitoveri del genitore rispetto al figlio al solo fatto della filiazione[36], indipendentemente dal legame, giuridico o di fatto, perdurante o interrotto[37], tra i genitori stessi. Le nuove norme, in linea con la tendenza alla valorizzazione dei diritti e delle posizioni individuali delle persone, danno maggior rilevo alla personalità ed autonomia del figlio, che è soggetto di diritti e portatore di interessi preminenti rispetto a quello degli adulti. Non è irrilevante in questo senso l'innovazione terminologica, per cui si passa dalla definizione del complesso di diritti e doveri verso i figli come potestà, a quella come responsabilità genitoriale[38], sottolineandosi così l'assenza di "poteri" dei genitori nei confronti dei figli, verso cui essi assumono invece una "posizione di cura". Con ciò, si attua il definitivo superamento dell'impostazione gerarchica del nucleo familiare, che perdurava dagli inizi dell'ottocento; fino a tempi recentissimi infatti, nonostante fossero ormai da tempo intervenuti significativi mutamenti nella condivisione dei poteri e doveri tra genitori, posti sul medesimo piano, essi restavano pur sempre in una posizione per certi versi sovraordinata rispetto ai figli, oggi eliminata.

1.5. Traguardo raggiunto?

Dopo la seconda riforma generazionale epocale del diritto di famiglia[39], si può dunque affermare che la pari dignità tra loro dei coniugi, e la loro pari re-

---

riale di entrambi i genitori non cessa a seguito di separazione, scioglimento, cessazione degli effetti civili, annullamento, nullità del matrimonio; il suo esercizio, in tali casi, è regolato dal capo II del presente titolo.

[36] Preferisco usare il termine filiazione anziché quello procreazione, di uso corrente in termini di "responsabilità da procreazione", perché in tal modo vengono ricompresi nell'ambito dei figli anche quelli non procreati (come i figli adottivi), o non biologicamente riconducibili ai componenti la coppia (procreazione assistita eterologa, ecc.).

[37] E in questo senso è particolarmente significativa anche la legge n. 54/2006, che ha disposto, come regola, l'affidamento condiviso della prole in caso di venir meno dell'unione tra i genitori, e cioè ha affermato la perdurante necessità di una condivisione di posizioni e di un accordo tra genitori, di una bigenitorialità, rispetto ai figli, indipendentemente dal conflittuale rapporto tra loro.

[38] Termine già usato nelle fonti internazionali fin dalla Dichiarazione ONU dei diritti del fanciullo del 1959, al principio sesto, e dalla Convenzione di New York sui diritti del fanciullo del 1989, all'art. 18, e poi fatto proprio via via dalle legislazioni nazionali e comunitaria.

[39] Vedi *supra*. Con la legge 10 dicembre 2012, n. 219, e con il d.l. 28 dicembre 2013, n. 154, come si è detto, sono state portate a termine le riforme, non più eludibili da tempo, in materia di filiazione, affermando l'unicità dello *status* di figlio, indipendentemente dalla tipologia di "famiglia" di nascita. La recente riforma afferma definitivamente un basilare

sponsabilità verso i figli, previste dalla Costituzione senza differenze di sesso, siano state effettivamente raggiunte?

Quasi completamente. Resta infatti almeno una evidente diseguaglianza, costituita nel nostro sistema dall'attribuzione ai figli del cognome paterno.

Questa regola, fino a tempi recentissimi non scritta [40] ma definita spesso dalla giurisprudenza come rispondente «*ad un principio ben radicato nella coscienza sociale e nella storia italiana*», ha portato recentemente la Corte costituzionale ad emettere una pronuncia [41], simile ad altre che si sono occupate di diritti fondamentali della personalità: ovvero la Corte, pur ritenendo che «*l'attuale sistema di attribuzione del cognome è retaggio di una concezione patriarcale della famiglia, la quale affonda le proprie radici nel diritto di famiglia romanistico, e di una tramontata potestà maritale, non più coerente con i principi dell'ordinamento e con il valore costituzionale dell'uguaglianza tra uomo e donna*», ritiene tuttavia che un intervento sul punto esulti dai suoi poteri, perché solo il legisaltore potrebbe intervenire positivamente [42], regolando la fatti-

---

cambio di mentalità, dopo che per anni si era assistito alla "colpevolizzazione" di alcuni figli per le "mancanze" dei genitori (pensiamo alla non riconoscibilità dei figli adulterini, venuta meno solo nel 1975, o a quella dei figli incestuosi, caduta solo nel 2012); il punto di vista oggi definitivamente adottato è quello della tutela del figlio, e non più quello della stigmatizzazione della condotta dei genitori. Il cambio di passo tuttavia non è ancora definitivamente e completamente compiuto; si pensi alle tematiche, molto discusse, della *step-child adoption* e della maternità surrogata, dove il richiamo all'interesse del minore, per giustificare certe chiusure, in realtà spesso nasconde un pre-giudizio sul comportamento del genitore.

[40] Vedi il nuovo testo dell'art. 262, comma 1, c.c. dopo la riforma del 2012-2013.

[41] Corte cost. n. 61/2006.

[42] «*L'intervento che si invoca con la ordinanza di rimessione richiede un'operazione manipolativa esorbitante dai poteri della Corte. Ed infatti, nonostante l'attenzione prestata dal collegio rimettente a circoscrivere il* petitum, *limitato alla richiesta di esclusione dell'automatismo della attribuzione al figlio del cognome paterno nelle sole ipotesi in cui i coniugi abbiano manifestato una concorde diversa volontà, viene comunque lasciata aperta tutta una serie di opzioni, che vanno da quella di rimettere la scelta del cognome esclusivamente a detta volontà – con la conseguente necessità di stabilire i criteri cui l'ufficiale dello stato civile dovrebbe attenersi in caso di mancato accordo – ovvero di consentire ai coniugi che abbiano raggiunto un accordo di derogare ad una regola pur sempre valida, a quella di richiedere che la scelta dei coniugi debba avvenire una sola volta, con effetto per tutti i figli, ovvero debba essere espressa all'atto della nascita di ciascuno di essi. Del resto, la stessa eterogeneità delle soluzioni offerte dai diversi disegni di legge presentati in materia nel corso della XIV legislatura (...) testimonia la pluralità delle opzioni prospettabili, la scelta tra le quali non può che essere rimessa al legislatore*» (Corte cost. n. 61/2006). Analoga la decisione n. 145/2007: «*l'attuale sistema di attribuzione del cognome è retaggio di una concezione patriarcale della famiglia, e di una tramontata potestà maritale, non più coerente con i principi dell'ordinamento e con il valore costituzionale dell'uguaglianza tra*

specie in modo adeguato alle istanze antidiscriminatorie rappresentate anche a livello internazionale[43].

In passato, il rigetto di alcune questioni di costituzionalità della regola venne motivato ritenendo che l'innegabile limite all'uguaglianza tra i coniugi fosse giustificato dall'esigenza di salvaguardare l'unità della famiglia (in conformità dunque all'art. 29 Cost.)[44].

La Corte europea, investita della questione[45], ha ritenuto invece che l'impossibilità di iscrivere all'anagrafe alla nascita un figlio con il cognome della madre sia lesiva del principio di uguaglianza, ritenendola in violazione dell'art. 14, in combinato disposto con l'art. 8, CEDU[46]; e, dato che questo deriva da

---

uomo e donna; che tale valore è parimenti invocabile con riguardo ai genitori del figlio naturale; che, tuttavia, nella ricordata occasione, la Corte ha precisato che l'intervento richiesto impone una operazione manipolativa esorbitante dai propri poteri, dal momento che la esclusione dell'automatismo dell'attribuzione del cognome paterno lascia aperta una serie di opzioni, che vanno da quella di rimettere tale scelta esclusivamente alla volontà dei genitori, a quella di consentire ai genitori che abbiano raggiunto un accordo di derogare ad una regola pur sempre valida».

[43] Si pensi ad esempio all'art. 16, lett. *g*), Conv. ONU, 18 dicembre 1979 sull'eliminazione di tutte le forme di discriminazione nei confronti della donna, che riconosce espressamente «*gli stessi diritti personali al marito e alla moglie, compresa la scelta del cognome, di una professione o di una occupazione*». Come pure le raccomandazioni del Consiglio d'Europa n. 1271/1995 e n. 1362/1998, e, ancor prima, la risoluzione n. 37/1978, relative alla piena realizzazione della uguaglianza tra madre e padre nell'attribuzione del cognome dei figli, nonché una serie di pronunce della Corte europea dei diritti dell'uomo, che vanno nella direzione della eliminazione di ogni discriminazione basata sul sesso nella scelta del cognome; tutte ricordate da ultimo da ord. App. Genova, 26 novembre 2013, che ha nuovamente rimesso alla Corte ostituzionale la questione di legittimità costituzionale della regola dell'attribuzione automatica del patronimico ai figli.

[44] Corte cost. 11 febbraio 1988, n. 176, ord., in *Foro it.*, 1988, I, c.1811 ss.; Corte cost. 19 maggio 1988, n. 586, ord., in *Giust. civ.*, 1988, I, 1649 ss.

[45] Corte europea diritti dell'uomo, sez. II, 7 gennaio 2014, n. 77, commentata da Winkler in *Nuova Giur. Civ.*, 2014, p. 10515, e da Stefanelli, in *Fam. e dir.*, 2014, 205; in entrambe, ampi riferimenti. Si veda anche E. MALFATTI, *Dopo la sentenza europea sul cognome materno: quali possibili scenari?*, in *www.giurcost.it*.

[46] Art. 14 *Divieto di discriminazione* – Il godimento dei diritti e delle libertà riconosciuti nella presente Convenzione deve essere assicurato, senza distinzione di alcuna specie, come di sesso, di razza, di colore, di lingua, di religione, di opinione politica o di altro genere, di origine nazionale o sociale, di appartenenza a una minoranza nazionale di ricchezza, di nascita o di altra condizione. Art. 8 *Diritto al rispetto della vita privata e familiare* – Ogni persona ha diritto al rispetto della propria vita privata e familiare, del proprio domicilio e della propria corrispondenza. Non può esservi ingerenza di una autorità pubblica nell'esercizio di tale diritto a meno che tale ingerenza sia prevista dalla legge e costituisca una misura che, in una società democratica, è necessaria alla sicurezza nazionale, alla pubblica sicurezza, al benesse-

una lacuna legislativa, ha condannato l'Italia ad adottare le iniziative necessarie in tal senso.

La Corte europea si pronuncia non omettendo di evidenziare un possibile conflitto tra considerare il nome tra i diritti attinenti agli aspetti della vita privata e familiare, costitutivo dell'identità personale e del collegamento ad una stirpe, e l'aspetto giuspubblicistico del nome come identificazione della persona, rilevando «*qu'en tant que moyen déterminant d'identification personnelle et de rattachement à une famille, le nom d'une personne n'en concerne pas moins la vie privée et familiale de celle-ci. Que l'Etat et la société aient intérêt à en réglementer l'usage ne suffit pas pour exclure la question du nom des personnes du domaine de la vie privée et familiale, conçue comme englobant, dans une certaine mesure, le droit pour l'individu de nouer des relations avec ses semblable*». La Corte esce dall'*impasse* del conflitto tra aspetto individuale ed aspetto sociale del nome osservando che «*En l'espèce, les requérants, en tant que parents de XXX, étaient titulaires d'un intérêt clair et se rattachant à un droit strictement personnel à intervenir dans le processus de détermination du nom de famille de leur nouveau-né. (...) Il convient également de rappeler que la Cour a affirmé que le choix du prénom de l'enfant par ses parents entre dans la sphère privée de ces derniers. Il en va de même en ce qui concerne le nom de famille*».

In sostanza, la Corte collega la facoltà di scelta del nome da imporre ai figli alla intangibilità della sfera privata dei genitori, valorizzandone il rilevo *ex* art. 8 della Carta. È molto interessante in proposito il rilievo operato da un autore[47]: «*La Corte accoglie la pretesa della madre di trasmettere alla figlia il proprio cognome, pretesa fondata sull'esplicito desiderio di non disperdere il patrimonio morale legato alla personalità del nonno materno. Nessun accenno è dato rinvenire all'interesse della minore e all'opportunità di scegliere per lei il ruolo di tramite della conservazione dell'eredità familiare, tramandata attraverso il cognome della famiglia materna. (...) E il movente che evoca in diritto esigenze di parità tra genitori non si cura di fatto della condizione della minore, che appare ancora destinataria passiva di una scelta*»[48].

---

re economico del paese, alla difesa dell'ordine e alla prevenzione dei reati, alla protezione della salute o della morale, o alla protezione dei diritti e delle libertà altrui.

[47] F. GIARDINA, *Interesse del minore: gli aspetti identitari*, in *Nuova giur. civ.*, 2016, 1, 20159.

[48] Come osserva F. GIARDINA, cit., secondo il nuovo comma 3 dell'art. 262 c.c. «*il figlio può decidere di non mutare il proprio cognome, quando questo «sia divenuto autonomo segno distintivo della sua identità personale». Si tratta di un chiaro riconoscimento della rilevanza prioritaria del nome come simbolo dell'identità del figlio, prevalente sul nome come mezzo di identificazione dell'individuo attraverso l'appartenenza alla famiglia o al genitore, che ha creato per il figlio (un tempo definito) naturale un regime che pone il trattamento riservato al figlio (un tempo definito) legittimo in negativa controtendenza*».

Ad ogni modo, la pronuncia rappresenta uno dei casi di valorizzazione e attribuita prevalenza ai diritti individuali dei singoli componenti la famiglia, qui della coppia genitoriale, sugli aspetti "collettivi", e sul rilevo ed il contemperamento di tutte le posizioni dei componenti la famiglia [49].

Dopo questa pronuncia, sono state numerose le proposte ed i disegni di legge sull'attribuzione del cognome ai figli, molto variegate tra loro, e molte non indenni da critiche e censure. Di certo, le recenti riforme del diritto di famiglia degli anni 2012-2013 hanno mancato l'occasione di disciplinare innovativamente questo profilo.

1.6. Le famiglie multiculturali e multidiritto. L'uguaglianza morale e giuridica dei coniugi tra diritto internazionale privato e principi fondanti dell'ordinamento.

Attualmente, un filone molto interessante di indagine e di dibattito è quello riguardante la convivenza, nel medesimo territorio e nella medesima società civile, di una pluralità di tradizioni, culturali religiose e giuridiche, molto differenti tra loro. Il problema, nel diritto di famiglia, riguarda la disciplina dei rapporti interni sia nelle coppie interamente straniere, sia nelle coppie cd. "miste" [50], nonché la disciplina dei rapporti della coppia con i terzi, e quale sia la legge sostanziale e processuale applicabile nei singoli casi. Come noto, è oramai possibile che il giudice italiano si trovi ad applicare un diritto sostanziale straniero, a soggetti dimoranti sul territorio italiano, e la cui vita si svolge in Italia. La tematica è estremamente ampia; la si può affrontare, in questo ristretto ambito, enunciando i principi vigenti in materia di diritto internazionale privato, ed evidenziando casi specifici affrontati dalla nostra giurisprudenza.

---

[49] Sempre P. SCHLESINGER, *Quarant'anni di riforme...*, cit. osserva che dopo la riforma del 1975, ancora nel solco della tradizione incentrata sulla famiglia comunità, in tempi più recenti la legislazione si è mossa «*nell'assenza, progressivamente più evidente, di un modello univoco di riferimento. (...) Si è piuttosto trattato di una decostruzione del modello che (...) aveva conservato un proprio nucleo identitario essenziale, in continuità con la radice culturale e antropologica della famiglia come* communitas *costruita sulla base di un atto fondativo di un'unione stabile della coppia. La linea di tendenza può individuarsi (...) nell'indebolimento del valore comunitario della famiglia quale* societas *in favore di una progressiva prevalenza degli interessi individuali (...) Nell'ambito familiare, i principi di derivazione comunitaria sembrano favorire lo sfaldamento degli schemi esistenti, fondati sulle tradizioni e le culture nazionali, a favore di una prospettiva marcatamente individualistica, che determina una correlativa difficoltà a far prevalere l'interesse "della famiglia" – ancora presente nell'ideologia della Riforma – rispetto a quello dei singoli che ne fanno parte*».

[50] Si veda G. OBERTO, *Matrimoni misti e unioni paramatrimoniali: ordine pubblico e principi sovranazionali*, in *Fam e dir.*, 2010, 75.

Prima della riforma del 1995, introdotta con legge 31 maggio 1995, n. 118, ai rapporti tra i coniugi erano dedicati gli artt. 18 e 19 disp. prel. c.c. L'art. 18, relativo ai rapporti personali, stabiliva l'applicabilità dell'ultima legge nazionale comune e, in mancanza di questa, della legge nazionale del marito al tempo del matrimonio; ciò consentiva dunque il mutamento nel tempo della legge sostanziale applicabile. L'art. 19 assoggettava invece i rapporti patrimoniali alla «*legge nazionale del marito al tempo della celebrazione del matrimonio*» (comma 1); «*il cambiamento di cittadinanza dei coniugi non influisce sui rapporti patrimoniali, salve le convenzioni tra i coniugi in base alla nuova legge nazionale comune*» (comma 2); la dizione tendenzialmente escludeva quindi il mutamento nel corso del tempo della legge sostanziale applicabile, salvo che per accordo tra coniugi. L'art. 18 venne dichiarato illegittimo, perché contrario agli artt. 3, comma 1, e 29, comma 2, Cost., già da Corte cost. 5 marzo 1987, n. 71 [51]; l'art. 19, per le medesime ragioni, venne anch'esso dichiarato illegittimo, ma solo con sentenza Corte cost. 4 luglio 2006, n. 254.

Dopo la riforma, i rapporti personali tra coniugi sono oggi regolati dall'art. 29 della legge n. 118/1995, secondo il quale «*I rapporti personali tra coniugi sono regolati dalla legge nazionale comune. – I rapporti personali tra coniugi aventi diverse cittadinanze o più cittadinanze comuni sono regolati dalla legge dello Stato nel quale la vita matrimoniale è prevalentemente localizzata*», mentre i rapporti patrimoniali vengono disciplinati dall'art. 30 della legge, il quale dispone che «*I rapporti patrimoniali tra coniugi sono regolati dalla legge applicabile ai loro rapporti personali. I coniugi possono tuttavia convenire per iscritto che i loro rapporti patrimoniali sono regolati dalla legge dello Stato di cui almeno uno di essi è cittadino o nel quale almeno uno di essi risiede. – L'accordo dei coniugi sul diritto applicabile è valido se è considerato tale dalla legge scelta o da quella del luogo in cui l'accordo è stato stipulato. – Il regime dei rapporti patrimoniali fra coniugi regolato da una legge straniera è opponibile ai terzi solo se questi ne abbiano avuto conoscenza o lo abbiano ignorato per loro colpa. Relativamente ai diritti reali su beni immobili, l'opponibilità è limitata ai casi in cui siano state rispettate le forme di pubblicità prescritte dalla legge dello Stato in cui i beni si trovano*».

In materia di filiazione operano invece gli artt. 33, 35 e 36, della legge n. 118/1995, i quali individuano la legge applicabile in quella nazionale del fi-

---

[51] Dopo il 1987 si pose dunque il problema di individuare criteri di riferimento che supplissero al vuoto creato dalla pronuncia di incostituzionalità dell'art. 18, nei casi in cui i coniugi non avessero mai avuto una legge nazionale comune: la giurisprudenza, dopo qualche incertezza, cominciò a richiamare l'art. 17, comma 1, secondo cui «*lo stato e la capacità delle persone e i rapporti di famiglia sono disciplinati dalla legge dello Stato al quale esse appartengono*» e, quindi, a ritenere contemporaneamente operanti entrambe le leggi nazionali.

glio. Particolarmente interessanti sono le modifiche introdotte con il d.l. 28 dicembre 2013, n. 154, con l'introduzione dell'art. 36-*bis*: «*1. Nonostante il richiamo ad altra legge, si applicano in ogni caso le norme del diritto italiano che: a) attribuiscono ad entrambi i genitori la responsabilità genitoriale; b) stabiliscono il dovere di entrambi i genitori di provvedere al mantenimento del figlio; c) attribuiscono al giudice il potere di adottare provvedimenti limitativi o ablativi della responsabilità genitoriale in presenza di condotte pregiudizievoli per il figlio*».

L'applicazione di un diritto sostanziale straniero da parte del giudice italiano a coppie dimoranti sul territorio italiano, e la cui vita si svolge in Italia, può avvenire, in materia familiare, sia relativamente a coppie in cui entrambi i membri sono stranieri, sia relativamente a coppie in cui uno solo dei componenti sia straniero; e stabilire dove sia il confine indicato dall'art. 16, «*La legge straniera non è applicata se i suoi effetti sono contrari all'ordine pubblico. – In tal caso si applica la legge richiamata mediante altri criteri di collegamento eventualmente previsti per la medesima ipotesi normativa. In mancanza si applica la legge italiana*», è particolarmente difficile proprio in questa materia. Se si può affermare certamente, attesa l'espressa codificazione fattane dal nuovo art. 36-*bis*, che è principio di ordine pubblico la pari ed eguale responsabilità genitoriale rispetto ai figli, non c'è una altrettanto chiara consacrazione, con richiamo esplicito, del principio analogo della pari ed eguale dignità tra componenti la coppia, stabilito dall'art. 29 Cost.

Il problema si pone con maggiore evidenza rispetto a famiglie, o componenti una famiglia, di provenienza da Stati di religione musulmana[52]; il diritto islamico, infatti, è profondamente influenzato dalla religione[53], e, risentendo di una certa staticità in quanto di derivazione divina, non è omologabile ai diritti europei, normalmente soggetti ai mutamenti della società civile e dei tempi (pur se il diritto di famiglia, per sua natura, è ovunque più legato di altri alle tradizioni ed alle concezioni religiose ed etiche di una comunità).

Vi sono casi, trattati dalla giurisprudenza con una soluzione negativa consolidata, in cui si invocano diversi ordinamenti, o tradizioni giuridiche e non, per legittimare comportamenti non conformi ai principi nostrani, come vicende di maltrattamenti, o in cui si invocano poteri pretesamente correzionali da parte del marito nei confronti della moglie.

---

[52] Si veda C. CAMPIGLIO, *La famiglia islamica nel diritto internazionale privato italiano*, in *Riv. Dir. int. priv. e proc.*, 1999, 21.

[53] La religione islamica, a differenza di quella cattolica a noi familiare, disciplina ogni aspetto della vita dell'uomo, anche nel rapporto con la società, abbracciando ogni aspetto della vita quotidiana. La ragione dell'identificazione delle prescrizioni religiose con la legge islamica, la *shari'a*, sta nel fatto che Dio è l'unico legislatore, e dunque gli insegnamenti da lui dati e trascritti da Maometto sono immutabili nei secoli.

La concezione gerarchica del rapporto coniugale, per cui la moglie deve obbedienza al marito, che legittima secondo il diritto musulmano atti di violenza ("correttiva") nei confronti della moglie, non è pacificamente ammissibile nel nostro Paese, né può costituire scriminante del comportamento delittuoso: «*l'elemento soggettivo del reato in questione può essere escluso dalla circostanza che il reo sia di religione musulmana e rivendichi, perciò, particolari potestà in ordine al proprio nucleo familiare, in quanto si tratta di concezioni che si pongono in assoluto contrasto con le norme che stanno alla base dell'ordinamento giuridico italiano, considerato che la garanzia dei diritti inviolabili dell'uomo, sia come singolo, sia nelle formazioni sociali, cui è certamente da ascrivere la famiglia (art. 2 Cost.), nonché il principio di eguaglianza e di pari dignità sociale (art. 3, commi 1 e 2 Cost.), costituiscono uno sbarramento invalicabile contro l'introduzione di diritto, o di fatto, nella società civile di consuetudini, prassi o costumi con esso assolutamente incompatibili, che suonano come "barbari" a fronte dei risultati ottenuti nel corso dei secoli per realizzare l'affermazione dei diritti inviolabili della persona*»[54]. In una diversa pronuncia, implicitamente la Cassazione ha ritenuto che la regola del diritto musulmano, secondo cui il padre è l'unico titolare della potestà genitoriale, è in contrasto con l'art. 30 Cost.[55].

Ma vi sono anche altre casistiche, in cui la decisione non è così scontata, e soprattutto non ha conseguenze così univoche.

L'esempio forse più *éclatante* di contrasto tra tradizione giuridica europea e diritto islamico di famiglia si ha riguardo alla poligamia (forse più correttamente definibile poliginia, dato che la poliandria è vietata). Contro di essa, e l'insita disparità di trattamento tra uomini e donne che essa presuppone e comporta, si sono pronunciati l'assemblea parlamentare del Consi-

---

[54] Cass. pen., sez. VI, 8 gennaio 2003, n. 55, Khouider; vedi anche Cass. pen., sez. VI, 26 marzo 2009, n. 32824: «*L'adesione ad un credo religioso (nella specie l'Islam), che non sancisce la parità dei sessi nel rapporto coniugale, non comporta un nesso indissolubile con i maltrattamenti in famiglia e non incide sulla qualificazione giuridica della condotta. In particolare l'appartenenza religiosa non rileva e non costituisce circostanza attenuante nell'integrazione del reato di maltrattamenti in famiglia, nella specie in danno della moglie*». Però si noti che vengono invocati l'art. 2 e l'art. 3 Cost., ma non l'art. 29.

[55] Cass. sez. I, 9 giugno 2005, n. 12169. Analogo principio è espresso nel caso di inadempimento agli obblighi di assistenza nei confronti dei figli dopo un ripudio, cagionato dalla "disobbedienza" dell'ex coniuge; così Trib. Genova, 7 novembre 2003: «*Il padre per contro, che ha sposato la donna in un contesto giuridico per il quale lei gli deve obbedienza, e nel quale il matrimonio si risolve in uno strumento per la procreazione al fine di assicurarsi la discendenza e che attribuisce al padre un diritto preminente sui figli assai più intenso e penetrante che nei paesi occidentali, non ha assolutamente tollerato quella che per lui è stata la sovversione di costumi cui è stato fatto oggetto. (...) Sente la ex moglie, colei che per loro diritto originario le doveva obbedienza, come propria avversaria ed avversaria insubordinata, e pone innanzi l'inimicizia che ha verso la donna financo all'interesse del bambino*».

glio d'Europa con la risoluzione n. 1293/2002 (*Situation of Maghrebi women*)[56], nonché il Comitato per i diritti umani dell'ONU e quello sull'eliminazione delle discriminazioni nei confronti delle donne[57]. L'Europa si è occupata sovente di queste tematiche, soprattutto allorché legate a richieste di ricongiungimento familiare. Negli anni '90[58] venne affermato che «*in una società democratica, la tutela dell'ordine pubblico rappresenta un valore tale da giustificare, in talune ipotesi, il diniego del permesso di soggiorno nei confronti di componenti di famiglie poligamiche*»; in seguito, la Direttiva sul ricongiungimento familiare 2003/86/CE[59], in materia di poligamia prevede che gli Stati possano porre delle restrizioni al ricongiungimento delle famiglie poligamiche, e prescrive di optare per il ricongiungimento familiare rispetto ad una sola moglie; infine, una pronuncia della Corte di Giustizia[60] dispone che «*in materia di immigrazione l'art. 8 (CEDU) non può essere interpretato nel senso che esso implichi per uno Stato membro l'obbligo generale di rispettare la scelta, da parte di coppie coniugate, della loro comune residenza e di consentire il ricongiungimento familiare sul proprio territorio*».

In Italia, dove il matrimonio poligamico è vietato e, se celebrato, è nullo per contrarietà all'art. 86 c.c. (nullità rilevabile da chiunque vi abbia interesse *ex* art. 117 c.c.), il problema si è posto, ed è stato risolto prevalentemente in maniera negativa, sia a proposito di istanze di ricongiungimento familiare della seconda moglie con il coniuge già dimorante in Italia[61] con altra moglie, sia a proposito di istanze di ricongiungimento con un figlio minore[62], già dimorante in Italia con il padre, da parte della madre legittimamente sposata all'estero da questi, ma sua seconda moglie[63].

Però si sono anche presentati casi in cui il matrimonio, pur poligamico, veniva posto a base di richieste basate sulla qualità di erede, di titolare di un diritto agli alimenti, alla pensione o al risarcimento del danno, e così via. In questi ultimi casi, la giurisprudenza ha affermato che, nonostante la poligamia sia

---

[56] Rinvenibile in *http://assembly.coe.int*.

[57] Commento 28 del 29 marzo 2000, § 24 del Comitato per i diritti umani dell'ONU.

[58] Sentenza A. e A. c. Paesi Bassi, Commissione europea dei diritti dell'uomo, 6 gennaio 1992, ric. n. 14501/89.

[59] In Gazzetta ufficiale dell'Unione europea, n. 251 del 3 ottobre 2003.

[60] Corte di Giustizia, 27 giugno 2006, causa C-540/03.

[61] Art. 29 d.l. 25 luglio 1998, n. 286; conforme alla Direttiva CE sopra citata.

[62] Art. 29, comma 5, d.l. n. 286/1998.

[63] TAR Emilia Romagna 14 dicembre 1994, n. 926; difforme, in presenza di un interesse di figli minori, App. Torino, 9 marzo 2006, in *Dir. fam.*, 2007, 156 ss., e prima App. Torino 18 aprile 2001 e Trib. Bologna, 12 marzo 2003.

contraria ai principi dell'ordinamento, non ne discende automaticamente la conseguenza che non possa riconoscersi alla donna la qualità di moglie, al fine di concederle protezione o ristoro, anche qualora il marito sia già sposato (in base ad altro matrimonio avente efficacia in Italia)[64].

È dunque forte la possibilità di decisioni di segno difforme, strette tra di esigenze controllo dei flussi migratori con richiamo a principi di ordine pubblico (tra i quali il divieto della poligamia), e constatazione dell'inesistenza di una lesione dei principi di ordine pubblico, quando l'unione legittimamente contratta all'estero, e astrattamente nulla in Italia, sia priva di effetti civili nel nostro Paese. E spesso le soluzioni sono diverse quando in discussione sono diritti a contenuto patrimoniale, rispetto a quando si dovrebbe dare ingresso al riconoscimento di posizioni legate a diritti o situazioni di natura non patrimoniale (tra cui la richiesta di ricongiungimento familiare)[65].

Questa dicotomia è particolarmente delicata allorché, come spesso avviene, una volta fatta arrivare in qualche modo in Italia la seconda moglie, successivamente questa chieda tutela contro un ripudio subito nel paese di origine, o invochi diritti a seguito di una richiesta di riconoscimento di una sentenza straniera di divorzio, o richieda pronunce a tutela della sua pari dignità e posizione giuridica. La tutela del soggetto debole rischia allora di essere vanificata dall'inesistenza, anzi illiceità, per il diritto italiano, del suo *status* di coniuge, ponendola in un limbo senza tutele[66], dove parità e uguaglianza sono solo una parte di ben più ampi diritti negati; gli orizzonti attuali del principio di eguaglianza tra componenti la famiglia, senza distinzione di sesso, si stanno dunque ampliando a scenari altri, e inusuali, rispetto a quelli che solo pochi decenni fa hanno ispirato legislatori e giudici.

---

[64] A titolo di esempio, Cass. 2 marzo 1999, n. 1739, in *Foro It.*, 1999, c. 1458. Si tratta dell'applicazione del principio del c.d. ordine pubblico attenuato.

[65] Lo rileva Petralia, con un punto di vista fortemente critico sulla legislazione e la giurisprudenza prevalenti, *Ricongiungimento familiare e matrimonio poligamico. Il riconoscimento di valori giuridici stranieri e la tutela delle posizioni deboli*, in *http://www.cde.unict.it/sites/default/files/Quadernoeuropeo_49_febbraio_2013.pdf*.

[66] Osserva P. Palermo, *Parità coniugale e famiglia multiculturale in Italia*, in *Fam. e dir.*, 2011, 628: «(il rischio è) *mantenere nell'ombra tutte quelle donne e quei figli che, pur avendo uno status giuridico legittimo e tutelato nello Stato di appartenenza, non hanno un uguale riconoscimento nei paesi occidentali. L'esigenza di una tutela dei diritti dell'individuo, soprattutto se in una condizione di maggiore debolezza, al di là di un'applicazione rigida dell'ordine pubblico, appare dunque fondamentale e doverosa, in sistemi che si basano sui principi di uguaglianza e riconoscimento dei diritti inviolabili. (...) Da "velate" le donne islamiche diventano "celate" al nostro sistema giuridico, perché anche se presenti, non le riconosce, poiché "contrarie all'ordine pubblico", con il conseguente abbandono di ogni possibilità di tutela poiché fuori dall'interpretazione di determinati schemi costituzionali, che dovrebbero invece tutelarle*».

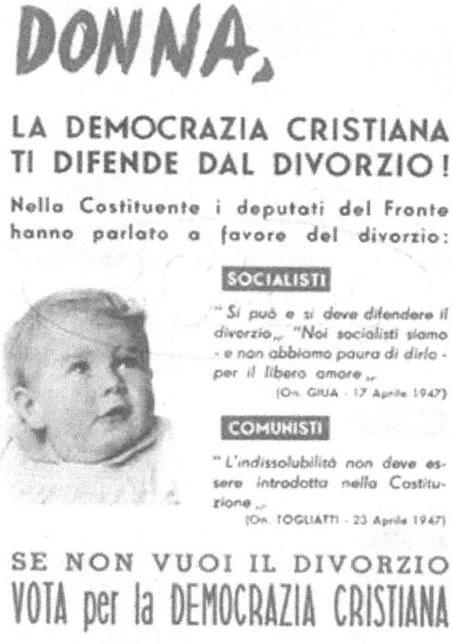
DONNA,
LA DEMOCRAZIA CRISTIANA
TI DIFENDE DAL DIVORZIO!
Nella Costituente i deputati del Fronte hanno parlato a favore del divorzio:
SOCIALISTI
" Si può e si deve difendere il divorzio„ "Noi socialisti siamo - e non abbiamo paura di dirlo - per il libero amore„
(On. GIUA - 17 Aprile 1947)
COMUNISTI
" L'indissolubilità non deve essere introdotta nella Costituzione„
(On. TOGLIATTI - 23 Aprile 1947)
SE NON VUOI IL DIVORZIO
VOTA per la DEMOCRAZIA CRISTIANA

DONNA ITALIANA
COL TUO VOTO
SALVA
LA TUA FAMIGLIA
e L'ITALIA

PER LA DIFESA
DELLA FAMIGLIA
VOTATE PER IL PARTITO
COMUNISTA ITALIANO

2. L'eguaglianza tra i sessi nel lavoro *

2.1. L'eguaglianza tra i sessi nel lavoro: il punto di partenza costituzionale e la narrazione pubblica.

La parità tra i sessi nel lavoro rappresenta il punto di partenza per la ricerca dell'uguaglianza tra uomini e donne in molti settori della società e del vivere civile. Innerva tutti i diritti di partecipazione e di cittadinanza, puntando a realizzare il pieno sviluppo delle persona umana e l'uguaglianza sostanziale, come recita testualmente l'art. 3, comma 2, Cost.

Carta fondamentale alla mano, infatti, l'eguaglianza di genere risulta essere il substrato essenziale per il riconoscimento della "pari dignità sociale" tra i cittadini e, non a caso, è il primo tra i fattori di discriminazione vietata: poi vengono la razza, la lingua, la religione e gli altri fattori considerati dal comma 1 dell'art. 3 Cost.

Il disegno costituzionale dello *status* della donna lavoratrice è stato oggetto d'una lenta e graduale attuazione nel diritto e nella dimensione sociale, alla quale ha contribuito soprattutto la giurisprudenza dell'Alta Corte. Benché l'obiettivo del superamento di logiche discriminatorie e penalizzanti fosse, in astratto, universalmente condiviso, in realtà il dibattito costituzionale ha posto al centro l'interpretazione dell'art. 37 – una norma che non è priva di ambivalenze (o di vere ambiguità) – ed è rimasto a lungo invischiato in una lettura riduttiva e minimizzante del principio di parità di genere nell'accesso all'occupazione, nella retribuzione, nella tutela dei diritti connessi al lavoro (strumentalmente contrapposti all'espletamento della "essenziale funzione familiare" e materna della donna lavoratrice)[67].

Solo un più stretto collegamento con il principio d'uguaglianza nel duplice versante formale e sostanziale ha consentito di superare, con il sostegno decisivo della giurisprudenza costituzionale, il perpetuarsi d'uno stallo teorico e concettuale, legittimando l'ingresso nell'ordinamento giuridico italiano di normative garantistiche intese a recuperare le disparità di fatto e a valorizzare le differenze di genere[68].

---

* Di Patrizia Tullini.

[67] Sulla genesi e sull'interpretazione del ruolo costituzionale della donna lavoratrice cfr. l'analitica ricostruzione di F. CORVINO, *Donna lavoratrice (dir. cost.)*, in *Dig. Disc. Pubbl.*, Agg., Torino, 2016, 142 ss. Nella letteratura giuslavoristica cfr. spec. M.V. BALLESTRERO, *Dalla tutela alla parità. La legislazione italiana sul lavoro delle donne*, Bologna, 1979.

[68] Solo con la sent. n. 137/1986, la Corte costituzionale ha definitivamente superato posizioni preconcette e dichiarato che l'art. 37 Cost. non è altro che «un'applicazione nel settore del lavoro del disposto più generale dell'art. 3 Cost.».

Una definitiva consacrazione dell'uguaglianza sostanziale sul lavoro è stata attuata dalla riforma costituzionale del 2001 (cfr. legge n. 3/2001), che ha ribadito l'impegno a rimuovere gli ostacoli fattuali alla parità di uomini e donne nella vita politica, sociale, culturale ed economica (cfr. art. 117, comma 7 e art. 51, comma 1, Cost.). L'intervento integrativo del testo fondamentale è stato inteso soprattutto come un rafforzamento della parità di genere nella rappresentanza politica (e, in questo senso, non si smentisce la tendenza ad un'interpretazione riduttiva della parità sul lavoro), ma in direzione più ampia implica l'effettività dell'uguaglianza tra i sessi in ogni contesto, anche attraverso l'introduzione di misure correttive, di politiche promozionali e di pari opportunità, di azioni positive.

Il punto d'arrivo dell'evoluzione costituzionale, dunque, è denso di promesse e predisposto ad una vocazione riformista che il legislatore ordinario dovrebbe esser pronto a cogliere, abbandonando finalmente e in modo irreversibile «il carattere teorico dell'uguaglianza» [69].

La partecipazione delle donne è destinata ad influenzare il funzionamento del mercato del lavoro e del sistema di *Welfare*, ma anche la struttura familiare, i rapporti genitoriali, i paradigmi sociali, gli andamenti demografici. Nel momento stesso in cui si prende atto di tali progressi, si avverte un moto d'orgoglio: si può legittimamente ritenere che, se c'è più parità nella politica, nell'organizzazione economico-sociale, nella società, nella famiglia, è anche perché è stata raggiunta una maggiore parità ed uguaglianza tra i sessi sul lavoro.

Partendo da quest'immagine così incoraggiante e rilucente per i suoi fondamenti costituzionali, si sviluppa il registro d'una narrazione pubblica quotidiana. Vengono spesso evocati i successi straordinari di *alcune* donne in *alcuni* campi professionali (ad es., della scienza, della cultura e dello sport), per comprovare senz'ombra di dubbio come la parità di genere nel lavoro e nella realizzazione professionale sia ormai un obiettivo raggiunto: di più, un obiettivo alla portata di tutte le donne. Esempi emblematici di successo dovrebbero servire a confortare la tesi del conseguimento dell'eguaglianza fra i sessi ed incitare le donne più giovani a conseguire i luminosi traguardi.

In verità, facendo qualche esercizio di verità (scomoda), ci si potrebbe chiedere perché la parità di genere sul lavoro debba essere raffigurata come un'ardua "conquista" e un risultato da guadagnare sul campo, quasi che le donne dovessero dimostrare di *meritarsi* l'uguaglianza rispetto all'altro sesso. Né si comprende perché la conquista della parità debba rivelarsi così faticosa e richiedere doti o caratteristiche eccezionali: detto altrimenti, ciò che non si nega all'uomo comune (o addirittura mediocre), si è disposti a riconoscerlo (solo) a donne indiscutibilmente meritevoli, se non addirittura straordinarie.

---

[69] L. PALADIN, *Il principio costituzionale di eguaglianza*, Milano, 1965, 20.

Fa parte di questa narrazione pubblica anche l'immagine molto fortunata della donna lavoratrice "multitasking": la capacità di assolvere compiti diversi nello stesso tempo e di gestire il tempo su una pluralità di piani, professionale e non, è considerato un privilegio delle donne. Ma è anche un limite.

In ogni caso, il mito del *multitasking* fa delle donne le candidate ideali per l'accesso a modalità d'impiego flessibile e giuridicamente destrutturato, pertanto ben poco appetibile per la forza lavoro maschile. Schemi lavorativi – come, ad es., il telelavoro e la sua declinazione tecnologica denominata "lavoro agile" che è oggetto di diversi progetti di legge *in itinere* – sono destinati soprattutto all'occupazione femminile ed espressamente indirizzati dal legislatore al soddisfacimento delle esigenze di conciliazione delle donne con gli impegni genitoriali e familiari.

Eppure, la riproduzione di posti di lavoro virtuali all'interno delle mura domestiche, facilitata e amplificata dalle potenzialità delle tecnologie, è suscettibile di mettere a dura prova proprio gli sforzi di conciliazione della donne lavoratrici, posto che in molti casi si fatica a distinguere dove finisce il lavoro e dove inizia la vita familiare. Né, tanto meno, sembra agevolata o promossa una migliore e più equa distribuzione dei compiti di cura tra uomini e donne.

2.2. La partecipazione delle donne al mercato del lavoro: il dualismo cronico e un'interazione poco virtuosa tra fattori socio-economici, culturali e giuridici.

Il mercato del lavoro costituisce la sintesi di relazioni contrattuali efficienti e, come per altri contesti economici, al suo interno agiscono le fondamentali regole della domanda e dell'offerta, ma – superando questa concezione astratta e manualistica – va subito rilevato che esiste una componente endogena ineliminabile (e talvolta prevalente) determinata dai bisogni, dalle aspettative, dalle aspirazioni delle persone in cerca di occupazione. Come suggerisce il senso comune, sui meccanismi del mercato del lavoro influiscono i fattori culturali, i comportamenti individuali e collettivi, nonché – in senso negativo – i pregiudizi e gli stereotipi sociali. Prodotto e specchio della società e non solo del sistema economico-produttivo del Paese, il mercato del lavoro si presenta altrettanto complesso e segmentato, e non è possibile interpretarne l'evoluzione senza considerare che gli attori coinvolti possiedono nozioni precise di ciò che può ritenersi equo e di ciò che non lo è. Pertanto il suo malfunzionamento genera un malessere che non è sempre leggibile attraverso le statistiche o le sintesi econometriche, e non è aggredibile da regole giuridiche o dispositivi formali se non sono accompagnati da adeguate politiche promozionali e di sostegno.

Assumendo in premessa che il mercato del lavoro costituisce soprattutto un'istituzione sociale, è più agevole comprendere la costante sopravvivenza al suo interno di dualismi pervicaci e duri a morire che caratterizzano il contesto italiano più di altri Paesi europei, generando circuiti paralleli e doppie velocità. Com'è noto, il più antico e cronico dualismo è quello che contrappone lavoratori e lavoratrici: la differenza di genere nell'accesso all'occupazione rappresenta il "pre-giudizio" (sociale e culturale, prima che giuridico) probabilmente più persistente. Un pregiudizio che l'abbondante legislazione europea e italiana non è ancora riuscito a scalfire, nonostante la chiara consapevolezza che il lavoro costituisce il più immediato e potente generatore d'eguaglianza fra le persone e di coesione sociale.

Ricerche empiriche e studi ampiamente noti conducono tutti alla medesima conclusione: cioè, che esiste una forbice netta tra gli elevati livelli di istruzione/formazione della forza lavoro femminile e il modesto impatto sul piano dell'accesso all'occupazione, della capacità di reddito, dei percorsi di carriera. Quanto più aumentano e migliorano le *performances* delle donne tanto più ridotta si rivela l'incidenza di questi risultati, rimanendo sostanzialmente invariate le storiche difficoltà d'inserimento (o di re-inserimento) nel mercato del lavoro.

Il Rapporto dell'Organizzazione internazionale del lavoro (OIL) sui *trends* globali dell'occupazione femminile testimonia il fatto che i problemi sono comuni a larga parte del mondo e, nonostante i lenti progressi, il «gender gap in labour force participation» resta ovunque elevato (il tasso di partecipazione delle donne al mercato del lavoro è inferiore del 27% rispetto a quello maschile). Nei Paesi del Sud Europa, tra i quali l'Italia, il divario statistico sembra marginalmente ridursi negli ultimi anni, ma solo per effetto della contemporanea contrazione del complessivo livello occupazionale dei lavoratori maschi quale diretta conseguenza della crisi economica.

Risultano inoltre confermati altri dati empirici, non proprio rassicuranti, che riguardano la scarsa qualità del lavoro femminile e la persistente segregazione occupazionale in determinati settori produttivi – ancor più enfatizzata dallo sviluppo tecnologico nelle economie avanzate – che contribuiscono ad aumentare il *gender gap* in termini sia numerici sia di redditività del lavoro. Il Rapporto OIL denuncia, infine, l'ostinato divario retributivo a svantaggio delle donne (stimato in 23 punti percentuali), osservando senza ironia che la lentezza del percorso di miglioramento richiederà ancora 70 anni per colmare la distanza rispetto agli uomini [70].

Le analisi e le valutazioni espresse nel Rapporto dell'organismo internazionale possono agevolmente riferirsi anche al quadro nazionale.

Rispetto alle ben note criticità del mercato del lavoro italiano, non sembrano aver inciso in modo risolutivo né i progressi della legislazione a sostegno

---

[70] OIL, *Women at work. Trends 2016*, Geneva, 2016.

della maternità e della funzione genitoriale, né l'introduzione di misure di conciliazione tra vita e lavoro. La strumentazione normativa si rivela molto utile per favorire un maggior tasso di occupazione femminile (agevolando la permanenza nel mercato del lavoro e il reinserimento dopo periodi di astensione per assolvere incombenze familiari e di cura), ma di per sé non sembra in grado di assicurare pari opportunità occupazionali né eguali condizioni retributive né le medesime *chances* di riconoscimento professionale e di progressione in carriera assicurate ai lavoratori maschi.

Dunque, il dualismo del mercato del lavoro italiano che penalizza la forza lavoro femminile non sembra determinato esclusivamente dall'evento della maternità o dallo svolgimento dei compiti di cura, ma è ascrivibile anche ad altre cause. In ogni caso, gli esiti ambivalenti e parziali sinora conseguiti dalle politiche di conciliazione tra lavoro e famiglia restano influenzati dai condizionamenti culturali e dagli stereotipi socio-economici applicati ai ruoli lavorativi maschili/femminili (v. *infra* § 3)[71].

Sul versante promozionale dell'occupazione, l'intervento legislativo (a partire dalla riforma attuata dal d.lgs. n. 276/2003 sino ai più recenti provvedimenti del c.d. "Jobs Act": in particolare, il d.lgs. n. 80/2015)[72] ha puntato sull'innalzamento del tasso di partecipazione mediante l'introduzione e/o l'incentivazione di forme d'impiego flessibile e *non-standard* specificamente rivolte alle donne (spec. *part-time*, lavoro a tempo determinato, somministrazione di personale, contratto d'inserimento poi abrogato dall'art. 1, comma 14, legge n. 92/2012). Per comune opinione, si ritiene che la flessibilità delle forme di accesso al lavoro possa stimolare la domanda da parte delle imprese e, al contempo, consentire alle lavoratrici un più facile bilanciamento con le necessità familiari. Nonostante qualche oscillazione e ripensamento, questo orientamento politico-legislativo è rimasto intatto nel corso del tempo ed è ancora attuale[73].

Esiste, tuttavia, almeno una contro-indicazione rispetto a questo indirizzo: l'inserimento al lavoro tramite forme contrattuali flessibili accomuna le donne in cerca di occupazione all'intera platea dei soggetti deboli o svantaggiati del

---

[71] Cfr. ISTAT, *Rapporto BES (Benessere equo e sostenibile)* 2015, cap. 3, Lavoro e conciliazione dei tempi di vita, p. 108, secondo cui si riduce il divario tra i tassi di occupazione delle donne con e senza figli e il fenomeno risulta ancor più significativo al crescere del livello d'istruzione.

[72] D.lgs. 15 giugno 2015, n. 80, "*Misure per la conciliazione delle esigenze di cura, di vita e di lavoro, in attuazione dell'art. 1, co. 8 e 9, l. 10 dicembre 2014, n. 183*".

[73] Cfr. A. FENOGLIO, *Il filo rosa intessuto nel diritto del lavoro: un'analisi* gender sensitive *degli interventi legislativi dell'ultimo triennio*, WP C.S.D.L.E "Massimo D'Antona".IT – 239/2015, 6, secondo cui «l'allentamento dei vincoli delle tipologie contrattuali non *standard* rientra proprio fra le vie imboccate negli ultimi tempi dal legislatore al fine di incrementare l'occupazione».

mercato del lavoro (ad es., disoccupati di lungo periodo, persone a rischio di esclusione sociale). È sin troppo facile replicare che la differenza di genere non consiste, per definizione, in una condizione svantaggiata: considerare la forza lavoro femminile in questa prospettiva induce a perpetuare – anche sul piano socio-culturale – un approccio congiunturale al problema dell'eguaglianza tra i sessi sul lavoro. Un approccio che, vale la pena di aggiungere, non aiuta a valorizzare il contributo delle donne al funzionamento del mercato del lavoro né consente loro d'uscire dalle aree di segregazione professionale e dai segmenti meno qualificati (e meno remunerati)[74].

I flussi e gli andamenti occupazionali sembrano rafforzare tale impressione.

Come ha evidenziato il Rapporto dell'OIL relativo all'occupazione femminile su scala globale, uno sguardo alle statistiche nazionali e locali elaborate negli ultimi anni sembra offrire un'immagine appena più confortante della condizione delle donne, quasi un recupero dello storico divario. Le rilevazioni empiriche, infatti, dimostrano che nell'ultimo periodo – quindi, a partire dal ciclo economico sfavorevole – la componente più dinamica del mercato del lavoro risulta essere proprio quella femminile, con variazioni tendenziali positive nei diversi indicatori, a fronte del rapido decremento dell'occupazione maschile.

Questo inedito fenomeno d'inversione dei flussi occupazionali sulla base del genere è stato analizzato dalla letteratura giuridico-economica ed ha probabilmente più d'una spiegazione plausibile: quella più semplice e immediata riguarda il *trend* in perdita dei posti di lavoro soprattutto nel settore industriale (nel quale tradizionalmente prevale la forza lavoro maschile), al quale corrisponde un (modesto) *trend* positivo dell'occupazione nel comparto del commercio e dei servizi dove, invece, s'impiega prevalentemente quella femminile. Ma guardando con più attenzione i dati disponibili – in particolare, gli indicatori relativi alle tipologie contrattuali utilizzate e ai profili professionali richiesti dalle imprese – emerge forte la sensazione che lo storico dualismo tra i generi risulti una volta di più confermato, anziché smentito.

Si avverte intanto una curiosa correlazione: nel periodo in cui è sembrato attenuarsi il *gap* occupazionale tra uomini e donne è aumentato, invece, il divario tra l'impiego stabile e quello flessibile. Le indagini statistiche hanno registrato un incremento significativo del ricorso ai rapporti di lavoro a termine e al *part time*[75]. Si può ipotizzare, allora, che il comportamento sostanzialmente

---

[74] Cfr. P. TULLINI, *Proposte di revisione della disciplina del lavoro flessibile*, in *RDDS*, 2010, 485 ss.; DE SIMONE, *La diversità di genere nella gestione delle risorse umane*, in L. MONTUSCHI-P. TULLINI (a cura di), *Lavoro e responsabilità sociale dell'impresa,* Bologna, 2006, 29; EAD., *Obiettivi e tecniche del diritto diseguale nei confronti dei lavoratori svantaggiati*, in M.V. BALLESTRERO-G.G. BALANDI (a cura di), *I lavoratori svantaggiati tra eguaglianza e diritto diseguale*, Bologna, 2005, 43 ss.

[75] Secondo il Rapporto annuale ISTAT 2016, durante la crisi è aumentato il ricorso al *part*

adattivo delle donne e quella sorta di "specializzazione" da tempo acquisita nel collocarsi nei segmenti meno appetibili e remunerativi del mercato del lavoro abbiano attribuito – paradossalmente – una sorta di vantaggio competitivo rispetto ai lavoratori maschi, consentendo loro di fronteggiare meglio la crisi economica ed occupazionale.

Non è casuale che, nella fase attuale, la politica d'incentivazione intrapresa dal Governo attraverso la concessione di sgravi contributivi alle imprese che assumano con contratto di lavoro *standard* (cfr. art. 1, comma 118, Legge di stabilità per il 2015) abbia nuovamente alimentato il *gender gap* nel mercato del lavoro. Dopo il periodo nel quale le distanze sembravano essersi accorciate, in coincidenza con gli anni di maggiore aggressività della crisi economica, il divario occupazionale tra uomini e donne ha cominciato ancora una volta a lievitare: il tasso di partecipazione femminile tende a rimanere invariato o addirittura decresce, mentre quello maschile mostra alcuni segnali di ripresa. Anche l'analisi statistica relativa all'occupazione nei diversi settori produttivi (spec. industria e servizi) fornisce indicazioni poco incoraggianti per la forza lavoro femminile: il livello di partecipazione scende lievemente per assestarsi ai medesimi indici percentuali dell'inizio degli anni Duemila[76].

Per concludere, allora, sarebbe necessario un ulteriore esercizio di sincerità, ammettendo che quanto più la crisi economica ed occupazionale aggredisce la componente maschile nelle classi centrali d'età (quella che sinora è stata collocata nell'area dell'impiego stabile), tanto più aumenta l'allarme sociale per l'insicurezza e la precarietà del lavoro. Non è mai stata così accesa la preoccupazione per l'instabilità e la dispersione del capitale umano (in termini di istruzione/formazione, professionalità, redditività) sino a quando il fenomeno della disoccupazione ha riguardato in misura percentualmente più elevata le donne. Le politiche promozionali del lavoro femminile scontano tuttora una certa monotonia ed un approccio politico-legislativo tutto sommato ripetitivo.

I numeri modesti delle donne nel mercato del lavoro, le differenze nelle carriere, i percorsi lavorativi discontinui, frammentati o caratterizzati da impieghi non *standard* si riverberano inevitabilmente su altrettante disparità di genere nell'accesso e nella fruizione dei trattamenti previdenziali (in particolare, com'è noto, su quelli pensionistici).

---

time: tra il 2008 e il 2015 l'indice di crescita è stato pari a + 26,8%. È cresciuta anche la quota dei rapporti di lavoro *part time* involontari, cioè a richiesta delle imprese. Nel 2015, il 63,9% dei nuovi assunti ha accettato un rapporto di lavoro di questo tipo. Cfr. F. PELOS, *Il vero volto dell'Italia 2016 (seconda parte)*, in *Newsletter NL*, n. 177 del 28 giugno 2016, 11 ss.

[76] Cfr. A. CASARICO-D. DEL BOCA, *Il lavoro delle donne nell'era Renzi*, in *La voce.info*, 19 febbraio 2016; F. PELOS, *op. cit.*, 11, secondo cui si evince dal Rapporto annuale ISTAT 2016 che sono aumentate le assunzioni con contratto di lavoro stabile nel 2015, ma «sono quasi tutti uomini».

Le indagini conoscitive e le rilevazioni sono molto eloquenti: le donne rappresentano la maggioranza della popolazione pensionata ma, considerando il complesso dei trattamenti pensionistici, percepiscono in media un importo notevolmente inferiore a quello degli uomini. Il confronto in base alla condizione professionale di provenienza conferma la sperequazione degli importi, che risultano inferiori di oltre il 60%. Un segmento significativo di popolazione femminile che s'è collocata ai margini del mercato del lavoro oppure è stata risucchiata nel lavoro irregolare, non riceve alcuna forma di trattamento pensionistico e, in ogni caso, il tasso di copertura pensionistica esibisce un *gap* di genere doppio rispetto alla media europea (15 punti percentuali contro 7 punti nell'UE)[77].

2.3. Politiche e misure di conciliazione come strumenti di uguaglianza tra i sessi sul lavoro.

La filosofia della conciliazione tra vita e lavoro viene considerata – peraltro, con buone ragioni – la frontiera più avanzata del discorso sull'eguaglianza e sulla parità di genere sul lavoro.

In verità, è una filosofia che si proietta in uno scenario più ampio, che oltrepassa il tema della parità tra i sessi sul lavoro e nel sistema di *welfare* per coinvolgere la rete dei servizi pubblici e l'organizzazione dei tempi della città. Insomma, l'orizzonte della conciliazione è aperto e, per così dire, illuminato da sorti progressive.

Dal punto di vista tecnico-giuridico, le misure di conciliazione sono descritte come il punto d'intersezione tra il diritto antidiscriminatorio e le azioni positive: un *mix* virtuoso tra la tutela contro le discriminazioni di genere (che è generalmente "passiva" e include soprattutto divieti) e la promozione di pari opportunità (che implica una concezione "attiva" della protezione). Anzi, sono generalmente concepite esse stesse come azioni positive perché dirette a favorire ed "avvantaggiare" le donne nell'accesso all'occupazione e nella partecipazione al mercato del lavoro.

Gli studi e le analisi compiute in Europa confermano senza incertezze l'efficacia della strumentazione e delle politiche di conciliazione: dove sono state adottate misure di questo tipo, c'è generalmente più occupazione femminile e, al contempo, un tasso di fertilità più elevato. Si sottolinea la correlazione positiva che lega, da un lato, le azioni promozionali della conciliazione e a favore della

---

[77] Cfr. ISTAT, *Indagine conoscitiva sull'impatto in termini di genere della normativa previdenziale e sulle disparità esistenti in materia di trattamenti pensionistici tra uomini e donne*, XI Commissione "Lavoro pubblico e privato" della Camera dei Deputati, Roma, 8 ottobre 2015.

famiglia e, dall'altro, le scelte occupazionali delle donne. E siccome è ben noto che l'occupazione femminile in Italia sconta un forte ritardo e un divario *in pejus* rispetto alla media europea [78], la strada indicata dal diritto europeo e sollecitata dalle istituzioni sovranazionali rappresenta un riferimento ineludibile.

Vale comunque la pena d'interrogarsi sull'apporto effettivo delle misure di conciliazione rispetto al conseguimento dell'eguaglianza sostanziale fra i generi sul lavoro.

C'è stato all'origine un legame forte tra l'idea della conciliazione vita-lavoro e il divieto di discriminazione della donna lavoratrice: quel legame, tuttavia, è stato quasi subito superato sul piano concettuale, normativo e interpretativo. Dapprima la giurisprudenza costituzionale – interpretando il dettato dell'art. 37 Cost. con il meritevole intento di forzare i confini della tutela giuridica circoscritta alla maternità biologica [79] – ha spostato il *focus* sui diritti del minore e sullo sviluppo materiale e morale dei figli. Un interesse d'indubbia e forte rilevanza costituzionale, che però è autonomo e distinto rispetto a quello della madre lavoratrice, tant'è vero che può e deve essere soddisfatto anche dal padre lavoratore.

Le misure di conciliazione, dunque, sono state progressivamente collegate alla funzione genitoriale in sé. Ben presto s'è persa la connotazione al femminile e l'approccio *gender oriented*: la nuova accezione di conciliazione condivisa allude alla parificazione degli istituti e degli strumenti a disposizione di lavoratori e lavoratrici per l'assolvimento delle funzioni genitoriali. Anche il linguaggio, che registra gli smottamenti sociali e culturali con grande precisione, è cambiato: si parla, ormai, di conciliazione tra famiglia e lavoro. E cambia anche il fondamento costituzionale delle politiche di conciliazione, non più rappresentato dall'art. 37, ma piuttosto dagli artt. 30-31 Cost. che riconoscono la tutela della famiglia e il diritto/dovere alla bi-genitorialità.

Lo spostamento su un terreno neutro è così definitivamente compiuto: i recenti interventi normativi ispirati alla logica della conciliazione sono abbastanza indifferenti rispetto alle finalità di correzione delle disparità di genere e delle diseguaglianze sul lavoro.

---

[78] Il differenziale di genere è pari a 17,6 punti, contro un dato medio europeo di 10,5 punti (Fonte Eurostat – Statistiche occupazionali 2015).

[79] La giurisprudenza costituzionale ha evidenziato come «dalla mera tutela biologica della madre, ampliando la gamma dei valori costituzionalmente perseguiti siano stati introdotti istituti (in relazione all'astensione e ai congedi *post partum*) volti a proteggere un interesse di primario rilievo costituzionale quale la tutela del minore»: così S. SCAGLIARINI, *"L'incessante dinamica della vita moderna". I nuovi diritti sociali nella giurisprudenza costituzionale*, *http://www.gruppodipisa.it/wp-content/uploads/2015/05/trapaniscagliarini.pdf*, 28. In dottrina v. inoltre C. COLAPIETRO, *Dalla tutela della lavoratrice madre alla tutela della maternità e dell'infanzia: l'evoluzione legislativa e giurisprudenziale*, in *Giur. It.*, 2000, 1320 ss.

Senza dubbio la prospettiva neutra tende a prevalere nel diritto europeo, dove la condivisione paritaria delle responsabilità genitoriali e familiari è considerato il presupposto irrinunciabile per la crescita dell'occupazione femminile (cfr. spec. dir. 2010/18/UE)[80]. La giurisprudenza della Corte di giustizia arriva a censurare le normative nazionali che attribuiscono diritti di conciliazione o particolari agibilità per lo svolgimento dei compiti di cura solo alle lavoratrici (e non anche ai lavoratori) perché realizzano una distribuzione tradizionale dei ruoli familiari e, in tal modo, secondo l'indirizzo della Corte, limiterebbero le opportunità delle donne nel mercato del lavoro[81].

Si tratta di una filosofia di eguagliamento tutt'altro che mite, come può dimostrare il dibattito (piuttosto acceso) sul congedo di paternità obbligatorio: un istituto che piace molto alle istituzioni europee ed è centrale nelle politiche occupazionali dell'UE. La scarsa partecipazione della forza lavoro femminile si addebita, in particolare, alla mancanza di incentivi rivolti agli uomini «to take more care responsibilities in their families»[82].

Considerato che il congedo di paternità è stato introdotto negli ordinamenti nazionali dell'area UE in modo abbastanza disomogeneo (e generalmente ritenuto troppo timido), i documenti europei suggeriscono di promuovere l'obbligatorietà dell'istituto, qualificandolo come diritto soggettivo intrasferibile del padre lavoratore e assicurando una corrispondente tutela economica (previdenziale). Si osserva, al riguardo, che la conservazione del livello di reddito costituisce un fattore decisivo che influenza l'utilizzo del congedo da parte dei lavoratori maschi.

Probabilmente, però, non ci accorge neppure del valore confessorio di tali affermazioni: il *gender gap* sul piano retributivo è evidente, ma di questo non ci si preoccupa. Anzi, l'azione positiva proposta a livello europeo consiste nel conservare ai padri lavoratori il loro reddito da lavoro, oltre alla possibilità di usufruire dello strumento di conciliazione. La parificazione nell'esercizio dei diritti di conciliazione avviene al rialzo, ma solo per il lavoratore.

Anche in Italia, com'è noto, il congedo di paternità obbligatorio è stato introdotto con una certa cautela: si tratta ancora d'un mini-istituto di conciliazione, di significato per lo più simbolico. È tuttavia apprezzabile lo sforzo compiuto dalla legge n. 92/2012 al fine di «promuovere una cultura di maggiore condivisione dei compiti di cura dei figli», prevedendo – sebbene in via sperimentale per un biennio – una disciplina dell'astensione sia obbligatoria

---

[80] Dir. 2010/18/UE del Consiglio, 8 marzo 2010, che attua l'accordo quadro riveduto in materia di congedo parentale concluso da BUSINESSEUROPE, UEAPME, CEEP, CES e abroga la dir. 96/34/CE.

[81] Cfr. Corte Giust. CE, 25-10-1988, C-312/86; Corte Giust. CE, 30-9-2010, C-104/09.

[82] Cfr. EU Commission, *New start to address the challenges of work-life balance faced by working families*, Roadmap, August 2015.

sia facoltativa del padre lavoratore (cfr. art. 4, comma 24, legge n. 92/2012)[83]. Il legislatore ha esteso inoltre la fruibilità del congedo di paternità nei casi di adozione ed affidamento di minori (cfr. art. 31, d.lgs. n. 151/2001, mod. *ex* d.lgs. n. 80/2015) ed ha introdotto specifiche provvidenze per il lavoratore autonomo che utilizzi il congedo in sostituzione della madre (art. 28 d.lgs. n. 151/2001, mod. *ex* d.lgs. n. 80/2015).

La cautela del legislatore italiano riguarda soprattutto la sostenibilità finanziaria del congedo di paternità obbligatorio nel sistema pubblico di *Welfare,* e il primo ad esserne preoccupato è lo Stato come datore di lavoro, considerato che – anche in questo caso le statistiche parlano chiaro – di tale istituto usufruiscono quasi esclusivamente i dipendenti pubblici. Del resto, per esercitare diritti costosi e che impattano sull'organizzazione produttiva bisogna contare sulla stabilità del posto di lavoro e sulla tutela contro i licenziamenti: un bene giuridico che è sempre più scarso nel settore privato e resta ormai confinato all'ambito delle pubbliche amministrazioni.

Se è vero che l'indirizzo politico-legislativo emergente è quello che premia la conciliazione tra famiglia e lavoro, si ci potrebbe porre anche qualche interrogativo ulteriore.

La normativa lavoristica non prevede una nozione univoca di famiglia[84], e forse sarebbe opportuno optare per una declinazione aperta e solidaristica degli istituti di conciliazione, anziché per un modello prescrittivo che preveda la distribuzione di compiti di cura tra un padre lavoratore e una madre lavoratrice. Una cosa è attribuire i diritti di conciliazione alla persona con responsabilità familiari e di cura (non solo *childcare* ma anche *eldercare*), qualunque sia il suo genere; altra cosa invece è prescrivere un determinato modello familiare oppure uno schema di conciliazione condivisa tra i differenti generi. Così, se è consentita una piccola provocazione: è lecito chiedersi se l'atteggiamento pedagogico talvolta assunto dalle istituzioni comunitarie risulti coerente all'evoluzione sociale e giuridica che contempla una pluralità di modelli familiari ed educativi (ad es., famiglie monogenitoriali, omosessuali, a distanza, unioni civili), e possa rispondere alle esigenze d'inclusione sociale dei lavoratori stranieri e delle loro famiglie.

Sono domande difficili e per le quali non ci sono risposte immediate, mentre si può tentare di approfondire la questione dell'efficacia della conciliazione nella prospettiva antidiscriminatoria e dell'eguaglianza tra i sessi sul lavoro.

---

[83] A questo intervento si aggiunge l'impegno a prevedere la corresponsione di *voucher* per l'acquisto di servizi di "baby sitting", ovvero per far fronte agli oneri dei servizi pubblici o privati accreditati per l'infanzia (art. 4, commi 24-26, legge n. 92/2012).

[84] Cfr. F. MALZANI, *Politiche di conciliazione e partecipazione delle donne al mercato del lavoro*, WP C.S.D.L.E. "Massimo D'Antona".IT – 238/2015, 9 ss.

Senza dubbio le politiche di conciliazione sono in grado di produrre effetti positivi (sebbene indiretti) sulla partecipazione delle donne al mercato del lavoro, per la correlazione innegabile tra scelte occupazionali e adempimento delle funzioni familiari e di cura. Tuttavia, è anche vero che possono benissimo convivere – come in effetti accade – con bassi indici di qualità del lavoro femminile, bassi livelli di reddito e bassa valorizzazione del capitale professionale delle donne. Non a caso, leggendo i documenti europei si avverte che le principali preoccupazioni per i tassi di sotto-rappresentazione della forza lavoro femminile, in correlazione con una squilibrata distribuzione dei compiti familiari, si concentrano specialmente sulle ricadute negative a carico dell'economia e della competitività, oltre che sul rischio elevato di povertà delle donne inattive che potrebbe scaricarsi sui sistemi di *Welfare*[85].

Ciò che si vuol dire, in sintesi, è che le misure di conciliazione possono incidere positivamente sulla scarsa partecipazione femminile, mentre incidono con più difficoltà sulla qualità e redditività del lavoro offerto alle donne. Si pensi soltanto all'uso del *part-time* che viene comunemente considerato uno strumento classico e privilegiato della conciliazione: eppure, l'indicatore statistico relativo alla diffusione del *part-time* involontario delle donne (quindi, corrispondente ad una strategia aziendale), come certificato dall'indagine annuale dell'ISTAT[86], ha un valore triplo rispetto a quello relativo agli uomini. Ciò evidenzia – non già una maggiore facilità di conciliazione – quanto piuttosto una maggiore segregazione della componente femminile nei segmenti flessibili del mercato del lavoro.

2.4. Il vento della depenalizzazione sul diritto antidiscriminatorio.

A fronte dell'attenzione riservata, anche nel dibattito pubblico, alle politiche di conciliazione tra lavoro e famiglia, si assiste ad un progressivo ritrarsi – un vero e proprio rattrappirsi – della tutela antidiscriminatoria connessa al fattore di genere. A partire dall'intervento sull'apparato sanzionatorio, l'approccio legislativo recente tende a ridimensionare il peso delle norme imperative di tutela, riconducendole soprattutto all'evento biologico o giuridico della maternità.

È ben vero che le discriminazioni più ricorrenti si radicano proprio in quest'area e si verificano prevalentemente in occasione dell'assunzione di respon-

---

[85] Cfr. EU Commission, *New start to address the challenges of work-life balance faced by working families*, cit.: «The latest Eurofound figures estimate the gender employment gap costs 325 billion euros to the Eu, ie, 2,5% of the Eu GDP».

[86] Cfr. ISTAT, *Rapporto BES (Benessere equo e sostenibile)* 2015, cap. 3, Lavoro e conciliazione dei tempi di vita, 111.

sabilità genitoriali, tuttavia si avverte una crescente divaricazione, quasi una separatezza, tra la disciplina protettiva riferita all'assolvimento dei compiti di cura e quella relativa alle discriminazioni di genere, che dovrebbe conservare, invece, «una valenza determinante»[87].

L'impressione è che l'inquadramento del tema della conciliazione tra lavoro e famiglia nel contesto del diritto antidiscriminatorio sia sempre meno scontato. Così, se da un lato, gli interventi legislativi recenti accrescono la fruibilità di alcuni istituti della conciliazione condivisa (spec. *voucher* e congedi parentali) e ampliano la platea dei soggetti beneficiari; d'altro lato, le quote di flessibilità e di maggiore individualizzazione introdotte dal d.lgs. n. 80/2015 nell'utilizzo dei congedi di maternità e genitoriali si prestano a ricadute ambivalenti. Da interventi finalizzati a soddisfare le concrete esigenze delle lavoratrici madri potrebbero diventare occasioni di sfruttamento, o di ulteriore soggezione sul lavoro o, anche, di discriminazione: «trovare un equilibrio tra tutela della lavoratrice madre e valorizzazione delle sue scelte appare obiettivo tuttora difficile da raggiungere»[88].

Al contempo, avanza un altro fenomeno: un'onda lunga di depenalizzazioni – innescata dal d.lgs. n. 8/2016[89] – ha determinato un livellamento al ribasso dell'apparato sanzionatorio previsto per tutti i divieti di discriminazione contenuti nel c.d. Codice delle pari opportunità (d.lgs. n. 198/2006). Il *levelling down* della disciplina sanzionatoria riguarda gli illeciti commessi in occasione dell'accesso all'impiego in qualunque forma e modalità (art. 27, comma 1 e art. 27, comma 2, lett. *a*), della selezione pre-assuntiva (art. 27, comma 2, lett. *b*), della progressione in carriera (art. 29), della formazione, aggiornamento e riqualificazione professionale (art. 27, comma 3), nella materia retributiva (art. 28, comma 1), nei sistemi di classificazione professionale (art. 28, comma 2), nella fruizione delle prestazioni previdenziali e di *welfare* (art. 30, comma 1-4).

Non si contesta il fatto che la configurazione di illeciti penali non sia sempre la strategia più adeguata in termini di efficace e reale contrasto delle discriminazioni di genere. Ciò che importa, infatti, è che l'ordinamento giuridico preveda una tutela giurisdizionale effettiva, oltre che proporzionata al disvalore dell'illecito e in grado di svolgere un concreto effetto dissuasivo (nonché preventivo) a carico del suo autore. L'esigenza di effettività della tutela antidiscriminatoria, espressamente desumibile dall'art. 18, dir. 2006/54/UE, è

[87] D. GOTTARDI, *Interconnessioni e dintorni*, in EAD. (a cura di), *op. cit.*, 153 s.

[88] Ancora D. GOTTARDI, *Il congedo di maternità per le lavoratrici subordinate*, in EAD. (a cura di), *op. cit.*, 20.

[89] D.lgs. 15 gennaio 2016, n. 8 recante "Disposizioni in materia di depenalizzazione a norma dell'art. 2, comma 2, legge n. 67/2014".

saldamente affermata dalla giurisprudenza della Corte di giustizia, e confortata dall'ulteriore precisazione che «qualora il provvedimento adottato per conseguire lo scopo di ristabilire la parità di possibilità sia il risarcimento in denaro, esso dev'essere adeguato, nel senso che deve consentire un'integrale riparazione del danno effettivamente subito» dalla lavoratrice [90].

Dunque, non è *a priori* censurabile la scelta del legislatore italiano di abbandonare la strumentazione sanzionatoria di tipo penale, a favore della sanzione pecuniaria amministrativa, relativamente a determinate fattispecie discriminatorie in base al fattore di genere. Resta comunque da verificare se, in termini di effettività della tutela della donna lavoratrice, il saldo resti attivo.

Tuttavia il segnale politico, con il suo carico simbolico (sociale e culturale), è abbastanza chiaro. L'uguaglianza tra uomini e donne sul lavoro, quell'uguaglianza sancita dalla Costituzione agli artt. 3 e 37, appare ancora – largamente – una promessa da mantenere.

[90] CGUE, 17 dicembre 2015, C-407/14, in *Mass. giur. Lav.*, 2016, 6, 344 ss.

3. L'eguaglianza tra i sessi e la rappresentanza *

3.1. Rappresentanza politica e rappresentanza "di genere".

Per lungo tempo le donne sono state pressoché escluse dai luoghi della politica. Probabilmente è nel ritardo col quale si sono viste formalmente attribuita la qualifica di "elettrici" (solo nel 1946) che va ricercata la causa dei tanti ostacoli incontrati nel fruire del diritto di rivestire anche il ruolo di "elette", nonostante la Costituzione del 1948 garantisse sin dalla sua formulazione originaria che «*Tutti i cittadini dell'uno e dell'altro sesso possono accedere agli uffici pubblici e alle cariche elettive in condizioni di eguaglianza, secondo i requisiti stabiliti dalla legge*».

Ad oggi, molti passi in avanti sono stati fatti, ma il cammino non è pienamente compiuto e occorre ancora ragionare a fondo di quello che, per vero non propriamente, è stato definito il tema della "rappresentanza di genere", perché l'obiettivo del riequilibrio di genere nelle Assemblee elettive implica un ragionamento su principi fondamentali [91]. In particolare di quelli inerenti la rappresentanza politica. Si tratta, come noto, di un concetto che sin dalla sua origine si è assunto come espressivo di unitarietà, perché la rappresentanza nasce slegata da qualsiasi riferimento a gruppi particolari. Per questo taluno ha avanzato il dubbio che la rappresentanza "di genere" possa essere incompatibile con questo concetto, aggiungendo che riconoscerla potrebbe aprire alla possibilità che altri gruppi discriminati reclamino propri rappresentanti: il Parlamento si troverebbe così frazionato fra rappresentanti di tanti gruppi disomogenei fra di loro e in tal modo si indebolirebbe la concezione della rappresentanza politica come espressione della "volontà generale".

Questa obiezione è molto seria, ma una riflessione più approfondita mostra chiaramente come si tratti di un falso problema. Anzitutto perché le donne non costituiscono una categoria portatrice di interessi particolari, ma rappresentano uno dei modi di essere del genere umano. Inoltre, non va trascurato il fatto che quando il concetto di rappresentanza politica è nato le donne non "esistevano" di fronte alle istituzioni, né potendo essere elette né potendo votare.

Per queste ragioni non è possibile oggi negare dignità teorica al tema della sottorappresentanza politica del genere femminile.

---

* Di Marilisa D'Amico.

[91] Sul tema sia consentito rinviare a M. D'AMICO, *Il difficile cammino della democrazia paritaria*, Torino, 2011. Si veda, inoltre, B. BECCALLI (a cura di), *Donne in quota: è giusto riservare posti alle donne nel lavoro e nella politica?*, Milano, 1999; G. BRUNELLI, *Donne e politica*, Bologna, 2006; S. LEONE, *L'equilibrio di genere negli organi politici. Misure promozionali e principi costituzionali*, Milano, 2013.

Quanto alle ragioni per le quali è necessario promuovere un riequilibrio di genere nelle Assemblee elettive, si è convinti che l'argomento in questo senso più serio è quello che si basa sulla constatazione che la bassa presenza di donne incide negativamente sulla qualità dell'organo rappresentativo e sulla qualità, dunque, dell'attività legislativa.

Un Parlamento formato per lo più da uomini, soprattutto quando chiamato a decidere su temi importanti, lo fa carente della sensibilità, del punto di vista, del modo di pensare e discutere di entrambi i sessi.

Non bisogna pensare, come fanno in tanti, che esistono temi più femminili di altri, come quelli della famiglia, dell'istruzione, della stessa "parità": l'assenza delle donne impoverisce comunque il Parlamento, come luogo in cui ha sede lo scambio dialettico e in cui si esprime la cultura di tutta la società, composta, appunto, di donne e di uomini. Bisogna però anche dire che, se pure oggi la presenza femminile nella politica è più diffusa, è necessario compiere un passo ulteriore: la mera presenza femminile nelle istituzioni non basta. Essa deve essere accompagnata da un reale cambiamento culturale, affinché la democrazia paritaria possa rappresentare un vantaggio per i diritti e per l'eguaglianza di tutti, donne e uomini.

3.2. Il percorso italiano tra legislatore e Corte costituzionale.

È all'inizio degli anni Novanta che il legislatore, di fronte alle desolanti percentuali, decide di affrontare il problema della scarsa presenza di donne negli organi rappresentativi adottando norme promozionali di diverso tipo, sia per le elezioni nazionali sia per quelle locali.

Veniva in particolare previsto l'obbligo di alternanza tra uomini e donne nella lista per il recupero proporzionale dei voti alle elezioni per la Camera dei Deputati; per le elezioni regionali e comunali si stabiliva, invece, che nelle liste i candidati dello stesso sesso non potessero essere inseriti in misura superiore ai due terzi.

Queste misure, sia pure diverse tecnicamente e con impatto differente, vennero tutte demolite dalla sentenza n. 422/1995 della Corte costituzionale, ove si affermava in via generale e senza alcuna eccezione che in materia elettorale può trovare applicazione soltanto il principio di eguaglianza inteso in senso formale (artt. 3, comma 1, e 51, comma 1, Cost.) e che qualsiasi disposizione tendente a introdurre riferimenti "al sesso" dei rappresentanti, anche se formulata in modo neutro, era in contrasto con tale principio.

La pronuncia della Corte, oggetto di moltissimi rilievi critici [92], è discuti-

---

[92] U. De Siervo, *La mano pesante della Corte sulle 'quote' nelle liste elettorali,* in *Giur. cost.*, 1995, 3268 ss. Vedi anche, sulla decisione, L. Carlassare, *L'integrazione della rappresentanza: un obbligo per le Regioni*, in *La rappresentanza democratica nelle scelte elettorali delle Regioni*, a cura di L. Carlassare-A. Di Blasi-M. Giamperetti, Padova, 2002 e Bru-

bile soprattutto perché basata su una falsa rappresentazione storica: dice la Corte che i Costituenti avrebbero escluso l'eguaglianza sostanziale dal campo dei diritti politici, mirando a garantire soltanto quella formale. Ma se i Costituenti davvero non si sono esplicitamente posti il problema di garantire una equilibrata presenza fra i sessi nelle Assemblee elettive, è anche perché, in materia elettorale, le donne non avevano avuto occasione d'ingresso sino al 1946. Nella decisione, la Corte sottolinea che la misura prevista dal legislatore sarebbe comunque contraria anche al principio di eguaglianza sostanziale, in quanto esorbitante rispetto ai limiti posti alle azioni positive, pur riguardando, però, soltanto il diritto di essere candidati, non di essere eletti[93]. Inoltre, nonostante la formulazione neutra della disposizione, la Corte enfatizza l'interpretazione storica, e dunque l'intento di favorire le donne (un altro argomento che, però, come vedremo, sarà superato nella sent. n. 49/2003, a testimonianza dell'originaria debolezza dell'impianto argomentativo della sent. n. 422/1995).

All'indomani di questa dura decisione, in Parlamento venne avviato il percorso di revisione dell'art. 51 Cost., conclusosi soltanto nel 2003 con la legge costituzionale n. 1, il cui obiettivo era proprio di superare l'ostacolo posto dalla Corte costituzionale. Poco prima, il quadro costituzionale e quello comunitario vennero però interessati da alcune importanti modifiche: ci si riferisce all'art. 2 della legge cost. n. 1/2002, e all'art. 117, comma 7, Cost., disposizioni nelle quali il compito di promuovere le pari opportunità nella rappresentanza politica viene assegnato alle Regioni. All'art. 23, comma secondo, della Carta di Nizza, seppur allora non vincolante, si sancisce invece che «*il principio della parità non osta al mantenimento o all'adozione di misure che prevedano vantaggi specifici a favore del sesso sottorappresentato*».

In questo nuovo contesto, ma prima che fosse portato a termine l'*iter* di approvazione della riforma all'art. 51 Cost., la Corte costituzionale ebbe modo di tornare ad occuparsi della materia con l'importante sent. n. 49/2003. Ad essere impugnata, questa volta, una norma della deliberazione legislativa della Regione Valle d'Aosta, dal contenuto minimo, in base alla quale, a pena di invalidità, le liste dovevano essere formate da «rappresentanti di entrambi i sessi». Con una decisione davvero coraggiosa[94], la Corte salvò la disposizione no-

---

NELLI, *Elettorato attivo e passivo (e applicazione estesa dell'illegittimità consequenziale) in due recenti pronunce costituzionali*, in *Giur. cost.*, 1995, 3272 ss.

[93] Sui limiti del principio di uguaglianza sostanziale M. AINIS, *Cinque regole per le azioni positive*, in *Quad. cost.*, 1999; A. CERRI, *L'eguaglianza (principio costituzionale di)*, in *Enc. giur.*, Roma, 2005; A. D'ALOIA, *Eguaglianza sostanziale e diritto diseguale. Contributo allo studio delle azioni positive nella prospettiva costituzionale*, Padova, 2002.

[94] A commento della quale v. L. CARLASSARE, *La parità di accesso alle cariche elettive nella sentenza n. 49: la fine di un equivoco*, in *Giur. cost.*, 2003, 364 ss.; la pronuncia è stata

nostante la revisione dell'art. 51 Cost., come visto, fosse ancora in via di approvazione. E lo fece affrontando il cuore del problema: la disposizione impugnata introduce un riferimento neutro ("ambo i sessi") che non discrimina tra i sessi, e non altera la parità di *chances* tra i candidati perché incide unicamente sulla formazione delle liste. Per queste ragioni essa non viola gli artt. 3 e 51 Cost.

La Corte quindi, tenne qui correttamente distinte le misure costituzionalmente legittime, che incidono soltanto sui punti di partenza, ovverosia sulla formazione delle liste, dalle azioni positive forti, che attribuiscono direttamente il risultato (vere e proprie quote), e che in questa materia sono ritenute inammissibili. È evidente che siamo in presenza di una vera decisione *overruling*: la norma salvata qui dalla Corte era del tutto simile a quelle dichiarate incostituzionali nel 1995.

Come detto, peraltro, è significativo che la Corte costituzionale si fosse pronunciata in questi termini tenendo conto delle modifiche costituzionali intervenute, ma senza mai un cenno alla revisione dell'art. 51 Cost., in dirittura d'arrivo. Ciò che, peraltro, consentì al Giudice costituzionale di mantenere aperto il campo relativamente all'interpretazione della portata del nuovo principio costituzionale, voluto per mettere un cappello alle quote, ma dal tenore letterale suscettibile di diverse letture («la Repubblica promuove con appositi provvedimenti le pari opportunità tra uomini e donne»).

Significativo, infine, anche il richiamo ai comportamenti dei partiti politici, che con la propria inerzia avevano di fatto costretto il legislatore ad intervenire in senso autoritativo in materia: «*quello che già si auspicava potesse avvenire attraverso scelte statutarie o regolamentari dei partiti (i quali, però, per lungo tempo non hanno mostrato grande propensione a tradurle spontaneamente in atto con regole di autodisciplina) è qui perseguito come effetto di un vincolo di legge*».

3.3. Il nuovo art. 51 Cost. e la doppia preferenza di genere.

Con l'art. 1 della legge cost. 30 maggio 2003, n. 1, è stato aggiunto all'art. 51, comma 1, Cost., al fine di sancire il principio di eguaglianza sostanziale anche in riferimento all'accesso alle cariche elettive, la previsione in forza della quale «*A tale fine la Repubblica promuove con appositi provvedimenti le pari opportunità tra donne e uomini*» [95].

Uno dei punti critici messi in luce dai commentatori all'indomani della ri-

---

commentata anche da A. DEFFENU, *Parità fra i sessi in politica e controllo della Corte: un revirement circondato da limiti e precauzioni*, in *Le Regioni*, 2004, 918 ss.

[95] R. BIN-G. BRUNELLI-A. PUGIOTTO-P. VERONESI (a cura di), *La parità dei sessi nella rappresentanza politica*, Torino, 2003.

forma ha giustamente riguardato la formula linguistica utilizzata dal legislatore costituzionale, in quanto piuttosto generica.

In effetti, la fragilità del contenuto del nuovo art. 51 Cost. è stata purtroppo messa in luce pochi anni dopo l'approvazione della riforma, nel 2005, in occasione della bocciatura da parte del Parlamento, in sede di modifica del sistema elettorale in senso proporzionale (che poi ha portato all'approvazione della legge n. 270/2005), di una norma che intendeva garantire, con la previsione di sanzioni economiche, la presenza di donne nelle liste elettorali in misura di almeno un quarto (una donna ogni tre uomini).

Lo stesso anno però la Corte costituzionale ha per la prima volta dato un contributo importante nella lettura del principio costituzionale, facendo definitivamente tramontare la possibilità di un'interpretazione dell'art. 51 Cost. tesa a ricavarne unicamente una ripetizione del principio di eguaglianza formale.

La Corte, infatti, in una pronuncia di inammissibilità avente ad oggetto la materia del pubblico impiego (Corte cost. ord. n. 39/2005)[96], ha respinto nettamente l'impostazione del Consiglio di Stato, per il quale le modifiche costituzionali avrebbero dovuto considerarsi incapaci di consentire un superamento delle argomentazioni della sentenza del 1995.

Definitiva conferma se ne ha qualche anno dopo con la sentenza n. 4 del 2010[97]. La Corte, infatti, ha ricondotto per la prima volta in modo esplicito il nuovo art. 51 Cost. al principio di eguaglianza sostanziale affermando che il nuovo quadro costituzionale è ispirato «*al principio fondamentale dell'effettiva parità tra i due sessi nella rappresentanza politica, nazionale e regionale, nello spirito dell'art. 3, secondo comma, Cost., che impone alla Repubblica la rimozione di tutti gli ostacoli che di fatto impediscono una piena partecipazione di tutti i cittadini all'organizzazione politica del Paese*».

In questo contesto, risulta pertanto del tutto legittimo il meccanismo della c.d. doppia preferenza di genere introdotto per la prima volta dalla Regione Campania con la legge n. 4/2009. Un meccanismo che consente agli elettori di esprimere uno o due voti di preferenza, con l'avvertenza che, in quest'ultimo caso, «*una deve riguardare un candidato di genere maschile e l'altra un candidato di genere femminile della stessa lista, pena l'annullamento della seconda preferenza*». Si tratta, dunque, di una norma chiaramente orientata a promuovere

---

[96] A. Di Blasi, *Anche il Consiglio di Stato inciampa sulla parità dei sessi*, in *Giur. cost.*, 2005, 315 ss.

[97] L. Carlassare, *La legittimità della preferenza di genere: una nuova sconfitta della linea del Governo*, in *Giur. cost.*, 2010, 81 ss., e S. Leone, *La preferenza di genere come strumento per ottenere indirettamente ed eventualmente il risultato di un'azione positiva*, *ivi*, 93 ss.

le pari opportunità nell'accesso alle cariche elettive, o meglio una «*norma riequilibratrice volta a ottenere, indirettamente ed eventualmente, il risultato di un'azione positiva*». La misura si è salvata nel giudizio di legittimità costituzionale perché ritenuta incapace di incidere negativamente sul diritto di voto e sul diritto all'elettorato passivo e di determinare il risultato elettorale, rimanendo il cittadino libero di avvalersi, o meno, della seconda preferenza.

È bene specificare che la pronuncia n. 4/2010, pur legittimando l'ingresso del principio di eguaglianza sostanziale nell'accesso alle cariche elettive, ha tenuto comunque fermi a livello teorico alcuni limiti sanciti dalla Corte nella sent. n. 422/1995. Rimane quindi da domandarsi – ne si discuterà oltre – se siano oggi ancora inammissibili misure più "forti" rispetto a quella oggetto di sindacato della Corte in questa sentenza e nella precedente del 2003. Quesito affatto semplice, al quale però si deve rispondere consapevoli del fatto che il quadro legislativo, e anche giurisprudenziale, è oggi di certo più favorevole all'introduzione di misure che consentono in modo efficace l'attuazione del principio costituzionale di cui all'art. 51 Cost.

3.4. L'impegno delle Regioni per le pari opportunità in politica.

Subito dopo l'approvazione delle riforme costituzionali, le Regioni si sono attivate per introdurre norme volte a promuovere la parità di accesso alle cariche elettive negli Statuti e nelle leggi elettorali. Il legislatore costituzionale ha, infatti, previsto, da un lato, che gli Statuti e le leggi elettorali delle Regioni a Statuto speciale devono promuovere "*condizioni di parità per l'accesso alle consultazioni elettorali*" (legge cost. n. 2/2001); d'altro lato, ha introdotto un apposito comma nell'art. 117 Cost. (legge cost. n. 3/2001), secondo il quale «*le leggi regionali rimuovono ogni ostacolo che impedisce la piena parità degli uomini e delle donne nella vita sociale, culturale ed economica e promuovono la parità di accesso tra donne e uomini alle cariche elettive*» (art. 117, comma 7, Cost.)[98].

Anche a livello legislativo esiste un vincolo che ricade sulle Regioni, e precisamente sulle leggi elettorali riguardanti i loro Consigli. Dapprima è stato con la legge n. 215/2012 che si è inserito, a tal fine intervenendo sulla legge n. 165/2004, fra i principi fondamentali ai quali la Regione deve attenersi nel delineare il proprio sistema elettorale, «*la promozione della parità tra uomini e donne nell'accesso alle cariche elettive attraverso la predisposizione di misure che permettano di incentivare l'accesso del genere sottorappresentato*». Recentissimamen-

---

[98] Su cui M. CARTABIA, *Il principio di parità tra uomini e donne nell'art. 117, comma 7*, in T. GROPPI-M. OLIVETTI (a cura di), *La Repubblica delle autonomie. Regioni ed enti Locali nel nuovo Titolo V*, Torino, 2003, 129 ss.

te, però, il Parlamento è tornato nuovamente su questa disposizione, al fine di renderne più puntuale e dunque più stringente la portata. Ora infatti, per effetto della legge n. 20/2016, si è specificato cosa implica questo principio, stabilendosi che: «*1) qualora la legge elettorale preveda l'espressione di preferenze, in ciascuna lista i candidati siano presenti in modo tale che quelli dello stesso sesso non eccedano il 60 per cento del totale e sia consentita l'espressione di almeno due preferenze, di cui una riservata a un candidato di sesso diverso, pena l'annullamento delle preferenze successive alla prima; 2) qualora siano previste liste senza espressione di preferenze, la legge elettorale disponga l'alternanza tra candidati di sesso diverso, in modo tale che i candidati di un sesso non eccedano il 60 per cento del totale; 3) qualora siano previsti collegi uninominali, la legge elettorale disponga l'equilibrio tra candidature presentate col medesimo simbolo in modo tale che i candidati di un sesso non eccedano il 60 per cento del totale*».

Prima di spiegare però perché si è arrivati a questa ulteriore revisione normativa, è bene fare un passo indietro, per chiarire in che modo le Regioni si siano mosse in precedenza per dare attuazione ai principi costituzionali poco sopra richiamati.

Ebbene, le Regioni si sono conformate a tali parametri costituzionali mediante l'introduzione di misure di diversa natura, tanto di livello statutario, quanto di livello legislativo.

Per quel che concerne gli Statuti, ci si limita qui a rilevare come le Regioni siano intervenute con modalità differenti, talune limitandosi ad enunciare, in modo generico, il principio di parità o a ribadire letteralmente quanto affermato nell'art. 117, comma 7, Cost.; altre introducendo norme più impegnative, che richiamano ad esempio espressamente lo strumento delle azioni positive anche nella rappresentanza politica, o che hanno introdotto (Regione Lombardia) l'innovativo concetto di "democrazia paritaria" [99].

Quanto alle norme contenute nelle leggi elettorali regionali [100], è importante premettere come tutte le Regioni che si sono dotate di propri sistemi elettorali, hanno anche introdotto disposizioni specifiche volte a garantire la parità di accesso alle cariche elettive. E si tratta della maggioranza, per non dire della quasi totalità, delle Regioni italiane.

---

[99] Per una più approfondita ricognizione delle norme statutarie, M. D'AMICO, *I diritti contesi*, Milano, 2016, 200 ss. V. anche E. CATELANI, *La tutela delle pari opportunità negli statuti e nella legislazione elettorale*, in *I principi negli statuti regionali*, a cura di E. CATELANI-E. CHELI, 2008.

[100] Sulle misure volte a garantire la parità di genere nelle leggi elettorali regionali si veda S. CATALANO, "*Le misure a favore del riequilibrio della rappresentanza di genere come oggetto di contenzioso elettorale*", in E. CATELANI-F. DONATI-M.C. GRISOLIA (a cura di), *La giustizia elettorale*, Atti del Seminario svoltosi a Firenze, 16 novembre 2012, Napoli, 2013, 339-355.

Le misure previste sono diverse. Per lo più le leggi elettorali regionali prevedono c.d. quote di lista, e solo alcune di esse, compatibilmente con il sistema elettorale prescelto, il meccanismo della c.d. doppia preferenza di genere.

Quote di lista sono previste, per esempio, dalla legge elettorale della Regione Abruzzo (legge reg. n. 9/2013), secondo la quale «in ogni lista provinciale a pena d'inammissibilità nessuno dei due sessi può essere rappresentato in misura superiore al 60% (sessanta per cento) dei candidati».

Analogamente la legge elettorale della Regione Marche stabilisce che in «ogni lista provinciale, a pena d'inammissibilità, nessuno dei due generi può essere rappresentato in misura inferiore a un terzo dei candidati presentati con arrotondamento all'unità più vicina».

Ancora più incisive sembrano essere le norme dalla legge elettorale della Regione Veneto che arriva a fissare una "quota paritaria" (50%-50%) in lista. Infatti, l'art. art. 13, comma 6, legge n. 5/2012, oltre a prevedere l'alternanza di genere nelle liste di candidati, impone che «se il numero dei candidati è pari» ogni genere debba essere rappresentato «in misura eguale», se il «numero dei candidati è dispari», ogni genere deve essere rappresentato «in numero non superiore di una unità rispetto all'altro genere».

Particolarmente interessante è la legge elettorale del Lazio (legge reg. n. 2/2005, art. 3), la quale prevede un doppio regime: la lista regionale (c.d. listino) deve essere composta in modo che entrambi i sessi siano rappresentati in pari misura; nelle liste provinciali nessuno dei due sessi può essere rappresentato in misura superiore ai due terzi dei candidati. Meno efficace, invece, la previsione da parte della Regione Calabria (legge reg. n. 1/2005, modificata dalla legge reg. n. 8 e n. 19/2014), la quale stabilendo che «le liste elettorali devono comprendere, a pena di inammissibilità, candidati di entrambi i sessi», si limita a richiedere una misura minima di non discriminazione. È sufficiente, quindi, una sola donna in lista.

Alcune Regioni, seguendo l'esempio della Regione Campania, non si sono limitate alla previsione di quote di genere nelle liste di candidati, ma hanno introdotto il meccanismo della doppia preferenza di genere. In questo senso, sono intervenute recentemente l'Umbria (legge reg. n. 2/2010 come modificata dalla legge n. 4/2015) e la Toscana (legge reg. n. 51/2014). Da segnalare che quest'ultima, oltre ad aver optato per l'introduzione dei meccanismi più incisivi a favore del riequilibrio di genere – l'alternanza di genere in lista e la doppia preferenza di genere – si distingue per l'utilizzo di un "linguaggio paritario". Se la quasi totalità dei nostri testi legislativi sono interamente declinati al maschile, la legge elettorale della Toscana accompagna a ogni sostantivo maschile anche il corrispettivo femminile. Non si fa riferimento al solo "candidato", ma al candidato/candidata; non si fa riferimento al solo elettore, ma all'elettore/elettrice, e così via.

Nella maggioranza dei casi il mancato rispetto delle norme relative alla parità di genere comporta l'inammissibilità della lista. In alcuni casi, le leggi elettorali (è il caso, per esempio, delle leggi elettorali di Puglia, Lazio e Umbria) prevedono una sanzione pecuniaria per le liste inadempienti.

Per quanto concerne le leggi elettorali delle Regioni a Statuto speciale, anch'esse prevedono tutte norme volte a garantire la parità di accesso alle cariche elettive, principalmente mediante quote di lista, o stabilendo l'alternanza di genere tra i candidati. Tra queste merita di essere richiamata la legge elettorale del Friuli Venezia Giulia (legge reg. n. 17/2007), poiché essa sembra affrontare il tema della parità a tutto campo. La legge, oltre a prevedere una quota di lista (nessuno dei due sessi può essere rappresentato in misura superiore al 60%), dedica un intero articolo (art. 32) alle pari opportunità, occupandosi di promuove l'accesso «alla carica di consigliere regionale a favore del genere sottorappresentato mediante forme di incentivazione o penalizzazione nel riparto delle risorse spettanti ai gruppi consiliari».

Lo stesso articolo, inoltre, impone ai partiti di assicurare la presenza paritaria di candidati di entrambi i generi nei programmi di comunicazione politica, in occasione delle elezioni regionali.

Nonostante, come visto, la quasi totalità delle Regioni preveda norme volte a garantire la parità di genere nell'accesso alle cariche elettive, la presenza femminile nei Consigli regionali è ancora piuttosto bassa, mantenendosi ancora al di sotto del 20%. Ciò può essere dovuto al fatto che sono ancora poche le Regioni che si sono dotate di meccanismi realmente efficaci.

Le quote o l'alternanza di genere in lista non sempre producono i risultati sperati. Per esempio, in Lombardia, dove è previsto il meccanismo dell'alternanza di genere in lista, sono state elette solo il 19% di donne. Per non parlare poi di quelle Regioni che nulla prevedono, come la Basilicata, dove il Consiglio regionale è ancora totalmente maschile. Numeri più confortanti si trovano, invece, in quelle Regioni che hanno inserito il meccanismo della doppia preferenza di genere. In Campania le donne elette sono il 22%, e in Toscana sfiorano il 30%. Questa conclusione però non vale per l'Umbria dove, nonostante si sia votato alle elezioni del maggio del 2015 con la doppia preferenza di genere, le donne elette sono state solo il 10%, meno della legislatura precedente.

E ciò significa che gli interventi volti a favorire le candidature femminili, pur essendo certamente apprezzabili, non sempre corrispondono a un aumento effettivo di donne nei Consigli. La ragione forse attiene a un fattore culturale: in un mondo politico dominato per lungo tempo da soli uomini, le donne anche se candidate non vengono votate. Il che non deve però indurre a dubitare della necessità dell'intervento normativo, che deve continuare ad accompagnarsi a ogni sforzo per progredire sul piano culturale.

È dunque certamente apprezzabile il fatto che sia stata di recente approvata una legge (la già richiamata legge n. 20/2016)[101] il cui obiettivo è stato di rendere più incisivo il principio statale che vincola le leggi elettorali regionali al rispetto della parità di genere. A tal fine, la legge impone alle Regioni l'introduzione di misure specifiche, tenendo conto delle caratteristiche dei differenti sistemi elettorali regionali. Nei sistemi con liste bloccate, infatti, la legge richiede l'alternanza di genere tra i candidati in lista, in modo che nessun genere sia rappresentato in una percentuale superiore al 60%. Diversamente, nel caso in cui il sistema elettorale preveda l'espressione di preferenze, le Regioni sono tenute ad introdurre quote di genere nelle liste dei candidati (nessun genere può essere rappresentato in misura superiore al 60%), nonché a consentire l'espressione di almeno due preferenze, di cui una riservata ad un candidato di sesso diverso, pena l'annullamento delle preferenze successive alla prima. Infine, qualora il sistema elettorale regionale preveda collegi uninominali, è necessario garantire una rappresentanza paritaria fra i generi (60%/40%) nell'ambito delle candidature presentate con il medesimo simbolo.

3.5. La difficoltosa attuazione del principio costituzionale di pari opportunità da parte del legislatore statale.

Dopo l'entrata in vigore delle riforme costituzionali del 2001 e del 2003 solo le Regioni si sono attivate tempestivamente per attuare i nuovi principi costituzionali, sebbene non sempre in modo efficace.

Il legislatore nazionale si è invece fatto lungamente attendere. Anzitutto, come già detto, esso ha mancato nel 2005 il primo importante appuntamento, ovvero la possibilità di introdurre norme antidiscriminatorie nell'ambito della legge elettorale per il Parlamento.

Solo di recente, il Parlamento è intervenuto sul fronte della parità di genere. Anzitutto, approvando la legge n. 215/2012 che ha implementato il principio di parità di cui all'art. 51 Cost. con riguardo principalmente agli organi elettivi e di governo degli enti locali. Per quel che concerne gli organi elettivi le nuove regole introducono, da un lato, riserve di posti nelle liste elettorali, d'altro lato, la doppia preferenza di genere. Più precisamente, per i Comuni con meno di 5.000 abitanti è sufficiente che nelle liste sia «assicurata la rappresentanza di entrambi i sessi», e non sono previsti meccanismi incidenti sull'espressione del voto.

Per i Comuni con numero di abitanti compresi tra 5.000 e 15.000, e analo-

---

[101] Sulle proposte di legge alla base di questa previsione sia consentito un rinvio a M. D'Amico, *Testo dell'audizione della professoressa Marilisa D'Amico sui disegni di legge A.C. 1278, A.C. 3297, A.C. 3354 e A.C. 3359 presso la Commissione Affari Costituzionali della Camera (26 novembre 2015)*, in *Osservatorio AIC*, 2016.

gamente anche per i Comuni che superano i 15.000 abitanti, la legge prevede che «nessuno dei due sessi può essere rappresentato in misura superiore ai due terzi dei candidati». È altresì prevista la doppia preferenza di genere. Si stabilisce, infatti, che «ciascun elettore può esprimere, nelle apposite righe stampate sotto il medesimo contrassegno, uno o due voti di preferenza, scrivendo il cognome di non più di due candidati compresi nella lista collegata al candidato alla carica di sindaco prescelto. Nel caso di espressione di due preferenze, esse devono riguardare candidati di sesso diverso della stessa lista, pena l'annullamento della seconda preferenza». Va sottolineato che la legge sanziona il mancato rispetto delle riserva di lista stabilendo che l'organo deputato a svolgere il controllo delle liste, nel caso di inadempimento, «riduce la lista cancellando i nomi dei candidati appartenenti al genere rappresentato in misura eccedente i due terzi dei candidati, procedendo in tal caso dall'ultimo della lista». Tale disposizione, pur essendo molto incisiva, è stata considerata legittima dal Consiglio di Stato, il quale ha respinto il ricorso di un candidato (in una lista non rispettosa della proporzione di genere prevista dalla legge) al Consiglio comunale di Bari, il quale lamentava il fatto di essere stato tolto automaticamente dalla Commissione elettorale, senza che vi fosse alcuna possibilità di scegliere i candidati da eliminare da parte dei partiti (Cons. Stato, sent. n. 2393/2014).

Infine, sempre la legge n. 215/2012 ha anche introdotto una norma che impatta sulla comunicazione politica, stabilendo che i mezzi di informazione debbano, durante le campagne elettorali, garantire pari opportunità. Provvedimento, quest'ultimo, molto importante, se si considera che non è di certo sufficiente candidare donne in lista se i partiti, poi, le discriminano direzionando il voto degli elettori sui candidati uomini.

Pare utile anche richiamare il d.l. n. 149/2013 (convertito con modificazioni dalla legge 21 febbraio 2014, n. 13) sull'abolizione del finanziamento pubblico ai partiti, il quale riduce le risorse spettanti al partito politico «nel caso in cui, nel numero complessivo dei candidati di un partito politico in ciascuna elezione della Camera dei deputati, del Senato della Repubblica o dei membri del Parlamento europeo spettanti all'Italia, uno dei due sessi sia rappresentato in misura inferiore al 40%» [102].

Altro recentissimo provvedimento è quello che ha portato all'adozione di misure attuative della parità di genere nell'ambito dell'elezione dei rappresentanti italiani al Parlamento europeo (legge n. 65/2014), il quale sembra essere più efficace sotto il profilo della parità di genere rispetto alla disciplina precedente (legge n. 90/2004). Mentre quest'ultima si limitava a prevedere una quo-

---

[102] Sulla scarsa efficacia di misure di tipo economico si veda S. LEONE, *La leva economica per spronare i partiti a candidare più donne: una misura efficace?,* in F. BIONDI-G. TARLI BARBIERI (a cura di), *Il finanziamento della politica*, Editoriale Scientifica, Napoli, 2016.

ta di genere nelle liste di candidati, stabilendo allo stesso tempo sanzioni economiche per i partiti inadempienti [103], le nuove norme contenute nella legge n. 65/2014 sembrano più pregnanti prevedendo il meccanismo della c.d. tripla preferenza di genere. Più precisamente, la nuova disciplina (legge n. 65/2014) prevede un doppio regime: uno più blando, che si è applicato alle elezioni europee del 2014; l'altro più incisivo, che si applicherà solo a partire dal 2019.

Alle ultime elezioni (maggio 2014), infatti, gli elettori hanno fruito della possibilità di esprimere fino a un massimo di tre preferenze, dovendo però votare per candidati di entrambi i sessi, pena l'annullamento del terzo voto. Dalla tornata successiva (2019), l'annullamento in caso di inosservanza della prescrizione riguarderà anche il secondo voto di preferenza, e i partiti politici saranno altresì tenuti a rispettare delle regole sulla composizione delle liste, essendo obbligati a presentare in ciascuna lista donne e uomini in eguale misura, e ad alternare per genere i due primi candidati.

All'esito della prima consultazione elettorale (maggio 2014) svoltasi con la nuova disciplina, le donne italiane elette al Parlamento europeo sono raddoppiate: le donne sono il 39,7 % degli eletti italiani e per la prima volta sono al di sopra della media europea pari al 37%.

Infine, non può non essere citata la recente novella legislativa (legge n. 56/2014) che reca disposizioni sulle Città metropolitane, sulle Province, e sull'unione e fusione dei Comuni, e che sia con riferimento all'elezione del Consiglio metropolitano, sia del Consiglio provinciale (entrambi enti di secondo livello, eletti dai sindaci e consiglieri comunali tra i sindaci e i consiglieri comunali), stabilisce che nelle liste nessuno dei due sessi può essere rappresentato «in misura superiore al 60 per cento del numero dei candidati». Questa previsione, però, si applicherà solo una volta che siano trascorsi cinque anni dalla entrata in vigore della legge n. 215/2012, probabilmente per evitare il rischio che, a oggi, non ci siano abbastanza consiglieri o sindaci donne da inserire nelle liste per l'elezione del Consiglio metropolitano e del Consiglio provinciale.

3.6. La democrazia paritaria in Parlamento.

Come accennato, i primi tentativi di introdurre norme antidiscriminatorie nelle leggi elettorali per il Parlamento non sono andati a buon fine negli anni Novanta a causa dell'intervento demolitorio della Corte costituzionale (Corte cost., sent. n. 422/1995). Successivamente (nel 2005) è stata invece l'ostilità di una parte della classe politica a rimandare ulteriormente il problema della scarsa presenza femminile nei luoghi della politica.

Negli ultimi anni, però, la situazione è certamente migliorata.

---

[103] Sulla scarsa efficacia di quella previsione M. D'AMICO, *Il difficile cammino*, cit., 54 ss.

Basti pensare che alle elezioni politiche del 2013, nonostante non fosse ancora in vigore alcuna norma volta a garantire la presenza di entrambi i generi nelle liste di candidati, le donne elette al Senato sono state il 29%, e circa il 31% alla Camera dei Deputati, con un incremento di 10 punti percentuali rispetto alla precedente legislatura.

Ed è forse anche grazie alla maggior presenza femminile in Parlamento che il tema della parità di genere non è stato ignorato nell'analisi di due importati disegni di legge: l'*Italicum* (legge n. 52/2015), e il disegno di legge di riforma costituzionale.

Sin dalla sua presentazione in sede parlamentare, la proposta di legge elettorale per la Camera dei Deputati prevedeva una norma volta a promuovere l'eguaglianza tra i sessi. Si stabiliva, da una parte, l'obbligo a pena di inammissibilità di garantire una rappresentanza paritaria dei sessi nel complesso delle candidature circoscrizionali di ciascuna lista; dall'altra di garantire che, questa volta all'interno di ciascuna singola lista, non comparissero più di due candidati consecutivi del medesimo genere.

Ci si è accorti subito che tali misure rischiavano di non portare alcun risultato utile. Infatti, le nuove norme prevedevano "listini bloccati" (da 3 a 6 candidati), sulle quali cioè gli elettori non potevano esprimere alcuna preferenza.

I candidati sarebbero stati eletti in ordine di lista e di fatto solo il partito che avesse ottenuto più voti sarebbe riuscito a eleggere più di un candidato. In tal modo, se i partiti avessero scelto solo capolista uomini, il risultato sarebbe stato molto limitato dal punto di vista del genere.

Proprio per questa ragione durante l'esame alla Camera moltissime Deputate, appartenenti a forze politiche differenti, si sono vestite di bianco in segno di protesta per attirare l'attenzione del dibattito parlamentare e dell'opinione pubblica sul tema della parità di genere. In quei giorni sono stati presentati emendamenti che si proponevano, per esempio, di imporre l'alternanza secca uomo-donna in lista, oppure di garantire che nel totale delle candidature almeno metà (o il 40%) delle posizioni di capilista fossero riservate a ciascun sesso. Nonostante la protesta delle Deputate, gli emendamenti sono stati respinti, anche questa volta a scrutinio segreto.

Al Senato il dibattito relativo alla parità di genere ha avuto esiti differenti. Infatti, il testo approvato in via definitiva presenta molteplici norme volte a garantire la parità di genere in Parlamento.

La nuova disciplina elettorale (legge n. 52/2015), oltre a prevedere che nel complesso delle candidature circoscrizionali di ciascuna lista nessun sesso possa essere rappresentato in misura superiore al cinquanta per cento, stabilisce che: i candidati devono essere presentati – in ciascuna lista – in ordine alternato per sesso; i capolista dello stesso sesso non possono essere più del 60 per cento del totale in ogni circoscrizione (art. 1 lett. *b*); l'elettore può esprimere fino a due preferenze, per candidati di sesso diverso (c.d. "doppia preferenza di genere"), tra quelli che non sono capolista (c.d. capolista "bloccati") (art. 1 lett. *c*).

Si tratta di disposizioni molto forti. Un aspetto sul quale potrebbe aprirsi una discussione riguarda il fatto che la proporzione di genere prevista all'art. 1 lett. *b*) in relazione ai capilista "bloccati" non può che avere un effetto anche sul risultato elettorale, ponendo quindi dubbi di legittimità costituzionale.

L'introduzione della c.d. doppia preferenza di genere, invece, è una scelta da accogliere senza dubbi con favore non solo perché già sperimentata a livello regionale (Campania) e locale (legge n. 215/2012), ma anche perché è già stata giudicata favorevolmente dalla Corte costituzionale (Corte cost. sent. n. 4/2010).

Quanto al testo di modifica dell'art. 55, comma 2, contenuto nella proposta di riforma costituzionale, esso stabilisce che le leggi per le elezioni delle due Camere (sia dunque la Camera dei Deputati, sia il nuovo Senato) dovranno «promuovere l'equilibrio tra donne e uomini nella rappresentanza». Particolarmente rilevante pare il fatto che la riforma si rivolge specificamente alla legge elettorale, affidando a essa il compito di realizzare l'obiettivo dell'equilibrio di genere anche in Parlamento. Il Parlamento, se la riforma entrerà in vigore, non potrà quindi più sfuggire all'obbligo di introdurre norme antidiscriminatorie nella definizione delle regole di accesso alla rappresentanza politica. L'obiettivo è quello di specificare e rafforzare il vincolo già previsto dall'attuale art. 51 Cost. Infatti, il disegno di legge si propone di promuovere non già, genericamente, le pari opportunità, ma «l'equilibrio tra donne e uomini nella rappresentanza».

Un obiettivo, dunque, ancora più ambizioso, e per il quale il legislatore è tenuto a compiere sforzi importanti e che siano davvero efficaci.

3.7. L'emblematico caso delle Giunte regionali e degli enti locali.

Sebbene si tratti di una vicenda non riguardante in senso stretto la "rappresentanza", ma organismi composti sulla base di nomina, vale la pena aprire una breve parentesi sul caso delle Giunte regionali e degli enti locali, perché l'art. 51 Cost. garantisce alle donne e agli uomini di accedere in condizioni di uguaglianza a tutti gli "uffici pubblici", e perché è questo un settore nel quale la disposizione costituzionale ha trovato negli ultimi anni un'importante applicazione. Tale principio viene, infatti, ribadito negli Statuti delle Regioni. Per esempio, nell'art. 11 dello Statuto della Regione Lombardia, ove si fa riferimento, come già visto, al concetto di "democrazia paritaria" e ove si impegna la Regione a promuovere l'equilibrio di genere nella nomina degli organi di governo.

Per quanto riguarda gli Enti locali, il principio di parità nella composizione delle Giunte viene prescritto, invece, già dall'art. 6 TUEL (d.lgs. n. 267/2000), poi ulteriormente specificato in molti Statuti comunali, con formulazioni di volta in volta differenti.

Nei fatti tali principi sono stati a lungo disattesi e le Giunte regionali, provinciali e comunali hanno continuato per troppo tempo a essere composte in larga maggioranza da uomini, se non addirittura da soli uomini.

Proprio per porre rimedio a questa situazione, sono stati proposti una serie di ricorsi davanti ai giudici amministrativi al fine di veder affermato, anche in via giudiziaria, il principio della parità di genere.

Il primo problema che i giudici hanno dovuto affrontare riguardava la natura delle norme statutarie: da un lato si sosteneva la natura meramente programmatica di tali disposizioni; dall'altro se ne valorizzava la natura precettiva anche in forza dei nuovi vincoli costituzionali.

Le prime decisioni dei giudici amministrativi, con le quali per lo più si disponeva l'annullamento delle giunte monogeneri, accoglievano quest'ultima impostazione[104]. Ad oggi sono moltissimi i casi in cui i giudici sono giunti ad annullare giunte totalmente maschili o Giunte del tutto squilibrate in termini di genere[105].

Questo processo iniziato in sede giurisdizionale è continuato in sede legislativa. Infatti, la legge n. 215/2012, modificando l'art. 6 TUEL, ha stabilito che «*Gli statuti comunali e provinciali stabiliscono norme per assicurare condizioni di pari opportunità tra uomo e donna (...) e per garantire la presenza di entrambi i sessi nelle giunte e negli organi collegiali del comune e della provincia, nonché degli enti, aziende e istituzioni da essi dipendenti*». La legge, sostituendo la parola "promuovere" con quella di "garantire", non solo conferma il consolidato orientamento giurisprudenziale, ma sembra imporre un vero e proprio obbligo di risultato. Più di recente, inoltre, con la legge n. 56/2014, il Parlamento ha in modo più specifico stabilito che «nelle Giunte dei comuni con popolazione superiore a 3000 abitanti, nessuno dei due sessi può essere rappresentato in misura inferiore al 40 per cento, con arrotondamento aritmetico» (comma 137).

Tra i numerosi casi affrontati dai giudici amministrativi ci si limita qui a richiamare quello relativo alla Giunta della Regione Lombardia e quello relativo alla Giunta della Regione Campania.

La Giunta del Presidente Formigoni era, infatti, composta da sedici assessori uomini e una sola donna, nonostante le previsioni statutarie già richiamate.

---

[104] TAR Puglia, sez. III, sent. 18 dicembre 2008, n. 2913 (relativa alla Giunta del Comune di Molfetta); TAR Campania, sez. I, sent. 2010, n. 8690 (relativa alla Giunta del Comune di Benevento); TAR Campania, sez. I, 10 marzo 2011, n. 1427 (relativa al Comune di Ercolano). Su queste pronunce, volendo, M. D'AMICO, *La lunga strada della parità fra fatti, norme e principi giurisprudenziali*, in *Rivista AIC*, 3/2013.

[105] Tra le più recenti, Cons. Stato, sez. V, n. 4626 del 10 ottobre 2015 (relativa al Comune di Cosenza).

Le Associazioni operanti nel settore hanno deciso così di rivolgersi al TAR al fine di ottenere l'annullamento della Giunta, non rispettosa del principio di parità di genere. Il TAR Lombardia tuttavia ha respinto i ricorsi, sostenendo che norme di principio come quelle dell'art. 11 dello Statuto non possono avere portata vincolante, ma semplicemente programmatica, e che la nomina degli Assessori abbia natura fiduciaria, non potendo che dipendere da discrezionali valutazioni politiche (TAR Lombardia, sent. n. 354/2011).

La pronuncia, dunque, si fonda su un'interpretazione dell'art. 51 Cost. – fornita dalla Corte costituzionale nella sent. n. 422/1995 – ormai superata, che non tiene in alcun modo in considerazione i nuovi principi costituzionali. Ancora più singolare appare il fatto che il TAR, nel rigettare la domanda dei ricorrenti, affermi che «il processo di promozione dell'equilibrio tra i sessi nella rappresentanza politica è, allo stato, appena avviato».

Nello stesso periodo, il TAR Campania (TAR Campania, sent. n. 1985/2011), chiamato a pronunciarsi su una questione del tutto simile, ha deciso, al contrario, di annullare i decreti di nomina della Giunta regionale campana proprio perché in essa era presente una sola donna. A fronte della conferma della pronuncia da parte del Consiglio di Stato, il Presidente della Regione Campania si è rivolto alla Corte costituzionale. La Corte costituzionale, nel decidere il conflitto di attribuzioni promosso dalla Regione Campania, afferma che gli assessori campani, secondo Statuto, devono essere «nominati "nel pieno rispetto del principio di un'equilibrata presenza di donne e uomini"» e che la discrezionalità politica spettante al Presidente «risulta arginata dal rispetto di tale canone, stabilito dallo statuto, in armonia con l'articolo 51, primo comma, e 117, settimo comma, della Costituzione» (Corte cost., sent. n. 81/2012). Con questa importantissima pronuncia la Corte costituzionale consacra definitivamente i principi affermati dai giudici sulla precettività delle norme in tema di parità e sulla loro giustiziabilità [106].

Questa decisione della Corte costituzionale non poteva non avere effetti anche nel caso lombardo. In quei giorni il Consiglio di Stato stava appunto decidendo in relazione alla decisione del TAR Lombardia sulla Giunta composta da 16 uomini e una donna. Alla luce della pronuncia della Corte costituzionale, e forte dei propri precedenti, il Consiglio di Stato ha ribaltato la decisione negativa del TAR. Secondo il giudice amministrativo, infatti, il riferimento all'equilibrio di genere contenuto nello Statuto lombardo (art. 11) richiama all'eguaglianza, o a una sostanziale approssimazione ad essa (Cons. Stato, sent. 21 giugno 2012, n. 3670).

---

[106] M. D'Amico, *La parità davanti ai giudici amministrativi. Il caso della Giunta regionale lombarda, in Verso il decentramento delle politiche di welfare. Incontro di studio "Gianfranco Mor" sul diritto regionale*, a cura di L. Violini, Milano, 2011.

Nonostante la chiara affermazione del Consiglio di Stato, il Presidente della Regione Lombardia procedendo alla nomina dei nuovi assessori, si è limitato a nominare solo due donne. E così le associazioni femminili hanno deciso di ricorrere nuovamente davanti al giudice amministrativo invocando la persistente violazione del principio statutario dell'equilibrio di genere. Ed il TAR Lombardia, con una decisione *overrulling* rispetto al suo precedente, ha annullato per la seconda volta la giunta Formigoni affermando che «*fermo restando che non può spettare al giudice amministrativo stabilire il numero e il peso delle deleghe da conferirsi al genere femminile, la presenza di due soli assessori donna su un numero complessivo di 16 appare ancora distante dall'obiettivo dell'equilibrio tra la presenza dei due generi che la citata norma statutaria impone di raggiungere, anche tenuto conto della rilevanza politica degli incarichi conferiti*» (TAR Lombardia, sez. I, sent. 6 dicembre 2012, n. 2945).

La vicenda delle Giunte testimonia come il principio di parità sancito in Costituzione (e nel caso specifico ribadito in legge e negli Statuti regionali) vada "preso sul serio", perché capace di produrre effetti vincolanti, anche nei confronti di chi esercita discrezionalità politica.

3.8. I passi ancora da compiere nel cammino verso una democrazia paritaria.

La presenza femminile nelle istituzioni e nelle Assemblee elettive è oggi diffusa. Come visto, infatti, le donne sono ormai il 31% dei Parlamentari, il Governo è paritario, e anche gli organi esecutivi delle Regioni si stanno avviando verso una composizione rispettosa dell'equilibrio di genere.

Grazie alle riforme costituzionali, agli interventi legislativi paritari, alle interpretazioni giurisprudenziali da parte dei giudici e della Corte costituzionale; grazie alle battaglie delle donne e delle associazioni, a una sensibilità nuova da parte dei partiti politici sempre più attenti al tema dell'eguaglianza di genere, la situazione femminile all'interno delle istituzioni è molto migliorata negli ultimi anni.

I parlamentari che, ormai quasi quindici anni fa, avevano approvato la riforma dell'art. 51 Cost., avevano messo ben in luce come i nuovi principi costituzionali non potessero costituire un semplice "punto di arrivo", semmai un "punto di partenza". Occorreva, infatti, l'impegno del legislatore e del mondo politico per evitare il rischio che la riforma rimanesse lettera morta.

Oggi forse possiamo affermare che dopo tanta fatica quella riforma è stata attuata dal legislatore nazionale e regionale. Il cammino verso la realizzazione di una democrazia paritaria sembra arrivato ad un punto più avanzato. Ma non è certo questo un punto di arrivo.

Le norme non bastano. Per promuovere una parità effettiva il cambiamento "formale" deve essere accompagnato da un processo "culturale" e "sostanziale". Ciò è dimostrato, per esempio, dall'esperienza delle Regioni dove, nonostante la diffusa presenza di norme antidiscriminatorie, le donne elette nei Consigli regionali sono ancora molto poche. Persistono evidentemente degli ostacoli di tipo culturale e sociale che portano gli elettori, ma anche le elettrici, a preferire candidati uomini.

D'altra parte, se la politica è sempre stata monopolio maschile è più facile che la scelta ricada su un uomo, spesso considerato "più adatto" al mondo del potere.

Inoltre, la situazione attuale deve essere valutata anche alla luce dell'incidenza della presenza femminile nelle Assemblee elettive e, in generale, nei luoghi decisionali, rispetto ai contenuti della politica. La politica al femminile non è ancora riuscita ad incidere in modo decisivo sulla vita delle donne e sulla tutela dei diritti (penso ai problemi legati alla fecondazione assistita, o alla legge sull'interruzione volontaria della gravidanza).

Molta strada deve essere ancora fatta per raggiungere quella compiuta democrazia «fatta di donne e di uomini» a cui pensava Teresa Mattei in Assemblea costituente. E il punto di arrivo che dobbiamo raggiungere è una democrazia sostanzialmente e culturalmente paritaria, al fine di garantire al meglio i diritti e l'eguaglianza di tutti.

Bibliografia

AINIS M., *Cinque regole per le azioni positive*, in *Quad. cost.*, 1999.

BECCALLI B. (a cura di), *Donne in quota. È giusto riservare posti alle donne nel lavoro e nella politica?*, Milano, 1999.

BIN R.-BRUNELLI G.-UGIOTTO A.-VERONESI P. (a cura di), *La parità dei sessi nella rappresentanza politica*, Torino, 2003.

BRUNELLI G., *Elettorato attivo e passivo (e applicazione estesa dell'illegittimità conseguenziale) in due recenti pronunce costituzionali*, in *Giur. cost.*, 1995.

BRUNELLI G., *Donne e politica. Quote rosa? Perché le donne in politica sono ancora così poche*, Torino, 2006.

CARLASSARE L., *L'integrazione della rappresentanza: un obbligo per le Regioni*, in *La rappresentanza democratica nelle scelte elettorali delle Regioni*, a cura di Carlassare-Di Blasi-Giamperetti, Padova, 2002.

CARLASSARE L., *La parità di accesso alle cariche elettive nella sentenza n. 49: la fine di un equivoco*, in *Giur. cost.*, 2003.

CARLASSARE L., *La legittimità della preferenza di genere: una nuova sconfitta della linea del Governo contro la parità*, in *Giur. cost.*, 2010.

CARTABIA M., *Il principio della parità tra uomini e donne nell'art. 117, 7 comma*, in *La Repubblica delle autonomie. Regioni ed enti locali nel nuovo titolo*, a cura di Groppi-Olivetti, Torino, 2001.

CATELANI E., *La tutela delle pari opportunità negli statuti e nella legislazione elettorale*, in *I principi negli statuti regionali*, a cura di Catelani-Cheli, 2008.
CERRI A., *L'eguaglianza (principio costituzionale di)*, in *Enc. giur.*, Roma, 2005.
D'ALOIA A., *Eguaglianza sostanziale e diritto diseguale. Contributo allo studio delle azioni positive nella prospettiva costituzionale*, Padova, 2002.
D'AMICO M., *Rappresentanza politica e genere*, in *Il nuovo diritto antidiscriminatorio*, a cura di M. Barbera, Milano, 2007.
D'AMICO M., *Il difficile cammino della democrazia paritaria*, Torino, 2011.
D'AMICO M., *La parità davanti ai giudici amministrativi. Il caso della Giunta regionale lombarda, in Verso il decentramento delle politiche di welfare. Incontro di studio "Gianfranco Mor" sul diritto regionale*, a cura di Violini, Milano, 2011.
D'AMICO M., *I diritti contesi*, Milano, 2016.
D'AMICO M., *Testo dell'audizione della professoressa Marilisa D'Amico sui disegni di legge A.C. 1278, A.C. 3297, A.C. 3354 e A.C. 3359 presso la Commissione Affari Costituzionali della Camera (26 novembre 2015)*, in *Osservatorio AIC*, 2016.
DEFFENU A., *Il principio di pari opportunità di genere nelle istituzioni politiche*, 2012, Torino.
DE SIERVO U., *La mano pesante della Corte sulle 'quote' nelle liste elettorali*, in *Giur. cost.*, 1995.
LEONE S., *La preferenza di genere come strumento per 'ottenere, indirettamente ed eventualmente, il risultato di un'azione positiva'*, in *Giur. cost.*, 2010.
LEONE S., *L'equilibrio di genere negli organi politici. Misure promozionali e principi costituzionali*, Milano, 2013.
ZAJCZYK F., *La resistibile ascesa delle donne in Italia. Stereotipi di genere e costruzione di nuove identità*, Milano, 2007.
ZANON N.-F. BIONDI (a cura di), *Percorsi e vicende attuali della rappresentanza e della responsabilità politica*, Milano, 2001.

LE 21 DONNE ALLA COSTITUENTE

Presidenti della Camera dei Deputati

NILDE IOTTI è stata la prima donna a ricoprire questa carica (giugno 1979-luglio 1983; luglio 1983-luglio 1987; luglio 1987-aprile 1992).

IRENE PIVETTI, seconda donna dopo Nilde Iotti, è stata il/la Presidente della Camera più giovane (aprile 1994-maggio 1996).

LAURA BOLDRINI, attuale Presidente della Camera, (marzo 2013).

Come noto, mai nessuna donna ha presieduto il Senato della Repubblica o ha rivestito la carica di Presidente del Consiglio e di Presidente della Repubblica.

4. Diritto e corpo delle donne *

4.1. Premessa.

L'attenzione del diritto per il corpo – scrive Stefano Rodotà [107] – è antica e ovvia. "Antica" perché in ogni tempo e in ogni luogo qualsiasi insieme di norme volto a regolare l'organizzazione sociale si occupa variamente del corpo e "ovvia" perché il riferimento alla persona, soggetto e oggetto della disciplina giuridica, inevitabilmente porta con sé la considerazione della sua corporeità.

Nel corso della storia si possono cogliere statuti diversi del corpo legati alle diverse condizioni personali (uomo libero, schiavo, donna, ecc.). Il corpo può essere considerato come "il luogo visibile della disuguaglianza" (uso sempre parole di Rodotà): esso entra nella dimensione giuridica in modo drammatico; la sua giuridificazione racconta storie di punizione, subordinazione, discriminazione.

Inoltre in tempi passati l'"uso" del corpo dipendeva unicamente da leggi naturali e consentiva solo limitate azioni, volte a modificarne la struttura, mentre in tempi recenti l'introduzione di nuove tecnologie hanno reso possibili interventi su di esso sempre più complessi (trapianti, procreazione assistita, terapie geniche, ecc.); ne hanno esteso l'ambito (non più solo corpo fisico, ma corpo come insieme di dati che vanno a costituire un'identità virtuale a fianco di quella fisica) e possono anche potenziarlo e integrarlo con l'inserimento di impianti elettronici (si pensi, a titolo esemplificativo, al caso Pistorius).

Nella storia del nostro paese è opportuno registrare un altro fattore che ha fortemente influenzato l'attenzione del diritto per il corpo: i codici di epoca fascista risentivano fortemente della filosofia idealistica, rielaborata da Giovanni Gentile, secondo la quale «prima lo Stato e i suoi interessi, poi gli interessi dei singoli del tutto funzionali agli obbiettivi del potere». L'articolo 5 del Codice Civile del 1942 («Gli atti dispositivi del proprio corpo sono vietati quando cagionino una diminuzione permanente della integrità fisica o quando siano altrimenti contrari alla legge ...») va letto su questo sfondo, vale a dire come tutela dell'integrità fisica per il bene dello Stato. Valori molto distanti da quelli che saranno affermati nella Costituzione e alla luce dei quali, come ammoniva già negli anni '60 Pietro Rescigno [108], i codici andavano e vanno riletti. I principi nuovi in-

---

* Di Carla Faralli.

[107] S. Rodotà, *Il corpo giuridificato*, in S. Canestrari-G. Ferrando-C.M. Mazzoni-S. Rodotà-P. Zatti (a cura di), *Trattato di biodiritto. Il governo del corpo*, vol. I, Milano, 2011, 51-76.

[108] Cfr. P. Rescigno, *Per una rilettura del codice civile* (1968), in Id., *Codici. Storie e geografie di un'idea*, Roma-Bari, 2013, 34-35.

trodotti dalla Costituzione – e ribaditi da quella sorta di *bill of rights* del cittadino europeo che è la Carta di Nizza, ora parte integrante del Trattato di Lisbona –, vale a dire i principi personalistico e solidaristico, danno la precedenza sostanziale alla persona concreta e ai suoi diritti: lo Stato è vincolato a realizzare la massima tutela dei singoli secondo il dettato, in particolare, ma non solo, dell'art. 2 Cost.: «La Repubblica riconosce e garantisce i diritti inviolabili dell'uomo sia come singolo sia nelle formazioni sociali ove si svolge la sua personalità e richiede l'adempimento dei doveri inderogabili di solidarietà politica, economica e sociale». Si tratta, in altre parole, di diritti garantiti al singolo come tale, indipendentemente dai vantaggi o dagli svantaggi che possono derivare per lo Stato.

Alla luce di questo cambiamento il rapporto diritto/corpo subisce un radicale mutamento di prospettiva e si apre la possibilità per il singolo di decidere e autodeterminarsi in ordine a comportamenti e vicende che in vario modo coinvolgono il suo corpo, come espressamente richiamato dalla Corte costituzionale, tra le altre, con la sent. n. 471/1990, nella quale si esplicita che il valore costituzionale della inviolabilità della persona nel suo aspetto attivo va costruito come libertà nella quale è postulata la sfera di esplicazione del potere della persona di disporre del proprio corpo; dal punto di vista passivo a ciò corrisponde il diritto del singolo di impedire intromissioni nel proprio corpo secondo gli artt. 3 e 32 Cost.

Ciò premesso, passerò a fare alcuni esempi relativi a come questo cambiamento di paradigma ha inciso sullo statuto del corpo della donna.

4.2. La legge n. 194/1978 sull'interruzione volontaria di gravidanza.

Il Codice Penale del 1930, Libro II, Titolo X, conteneva quattro articoli dedicati rispettivamente ad aborto di donna non consenziente (art. 545), ad aborto di donna consenziente (art. 546); ad aborto procuratosi dalla donna (art. 547) e all'istigazione all'aborto (art. 548), tutti reati puniti con pene detentive forti, considerati delitti contro l'integrità e la sanità della stirpe, alla luce dell'ideologia del fascismo che, come si è detto, subordinava l'individuo allo Stato.

Negli anni '60, all'interno dei movimenti femministi, si aprì un dibattito serrato sul tema: nel 1961 l'UDI (Unione Donne Italiane, ora in Italia), sul settimanale *Noi Donne*, pubblicò un'inchiesta dal titolo "I figli che non nascono", rompendo il silenzio per la prima volta sulle conseguenze e la realtà dell'aborto clandestino. Negli anni a seguire nacquero nuovi gruppi quale Rivolta Femminile di Carla Lonzi, il Movimento di Liberazione della Donna (MLD), impegnati attivamente anche sul fronte giudiziario, come avvenne, ad esempio, nel processo del 1973, a Gigliola Pierobon, accusata di avere abortito [109]. Durante il processo la Pierobon confermò l'accusa e ammise di essere ri-

[109] Cfr. G. PIEROBON, *Il processo degli angeli. Storia di un aborto*, Roma, 1974.

masta incinta a diciassette anni e spiegò di avere interrotto la gravidanza, intimorita dalla reazione dei genitori, dopo che il padre del bimbo, ventisettenne, era scappato lasciandola sola, perché, senza reddito fisso, non poteva garantire un sostegno al nascituro. Il PM di Padova chiese un anno di reclusione ai sensi degli articoli del Codice Penale sopra citati, senza perdono giudiziale, perché la ragazza non si era pentita. In effetti, non solo la Pierobon non si pentì mai, ma affermò che ogni donna deve avere il diritto a decidere della sua vita e del suo corpo. A sua difesa scesero in campo le femministe italiane e il Partito Radicale: il processo si concluse, paternalisticamente, con una sorta di perdono.

Negli anni '70 i movimenti per le donne e i movimenti per il riconoscimento dei *civil rights*, aprirono così un dibattuto sempre più serrato sulla "liberazione del corpo", incidendo sull'opinione pubblica e trasformando la coscienza e i comportamenti sociali.

In questo contesto sono stati i giudici, soprattutto la Corte costituzionale, a "*trovare*" nella Costituzione i principi alla luce dei quali procedere, la Corte costituzionale che Paolo Grossi [110] definisce "*organo più della comunità che dello Stato*", «*organo percettore e stimolatore della carica espansiva delle tutele costituzionali dei valori fondamentali, grazie ai quali sono individuati nuovi diritti non espressamente sanzionati, ma naturalmente desumibili da una carta non come consecuzione di cento-trentanove articoli fissati in un testo scritto, ma come punta emergente di un ordine che ha radici nel profondo della vita di un popolo e che pretende ascolto*».

Cruciale è stata la sent. 18 febbraio 1975, n. 27, con la quale la Corte costituzionale dichiarò l'incostituzionalità dell'art. 546 c.p., che punisce l'aborto anche su donna consenziente senza tener conto dei rischi per la sua salute. I giudici ricordano che nel codice in vigore l'aborto era rubricato come delitto contro l'integrità della stirpe, e che quindi il bene protetto era l'interesse demografico dello Stato, e sottolineano che ciò contrasta con gli artt. 31 e 32 Cost. La Corte ritiene che la tutela del concepito abbia fondamento costituzionale ma che tale tutela può venire in collisione con altri beni che godono anch'essi di tutela costituzionale; di conseguenza la legge non può dare al primo una tutela assoluta negando ai secondi una adeguata protezione (tra questi la salute della donna, che è già persona, di contro all'embrione, che persona deve ancora diventare). Per questi motivi la Corte dichiarò l'illegittimità costituzionale dell'art. 546 c.p., nella parte in cui non prevede che la gravidanza possa essere interrotta quando il suo proseguimento implichi danno o pericolo grave per la salute della madre, consentendo così a «moltissime don-

---

[110] Cfr. P. GROSSI, *Ritorno al diritto*, Roma-Bari, 2015, 31. GROSSI (*op. cit.*, 85) usa il termine "trovare" nel senso del latino *invenire*, per esplicitare che oggi «*il diritto va trovato nelle trame dell'esperienza sia quando la regola non esiste sia quando la regola troppo vecchia o troppo generica non si presta a ordinare i fatti i quali vanno letti alla luce della loro specifica storicità*».

ne di poter ricorrere all'opera dei sanitari anziché a quella pericolosissima delle fattucchiere».

Proprio sulla scia di questa storica sentenza del 1975, il legislatore ha introdotto nel 1978, con la legge 194 ("Norme per la tutela sociale della maternità e sulla interruzione volontaria della gravidanza"), una precisa regolamentazione dei casi e dei termini entro i quali l'interruzione volontaria di gravidanza non costituisce comportamento penalmente perseguibile, garantendo così alle donne l'esercizio di due diritti fondamentali: il diritto alla salute e il diritto all'autodeterminazione.

Il modello teorico-assiologico alla base della legge n. 194 non è quello statunitense dell'aborto come espressione del *right to privacy* della donna, bensì un modello a tutela crescente, come l'ha definito Stefano Canestrari [111], che non fa dell'aborto un diritto, ma una scelta non sanzionata se ricorrono determinate ragioni o situazioni più legate all'autodeterminazione della donna nei primi novanta giorni, e maggiormente alla salute della gestante nel trimestre successivo.

L'applicazione della legge ha dato buoni risultati: il numero di aborti si è dimezzato e molte vite di donne vittime di aborti clandestini sono state risparmiate, ma negli ultimi anni la percentuale di obiettori di coscienza (l'art.9 della legge 194 prevede l'obiezione di coscienza sia per il personale sanitario sia gli esercenti le attività ausiliarie) ha raggiunto livelli altissimi su tutto il territorio nazionale (la media è del 70 %, con punte di oltre l'80% al sud). Percentuali così alte di (spesso falsi) obiettori non riescono più a garantire alle donne il diritto alla salute e all'autodeterminazione con la conseguenza del ritorno alla clandestinità che per le donne economicamente più avvantaggiate significa rivolgersi a cliniche straniere, per le altre ricorrere alle mammane o a medici senza scrupolo [112].

---

[111] Cfr. S. CANESTRARI, *Principi di biodiritto penale*, Bologna, 2015.

[112] Rispetto all'abuso dell'obiezione di coscienza, secondo l'ultimo rapporto del Ministero della Salute (Relazione del Ministero della Salute sulla attuazione della legge contenente norma per la tutela sociale della maternità e per l'interruzione volontaria di gravidanza (legge n. 194/78), Roma, 26 ottobre 2015) 7 medici su 10 sono obiettori e l'interruzione volontaria di gravidanza è praticata nel 60% delle strutture. Tuttavia, associazioni come "Laiga" (Libera associazione italiana ginecologi per l'applicazione della legge 194/78) o "Vita di Donna" denunciano una realtà diversa in cui l'obiezione soprattutto nel Centro-Sud dove gli ultimi dati dimostrano che in alcune regioni le percentuali di obiezione tra i ginecologi sono superiori all'80%: in Molise (93,3%), in Basilicata (90,2%), in Sicilia (87,6%), in Puglia (86,1%), in Campania (81,8%), nel Lazio e in Abruzzo (80,7%). Quattro ospedali pubblici su dieci, di fatto, non applicano la legge 194 e continuano ad aumentare gli aborti clandestini. Per questo il Consiglio d'Europa ha accusato l'Italia di discriminare medici e operatori che non hanno optato per l'obie-

4.3. La legge n. 40/2004 sulla procreazione medicalmente assistita.

Un notevole passo indietro rispetto ai diritti riconosciuti alla donna dalla 194 (pur con i limiti sopra evidenziati) rappresenta la legge n. 40/2004 sulla procreazione medicalmente assistita.

Tale pratica, com'è noto, è relativamente recente: i primi esperimenti risalgono alla fine degli anni '60 del secolo scorso, ma solo nel 1978 è nata in Inghilterra la prima bimba frutto di inseminazione artificiale, Louise Brown. Per lungo tempo in Italia non c'è stata alcuna normativa: la difficoltà di disciplinare tale pratica, al di là degli aspetti ideologici, da un punto di vista squisitamente giuridico, nasceva dai molteplici problemi derivanti dalla proliferazione dei soggetti che intervengono nel processo riproduttivo, portatori di interessi in potenziale conflitto tra di loro (genitori biologici, embrione, nascituro, eventuali donatori di seme e ovulo, medici). Tale lacuna, per oltre vent'anni, è stata colmata per via giurisprudenziale, e solo nel 2004 si è arrivati all'emanazione della legge n. 40 ("Norma in materia di procreazione medicalmente assistita"), approvata in via definitiva alla Camera dopo cinque ore di dibattito, con 277 voti a favore, 222 contrari e 3 astenuti.

L'impianto molto rigido della legge suscitò subito vari problemi, e appena un anno dopo, nell'aprile del 2005 si aprì la campagna referendaria volta a dichiarare l'incostituzionalità dell'intera legge. La Corte costituzionale bocciò però il *referendum* totale sulla base dell'assunto che la legge n. 40 deve ritenersi una normativa costituzionalmente necessaria in quanto prevede una prima

---

zione di coscienza sostenendo che questi sanitari sono vittime di «diversi tipi di svantaggi lavorativi diretti e indiretti». «Gli svantaggi subiti dal personale che non ha fatto obiezione», secondo l'organizzazione di Strasburgo, «emergono semplicemente dal fatto che certi medici forniscono servizi di aborto nel rispetto della legge», e «quindi non c'è alcun motivo ragionevole od obiettivo per questa disparità di trattamento». Per esempio nelle 16 strutture laziali che forniscono il servizio IVG – solo 5 delle quali eseguono anche aborti terapeutici – i medici non obiettori compiono in media 4 interruzioni a settimana a testa, contro una media nazionale dell'1,6. Senza contare che le donne che scelgono di abortire si imbattono in liste d'attesa che vanno dagli 8 ai 20 giorni se l'interruzione è di tipo chirurgico. Ancora, si sottolinea come l'aborto farmacologico (la pillola Ru486) ancora fatica a prendere piede, nonostante l'Organizzazione mondiale della sanità lo indichi come metodo da preferire entro le 9 settimane di gravidanza. Per arginare questa situazione paradossale, recentemente (maggio 2016) la Regione Lazio ha emanato un bando per assumere due nuovi ginecologi tassativamente non obiettori di coscienza, i quali prenderanno servizio all'ospedale San Camillo di Roma. Si tratta della prima volta in Italia e Nicola Zingaretti, Presidente della Regione, ha argomentato tale decisione spiegando che: «*È stata compiuta una vera e propria rivoluzione. Tenendo conto del numero sempre in aumento degli obiettori di coscienza, ma soprattutto per contrastare la piaga dell'aborto clandestino. Interrompere una gravidanza è un evento difficile per qualsiasi donna e le istituzioni hanno il dovere di garantire la giusta assistenza*».

regolamentazione organica in grado di assicurare un livello minimo di tutela a una pluralità di situazioni di rilevante interesse costituzionale, e ammise quattro referendum parziali riguardanti i punti più controversi della legge, quali la possibilità di accesso alla procreazione medicalmente assistita non solo alle coppie sterili ma anche a quelle affette da patologie geneticamente trasmissibili, i limiti alla ricerca sperimentale e il divieto di fecondazione eterologa. Il 12 e 13 giugno 2005 si tenne il *referendum*, che fallì per mancanza del *quorum*.

Nel corso di dieci anni, come è noto, la Legge 40 è stata oggetto di diversi interventi giurisprudenziali che ne hanno ridisegnato il volto in maniera molto significativa, tanto da farne un esempio di riscrittura giurisprudenziale di un testo normativo.

Nella formulazione iniziale, essa era gravemente lesiva della salute della donna: una "cattiva legge cattiva", secondo la definizione di Milli Virgilio e Maria Rosaria Marella[113], che riduce il corpo della donna a mero contenitore del concepito, sacrificando il suo diritto alla salute (mi riferisco in particolare all'art. 14 sul divieto di produrre più di tre embrioni e il conseguente obbligo di un unico e contemporaneo impianto) e all'art. 13 (sul divieto di diagnosi preimpianto).

Sui punti in questione si è espressa la Corte costituzionale. Con la sent. n. 151 dell'8 maggio 2009, la Corte ha dichiarato l'illegittimità costituzionale dell'art. 14, osservando che la disposizione di legge contrasta con l'art. 32 Cost. perché lede il diritto alla salute della donna in quanto, in caso di insuccesso del primo tentativo di impianto, impone un nuovo trattamento di stimolazione ovarica, doloroso e invasivo, finalizzato alla formazione di nuovi embrioni destinati a un secondo impianto. La Corte rileva, inoltre, l'irragionevolezza dell'art. 14, che prevede il medesimo tipo di trattamento per tutte le donne senza tener conto delle situazioni specifiche, che devono essere valutate caso per caso nel rapporto medico/paziente. La Corte ha così ribadito il principio sotteso alla previsione dell'art. 14, ovvero il divieto di creazione di un numero di embrioni superiore al necessario, ma ha ritenuto ragionevole affidare al medico di determinare caso per caso quanti embrioni produrre e impiantare in relazione alle condizioni di salute delle singole donne.

Successivamente, con due sentenze del 2015, rispettivamente la 96 del 5 giugno 2015 e la 229 dell'11 novembre 2015, la Corte ha ammesso, con la prima, la possibilità di accedere alla procreazione medicalmente assistita da parte di coppie fertili ma portatrici di malattie genetiche e, con la seconda, la selezione degli embrioni se affetti da gravi malattie trasmissibili, vale a dire da

---

[113] Cfr. M. VIRGILIO-M.R. MARELLA, *Una cattiva legge cattiva*, in AA.VV., *Un'appropriazione indebita. L'uso del corpo della donna nella nuova legge sulla procreazione medicalmente assistita*, Milano, 2004.

quelle patologie rispondenti ai criteri di gravità previsti dalla 194 per l'aborto. La Corte ha inteso così tutelare la salute della donna, che altrimenti avrebbe dovuto ricorrere all'aborto dopo l'impianto: infatti, se l'ordinamento giuridico ammette l'interruzione volontaria della gravidanza al fine di evitare che la prospettiva di generare un figlio gravemente malato possa compromettere l'integrità psicofisica della donna, appare irragionevole imporre alla donna l'impianto di un embrione affetto da una grave anomalia, per poi costringerla in ragione della stessa ad abortire.

Già la Corte dei Diritti dell'Uomo di Strasburgo nella pronuncia sul caso *Costa e Pavan* v. *Italia* (28 agosto 2012) aveva rilevato l'incoerenza dell'ordinamento italiano, che offre una protezione più forte all'embrione che al feto nel momento in cui vieta alle coppie portatrici di malattie genetiche di accedere alla procreazione medicalmente assistita e di selezionare gli embrioni non malati, ma permette di abortire una volta avviata una gravidanza in cui si riscontri un feto portatore di quella malattia.

Nel 2014, con la sent. 9 aprile, n. 162, la Corte costituzionale ha dichiarato anche l'illegittimità del divieto di procreazione medicalmente assistita di tipo eterologo, fondando tale decisione su due diritti fondamentali: la libertà di autodeterminazione (artt. 2, 3 e 31 Cost.), di cui la scelta di diventare genitori e di formare una famiglia costituisce una delle espressioni, e il diritto alla salute (art. 32 Cost.), sul quale l'impossibilità di formare una famiglia con figli può incidere negativamente.

Alla luce di queste sentenze la Corte costituzionale ha così affermato che la libertà di procreare tramite tecniche di procreazione artificiale s'inserisce nella sfera del diritto alla salute della donna e della coppia che la legge n. 40 nella sua prima formulazione negava.

4.4. La legge n. 66/1996 sulla violenza sessuale.

Altro esempio che vorrei conclusivamente citare è quello della violenza sessuale contro le donne.

Fino al 1996 (esattamente venti anni fa) la violenza sessuale era considerata un «delitto contro la morale pubblica e il buon costume», secondo la definizione del Codice Rocco.

Negli anni '60 e '70 si trovano sentenze che non esito a definire raccapriccianti. Una sentenza della Cassazione del 20 febbraio 1967 recita: «*Costituisce violenza qualsiasi impiego di forza fisica esercitata sull'altrui persona a seconda delle circostanze che abbiano posto il soggetto passivo in condizioni di non poter opporre tutta la resistenza che avrebbe voluto. Mentre non può raffigurarsi violenza in quella necessaria a vincere la naturale ritrosia femminile*». Il Tribunale di Bolzano, con sentenza 30 giugno 1982, sosteneva: «*Qualche inziale atto di forza o di violenza da parte dell'uomo, secondo una diffusa concezione, non costituisce violenza vera e propria, dato che la donna, soprattutto tra la popolazione di bassa estrazione sociale e di scarso livello culturale, vuole essere conquistata anche in maniere rudi, magari per crearsi una sorta di alibi al cedimento ai desideri dell'uomo*».

Le prime proposte di riforma delle norme contro la violenza sessuale risalgono agli anni '70. Soprattutto dopo i delitti del Circeo e il sequestro e lo stupro di gruppo di Franca Rame da parte di neofascisti, i movimento delle donne tra il 1975 e il 1976, avevano dato vita a manifestazioni nel tentativo di sollecitare l'opinione pubblica e i partiti ad occuparsi della questione. Nel 1977 il PCI presentò una prima proposta di legge; nel 1979 venne preparata una legge d'iniziativa popolare che raccolse oltre 300.00 firme; nel 1982 la Commissione Giustizia della Camera approvò un testo di legge unificato nel quale erano confluite cinque diverse proposte elaborate da diversi partiti che rispecchiavano il dibattito suscitato dai movimenti delle donne volto a considerare la violenza sessuale non come lesione della moralità pubblica ma come lesione della persona e violazione del diritto fondamentale della donna di decidere liberamente della sua vita sessuale.

Nel 1983 la senatrice indipendente Giancarla Codrignani [114] accusò i deputati maschi di snobbare se non di boicottare la legge: «*Questa proposta di legge ha un pregio e un'urgenza che altre leggi non hanno: impone una correzione del costume rispondente a una cultura più seria e responsabile. Per trasformare la società c'è evidentemente da impegnarsi ... ce n'è per tutti: per i socialisti e i comunisti che non si sono accorti che il socialismo cominciava a farsi reale quando l'aspirazione rivoluzionaria libero amore voleva dire per le donne amore nella libertà, nell'autonomia e nella parità, mentre per gli uomini la traduzione era in termini di libero consumo di un materiale volgare certo né storico né dialettico. E ce n'è anche per i cristiani, che non riescono neppure a rendersi conto che l'aborto, cioè la maternità non voluta è sempre risultato di una violenza, anche solo di ignoranza*».

L'*iter* della legge procedette molto a rilento tra molte opposizioni anche dopo che nel 1986 il Parlamento Europeo aveva approvato una risoluzione che invitava tutti gli Stati membri ad elaborare una legislazione che qualificasse la violenza sessuale come delitto contro la persona e che riconoscesse come reato la violenza tra marito e moglie, e anche dopo la dichiarazione dell'ONU sull'eliminazione della violenza contro donne del 1993. Tale dichiarazione definisce violenza contro le donne «*ogni atto di violenza fondata sul genere che abbia come risultato, o che possa avere come risultato, un danno o una sofferenza fisica, sessuale o psicologica per le donne, incluse le minacce di tali atti, la coercizione o la privazione arbitraria della libertà, sia nella vita pubblica che privata*».

---

[114] L'articolo comparve sul *Giorno* del 9 febbraio 1983.

Solo nel 1995 si giunse ad un testo di legge, approvato l'anno seguente (legge 15 febbraio 1996, n. 66), che finalmente classifica la violenza sessuale come crimine contro la persona. Tale legge – come autorevolmente osservato [115] – è espressione della rivoluzione avvenuta sul piano della sessualità e definisce un assetto di tutela imperniato sul rispetto della volontà da parte delle donne, sulla difesa dell'autodeterminazione della persona, anche e soprattutto in ambito sessuale. In altre parole, ha riconosciuto che il bene giuridico offeso dai delitti di violenza sessuale non è una generica moralità sessuale, il cui titolare è la collettività, ma la libertà personale della singola vittima.

Un *iter* di oltre vent'anni per cambiare una norma e adeguarla ai valori della Costituzione, ma quella che non è del tutto cambiata è la cultura, nella quale permangono retaggi patriarcali e maschilisti che rendono la violenza contro le donne un fenomeno ancora largamente diffuso e preoccupante.

Lo testimoniano i dati ISTAT e i rapporti che l'Italia – come tutti gli Stati che nel 1979 hanno sottoscritto la Convenzione per l'eliminazione di ogni forma di discriminazione contro le donne (CEDAW), entrata in vigore nel 1981 e ratificata dall'Italia nel 1985 – deve presentare ogni quattro anni al comitato ONU per l'eliminazione della discriminazione nei confronti delle donne. Il comitato, commentando il recente rapporto italiano, ha sottolineato positivamente l'adozione da parte dell'Italia di nuove leggi volte all'eliminazione della violenza contro le donne: in particolare la legge n. 154/2001, recante misure contro la violenza nelle relazioni famigliari; il d.l. n. 11/2009, che ha introdotto nel nostro ordinamento il reato di *stalking*; la legge n. 119/2013, recante disposizioni urgenti per il contrasto della violenza di genere. Ma ha anche esortato il nostro Paese «*a portare avanti, in collaborazione con un'ampia gamma di parti interessate, comprese le organizzazioni delle donne e le altre organizzazioni della società civile, delle campagne di sensibilizzazione attraverso i media e dei programmi di educazione pubblica affinché la violenza contro le donne sia ritenuta socialmente inaccettabile*».

È questo il messaggio che viene lanciato anche dalla Convenzione del Consiglio d'Europa sulla prevenzione e la lotta contro la violenza nei confronti delle donne e la violenza domestica, firmata ad Istanbul l'11 maggio 2011 e ratificata dall'Italia a dicembre 2012. Si tratta del primo trattato internazionale a introdurre un approccio completo al tema, incentrato su prevenzione, protezione della vittima e perseguibilità dei responsabili. In essa si sottolinea che la violenza contro le donne si combatte non solo con misure repressive ma anche, e soprattutto, attraverso un'opera di formazione, di educazione alle differenze e ai rapporti di genere al fine di produrre un cambiamento culturale degli abiti mentali e degli stereotipi di genere.

---

[115] Cfr. G. FIANDACA-E. MUSCO, *Diritto penale*, Milano, 2008, 204.

Bibliografia

AA.VV., *Un'appropriazione indebita. L'uso del corpo della donna nella nuova legge sulla procreazione assistita*, Milano, 2004.
CANESTRARI S.-FERRANDO G.-MAZZONI C. M.-RODOTÀ S.-ZATTI P. (a cura di), *Trattato di biodiritto. Il governo del corpo*, voll. I e II, Milano, 2011.
CASONATO C.-CAMASSA E., *La procreazione medicalmente assistita. Luci e ombre*, Trento, 2005.
D'AVACK L., *Il potere sul corpo. Limiti etici e giuridici*, Torino, 2015.
FARALLI C.-CORTESI C. (a cura di), *Nuove maternità. Riflessioni bioetiche al femminile*, Reggio Emilia, 2005.
FLAMIGNI C., *L'aborto. Storia e attualità di un problema sociale*, Bologna, 2008.
GALEOTTI G., *Storia dell'aborto*, Bologna, 2003.
GALLO F.-LALLI C., *Il legislatore cieco. I paradossi della legge 40 sulla fecondazione assistita*, Roma, 2012.
MONETI M., *L'enigma della maternità. Etica e ontologia della riproduzione*, Roma, 2008.
POLLO S., *Scegliere chi nasce. L'etica della riproduzione umana fra libertà e responsabilità*, Milano 2003.
REALE E., *Maltrattamento e violenza sulle donne*, 2 voll., Milano, 2011.
RODOTÀ S., *La vita e le regole. Tra diritto e non diritto*, Milano, 2006.
ROMITO P., *La violenza di genere su donne e minori. Un'introduzione*, Milano, 2011.
SPINELLI B., *Femminicidio. Dalla denuncia sociale al riconoscimento giuridico internazionale*, Milano, 2008.
VERONESI P., *Il corpo e la Costituzione. Concretezza dei casi e astrattezza della norma*, Milano, 2007.

Riferimenti normativi e giurisprudenziali

Legge 22 maggio 1978, n. 194, Norme per la tutela sociale della maternità e sull'interruzione volontaria della gravidanza (Gazzetta Ufficiale del 22 maggio 1978, n. 140).
Legge 15 febbraio 1996, n. 66, Norme contro la violenza sessuale (Gazzetta Ufficiale del 20 febbraio 1996 n. 42).
Legge n. 154 del 5 Aprile 2001, Misure contro la violenza nelle relazioni familiari (Gazzetta Ufficiale n. 98 del 28 aprile 2001).
Legge 19 febbraio 2004, n. 40, Norme in materia di procreazione medicalmente assistita (Gazzetta Ufficiale n. 45 del 24 febbraio 2004).
Decreto-legge 23 febbraio 2009, n. 11, Misure urgenti in materia di sicurezza pubblica e di contrasto alla violenza sessuale, nonché in tema di atti persecutori (Gazzetta Ufficiale n. 45 del 24 febbraio 2009).
Legge 15 ottobre 2013, n. 119, Conversione in legge, con modificazioni, del decreto-legge 14 agosto 2013, n. 93, recante disposizioni urgenti in materia di sicurezza e per il contrasto della violenza di genere, nonché in tema di protezione civile e di commissariamento delle province. (Gazzetta Ufficiale n. 242 del 15 ottobre 2013).

Corte costituzionale

Sentenza n. 27/1975, Gazzetta Ufficiale 26/2/1975 n. 55.
Sentenza n. 471/1990, Gazzetta Ufficiale 31/10/1990 n. 43.
Sentenza n. 151/2009, Gazzetta Ufficiale 13/05/2009 n. 19.
Sentenza n. 162/2014, Gazzetta Ufficiale 18/06/2014 n. 26.
Sentenza n. 96/2015, Gazzetta Ufficiale 10/06/2015 n. 23.
Sentenza n. 229/2015, Gazzetta Ufficiale 18/11/2015 n. 46.

Corte Europea dei Diritti dell'Uomo

Causa Costa e Pavan c. Italia (Ricorso n. 54270/10), 28 agosto 2012.

Il rinvio
alla maternità
porta al figlio unico.
Se arriva.
#fertilityday

OPEN
IL GIORNO DELLA FERTILITÀ
FA INSORGERE LA RETE

La bellezza
non ha
La fertilità sì.
#fertilityday

La fertilità
è un
#fertilityday

Genitori giovani.
Il modo migliore
per essere creativi.
#fertilityday

La costituzione
tutela la procreazione
cosciente e responsabile.
#fertilityday

Fertility Day
22 settembre 2016

5. La medicina di genere *

5.1. Premessa.

Il concetto di medicina di genere nasce dall'idea che le differenze tra i sessi in termine di salute non sono legate esclusivamente alle peculiarità derivanti dalla caratterizzazione biologica dell'individuo e dalla sua funzione riproduttiva, ma a tutta ad una serie di caratteristiche che determinano risposte differenti alle malattie, sia in termine di diagnosi che di trattamento, e che sono determinati da condizioni multifattoriali che accanto ai più conosciuti meccanismi organici e ormonali includono le modalità della trasmissione nervosa, la risposta allo stress nonché caratteristiche sociali, culturali e relazionali.

Con il termine "genere" (*gender*) infatti si intende sostituire le categorie "uomo" e "donna", definite in base a mere differenze sessuali, con un'accezione più ampia della "differenza" che include un'ampia gamma di risposte in termine di adattamento degli individui all'ambiente.

Per molto tempo gli operatori sono stati affetti dalla così detta "sindrome del bikini", occupandosi in modo specifico di patologie femminili soltanto se riguardavano il seno o l'apparato genitale e legando la specificità femminile esclusivamente alla sua capacità riproduttiva.

In realtà, seppure la capacità riproduttiva rappresenti certamente un imprescindibile aspetto dello "specifico femminile" non si può limitarsi a questo dato se vogliamo individuare le differenze e guidare il nostro operato per renderlo più efficace.

È vero che per molto tempo le malattie, la loro prevenzione e terapia sono state studiate prevalentemente su casistiche di un solo sesso, quello maschile, pensando di potere trasporre poi i risultati alla popolazione generale e trascurando le peculiarità biologico-ormonali e anatomiche proprie delle donne.

Certamente uno dei motivi per cui questo è accaduto ha anche a che vedere con i costi della ricerca: fare ricerche sul corpo femminile è infatti più costoso e complesso, dato che le continue modificazioni dovute alle diverse fasi del ciclo ormonale determinano una maggiore difficoltà nello standardizzare parametri e risposte.

Non si può negare che a questo si è aggiunto anche il fatto che il potere medico è stato per molto tempo quasi esclusivamente in mani maschili, cosa che ha determinato un'ottica parziale nell'interpretazione dei fenomeni e non di rado ideologica: si pensi solo che ci è voluto l'illuminismo per scoprire che il corpo femminile non era un semplice contenitore del principio vitale ma-

---

* Di Valeria Dubini.

schile che garantiva la riproduzione ma a sua volta era in grado di produrre un principio vitale che andava a "completare" quello maschile.

Un chiaro esempio di quanto la presunta neutralità della scienza e dello sguardo e del sapere medico possa allontanarsi dalla realtà.

L'identità del corpo femminile è stata dunque affermata solo per differenza e in negativo rispetto all'identità maschile: l'assunto che «*l'organismo maschile e quello femminile non differiscono in alcuna maniera se non nell'apparato riproduttivo*» (Vesalius, 1543) ha fatto sì che le cure mediche rivolte alle donne siano state compromesse da un vizio di fondo, e che i metodi utilizzati nelle sperimentazioni cliniche e nelle ricerche farmacologiche nonché la successiva analisi dei dati risentano di una prospettiva maschile che sottovaluta le peculiarità femminili.

La Medicina di Genere è dunque chiamata a limitare le diseguaglianze di studio, di attenzione e di trattamento che fino ad oggi sono state a carico delle donne, applicando il concetto di diversità per garantire a tutti, donne e uomini, il miglior trattamento possibile in funzione della specificità di genere. Pertanto non deve essere una specialità a se stante, e neppure la costruzione di una medicina al femminile e una medicina al maschile, ma un'integrazione trasversale di specialità e competenze mediche, al fine di creare una cultura e una presa in carico della persona che tenga presente tutte le differenze biologico-funzionali, psicologiche, sociali e culturali, oltre che naturalmente anatomofisiologiche.

La parola chiave è quindi "multidisciplinarità" che garantisce un approccio moderno alla malattia, in una visione sfaccettata e olistica che cerca di costruire risposte che si basino sulla cura della persona e non del singolo organo.

Nel concetto di "genere" è insita anche la valutazione delle condizioni di vita di uomini e donne, il loro ruolo sociale e le loro condizioni economiche: ad oggi, nel mondo, e anche nel nostro mondo occidentale, le donne vivono in condizioni di minore vantaggio rispetto agli uomini e ciò si riflette sulle loro condizioni di salute definite più scadenti per minori risorse, minore occupazione, minori livelli occupazionali, più carico di lavoro e più violenza degli uomini.

Del resto riconoscere la soggettività della donna corrisponde a riconoscerne anche la differenza: la pari dignità non viene stabilita sulla base di una omogeneizzazione dei sessi, ma sulla identificazione della differenza come valore.

Parlare di genere dunque significa soprattutto nominare l'"asimmetria" tra donne ed uomini presente a tutti i livelli ed in tutti i momenti della vita sociale.

Per questo, con l'introduzione dell'ottica di genere si riconosce, da un lato, che le donne e gli uomini non dispongono delle medesime risorse e non hanno né le stesse necessità né le stesse preferenze, dall'altro che la maggior parte delle strutture, dei sistemi e delle politiche non sono neutri rispetto al genere, ma assumono l'esperienza maschile come regola generale.

Siamo dunque di fronte ad una disciplina che si sta affermando come una delle aree in cui si gioca maggiormente la sfida della ricerca medica e delle discipline volte alla tutela della salute nel nuovo millennio.

Quale potrebbe essere allora il compito della medicina in un'ottica di genere?

Certamente identificare le differenze nella fisiopatologia delle malattie, descrivere le manifestazioni cliniche, che possono essere molto differenti nei due sessi e per questo trarre in errore, come vedremo in alcuni casi specifici. Valutare inoltre l'efficacia degli interventi diagnostici e terapeutici e delle azioni di prevenzione e sviluppare protocolli di ricerca che trasferiscano i risultati delle ricerche genere-specifiche nella pratica clinica.

Le evidenze scientifiche che mostrano le differenze tra i due generi-sessi sono oramai numerosissime: pertanto, per arrivare all'eccellenza della ricerca, i finanziatori, i valutatori, i revisori della ricerca dovrebbero chiedere ai ricercatori «se e come, il fattore sesso-genere è rilevante negli obiettivi e nella metodologia del progetto».

5.2. Un po' di storia.

La prima descrizione di una differenza di genere intesa in senso moderno in campo medico e più esattamente in campo farmacologico risale al 1932, quando Nicholas e Barrow evidenziarono che la dose ipnoinducente di barbiturici nelle ratte femmine era inferiore del 50% rispetto a quella dei maschi. Ma questa importante affermazione non provocò l'attenzione che meritava.

Solo nel 1988 l'Organizzazione Mondiale della Sanità (OMS) lancia una sfida "sul genere" al fine di una migliore valutazione dei fattori di rischio che coinvolgono la salute della donna: la sfida partiva dalla considerazione che alcune malattie croniche colpiscono le donne in età avanzata in modo sproporzionato rispetto agli uomini e potrebbero avvalersi di azioni di prevenzione che presuppongono di studi e approfondimenti specifici.

Parimenti l'OMS raccomandava un maggiore impegno per capire perché gli uomini muoiono prima delle donne.

Dobbiamo arrivare al 1991 per individuare la prima volta in cui in medicina si menzionò la "questione femminile": fu quando Bernardine Healy, direttrice dell'Istituto Nazionale di Salute Pubblica, sulla rivista New England Journal of Medicine parlò di "Yentl Syndrome" a proposito del comportamento discriminante dei cardiologi nei confronti della donna.

A partire da questo periodo cominciamo a trovare sempre più frequentemente indicazioni che riguardano le differenze di genere e le ricadute in termine di salute: nel 2000 l'OMS inserisce la Medicina di Genere nel documento "Equity Act", a testimonianza che il principio di equità implica non solo la parità di accesso alle cure di donne e uomini, ma anche l'adeguatezza e l'appropriatezza di cura secondo il proprio genere. Nel 2002 l'OMS costituisce il

Dipartimento per il Genere e la Salute della Donna, *The Department of Gender and Women's Health (GWH).*

Si tratta di un passaggio fondamentale con il quale l'OMS ha riconosciuto che il sesso (dati biologici) ed il genere (dati di ruolo socioculturale) sono importanti determinanti di salute che regolano le condizioni di salute e malattia degli uomini e delle donne per cui, in ogni programma che riguarda la salute, le differenze di genere e di sesso devono essere considerate (adottato nel Marzo 2002).

L'OMS individua inoltre che le ricerche "gender sensitive" devono considerare i ruoli e le responsabilità di uomini e donne nella società, la posizione sociale degli uomini e delle donne, l'accesso alle risorse per uomini e donne, le regole sociali che governano i comportamenti maschili e femminili, riconoscendo che questi aspetti hanno un effetto sulla salute e sul benessere.

Sempre nel 2002 presso la Columbia University di New York viene istituito il primo corso di medicina di genere il cui titolo è: "*A new approach to health care based on insights into biological differences between women and men*".

Nel 2003 anche il Karolinska Institute di Stoccolma istituisce un centro per lo studio e la ricerca sulla medicina di genere.

Alle indicazioni dell'OMS fanno seguito la determinazione della Commissione europea che, nel 2011, richiama la necessità di promuovere una politica in difesa della salute *tenendo conto della diversità di genere*; recentemente il Consiglio dell'Unione europea raccomanda una maggior conoscenza da parte degli operatori sanitari delle differenze per affrontare le disuguaglianze nella salute e garantire parità di trattamento e di accesso alle cure ai fini di una *maggiore appropriatezza della terapia e ed una maggiore tutela della salute per entrambi i generi.*

Anche nel nostro Paese le cose cominciano a muoversi: risale al 1999 la costituzione presso il Ministero per le Pari Opportunità di un primo gruppo di lavoro (Medicina Donna-Salute) con l'obiettivo di lavorare intorno alla disparità di genere e nasce il progetto "Una Salute a misura di Donna".

Nel 2003 un equipe di specialisti viene incaricata dal Ministero della Salute di formulare linee guida sulle sperimentazioni cliniche farmacologiche, che tengano conto della variabile uomo-donna.

Nel 2005 nasce l'Osservatorio Nazionale della Salute della Donna presso il Ministero della Salute (ONDA), con l'obiettivo di studiare, informare e formare ad una grande attenzione sulla salute della donna, attraverso sinergie con tutti gli Istituti che a livello nazionale si occupano del tema.

Nel 2007 presso l'Istituto Superiore di Sanità è creata una struttura ad hoc che si occupa delle differenze biologiche e ha coordinato un progetto strategico "Salute Donna" (2008/2012) che ha coinvolto 25 unità operative sparse sul territorio nazionale, su 5 aree di azione prioritaria (Malattie dismetaboliche e cardiovascolari – Immunità ed endocrinologia – Ambiente di lavoro – Malattie iatrogene e reazioni avverse – Determinanti della salute della donna).

Nel 2008 il Comitato Nazionale di Bioetica ha approvato il testo sulla sperimentazione farmacologica sulle donne, affermando il principio della equa considerazione della donna nella sperimentazione.

Nel 2011 ONDA pubblica un libro a cui partecipano numerosi professionisti dedicato proprio alla Salute di Genere dal titolo: "*La salute della donna. Un approccio di genere*".

Il 5 agosto 2013 è stata presentata alla Camera dei Deputati del Parlamento Italiano la proposta di legge n.1485 "Norme in materia di Medicina di Genere" che ad oggi purtroppo non ha ancora iniziato l'esame [116].

La Regione Toscana promuove, attraverso l'Agenzia Regionale Sanità, la pubblicazione di un libro dal titolo "*La Salute di genere in Toscana*" allo scopo di offrire un "focus" epidemiologico e informativo su queste tematiche adattandole alla nostra Regione.

Questo libro, pubblicato nel novembre 2013, coinvolge numerosi operatori

---

[116] La proposta è effettivamente molto semplice e presenta 5 articoli volti a riconoscere la specificità della medicina di genere per garantire maggiori qualità e appropriatezza alle prestazioni erogate dal Servizio sanitario nazionale. A tale scopo il progetto si propone di: «*a) riconosce a livello nazionale la medicina di genere come approccio interdisciplinare tra le diverse aree mediche indispensabile per garantire l'appropriatezza delle cure; b) promuove l'insegnamento e la ricerca e garantisce adeguati livelli di formazione e di aggiornamento del personale medico e sanitario nonché di informazione dell'opinione pubblica sull'influenza delle differenze di genere sulle patologie cliniche e sulle relative cure; c) istituisce l'Osservatorio nazionale per la medicina di genere; d) promuove e sostiene la ricerca sulla medicina di genere*». La proposta si sofferma anche sulla necessità della diffusione e dell'insegnamento della medicina di genere prevedendo: «*1. Le università degli studi, statali o non statali, nell'ambito della loro autonomia, possono inserire la medicina di genere nei corsi di laurea in medicina e chirurgia e nelle scuole di specializzazione di area medica al fine di favorire l'interdisciplinarietà nell'ottica di genere, anche attraverso corsi di perfezionamento, master e dottorati di ricerca dedicati. 2. Il Ministero della salute predispone iniziative di prevenzione sostenute da periodiche campagne destinate all'opinione pubblica al fine di favorire una corretta informazione sulle diversità di genere in medicina. 3. Le regioni e le province autonome di Trento e di Bolzano possono promuovere, presso le aziende pubbliche che erogano prestazioni sanitarie nonché presso le strutture della medicina accreditata e convenzionata, campagne d'informazione per la diffusione della medicina di genere destinate al personale medico sanitario e ai pazienti. A tale fine, le regioni e le province autonome tengono conto dell'esperienza maturata in materia in altri Stati membri dell'Unione europea*». Infine, si prevede anche l'istituzione di un *Osservatorio nazionale per la medicina di genere*, con il compito di raccogliere, coordinare e trasferire dati epidemiologici e clinici al fine di assicurare il raggiungimento dell'equità nel diritto alla salute. Considerando la rilevanza di questa proposta si auspica che il Legislatore la trasformi presto in Legge.

di varie specialità e costituisce una solida base culturale che conduce nel 2014 alla deliberazione della Regione Toscana (144/14) con la quale viene istituito un "Centro Regionale per la Medicina di Genere".

Scopo del Centro regionale è quello di definire percorsi di sensibilizzazione e formazione degli operatori sanitari verso il determinante genere. e dare indicazioni per azioni concrete che ogni Azienda Sanitaria deve promuovere per una tutela corretta della salute degli uomini e delle donne.

Le azioni prioritarie proposte per i primi due anni (2014-2015) prevedono:

1. La gravidanza come finestra sulla salute futura della donna.
2. Tumore della prostata: prevenzione.
3. Chemioterapia antitumorale con le fluoropirimidine in vari tipi di tumori solidi, personalizzata in base al genere.
4. Endometriosi: diagnosi precoce e terapia.
5. Indicatori di salute: screening colon retto e pazienti con IMA STEMI (infarto miocardico acuto con spraelevazione del tratto ST).
6. Farmaci antidiabetici tradizionali e di nuova generazione: quali differenze di genere.

Come evidentesi tratta di azioni mirate a valorizzare le differenze in entrambi i sessi, con la possibilità delle singole Aziende ad aderire a tutte o soltanto ad alcune e con la possibilità di modificarle nel tempo.

La delibera è stata recentemente confermata (1/2016) e le prossime azioni si rivolgono ad altri terreni come ad esempio "differenze di genere nei comportamenti degli adolescenti nei confronti delle tematiche di salute", tema estremamente sensibile e attuale.

5.3. Per la costruzione di un'ottica di genere.

Dunque sempre di più si sente parlare di come donne e uomini debbano essere uguali anche nel diritto alla salute e di fronte ai servizi socio-sanitari. Sempre più si sente parlare di salute della donna o salute dell'uomo, il che vuol dire focalizzare l'attenzione sulle malattie che colpiscono prevalentemente l'uomo e la donna.

Senza un orientamento di genere, la politica della salute risulta metodologicamente scorretta, oltre che discriminatoria.

Gli assunti da cui si deve partire sono che uomini e donne si ammalano in modo diverso, che si devono adottare strategie diverse per "curare" la loro salute, che le donne devono essere coinvolte in questo processo e che la medicina deve fare propria un ottica di genere e non può essere più «una scienza degli uomini studiata sugli uomini».

Le donne che operano nel settore della salute hanno una grande responsabilità in questo processo.

Anche qui però si trovano non poche sorprese: nel Servizio Sanitario Nazionale la presenza femminile è alta (60,9% del totale) ma nella distribuzione dei ruoli le donne costituiscono solo il 32,2% dei medici mentre sono il 75,5% del personale infermieristico.

Se andiamo a valutare le presenze femminili nella dirigenza medica del SSN vediamo che le donne sono il 32%: e tale presenza diminuisce ulteriormente per gli incarichi di struttura complessa, ricoperti da donne medico solo nell'11% dei casi.

Un'ottica di genere non è ancora pienamente utilizzata per programmare gli interventi di promozione della salute e persistono pregiudizi di genere nello studio dell'eziologia, dei fattori di rischio, nelle diagnosi e nei trattamenti. Viene sottovalutata la salute delle donne globale all'interno di una ricerca medica che è centrata sull'uomo. Permane il pregiudizio scientifico che considera le malattie delle donne con una prevalente derivazione biologica-ormonale e quelli degli uomini con una prevalente derivazione socio-ambientale e lavorativa. Persistono resistenze scientifiche e culturali. Manca la consapevolezza da parte degli operatori e delle istituzioni preposte alla formazione dell'importanza che la ricerca "gender sensitive" può avere.

Come vedremo il persistere di questi stereotipi mentali e culturali non è scevro di conseguenze in termini di salute, talvolta drammatiche per la mancata capacità di riconoscere alcune patologie attribuite tradizionalmente ad un sesso piuttosto che ad un altro e altre volte per la mancanza di strumenti specifici di trattamento.

Applicare il concetto di diversità può permettere di garantire a tutti, donne e uomini, il miglior trattamento possibile in funzione della specificità di genere, combattendo resistenze culturali e favorendo l'integrazione trasversale di specialità e competenze professionali, compresa la presa d'atto delle differenze di genere nell'accesso e nell'organizzazione delle cure che impongono un ripensamento di una serie di aspetti organizzativi relativi ai servizi sanitari.

Studiare e capire le differenze di genere è un elemento essenziale per il raggiungimento delle finalità stesse del sistema sanitario, per garantire che vengano identificati gli indicatori di equità di genere, fino ad oggi non riconosciuti o sottostimati.

Questi indicatori devono essere utilizzati nei programmi e nelle politiche, nella raccolta dei dati epidemiologici, demografici e statistici e nella valutazione dei risultati.

Come già detto, la comunità scientifica per affrontare questa nuova sfida ha bisogno di sviluppare un approccio multidisciplinare che integra diverse competenze e soggetti, come i medici, i ricercatori, gli esperti in economia, in governo clinico, in comunicazioni, in questioni regolamentari, in organizzazione sanitaria, nell'istruzione e formazione e in molti settori dell'industria.

In tutto questo la formazione degli operatori rappresenta certamente un elemento strategico, ma fondamentale è anche la partecipazione delle e degli utenti: per le donne, che come abbiamo visto sono le più svantaggiate, è necessario un processo di "Empowerment" che significa consapevolezza delle proprie specificità, dei propri diritti e delle proprie competenze.

5.4. Alcuni esempi.

5.4.1. "Lo strano caso della malattia CV".

Uno degli esempi più calzanti e che meglio può spiegare quanto gli stereotipi di genere possano fuorviare da una diagnosi o da un trattamento, è rappresentato dalle malattie cardiovascolari.

Per molto tempo la cultura medica ha ritenuto la malattia cardiovascolare quasi esclusivo appannaggio del genere maschile sottovalutando pertanto rischi e sintomatologia nel sesso femminile.

Succede però che, andando a vedere i dati, si scopre che le donne muoiono più frequentemente degli uomini a causa di infarto del miocardio e che la malattia cardiovascolare, e non il tumore al seno, rappresenta la prima causa di morte per il sesso femminile.

Nell'ambito della Comunità Europea, il 55% delle donne muore di Malattia Cardiovascolare, mentre per gli uomini tale percentuale si attesta al 43%: nella donna la mortalità cardiovascolare è 4 volte maggiore della somma delle mortalità per cancro del seno, broncopneumopatia cronica, incidenti e cancro del polmone.

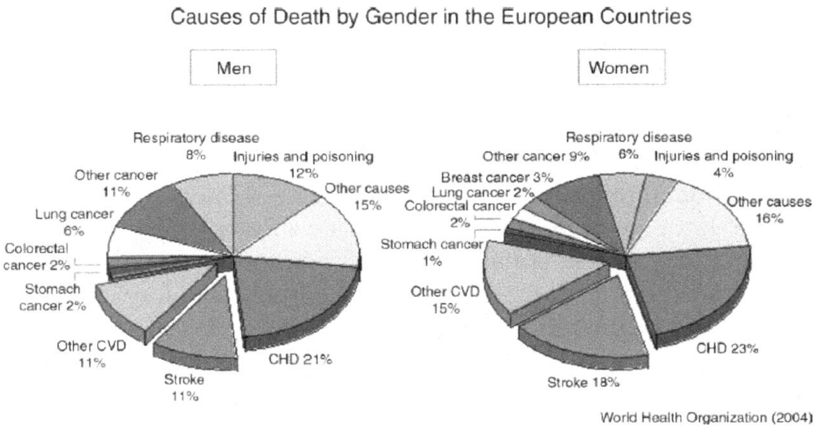

Figure 1 Causes of death in Europe. WHO, World Health Organization.

E dunque?

La cosa suscita ovviamente molto interesse nel mondo scientifico e si scopre che in effetti le donne soffrono meno frequentemente di infarto del miocardio ma proprio per questo spesso la loro sintomatologia viene sottovalutata o non riconosciuta.

Un altro elemento confondente, e che oggi per fortuna conosciamo, e che la sintomatologia infartuale si presenta nelle donne in modo frequentemente atipico: raramente c'è il dolore precordiale e il classico formicolio al braccio sinistro; più comunemente si assiste ad un dolore diffuso o localizzato alla gola, al collo o allo stomaco.

Tutto questo provoca ritardo nella diagnosi e dunque nel trattamento e rappresenta probabilmente il motivo principale per cui le donne muoiono più frequentemente che gli uomini.

5.4.2. Altre differenze.

È noto che le donne vivono più a lungo, ma si ammalano di più specie di patologie croniche in età avanzata, e ricorrono più spesso ai servizi sanitari.

Questo rappresenta naturalmente un costo sociale ed economico ed individuare strategie di prevenzione risulterebbe un elemento di fondamentale importanza.

Diabete, patologie autoimmuni (compresa sclerosi a placche, lupus, sclerodermia ...) osteoporosi, sono patologie croniche più frequenti nelle donne e con caratteristiche diverse rispetto ai maschi: il diabete ad esempio comporta maggiori conseguenze, morbosità e mortalità nelle donne rispetto agli uomini (rischio di infarto del miocardio tre volte maggiore rispetto agli uomini).

Per l'osteoporosi si assiste invece ad un atteggiamento stereotipato che sfavorisce il sesso maschile: infatti si sottovaluta come anche per gli uomini esista un rischio di osteoporosi e non ci si occupa abbastanza della prevenzione e della cura di questa malattia, con il risultato che le fratture di femore sono frequenti negli uomini e non di rado conducono a morte.

Le donne sono grandi consumatrici di farmaci, 42% *vs* 32% degli uomini (ISTAT 2005): tra questi vi sono anche farmaci antidepressivi, utilizzati in misura maggiore rispetto agli uomini anche per i minori livelli di serotonina presenti nell'encefalo femminile, probabile causa di una maggiore esposizione (2-3 volte maggiore) alle patologie depressive.

A causa di fattori genetici, ormonali, molecolari (diverse espressioni dei citocromi e conseguente metabolismo) le donne sono più soggette a reazioni avverse anche rispetto ai farmaci comuni come antistaminici e antibiotici.

Differenze nel metabolismo si manifestano anche in una serie di altri aspetti: ad esempio una minore quantità di produzione dell'enzima epatico che metabolizza l'etanolo fa sì che le donne presentino, a parità di consumo, una maggiore concentrazione di alcool nel sangue rispetto agli uomini, anche tenendo conto delle differenze di peso; mentre tendono a riprendersi dall'anestesia più velocemente degli uomini (in media 7 minuti contro gli 11 degli uomini).

Un altro esempio riguardo all'effetto dei farmaci è rappresentato dall'aspirina a basse dosi: caposaldo della prevenzione cardiovascolare nell'uomo, non sembra avere la stessa efficacia nelle donne.

Ancora differenze di genere sono una frequenza cardiaca più rapida nelle donne anche durante il sonno, un numero maggiore di connessioni cerebrali intercellulari, anche se il cervello nell'uomo è più grande e ha più cellule, una composizione più densa della bile che favorisce la formazione di calcoli con maggiore frequenza nel sesso femminile.

Importanti differenze, con rischi di ricadute negative e diagnosi errate, sono date dalla localizzazione di alcune patologie che differiscono nel sesso femminile: per quanto riguarda l'apparato cardiovascolare, nella donna si ammalano di più i piccoli vasi dell'albero coronarico anziché i grossi vasi come nell'uomo, e questo può rendere una coronarografia meno adatta in fase diagnostica; il cancro del polmone nella donna è localizzato prevalentemente in periferia, e quindi causa meno sintomi che nell'uomo per il quale invece più spesso si localizza a livello mediastinico e paramediastinico, con relativo rischio di ritardo diagnostico.

Come si vede sono già molte le differenze tra i sessi che i medici e i pazienti dovrebbero conoscere per poter mirare ad una medicina più efficiente ed appropriata, e probabilmente ve ne sono molte altre che lo studio scientifico potrebbe mostrarci in futuro.

10 DIFFERENZE TRA UOMO E DONNA

1. Malattie cardiache. La cardiopatia ischemica è la principale causa di morte per le donne di tutti i paesi, con un tasso di mortalità lievemente superiore a quello maschile, ed è la prima causa di morte tra le donne di età compresa tra i 44 e 59 anni. Le donne hanno maggiori probabilità degli uomini di avere un secondo infarto entro un anno dal primo.

2. Depressione. Le donne hanno una probabilità 2-3 volte superiore a quella degli uomini di essere colpite da depressione, anche a causa dei minori livelli di serotonina nel cervello.

3. Osteoporosi. Le donne rappresentano l'80 percento della popolazione colpita da questa malattia.

4. Cancro al polmone. A parità di esposizione al fumo, le donne hanno maggiori probabilità di sviluppare tumore al polmone rispetto agli uomini. Il sesso femminile è, infatti, più sensibile alle sostanze cancerogene presenti nelle sigarette.

5. Malattie sessualmente trasmesse. Rispetto agli uomini, le donne hanno una probabilità doppia di con trarre una malattia sessualmente trasmessa. E dieci volte superiore di contrarre l'Hiv a causa di rapporti sessuali non protetti.

6. Anestesia. Le donne tendono a riprendersi dall'anestesia più velocemente degli uomini: in media, le donne impiegano 7 minuti contro gli 11 degli uomini.

7. Reazioni ai farmaci. Farmaci comuni, come antistaminici e antibiotici, possono provocare reazioni ed effetti collaterali diversi in donne e uomini.

8. Malattie autoimmuni. È di sesso femminile il 75 % delle persone che soffrono di malattie del sistema immunitario, come la sclerosi multipla, l'artrite reumatoide e il lupus.

9. Alcool. Le donne producono una minore quantità dell'enzima epatico che metabolizza l'etanolo. A parità di consumo, dunque,le donne presentano una maggiore concentrazione di alcool nel sangue rispetto agli uomini, anche tenendo conto delle differenze di peso.

10. Dolore. Gli oppioidi agiscono sui recettori k e hanno maggiore efficacia sulle donne.

Un cenno particolare merita una condizione, che nelle donne è causa di molte patologie, e che rappresenta un vero e proprio problema di genere: si tratta della violenza contro le donne.

Secondo il Consiglio d'Europa, la violenza domestica è la prima causa di morte ed invalidità per le donne di 16-44 anni (più del cancro e degli incidenti stradali): dunque anche la nostra civilissima Europa non sfugge a questo problema, e infatti il Parlamento Europeo nel 2006 ha sentito il bisogno di riaffermare in sessione plenaria il fatto che la violenza degli uomini contro le donne rappresenta «un fenomeno universale collegato all'iniqua distribuzione del potere tra i generi che ancora caratterizza la nostra società». Negli ultimi 10 anni si è poi sempre più chiarito come questo fenomeno non costituisca solo un reato, ma anche un grave problema per la società, una violazione dei diritti umani, ed un fattore di "malattia". In tutto il mondo esso rappresenta uno dei più grandi problemi di salute pubblica, che si inserisce nel concetto più esteso del riconoscimento dell'"ineguaglianza di genere" come realtà epidemiologica (insieme a fattori sociali, economici e culturali), che attraverso una varietà di condizioni strutturali e istituzionali (leggi, sistemi economici e parentali) influisce sulla mortalità, sulla morbilità e sulla qualità della vita delle donne. La violenza di genere è alla radice di molte patologie croniche, di complicanze ostetriche, di quadri psichiatrici.

A buon titolo dunque la violenza contro le donne deve essere considerata all'interno delle problematiche di salute di genere, e a questo scopo gli operatori devono essere preparati a riconoscerne i segni anche quando vengono presentati attraverso patologie talvolta sottovalutate.

5.5. Breve riflessione conclusiva.

In conclusione è possibile affermare che la medicina di genere rappresenta la vera sfida del prossimo millennio in ambito medico.

C'è ancora molto da fare per conoscere e approfondire le tematiche che questa chiave di lettura ci offre facendoci spaziare attraverso orizzonti fino ad ora trascurati fatti di aspetti culturali, sociologici ed economici oltreché medici e scientifici.

Certamente si tratta di una chiave di lettura che può contribuire ad una migliore qualità di vita e a più appropriati trattamenti per tutti gli assistiti, e della quale la nostra organizzazione sanitaria non può più fare a meno.

Bibliografia

AA.VV., *La Salute di Genere in Toscana*, Collana Documenti ARS, n. 74, 2013.

CAMPBELL J., *Health consequences of intimate partner violence*, Lancet 2002; 359, 1331-36.

DUBINI V. (a cura di), *Violenza contro le donne: compiti e obblighi del ginecologo*, Editeam, 2007.

ELLSBERG M. ET AL., *Intimate partner violence and women's physical and mental health in the WHO multi-country study on women's health and domestic violence. An observational study*, Lancet 2008; 371:1165-72.

ISTAT (2007), *La violenza e i maltrattamenti contro le donne dentro e fuori la famiglia*, 2006.

KRUG E. ET AL., *World report on violence and health*, WHO, Geneva, 2002.

O.N.DA [Osservatorio Nazionale sulla salute della donna]-FRANCONI F., *La salute della donna. Un approccio di genere*, Milano, 2011.

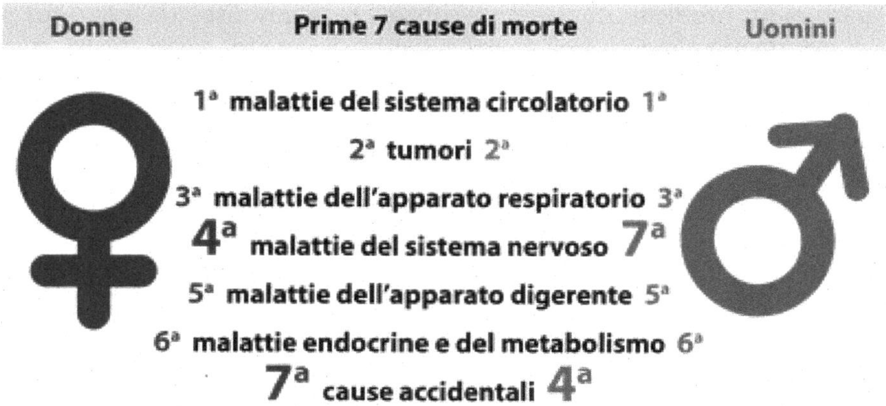

Aspettativa di vita alla nascita (anni)

donne 85	uomini 80

Nascono più maschi che femmine, ma già intorno ai 40 anni le donne sorpassano numericamente gli uomini, per arrivare agli ultra80enni in cui sono il doppio dei coetanei maschi:

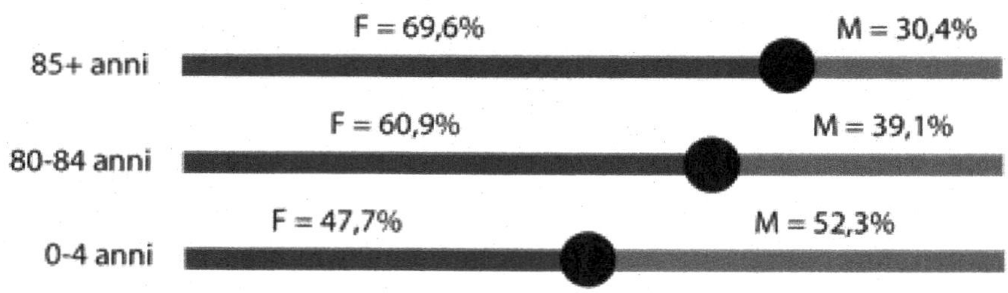

6. La violenza contro le donne come forma di discriminazione *

La tematica qui trattata costituisce una verifica particolarmente evidente del carattere di storicità che contraddistingue la legge, il diritto e il pensiero giuridico.

Non ci riferiamo tanto ai cambiamenti che vengono apportati alle leggi e alle discipline che regolano la materia, quanto piuttosto ai mutamenti sopravvenuti nelle categorie stesse e nei parametri giuridici implicati, che si evidenziano anche nel nuovo linguaggio normativo utilizzato [117]: "genere", "vittima", "vulnerabilità" sono parole che solo recentemente sono entrate nei testi delle leggi e nel lessico normativo [118]; l'ormai diffuso termine "femminicidio" è ora entrato nel linguaggio comune e, anche se non compare (ancora) nelle leggi italiane, è stato usato per identificare la prima parte del d.l. 14 agosto 2013, n. 93, convertito con modificazioni in legge 15 ottobre 2013, n. 119 recante: «Disposizioni urgenti in materia di sicurezza e per il contrasto della violenza di genere, nonché in tema di protezione civile e di commissariamento delle province», denominato appunto comunemente legge "sul femminicidio [119].

In tale dinamica anche il principio di eguaglianza è stato coinvolto espressamente, attraverso alcune delle sue declinazioni: divieto di discriminazioni, pari

---

* Di Maria (Milli) Virgilio.

[117] Sul genere del linguaggio, vedasi P. Violi, *L'infinito singolare. Considerazioni sulla differenza sessuale nel linguaggio*, 1986, Verona e A. Sabatini, *Il sessismo nella lingua italiana*, 1987, Roma; recentemente F. Fusco, *La lingua e il femminile nella lessicografia italiana. Tra stereotipi e (in)visibilità*, 2012, Alessandria. Più specificamente sul linguaggio giuridico: S. Cavagnoli-E. Ioriatti Ferrari, *Linguaggio giuridico, genere e precarietà*, in *Rivista italiana di linguistica e di dialettologia*, 2010; E. Ioriatti Ferrari, *Linguaggio giuridico e genere*, in *Diritto e genere. Analisi interdisciplinare e comparata*, a cura di Scarponi, Alessandria, 2014, 51; C. Robustelli, *Pari trattamento linguistico di uomo e donna, coerenza terminologica e linguaggio giuridico*, in R. Zaccaria (a cura di), *La buona scrittura delle leggi.* Atti del Convegno (Roma, 19 settembre 2011), 2012, Roma, Camera dei Deputati, 181-198; S. Cavagnoli, *Linguaggio giuridico e lingua di genere: una simbiosi possibile*, 2013, Alessandria.

[118] Rinviamo ai nostri *Nuovo lessico per il diritto penale: le vittime della violenza di genere contro le donne,* in *Scritti in onore di Luigi Stortoni*, a cura di M. Mantovani-F. Curi-S. Tordini Cagli-V. Torre-M. Caianiello, BUP Bologna 2016 e – *Rassegna critica di lessico giuridico: «identità» nelle fonti normative,* in *Ragion pratica*, 45/dicembre 2015.

[119] Tra i primi commenti S. Recchione, *Il decreto sul contrasto alla violenza di genere: prima lettura*, in *www.penalecontemporaneo.it*, e G. Pavich, *Le novità del decreto legge sulla violenza di genere: cosa cambia per i reati con vittime vulnerabili*, in *www.penalecontempo raneo.it*. Rinviamo anche al nostro *La legge "sul femminicidio"*, in *Violenza maschile e femminicidio*", a cura di V. Tola e G. Crivelli, 2014.

opportunità, azioni positive, tanto che oggi la violenza contro le donne viene qualificata – anche nei testi normativi – come una forma di discriminazione.

Attualmente, in materia di violenza contro le donne, il testo sovranazionale di riferimento – per il nostro ordinamento giuridico – è quello adottato dal Consiglio d'Europa, la Convenzione di Istanbul 11 maggio 2011 "Council of Europe Convention on Preventing and Combating Violence against Women and Domestic Violence" [120], ratificata dall'Italia con legge 27 giugno 2013, n. 77, «Ratifica ed esecuzione della Convenzione del Consiglio d'Europa sulla prevenzione e la lotta contro la violenza nei confronti delle donne e la violenza domestica». Ma è importante considerare anche un altro testo, questa volta dell'Unione europea, e cioè la «Direttiva 2012/29/UE del Parlamento Europeo e del Consiglio del 25 ottobre 2012 che istituisce norme minime in materia di diritti, assistenza e protezione delle vittime di reato e che sostituisce la decisione quadro 2001/220/GAI» [121], cui l'Italia si è adeguata con il decreto legislativo 15 dicembre 2015, n. 212, «Attuazione della direttiva 2012/29/UE del Parlamento europeo e del Consiglio, del 25 ottobre 2012, che istituisce norme minime in materia di diritti, assistenza e protezione delle vittime di reato e che sostituisce la decisione quadro 2001/220/GAI».

È appunto nella Convenzione di Istanbul del Consiglio d'Europa per prevenire e combattere la violenza contro le donne e la violenza domestica (traduzione nostra del titolo) che troviamo la più recente definizione normativa della "violenza contro le donne": «*si intende designare una violazione dei diritti umani e una forma di discriminazione contro le donne, comprendente tutti gli atti di violenza fondati sul genere che provocano o sono suscettibili di provocare danni o sofferenze di natura fisica, sessuale, psicologica o economica, comprese le minacce di compiere tali atti, la coercizione o la privazione arbitraria della libertà, sia nella vita pubblica, che nella vita privata*».

Sempre nella Convenzione di Istanbul l'art. 3 precisa: «*con il termine genere ci si riferisce a ruoli, comportamenti, attività e attributi socialmente costruiti che una determinata società considera appropriati per donne e uomini*».

Poi la Convenzione definisce anche la "violenza contro le donne basata sul genere", che «*designa qualsiasi violenza diretta contro una donna in quanto tale, o che colpisce le donne in modo sproporzionato*», nonché la «*violenza domestica*» [122], che

---

[120] *Approfondimenti* di M. ZUPI E S. HASSAM, in *Osservatorio CeSPI*, Centro Studi di Politica internazionale, n. 85 dicembre 2013.

[121] Per un panorama completo e recente, vedasi L. LUPARIA (a cura di), *Lo statuto europeo delle vittime di reato. Modelli di tutela tra diritto dell'Unione e buone pratiche nazionali*, Cedam, 2015.

[122] Tale definizione sarà letteralmente ripresa dalla legge n. 119/2013 (art. 3) per disciplinare la misura di prevenzione dell'ammonimento questorile, ma caricandola di un ulteriore requisito fortemente restrittivo, perché la circoscrive ai soli atti che siano «gravi ovvero non episodici».

«*designa tutti gli atti di violenza fisica, sessuale, psicologica o economica che si verificano all'interno della famiglia o del nucleo familiare o tra attuali o precedenti coniugi o partner, indipendentemente dal fatto che l'autore di tali atti condivida o abbia condiviso la stessa residenza con la vittima*».

Diversa è la scelta definitoria praticata da parte dell'Unione europea. Infatti la già citata Direttiva 2012/29/UE sulle vittime adotta una ulteriore e diversa concettualizzazione, quella di «violenza di genere», che è costruita con riferimento alla persona e alla vittima, e dunque non solo alle donne: «*Per violenza di genere s'intende la violenza diretta contro una persona a causa del suo genere, della sua identità di genere o della sua espressione di genere o che colpisce in modo sproporzionato le persone di un particolare genere. Può provocare un danno fisico, sessuale, emotivo o psicologico, o una perdita economica alla vittima. La violenza di genere è considerata una forma di discriminazione e una violazione delle libertà fondamentali della vittima e comprende la violenza nelle relazioni strette, la violenza sessuale (compresi lo stupro, l'aggressione sessuale e le molestie sessuali), la tratta di esseri umani, la schiavitù e varie forme di pratiche dannose, quali i matrimoni forzati, la mutilazione genitale femminile e i cosiddetti "reati d'onore". Le donne vittime della violenza di genere e i loro figli hanno spesso bisogno di un'assistenza e protezione speciali a motivo dell'elevato rischio di vittimizzazione secondaria e ripetuta, di intimidazione e di ritorsioni connesso a tale violenza*».

Dunque, pur nelle diversità, entrambi i testi europei, sia quello del Consiglio d'Europa sia quello della Unione, inquadrano la violenza contro le donne come una forma di discriminazione (oltre che come violazione dei diritti umani [123] e/o delle libertà fondamentali). Trattasi non solo di un lessico giuridico nuovo, ma di categorie recenti del pensiero giuridico, oggi in corso di consolidamento e diffusione (anche fino alla ... retorica!). Per questo è corretto e opportuno comprenderne la trattazione in un lavoro che concerne l'eguaglianza e, più specificamente, inserirla nel capitolo della eguaglianza senza distinzioni di sesso. Ne ricostruiamo i precedenti e lo sviluppo.

Il testo sovranazionale tuttora nodale in materia di discriminazioni è la *Convention on the Elimination of All Forms of Discrimination against Women* (CEDAW) del 1979, la Convenzione dell'Organizzazione delle Nazioni Unite sull'eliminazione di tutte le forme di discriminazione contro le donne [124]. Tale

---

[123] Sul tema dei diritti umani per i profili che qui interessano vedi T. CASADEI (a cura di), *Diritti umani e soggetti vulnerabili. Violazioni, trasformazioni, aporie*, Torino, Giappichelli, 2012.

[124] Vedi il *Rapporto Ombra italiano* 2011, in *http://www.retepariopportunita.it/Rete Pari_Opportunita/UserFiles/ONU/RapportoOmbra.*

testo, integrato da successive Raccomandazioni, costituisce la piattaforma di enunciazione dei principi fondamentali sui diritti delle donne.

Ma invano si cercherebbe in tale Convenzione la parola "violenza". Il tema non era ancora maturo a livello internazionale: occorrerà attendere i primi anni '90 per vedere focalizzato e poi sancito il collegamento tra discriminazione e violenza.

Nel 1989 il Comitato CEDAW aveva stilato la Raccomandazione generale n. 12, nella quale si invitavano gli stati a includere nei loro rapporti periodici le informazioni sulle leggi e sulle misure introdotte a livello nazionale per tutelare le donne da ogni forma di violenza nella vita quotidiana – compresa la violenza sessuale, la violenza domestica, le molestie, ecc. – e per fornire loro assistenza e servizi.

Fu la Raccomandazione generale n. 19/1992, "La violenza contro le donne", a statuire formalmente che: «*La violenza di genere è una forma di discriminazione che inibisce gravemente la capacità delle donne di godere dei diritti e delle libertà su una base di parità con gli uomini*».

Tale argomento venne scelto come tema per la Conferenza mondiale di Vienna sui diritti umani del 1993. In tale sede le associazioni delle donne, insieme alle donne dei governi e delle organizzazioni internazionali, ottennero l'impegno a varare la Dichiarazione sull'eliminazione della violenza contro le donne e l'istituzione di una Relatrice speciale sulla violenza contro le donne.

Pertanto nella Risoluzione adottata dall'Assemblea generale ONU il 19 dicembre 1993, n. 48/104, intitolata appunto "Dichiarazione sull'eliminazione della violenza contro le donne", è contenuta la definizione storica della violenza contro le donne:

> *Articolo 1. Ai fini della presente Dichiarazione l'espressione "violenza contro le donne" sta a significare ogni atto di violenza fondata sul genere che abbia come risultato, o che possa avere come risultato, un danno o una sofferenza fisica, sessuale o psicologica per le donne, incluse le minacce di tali atti, la coercizione o la privazione arbitraria della libertà, sia nella vita pubblica che privata.*

Nell'Art. 3 la Dichiarazione specifica che la violenza contro le donne riguarda principalmente:

a) la violenza fisica, sessuale e psicologica che si produca nella famiglia, inclusi i maltrattamenti, gli abusi sessuali delle bambine in ambito familiare, le violenze legate alla dote, lo stupro coniugale, la mutilazione genitale femminile e altre pratiche tradizionali dannose per le donne, la violenza perpetrata da altri membri della famiglia e la violenza legata allo sfruttamento;

b) la violenza fisica, sessuale e psicologica che avviene all'interno della comunità in generale, compreso lo stupro, l'abuso sessuale, le molestie e l'intimidazione sul posto di lavoro, nelle istituzioni educative e altrove, la tratta delle donne e la prostituzione forzata;

c) la violenza fisica, sessuale e psicologica perpetrata o tollerata dallo Stato, ovunque si manifesti.

La Dichiarazione stabilisce inoltre una relazione tra l'eliminazione di tutte le forme di discriminazione contro la donna e l'eliminazione della violenza di genere, enunciando che il primo passo per poter contrastare il fenomeno della violenza è l'eliminazione delle discriminazioni di natura sessista. La violenza contro le donne è prospettata come un ostacolo alla parità e alla pace, in quanto ostacolo allo stesso sviluppo umano, ritenendo che la violenza contro le donne costituisca una manifestazione delle relazioni di potere disuguale fra uomini e donne.

La elencazione proposta, come indica la stessa Dichiarazione, non è esaustiva. Infatti nel tempo sono state portate alla luce, anche grazie all'operato delle Relatrici Speciali e delle associazioni femminili, altre forme di violenza non espressamente indicate nella Dichiarazione, come i matrimoni precoci e forzati, i crimini dell'odio (hate crimes), la schiavitù sessuale, e altre.

Sino ad allora si era ritenuto che l'universalità dei diritti umani costituisse un principio generale riferito all'azione diretta da parte dello Stato e dei suoi rappresentanti. Invece la violenza sulle donne, perpetrata da soggetti privati, era di fatto esclusa dai diritti umani garantiti e affermati nei trattati internazionali. La Dichiarazione di Vienna del 1993 modificò la prospettazione, affermando che «*i diritti umani delle donne e delle bambine sono inalienabili e parte integrante e indivisibile dei diritti umani universali*» e nel successivo Programma d'Azione inserì la violenza di genere tra tutte le forme di molestia e sfruttamento sessuale ritenute incompatibili con la dignità e il valore della persona umana.

Il tema della violenza contro le donne fu espressamente trattato nella Conferenza di Pechino del 1995 che ripropose la stessa definizione di violenza sulle donne presentata nella Dichiarazione del 1993 e inserì la lotta alla violenza di genere tra le aree prioritarie di intervento, ritenendo che la violenza contro le donne costituisca sia una violazione dei diritti umani della donna sia un impedimento al pieno godimento di tutti i suoi diritti. Individuò pertanto alcuni obiettivi strategici: implementare misure integrate per prevenire ed eliminare la violenza contro le donne, studiare le cause e conseguenze della violenza, eliminare la tratta delle donne e assistere le vittime di violenza.

Il Programma d'Azione di Pechino del 1995 ampliò il quadro, allargandolo alle guerre e ai conflitti armati e alle migrazioni.

> *[...] 11. Gravi violazioni dei diritti fondamentali delle donne avvengono soprattutto nei periodi di conflitto armato, e producono omicidi, torture, stupri si-*

stematici, gravidanze forzate e aborti forzati, in particolare nelle strategie di "pulizia etnica".

12. Il mantenimento della pace e della sicurezza a livello mondiale, regionale e locale, insieme con la prevenzione delle politiche aggressive e di pulizia etnica e la risoluzione dei conflitti armati, sono cruciali per la protezione dei diritti fondamentali delle donne e delle bambine, così come per la eliminazione di tutte le forme di violenza contro di loro e il loro uso come armi di guerra (...).

116. Alcuni gruppi di donne, come ad esempio le donne che appartengono a minoranze, le rifugiate, le emigrate, le donne che vivono in condizioni di povertà in comunità rurali o isolate, le donne senza risorse, le donne rinchiuse in istituzioni o in centri di detenzione, le figlie piccole, le donne disabili, le donne anziane, le donne profughe, rimpatriate, le donne che vivono nella povertà e le donne che vivono in situazioni di conflitto armato, occupazione straniera, guerre di aggressione, guerre civili, terrorismo, incluso il rapimento di ostaggi, sono particolarmente vulnerabili alla violenza.

Cinque anni dopo, nell'Assemblea di "Pechino+5" [125] venne ribadita la rilevanza del fenomeno, invitando gli Stati a prendere tutte le misure necessarie per eliminare la violenza contro le donne ed una delle sue principali cause: la discriminazione sessuale.

Negli stessi anni è significativa anche la Convenzione Interamericana sulla prevenzione, la repressione e l'eliminazione della violenza contro le donne del 1994, la c.d. Convenzione Belem Do Para, che all'art. 8 prescriveva:

Gli Stati Parti concordano nell'intraprendere progressivamente misure specifiche, compresi programmi, allo scopo di: b) modificare modelli culturali e sociali di comportamento di uomini e donne, compreso lo sviluppo di programmi educativi formali e non formali appropriati ad ogni livello di istruzione, per contrastare i pregiudizi, le consuetudini e tutte le altre prassi basate sull'idea dell'inferiorità o superiorità dell'uno o dell'altro sesso o su ruoli stereotipati per uomini e donne che legittimano o esasperano la violenza contro le donne; c) promuovere l'educazione e la formazione di tutte le persone coinvolte nell'amministrazione della giustizia, nella polizia e di tutti gli altri funzionari che si occupano del rispetto della legge, nonché di tutto il personale che attua politiche per la prevenzione, la punizione e lo sradicamento della violenza contro le donne; d) fornire servizi specializzati adeguati per le donne che hanno subito violenza, attraverso operatori pubblici e privati, compresi rifugi, servizi di consulenza per tutti membri della famiglia se del caso, nonché di cura e custodia per i bambini coinvolti; e) promuovere e sostenere programmi di educazione a livello governativo o privato finaliz-

---

[125] Su tutto l'*iter* pluriquinquennale del dopo-Pechino fino ad oggi, vedi il *Rapporto sull'attuazione della Piattaforma d'Azione di Pechino. Rilevazione quinquennale: 2009-2014 Cosa veramente è stato fatto in Italia,* in *http://www.pangeaonlus.org/r/Pangea/Documenti/Pdf/advocacy/piattaforma-Pechino.*

zati a sensibilizzare il pubblico riguardo al problema della violenza contro le donne e alle sue soluzioni. f) incoraggiare i media a sviluppare linee-guida adeguate al fine di contribuire allo sradicamento della violenza contro le donne in tutte le sue forme e rafforzare il rispetto per la dignità delle donne; h) assicurare la ricerca e la raccolta di statistiche e di informazioni pertinenti circa le cause, le conseguenze e la frequenza delle violenze contro le donne, allo scopo di valutare l'effettività delle misure di prevenzione, sanzione e sradicamento della violenza contro le donne adottate e formulare e attuare gli opportuni cambiamenti.

L'art. 9 aggiungeva:

Rispetto all'adozione delle misure indicate in questo Capitolo, gli Stati Parti prenderanno in particolare considerazione la vulnerabilità alla violenza delle donne in ragione, tra l'altro, della loro razza o origine etnica, della loro condizione di migranti, rifugiate o sfollate. Simile considerazione sarà prestata alle donne oggetto di violenza durante la gravidanza o alle donne disabili, di minore età, anziane, svantaggiate sul piano socio-economico, coinvolte in conflitti armati o private della libertà [126].

In Europa la Convenzione Europea per la Salvaguardia dei Diritti dell'Uomo e delle Libertà Fondamentali (CEDU) del 1950 [127] non comprendeva nessun riferimento alla violenza contro le donne e anzi solo poche norme erano specificamente dirette alla tutela dei diritti delle donne, tra queste l'art. 14 sanciva il diritto di non discriminazione nel godimento dei diritti e delle libertà, elencando tra le forme di discriminazione anche quella fondata sul sesso.

Eppure sulla base di questo testo (e dei successivi Protocolli Addizionali) si è innestata la copiosa e incisiva giurisprudenza della Corte europea dei diritti dell'uomo, che da Strasburgo ha enunciato principi rilevanti per contrastare la violenza contro le donne nella concreta applicazione delle norme e nella effettività dei conflitti processuali.

Anche a livello della Unione europea, registriamo la adozione di testi specifici oltre alla già citata Direttiva vittime del 2012, come la Raccomandazione Rec(2002)5 sulla protezione delle donne dalla violenza, la Raccomandazione CM/Rec(2007)17 sulle norme e meccanismi per la parità tra le donne e gli uomini e la Raccomandazione CM/Rec(2010)10 sul ruolo delle donne e degli uomini nella prevenzione e soluzione dei conflitti e nel consolidamento della pace. Inoltre dobbiamo riferirci ai testi fondamentali del 2007: la Carta dei diritti fondamentali dell'Unione europea e il Trattato di Lisbona.

---

[126] Dunque già in quegli anni veniva introdotto il parametro della "vulnerabilità alla violenza".

[127] Tutti i 47 paesi che formano il Consiglio d'Europa, sono parte della convenzione, 28 dei quali sono membri dell'Unione europea (UE).

Passando al nostro ordinamento interno il legislatore, tra le suddette due diverse indicazioni del Consiglio d'Europa e dell'Unione europea, ha optato per l'espressione «violenza di genere» e dunque ha scelto di recepire la Direttiva vittime dell'Unione europea piuttosto che seguire la indicazione proveniente dalla Convenzione di Istanbul del Consiglio d'Europa. Infatti alla violenza di genere è intitolata il decreto legge n. 93/2013 e la relativa legge di conversione n. 119/2013 [128].

Tuttavia in tale testo l'opzione per l'espressione «violenza di genere» non risulta lineare. Così alla "violenza di genere" si alternano indifferentemente altre dizioni: "violenza contro le donne", "violenza nei confronti delle donne", "violenza domestica", "violenza nelle relazioni affettive", "violenza sessuale", "stalking", "discriminazione di genere", "diseguaglianza di genere".

Il risultato di tale oscillante vocabolario è una mancanza di chiarezza sulle destinatarie (o sui destinatari) degli interventi normativi, perché la categoria della violenza di genere non comprende solo le donne: la possono subire anche soggetti di genere maschile! Conseguentemente non appare chiaro di volta in volta a quale genere di destinatari le modifiche normative prescritte intendano riferirsi e neppure se la strumentazione giuridica sia stata effettivamente predisposta con l'obiettivo di prevenire e contrastare unicamente la violenza di genere contro le donne [129].

Il nostro sistema interno – quanto alle discriminazioni [130] – ha registrato un ampliamento [131] dei parametri di discriminazioni considerati dalle normative intrecciate, anche se ad oggi non è stato composto un "Codice contro le discriminazioni" [132], come invece è avvenuto per il "Codice per le pari opportunità" [133]. Quanto alla violenza il nostro ordinamento giuridico inter-

---

[128] La dizione compariva già all'art. 6 del d.l. n. 11/2009 e per la prima volta nella legge n. 296/2006 che istituiva e finanziava il Fondo nazionale contro la violenza sessuale e di genere.

[129] Come spesso vediamo mediaticamente proclamato. Sarebbe auspicabile una indagine di verifica sul genere dei reali ed effettivi soggetti investiti dalle introdotte innovazioni legislative.

[130] Nodale in materia è M. BARBERA (a cura di), *Il nuovo diritto antidiscriminatorio. Il quadro comunitario e nazionale*, Milano, 2007.

[131] La nostra vigente nozione di discriminazione basata sul sesso prevista nel Codice delle Pari opportunità risulta riduttiva rispetto a quella della CEDAW quanto ai parametri considerati.

[132] Ha supplito nel 2010 una iniziativa del Difensore Civico della Regione Emilia Romagna: *http://sociale.regione.emilia-romagna.it/documentazione/pubblicazioni/guide/quaderno-3-codice-antiscriminazione.*

[133] Codice delle pari opportunità tra uomo e donna, d.l. 11 aprile 2006, n. 198, poi integrato dal d.l. 25 gennaio 2010, n. 5, attuazione della dir. 2006/54/CE relativa al principio

no [134] è stato progressivamente interessato da modifiche ed adeguamenti sia alle convenzioni del Consiglio d'Europa sia alla normativa dell'Unione europea, secondo i vari e diversi filoni relativi a donne, minori, tratta di esseri umani, vittime di reato.

Pertanto, oltre alla legge c.d. sul feminicidio, dobbiamo considerare i seguenti testi:

– legge 1 ottobre 2012, n. 172, "Ratifica ed esecuzione della Convenzione del Consiglio d'Europa per la protezione dei minori contro lo sfruttamento e l'abuso sessuale", fatta a Lanzarote il 25 ottobre 2007, nonché norme di adeguamento dell'ordinamento interno;
– legge 6 agosto 2013, n. 96. Delega al Governo per il recepimento delle direttive europee e l'attuazione di altri atti dell'Unione europea Legge di delegazione europea 2013 (recepimento della direttiva 2011/36/UE concernente la prevenzione e la repressione della tratta di esseri umani e la protezione delle vittime);
– d.l. 4 marzo 2014, n. 24. Attuazione della direttiva 2014 – Decreto legislativo 4 marzo 2014, n. 39. Attuazione della direttiva 2011/93/UE relativa alla lotta contro l'abuso e lo sfruttamento sessuale dei minori e la pornografia minorile, che sostituisce la decisione quadro 2004/68/GAI (14G00051).

La tematica nazionale e sovranazionale, con i suoi intrecci e sovrapposizioni, ha influenzato anche le fonti normative regionali.

Quanto alla legislazione regionale, un modello di riferimento può essere la legge regionale Emilia-Romagna 27 giugno 2014, n. 6, che già nel titolo legge quadro per la parità e contro le discriminazioni di genere, apre alla tematica della discriminazione e delle violenze contro le donne.

Nel testo l'esordio proclama un intento, quello che (art. 1) «*la Regione Emilia-Romagna favorisce il pieno sviluppo della persona e sostiene la soggettività e l'autodeterminazione femminile come elemento di cambiamento e progresso della società; contrasta ogni tipo di violenza e discriminazione di genere in quanto lesive dei diritti umani, della libertà, della dignità e dell'inviolabilità della persona (...)*».

---

delle pari opportunità e della parità di trattamento fra uomini e donne in materia di occupazione e impiego (rifusione).

[134] Per una analisi del sistema degli anni 2000 rinviamo ai nostri "*Recenti strumenti di contrasto della violenza sulle donne: nei dintorni del diritto penale*", in "*Generi della violenza. Tipologie di violenza contro donne e minori e politiche di contrasto*", – Progetto Urban, a cura di Del Giudice-Bambara-Adami, Milano, FrancoAngeli editore, 2001 e *Il percorso della legge e l'uso dello strumento penale*, in *Libertà femminile e violenza sulle donne. Strumenti di lavoro per interventi con orientamenti di genere*, a cura di Basaglia-Bimbi-Tola, FrancoAngeli editore, 2000.

Poi l'art. 8 allarga il concetto di discriminazione attribuendo alla «*diffusione della cultura paritaria*» il carattere di «*strumento di prevenzione e contrasto di ogni violenza e discriminazione sessista anche di tipo omofobico e transfobico*».

Corrispondentemente anche la "violenza di genere" si apre ad azioni estese di prevenzione (art 13): «*La Regione Emilia-Romagna, nei limiti delle competenze proprie: a) opera per prevenire ogni tipo di violenza e discriminazione di genere, in quanto lesiva della libertà, della dignità, dell'inviolabilità della persona; b) riconosce la violenza alle donne come fenomeno sociale e culturale da contrastare in tutte le sue forme, come violazione dei diritti umani, come espressione di una cultura discriminatoria e stereotipata basata su relazioni di potere diseguale fra uomini e donne*; (...)».

Conclusivamente, in questa sede, è significativa in tema di uguaglianza questa parte del Preambolo della Convenzione di Istanbul 2011:

> *Riconoscendo che il raggiungimento dell'uguaglianza di genere de jure e de facto è un elemento chiave per prevenire la violenza contro le donne;*
>
> *Riconoscendo che la violenza contro le donne è una manifestazione dei rapporti di forza storicamente diseguali tra i sessi, che hanno portato alla dominazione sulle donne e alla discriminazione nei loro confronti da parte degli uomini e impedito la loro piena emancipazione;*
>
> *Riconoscendo la natura strutturale della violenza contro le donne, in quanto basata sul genere, e riconoscendo altresì che la violenza contro le donne è uno dei meccanismi sociali cruciali per mezzo dei quali le donne sono costrette in una posizione subordinata rispetto agli uomini;*
>
> *Riconoscendo con profonda preoccupazione che le donne e le ragazze sono spesso esposte a gravi forme di violenza, tra cui la violenza domestica, le molestie sessuali, lo stupro, il matrimonio forzato, i delitti commessi in nome del cosiddetto "onore" e le mutilazioni genitali femminili, che costituiscono una grave violazione dei diritti umani delle donne e delle ragazze e il principale ostacolo al raggiungimento della parità tra i sessi;*
>
> *Constatando le ripetute violazioni dei diritti umani nei conflitti armati che colpiscono le popolazioni civili, e in particolare le donne, sottoposte a stupri diffusi o sistematici e a violenze sessuali e il potenziale aggravamento della violenza di genere durante e dopo i conflitti;*
>
> *Riconoscendo che le donne e le ragazze sono maggiormente esposte al rischio di subire violenza di genere rispetto agli uomini;*
>
> *Riconoscendo che la violenza domestica colpisce le donne in modo sproporzionato e che anche gli uomini possono essere vittime di violenza domestica;*
>
> *Riconoscendo che i bambini sono vittime di violenza domestica anche in quanto testimoni di violenze all'interno della famiglia;*
>
> *Aspirando a creare un'Europa libera dalla violenza contro le donne e dalla violenza domestica (...).*

Oggi la tematica della violenza di genere (o meglio le violenze di genere, al plurale, o meglio ancora le violenze maschili contro le donne, per chiarezza su chi perpetra e chi subisce danno e sofferenza) si trova all'incrocio di categorie giuridiche e politico/sociali non sempre univoche, che non possono non incidere sull'agire politico (a tutti i livelli). Il riconoscimento del carattere strutturale della violenza maschile contro le donne (presupposto ed evidenziato dalla Convenzione di Istanbul) conduce a privilegiare il perseguimento degli aggressori e la protezione e tutela delle vittime, assistite anche contro la loro volontà [135]. Focalizzare le iniziative pubbliche e private sulla prevenzione, adottando la logica di creare uguaglianza e superare le discriminazioni, tende a uno schiacciamento sulla filosofia di tipo emancipatorio della Cedaw. Bilanciare queste due tensioni è la sfida su cui oggi misurarsi.

Bibliografia

BARBERA M. (a cura di), *Il nuovo diritto antidiscriminatorio. Il quadro comunitario e nazionale*, Milano, 2007.

BASAGLIA A.-BIMBI F.-TOLA V. (a cura di), *Libertà femminile e violenza sulle donne. Strumenti di lavoro per interventi con orientamenti di genere*, Milano, 2000.

BIMBI F.-BASAGLIA A. (a cura di), *Speak Out! Migranti e Mentor di comunità contro la violenza di genere*, Padova, aprile 2013.

CASADEI T. (a cura di), *Diritti umani e soggetti vulnerabili. Violazioni, trasformazioni, aporie*, Torino, 2012.

CONVENZIONE DI ISTANBUL, *Approfondimenti di M. Zupi e Sara Hassam*, in *Osservatorio CeSPI*, Centro Studi di Politica internazionale, n. 85, dicembre 2013.

DEL GIUDICE G.-BAMBARA G.-ADAMI C. (a cura di), *Generi della violenza. Tipologie di violenza contro donne e minori e politiche di contrasto – Progetto Urban*, Milano, 2001.

LUPARIA L. (a cura di), *Lo statuto europeo delle vittime di reato. Modelli di tutela tra diritto dell'Unione e buone pratiche nazionali*, Padova, 2015.

SCARPONI S. (a cura di), *Diritto e genere. Analisi interdisciplinare e comparata*, Padova, 2016.

---

[135] È la nostra valutazione sulle linee di politica legislativa più recenti. Vedi il nostro *Legislazioni a contrasto della violenza maschile contro le donne e autodeterminazione femminile* in *Diritto e genere. Analisi interdisciplinare e comparata*, a cura di S. Scarponi, Cedam, Padova, 2016. Aggiornamento; nonché il nostro *La violenza maschile contro le donne. Una lettura giuridica aggiornata*, in *Speak Out! Migranti e Mentor di comunità contro la violenza di genere*, a cura di F. Bimbi-A. Basaglia, Cleup, Padova, aprile 2013.

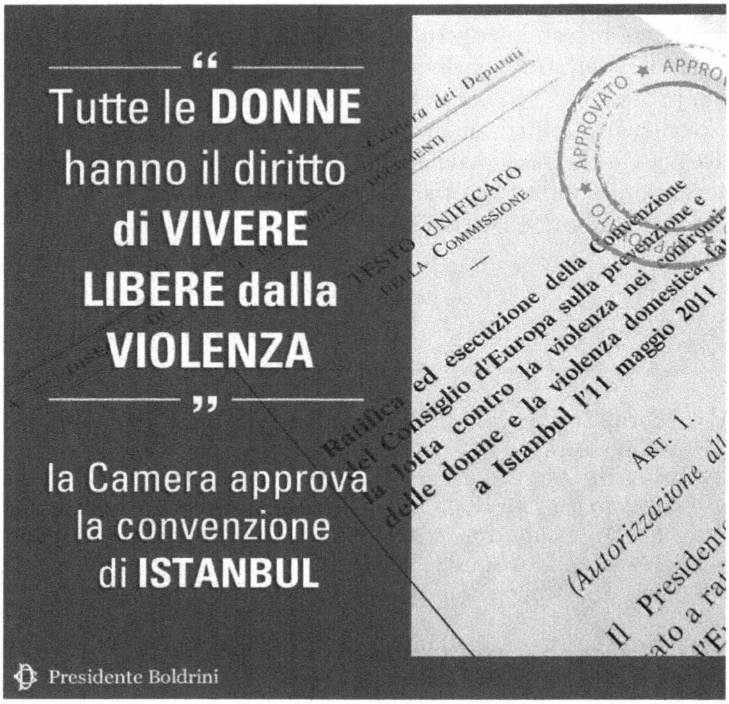
"
Tutte le DONNE
hanno il diritto
di VIVERE
LIBERE dalla
VIOLENZA
"
la Camera approva
la convenzione
di ISTANBUL
Presidente Boldrini
TESTO UNIFICATO
DELLA COMMISSIONE
APPROVATO
Ratifica ed esecuzione della Convenzione
del Consiglio d'Europa sulla prevenzione e
la lotta contro la violenza nei confronti
delle donne e la violenza domestica, fat
a Istanbul l'11 maggio 2011
ART. 1.

7. La violenza contro le donne e il fenomeno dello *stalking* *

7.1. *Stalking* e violenza contro le donne: premesse.

La violenza contro le donne, quale modello di comportamento unidirezionale abusivo fondato sul genere, rappresenta un problema universale che colpisce tutti i paesi del mondo in maniera trasversale, storica espressione della disuguaglianza tra i sessi e di stereotipi maschili patriarcali [136]. Nonostante i mutamenti socio-culturali avvenuti nel corso dei decenni e l'affermarsi di politiche di pari opportunità, tali manifestazioni di potere permangono, quali forme di sopraffazione, sfruttamento e discriminazione della donna, dentro e fuori la famiglia, con numeri ormai intollerabili.

Le statistiche internazionali riferiscono un 35% di donne vittime di violenza, fisica o sessuale, nel corso della vita, dato poco distante dal 31.5% rilevato dall'Istat nell'ultima Indagine multiscopo sulla violenza contro le donne in Italia (2015), pari a 6 milioni e 788 mila donne tra i 16 e i 70 anni [137]. È evidente, quindi, come si tratti di un fenomeno globale di proporzioni epidemiche, che a poco a poco ha ottenuto sempre maggiore attenzione, passando dal contesto privato a quello pubblico, fino ad identificarsi con una vera e propria violazione dei diritti umani universali all'integrità fisica e psichica, alla dignità e all'autodeterminazione.

In tal senso, le problematiche legate alla violenza di genere non riguardano soltanto le donne, ma l'intera società, tanto da divenire oggi una delle priorità dell'agenda internazionale, con il conseguente sviluppo di strategie d'intervento e l'approvazione di specifiche convenzioni e trattati [138]. In particolare, sul

---

* Di Chiara Sgarbi.

[136] B. SPINELLI, *Introduzione*, in ID. (a cura di), *Femminicidio. Dalla denuncia sociale al riconoscimento giuridico internazionale*, Milano, 2008, 23 ss.; I. MERZAGORA BETSOS, *Uomini violenti. I partner abusanti e il loro trattamento*, Milano, 2009; O. GIOLO, *Le "periferie" del patriarcato. L'uguaglianza, i diritti umani e le donne,* in CASADEI (a cura di), *Diritti umani e soggetti vulnerabili*, Torino, 2012, 119 ss.

[137] United Nations, Women, *Facts and Figures: Ending Violence against Women*, febbraio 2016, in *http://www.unwomen.org/en/what-we-do/ending-violence-against-women/facts-and-figures*, ultima consultazione maggio 2016; ISTAT, *La violenza contro le donne dentro e fuori la famiglia*, Anno 2014, Istat, Roma, 2015, *http://www.istat.it/it/files/2015/06/Violenze_contro_le_donne.pdf*, ultima consultazione maggio 2016.

[138] Assemblea generale delle Nazioni Unite, *Convenzione sull'eliminazione di ogni forma di discriminazione delle donne,* A/RES/34/180, New York, 18 dicembre 1979, *http://www.ohchr.org./Documents/ProfessionalInterest/cedaw.pdf*, ultima consultazione maggio 2016; United Nations, Beijing Declaration and Platform for Action, 4-15 Beijing, septem-

piano europeo, la Convenzione di Istanbul del 2011 ha evidenziato la necessità di un molteplice approccio, vincolando i diversi paesi firmatari a impegnarsi per l'eliminazione di qualsiasi ipotesi di discriminazione e violenza contro le donne, in un'ottica di prevenzione delle condotte, di protezione delle vittime e di punizione degli autori [139].

Proprio questo documento, ci offre una definizione aggiornata e complessa di questa tipologia di comportamenti, intesa come «*una violazione dei diritti umani e una forma di discriminazione contro le donne, comprendente tutti gli atti di violenza fondati sul genere che provocano o sono suscettibili di provocare danni o sofferenze di natura fisica, sessuale, psicologica o economica, comprese le minacce di compiere tali atti, la coercizione o la privazione arbitraria della libertà, sia nella vita pubblica, che nella vita privata*». Pertanto, ci troviamo di fronte ad una categoria ampia e articolata di condotte, difficilmente elencabili in maniera esaustiva, volte ad aggredire e sopraffare un soggetto debole (la donna) attraverso l'espressione di un potere indiscusso di un soggetto forte (l'uomo), esercitate prevalentemente in contesti domestici così come talvolta anche a livello istituzionale [140].

Questi abusi si sviluppano, infatti, secondo differenti azioni e percorsi, con conseguenze devastanti per la vittima, limitandone l'autostima e la capacità di autodeterminarsi, di esercitare i propri diritti e di partecipare concretamente e liberamente alla vita sociale. In un tale quadro, i comportamenti aggressivi si evolvono e si modificano, divenendo in alcuni casi anche particolarmente subdoli e poco riconoscibili, come accade con le forme più intrusive di contatto, sorveglianza e controllo, fattispecie in grado d'incidere pesantemente sulla salute psicologica di chi le subisce, oltre che spesso anche su quella fisica. In tale prospettiva, entra a pieno titolo nel contenitore della violenza di genere anche il cosiddetto *stalking* o atti persecutori, secondo la dizione del codice penale italiano [141], quale modalità di aggressione molesta fortemente legata ai contesti d'intimità e familiari, salita agli onori

---

ber 1995, *http://www.un.org/womenwatch/daw/beijing/pdf*, ultima consultazione maggio 2016; Consiglio d'Europa, *Raccomandazione Rec(2002)5 del Comitato dei Ministri agli Stati membri sulla protezione delle donne dalla violenza*, Strasburgo, 30 aprile 2002, *http://www.retepariopportunita.it/ Rete_Pari_Opportunita/UserFiles/Consiglio_Europa/def Rec-2002-5-Violenza.pdf*, ultima consultazione maggio 2016.

[139] L'Italia, dopo essere stato uno dei paesi firmatari nel 2011, ha ratificato la Convenzione nel 2013. Attualmente la stessa è stata ratificata da 21 paesi (10 erano sufficienti per l'entrata in vigore). Consiglio d'Europa, *Convenzione sulla prevenzione e la lotta contro la violenza nei confronti delle donne e la violenza domestica*, Istanbul, 11 maggio 2011.

[140] C. Sgarbi, *Lo stalking. Dall'evoluzione del fenomeno alle prospettive di intervento*, in T. Casadei (a cura di) *Donne, diritto, diritti. Prospettive del Giusfemminismo*, Torino, 2015, 131 ss.

[141] Reato introdotto nel codice penale italiano all'art. 612-*bis* c.p. con d.l. 23 febbraio 2009, n. 11, convertito con modificazioni in legge 23 aprile 2009, n. 38.

delle cronache in tempi relativamente recenti e ormai dai più riconosciuta come reato [142].

Partendo da tali premesse, il presente contributo intende offrire una visione, seppur sintetica, il più possibile completa di un fenomeno fortemente diffuso, oggetto di sempre maggiore attenzione, sia da parte del mondo scientifico che della popolazione generale, che tuttavia presenta ancora dei lati oscuri che lo rendono talvolta non facilmente intercettabile e di conseguenza non concretamente gestibile. Si tratta, infatti, di una costante dell'agire umano, da sempre espressione di un'anomalia nella gestione delle relazioni o di un disagio psichico, interesse esclusivo fino a una ventina di anni fa della letteratura e della psichiatria, divenuta oggi invece una problematica sociale, superando gli stereotipi derivanti dall'atteggiamento dei media USA che avevano limitato tali esperienze al mondo delle celebrità [143].

7.2. Identificazione e diffusione dello *stalking*.

È proprio ai mezzi di comunicazione d'oltreoceano che dobbiamo il termine inglese *stalking*, preso in prestito dal gergo venatorio (dal verbo *to stalk* = fare la posta ad una preda), utilizzato poi dagli esperti sul finire degli anni '80 per descrivere in maniera evocativa e sintetica un *pattern* comportamentale costituito da una serie di azioni intrusive indesiderate, ripetute nel tempo, con caratteri di sorveglianza e controllo, di ricerca di contatto e/o comunicazione, nei confronti di una vittima che risulta in qualche modo preoccupata o intimorita [144].

---

[142] La prima norma anti-*stalking* è stata emanata in California nel 1990 (California Penal Code, Section 646.9), esempio seguito nell'arco di pochi anni da tutti gli stati americani e successivamente da altri paesi anglosassoni. La stessa Convenzione di Istanbul, nel descrivere le ipotesi di violenza e aggressione nei confronti delle donne, parla espressamente anche di tale fattispecie.

[143] Negli USA, negli anni '80, facendo seguito ad alcuni importanti casi di cronaca (tra questi, si ricordano in particolare i casi di Teresa Saldana e Rebecca Schaeffer, due popolari attrici televisive, molestate e infine assassinate dal proprio persecutore), si era iniziato a parlare di "star-stalking", proprio ad indicare le molestie assillanti da parte di un fan ossessivo nei confronti delle celebrità, ritenendo erroneamente che tali condotte fossero esclusiva pertinenza del cosiddetto mondo dello spettacolo o delle celebrità. B. SPITZBERG-M. CADIZ, *The media construction of stalking stereotypes*, in *Journal of Criminal Justice and Popular Culture*, 2002, 128 ss.; L. DE FAZIO-R. MERAFINA-C. SGARBI, *Stalking e mass-media*, in *Rassegna Italiana di Criminologia*, 2009, 56 ss.; C. SGARBI, *Lo stalking. Dall'evoluzione del fenomeno alle prospettive di intervento*, in T. CASADEI (a cura di) *Donne, diritto, diritti. Prospettive del Giusfemminismo*, Torino, 2015, 131 ss.

[144] M. PATHÉ-P.E. MULLEN, *The impact of stalkers on their victims*, in *British Journal of Psychiatry*, 1997, 12 ss.; B.H. SPITZBERG-W.R. CUPACH, *Paradoxes of pursuit: toward a rela-*

In accordo con questa definizione, tra le maggiormente condivise, è chiaro come il problema non risieda tanto nell'elemento terminologico ma piuttosto nella complessità del fenomeno stesso, per sua natura difficile da identificare e circoscrivere, oggetto di molteplici tentativi di codificazione oggettiva e onnicomprensiva. Questo accade perché si tratta di una costellazione di condotte, talvolta singolarmente lecite o socialmente accettate, che portano al configurarsi invece di un agire inaccettabile e perseguibile se globalmente considerate, a fronte degli elementi della polimodalità, della ripetizione e del timore della vittima, attraverso i quali esso si perfeziona [145]. In termini concettuali, inoltre, si potrebbe parlare di una sindrome comportamentale, definita in letteratura "sindrome delle molestie assillanti", laddove all'origine dello *stalking* vi sarebbe una patologia della relazione e della comunicazione interpersonale, ossia un'alterazione o criticità nel legame sussistente tra le parti coinvolte [146].

Proprio quest'ultimo approccio evidenzia l'infondatezza della convinzione che questa tipologia di comportamenti fosse strettamente connessa alla combinazione celebrità – fan ossessivo [147], dato emerso anche dalle ricerche condotte negli ultimi vent'anni che hanno ampiamente confermato come si tratti di una fattispecie numericamente importante e prevalentemente presente nella popolazione generale e soprattutto in contesti se non d'intimità quanto meno di conoscenza. Il dato epidemiologico a disposizione, pur avendo presente le differenze metodologiche riscontrabili tra le diverse indagini condotte [148], ci riporta tassi di vittimizzazione *lifetime* compresi tra l'8 e il 18%, difficili da ignorare e con una forte componente di genere, riconoscendo una tendenziale

---

tional model of stalking-related phenomena, in J.A. DAVIS (a cura di) *Stalking crimes and victim protection, prevention, intervention, threat assessment and case management*, Boca Raton FL, 2001, 97 ss.; L. DE FAZIO-G.M. GALEAZZI, *Stalking: il fenomeno e la ricerca*, in MODENA GROUP ON STALKING (a cura di), *Donne vittime di stalking. Riconoscimento e modelli di intervento in ambito europeo*, Milano, 2005, 15 ss.

[145] C. SGARBI-L. DE FAZIO, *Lo stalking: profili vittimologici e strumenti di tutela delle vittime*, in *Rassegna Italiana di Criminologia,* 2014, 50 ss.

[146] G.M. GALEAZZI-P. CURCI, *Sindrome del molestatore assillante (stalking): una rassegna*, in *Giornale Italiano di Psicopatologia*, 2001, 434 ss.

[147] Come ricordato poco sopra, i media USA inizialmente si sono concentrati esclusivamente sul cosiddetto "star-stalking", partendo da una serie di casi eclatanti che avevano visto coinvolte quali vittime alcune celebrità.

[148] Tali differenze riguardano ad esempio le definizioni di *stalking* utilizzate, le dimensioni e la rappresentatività dei campioni, le metodologie di ricerca ecc. In prevalenza si tratta d'indagini condotte in paesi anglosassoni, antesignani della ricerca in questo campo (es. USA, Australia, Regno Unito) e in alcuni paesi europei (es. Germania, Italia, Svezia, Olanda).

prevalenza di autori maschi e di vittime femmine [149].

Focalizzando l'attenzione sul nostro paese, i dati più recenti sono quelli riconducibili all'Indagine Istat sulla violenza contro le donne (2014) [150], che ha indagato espressamente anche la prevalenza dei c.d. atti persecutori, rilevando un 16.1% di vittime (pari a 3 milioni 466 mila donne tra i 16 e i 70 anni), distinguendo gli *stalker* ex-*partner* (1 milione 524 mila) dalle altre categorie di autori (2 milioni 229 mila), in precedenza non considerati dall'istituto di statistica. Tali situazioni sono state segnalate ad autorità (Forze dell'Ordine o Procura) o altre agenzie di aiuto (avvocati, associazioni contro la violenza) solo in un 22% dei casi, con conseguente esito risolutivo per il 59.8% delle querele o delle richieste di ammonimento. Considerando le vittime di ex-partner, il 19.9% erano straniere contro un 14.8% d'italiane, individuando quali principali caratteristiche del campione emerse un'età compresa tra i 25-34 anni, il risiedere al Sud, un basso livello d'istruzione e una cattiva condizione di salute autopercepita. Rispetto a questi risultati, l'entrata in vigore della norma sullo *stalking* ha probabilmente avuto un ruolo importante sul piano della consapevolezza e del cambiamento sociale, con un 60% degli episodi di *stalking* intervenuti prima del 2009 (38.7% negli ultimi 5 anni), anno appunto di introduzione nel nostro ordinamento del reato di atti persecutori.

7.3. Le modalità di attuazione dello *stalking*.

Partendo dalla riconosciuta difficoltà di qualificare in maniera precisa e definitiva un fenomeno multiforme, complesso, articolato e mutevole come lo *stalking*,

---

[149] P. TJADEN-N. THOENNES, *Stalking in America: Findings from the National Violence Against Women Survey*, Washington, 1998, *http://www.ncjrs.gov/pdffiles/169592.pdf*, ultima consultazione maggio 2016; T. BUDD-J. MATTINSON, *The extent and nature of stalking: Findings from the 1998 British Crime Survey*, London, 2000, *www.homeoffice.gov.uk /rds/pdfs04/hors276.pdf*, ultima consultazione aprile 2016; R. PURCELL-M. PATHÉ-P.E. MULLEN, *The prevalence and nature of stalking in the Australian community*, in *Australian and New Zealand Journal of Psychiatry,* 2002, 114 ss.; A.M. DOVELIUS-J. OBERG-S. HOLMBERG, *Stalking in Sweden. Prevalence and prevention*, Edita Blomberg, Stockholm, 2006; K. BAUM-S. CATALANO-M. RAND, *Stalking Victimization in the United States*, Washington, 2009; FRA-European Union Agency for Fundamental Rights, *Violence against Women: an EU-wide Survey. Main Results,* Luxembourg, 2014, http://fra.europa.eu, ultima consultazione maggio 2016; K. NARUD-C. FRIESTAD-A.A. DAHL, *Stalking experiences and associated factors – A Controlled population-based study from Norway*, in *Nordic Journal of Psychiatry*, 2014, 347 ss.; D.F. HELLMANN-S. KLIEM, *The prevalence of stalking: current data from a German victim survey*, in *European Journal of Criminology*, 2015, 1 ss.

[150] ISTAT, *La violenza contro le donne dentro e fuori la famiglia*, Anno 2014, Roma, 2015, *http://www.istat.it/it/files/2015/06/Violenze_contro_le_donne.pdf*, ultima consultazione maggio 2016.

le singole condotte che lo vanno a costituire e perfezionare sono illimitate, infinite, talvolta anche lecite e non violente, poste in essere da un soggetto che intende entrare in contatto, comunicare, sorvegliare, controllare, spiare la propria vittima, per corteggiarla o nel tentativo di recuperare un rapporto interrotto, o semplicemente per molestarla, danneggiarla o spaventarla [151]. In tal senso, i suoi confini sono ambigui e indefiniti, essendo impossibile prevedere il comportamento umano, laddove potenzialmente qualsiasi azione potrebbe consentire allo *stalker* di perseguire i propri obiettivi, trovando un unico ostacolo nei mezzi a sua disposizione, nella sua tenacia e nella sua creatività [152].

Le modalità attraverso le quali si sviluppa la "campagna persecutoria", espressione che evidenzia i caratteri della molteplicità e della ripetizione delle molestie, giungono alla nostra attenzione innanzitutto attraverso gli studi epidemiologici e di popolazione, che normalmente insieme alle caratteristiche di autori e vittime indagano anche i singoli eventi che contribuiscono alla configurazione della fattispecie in oggetto [153]. In tal modo, pur mancando un'unica prospettiva comportamentale, possiamo a titolo esemplificativo stilare un catalogo aperto di attività di *stalking*, alcune anche socialmente accettabili, tra le quali prevalgono: telefonare, inviare sms, lettere e messaggi scritti; inseguire, spiare, controllare e appostarsi nei pressi dei luoghi frequentati dalla vittima; inviare fiori, regali e altri oggetti indesiderati; danneggiare le proprietà della vittima; diffondere informazioni, immagini e video privati o imbarazzanti; minacciare di fare del male alla vittima o ad altre persone alla stessa legate, come amici e famigliari; aggressioni e azioni violente, fino all'omicidio della vittima; e così via [154].

---

[151] L. DE FAZIO-G.M. GALEAZZI, *Stalking: il fenomeno e la ricerca*, in MODENA GROUP ON STALKING (a cura di), *Donne vittime di stalking. Riconoscimento e modelli di intervento in ambito europeo*, Milano, 2005, 15 ss.; C. SGARBI-L. DE FAZIO, *Lo stalking: profili vittimologici e strumenti di tutela delle vittime*, in *Rassegna Italiana di Criminologia,* 2014, 50 ss.

[152] C. SGARBI-L. DE FAZIO, *Lo stalking: profili vittimologici e strumenti di tutela delle vittime*, in *Rassegna Italiana di Criminologia,* 2014, 50 ss.

[153] Tra questi per esempio: R. MELOY, *Stalking (obsessional following): a review of some preliminary studies,* in *Aggression and Violent Behaviour*, 1996, 147 ss.; P. TJADEN-N. THOENNES, *Stalking in America: Findings from the National Violence Against Women Survey*, Washington, 1998, *http://www.ncjrs.gov/pdffiles/169592.pdf*, ultima consultazione Maggio 2016; R. PURCELL-M. PATHÉ-P.E. MULLEN, *The prevalence and nature of stalking in the Australian community*, in *Australian and New Zealand Journal of Psychiatry,* 2002, 114 ss.; H. DRESSING-C. KUEHNER-P. GASS, *Lifetime prevalence and impact of stalking in a European population. Epidemiological data from a middle-sized German city*, in *British Journal of Psychiatry,* 2005, 168 ss.; K. BAUM-S. CATALANO-M. RAND, *Stalking Victimization in the United States*, Bureau of Justice Statistics, Washington, 2009; B.H. SPITZBERG-W.R. CUPACH, *The dark side of relationship pursuit: From attraction to obsession and stalking*, New York, 2014.

[154] R. MACKENZIE-P.E. MULLEN-M. PATHÉ-R. PURCELL, *I comportamenti di molestie*, in

Gli esiti e lo sviluppo del percorso di realizzazione degli atti persecutori sono in ogni caso influenzati da plurime condizioni e aspetti, connessi alle caratteristiche del contesto relazionale di riferimento, ai limiti e criticità del legame e della comunicazione esistente tra i soggetti coinvolti, ai mezzi a disposizione, alla situazione psicologica sottostante [155]. Da quest'osservazione sono partiti anche i tentativi di catalogazione delle azioni dello stalker, offerti da diversi studiosi, soprattutto anglosassoni, al fine di offrire una visione sistematica del fenomeno e facilitare il suo riconoscimento. In particolare, due sono le classificazioni più rappresentative e maggiormente seguite nel dibattito scientifico, da un lato quella degli australiani Mullen e colleghi (1999), definita attraverso l'osservazione di un campione di autori, e dall'altro quella degli americani Spitzberg e Cupach (2007), risultato di un'approfondita analisi della letteratura disponibile sul tema [156].

La prima articola in tre macro categorie l'infinita gamma dei comportamenti intrusivi e molesti: le comunicazioni indesiderate, a comprendere tutte le forme di comunicazione con la vittima (ma eventualmente anche con persone alla stessa legate, come familiari, amici e colleghi), sia *face to face* che in maniera virtuale, date le infinite nuove opportunità dovute allo sviluppo delle nuove tecnologie (es. telefonate, sms, lettere, email, messaggi via *social networks* e *chat* ecc.); i contatti indesiderati, includendo tutti i tentativi di avvicinare la vittima e di approcciarla, sia direttamente che in maniera mediata (es. appostamenti, pedinamenti, sorveglianza, controllo, contatti diretti ecc.); infine la terza, le c.d. condotte associate, raccoglie in modo generico una serie eterogenea di azioni, non riconducibili alle due precedenti, che insieme vanno a costruire e implementare l'agito persecutorio, incidendo sulla sua incisività e lesività (es. invio di fiori, regali e altri oggetti non graditi, ordine o cancellazione di beni e servizi intestati alla vittima, vandalismo e danneggiamento della proprietà altrui, minacce, aggressioni fisiche e sessuali ecc.) [157].

P. Curci-G.M. Galeazzi-C. Secchi (a cura di), *La sindrome delle molestie assillanti (stalking)*, Torino, 2003, 38 ss.; C. Sgarbi-L. De Fazio, *Lo stalking: profili vittimologici e strumenti di tutela delle vittime*, in *Rassegna Italiana di Criminologia,* 2014, 50 ss.; C. Sgarbi, *Lo stalking. Dall'evoluzione del fenomeno alle prospettive di intervento*, in T. Casadei (a cura di) *Donne, diritto, diritti. Prospettive del Giusfemminismo*, Torino, 2015, 131 ss.

[155] L. De Fazio-R. Merafina-C. Sgarbi, *Stalking e mass-media*, in *Rassegna Italiana di Criminologia*, 2009, 56 ss.; C. Sgarbi-L. De Fazio, *Lo stalking: profili vittimologici e strumenti di tutela delle vittime*, in *Rassegna Italiana di Criminologia,* 2014, 50 ss.

[156] P.E. Mullen-M. Pathé-R. Purcell-G.W. Stuart, *Study of Stalkers*, in *American Journal of Psychiatry*, 1999, 1244-1249; B.H. Spitzberg-W.R: Cupach, *The state of the art of stalking: taking stock of the emerging literature*, in *Aggression and Violent Behaviour,* 2007, 64 ss.; B.H. Spitzberg-W.R. Cupach, *The dark side of relationship pursuit: From attraction to obsession and stalking*, New York, 2014.

[157] C. Sgarbi, *Lo stalking. Dall'evoluzione del fenomeno alle prospettive di intervento*, in T. Casadei (a cura di) *Donne, diritto, diritti. Prospettive del Giusfemminismo*, Torino, 2015, 131 ss.

Più strutturata risulta, invece, la ripartizione proposta dagli autori americani, i quali, suddividendo ulteriormente le azioni di *stalking* in precedenza riportate, sono giunti ad identificare le seguenti otto diverse classi [158]: l'iper-intimità, ossia i contatti e le comunicazioni dirette a esprimere affetto o a intensificare una relazione; i contatti mediati, intendendo tutte le forme di contatto attraverso strumentazioni elettroniche; i contatti interazionali, espressione di un approccio diretto con la vittima; la sorveglianza, per descrivere le azioni finalizzate al controllo della vittima (es. spiare, pedinare e appostarsi); l'invasione, quale attacco alla *privacy* mediante la violazione del domicilio; le molestie e le intimidazioni, come condotte verbali e non volte a infastidire e spaventare la vittima; la coercizione e le minacce, ossia il controllo della vittima mediante la forza fisica e psicologica; l'aggressione, come forma di violenza fisica rivolta nei confronti della vittima, dei suoi beni o di persone affettivamente vicine alla stessa [159].

Al di là delle diverse soluzioni presentate per sopperire alle difficoltà di catalogazione delle singole condotte costitutive di una campagna persecutoria, ciò che occorre evidenziare, come già fatto in precedenza, è l'estrema variabilità delle stesse e la loro mutevolezza, in accordo con l'evolversi delle relazioni, dei contesti e delle capacità sia tecniche che economiche dell'autore. Data, infatti, la natura multisfaccettata del fenomeno, l'agire dello *stalker* appare fortemente influenzato dai cambiamenti che avvengono nella realtà circostante, adattandosi agli stessi e beneficiandone, come ad esempio è accaduto con l'avvento di Internet e delle nuove tecnologie che hanno reso per certi versi più facile molestare e infastidire qualcuno, offrendo maggiori garanzie di anonimato e la possibilità d'intercettare la vittima in qualunque momento [160].

7.4. Autori e vittime: caratteristiche e classificazioni.

Venendo ora ad analizzare i protagonisti della campagna di *stalking*, appare evidente come l'elemento soggettivo rappresenti un aspetto centrale nella costruzione della fattispecie, laddove l'origine della stessa risulta risiedere in

---

[158] Inizialmente sei, sono state ulteriormente tipicizzate dagli autori nel 2007, in seguito ad un aggiornamento della loro indagine. B.H. SPITZBERG-W.R. CUPACH, *The state of the art of stalking: taking stock of the emerging literature*, in *Aggression and Violent Behaviour*, 2007, 64 ss.

[159] C. SGARBI, *Lo stalking. Dall'evoluzione del fenomeno alle prospettive di intervento*, in T. CASADEI (a cura di) *Donne, diritto, diritti. Prospettive del Giusfemminismo*, Torino, 2015, 131 ss.

[160] Lo *stalking* tecnologico (cosiddetto *cyberstalking*) sarà approfondito nel paragrafo 6, quale nuova prospettiva di ricerca in materia di atti persecutori.

un'anomalia o patologia della relazione, presente o passata, tra autore e vittima, così come le conseguenti reazioni di quest'ultima ai comportamenti subiti costituiscono il fattore in grado d'incidere sull'identificazione del fenomeno. È, infatti, l'impatto sulla "preda", il suo vissuto emozionale, ossia il sentirsi in ansia, spaventata, intimorita e in pericolo, a rendere situazioni talvolta lecite, seppur fastidiose e insolite, modalità d'interazione assillanti e intrusive tali da divenire veri e propri illeciti [161].

Considerando la descritta complessità e trasversalità degli atti persecutori, diffusi in plurimi e differenti contesti sociali, economici e culturali, come accade in generale per le diverse manifestazioni della violenza di genere, non è certamente possibile disegnare un vero e proprio identikit o prototipo dello stalker e della sua vittima. Tuttavia, le ricerche su campioni di popolazione ci offrono un quadro abbastanza completo e aggiornato su quelle che sono le tendenze maggiormente riscontrate, le caratteristiche prevalenti di coloro che attivamente o passivamente si trovano coinvolti in tali episodi.

Così, vediamo che nella maggior parte dei casi il persecutore è un soggetto di sesso maschile (con percentuali oltre l'80%), *ex-partner*, di età compresa tra i 35 e i 40 anni, *single* o comunque senza alcun rapporto stabile, inoccupato o con una situazione lavorativa incerta, anche se normalmente risulta essere più istruito e intelligente di altri autori di reato [162]. Le motivazioni che lo spingono a molestare sono molteplici, dalla volontà di instaurare una relazione, anche solo di tipo sessuale, al tentativo estremo di recuperare un legame sentimentale interrotto, dalla ricerca di vendetta e soddisfazione per un torto subito, reale o presunto, a ragioni dovute a condizioni psicopatologiche, pur avendo quest'ultime una scarsa incidenza [163]. Proprio la centralità, rispetto a tali condotte, degli

---

[161] L. DE FAZIO-G.M. GALEAZZI, *Le vittime di stalking*, in MODENA GROUP ON STALKING (a cura di), *Percorsi di aiuto per vittime di stalking*, Milano, 2007, 13 ss.; C. SGARBI-L. DE FAZIO, *Lo stalking: profili vittimologici e strumenti di tutela delle vittime*, in *Rassegna Italiana di Criminologia*, 2014, 50 ss.

[162] P. TJADEN-N. THOENNES, *Stalking in America: Findings from the National Violence Against Women Survey*, Washington, 1998, *http://www.ncjrs.gov/pdffiles/169592.pdf*, ultima consultazione maggio 2016; R. PURCELL-M. PATHÉ-P.E. MULLEN, *The prevalence and nature of stalking in the Australian community*, in *Australian and New Zealand Journal of Psychiatry*, 2002, 114 ss.; H. DRESSING-C. KUEHNER-P. GASS, *Lifetime prevalence and impact of stalking in a European population. Epidemiological data from a middle-sized German city*, in *British Journal of Psychiatry*, 2005, 168 ss.; B.H. SPITZBERG-W.R. CUPACH, *The state of the art of stalking: taking stock of the emerging literature*, in *Aggression and Violent Behaviour*, 2007, 64 ss.; FRA-European Union Agency for Fundamental Rights, *Violence against Women: an EU-wide Survey. Main Results*, Luxembourg, 2014, *http://fra.europa.eu*, ultima consultazione maggio 2016.

[163] A parte un numero esiguo di casi riconducibili all'erotomania, raramente negli stalker

aspetti interazionali e della comunicazione, qui alterati o compromessi, ci conferma una prevalenza di tale fattispecie in contesti d'intimità o per lo meno di conoscenza [164].

Sulla base degli elementi sopra individuati, diversi sono stati i tentativi di tipizzazione della parte attiva della campagna persecutoria, in particolare, Mullen et al. (1999), prendendo avvio dall'analisi di un campione di *stalker* e lavorando in maniera integrata su movente e contesto, hanno identificato cinque categorie di soggetti, elaborando una delle classificazioni più interessanti ed efficaci [165]. Secondo questo modello, i molestatori assillanti possono essere distinti in: *rifiutati*, che agiscono in seguito alla conclusione di una relazione sentimentale, per il desiderio sia di recuperare il rapporto sia di vendicarsi in quanto respinti (es. *ex partner*); *cercatori di intimità,* che hanno quale obiettivo ultimo la costruzione di una relazione con una vittima di cui sono infatuati pur non avendo con la stessa alcun tipo di legame, se non al massimo una conoscenza superficiale (es. soggetti socialmente isolati con disturbi mentali); *rancorosi*, che molestano la vittima perché ritenuta, a torto o ragione, colpevole di averli in qualche modo danneggiati e quindi meritevole di vendetta e punizione (es. soggetti che si sentono perseguitati e quindi giustificati a reagire); *predatori*, che, ossessionati dalla vittima, desiderano solamente una gratificazione sessuale o soddisfare un bisogno di controllo (es. casi abbastanza rari, uomini con problemi di autostima e sessualità); *corteggiatori inadeguati*, individui intellettualmente limitati e socialmente incompetenti, che cercano di instaurare una relazione con modalità non accettabili (es. soggetti incapaci di stabilire un rapporto interpersonale, spesso violenti di fronte a un rifiuto).

Analogamente, anche le vittime sono una categoria eterogenea, poiché potenzialmente chiunque potrebbe divenire il target di un'attività persecutoria, ma anche qui gli studi epidemiologici ci aiutano ad avere un quadro più preciso di chi con maggior frequenza subisce queste condotte. Si tratta, infatti, in prevalenza di soggetti di sesso femminile (circa l'80%), a conferma dell'importanza del genere rispetto a queste condotte, di età compresa tra i 19 e i 39 anni, sentimentalmente libere, molestate da un soggetto in qualche modo noto (soprattutto un ex *partner*), mentre lo status socio-economico

---

si rilevano vere e proprie patologie psichiatriche, prevalendo disturbi e tratti disfunzionali di personalità, che possono compromettere le reazioni e le attività dello stesso. C. SGARBI, *Lo stalking. Dall'evoluzione del fenomeno alle prospettive di intervento*, in T. CASADEI (a cura di) *Donne, diritto, diritti. Prospettive del Giusfemminismo*, Torino, 2015, 131 ss.

[164] Questo ci conferma come i casi di autori sconosciuti siano numericamente molto ridotti (es. Fan ossessivo, soggetto invaghito di una vittima sconosciuta).

[165] P.E: MULLEN-M. PATHÉ-R. PURCELL-G.W. STUART, *Study of Stalkers*, in *American Journal of Psychiatry*, 1999, 1244-1249; G.M. GALEAZZI-P. CURCI, *Sindrome del molestatore assillante (stalking): una rassegna*, in *Giornale Italiano di Psicopatologia*, 2001, 434 ss.

non sembra incidere sul rischio di vittimizzazione [166].

Rispetto a questa categoria di soggetti, le ipotesi classificatorie si sono focalizzate principalmente sulla relazione, presente o passata, che unisce gli attori della campagna di *stalking*, sia essa sentimentale, amicale, professionale o di semplice conoscenza, breve o prolungata, profonda o superficiale. Seguendo questa prospettiva, Mullen et al. (2000) parlano di vittime primarie e secondarie [167], individuando in tal modo, rispettivamente, coloro che rappresentano i destinatari diretti e principali delle molestie e coloro che si trovato loro malgrado coinvolti perché in qualche modo vicini alla vittima primaria.

Il primo gruppo si suddivide ulteriormente al suo interno, sempre in conseguenza del rapporto con il molestatore assillante, in 5 sottotipi: *ex-partner*, a comprendere chi ha avuto un legame sentimentale con lo *stalker*; *conoscenti,* intendendo in senso ampio amici, vicini di casa e conoscenze occasionali; *conoscenze per motivi professionali*, ovvero tutti i soggetti incontrati in ragione della loro professione (es. medici, avvocati, insegnanti ecc.); *contatti sul luogo di lavoro*, ossia persone che condividono con lo *stalker* l'ambiente lavorativo (es. datori di lavoro, colleghi o clienti); *sconosciuti*, includendo tutti coloro che non hanno avuto alcun precedente contatto o rapporto con lo *stalker*; *personaggi famosi*, quali celebrità e personaggi pubblici oggetto delle attenzioni di fan ossessivi [168]. Il secondo, invece, include in via generale tutti i soggetti che costituiscono la rete interpersonale della vittima, come famigliari, *partner*, amici, coinquilini, colleghi, compagni di scuola, compresi gli animali domestici, che possono a loro volta essere perseguitati, perché ritenuti d'ostacolo al raggiungimento del proprio oggetto del desiderio o perché utilizzati come uno

---

[166] D.M. HALL, *The victims of stalking*, in J.R. MELOY (a cura di) *The psychology of stalking: clinical and forensic perspectives,* San Diego, 1998, 113 ss.; P. TJADEN-N. THOENNES, *Stalking in America: Findings from the National Violence Against Women Survey*, Washington, 1998, *http://www.ncjrs.gov/pdffiles/169592.pdf*, ultima consultazione maggio 2016; R. PURCELL-M. PATHÉ-P.E. MULLEN, *The prevalence and nature of stalking in the Australian community*, in *Australian and New Zealand Journal of Psychiatry,* 2002, 114 ss.; K. BAUM-S. CATALANO-M. RAND, *Stalking Victimization in the United States*, Bureau of Justice Statistics, Washington, 2009; D.F. HELLMANN-S. KLIEM, *The prevalence of stalking: current data from a German victim survey*, in *European Journal of Criminology*, 2015, 1 ss.; ISTAT, *La violenza contro le donne dentro e fuori la famiglia*, Anno 2014, Roma, 2015, *http://www.istat.it/it/files/2015/06/Violenze_contro_le_donne.pdf*, ultima consultazione maggio 2016.

[167] P.E. MULLEN-M. PATHÉ-R. PURCELL, *Stalkers and their victims*, Cambridge, 2000.

[168] La ricerca riporta una netta prevalenza di vittime ex-partner, soprattutto donne. Le ultime due categorie appaiono essere residuali, con una più alta percentuale in questi casi di autori affetti da psicopatologie. L. DE FAZIO-G.M. GALEAZZI, *Le vittime di stalking,* in MODENA GROUP ON STALKING (a cura di), *Percorsi di aiuto per vittime di stalking,* Milano, 2007, 13 ss.

strumento per danneggiare, in via mediata, la vittima principale. Accade così che per ferire o spaventare quest'ultima vengano molestati e aggrediti anche coloro che la stessa ama o che vogliono proteggerla [169].

7.5. Conseguenze, protezione e interventi.

Lo *stalking*, a prescindere dalla presenza o meno di violenze e aggressioni fisiche, produce, per la sua natura persistente e intrusiva, un forte impatto sulla vittima, determinando una pluralità di effetti devastanti tali da comprometterne il benessere fisico, psicologico e sociale. Chi subisce queste condotte, infatti, vede trasformarsi completamente la propria personalità e quotidianità, poiché, braccato dal molestatore assillante, finisce per sentirsi impotente e incapace di difendersi e reagire, portato, per sopravvivere a tali situazioni, a modificare pesantemente il proprio stile di vita e le proprie abitudini [170].

Le indefinite ripercussioni di una campagna persecutoria intaccano in maniera globale la realtà del destinatario della stessa, coinvolgendo molteplici aspetti individuali e soggettivi, tenuto anche conto delle diverse sensibilità e di eventuali antecedenti esperienze di vittimizzazione [171]. Innanzitutto, dal punto di vista fisico, a prescindere dalla presenza di aggressioni violente, in seguito al protrarsi delle molestie emergono con frequenza disturbi del sonno e dell'alimentazione, un aumento del consumo di sostanze dannose a scopo compensativo (es. sigarette, alcol e stupefacenti), oltre a manifestazioni psicosomatiche del proprio stato di ansia e paura (es. attacchi di panico, tachicardia, cefalea, mal di stomaco e nausea) [172].

---

[169] Questo accade frequentemente, poiché lo *stalker* tenta di distruggere qualsiasi ulteriore legame esistente nella vita del proprio oggetto del desiderio, in un'ottica di controllo ed espressione di potere. M. PATHÉ-P.E: MULLEN, *The Victim of stalking*, in J. BOON-L. SHERIDAN (a cura di) *Stalking and Psychosexual Obsession. Psychological perspectives for prevention, policing and treatment*, Chichester, 2002; C. SGARBI-L. DE FAZIO, *Lo stalking: profili vittimologici e strumenti di tutela delle vittime*, in *Rassegna Italiana di Criminologia,* 2014, 50 ss.

[170] J.H. KAMPHUIS-P.M.G. EMMELKAMP, *Traumatic distress among support-seeking female victims of stalking*, in *American Journal of Psychiatry*, 2001, 795 ss.; L.K. NGUYEN-B.H. SPITZBERG-C.M. LEE, *Coping with obsessive relational intrusion and stalking: the role of social support and coping strategies*, in *Violence and Victims*, 2012, 414 ss.; C. SGARBI-L. DE FAZIO, *Lo stalking: profili vittimologici e strumenti di tutela delle vittime*, in *Rassegna Italiana di Criminologia,* 2014, 50 ss.

[171] M. PATHÉ-P.E. MULLEN, *The Victim of stalking*, in J. BOON-L. SHERIDAN (a cura di) *Stalking and Psychosexual Obsession. Psychological perspectives for prevention, policing and treatment*, Chichester, 2002.

[172] L. DE FAZIO-G.M.GALEAZZI, *Le vittime di stalking,* in MODENA GROUP ON STALKING

Altrettanto gravi, se non addirittura peggiori, sono gli esiti psicologici, a fronte dell'angoscia, del timore, della rabbia e della vergogna provate, con manifestazioni quali senso di colpa, introversione, diffidenza, ipersensibilità, instabilità, irritabilità, depressione, aumento dell'aggressività e ideazione suicidaria, fino, nei casi più gravi, a sintomatologie psicopatologiche [173]. In particolare, si riscontrano disturbi dell'adattamento e il Disturbo Post Traumatico da stress (DPTS), inteso quest'ultimo come una sindrome connessa a situazioni particolarmente traumatiche (normalmente si presenta nei sopravvissuti a incidenti aerei o automobilistici, rapine, sequestri di persona ecc.), che porta a rivivere, anche a distanza di tempo, tale esperienza mediante *flashback* e pensieri ricorrenti, oltre a suscitare uno stato di allerta e tensione e una tendenza a evitare situazioni analoghe.

Oltre all'impatto individuale, gli atti persecutori producono importanti e non trascurabili strascichi sul piano delle relazioni interpersonali, come riconosciuto dallo stesso legislatore italiano nel disciplinare tale fattispecie [174], laddove la vittima, per paura e vergogna o per difendere se stessa e le persone che la circondano (le c.d. vittime secondarie), si trova obbligata nella maggior parte dei casi a cambiare le proprie abitudini, a evitare determinati luoghi, a ridurre le interazioni sociali [175]. Tali scelte arrecano un danno molto forte e profondo a chi vede limitata e addirittura annientata la propria libertà, fino a dover scomparire, modificando più volte le utenze telefoniche e gli account di posta elettronica, cambiando lavoro o rinunciando a qualsiasi occupazione, fino a traferirsi in un'altra abitazione o addirittura in un'altra città o nazione. Tutto questo, ovviamente, produce anche evidenti conseguenze economiche,

---

(a cura di), *Percorsi di aiuto per vittime di stalking,* Milano, 2007, 13 ss.; C. SGARBI-L. DE FAZIO, *Lo stalking: profili vittimologici e strumenti di tutela delle vittime*, in *Rassegna Italiana di Criminologia,* 2014, 50 ss.

[173] M. PATHÉ-P.E. MULLEN, *The impact of stalkers on their victims*, in *British Journal of Psychiatry*, 1997, 12 ss.; J.H. KAMPHUIS-P.M.G. EMMELKAMP, *Traumatic distress among support-seeking female victims of stalking*, in *American Journal of Psychiatry*, 2001, 795 ss.; L. DE FAZIO-G.M. GALEAZZI, *Le vittime di stalking,* in MODENA GROUP ON STALKING (a cura di), *Percorsi di aiuto per vittime di stalking,* Milano, 2007, 13 ss.

[174] Il legislatore italiano ha previsto espressamente tra gli elementi oggettivi del reato anche l'eventuale cambiamento delle proprie "abitudini di vita". Art. 612-*bis* "Atti persecutori".

[175] Per esempio non frequentare più amici e famigliari, cambiare supermercato, ristorante e palestra, rinunciare al lavoro licenziandosi, cambiare indirizzo di casa o città ecc. L. DE FAZIO-G.M. GALEAZZI, *Le vittime di stalking,* in MODENA GROUP ON STALKING (a cura di), *Percorsi di aiuto per vittime di stalking,* Milano, 2007, 13 ss.; C. SGARBI-L. DE FAZIO, *Lo stalking: profili vittimologici e strumenti di tutela delle vittime*, in *Rassegna Italiana di Criminologia,* 2014, 50 ss.

soprattutto se consideriamo che spesso tale situazione viene affrontata in solitudine e senza alcun supporto esterno, cui si aggiungono una serie di altre spese necessarie per incrementare la sicurezza personale (es. acquisto di sistemi di allarme, videosorveglianza, montaggio inferriate alle finestre ecc.), per riparare le proprietà danneggiate dallo *stalker* (es. automobile, abitazione, ecc.), o per coprire i costi per assistenza legale o medico-specialistica (es. *counselling* psicologico, psicoterapia, ecc.) [176].

Accertata la dannosità e pericolosità di questo fenomeno, in un'ottica di tutela e protezione, occorre identificare percorsi d'intervento e di riduzione degli esiti negativi efficaci, tali da consentire la gestione e attenuazione del rischio per le vittime. Tuttavia, non esiste un'unica strategia di difesa valida e risolutiva per tutti, per cui occorre tener conto delle specifiche circostanze del caso, dalle caratteristiche dei soggetti coinvolti alla relazione preesistente, dalle condotte moleste alle risorse di aiuto a disposizione, così da individuare un piano di sicurezza adeguato alla situazione concreta [177]. Le ricerche a disposizione in tal senso riferiscono la necessità, in base alla durata e complessità degli episodi, di seguire contestualmente o alternativamente più percorsi di protezione, diretti oltre che a fermare lo *stalker*, anche a salvaguardare l'incolumità della vittima e ridurre l'impatto negativo dell'azione molesta. Ciò detto, a prescindere dalla soddisfazione o frustrazione derivante dall'efficacia o meno degli interventi, quattro appaiono essere le regole fondamentali da seguire per un'adeguata gestione della campagna persecutoria e per la sopravvivenza di chi si trova a subirla: interrompere ogni rapporto con il molestatore, documentare gli atti persecutori, informare la rete di supporto personale (famigliari, amici e colleghi) e chiedere aiuto (istituzionale e non).

Il primo fondamentale passo da compiere è sicuramente la conclusione e interruzione in maniera definitiva di qualunque rapporto con il persecutore, cui va spiegato una sola volta e in maniera incontrovertibile di non essere in alcun modo interessati alle sue attenzioni e di non volere più avere alcun contatto con lui, così da non rafforzare la sua ossessione e il suo proposito [178]. Chiarito questo punto, quindi, la vittima dovrà cercare di rendersi

[176] C. SGARBI, MGS, *Appendice. Manuale pratico per vittime di stalking*, in MODENA GROUP ON STALKING (a cura di) *Percorsi di aiuto per vittime di stalking*, Milano, 2007, 96 ss.; C. SGARBI, *Lo stalking. Dall'evoluzione del fenomeno alle prospettive di intervento*, in T. CASADEI (a cura di) *Donne, diritto, diritti. Prospettive del Giusfemminismo*, Torino, 2015, 131 ss.

[177] C. SGARBI, MGS, *Appendice. Manuale pratico per vittime di stalking*, in MODENA GROUP ON STALKING (a cura di) *Percorsi di aiuto per vittime di stalking*, Milano, 2007, 96 ss.; L. SGARBI-C. DE FAZIO, *Stalking e violenza: la ricerca e i fattori di rischio*, in C. DE FAZIO-L. SGARBI (a cura di) *Stalking e rischio di violenza. Uno strumento per la valutazione e la gestione del rischio*, Milano, 2012, 34 ss.

[178] Certi comportamenti, come rispondere alle telefonate, rispedire regali o il dare spie-

quasi invisibile, evitando le discussioni e gli incontri chiarificatori (spesso prologo di esiti drammatici), non rispondendo più a telefonate, sms e mail (può essere utile utilizzare segreterie telefoniche e sistemi per il blocco delle mail indesiderate), non accettando regali e altri oggetti, cambiando la propria routine quotidiana (ad es. non frequentare più determinati luoghi, modificare spesso il percorso casa-lavoro o casa-scuola, ridurre la vita sociale, cambiare residenza, ecc.). È stato, infatti, dimostrato come la distanza fisica e visiva con l'oggetto del desiderio, aumenti esponenzialmente la probabilità che le molestie abbiano termine [179].

Adottate queste misure minime di autodifesa, è essenziale dimostrare la realtà di tutti i singoli eventi che vanno a costituire la campagna di *stalking*, soprattutto nel caso in cui vi sia l'intenzione di rivolgersi ad agenzie di aiuto formale e di intervenire sul piano legale, considerata la complessità e molteplicità delle espressioni della fattispecie in oggetto, che la rendono talvolta difficile da individuare e perseguire [180]. A tale scopo è necessario, quindi, raccogliere tutti gli elementi di prova a disposizione, come lettere, email, messaggi, regali, oggetti, fiori ecc., e riportare, anche attraverso immagini e filmati, tutte le azioni intrusive dello *stalker* (pedinamenti, appostamenti, approcci diretti, contatti, aggressioni ecc.), predisponendo un vero e proprio diario dell'intera vicenda.

In questa prospettiva di protezione e intervento, la vittima ha anche bisogno di essere aiutata e supportata dalla rete affettiva e relazionale, per cui, nonostante la comprensibile iniziale reticenza (spesso per vergogna o paura), essa dovrebbe informare di quanto sta accadendo famigliari, amici, colleghi, vicini di casa e in generale tutti coloro che in qualche modo sono a lei legati e presenti nella sua quotidianità. Questo, per due ordini di motivi: da un lato per far sì che questi partecipino concretamente al programma di sicurezza predisposto, fungendo da scudo protettivo, ad esempio impedendo allo stalker di avvicinarsi, osservando i suoi comportamenti, riferendo la sua eventuale presenza e i suoi spostamenti, e soprattutto evitando di rivelare informazioni riservate che potrebbero offrire ulteriori occasioni di abuso [181]; dall'altro, con-

---

gazioni, possono essere male interpretati dallo stalker e visti come espressione d'interesse da parte della vittima. C. SGARBI-MGS, *Appendice. Manuale pratico per vittime di stalking*, in MODENA GROUP ON STALKING (a cura di) *Percorsi di aiuto per vittime di stalking*, Milano, 2007, 96 ss.

[179] C. SGARBI-L. DE FAZIO, *Lo stalking: profili vittimologici e strumenti di tutela delle vittime*, in *Rassegna Italiana di Criminologia*, 2014, 50 ss.

[180] C. SGARBI-MGS, *Appendice. Manuale pratico per vittime di stalking*, in MODENA GROUP ON STALKING (a cura di) *Percorsi di aiuto per vittime di stalking*, Milano, 2007, 96 ss.

[181] Non è infrequente, infatti, che i famigliari, proprio perché tenuti all'oscuro della vicenda, rivelino informazioni che possono compromettere la sicurezza del soggetto perse-

siderato il ricorrente rischio di vittimizzazione secondaria per questa categoria di soggetti, per renderli consapevoli del pericolo cui essi possono andare incontro e di conseguenza consentire loro di tutelarsi e adottare tutte le precauzioni del caso.

Infine, seppur nell'elasticità e differenziazione dei percorsi scelti per la sopravvivenza o fuoriuscita dalle forme persecutorie, ciò che va il più possibile incentivato è il ricorso, contestuale o alternativo, ad una qualsivoglia forma di aiuto, informale (amici, famigliari, colleghi, compagni di scuola ecc.) o formale (Forze dell'ordine, avvocati, medici, servizi sociali, associazioni vittime ecc.) che sia [182], così da spezzare l'isolamento in cui con frequenza chi subisce queste condotte si trova ed incrementare le possibilità di una concreta risoluzione della situazione critica, anche prevedendo un diretto intervento istituzionale sullo *stalker*, come recentemente suggerito da più parti [183]. La ricerca, ci dice, infatti, che un deciso approccio dell'ordinamento insieme all'adozione, da parte delle vittime, di tutta una serie di consigli pratici, provenienti da molteplici direzioni, sono la più efficiente combinazione per sconfiggere definitivamente il molestatore assillante [184].

---

guitato (es. indirizzo, numero di telefono ecc.) allo stalker, il quale spesso approccia queste persone fingendosi un amico o collega della vittima. In questi casi può essere necessario anche avere una foto del molestatore così da mostrarla a tutti coloro che in qualche modo potrebbero entrare in contatto con lo stesso.

[182] Stime circa la prevalenza delle diverse strategie di difesa adottate dimostrano che la maggioranza delle vittime utilizza le risorse formali e informali allo stesso tempo, attribuendo alle stesse funzioni parzialmente differenti. C. SGARBI-MGS, *Appendice. Manuale pratico per vittime di stalking*, in MODENA GROUP ON STALKING (a cura di) *Percorsi di aiuto per vittime di stalking*, Milano, 2007, 96 ss. L. DE FAZIO-G.M. GALEAZZI, *Le vittime di stalking*, in MODENA GROUP ON STALKING (a cura di), *Percorsi di aiuto per vittime di stalking*, Milano, 2007, 13 ss.

[183] Le critiche alla normativa del 2009 hanno essenzialmente riguardato la mancata previsione di un trattamento *ad hoc* per questi autori di reato, tale da produrre risultati oltre che sulla vittima anche sulla società. Al momento, nel nostro paese, le esperienze di questo tipo sono ancora di carattere sperimentale (es. progetti sviluppati da Asl o dal Dipartimento Amministrazione Penitenziaria in singoli istituti di detenzione). I. MERZAGORA BETSOS, *Uomini violenti. I partner abusanti e il loro trattamento*, Milano, 2009; L. DE FAZIO, *Criminalization of stalking in Italy: one of the last among the current European member states' anti-stalking laws*, in *Behavioral Sciences and the Law*, 2011, 313 ss.

[184] I dati riferiscono che in almeno il 50% dei casi, un'azione concreta e decisa del sistema giudiziario appare risolutiva, soprattutto in presenza di *stalker* non recidivi, sia attraverso le Forze dell'ordine, che possono richiamare, ammonire e arrestare il persecutore, che tramite il ricorso a strumenti legali, dando avvio al procedimento oppure con l'applicazione di misure di protezione (civili/penali) come gli ordini di non avvicinamento o di allontanamento. L. DE FAZIO, *Criminalization of stalking in Italy: one of the last among the current European member states'anti-stalking laws*, in *Behavioral Sciences and the Law*,

7.6. Nuove prospettive di ricerca.

Se, come in precedenza affermato, lo *stalking* rappresenta un comportamento complesso in continua evoluzione, in accordo con i mutamenti sociali e culturali in atto, la ricerca sul tema sembra anch'essa continuare ad aprirsi a nuove prospettive, in un'ottica multidisciplinare, concentrando la propria attenzione su diversi aspetti, come i soggetti coinvolti, i contesti e le tipologie di rapporto entro cui le molestie si sviluppano e le modalità di attuazione delle stesse.

Prendendo in considerazione, innanzitutto, l'elemento dell'età, vediamo come questi fenomeni siano sempre più diffusi anche tra gli adolescenti, con percentuali che vanno dal 6 al 36% [185], presentando caratteristiche specifiche legate proprio alla fase della vita in cui essi si trovano, per cui differenti tendono ad essere le motivazioni, le modalità persecutorie e le reazioni. In tali popolazioni, infatti, in prevalenza si agisce per reazione a un torto subito o a un rifiuto o come estensione di preesistenti forme di bullismo, soprattutto nei confronti di compagni di scuola, anziché per instaurare o ricucire una qualche relazione con la vittima. I generi sono presenti in egual misura, sono frequenti anche minacce e aggressioni fisiche e le conseguenze psicologiche, considerata la struttura di personalità tipica dei giovani, possono essere particolarmente importanti e a lungo termine, per cui sembra essere necessario un intervento preventivo insieme a programmi di educazione.

È proprio rispetto a queste categorie di soggetti, tenuto conto anche delle loro abitudini di relazione e comunicazione, che appare un'altra interessante novità legata a queste condotte, ossia la versione *online* o *cyber* delle stesse, quale risultato dell'inarrestabile mutamento in corso delle nuove tecnologie [186]. Accade, infatti, oggi che lo *stalker*, al fine di perseguitare la propria vittima, non agisca più soltanto nel mondo reale ma anche in quello virtuale, utilizzando tutte le più disparate strumentazioni e piattaforme elettroniche a sua di-

---

cit., 2011, 313 ss.; C. SGARBI, *Lo stalking. Dall'evoluzione del fenomeno alle prospettive di intervento*, in T. CASADEI (a cura di) *Donne, diritto, diritti. Prospettive del Giusfemminismo*, Torino, 2015, 131 ss.

[185] J.T. MCCANN, *Stalking and Obsessional Forms of Harassment in children and adolescents*, in *Psychiatric Annals*, 2003, 637 ss.; R. PURCELL-B. MOLLER-T. FLOWER-P.E. MULLEN, *Stalking among Juveniles*, in *The British Journal of Psychiatry*, 2009, 451 ss.; M.L. YBARRA-J. LANGHINRICHSEN-ROHLING-K.J. MITCHELL, *Stalking-Like Behaviorin Adolescence: Prevalence, Intent and Associated Characteristics*, in *Psychology of Violence. Advance online publication, http://dx.doi.org/10.1037/a0040145.*

[186] L. DE FAZIO-C. SGARBI, *Nuove prospettive di ricerca in materia di atti persecutori: il fenomeno del cyberstalking*, in *Rassegna Italiana di Criminologia*, 2012, 146 ss.; L. DE FAZIO-C. SGARBI, *Unwanted Online Attentions Among an Italian Students Sample*, in *European Journal on Criminal Policy and Research*, 2016, 219 ss.

sposizione, come *smart-phone*, *computer*, *tablet, gps*, *internet*, *chat*, *email*, *social networks*, programmi di condivisione e così via. Queste ipotesi possono associarsi allo *stalking* tradizionale o svilupparsi autonomamente, ciò che è certa è la loro estrema intrusività, non lasciando alcuno spazio di libertà alla vittima, potenzialmente osservata e controllata H24 sette giorni su sette, da un molestatore che potrà continuare indisturbato il proprio progetto criminale rimanendo a lungo sconosciuto e impunito.

Sempre rispetto alle forme di manifestazione degli atti persecutori, un recente studio di tipo esplorativo si è soffermato, invece, sullo *stalking* di gruppo o "gang stalking", intendendo in tal senso l'ipotesi in cui la campagna persecutoria sia il risultato delle attività di più persone (almeno tre) con il medesimo proposito (in concorso tra loro) [187]. In questi casi (12% circa dei campioni analizzati), sono stati rilevati importanti indici depressivi, sintomi da disturbo post traumatico ed effetti negativi sia a livello sociale che occupazionale [188]. Tuttavia, non sempre gli episodi riportati sono reali, poiché molto spesso si tratta di false vittime o di soggetti con disturbi deliranti di personalità, convinte erroneamente che esista un complotto ai loro danni. Ciò detto, esistono contesti dove queste tipologie di azioni avvengono con frequenza, come nel caso dello *stalking* famigliare, dove un genitore viene molestato oltre che dall'*ex partner* anche dai figli o da altri familiari, pertanto la ricerca in tal senso richiederebbe di essere implementata.

Venendo, invece, ora ad analizzare la relazione soggettiva sottostante agli atti persecutori, particolare attenzione sta iniziando a rivestire il cosiddetto "*stalking* condominiale", ossia le forme sistematiche reiterate di disturbo e vessazione tra condomini, in genere frutto di dispute prettamente legate alla situazione abitativa o ai rapporti di vicinato. In tal senso, oltre ad esistere indagini empiriche sul tema [189], anche la giurisprudenza italiana si è pronunciata espressamente, riconducendo a questa fattispecie le situazioni che vanno oltre le normali problematiche di convivenza, per divenire vere e proprie persecuzioni in grado di compromettere fortemente il benessere della vittima e della sua famiglia, talvolta addirittura costretta, per difendersi, a cambiare abitazione [190].

---

[187] L.P. SHERIDAN-D.V. JAMES, *Complaints of group stalking ('gang-stalking'): an exploratory study of their nature and impact on complaints*, in *The Journal of Forensic Psychiatry & Psychology*, 2015, 601 ss.

[188] K. BAUM-S. CATALANO-M. RAND, *Stalking Victimization in the United States*, Washington, 2009.

[189] Tra queste: E. MICHAUX-A. GROENEN-K. UZIEBLO, *Unwanted Behaviors and Nuisance Behaviors Among Neighbors in a Belgian Community Sample*, in *Journal of Interpersonal Violence*, 2015, 1 ss.

[190] La Suprema Corte si è pronunciata più volte sulla questione (Cass. pen., sez. V, 7

Infine, a chiusura di questa breve descrizione dei diversi spunti di approfondimento che il fenomeno può suggerire, alcune determinate figure professionali sono oggetto di nuovo interesse scientifico, dato l'elevato rischio rilevato nei loro confronti rispetto alla possibilità di divenire destinatari di campagne persecutorie, anche violente, prevalentemente volte a danneggiarne la privacy e la carriera. Questo accade ad esempio, in casi tutt'altro che rari, ad avvocati, chirurghi estetici e personale sanitario in generale, che divengono, loro malgrado, i destinatari della rabbia e della frustrazione di clienti o pazienti scontenti della loro prestazione, o per un eccessivo investimento emotivo degli stessi nella relazione esclusivamente professionale/terapeutica [191]. Allo stesso tempo si moltiplicano anche gli studi sui politici e sui membri delle case reali oggetto di attenzioni ossessive, evidenziando in questo caso una pericolosità dovuta in prevalenza a gravi disturbi mentali dei molestatori, con elevate possibilità di *escalation* violente, non solo rivolte alla vittima ma anche ad altri soggetti, coinvolti a scopo prevalentemente dimostrativo [192].

Lo *stalking*, quindi, sempre di più rappresenta un fenomeno dei nostri giorni, che in maniera camaleontica si adatta alla realtà che lo circonda e alle sue trasformazioni, facendo emergere continuamente nuove espressioni della sua natura intrusiva, ponendo così chi della tutela e della protezione delle vittime si occupa davanti a nuove sfide e percorsi, sicuramente impegnativi e talvolta difficili da raggiungere e percorrere, che tuttavia non possono essere ignorati.

---

aprile 2011, sent. n. 20895; Cass. pen., sez. V, 26 settembre 2013, sent. n. 39933) e nell'aprile 2015 la Seconda Sezione Penale del Tribunale di Genova ha emesso la prima sentenza di condanna per stalking condominiale.

[191] L. De Fazio-G.M. Galeazzi, *Le vittime di stalking*, in Modena Group on Stalking (a cura di), *Percorsi di aiuto per vittime di stalking*, Milano, 2007, 13 ss.; I. Merzagora Betsos-M. Marchesi, *The stalking of Lawyers: A Survey Amongst Professionals in Milan*, in *Journal of Forensic Sciences*, 2014, 1592 ss.

[192] Per esempio: S. Every-Palmer, J. Barry-Walsh, M. Pathé, *Harassment, stalking, threats and attacks targeting New Zealand politicians: A Mental health issue*, in *Australian & New Zealand Journal of Psychiatry*, 2015, 634 ss.; D.V: James-S. Sukhwal-F.R: Farnham-Evans-C. Barrie-A. Taylor-S.P. Wilson, *Harassment and stalking of Members of the United Kingdom Parliament: associations and consequences*, in *Journal of Forensic Psychiatry and Psychology*, 2016, 177 ss.

Bibliografia

DE FAZIO L., *Criminalization of Stalking in Italy: One of the Last among the Current Member States' Anti-Stalking Laws*, in *Behavioral Sciences and the Law*, 2011, 317 ss.

DE FAZIO L.-GALEAZZI G.M., *Stalking: il fenomeno e la ricerca*, in MODENA GROUP ON STALKING (a cura di), *Donne vittime di stalking. Riconoscimento e modelli di intervento in ambito europeo*, Milano, 2005, 15 ss.

DE FAZIO L.-GALEAZZI G.M., *Le vittime di stalking*, in MODENA GROUP ON STALKING (a cura di), *Percorsi di aiuto per vittime di stalking*, Milano, Franco Angeli, 2007, 13 ss.

DE FAZIO L.-SGARBI C., *Nuove prospettive di ricerca in materia di atti persecutori: il fenomeno del cyberstalking*, in *Rassegna Italiana di Criminologia*, 2012, 146 ss.

DE FAZIO L.-SGARBI C., *Unwanted Online Attentions Among an Italian Students Sample*, in *European Journal on Criminal Policy and Research*, 2016, 219 ss.

DE FAZIO L.-MERAFINA R.-SGARBI C., *Stalking e mass-media*, in *Rassegna Italiana di Criminologia*, 2009, 56 ss.

DOVELIUS A.M.-OBERG J.-HOLMBERG S., *Stalking in Sweden. Prevalence and prevention*, Stockholm, 2006.

DRESSING H.-KUEHNER C.-GASS P., *Lifetime prevalence and impact of stalking in a European population. Epidemiological data from a middle-sized German city*, in *British Journal of Criminology*, 2005, 168 ss.

EVERY-PALMER S., BARRY-WALSH J., PATHÉ M., *Harassment, stalking, threats and attacks targeting New Zealand politicians: A Mental health issue*, in *Australian & New Zealand Journal of Psychiatry*, 2015, 634 ss.

GALEAZZI G.M.-CURCI P., *Sindrome del molestatore assillante (stalking): una rassegna*, in *Giornale Italiano di Psicopatologia*, 2001, 434 ss.

GIOLO O., *Le "periferie" del patriarcato. L'uguaglianza, i diritti umani e le donne*, in CASADEI T. (a cura di), *Diritti umani e soggetti vulnerabili*, Torino, 2012, 119 ss.

HALL D.M.,. *The victims of stalking*, in J.R. MELOY (ed.) *The psychology of stalking: clinical and forensic perspectives*, San Diego, 1998, 113 ss.

HELLMANN D.F.-KLIEM S., *The prevalence of stalking: current data from a German victim survey*, in *European Journal of Criminology*, 2015, 1 ss.

KAMPHUIS J.H.-EMMELKAMP P.M.G., *Traumatic distress among support-seeking female victims of stalking*, in *American Journal of Psychiatry*, 2001, 795 ss.

LUBERTO S., *Molestie assillanti: profili criminologici, psichiatrico forensi e medico-legali*, in P. CURCI-G.M. GALEAZZI-C. SECCHI (a cura di), *La sindrome delle molestie assillanti (stalking)*, Torino, 2003, 94 ss.

MACKENZIE R.-MULLEN P.E., PATHÉ M.-PURCELL R., *I comportamenti di molestie*, in P. CURCI-G.M. GALEAZZI-C. SECCHI (a cura di), cit., 2003, 38 ss.

MCCANN J.T., *Stalking and Obsessional Forms of Harassment in children and adolescents*, in *Psychiatric Annals*, 2003, 637 ss.

MELOY J.R., *Stalking (obsessional following): a review of some preliminary studies*, in *Aggression and Violent Behaviour*, 1996, 147 ss.

MERZAGORA BETSOS I., *Uomini violenti. I partner abusanti e il loro trattamento*, Milano, 2009.

MERZAGORA BETSOS I.-MARCHESI M., *The stalking of Lawyers: A Survey Amongst Professionals in Milan*, in *Journal of Forensic Sciences*, 2014, 1592 ss.

MICHAUX E.-GROENEN A.-UZIEBLO K., *Unwanted Behaviors and Nuisance Behaviors Among Neighbors in a Belgian Community Sample*, in *Journal of Interpersonal Violence*, 2015, 1 ss.

MULLEN P.E.-PATHÉ M.-PURCELL R., *Stalkers and their victims*, Cambridge, 2000.

MULLEN P.E.-PATHÉ M.-PURCELL R.-STUART G.W., *Study of stalkers*, in *American Journal of Psychiatry*, 1999, 1244.

NARUD K.-FRIESTAD C.-DAHL A.A, *Stalking experiences and associated factors – A Controlled population-based study from Norway*, in *Nordic Journal of Psychiatry*, 2014, 347 ss.

NGUYEN L.K.-SPITZBERG B.H.-LEE C.M., *Coping with obsessive relational intrusion and stalking: the role of social support and coping strategies*, in *Violence and Victims*, 2012, 414 ss.

PATHÉ M.-MULLEN P.E., *The impact of stalkers on their victims*, in *British Journal of Psychiatry*, 1997, 12 ss.

PATHÉ M.-MULLEN P.E., *The Victim of stalking*, in BOON J.- SHERIDAN L. (eds.) *Stalking and Psychosexual Obsession. Psychological perspectives for prevention, policing and treatment*, Chichester, 2002.

PURCELL R.-PATHÉ M.-MULLEN P.E., *The prevalence and nature of stalking in the Australian community*, in *Australian and New Zealand Journal of Psychiatry*, 2002, 114 ss.

PURCELL R.-MOLLER B.-FLOWER T.-MULLEN P.E., *Stalking among Juveniles*, in *The British Journal of Psychiatry*, 2009, 451 ss.

SGARBI C., *Lo stalking. Dall'evoluzione del fenomeno alle prospettive di intervento*, in T. CASADEI (a cura di), cit., 2015, 131 ss.

SGARBI C.-DE FAZIO L., *Stalking e violenza: la ricerca e i fattori di rischio*, in DE FAZIO L.-SGARBI C. (a cura di), *Stalking e rischio di violenza. Uno strumento per la valutazione e la gestione del rischio*, Milano, 2012, 34 ss.

SGARBI C.-DE FAZIO L., *Lo stalking: profili vittimologici e strumenti di tutela delle vittime*, in *Rassegna Italiana di Criminologia*, 2014, 50 ss.

SGARBI C.-MGS, *Appendice. Manuale pratico per vittime di stalking*, in MODENA GROUP ON STALKING (a cura di), *op. cit.*, 2007, 92 ss.

SHERIDAN L.P.-JAMES L.P., *Complaints of group stalking ('gang-stalking'): an exploratory study of their nature and impact on complaints*, in *The Journal of Forensic Psychiatry & Psychology*, 2015, 601 ss.

SPINELLI B., *Introduzione*, in ID., *Femminicidio. Dalla denuncia sociale al riconoscimento giuridico internazionale*, Milano, 2008, 23 ss.

SPITZBERG B.-CADIZ M., *The media construction of stalking stereotypes*, in *Journal of Criminal Justice and Popular Culture*, 2002, 128 ss.

SPITZBERG B.H.-CUPACH W.R., *The state of the art of stalking: taking stock of the emerging literature*, in *Aggression and Violent Behaviour*, 2007, 64 ss.

SPITZBERG B.H.-CUPACH W.R., *The dark side of relationship pursuit: From attraction to obsession and stalking*, II ed., New York, 2014.

ALFINA GRANDE
44 anni

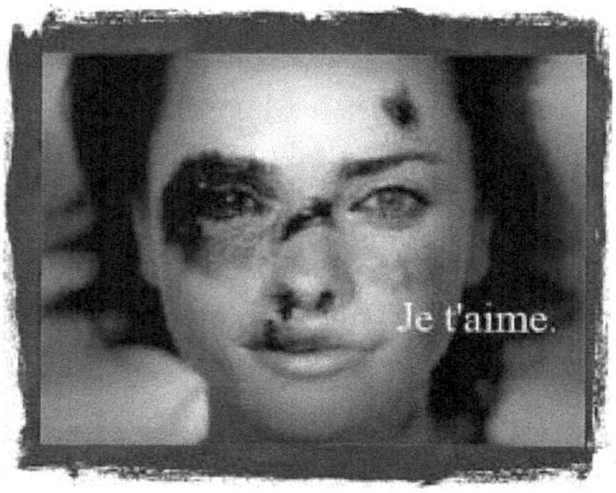
Je t'aime.

IT'S not A JOKE.
IT'S not ROMANTIC.
IT'S not OK.
Stop
STALKING
www.ncvc.org/src

NON SONO UN
#MEDIACOMPLICE!
QUANDO UNA DONNA
E' ASSASSINATA
NON RACCONTO SCUSE!

TILL DEATH
DO US PART

8. La risposta alla violenza di genere: la casa delle donne per non subire violenza *

8.1. La nascita dei centri antiviolenza.

Negli anni '70, sviluppatasi all'interno del movimento delle donne e del femminismo, nacque e crebbe l'esigenza di parlare e cercare un confronto tra donne in merito al fenomeno della violenza, rispetto al quale, in quegli anni, non vi era nessuna condivisione pubblica e ancora una scarsa consapevolezza.

Come noto, la possibilità di parlare di violenza contro le donne ha sempre trovato numerosi ostacoli dovuti alla concezione arcaica dei ruoli, del rapporto tra maschile e femminile e anche, più genericamente, nella diffusa convinzione che ciò che avviene all'interno di una famiglia, al suo interno debba rimanere.

La forte spinta data dal femminismo all'autonomia delle donne ed il desiderio di emancipazione che ha permeato quel decennio hanno portato ad un primo confronto collettivo sull'incapacità di dialogo all'interno della coppia e sull'applicazione della violenza come metodo di risoluzione del conflitto ed esercizio di potere.

Dai movimenti delle donne, all'interno dei quali si è potuto cominciare a nominare il fenomeno e a delinearne le caratteristiche, nel corso degli anni successivi è nata l'esigenza di mettere in pratica il confronto politico ed aiutare concretamente le donne vittime di violenza, creando luoghi veri e propri, nuovi, dove le donne stesse potevano recarsi e trovare altre donne disposte ad accoglierle, ascoltarle ed aiutarle.

Negli anni '90 nascono così anche in Italia i Centri Antiviolenza e le Case delle Donne, esistenti negli Stati Uniti e nei paesi del Nord Europa sin dagli anni '70, come luoghi di accoglienza e supporto.

La distinzione tra i due termini è relativa al tipo di servizio che viene fornito, pur essendo entrambi i luoghi destinati all'assistenza alle vittime di violenza: si intende comunemente quale Centro Antiviolenza il luogo, il cui indirizzo è pubblico e conosciuto, al quale una donna si può rivolgere e dove viene ricevuta per svolgere colloqui, singoli o di gruppo, con una operatrice; si intende come Casa Rifugio il luogo, il cui indirizzo è rigorosamente segreto, che fornisce ospitalità alla donna che vive una situazione di pericolo e deve essere protetta.

Nel 1990 i primi Centri Antiviolenza e Case delle Donne italiani nascono a Bologna, Milano e Roma.

---

* Di Susanna Zaccaria.

In particolare, il centro bolognese nasce dall'esperienza di un collettivo di donne che già nel 1985 decise di riunirsi per discutere in merito ad alcuni episodi di violenza sessuale che si erano verificati in città [193].

Proprio nel 1990 da quel collettivo nasce il "Gruppo di lavoro e ricerca sulla violenza alle donne" che sottoscrive per la prima volta insieme all'amministrazione comunale una convenzione per la gestione della prima casa rifugio [194].

È interessante riflettere sul fatto che, nonostante le donne si stessero impegnando molto per dare visibilità al fenomeno della violenza, in Emilia Romagna all'inizio degli anni '90 era ancora molto difficile ammettere che la diffusione del fenomeno stesso fosse ampia o interessasse in maniera decisa nello specifico il territorio emiliano-romagnolo.

Era molto più semplice pensare, e per certi aspetti lo è ancora, che in Italia la violenza nelle relazioni di intimità, o la violenza contro le donne in generale, potesse riguardare territori meno aperti e progressisti.

Contrariamente ad ogni aspettativa, solamente nel primo anno di apertura della casa rifugio, sono state aiutate, accolte ed in parte ospitate oltre 100 donne, in numero ben più elevato rispetto a quanto anche le socie fondatrici del Gruppo si potessero aspettare, a dimostrazione del fatto che la violenza contro le donne interessa ogni territorio, così come ogni condizione socio-economica. È stato solo con il lavoro svolto nel tempo e con le riflessioni nate dall'operatività dei Centri Antiviolenza e delle Case delle Donne che lo stereotipo che collocava i comportamenti violenti esclusivamente nell'ambito di ceti sociali non elevati o meno istruiti è stato messo in discussione.

L'attuale denominazione del centro bolognese, che oggi si chiama "Casa delle donne per non subire violenza ONLUS" così come l'associazione che lo gestisce, viene scelta nell'anno 2000 dopo i primi dieci anni di lavoro, durante i quali si sono sviluppati e sono nati diversi e nuovi servizi per le donne, e dopo un periodo travagliato durante il quale l'associazione che gestiva il centro aveva subito un fortissimo attacco politico, superato solo grazie alla tenacia delle socie e al sostegno della cittadinanza e di parte delle istituzioni [195].

---

193 Cfr. *http://www.casadonne.it/wordpress/chi-siamo/storia/*.

194 Sulla storia della nascita di Casa delle Donne per non subire violenza ONLUS di Bologna cfr. C. CRETELLA, *Un posto per ricominciare. Un ventennio con la Casa delle Donne,* Bologna, 2011;

195 Cfr. C. CRETELLA, *ibidem; http://www.casadonne.it/wordpress/chi-siamo/storia/i-fatti-del-2000.* Il costante rapporto con le istituzioni nel corso degli anni '90 aveva consentito al centro bolognese lo sviluppo dei servizi e di una professionalità specifica che ne aveva fatto uno dei principali centri antiviolenza in Italia. Nell'anno 2000, alla scadenza della convenzione in essere, la Giunta di centro-destra del Sindaco Guazzaloca ritenne di non rinnovare la

8.2. Un luogo deputato all'accoglienza: metodo e principi operativi.

Proprio perché scaturiti dal movimento delle donne per rendere visibile, nominare la violenza e per aiutare coloro che ne sono vittime, i Centri Antiviolenza e le Case delle Donne operano con una metodologia ed una condivisione di principi connotati dalla necessità di fornire alle donne un luogo in cui le stesse possano essere accolte.

L'attività di accoglienza, fatta di ascolto, comprensione e sostegno, è il cuore vero e proprio dei Centri e delle Case, ancor più dell'ospitalità.

Dalla relazione e dal confronto tra donne è emersa una metodologia condivisa, che presenta caratteristiche specifiche di questi luoghi e che li rende diversi da ogni altra agenzia che interviene a supporto delle vittime di violenza.

La necessità di fornire un supporto, all'interno di un vero e proprio percorso di uscita dalla condizione di sopraffazione, comincia innanzitutto con la decisione, volontaria, spontanea e unilaterale della donna di chiedere aiuto. Qualunque intervento, sin dal primo colloquio, viene attivato esclusivamente su richiesta della donna, alla quale vengono garantiti anonimato, riservatezza e gratuità dei servizi.

Anche la scelta di utilizzare esclusivamente personale femminile all'interno dei Centri e delle Case deriva dalla constatazione che è dalla relazione tra donne che emerge un idoneo sostegno nel percorso di uscita dalla violenza.

All'interno dei Centri e delle Case, quindi, le donne non trovano solamente le soluzioni pratiche e concrete per i loro problemi, come certamente sono l'ospitalità oppure l'aiuto per la ricerca di un lavoro, ma trovano innanzitutto personale esperto, specificamente formato e professionale che le ascolta e le sostiene nel difficile percorso che devono compiere.

Viene tutelato come diritto primario delle donne quello all'autodeterminazione, diritto che viene fortemente pregiudicato quando una donna subisce violenza o vive in una condizione di prevaricazione all'interno della quale viene profondamente lesa la sua autostima e minata ogni fiducia in se stessa.

---

convenzione, che veniva sottoscritta dall'amministrazione già da dieci anni, sfrattando la Casa delle Donne dalla sede storica di Via dei Poeti. Per chiara scelta politica, il Comune decise di indire un bando per l'assegnazione dei fondi destinati alla lotta alla violenza alle donne, che venne vinto da una associazione appena costituita (associazione Erendira), legata alle associazioni dei Padri Separati e del tutto priva di esperienza specifica. Contro la decisione del Comune venne organizzata una manifestazione di piazza durante la quale vennero raccolte 13.000 firme, a testimonianza del sostegno della cittadinanza e a riconoscimento del lavoro svolto fino a quel momento. La Casa delle Donne non ha però mai smesso di fornire i propri servizi e quell'anno, dopo essersi trasformata in ONLUS, è riuscita a mantenere aperto il centro grazie al sostegno economico della Regione Emilia Romagna, della Provincia di Bologna e di 25 Comuni della provincia. Inoltre, venne avviata una campagna di raccolta fondi da privati che successivamente ha dato vita al settore promozione, tuttora attivo.

La tutela dell'autodeterminazione rimane un principio cardine dei Centri anche nell'ipotesi estrema in cui una donna decida di ricongiungersi al partner maltrattante e poi tornare nuovamente al Centro Antiviolenza dopo un periodo di tempo, durante il quale ha scelto di "dare un'altra possibilità". Anche in questo caso, la donna viene nuovamente accolta perché si conoscono chiaramente le difficoltà in cui le donne incorrono prima di decidere di chiedere aiuto o di chiudere definitivamente la relazione con il maltrattante [196].

Solo la conoscenza profonda del fenomeno della violenza contro le donne, delle dinamiche di prevaricazione tra i generi ed una continua formazione in tal senso del personale che opera nei Centri e nelle Case consentono di comprendere dinamiche e comportamenti complessi per poter fornire alle vittime un supporto concreto.

Negli anni, la metodologia applicata dai Centri ha dimostrato la propria efficacia perché, a differenza delle altre agenzie che vengono in contatto con le vittime, la donna ottiene un aiuto pratico, comprensione della condizione in cui è vissuta, non viene giudicata né "schedata", non le vengono date tempistiche da rispettare o oneri ulteriori di cui accollarsi. Ogni donna che si rivolge ad un Centro Antiviolenza otterrà la ricerca di una soluzione ragionata e condivisa, non precostituita, calibrata sulle sue esigenze e su quelle dei suoi figli, se sono con lei.

Proprio in seguito alla presenza dei minori, accolti con le madri nelle case rifugio, molti Centri hanno sviluppato nel tempo anche servizi specifici per i minori stessi, soprattutto considerando che sono spesso fortemente traumatizzati dalle violenze che hanno subito o cui hanno assistito [197] e che necessitano

---

[196] Per una riflessione approfondita sulle ragioni che impediscono o limitano la volontà di una vittima di violenza di chiedere aiuto, con una comparazione internazionale dei risultati della ricerca svolta all'interno del progetto Daphne denominato Wosafejus cfr. G. CREAZZO, *Perché non denuncia? Prospettive internazionali: i risultati della ricerca in Italia, Spagna, Romania e* Inghilterra, in AA.VV., *Se le donne chiedono giustizia. Le risposte del sistema penale alle donne che subiscono violenza nelle relazioni di intimità: ricerca e prospettive internazionali*, Bologna, 2012. Il progetto aveva l'intento di svolgere una ricerca sul funzionamento del sistema penale in risposta alle richieste delle vittime di violenza in paesi europei con caratteristiche diverse: Italia, Spagna, Romania e Inghilterra. La pubblicazione da conto dei risultati della ricerca e della comparazione evidenziando, da un lato, che la richiesta delle donne che si rivolgono al sistema penale è prevalentemente quella di ottenere protezione e far cessare le violenze e non quella di ottenere una punizione o una condanna del responsabile, che rimane una richiesta residuale; dall'altro lato è stata rilevata una diversità di intervento tra i diversi paesi, sia come qualità della risposta complessiva, sia come tempi nell'*iter* processuale, riscontrando una maggiore protezione in Inghilterra e Spagna rispetto ad Italia e Romania, che presentano ancora forti ritardi nella attuazione di strategie di contrasto al fenomeno della violenza.

[197] Secondo le *Linee guida sui requisiti minimi di intervento nei casi di violenza assistita da maltrattamento sulle madri* fornite dal CISMAI (Coordinamento Italiano dei Servizi contro il maltrattamento e l'abuso all'infanzia) «*per violenza assistita intrafamiliare si in-*

di un sostegno specifico anche proprio in relazione al periodo di accoglienza nella struttura.

È facilmente comprensibile quanto sia destabilizzante, per le donne adulte e a maggior ragione per i minori, la decisione di allontanarsi da casa e stravolgere interamente la propria esistenza.

Le case rifugio e le struttura di ospitalità sono ad indirizzo segreto e la segretezza delle sedi è un requisito fondamentale per la sicurezza delle ospiti e dei loro figli. Le ospiti, quindi, durante il periodo di accoglienza non possono recarsi al lavoro ed i bambini non possono andare a scuola. Oltre al rispetto di numerose altre regole a tutela della sicurezza, vengono evitati tutti i luoghi in cui possono essere rintracciati dal maltrattante e quindi vengono anche sospesi i rapporti e le frequentazioni con amici e parenti.

Tale condizione, che certamente preserva l'incolumità fisica delle persone, ne mette però certamente alla prova il benessere psicologico.

Per fornire un aiuto ulteriore durante il periodo di ospitalità, molti Centri forniscono supporto psicologico alla genitorialità alle mamme ospiti e sostegno educativo ai bambini ospiti.

8.3. Le attività di sensibilizzazione e formazione.

Nonostante siano passati ormai molti anni dall'apertura di Centri e Case delle Donne, le donne che lavorano nelle associazioni che li gestiscono non hanno rinunciato all'obiettivo iniziale di far emergere il problema della violenza nella sua reale entità, nominarlo e quantificarne i numeri.

Per questo motivo sono numerosissime le attività di sensibilizzazione realizzate dai Centri e dalle Case delle Donne su tutto il territorio nazionale, iniziative che mirano a porre l'attenzione sulle vittime, sulle dinamiche e, in generale, sulla disparità tra i sessi che ancora caratterizza molti aspetti della nostra società.

Le attività consistono in organizzazione di eventi culturali [198], così come nella

---

tende l'esperire da parte del bambino/a qualsiasi forma di maltrattamento compiuto attraverso atti di violenza fisica, verbale, psicologica,sessuale ed economica su figure di riferimento o su altre figure affettivamente significative adulte o minori. Il bambino può farne esperienza direttamente (quando essa avviene nel suo campo percettivo), indirettamente (quando il minore è a conoscenza della violenza), e/o percependone gli effetti. Si include l'assistere a violenza di minori su altri minori e/o su altri membri della famiglia e ad abbandoni e maltrattamenti ai danni di animali domestici», in *cismai.it/wp-content/uploads/2015/02/Requisiti_Interventi_Violenza_Assistita_Madri1999.pdf*.

[198] A titolo esemplificativo, la Casa delle Donne per non subire violenza di Bologna organizza ogni anno, in occasione del 25 Novembre Giornata Internazionale contro la violenza alle donne, una iniziativa denominata Festival La Violenza Illustrata in cui si parla di violenza su piani e livelli diversi e con iniziative che mettono in contatto ambienti differen-

partecipazione attiva alla vita sociale del territorio, nonché nel rapporto costante con le istituzioni affinché si continui a prendere progressivamente atto che è a fronte della disparità tra i generi che si producono dinamiche di prevaricazione.

Con lo stesso obiettivo, molti Centri svolgono numerose attività di formazione, rivolte prevalentemente agli operatori delle agenzie che vengono in contatto con le vittime di violenza: Forze dell'Ordine, personale sanitario, avvocati e magistrati.

È infatti di primaria importanza che il percorso di sostegno dall'uscita da una condizione di violenza venga fornito con professionalità e con la conoscenza delle caratteristiche specifiche delle dinamiche violente, evitando ogni situazione in cui la donna che chiede aiuto subisca una forma di vittimizzazione secondaria o *post crime victimization*[199] che non avrebbe altro risultato se non quello di farla sentire ancora in pericolo, ulteriormente danneggiata o di farla tornare dal maltrattante nella convizione che non esista una vera alternativa alle violenze subite.

8.4. Il Centro Antiviolenza a Bologna oggi.

La Casa delle Donne per non subire violenza Onlus, centro antiviolenza per Bologna e provincia – oggi Città Metropolitana – (con esclusione del Comune di Imola che ha un Centro Antiviolenza proprio) ha maturato una esperienza di oltre 25 anni e sviluppato numerosi servizi specifici per la tutela delle vittime.

L'associazione gestisce 4 strutture di ospitalità:

---

ti e spesso lontani. Ogni anno, per tutto il mese di Novembre, numerose associazioni partecipano all'iniziativa coordinata dalla Casa delle Donne con spettacoli, mostre, proiezioni, presentazioni di libri tutti inerenti al tema della violenza. Tutte le iniziative si trovano su *festivalviolenzaillustrata.blogspot.it*.

[199] Si intende generalmente per vittimizzazione secondaria la condizione di ulteriore sofferenza e oltraggio sperimentata dalla vittima in relazione ad un atteggiamento di insufficiente attenzione, o di negligenza, da parte delle agenzie di controllo formale nella fase del loro intervento che si manifesta con ulteriori conseguenze psicologiche e sociali sulla vittima. Ciò può avvenire a causa di operatori od operatrici dei diversi settori, ad es. sanitario o giudiziario, da parte delle istituzioni oppure a causa di una esposizione mediatica della vittima non voluta. Sul punto l'Assemblea Generale delle Nazioni Unite già nel 1986 ha formulato la "Dichiarazione dei principi basilari della giustizia per le vittime di reato e abuso di potere" (UN, 1986, risoluzione annuale 40/34) nella quale invita ad un trattamento rispettoso e compassionevole delle vittime di reato da parte della polizia e della magistratura, evidenziando la necessità di fornire alle vittime informazioni, assistenza adeguata e risarcimento, il tutto in tempi brevi. Questi principi hanno permeato tutta la legislazione internazionale successiva e sono stati anche espressamente richiamati nel testo della recente Convenzione di Istanbul adottata dal Consiglio d'Europa l'11 maggio 2011, ratificata dall'Italia ed entrata in vigore il 1° agosto 2014. Si vedano i capitoli della citata Convenzione ai numeri 18-19-21-30 – *http://www.coe.int/it/*.

– una casa di emergenza con 6/9 posti letto dove le donne possono entrare immediatamente dopo un episodio violento, anche con i loro figli, tramite le Forze dell'Ordine o i Servizi Sociali; in questa struttura le donne possono essere ospitate per il periodo massimo un mese [200];
– tre case rifugio ad indirizzo segreto con 18 posti letto totali, dove le donne vengono ospitate, anche con i loro figli, dopo avere concordato l'ingresso con l'operatrice del Centro Antiviolenza; in queste strutture le donne possono essere ospitate per un periodo di 6-8 mesi [201].

L'associazione gestisce altresì n. 8 alloggi c.d. di transizione o semi-autonomia: si tratta di alloggi in cui le donne possono essere ospitate per un periodo massimo di 2 anni, per i quali versano un piccolo contributo economico (a differenza di tutti gli altri servizi forniti dal Centro che sono gratuiti) [202].

Il periodo di accoglienza totale, dall'emergenza fino alla semi-autonomia, può arrivare a 2 anni e 9 mesi, periodo ritenuto sufficiente affinché una donna possa portare positivamente a compimento il proprio percorso di uscita dalla condizione di violenza e ricostruire la propria esistenza con riguardo ad ogni aspetto prioritario: l'incolumità personale, la condizione psicologica e gli aspetti economici e abitativi.

Le operatrici del Centro, in applicazione della metodologia condivisa e sviluppata nel corso degli anni, offrono sostegno e accolgono le donne del territorio e, occasionalmente, donne provenienti da altre regioni, svolgendo colloqui di sostegno singoli o di gruppo [203].

Le psicologhe del Servizio Minori svolgono percorsi di sostegno alla genitorialità alle mamme ospiti e, nell'ambito del Progetto denominato "Piccoli Ospiti", forniscono supporto educativo ai minori ospiti nelle case rifugio.

Sono numerosi i progetti di sensibilizzazione svolti nell'ambito di tale Servizio, frequentemente nelle scuole.

La Casa delle Donne per non subire violenza Onlus di Bologna vanta poi un'esperienza ventennale nell'aiuto alle donne che escono dalla tratta e dalla

---

[200] Tutti i dati relativi all'ospitalità, all'accoglienza e ai servizi forniti sono disponibili sul sito dell'associazione *www.casadonne.it* e vengono pubblicati ogni anno. Nell'anno 2015 la casa di emergenza ha ospitato 31 donne e 39 minori.

[201] Nell'anno 2015 le case rifugio hanno ospitato 19 donne e 16 minori.

[202] Nell'anno 2015 gli alloggi di transizione hanno ospitato 13 donne e 7 minori.

[203] La Casa delle Donne di Bologna nel corso dell'anno 2015 ha aiutato, accolto, ospitato e sostenuto in totale 753 donne, di cui 606 si sono rivolte al centro per la prima volta e 147 erano già in percorso dall'anno precedente. A queste si aggiungono 249 segnalazioni telefoniche pervenute da soggetti diversi dalla donna – Forze dell'Ordine, parenti, insegnanti – che vengono comunque gestite da un'operatrice che fornisce indicazioni per il sostegno e informazioni operative.

prostituzione coatta. È infatti sin dal 1995 che è stato costituito il progetto OLAS – Oltre la strada per il sostegno e la protezione delle donne che vengono costrette a prostituirsi. L'associazione, tramite personale specifico, gestisce un'ulteriore casa rifugio ove le donne vengono accolte, nell'ambito del percorso istituzionale previsto dalla normativa vigente[204].

Sono poi stati costituiti nel tempo specifici settori che si occupano della formazione e della promozione.

Dalla sua apertura nel 1990, la Casa delle Donne per non subire violenza ha aiutato 10.446 donne[205].

Da questo e dalla semplice lettura degli altri dati, è facile comprendere come le attività svolte siano estremamente rilevanti per l'intera società. In tal senso è necessario riconoscere come i Centri Antiviolenza e le Case rifugio su tutto il territorio nazionale si facciano carico di attività e servizi fondamentali e che la gestione al di fuori del servizio pubblico, pur riguardando come detto un fenomeno che colpisce ad ogni livello l'intera società, consente di fornire una risposta meno "burocratizzata". Nel tempo si è infatti reso evidente che il tentativo di rendere formale l'intervento a sostegno delle vittime, con l'introduzione di percorsi rigidi e precostituiti, obblighi di segnalazione o di comunicazione dei propri dati allontanano le vittime e diminuiscono le richieste di aiuto. La forza dei Centri rimane la garanzia di accogliere liberamente e in totale anonimato, lasciando libere le donne di seguire i propri tempi per arrivare alla decisione di chiedere un aiuto concreto.

Per comprendere l'importanza del lavoro dei Centri Antiviolenza e delle Case delle donne è però necessario avere una chiara conoscenza dell'entità del fenomeno della violenza di genere nel nostro paese e, a tal fine, è opportuno fare riferimento alle indagini statistiche svolte dall'ISTAT nel 2006 e nel 2014 che hanno fornito un contributo qualificato e specifico per poter riflettere sull'entità, la gravità e le conseguenze della violenza[206]. I risultati della prima indagine fecero scalpore, considerando i numeri elevatissimi emersi dalla ricerca e la chiara consapevolezza che, in ogni caso e nonostante tali esiti, il fenomeno rimane in parte sottostimato. L'indagine Istat ha, per la prima volta per quanto riguarda il nostro paese, fatto luce ufficialmente su quanto i Centri rilevavano già da anni circa la diffusione del problema e la trasversalità della violenza che colpisce donne di ogni età, provenienza, ceto sociale ed economico. I dati forniti costituiscono un ottimo strumento di riflessione e valutazione anche delle diverse modalità con cui la violenza si manifesta.

---

[204] Nel corso dell'anno 2015 il progetto Olas ha seguito i percorsi di 25 donne sottratte alla tratta di essere umani, che si sono aggiunte alle 11 donne in percorso dall'anno precedente.

[205] Numero di donne assistite nel periodo dal 1990 al 31 dicembre 2015.

[206] Cfr. *www.istat.it*.

Sempre ai fini di una presa di coscienza con una ulteriore riflessione sui risvolti economici che la violenza contro le donne produce nel contesto sociale, è opportuna la consultazione della ricerca effettuata dall'associazione INTERVITA (oggi WE WORLD ONLUS) nel 2013, proprio sulla base dei dati emersi dall'indagine ISTAT del 2006. La ricerca è stata effettuata con l'obiettivo di stimare il costo che la società sopporta a causa della violenza in termini di spese sanitarie, giudiziarie e, in generale, di costi pubblici: la quantificazione cui si è giunti ammonta a quasi 17 miliardi euro[207]. L'indagine è partita dal presupposto che l'analisi dei costi che la società deve sostenere come conseguenza della violenza sulle donne possa essere utile per favorire una migliore presa di coscienza del fenomeno e, soprattutto, perché vengano promosse politiche pubbliche di contrasto più incisive. Con questo obiettivo sono state analizzate le diverse categorie di costi diretti sostenuti dalla collettività (sanitari, farmaci, ordine pubblico, giudiziari ecc.), ai quali sono stati aggiunti i costi del lavoro per mancata produttività delle donne vittime di violenza. La ricerca stessa dà atto della necessità di una puntuale raccolta e aggiornamento di tali dati, consigliata anche dalla letteratura internazionale, che in Italia non viene effettuata (quella citata è la prima ricerca avente questo tema) e della necessità di agire in prevenzione, investendo risorse che nel lungo periodo potrebbero ridurre i costi diretti come conseguenza della riduzione del fenomeno. Infine, nonostante i risultati diano atto di un costo elevatissimo per l'intera collettività, è la stessa ricerca a rilevare come tali risultati siano certamente sottostimati, come in genere lo sono i dati relativi alla violenza contro le donne.

In tema di rilevazioni e ricerche, la Casa delle donne per non subire violenza di Bologna è stata la prima associazione in Italia a raccogliere i dati sul femicidio[208]. Il gruppo di volontarie si è costituito nell'anno 2005, molto prima che il termine femicidio diventasse di uso comune, e da allora raccoglie dalla stampa le notizie relative ai femicidi commessi sul territorio nazionale. I dati vengono pubblicati tramite un apposito *blog* e ogni anno in versione cartacea grazie al contributo economico della Regione Emilia Romagna[209]. Solo negli ultimi anni,

---

[207] La ricerca di Intervita "Quanto cosa il silenzio? Indagine nazionale sui costi economici e sociali della violenza contro le donne" è disponibile digitando *http://www.edvitaly-project.unimib.it/wp-content/uploads/2015/10/Quanto-Costa-Il-silenzio_Intervita_2013.pdf.*

[208] Con femicidio si intendono tutte le uccisioni di donne avvenute per motivi di genere, quindi a prescindere dallo stato o meno di mogli. L'utilizzo di un termine specifico per identificare l'evento dell'uccisione della donna serve anche per distinguere tale esito estremo da quelli che rientrano nella generale categoria di femminicidio e che coincidono con ogni pratica sociale violenta fisicamente o psicologicamente, che attenta all'integrità, allo sviluppo psicofisico, alla salute, alla libertà o alla vita delle donne, col fine di annientarne l'identità attraverso l'assoggettamento fisico e/o psicologico – definizione tratta da Ricerca sui femicidi in Italia 2011 Casa delle Donne per non subire violenza.

[209] *https://femicidiocasadonne.wordpress.com.*

grazie anche all'attenzione della stampa, si è potuto mettere in evidenza il gravissimo ripetersi dei numerosi episodi di femicidio e solo di recente si è sentita la necessità di avere dati ufficiali disaggregati rispetto a quelli generali che il Ministero dell'Interno raccoglie rispetto alla commissione di omicidi[210].

8.5. I Centri in rete: il Coordinamento regionale dei Centri Antiviolenza e delle Case delle Donne – l'Associazione Di.re.

Sin dalla costituzione dei primi Centri Antiviolenza è nata l'esigenza di confrontarsi per condividere punti di vista e metodologie di accoglienza delle donne, per portare avanti un confronto sempre nell'ottica di ben individuare il fenomeno della violenza di genere e per condividere politiche comuni anche nel rapporto con i referenti istituzionali.

I Centri nati in Emilia Romagna hanno cominciato a confrontarsi sin dalla seconda parte degli anni '90, decidendo di costituirsi in una vera e propria associazione nel 2009[211].

Il Coordinamento emiliano romagnolo svolge numerose importanti attività, tra le quali spicca quella svolta dall'Osservatorio per la raccolta dei dati dei Centri e la pubblicazione annuale di tali dati.

Sin dall'inizio delle attività, si è capito che la puntuale raccolta dei dati svolta di anno in anno consente, oltre che di comprendere la vastità del fenomeno, anche di rilevarne i cambiamenti, di affrontare nuove forme di violenza o capire quali siano i mutamenti che intervengono anche in seguito ad eventi globali come, ad esempio, l'immigrazione[212].

Il Coordinamento dei Centri dell'Emilia Romagna partecipa inoltre a campagne e ad iniziative di sensibilizzazione.

Il confronto tra i Centri avviene anche a livello nazionale e sin dal 2008 esiste l'associazione Di.re – Donne in rete contro la violenza che ad oggi riunisce 76 Centri e Case delle Donne sparsi sull'intero territorio nazionale[213].

L'associazione Dire svolge una intensa attività politica, di sensibilizzazione, analisi e confronto sul fenomeno della violenza di genere, mediante lo svolgi-

---

[210] Per molti anni, il Centro antiviolenza bolognese è stata l'unica associazione a raccogliere tali dati, che sono stati utilizzati in molte sedi anche istituzionali, ma è evidente che la possibilità di raccogliere solo i dati dalla stampa pregiudica la precisione e la puntualità dei risultati. Capita, infatti, che alcuni episodi di scomparsa si dimostrino successivamente essere stati femicidi o che le notizie non vengano diffuse se non sulla stampa locale, pregiudicando così la possibilità per le volontarie di reperire l'informazione.

[211] Cfr. *www.centriantiviolenzaer.it.*

[212] Cfr. *http://www.centriantiviolenzaer.it/index.php/dati-e-pubblicazioni/dati.*

[213] Cfr. *www.direcontrolaviolenza.it.*

mento di gruppi di lavoro specifici e la partecipazione a progetti ed eventi.

La collaborazione ed il confronto tra i Centri, sia all'interno delle singole regioni che a livello nazionale, ha consentito nel tempo anche lo svolgimento di attività condivise di sostegno concreto a donne costrette a trasferirsi da una città ad un'altra per proteggere la propria incolumità.

La fattiva collaborazione consente pertanto di fare fronte comune contro ogni atto di violenza compiuto per questioni di genere, con l'intento comune di continuare a porre l'attenzione su ogni singola prevaricazione subita dalle donne in quanto donne.

Dalla possibilità di lavorare in rete emerge ancora oggi una profonda diversità di risorse sul territorio nazionale e la difficoltà per molti Centri e Case delle Donne di reperire i fondi necessari per portare avanti la propria attività. A fronte di territori ove i Centri sono presenti in alto numero (ad esempio l'Emilia Romagna) e svolgono numerosi servizi, vi sono ancora regioni ove per Centro antiviolenza si intende un piccolo gruppo di volontarie che fornisce una risposta telefonica, senza altra possibilità di dare sostegni concreti, né ospitalità. La carenza di risorse rimane il principale problema per le associazioni che gestiscono i Centri e le Case delle donne.

Bibliografia

CREAZZO G., *Perché non denuncia? Prospettive internazionali: i risultati della ricerca in Italia, Spagna, Romania e Inghilterra*, in AA.VV., *Se le donne chiedono giustizia. Le risposte del sistema penale alle donne che subiscono violenza nelle relazioni di intimità: ricerca e prospettive internazionali*, Bologna, 2012.

CRETELLA C., *Un posto per ricominciare. Un ventennio con la Casa delle Donne*, Bologna, 2011.

sito ufficiale Casa delle Donne per non subire violenza di Bologna: *www.casadonne.it*

sito ufficiale CISMAI: *www.cismai.it*

sito ufficiale Consiglio d'Europa: *www.coe.int*

sito ufficiale ISTAT: *www.istat.it*

sito ufficiale Coordinamento Regionale Centri Antiviolenza dell'Emilia Romagna: *www.centriantiviolenzaer.it*

sito ufficiale associazione Donne in Rete contro la violenza: *www.direcontrolavio lenza.it*

9. Dagli stereotipi alle diseguaglianze di genere: un passo che si può (e si deve) evitare *

9.1. Che cos'è uno stereotipo.

Nell'uso standard contemporaneo della lingua italiana, il termine *stereotipo* indica una rappresentazione semplificata e schematica di uno stato di cose o di un evento, di un luogo, di un gruppo sociale, basata su una generalizzazione che prescinde dall'osservazione diretta dei singoli casi e addirittura la precede. Il termine è tendenzialmente usato in accezione negativa, per marcare la scarsa corrispondenza alla realtà di immagini, parole, credenze, opinioni, una scarsa corrispondenza che viene considerata come non desiderabile perché foriera di inganno e/o di una visione deformata e spesso peggiorativa della realtà[214]. Qualche esempio: *crede che io incarni lo stereotipo del professore, ma non è così*, si dice per prendere le distanze da un insieme di attese pregresse sui professori in generale, che si presumono negative; *Frank ha una capacità di empatia che non ti aspetteresti da uno nato e cresciuto in Germania*, si dice per segnare la differenza tra Frank e lo stereotipo sui tedeschi che li ritrae come freddi e poco empatici.

La parola *stereotipo* – la cui etimologia risale al greco antico *stereós*, che voleva dire rigido, e *týpos*, che voleva dire impronta – nacque alla fine del Settecento nell'ambiente della tipografia francese, per indicare la riproduzione di immagini a stampa per mezzo di forme fisse[215]. Nel Novecento il concetto fu introdotto nelle scienze sociali dal giornalista statunitense Walter Lippmann, il quale, in un celebre saggio sull'opinione pubblica uscito per la prima volta nel 1922, dedicò un intero capitolo, il terzo, agli stereotipi[216].

---

* Di Giovanna Cosenza.

214 Questa sintesi del significato che oggi la parola *stereotipo* ha nell'uso ordinario della lingua italiana proviene, oltre che dalla mia competenza di parlante nativa, dalla consultazione ragionata e incrociata di almeno tre dizionari aggiornati, come sempre si fa per affrontare in modo metodologicamente rigoroso ogni analisi linguistica, semiotica o filosofica della semantica del linguaggio ordinario e del senso comune. Cfr. T. DE MAURO, *Dizionario italiano De Mauro – Vocabolario online della lingua italiana*, disponibile sul sito della rivista *Internazionale* all'indirizzo *http://dizionario.internazionale.it*; G. DEVOTO-G.C. OLI, *Il Devoto-Oli digitale 2016. Vocabolario della lingua italiana*, a cura di L. Serianni-M. Trifone, Milano, 2016: N. ZINGARELLI, *Lo Zingarelli 2016. Vocabolario della lingua italiana*, a cura di M. Cannella-B. Lazzarini, Bologna, 2016.

215 Il conio della parola è di solito attribuito all'incisore e stampatore francese Firmin Didot (1764-1836).

216 Cfr. W. LIPPMANN, *Public Opinion*, New York, 1922 (trad. it. *L'opinione pubblica*, Roma, 1995).

Da allora, in ambito accademico-scientifico la nozione di stereotipo è usata in alcuni settori della psicologia (soprattutto nella psicologia cognitiva e in quella sociale) e nelle scienze sociali (sociologia, scienze politiche, politologia, massmediologia). La psicologia sociale e le scienze sociali mettono l'accento, naturalmente, sul ruolo che gli stereotipi svolgono nelle relazioni fra i gruppi umani e al loro interno. Quest'attenzione è particolarmente rilevante per una riflessione sul nesso fra stereotipi e disuguaglianze di genere, perché le disuguaglianze di genere riguardano interi gruppi sociali, siano essi composti da donne o da persone LGBT. Perciò propongo di selezionare, dagli usi ordinari del concetto di stereotipo, solo quelli che lo riferiscono ai gruppi sociali. E propongo questa definizione: uno stereotipo è un insieme rigido e semplificato di caratteristiche o tratti che i/le componenti di un certo *gruppo sociale* attribuiscono a *un altro gruppo sociale*, considerandolo come un insieme unico, indistinto e privo di eccezioni (è questa l'operazione cognitiva della *generalizzazione*), senza fare nessun approfondimento né ragionamento critico, né tantomeno verifica empirica, su eventuali differenze, sfumature ed eccezioni che possano esserci all'interno di quel gruppo sociale. Detto in altri termini e riprendendo l'etimologia della parola: uno stereotipo è un'impronta (*týpos*) che appiattisce una moltitudine di esseri umani in un *unicum* rigido (*stereós*), un'impronta che si ripete identica a se stessa, incurante delle differenze e dei cambiamenti che la realtà di quella moltitudine di fatto manifesta.

Questa definizione dà conto, ad esempio, di come funzionano gli stereotipi sui *caratteri nazionali*, per cui i tedeschi sarebbero "freddi e razionali", i parigini "snob", gli italiani "grandi amatori"; di come funzionano gli stereotipi sulle *professioni*, per cui gli ingegneri sarebbero "rigidi", i professori "pedanti", e così via; di come funzionano gli stereotipi *di genere* su donne eterosessuali, uomini eterosessuali, persone gay e di altri orientamenti sessuali, stereotipi secondo i quali, ad esempio, le donne sarebbero "materne", "più emotive degli uomini", "meno inclini agli studi scientifici", mentre gli uomini sarebbero "più capaci di controllare le emozioni", "poco inclini all'accudimento" e così via; i gay, dal canto loro, sarebbero "permalosi", ma anche "più sensibili" dei maschi etero, e via dicendo. In tutti questi casi, si attribuisce a un gruppo sociale, in modo rigido e ripetitivo (gli stereotipi difficilmente cambiano), una serie di tratti o caratteristiche generalissime, che trattano il gruppo come un'unità indistinta, senza verificare se ci siano differenze, sfumature o eccezioni all'interno del gruppo né tanto meno ragionare sulla possibilità che ci siano. Si noti inoltre che i vari tratti stereotipati sono attribuiti ai gruppi sociali da altri gruppi sociali (cosa pensano e dicono i tedeschi degli italiani e viceversa, cosa pensano e dicono gli uomini delle donne e viceversa); ma sono anche gli/le stessi/e componenti dei vari gruppi ad attribuire a loro stessi alcuni tratti stereotipati (come gli italiani, i tedeschi, gli ingegneri, le donne, gli uomini eccetera si autorappresentano).

Non c'è una differenza sostanziale, insomma, fra l'uso ordinario del concetto di stereotipo, quando è riferito a gruppi umani, e l'uso che se ne fa nell'ambito delle scienze sociali, le quali hanno avuto dunque il merito di assumere buona parte del senso comune e renderne conto in modo sistematico.

9.2. Il nesso fra stereotipi e pregiudizi.

È interessante il rapporto fra la nozione di stereotipo e quella di *pregiudizio*, un rapporto che si ritrova tanto nel senso comune quanto nelle discipline psicologiche e sociali che trattano di stereotipi. Anche se i due concetti sono spesso sovrapposti, propongo di mantenerli distinti, seguendo in tal modo la ricognizione che su questo tema ha fatto lo psicologo sociale Bruno Mazzara[217]. In questa prospettiva, gli stereotipi (secondo la definizione vista sopra) sono l'insieme di tratti o caratteristiche (generali, rigide e ripetute) che stanno alla base della formulazione di pregiudizi, ovvero ne costituiscono il "*nucleo cognitivo*"[218]. I pregiudizi, dal canto loro, sono giudizi *pre-*, vale a dire giudizi che o *pre*-cedono l'esperienza e l'osservazione diretta da parte di chi li formula, o *non* sono basati su dati empirici sufficienti a formularli. In questi termini, tuttavia, la differenza fra stereotipi e pregiudizi non è ancora chiara, e in effetti, come dicevo, molti studiosi li trattano in modo abbastanza intercambiabile.

La differenza fondamentale per cui invece ritengo sia importante mantenere i due concetti ben distinti, non solo per rendere più rigorosa e coerente l'analisi, ma per evitare che gli stereotipi introducano nella realtà sociale – come spesso accade – disuguaglianze e discriminazioni, è questa: mentre gli stereotipi possono (anzi, come vedremo, dovrebbero il più possibile) *non* implicare un giudizio di valore, i pregiudizi portano sempre con sé una valutazione di qualche tipo, e questa può essere positiva, ma più spesso è negativa. Non solo: proprio perché carichi di valutazioni, i pregiudizi riescono a uscire dalla pura sfera cognitiva per orientare le azioni e i comportamenti concreti delle persone nei confronti dei gruppi sociali a cui sono rivolti.

Se ad esempio dico *i tedeschi amano le regole e l'ordine, sono dotati di senso pratico, sono efficienti e affidabili* esprimo una serie di stereotipi comunemente condivisi, nella nostra cultura, sul carattere nazionale dei tedeschi, stereotipi che ancora si mantengono abbastanza – ed entro certi limiti –[219] neutri dal punto di

---

[217] Cfr. B. MAZZARA, *Stereotipi e pregiudizi*, Bologna, 1997.

[218] Cfr. *ivi*, 19.

[219] Dico «abbastanza ed entro certi limiti» perché è chiaro che le caratteristiche di efficienza e affidabilità sono in molti casi valutate positivamente. Ma possono anche essere giudicate negativamente, in contesti in cui ad esempio si valorizzino la fantasia, la capacità di rompere le regole, di sorprendere, e così via.

vista dell'attribuzione di valore. Mi limito cioè a caratterizzare il popolo tedesco – che tratto come un insieme unico e privo di eccezioni – attraverso alcuni tratti stereotipati, ma *non giudico* i tedeschi in modo positivo o negativo per questi tratti, né esprimo un giudizio sulla desiderabilità, bontà, utilità, bellezza eccetera di ciascuna caratteristica stereotipata che attribuisco ai tedeschi. Se invece dico che, come conseguenza dei tratti appena elencati, *i tedeschi sono privi di calore umano, troppo rigidi e spesso noiosi*, allora non mi limito a esprimere un insieme di stereotipi, ma do anche un giudizio di valore – negativo – sul modo di essere dei tedeschi. Come conseguenza di questa valutazione negativa, potrei allora decidere, per esempio, di non sedermi, durante una cena con commensali internazionali, accanto a una persona di nazionalità tedesca, perché mi aspetto pregiudizialmente che la conversazione con quella persona possa essere noiosa: si tratterebbe di una discriminazione di poco conto, ma sarebbe pur sempre una discriminazione basata su un giudizio che non solo *pre*-cede l'esperienza, ma m'impedisce di fare esperienza diretta di quella persona per scoprire com'è fatta realmente. Analogamente, da stereotipi su certi fatti della Seconda guerra mondiale possono nascere pregiudizi ben più pesanti, che portano alcuni a insultare persone di nazionalità tedesca dando loro del *nazista* e analoghi, e ad adottare comportamenti discriminatori anche violenti.

Prima di passare ad alcuni stereotipi di genere, vediamo un altro esempio sui caratteri nazionali. Se dico *gli italiani sono molto orientati alla famiglia*, esprimo uno stereotipo ancora abbastanza lontano da qualunque giudizio di valore, positivo o negativo che sia; se invece dico *gli italiani sono un popolo generoso e accogliente*, non esprimo solo tratti stereotipati, ma do anche un giudizio che tendenzialmente, salvo casi specifici, è positivo; se infine dico *gli italiani sono inaffidabili, disordinati e disonesti* il giudizio è nettamente negativo e può portare a comportamenti discriminatori di diverso tipo e livello di gravità: posso infatti decidere di non prestare soldi, non offrire un lavoro, non affidare nulla di mio a una persona di nazionalità italiana, solo e semplicemente sulla base del pregiudizio appena detto, senza immaginare che quella persona possa essere molto diversa dallo stereotipo. I pregiudizi, insomma, specie se intrisi di valutazioni negative, possono produrre azioni discriminatorie anche pesanti contro il gruppo sociale a cui sono rivolti.

Vediamo infine come distinguere stereotipi e pregiudizi nel caso dei generi sessuali. Se dico *le donne sono più inclini degli uomini alla cura e all'accudimento*, esprimo uno stereotipo tutto sommato ancora abbastanza neutro, cioè indipendente da qualunque giudizio di valore (anche se, a seconda dei casi, ci sarà chi valuta positivamente e chi negativamente l'essere o meno incline all'accudimento). Tuttavia, il passo verso una valutazione pregiudiziale in qualche modo e misura differenziante e discriminatoria per le donne (e gli uomini) diventa breve, se pensiamo che questi stereotipi sono alla radice della credenza diffusa che le donne siano più adatte a professioni di cura come la maestra di scuola materna, l'insegnante di scuola primaria e secondaria, l'assistente sociale, l'operatrice sanitaria eccetera; non a caso a questa credenza poi corrisponde, in molte società fra cui la nostra, il fatto concreto che queste professioni siano effettivamente svolte, in stragrande maggioranza, da donne. Il che è discriminatorio sia per le donne sia per gli uomini, visto che da decenni molti studi evidenziano come una distribuzione di ruoli più paritetica fra donne e uomini in queste professioni avvantaggerebbe tutti, i professionisti, le professioniste, ma soprattutto chi beneficia del loro lavoro: allievi/e delle scuole di ogni ordine e grado, assistiti/e, pazienti, ecc.[220].

Un discorso analogo vale per uno stereotipo come *le donne sono meno inclini agli studi tecnico-scientifici degli uomini*: questo stereotipo porta, fin delle scuole primarie, a pregiudizi tendenzialmente negativi – da parte di genitori, parenti, insegnanti – sulle capacità delle bambine e delle ragazzine in matematica, geometria, fisica, scienze e affini; i pregiudizi negativi finiscono quindi per essere condivisi dalle stesse bambine e ragazzine che, fin dalla più tenera età, si convincono di avere poca attitudine per le materie tecnico-scientifiche[221]; non c'è infine da stupirsi se, in moltissimi paesi del mondo fra cui il nostro, di fatto si registri una scarsa presenza femminile sia negli studi universitari sia nelle professioni tecnico-scientifiche[222].

---

[220] Secondo gli ultimi dati Eurostat (aprile 2016), in Europa sono donne l'85% di insegnanti nelle scuole primarie, il 68% nelle secondarie di primo grado, il 60% nelle secondarie di secondo grado. La situazione si ribalta nelle università, dove solo il 41% di docenti sono donne. A queste statistiche corrisponde una svalutazione sociale dell'insegnamento dalle materne alle scuole secondarie di secondo grado, e viceversa una maggiore valutazione dell'insegnamento universitario. Per le indagini Eurostat, cfr. i dati all'indirizzo *http://ec.europa.eu/eurostat/statistics-explained/index.php/Education_and_training_in_the_EU_ _facts_and_figures* (ultima consultazione 5 agosto 2016). Sulla progressiva femminilizzazione e sul progressivo screditamento dei vari ordini e gradi di insegnamento in Italia dal secondo dopoguerra a oggi, cfr. S. ULIVIERI, a cura di, *Essere donne insegnanti. Storia, professionalità e cultura di genere*, Torino, 1996; E. DE CONCILIIS, *La riproduzione (del) femminile. Una riflessione socio-politica sul ruolo delle donne nella scuola italiana degli ultimi decenni*, in *Storia delle donne (8), Firenze, 2012, pp. 39-56,* reperibile all'indirizzo *http://www.fupress.net/index.php/sdd/article/view/11890* (ultima consultazione 5 agosto 2016).

[221] È questa, in ambito scolastico, la cosiddetta "profezia che si autorealizza" o "effetto Pigmalione", di cui si parla fin dal celebre lavoro di R. ROSENTHAL-L. JACOBSON, *Pygmalion in the Classroom. Teacher Expectation and Pupils'Intellectual Development*, New York, 1968 (trad. it. *Pigmalione in classe*, FrancoAngeli, Milano, 1972).

[222] Negli ultimi anni in Europa e negli Stati Uniti si sono moltiplicate le iniziative, pubbliche e private, per incoraggiare le bambine, le ragazze e le giovani donne a fare studi tecnico-scientifici. Fra gli esempi più longevi, cfr. il programma "For Women in Science", nato nel 1998 da una partnership fra l'Unesco e la multinazionale L'Oréal (*http://www.fwis.fr/en/user_session/new*). Secondo l'ultima indagine quali-quantitativa (febbraio 2016) finanziata da "For Women in Science" e condotta dall'istituto di ricerca francese Opinio-

Per ciascuno di questi esempi il passaggio da una generalizzazione stereotipata a un'attribuzione di valore, positiva o negativa, è molto sfumato, scivoloso, facile a farsi, e spesso dipende dal contesto: la stessa attribuzione stereotipata può infatti, a seconda del caso, essere valorizzata positivamente o negativamente da chi la esprime, da chi la ascolta e/o da chi la riceve. Si può parlare ad esempio della presunta "propensione all'accudimento" delle donne in termini positivi e addirittura entusiastici, come si possono rilevare i problemi e svantaggi che porta alle donne, in termini individuali e/o sociali, ma anche agli uomini, privandoli a priori di esperienze di cura, in famiglia e nella professione. Assai più difficile è parlarne in termini che restino puramente descrittivi, equilibrati e neutrali, vale a dire indipendenti da giudizi di valore. La stessa considerazione si può fare, a ben vedere, su quasi qualunque generalizzazione stereotipata, il che vuol dire che, in generale, è di fatto assai difficile che gli stereotipi, per quanto concettualmente distinti dai pregiudizi, non sconfinino immediatamente in qualche pregiudizio e nei comportamenti che ne seguono.

9.3. Gli stereotipi sono in una certa misura necessari e come tali vanno accettati.

A cosa serve, allora, mantenere distinti per via di analisi stereotipi e pregiudizi, se è così facile che, nel linguaggio ordinario, nel senso comune e nella pratica di tutti i giorni, si fondano e confondano? A evitare (o combattere, qualora sia già avvenuto) il passaggio dagli stereotipi alle disuguaglianze, dicevamo. Vediamo come.

Innanzi tutto va detto che la mente umana non può fare a meno di produrre stereotipi. Il processo cognitivo che sta alla base della loro formazione è, infatti, parente stretto di quello che ci permette operazioni fondamentali come imparare a parlare quando siamo bambini, attribuire significati alle parole, organizzare l'esperienza e la percezione del mondo in categorie, vale a dire in insiemi di elementi che riconosciamo come simili e ai quali diamo lo stesso nome. Faccio un esempio. È solo grazie al fatto che un/a bambino/a riesce a selezionare e astrarre alcune caratteristiche comuni dalla miriade di differenze che percepisce fra, diciamo, il gatto di casa (un tigrato grigio), quello del piano di sotto (un persiano bianco) e quello della casa di fronte (un gatto nero),

---

nWay su un campione di persone italiane, francesi, spagnole, tedesche, inglesi, rappresentativo per genere, età, categoria socio-professionale, regione di provenienza, il 67% degli/delle intervistati/e pensa che le donne abbiano meno capacità per diventare scienziate di alto livello, perché mancano di perseveranza, senso pratico, capacità analitiche e razionali. L'indagine è disponibile all'indirizzo: *http://www.opinion-way.com/pages/expertise-etudes.php* (ultima consultazione 5 agosto 2016).

che un po' alla volta riesce a chiamare "gatto" i tre animali che, pur diversissimi fra loro, sono tutti e tre ripetutamente associati, dagli adulti che lo/a circondano, alla configurazione sonora "gatto" (che in linguistica e semiotica si chiama *significante*). È un lavoro cognitivo di attenzione selettiva verso i tratti percettivi comuni (alcune parti del gatto, il miagolio, certi comportamenti), a scapito delle numerosissime differenze che pure ci sono (altre parti del gatto, il colore del pelo, le dimensioni della coda), un lavoro assai simile a quello che sta alla base della formazione di stereotipi.

Questa somiglianza è ampiamente e trasversalmente riconosciuta, da decenni, nei più svariati settori disciplinari che si occupano di mente, linguaggio, segni, significato. Faccio solo qualche esempio. In psicologia cognitiva numerose ricerche, fin dai lavori di Gordon W. Allport negli anni Cinquanta del secolo scorso[223], hanno mostrato come, alla radice del processo cognitivo di formazione degli stereotipi, ci siano le stesse operazioni di *semplificazione*, *generalizzazione* e *astrazione* che sono coinvolte in tutto il funzionamento della mente umana, dall'apprendimento della lingua madre all'organizzazione dell'esperienza in categorie, fino ai ragionamenti più astratti. In filosofia analitica del linguaggio, fin dai primi anni Settanta, Hilary Putnam[224] evidenziava la centralità degli stereotipi per la comprensione del significato delle parole, pur caratterizzandoli come «*idee convenzionali, spesso cattive (e a volte estremamente imprecise)*»[225]. Sempre allo stesso periodo risale, in semiotica, l'introduzione nell'analisi del significato, da parte di Umberto Eco, del concetto di *sceneggiatura*, mutuato dagli studi di intelligenza artificiale che all'epoca parlavano di *frame*[226]: una *sceneggiatura comune* per Eco è uno «*schema di azione e di comportamento prestabilito*»[227] in una *situazione tipica, standard, comune* appunto (andare al cinema, fare la spesa al supermercato, prendere il treno, scrivere un testo al computer, e così via). Ora, la rappresentazione di questi schemi di azione standard è cruciale per l'attribuzione e comprensione del significato di molti tipi di segni (immagini, parole, frasi, gesti) e, anche se il concetto semiotico di sceneggiatura non coincide con la nozione di stereotipo elabo-

---

[223] Cfr. G.W. ALLPORT, *The Nature of Prejudice*, Boston, 1954 (trad. it. *La natura del pregiudizio*, Firenze, 1973).

[224] Cfr. H. PUTNAM, *The Meaning of 'Meaning'*, in PUTNAM, *Mind, Language and Reality*, London, 1975, 215-271 (trad. it. *Il significato di 'significato'*, in PUTNAM, *Mente, linguaggio e realtà*, Milano, 1987, 239-297).

[225] Cfr. H. PUTNAM, trad. it. "*Il significato di 'significato'*", in ID., *Mente, linguaggio e realtà*, cit., 274.

[226] Cfr. U. ECO, *Trattato di semiotica generale*, Milano, 1975. Per elaborazioni più recenti, cfr. ECO, *Semiotica e filosofia del linguaggio*, Torino, 1984; U. ECO, *Kant e l'ornitorinco*, Milano, 1997.

[227] Cfr. U. ECO, *Semiotica e filosofia del linguaggio*, Torino, 1984, 70.

rata dalle scienze sociali, certo ne è la base: sceneggiature mediamente condivise, infatti, a furia di ripetersi, possono irrigidirsi fino a diventare stereotipi.

Tutto ciò porta a una conclusione: nonostante la tendenza ormai diffusa, tanto nel senso comune quanto nelle scienze sociali, a stigmatizzare gli stereotipi, a combatterli, a dire che vanno assolutamente abbandonati, in realtà come esseri umani non possiamo farne a meno. Senza la nostra capacità di semplificare, generalizzare e astrarre, infatti, non saremmo in grado di orientarci nel mondo, ci perderemmo in una confusione continuamente cangiante di differenze indistinguibili, non riusciremmo a ragionare e non avremmo nemmeno imparato la nostra lingua madre. Gli stereotipi danno stabilità al nostro assetto cognitivo e ci permettono di fare anticipazioni su persone, cose ed eventi nuovi, che altrimenti sarebbero del tutto imprevedibili e come tali disorientanti: come farne a meno?

9.4. Come evitare il passaggio dagli stereotipi alle disuguaglianze?

I problemi nascono da tre variabili fondamentali: (1) l'*ampiezza* della generalizzazione che fonda uno stereotipo, (2) la *quantità* e *qualità* dell'esperienza su cui si basa, (3) la sua *rigidità*. Per quel che riguarda la prima variabile: se uno stereotipo riguarda un insieme *molto vasto* di persone (tutte le donne ad esempio), la probabilità che sia sbagliato è ovviamente molto alta; se viceversa riguarda un gruppo più ristretto (le donne romagnole ad esempio), è meno probabile che porti a previsioni scorrette. Per la seconda variabile: se uno stereotipo non si basa su *nessuna* esperienza diretta da parte di chi lo formula (come spesso accade) o su una *scarsissima* esperienza diretta, è più probabile che porti a conclusioni scorrette; se invece si basa su un certo numero di esperienze dirette e specifiche, è probabile che anticipi qualcosa di vero (es: ho conosciuto numerose donne siciliane che non lavorano, si dedicano solo alla famiglia e hanno una grande capacità di accudimento, perciò, di fronte a una donna che non conosco, ma di cui so che proviene dalla Sicilia, anticipo che possa avere quelle caratteristiche). Per quel che riguarda, infine, la terza variabile: quanto più antico e duraturo è uno stereotipo, vale a dire quante più volte l'impronta è stata ripetuta nel tempo, tanto più difficile è che le persone che condividono quello stereotipo siano disposte a cambiarlo o abbandonarlo.

Ora, nel ragionare sulle prime due variabili, emerge un punto assai importante, spesso dimenticato o trascurato da chi condanna gli stereotipi in sé, senza soffermarsi sulle distinzioni appena viste: è il cosiddetto "*nocciolo di verità*" degli stereotipi [228], vale a dire il fatto che molti di essi, in qualche modo e

---

[228] Cfr. B. MAZZARA, *Stereotipi e pregiudizi*, Bologna, 1997, 21.

misura, colgono qualche aspetto della realtà che in effetti esiste. Magari la caratteristica stereotipata non vale per *tutti* i membri del gruppo cui è attribuita, ma solo per molti o alcuni (è il problema dell'ampiezza della generalizzazione); magari è una caratteristica che un tempo c'era e ora non c'è più, perché le cose sono cambiate (è il problema della rigidità). Ci sono poi anche casi in cui lo stereotipo, ovviamente, non ha nessun "nocciolo di verità", il che accade quando non si fonda su nessuna esperienza diretta da parte di nessuno, o su una scarsissima o grossolana esperienza diretta da parte di chissà chi: leggende, chimere, falsi miti su popolazioni, razze, etnie. Ma questi casi non devono far dimenticare, nella battaglia contro i pregiudizi, le disuguaglianze e le discriminazioni, che moltissimi stereotipi, in una certa misura ed entro certi limiti, possono anche esprimere, da qualche parte ed entro certi limiti, qualcosa di vero.

È dunque questa la conclusione cui volevo arrivare. È vero che fra stereotipi, pregiudizi e comportamenti discriminatori il passo è breve, e che per questo gli stereotipi vanno maneggiati con grande attenzione, ma non c'è battaglia contro gli stereotipi (né accademica, né sociale) che possa avere qualche chance di essere vinta, se si prescinde dalla consapevolezza – e dalla serena accettazione – del fatto che dagli stereotipi gli esseri umani non possono prescindere. Detto in altri termini, nessuno è immune dal produrre, formulare e applicare stereotipi, neanche l'intellettuale più raffinato, figuriamoci chi non eserciti il pensiero critico tutti i giorni per professione, le cosiddette persone comuni, per intenderci. È solo accettando serenamente il fatto che degli stereotipi nessuno fa a meno, che possiamo riconoscere e isolare più facilmente uno stereotipo anche, e soprattutto, quando sta in noi, non solo negli altri. Ed è solo dopo averlo riconosciuto e isolato, che possiamo riflettere in modo efficace sulla quantità e qualità di esperienza diretta da cui deriva (poca? nessuna? esperienza mia? di altri?), sulla sua generalità (sicuri che non siamo di fronte a eccezioni?) e rigidità (sicuri che le cose non siano cambiate?). Ed è solo dopo aver fatto questo esercizio che è nello stesso tempo di autocritica e di umiltà, che possiamo più facilmente evitare di trasformare lo stereotipo in qualche valutazione pregiudiziale con conseguente comportamento discriminatorio, anche lieve, anche innocente, anche inconsapevole, ma pur sempre discriminatorio.

Bibliografia

ALLPORT G.W., *The Nature of Prejudice*, Boston, Addison-Wesley, 1954 (trad. it. *La natura del pregiudizio*, Firenze, La Nuova Italia, 1973).

DE CONCILIIS E., *La riproduzione (del) femminile. Una riflessione socio-politica sul ruolo delle donne nella scuola italiana degli ultimi decenni*, in *Storia delle donne* (8), Firenze, Firenze University Press, 2012, 39-56 (reperibile all'indirizzo *http://www.fupress.net/index.php/sdd/article/view/11890*, ultima consultazione 5 agosto 2016).

DE MAURO T., *Dizionario italiano De Mauro – Vocabolario online della lingua italiana*, disponibile sul sito della rivista *Internazionale* all'indirizzo *http://dizionario.internazionale.it* (ultima consultazione 5 agosto 2016).

DEVOTO G.-OLI G.C., *Il Devoto-Oli digitale 2016. Vocabolario della lingua italiana*, a cura di Serianni-Trifone, Milano, Le Monnier, 2016.

ECO U., *Trattato di semiotica generale*, Milano, Bompiani, 1975.

ECO U., *Semiotica e filosofia del linguaggio*, Torino, Einaudi, 1984.

ECO U., *Kant e l'ornitorinco*, Milano, Bompiani, 1997.

LIPPMANN W., *Public Opinion*, New York, Macmillan, 1922 (trad. it. *L'opinione pubblica*, Roma, Donzelli, 1995).

MAZZARA B., *Stereotipi e pregiudizi*, Bologna, Il Mulino, 1997.

PUTNAM H., *The Meaning of 'Meaning'*, in ID., *Mind, Language and Reality*, London, Cambridge University Press, 1975, 215-271 (trad. it. *Il significato di 'significato'*, in PUTNAM, *Mente, linguaggio e realtà*, Milano, Adelphi, 1987, pp. 239-297).

ROSENTHAL R.-JACOBSON L., *Pygmalion in the Classroom. Teacher Expectation and Pupils'Intellectual Development*, expanded edition, New York, Irvington, 1992 (trad. it. *Pigmalione in classe*, Milano, FrancoAngeli, 1972).

ULIVIERI S. (a cura di), *Essere donne insegnanti. Storia, professionalità e cultura di genere*, Torino, Rosemberg & Sellier, 1996.

ZINGARELLI N., *Lo Zingarelli 2016. Vocabolario della lingua italiana,* a cura di Cannella-Lazzarini, Bologna, Zanichelli, 2016.

bama
Shabby Chic
CRAZY
...scegli il tuo Trend
LIMITED EDITION
Asse da stiro ultraleggero, lunga durata, apertura e chiusura facile e veloce
Prodotti italiani

Ci sono donne che
non devono chiedere mai.
NON IN ITALIA, PERCHÈ TROPPI UOMINI ANCORA OGGI, NON CONDIVIDONO LA CURA DEI FIGLI. Nel nostro Paese il 78% del lavoro di casa è svolto dalle donne, a discapito del tempo libero e soprattutto della loro crescita professionale. Senza contare che sono prevalentemente le madri ad occuparsi dell'educazione dei figli, generando nei bambini e nelle bambine la convinzione che questa sia la normalità. L'Italia, secondo lo studio del World Economic Forum (Wef) sul divario tra uomo e donna, è ultima in Europa e 84a nel mondo. E' ora di cambiare. Perché LA PARITÀ MOLTIPLICA LE OPPORTUNITÀ. PER TUTTI.
CITTA' DI TORINO
Per le Pari Opportunità
ASSOCIAZIONE
Scambiaidee

Ci sono donne che
non devono chiedere mai.
NON IN ITALIA, PERCHÈ TROPPI UOMINI ANCORA OGGI, NON CONDIVIDONO I LAVORI DOMESTICI. Nel nostro Paese il 78% del lavoro di casa è svolto dalle donne, a discapito del tempo libero e soprattutto della loro crescita professionale. Senza contare che sono prevalentemente le madri ad occuparsi dell'educazione dei figli, generando nei bambini e nelle bambine la convinzione che questa sia la normalità. L'Italia, secondo lo studio del World Economic Forum (Wef) sul divario tra uomo e donna, è ultima in Europa e 84a nel mondo. E' ora di cambiare. Perché LA PARITÀ MOLTIPLICA LE OPPORTUNITÀ. PER TUTTI.
CITTA' DI TORINO
Per le Pari Opportunità
ASSOCIAZIONE
Scambiaidee

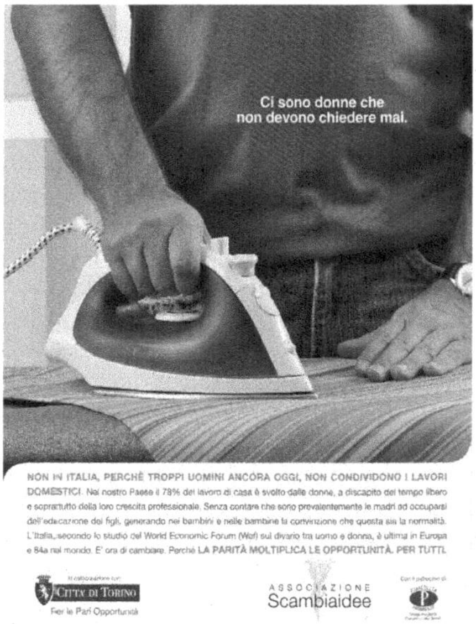
Ci sono donne che
non devono chiedere mai.
NON IN ITALIA, PERCHÈ TROPPI UOMINI ANCORA OGGI, NON CONDIVIDONO I LAVORI DOMESTICI. Nel nostro Paese il 78% del lavoro di casa è svolto dalle donne, a discapito del tempo libero e soprattutto della loro crescita professionale. Senza contare che sono prevalentemente le madri ad occuparsi dell'educazione dei figli, generando nei bambini e nelle bambine la convinzione che questa sia la normalità. L'Italia, secondo lo studio del World Economic Forum (Wef) sul divario tra uomo e donna, è ultima in Europa e 84a nel mondo. E' ora di cambiare. Perché LA PARITÀ MOLTIPLICA LE OPPORTUNITÀ. PER TUTTI.
CITTA' DI TORINO
Per le Pari Opportunità
ASSOCIAZIONE
Scambiaidee

10. Educare alle differenze di genere: la costruzione degli stereotipi *

10.1. La costruzione dell'identità di genere in infanzia e la formazione di stereotipi.

Secondo le prospettive teoriche legate allo sviluppo psichico e sociale[229] dell'identità e in modo specifico alla strutturazione del senso del proprio Sé e del senso dell'altro, che è alla base della costruzione dei sistemi rappresentazionali soggettivi, si considera come una delle prime categorie sociali che i bambini imparano ad applicare a se stessi e agli altri quella dell'essere maschi o femmine. L'appartenenza sessuale è infatti un aspetto fondamentale del concetto che ognuno sviluppa di sé, ed è dimensione anche prevalente in qualunque giudizio che viene sviluppato sulle altre persone[230].

In letteratura, le ricerche dimostrano che alla fine della prima infanzia i bambini sono già in grado di distinguere i volti a seconda del sesso; dai due anni in poi i bambini identificano verbalmente se stessi e gli altri come maschi o femmine; intorno ai tre o quattro anni iniziano a sviluppare alcuni stereotipi riguardo il maschile e il femminile (stereotipi di genere); dai cinque anni in poi i bambini associano alcune caratteristiche di personalità rispettivamente ai maschi o alle femmine.

Si è molto dibattuto sulle modalità attraverso le quali i bambini sviluppano questi costrutti; il genere infatti non è ritenuto soltanto come "esistente" dalla nascita ma tutti gli individui, secondo la maggior parte degli studi sociologici, costruiscono "il genere" nel corso delle interazioni sociali.

Per spiegare la formazione delle identità di genere, e dei ruoli sociali che si ancorano alle diverse identità, sono stati in effetti adottati approcci contrastanti. Il dibattito principale si è incentrato di fatto sull'importanza dell'apprendimento: alcuni studiosi mettono più di altri in risalto le influenze sociali nell'analisi delle differenze di genere[231].

---

* Di Chiara Baiamonte.

[229] S. MOSCOVICI, *Le rappresentazioni sociali*, in V. UGAZIO (a cura di), *La costruzione della conoscenza*, Milano,1988; V. UGAZIO (a cura di), *La costruzione della conoscenza,* Milano, 1988; D. JODELET, *Rappresentazioni sociali: un campo in espansione,* in: *Le rappresentazioni sociali,* Napoli, 1992.

[230] A. TAURINO, *Psicologia della differenza di genere*, Roma, 2005.

[231] C. BAIAMONTE, L*a tutela delle soggettività di genere in infanzia e in adolescenza,* in P. BASTIANONI-M.T. PEDROCCO BIANCARDI (a cura di), *I diritti dei minori. Percorsi di tutela e protezione,* Parma, 2014.

In generale si usa il termine "sesso" per riferirsi alle differenze anatomiche e fisiologiche che caratterizzano i corpi maschili e femminili; il "genere", invece, concerne le differenze psicologiche, culturali e sociali, tra maschi e femmine. Esso è collegato alle nozioni socialmente costruite di mascolinità e femminilità; non è perciò necessariamente un prodotto del sesso biologico.

Le interpretazioni sociologiche e psicologiche delle differenze di genere si sono quindi divaricate, sulla questione tra sesso e genere, in due filoni, incentrati sulla differenza naturale tra uomini e donne fondata su una base biologica e/o sulla socializzazione di genere.

Il primo ritiene che determinati aspetti della biologia umana – cromosomi ed altri fattori genetici, ormoni, dimensione del cervello – comportino differenze innate di comportamento tra uomini e donne. Il secondo, l'approccio socio-costruzionista, evidenzia come l'interazione sociale non sia semplicemente costituita dall'ambiente in cui trovano una loro specifica espressione i sistemi di rappresentazione del maschile e del femminile, ma debba piuttosto essere considerata il contesto in cui si attua la strutturazione dei sistemi rappresentativi stessi legati alla differenza sessuale.

Il modello teorico *socio/costruzionista* riconosce dunque la rilevanza di processi di costruzione sociale delle rappresentazioni in un'ottica non solo cognitiva, ma anche emotiva/affettiva: le rappresentazioni si costruiscono nel corso delle interazioni sociali, nel corso delle relazioni e dei rapporti intersoggettivi, in cui si verificano scambi dialettici di co-costruzione della realtà attraverso dinamiche interattivo-comunicative[232].

Gli individui, durante la propria storia evolutiva e attraverso processi relazionali, negoziano significati sulla base dei quali recuperare i fondamenti della stereotipizzazione sociale di genere.

Tale approccio considera pertanto una notevole rilevanza delle dinamiche inerenti sia la *socialità,* intesa come l'insieme delle relazioni sociali in cui gli individui sono inseriti, sia la *socializzazione,* da intendersi come il complesso dei processi per mezzo dei quali i modelli di ciascuna società sono trasmessi da una generazione ad un'altra[233]. Pone l'accento cioè sulla *socializzazione di genere*, ovvero l'apprendimento dei ruoli di genere attraverso agenti sociali come la famiglia, la scuola, i coetanei e i media.

Se pertanto si considera l'incidenza dei processi di socializzazione nella costruzione di credenze (stereotipiche) che entrano a far parte del sistema cognitivo/emotivo dei singoli individui fin dai primi momenti dello sviluppo, il discorso sulla stereotipizzazione sociale acquisisce una valenza molto più complessa, che supera gli ambiti della dimensione individuale/soggettiva per aprirsi alla dimensione relazionale/contestuale.

---

[232] V. UGAZIO (a cura di), *La costruzione della conoscenza,* Milano, 1998.

[233] R. SCHAFFER, *Lo sviluppo sociale*, Milano, 1996.

Ne consegue che i processi alla base di quella che potrebbe essere definita una "socializzazione sessuale", ossia la trasmissione intergenerazionale dei modelli di identità sessuale, vedono soprattutto la *famiglia* come il primo e più importante agente di trasmissione di quel sistema di prescrizioni e regole su cui trovano fondamento le dimensioni costitutive dell'identità sessualmente connotata. La famiglia effettua cioè una sorta di istruzione sessuale rispetto all'organizzazione della definizione del maschile e del femminile.

Ad esempio, per i bambini, l'ingresso nel mondo sociale è caratterizzato e connotato dall'assegnazione ad una precisa *categoria sessuale* (*maschio/femmina*) sulla base, al momento della nascita, del riconoscimento della conformazione degli organi genitali. Successivamente tale assegnazione diventa uno *status* che segnala l'appartenenza ad un genere tramite, ad esempio, specifici indicatori, quali la scelta del nome, dell'abbigliamento appropriato per un maschio e per una femmina, e anche mediante l'uso di precisi simboli e segni. Il colore, ad esempio, che è dimensione di per sé neutra, si carica di una connotazione fortemente simbolica nel momento in cui diviene un segno distintivo di un'identità sessualmente definita: la nascita di un bimbo maschio viene, ad esempio, annunciata socialmente mediante una coccardina blu, mentre quella di una femmina attraverso una coccardina rosa; vestiti blu per i maschi e rosa per le femmine. Non appena il genere diviene in tal modo una struttura riconoscibile dall'ambiente sociale, il/la bambino/a viene inserito/a in un campo di pratiche educative e/o di socializzazione che sono strettamente collegate al suo sesso/genere di appartenenza, il modo secondo cui i genitori trattano il proprio figlio è fortemente influenzato dal sesso di quest'ultimo, e i metodi adottati dagli stessi per interagire con figli maschi e figlie femmine differiscono sotto molteplici aspetti.

Tramite studi condotti in questo settore Shaffer[234] ha dimostrato che le principali aree di socializzazione nelle quali gli adulti assumono comportamenti diversi, con notevoli ricadute dal punto di vista della determinazione del sistema comportamentale del bambino/a, risultano essere svariate:

a) la *scelta dei giocattoli*: gli adulti incoraggiano i bambini a scegliere i giocattoli ritenuti adatti al proprio sesso; per i maschi: soldatini, macchinine, armi, congegni tecnologici di diverso tipo, palloni, costruzioni; per le bambine: tutto ciò che riproduce o la dimensione della cura (bambolotti da accudire, cambiare, cibare; peluche, Barbie, vestitini, etc.), o della domesticità (cucine giocattolo, vettovaglie per la casa riprodotte in plastica e in miniatura, etc.), o della cura di sé (trucchi e travestimenti infantili, articoli per la bellezza, nastri e nastrini, etc.);

---

[234] Cfr. R. SCHAFFER, *Lo sviluppo sociale*, Milano, 1996.

b) l'*ambito delle emozioni*: studi condotti tramite l'analisi delle conversazioni tra genitori e figli dimostrano come gli adulti siano più pronti a discutere di sentimenti con le femmine che con i maschi, aiutando in questo modo le femmine ad orientarsi più facilmente rispetto alle proprie emozioni e a quelle degli altri, e non consentendo ai maschi la sperimentazione di questo primario script che incide notevolmente sullo sviluppo della capacità di gestione e lettura delle proprie e delle altrui emozioni;

c) gli *stili di gioco*: i maschi sono incoraggiati e le femmine dissuase ad impegnarsi in giochi attivi ed energici;

d) l'*aggressività*: viene data più attenzione all'aggressività e all'affermazione dei maschi che delle femmine; il che fa sì che i maschi effettivamente giochino in modo più aggressivo delle bambine, esprimendo maggiore violenza e manifestando aggressività fisica;

e) l'*assegnazione di compiti*: ai maschi vengono assegnati compiti domestici stereotipicamente considerati come maschili, alle femmine compiti che stereotipicamente vengono considerati di stretta pertinenza femminile.

I genitori preparano pertanto per i propri figli un mondo che risulta condizionato dal sesso e i bambini stessi, nel corso dello sviluppo, sia cognitivo, sia emotivo-affettivo, selezionano e assumono stili di comportamento e modalità di atteggiamento che rispondono al criterio dell'identificazione e dell'omologazione agli stili propri della specifica categoria sessuale di appartenenza. Dalla famiglia provengono inoltre le prime divisioni dei ruoli, criptate nella figura materna e paterna, e nei riferimenti che essi rappresentano. Anche sulla base di tale identificazione i figli e le figlie elaborano una rappresentazione del ruolo che devono o dovranno assumere in un contesto più allargato, quale è quello sociale.

La psicologia sociale si interroga dunque sulla questione dei generi da più di quaranta anni e bisognerebbe almeno ricordare ancora lo sviluppo della teoria dell'androginia psicologica[235], che ha introdotto la questione della distinzione tra sesso e genere e gli studi di Duveen e Lloyd[236], che hanno maggiormente chiarito il ruolo della categoria sessuale nella costruzione delle prime interazioni tra adulti e bambini/e. È possibile dunque osservare che, se di fatto non intervenissero queste forme di socializzazione primaria, per gli esseri umani non esisterebbe alcuna struttura naturale, definita una volta per tutte, rigida, di femminilità o mascolinità, dal momento che sono proprio i "processi

---

[235] S. Bem, *The measurement of psychological androgyny,* in *Journal of counsulting and clinical psychology*, 1974, 42, 2, 55-162.

[236] G. Duveen, *Asimmetria dello sviluppo dell'identità di genere,* inC. Arcidiacono (a cura di), I*dentità genere differenza. Lo sviluppo psichico femminile nella psicologia e nella psicoanalisi,* Milano, 1991.

di attribuzione" a far scattare, dal punto di vista simbolico, quei sistemi di regole e aspettative differenziate secondo il sesso, sulla base delle consuetudini della vita quotidiana; consuetudini che ripropongono e perpetuano una visione della società che stabilisce come individui maschi e individui femmine devono/dovrebbero agire e comportarsi [237].

I genitori, i parenti, il gruppo sociale di riferimento forniscono un sistema di rispecchiamenti attraverso cui il/la bambino/a comincia ad apprendere ruoli, modalità espressive e di comportamento coerenti con il proprio sesso di appartenenza. Ne consegue che la pressione sociale e l'elaborazione soggettiva che bambini e bambine fanno delle prescrizioni sociali/familiari, rappresentano i meccanismi principali attraverso cui si attua il processo di differenziazione sessuale e di genere, o meglio di auto-caratterizzazione sessuale e di genere.

Bisogna inoltre sottolineare che i *concetti di genere*, legati cioè al rendersi conto che le persone si dividono in maschi e femmine, fanno la prima comparsa intorno al secondo anno di vita, ma non si strutturano completamente in questa fase. Ciò avviene perché la loro strutturazione implica il consolidarsi di almeno tre aspetti, ognuno dei quali si manifesta in un periodo differente.

Il primo a comparire, come è stato dimostrato da Slaby e Frey [238], è *l'identità di genere*, cioè la capacità di classificare se stessi e gli altri come maschi e come femmine. Dai diciotto mesi in su, i bambini sono già in grado di accorgersi delle caratteristiche che differenziano i sessi. Dall'età di *due anni*, di fronte ad un disegno che rappresenta un maschio o una femmina sono in grado di prendere il disegno giusto quando viene loro chiesto "quale sei tu?" e poco dopo sono in grado di dare la risposta giusta quando viene loro domandato "sei un maschio o una femmina?".

Il secondo aspetto è la *stabilità di genere*, che compare quando il bambino realizza che il sesso di una persona rimane invariato per tutta la vita. Quando Slaby e Frey [239] ponevano ai bambini domande del tipo "*da piccolo eri un maschietto o una femminuccia?*" i bambini risultavano incapaci di dare risposte corrette fino al *quarto anno d'età.*

Il terzo aspetto si manifesta ancora più tardi, cioè intorno ai *sei/sette anni.* Si tratta del *principio di costanza di genere,* ovvero della realizzazione che la mascolinità o la femminilità non cambiano nonostante la modificazione delle apparenze che normalmente danno luogo all'identificazione. Per fare delle esemplificazioni: una femmina è e rimane femmina anche quando, ad esempio, si taglia i capelli corti (tratto interiorizzato nella fase della definizione dell'identità di genere, come attribuito/attribuibile solo al maschile) o veste

---

[237] M.S. SAPEGNO, *Identità e differenze. Introduzione agli studi di genere*, Roma, 2011.

[238] R.G. SLABY-K.S. FREY, *Development of gender constancy and selective attention to same-sex models*, in *Child Development*, 1975, 46, 849-56.

[239] *Ibidem.*

abiti considerati culturalmente o socialmente come tipici del maschile. La sequenza sembra essere universale, in quanto è stata osservata anche in bambini a appartenenti a numerose altre culture.

Strettamente collegato a questo discorso relativo alla definizione dei concetti di genere sulla base dei processi finora descritti, è quello inerente il costrutto di conoscenza del *ruolo sessuale*, sistema cognitivo determinato dallo sviluppo di concetti e stereotipi sul modo in cui si suppone debbano essere e comportarsi i maschi e le femmine.

Ed un altro ambito ancora, di fondamentale importanza, riguarda la relazione tra la comprensione della tipologia sessuale e il comportamento sessualmente connotato.

Gli interrogativi di fondo relativi a tale area risultano essere i seguenti: i bambini devono apprendere/conoscere la tipologia sessuale prima di potersi comportare in modo adeguato al proprio sesso? Possono, i concetti sul sesso, causare, o per lo meno influenzare notevolmente, le preferenze legate al sesso stesso?

Se la formazione dei concetti di genere è un presupposto necessario, allora dovrebbe perlomeno precedere lo sviluppo dei comportamenti sessualmente caratterizzati. Tuttavia il legame tra nozione e comportamento non è così evidente; al contrario da alcune ricerche risulta che i bambini possono avere un comportamento che prescinde dalla conoscenza. Alcuni studi dimostrano che non ci sono indizi che lascino supporre che la comprensione di genere sia una condizione preesistente necessaria ad un comportamento differenziato tra i due sessi. Anzi ci si potrebbe chiedere se l'influenza non vada nella direzione opposta, ovvero se l'osservazione continua da parte dei bambini del proprio e dell'altrui comportamento, non porti allo sviluppo di strutture cognitive come i concetti di genere, e quindi alla conoscenza e consapevolezza.

Ciò non significa che queste strutture cognitive, una volta formatesi, non abbiano delle influenze sul comportamento legato al sesso. Al contrario, è molto probabile che la conoscenza completa degli *stereotipi sessuali* possa orientare l'attenzione dell'individuo e l'elaborazione delle informazioni relative al comportamento sessuale, agendo da guida al comportamento stesso. L'imitazione selettiva, ad esempio, si manifesta nei bambini in accordo con gli stereotipi sessuali [240].

Infine, secondo la teoria dello *schema sessuale* – approccio teorico che combina aspetti più della teoria cognitiva-ontogentica formulata da Kohlberg [241] utilizzando concetti piagetiani per comprendere lo sviluppo del ruolo

---

[240] W. MISCHEL, *A social-learning view of sex differences in behavior*, in E. MACCOBY (ed.), *The development of sex differences*, London, 1966.

[241] L. KOHLBERG, *A cognitive-developmental analysis of children's sex-role concepts and attitudes*, in E. MACCOBY (ed.), *The development of sex differences*, London, 1966.

sessuale, con la teoria dell'apprendimento sociale[242] riferibile a Bandura[243], il termine *schema sessuale* si riferisce alle teorie spontanee che le persone hanno riguardo le caratteristiche maschili e femminili. Gli schemi cominciano a formarsi molto presto, non appena i bambini si rendono conto che esiste una differenza tra maschile e femminile e, sulla base di tale consapevolezza rudimentale, cominciano a classificare se stessi. Man mano che gli schemi si diversificano, si diversificano anche il comportamento legato al sesso e le attitudini del/della bambino/a. Tuttavia si ritiene che il costrutto cognitivo e il comportamento si sviluppino parallelamente piuttosto che consecutivamente, e anche gradualmente piuttosto che secondo un processo a tappe rigidamente definite.

Gli schemi sessuali, una volta che si sono pienamente sviluppati e definiti, sono strutture molto complesse composte da diversi elementi che vanno incontro ad una crescente coordinazione nel corso dello sviluppo[244]. Tali elementi includono i comportamenti legati al ruolo individuale su base sessuale, le caratteristiche fisiche, le attività e i tratti che vengono abitualmente associati al maschile e al femminile. In sintesi, una volta che i bambini sviluppano degli schemi (che sono, ripetiamo, rappresentazioni cognitive del modo in cui si suppone vadano ed operino le cose), codificheranno e ricorderanno le informazioni che si accordano con queste strutture mentali e si comporteranno di conseguenza.

Su un piano più concreto, anche gli *stereotipi sessuali* sono una specie di schema: una volta sviluppati, indirizzeranno la condotta in modo tale che il bambino si comporterà conformemente agli standard appresi e alle aspettative sociali.

Analizzando i meccanismi che concorrono alla formazione di schemi sessuali, con conseguente attivazione di processi di interiorizzazione ed identificazione, vi sono due teorie che si interessano di individuare in che modo le influenze sociali possono essere responsabili della tipizzazione sessuali: la *teoria dell'apprendimento* e la *teoria dell'apprendimento sociale*.

La prima spiega la tipizzazione sessuale in termini di *principi di rinforzo*, secondo cui il comportamento lo si apprende in relazione al fatto che il comportamento adatto al proprio sesso viene ricompensato/rinforzato positiva-

---

[242] C. MARTIN-C.F. HALVERSON, *A schematic processing model of sex typing and stereotyping in children*, in *Child development*, 1981, 52, 1119-34; C. MARTIN-C.F. HALVERSON, *The effects of sex-typing schemas on young children's memory*, in *Child development*, 1983, 54, 563-74.

[243] A. BANDURA, *Social foundations of thought and action: a social cognitive theory*, Englewood Cliffs, 1986.

[244] C.L. MARTIN-D.N. RUBLE-J. SZKRYBALO, *Cognitive theories of early gender development*, in *Psychological bulletin*, 128, 903-33, 2002.

mente, mentre il comportamento non adatto viene rinforzato negativamente, ossia punito. La conseguenza è che il primo viene appreso e memorizzato, mentre il secondo non appreso e dimenticato.

La seconda, ovvero la teoria dell'apprendimento sociale, considera l'*imitazione,* come il meccanismo primario e più importante. Si ritiene, cioè, che i bambini imparino quali siano i ruoli rispettivi dei due sessi osservando l'esempio degli adulti e dei coetanei, e poiché sono incoraggiati a prestare un'attenzione selettiva ad individui dello stesso sesso, è molto più probabile che imitino ed adottino modelli di comportamento sessualmente caratterizzati. Anche qui lo sviluppo del ruolo sessuale è considerato come il risultato dell'ambiente esterno. Attraverso l'interiorizzazione delle prescrizioni implicite ed esplicite insite nelle stesse rappresentazioni stereotipiche di genere, si costruiscono inoltre le motivazioni, i bisogni, e le auto-consapevolezze coerenti con l'identità di genere stessa.

Questo dimostra che la strutturazione dell'identità di genere, l'assunzione mentale del ruolo sessuale, le rappresentazioni di sé e dei ruoli sociali legati al sesso, infine, l'introiezione delle norme sociali, devono essere considerati come ancorati profondamente al contesto interattivo, inserito a sua volta dentro un contesto socio-culturale, i cui veri agenti di trasmissione sono proprio gli attori dei principali microcontesti sociali in cui gli individui sono collocati, ossia i genitori (la famiglia), gli insegnanti (la scuola), e tutto ciò che successivamente amplia, per il soggetto, gli spazi di interazione ed esperienza (universo istituzionale e professionale e società in senso più esteso ed allargato).

La tutela dei diritti delle differenti soggettività di genere va dunque inserito all'interno di un approccio teorico che deve necessariamente considerare la complessità dei fattori in gioco nel momento in cui si affronta la questione del maschile e del femminile e della costruzione dell'identità di genere nel corso delle varie tappe evolutive.

10.2. Pregiudizi e stereotipi di genere in educazione: uno sguardo alla letteratura per l'infanzia.

Da diversi decenni si discute del rapporto tra educazione e questioni di genere e del contributo che anche insegnanti/educatori ed educatici/professionisti e professioniste potrebbero offrire alla promozione di una cultura delle differenze, rispettosa pertanto anche delle differenze di genere, di ruolo e familiari.

Una analisi dei libri per l'infanzia utilizzati in Italia[245], ha rilevato l'utilizzo

[245] I. BIEMMI, *Educazione sessista, stereotipi di genere nei libri delle elementari,* Torino, 2010.

di stereotipi di genere presenti nelle storie per bambini, contenute nelle immagini, nei disegni e nei personaggi che popolano i libri per l'infanzia. Gli stereotipi maggiormente rappresentati e veicolati riguardano i ruoli di genere maschile e femminile, i ruoli coniugali di marito e moglie ed i ruoli familiari della madre e del padre, e le rappresentazioni delle tipologie familiari.

Per quanto riguarda gli stereotipi di genere, viene utilizzato il termine *sessismo* per indicare una discriminazione attuata secondo il sesso, che implica l'attribuzione di caratteristiche stereotipate a maschi e femmine in base al loro sesso biologico di appartenenza. Gli stereotipi agiscono sull'attività critica e la visione dell'altro come individuo unico nelle sue peculiarità, e solitamente vengono utilizzati per razionalizzare, e quindi giustificare, il trattamento di alcuni gruppi come inferiori. Gli stereotipi di genere costituiscono delle categorie pregiudizievoli e precostituite, entro le quali lo sviluppo dei singoli viene forzato a plasmarsi in base ad aspettative sociali stringenti, che mirano a ricondurre la varietà delle differenze individuali in due macrocategorie polarizzate: quella maschile e quella femminile.

Questa divaricazione sessista di destini maschili e femminili si può strutturare nella primissima infanzia quando si inizia a tessere un percorso biografico differente per maschi e femmine. Ma oltre il mondo reale, di uomini e donne che i bambini incontrano nella loro vita, c'è un mondo altro, parallelo, immaginario simbolico e rappresentazionale, che può, in continuità con il primo, offrire ulteriori conferme ai modelli di genere dominanti: è il mondo delle fiabe, della letteratura per l'infanzia, dei libri di testo, dei materiali educativi per bambini. Le storie narrate a bambini e bambine hanno infatti una grande influenza nella sviluppo della identità perché forniscono modelli semplificati in cui è facile identificarsi. In particolare, per quanto riguarda l'identità di genere, le storie hanno spesso proposto modelli stereotipati di mascolinità e femminilità, chiedendo implicitamente ai loro lettori di assecondare tali modelli immedesimandosi con il personaggio appartenente al proprio sesso.

Se è vero che le storie, con i loro personaggi, esercitano una grande influenza, ancora di più i libri adottati nelle classi scolastiche hanno una ricaduta determinante sulla concezione che il bambino crea di se stesso e del mondo circostante. In particolare, i libri della scuola primaria vengono presentati in un contesto/ altro, la scuola, che costituisce il primo approccio dei bambini con una visione strutturata del mondo proposta da una istituzione esterna alla famiglia. La presenza o assenza di certe immagini assumono significati estremamente importanti, così come la presenza (o assenza) di certi personaggi piuttosto che di altri, la loro collocazione nei luoghi e spazi delle storie, e le azioni che essi compiono.

Nel testo di Irene Biemmi "Educazione sessista" del 2010 l'autrice identifica, anche nei testi recenti dei libri delle elementari in Italia, alcune significative specificità. Ai protagonisti maschili delle storie, per esempio, dalla sua analisi risultano attribuite 50 diverse tipologie professionali, tra le quali: re, cavaliere, maestro, ferroviere, marinaio, mago, scrittore, dottore, poeta, giornalista, ingegnere, geologo, esploratore, scultore, architetto, bibliotecario, scienziato, medico, direttore d'orchestra, etc.

Alle protagoniste femminili vengono invece attribuite soltanto 15 tipologie professionali, tra le quali: "maestra" (in assoluto la più frequente), seguita da strega, maga, fata, principessa, casalinga, etc.

E nella stessa maniera alcuni aggettivi sono riferiti esclusivamente al genere maschile: sicuro, coraggioso, serio, orgoglioso, onesto, ambizioso, minaccioso, pensieroso, concentrato, bruto, avventuroso, autoritario, furioso, generoso, fiero, duro, egoista, iroso, virtuoso, tronfio, saggio, deciso, audace, libero, impudente. Ed altri aggettivi sono riferiti invece esclusivamente al genere femminile: antipatica, pettegola, invidiosa, vanitosa, smorfiosa, civetta, altezzosa, affettuosa, apprensiva, angosciata, mortificata, premurosa, paziente, buona, tenera, vergognosa, silenziosa, servizievole, comprensiva, docile, deliziosa, delicata, disperata, ipersensibile, dolce, innocente.

Se le decisioni operate dal mondo adulto in merito all'educazione dei figli/e e degli alunni/e avvengono sulla base di stereotipi già collaudati dalla tradizione e riproposti in maniera automatica anche nei testi e nei disegni, ogni rappresentazione del genere maschile e femminile, ancorata alla rappresentazione di stereotipi, che non tiene conto del rispetto alle soggettività di genere esistenti e che viene imposta anche alle immagini ed alle rappresentazioni presenti nei libri, sembra indicare in maniera chiara e pregiudizievole quale "dovrebbe" essere per un bambino od una bambina, un adolescente od una adolescente, la direzione da prendere.

Diventa dunque prioritario, da un punto di vista culturale, sociale ed educativo promuovere un'educazione alle differenze di genere e alla pluralità di forme e modelli familiari che sia in grado di contrastare visioni pregiudizievoli e patologizzanti e le continue stigmatizzazioni, che spesso salgono agli onori della cronaca, come è avvenuto nel caso delle accese polemiche suscitate dalla promozione di libri per l'infanzia che trattano, per esempio, il tema dell'omogenitorialità e che, ancora oggi, rendono i contesti di vita, quali la scuola e le istituzioni educative, teatro di ignoranza ed esclusioni [246].

10.3. La tutela dei diritti delle soggettività di genere: l'educazione alle differenze di genere nella formazione dei professionisti.

Dalle considerazioni precedentemente esposte emerge l'importanza di formare ai temi delle differenze di genere e dell'identità di genere i professio-

---

[246] C. BAIAMONTE-P. BASTIANONI, *Famiglie omogenitoriali*, in *Bambini*, novembre 2013.

nisti (insegnanti ed educatori, psicologi e psicoterapeuti, medici, educatori, professionisti del sociale, forze ad amministrazioni pubbliche) per essere in grado di offrire nuovi e più innovativi criteri per garantire la tutela e la protezione dei diritti di ogni soggettività di genere. La necessità è quella di promuovere culturalmente un percorso di superamento degli stereotipi di genere e dei pregiudizi legati anche alle differenti soggettività di genere, alle nuove forme di famiglia, alle coppie omosessuali ed alle persone transessuali, per tutelare anche queste soggettività, e garantire diritti a tutte le famiglie ed a tutte le soggettività.

Questo percorso va iniziato dalle scuole e nelle agenzie educative e formative, che da sempre veicolano messaggi caratterizzati da stereotipi relativi alle differenze di genere così come all'orientamento sessuale[247].

La questione delle "differenze" e soprattutto dell'educazione alle differenze di genere, familiari/genitoriali e di orientamento sessuale, si configura quindi come un tema di straordinaria attualità soprattutto in un momento socio culturale come quello che stiamo vivendo, che risulta caratterizzato dalla perpetuazione di logiche discriminanti, dalla restrizione/negazione dei diritti alle nuove forme di famiglia e di genitorialità e dal mancato accesso alla riconoscibilità sociale di ciò che non si conforma ai modelli di genere ed identitari socialmente dominanti.

L'educazione alle differenze si impone oggi come un ambito di studio, ricerca ed intervento che pone gli esperti del settore nell'urgenza di elaborare metodologie, contenuti e strumenti di lavoro in grado di strutturare adeguati percorsi di riflessione nei contesti educativo-formativi, per sensibilizzare e consentire l'accesso ad una lettura delle nuove configurazioni familiari e genitoriali che sia in grado di riconoscere e contrastare visioni pregiudizievoli ed ideologicamente connotate sul piano dell'esclusione e della patologizzazione. Per la realizzazione di questo obiettivo, i contesti educativi, i servizi per l'infanzia, le scuole di ogni ordine e grado, ma anche ogni altra agenzia formativa/educativa, i contesti universitari ed i luoghi di formazione professionale, hanno bisogno di dotarsi di spazi di riflessione e di condivisione collettiva che consentano a coloro che devono gestire il processo educativo di interiorizzare paradigmi della differenza in grado di destrutturare, in sé e negli altri, le dimensioni sostanziali del pregiudizio, dello stigma, della discriminazione, dell'esclusione dell'*altro*. Ogni processo di cambiamento culturale deve necessariamente ancorarsi ad un significativo e specifico processo di cambiamento personale relativo agli organizzatori mentali con cui ciascuno legge, interpreta e valuta la realtà. Ma a quali paradigmi teorici è necessario fare riferimento

[247] C. BAIAMONTE-P. BASTIANONI, *Educare alle differenze familiari*, in *Bambini*, dicembre 2013.

per realizzare tale processo? Quali contenuti proporre? Quali dimensioni andare a destrutturare? In estrema sintesi su quali contenitori di significato si deve agire/intervenire? E quali sono le differenze alle quali educare?

Le esperienze di ricerche e *focus group* [248] sui temi delle differenze di genere, dell'orientamento sessuale e dell'omogenitorialità e i corsi di formazione poi attivati condotti nel corso di questi ultimi 5 anni in varie sedi (Bologna, Ferrara, Venezia) con educatori ed insegnanti, hanno messo in luce la rilevanza di alcune esigenze formative.

Il primo aspetto da considerare è che è necessario interiorizzare nuovi criteri epistemologici e metodologici per pervenire ad una corretta interpretazione delle differenze di genere, orientamento sessuale e familiare attuali, riconoscendone la specificità di ciascuno. Il secondo aspetto concerne la necessità di guardare alla differenze di genere, di orientamento sessuale e differenze familiari attraverso un approccio mentale che, destrutturando la dogmaticità di visioni pregiudizievoli e stigmatizzanti, porti a decostruire, rivedere, ridefinire, i vecchi modelli attraverso cui si può guardare al genere, all'identità di genere, ai diversi e possibili orientamenti sessuali, alla famiglia.

Questo atteggiamento culturale presuppone l'interiorizzazione di un costrutto di *differenza,* che riconosca e interpreti il valore della molteplicità, e permetta una prevenzione di fenomeni di esclusione e violenza, ancorati a pregiudizi e stereotipi di genere, che possono esitare in episodi di violenza di genere, bullismo di genere ed omofobico.

La traduzione in termini operativi di quanto finora sviluppato porta alla considerazione che è di fondamentale importanza, come si è già avuto modo di evidenziare, prevedere all'interno dei contesti educativi percorsi formativi che mettano gli educatori/operatori nelle condizioni di confrontarsi con un esperto in questioni di genere, per l'attivazione di un articolato processo di intervento che tenga conto sia della trasmissione dei contenuti concettuali precedentemente analizzati, ma anche e soprattutto della loro discussione, destrutturazione, rielaborazione ed interiorizzazione. Più nello specifico, riprendendo ed approfondendo quanto esposto sopra, rispetto alla trasmissione dei contenuti formativi, è imprescindibile che una formazione/supervisione che voglia affrontare adeguatamente la complessità degli aspetti legati alle differenze di genere, all'identità di genere e all'orientamento sessuale debba porsi specifici obiettivi metodologico-operativi orientati a fornire conoscenze relative:

– ai principali costrutti cui è necessario fare riferimento nel momento in cui

[248] A. Taurino-P. Bastianoni-C. Baiamonte, *L'importanza di una educazione alle differenze. L'omogenitorialità nelle rappresentazioni di genitori ed educatori dei servizi per l'infanzia,* in *Gift, quaderno del centro di documentazione Gift, u.o. politiche familiari e genitorialità*, 2011, 67-81.

si affronta il tema dell'identità di genere. Necessaria l'acquisizione di un approccio decostruttivo che porti a considerare l'indipendenza ed autonomia dei costrutti stessi che organizzano il pensiero sulle differenze sessuali/di genere/di orientamento sessuale, in modo da evitare pregiudizi e stereotipi;

– all'interconnessione tra identità di genere, orientamento sessuale ed organizzazione sociale dei rapporti di genere con particolare attenzione all'educazione alla diversità e alla molteplicità già dai primi processi di socializzazione, quali le scuole per l'infanzia e scuole primarie;

– alle questioni fondamentali inerenti la teoria della differenza sessuale/di genere/di orientamento sessuale, con particolare riferimento all'epistemologia contemporanea sul genere, sull'identità, sull'orientamento sessuale, in modo da acquisire competenze relative alle identità/realtà LGBT (lesbiche, gay, bisex, transessuali) e ai diritti che a tali realtà dovrebbero essere riconosciuti e garantiti;

– al costrutto di genitorialità come funzione autonoma, dinamica e processuale dell'essere umano, alle funzioni genitoriali, all'indipendenza dell'esercizio delle funzioni dal genere e dall'orientamento sessuale dei genitori e dalla configurazione della struttura familiare[249];

– alla realtà delle famiglie omogenitoriali in Italia e nel mondo con particolare attenzione alla conoscenze sui diritti negati in Italia e riconosciuti in altri paesi e a ciò che questo comporta nell'ambito della protezione ai figli, nella realizzazione della famiglia e nella complessità di perseguire il progetto di generatività e di genitorialità;

– ad una cultura dell'inclusività e della valorizzazione delle differenze come presupposto concettuale per la messa in discussione del concetto di *naturalità/ovvietà* della sessualità.

La formazione a cui si fa riferimento, assumendo una prospettiva clinico-psicodinamica ed utilizzando tecniche di tipo sia proiettivo sia pratico-esperienziali, dovrebbe consentire al formatore di sostenere i professionisti/gli educatori nella consapevolezza di quali siano quelle strutture latenti e inconsce – fondate su precise istanze collocabili su un versante che non è tanto identificabile come razionale, conscio ed operativo, quanto più che altro simbolico ed affettivo – che hanno come risultato finale precisi meccanismi di categorizzazione soggettiva ed intersoggettiva relativamente al tema delle differenze, del genere, dell'orientamento sessuale, ecc.

Entrando nello specifico dell'esplicitazione degli ambiti di intervento del lavoro formativo, è possibile rilevare che la formazione/supervisione clinico-psicodinamica dovrebbe configurarsi come uno specifico *setting* in cui il lavo-

---

[249] P. Bastianoni-C. Baiamonte (a cura di), *Le famiglie omogenitoriali in Italia. Relazioni familiari e diritti dei figli*, Bergamo, 2015.

ro interpretativo-espressivo e supportivo[250] del formatore/supervisore, deve focalizzare il baricentro dell'intervento, da un lato, sull'analisi dei sistemi rappresentativi soggettivi ed intersoggettivi (legati al costrutto delle differenze di genere) e sull'acquisizione di consapevolezze relative ai sistemi rappresentazionali impliciti che indirizzano, direttamente e/o indirettamente, gli interventi educativi o gli interventi professionali (sempre in tema di sessualità e differenze); dall'altro sull'esplicitazione delle dinamiche alla base della eventuale entrata in gioco di meccanismi difensivi inconsci, primitivi ed espulsivi, sulla base dei quali carichi emotivi eventualmente ingestibili, derivanti da contenuti che hanno delle correlazioni dirette o indirette con le questioni della sessualità e della differenza stessa, finiscono con l'essere evacuati nella mente di qualcun altro[251], generando identificazioni proiettive, collusioni, reificazione proiettiva del proprio conflitto sull'altro, conversione del conflitto intrapsichico in conflitto interpersonale[252] .

Appare dunque evidente come il formatore dovrebbe utilizzare la relazione di lavoro con gli educatori ed in professionisti in genere per fornire una possibilità di riconoscimento, interpretazione, lettura e monitoraggio dei processi dinamici legati alle attivazioni emotivo-affettive insite nel tema in oggetto. Sapersi ascoltare, sapersi osservare, registrare e riconoscere, senza reprimerle, le proprie emozioni, riconducendole ai contesti simbolici nei quali i significati della storia di ciascuno trovano radicamento e spiegazione, sono il contenuto di un importante lavoro su se stesso che l'educatore – coadiuvato, sostenuto, supportato – dovrebbe svolgere e che risulta "propedeutico" ad ogni processo di educazione alle differenze.

Il percorso formativo e di supervisione si configura pertanto come preparatorio ad un agire educativo che, per essere efficace, deve considerare la complessità del costrutto di genere, sessualità ed orientamento sessuale, con tutte le componenti in esso implicate, uscendo da una logica in cui la presunta oggettività degli interventi sembra essere legata ad un ambito di ovvietà delle procedure[253]. Si dà corpo in tal modo ad un principio di *responsabilità educativa* in grado di chiarire che, se si prescinde dalla considerazione della rilevanza della cultura delle differenze, il rischio è quello di mettere in atto interventi

---

[250] L. LUBORSKY, *Principles of psychoanalytic psychotherapy: a manual for supportive-expressive treatment*, New York, 1984.

[251] A. FREUD, *L'io e i meccanismi di difesa*, in *Opere 1922-1943*, Torino, 1979.

[252] I.E.P. MENZIES, *I sistemi sociali come difesa dall'ansia: studio sul servizio infermieristico di un ospedale*, in M. LANG-K. SCHWEITZER (a cura di), *Psicoanalisi e socioanalisi*, Napoli, 1984.

[253] A. TAURINO, *La pratica clinica nella consultazione su questioni di genere: una riflessione sulla teoria della tecnica,* in O. CODISPOSTI-P. BASTIANONI-A. TAURINO, *Dinamiche relazionali ed interventi clinici. teorie, contesti, strumenti,* Roma, 2008, 259-278.

che risultano essere ancorati a pregiudizi, stereotipi e sistemi di credenza pregiudizievoli, centrati su un'idea di naturalità sessuale e di naturalità della famiglia nucleare con tutti i suoi derivati: ossia naturalità dell'eterosessualità delle famiglie, eterosessualizzazione dei criteri sulla base dei quali distinguere la sessualità normale dalla sessualità patologica, perversa, da curare.

Sulla base di quanto finora esposto risulta evidente che è necessario operare affinché la scuola, così come ogni altro contesto educativo/formativo, si configurino come luoghi in cui possa realizzarsi il riconoscimento, l'accettazione e il rispetto delle differenze– luoghi in cui sia garantita ad ogni bambino/adolescente la possibilità di svilupparsi nel rispetto delle sue specificità.

I bambini, gli adolescenti, i giovani hanno bisogno di adulti competenti che utilizzino le molteplici forme di espressione della funzione educativa, per orientare – attraverso linguaggi e significati adeguati alle specifiche fasce d'età e di sviluppo – alla consapevolezza/conoscenza, nonché alla convivenza con la molteplicità; che sia essa declinata attraverso la molteplicità delle configurazioni familiari, degli orientamenti sessuali o la molteplicità dell'appartenenza etnica e/o religiosa. Ostacolare la conoscenza e boicottare l'educazione è fortemente lesivo di ogni diritto umano e di ogni società democratica. L'educazione alla differenza non intende demolire visioni precostituite (di sessualità, di orientamento sessuale, di famiglia, etc.) ma intende creare le premesse per trasmettere un modello culturale di integrazione delle differenze in una logica di coesistenza e di condivisione di paradigmi identitari molteplici che in quanto differenti possono e devono trovare spazi di negoziazione per la costruzione di sistemi sociali e culturali pluralisti, inclusivi e non discriminanti. Il diritto ad educare bambini e adolescenti alle differenze di genere ed alla pluralità degli orientamenti sessuali è una condizione essenziale perché si possa affermare una società avversa ad ogni forma di pregiudizio. La scienza e la cultura hanno il compito di non rinunciare all'affermazione e alla difesa di ogni diritto umano contro ogni atto di discriminazione, promuovendo ogni istanza educativa rivolta a tale impegno.

Riferimenti bibliografici

BAIAMONTE C., *La tutela delle soggettività di genere in infanzia e in adolescenza*, in BASTIANONI P.-PEDROCCO BIANCARDI M.T. (a cura di), *I diritti dei minori. Percorsi di tutela e protezione*, Parma, 2014.

BAIAMONTE C.-BASTIANONI P., *Famiglie omogenitoriali*, in *Bambini*, Bergamo, Novembre 2013.

BAIAMONTE C.-BASTIANONI P., *Educare alle differenze familiari*, in *Bambini*, Bergamo, Dicembre 2013.

BAIAMONTE C.-BASTIANONI P., *Le famiglie omogenitoriali in Italia. Relazioni familiari e diritti dei figli*, Bergamo, 2015.

BAIAMONTE C.-BASTIANONI P., *Letteratura per l'infanzia*, in CORBISIERO F.-PARISI R. (a cura di), *Famiglia, omosessualità, genitorialità. Nuovi alfabeti di un rapporto possibile*, Velletri, 2016.

BANDURA A., *Social foundations of thought and action: A social cognitive theory*, Englewood Cliffs (NJ), 1986.

BEM S., *The measurement of psychological androgyny,* in *Journal of Counsulting and Clinical Psychology*, 1974, 42,2, 155-162.

BIEMMI I., *Educazione sessista, Stereotipi di genere nei libri delle elementari*, Torino, 2010.

DUVEEN G., *Asimmetria dello sviluppo dell'identità di genere*, in ARCIDIACONO C. (a cura di), *Identità genere differenza. Lo sviluppo psichico femminile nella psicologia e nella psicoanalisi*, Milano, 1991.

FREUD A., *L'Io e i meccanismi di difesa*, in *Opere 1922-1943*, Torino, 1979.

JODELET D., *Rappresentazioni sociali: un campo in espansione*, in ID., *Le rappresentazioni sociali*, Napoli, 1992.

KOHLBERG L., *A cognitive-developmental analysis of children's sex-role concepts and attitudes'*, in MACCOBY E. (ed.), *The development of sex differences, London*, 1966.

LUBORSKY L., *Principles Of Psychoanalytic Psychotherapy: A Manual For Supportive-expressive Treatment*, New York, 1984.

MARTIN C.L.-HALVERSON C.F., *A schematic processing model of sex typing and stereotyping in children,* in *Child Development*, 1981, 52, 1119-34.

MARTIN C.L.-HALVERSON C.F., *The effects of sex-typing schemas on young children's memory*, in: *Child Development*, 1983, 54, 563-74.

MARTIN C.L.-RUBLE D.N.-SZKRYBALO J., *Cognitive theories of early gender development*, in *Psychological Bulletin*, 2002, 128, 903-33.

MENZIES I.E.P., *I sistemi sociali come difesa dall'ansia: studio sul servizio infermieristico di un ospedale*, in M. LANG-K. SCHWEITZER (a cura di), *Psicoanalisi e socioanalisi*, Napoli, 1984.

MISCHEL W., *A social-learning view of sex differences in behavior'*, in MACCOBY E. (ed.), *The development of sex differences*, London, 1966.

MISCHEL W., *Gender development*, in EISENBERG N. (ed.), *Handbook of child psychology: social, emotional, and personality development*, vol. 3, 933-1016, New York, 2006.

MOSCOVICI S., *Le rappresentazioni sociali*, in UGAZIO V. (a cura di), *La costruzione della conoscenza*, Milano, 1988.

SAPEGNO M.S., *Identità e differenze. Introduzione agli studi di genere*, Roma, 2011.

SCHAFFER H.R., *Lo sviluppo sociale*, Milano, 1996.

SCHAFFER H.R., *I concetti fondamentali della psicologia dello sviluppo*, Milano, 2006.

SLABY R.G.-FREY K.S., *Development of gender constancy and selective attention to same-sex models*, in *Child Development*, 46, 849-56, 1975.

TAURINO A., *Psicologia della differenza di genere*, Roma, 2005.

TAURINO A., *La pratica clinica nella consultazione su questioni di genere: una riflessione sulla teoria della tecnica*, in CODISPOSTI O.-BASTIANONI P.-TAURINO A., *Dinamiche relazionali ed interventi clinici. Teorie, contesti, strumenti*, Roma, 2008, 259-278.

TAURINO A.-BASTIANONI P.-BAIAMONTE C., *L'importanza di una educazione alle differenze. L'omogenitorialità nelle rappresentazioni di genitori ed educatori dei servizi per l'infanzia*, in *"Gift", Quaderno del Centro di Documentazione Gift, u.o. politiche familiari e Genitorialità*, 2011, 67-81.
UGAZIO V. (a cura di), *La costruzione della conoscenza*, Milano, 1988.
UGAZIO V.-CASTIGLIONI M., *Socialisation Models and the Construction of Self*, in *Journal of Constructivist Psychology*, 1998, 11(1), 3-29.

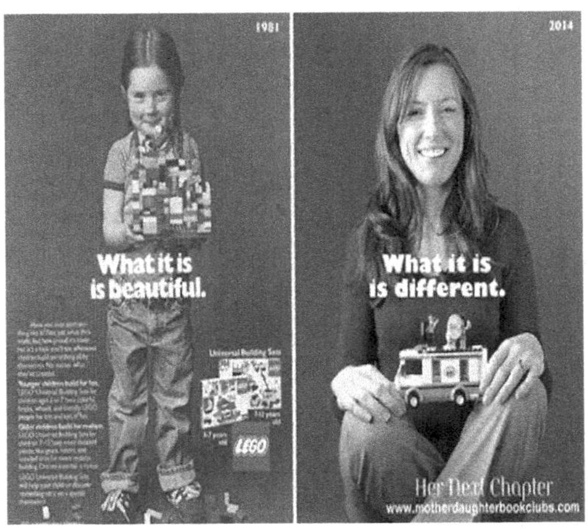

Tutto quello che dovresti sapere per vivere l'avventura!
VIETATO ALLE RAGAZZE
Per esploratori curiosi!
100% RAGAZZI
Boys' Book
per
RAGAZZI
in gamba
Pronto per vivere l'avventura? Per cavartela devi riuscire a:
decifrare un messaggio segreto
costruire una capanna
seguire le indicazioni dei sentieri
costruire un mulino ad acqua
"leggere" il cielo
100% AVVENTURA
GIUNTI Junior

100% RAGAZZI
Un libro per 1000 avventure
Boys' Book
per
RAGAZZI
in gamba
100% AVVENTURA
VIETATO ALLE RAGAZZE
Più di 40 modi per costruire una tenda, riconoscere bisce e vipere, leggere una mappa, individuare i diversi insetti, curare piccole ferite, costruire giochi... Tutto quello che ti serve per diventare un esperto esploratore!
In questo libro troverai un sacco di informazioni interessanti e tante attività da fare all'aperto!
€ 14,00

Una miniera di idee facilissime da realizzare!
per tipe sveglie
Girls' Book
per
RAGAZZE
in gamba
Scopri come:
Costruire giochi di carta
Scattare fotografie da professionista
Riconoscere i fiori selvatici
Diventare una maga
Viaggiare
Questo manuale ti insegna questo e 1000 altre cose!
1000 IDEE
GIUNTI Junior

1000 IDEE
100% CREATIVITÀ
per tipe sveglie
Girls' Book
per
RAGAZZE
in gamba
Più di 40 spunti per imparare ad allacciare un pareo, cucinare con il miele, costruire un'altalena, fabbricare un acchiappasogni, riconoscere i frutti di bosco, costruire dei giochi, scrivere messaggi segreti.
Tutto quello che ogni ragazza in gamba deve sapere!
In questo libro troverai tanti giochi, origami, ricette e moltissime attività da realizzare!
€ 14,00

11. Il *gender mainstreaming* europeo e l'approccio internazionale alla questione della parità di genere *

Il problema dell'affermazione dell'eguaglianza senza differenze di sesso non è una questione solo nazionale ed anzi l'atteggiamento del nostro Paese nei vari settori in cui il sesso può divenire fonte di discriminazione risulta decisamente influenzato dalle politiche internazionali e soprattutto dalle scelte europee.

Rispetto al contesto europeo, con l'entrata in vigore del Trattato di Lisbona nel dicembre 2009, l'uguaglianza tra le donne e gli uomini è stata formalmente riconosciuta tra i valori fondanti dell'Unione europea e la Carta dei diritti fondamentali, guadagnando forza giuridica vincolante, è divenuta un autorevole documento di riferimento anche per il proseguimento della ormai consolidata politica comunitaria in tema di pari opportunità.

È doveroso sottolineare che l'interesse verso il principio di uguaglianza tra le donne e gli uomini ha radici profonde nella Comunità/Unione europea (CEE/UE) e il desiderio di costruire una società basata sulla piena partecipazione dei generi alla vita economica, sociale, politica, culturale degli Stati membri era insito già nel progetto di edificazione di un'Europa unita. Anche se il Trattato istitutivo della Comunità economica europea (CEE), firmato a Roma il 25 marzo 1957 ed entrato in vigore l'anno seguente, aveva riconosciuto una nozione molto circoscritta di uguaglianza tra i sessi, è stato grazie ad esso che la condizione femminile e le pari opportunità sono divenute tema di interesse sempre crescente nel processo di integrazione europea.

La parità fra uomini e donne è dunque uno dei principi fondamentali del diritto comunitario: gli obiettivi dell'Unione europea in materia di parità fra uomini e donne consistono, da un lato, nel garantire la parità di opportunità e di trattamento fra donne e uomini nel settore occupazionale e, dall'altro, nella lotta contro qualsiasi discriminazione fondata sul sesso.

Dal punto di vista pratico l'Unione Europea ha promosso il principio di pari opportunità attraverso specifici programmi d'azione a carattere operativo che delineano, a livello comunitario, gli obiettivi strategici che si intende perseguire e realizzare in ogni quinquennio di riferimento: tali obiettivi spaziano dall'occupazione, alla parità salariale, all'istruzione e formazione, alla conciliazione dei tempi di vita e lavoro fino alla promozione dell'imprenditoria femminile tramite apposite politiche di incentivi e finanziamenti [254].

---

* Di Francesca Rescigno.

[254] L'azione europea è stata particolarmente significativa dal momento in cui le pari opportunità sono divenute parte essenziale nella gestione dei fondi strutturali europei, così

L'Unione è ben presto uscita dal mero contesto lavorativo per promuovere politiche di parità a tutto campo occupandosi di molteplici settori in cui emergono problemi di genere incluso quello relativo all'immagine della donna nella società al fine di combattere gli stereotipi che contribuiscono ad impedire il raggiungimento della parità di genere.

Grazie alle direttive approvate in materia dalla metà degli anni '70 in avanti, si è creato un vero e proprio *corpus* normativo sulla parità di genere, infatti dopo che nel 1997 con il Trattato di Amsterdam viene istituzionalizzato il *gender mainstreaming* l'Unione non si è più fermata e ha cercato di concretizzare tale principio in ogni sua politica. In quest'ottica va considerata la creazione nel 2006 dell'Istituto Europeo per l'Uguaglianza di Genere (EIGE) divenuto operativo nel 2009[255]; ancora, il 2007 è stato intitolato Anno Europeo delle Pari Opportunità per tutti, con l'intento di sensibilizzare gli Stati mem-

---

a partire dagli anni '90 tutti i bandi europei hanno attribuito un punteggio aggiuntivo a progetti e domande di sovvenzione che contengono elementi a favore delle pari opportunità e che si pongono nell'ottica della promozione della parità di genere.

[255] L'EIGE è un organismo di supporto tecnico alle istituzioni dell'Unione europea, con l'obiettivo di sostenere e rafforzare la promozione dell'uguaglianza di genere, compresa l'integrazione di genere in tutte le politiche comunitarie e nazionali, la lotta contro le discriminazioni fondate sul sesso, e sensibilizzare i cittadini dell'UE in materia di uguaglianza tra uomo e donna. L'indice sull'uguaglianza di genere 2015 realizzato dall'EIGE rileva che l'Unione europea ha percorso solo la metà del cammino iniziato nel 2005 verso una società rispettosa dell'uguaglianza di genere. Tale indice fornisce un punteggio sull'attività svolta dagli Stati membri in questo ambito e sui progressi compiuti verso l'eliminazione delle discriminazioni basate sul genere. I progressi per Stato membro e per settore, tuttavia, non sono uniformi: alcuni Stati hanno fatto registrare miglioramenti, mentre altri sono regrediti. L'indice sull'uguaglianza di genere si articola su sei domini principali (lavoro, denaro, conoscenza, tempo, potere e salute) e due domini satellite (violenza contro le donne e disuguaglianze intersezionali). Esso si basa sulle priorità politiche dell'UE e valuta l'impatto delle politiche in materia di uguaglianza di genere nell'Unione europea e da parte degli Stati membri nel tempo. L'EIGE, che funge da centro di conoscenza dell'UE sull'uguaglianza tra donne e uomini, ha elaborato questo strumento unico nel suo genere per misurare i progressi compiuti verso il traguardo della parità di genere nell'Unione europea e negli Stati membri. Negli anni scorsi l'indice è diventato sempre più significativo, in particolare dopo che alcuni Stati membri l'hanno adottato come strumento di controllo standard all'interno dei propri sistemi statistici nazionali o regionali (per esempio, Irlanda, Estonia, Lussemburgo e i Paesi Baschi).

Le strategie di azione dell'EIGE per il periodo 2016-2018 sono le seguenti: *1.To provide high quality research and data to support better informed and evidence based decision-making by policymakers and other key stakeholders working to achieve gender equality; 2.To manage all knowledge produced by EIGE to enable timely and innovative communication that meets the targeted needs of key stakeholders; 3.To meet the highest administrative and financial standards while supporting the needs of EIGÈs personnel.*

bri sulle discriminazioni e sul valore positivo della diversità (non solo di genere)[256], mentre il 2014 è stato l'Anno Europeo della Conciliazione tra la vita lavorativa e la vita familiare[257].

La propensione europea per la parità di genere (e non solo) è dunque un tratto costante dal momento della stessa istituzione, ed anche se tale vocazione nasce con una connotazione essenzialmente lavoristica ben presto coinvolge anche altri settori più o meno connessi alle problematiche del lavoro sviluppandosi organicamente grazie proprio al principio del *gender mainstreaming*.

L'espressione *gender mainstreaming* viene utilizzata per la prima volta in occasione della Terza Conferenza Mondiale dell'Onu sulla donna tenutasi a Nairobi nel 1985 e ribadita nel 1995 in occasione della Quarta Conferenza Mondiale dell'Onu sulla donna svoltasi a Pechino, ed in pratica identifica ogni programma trasversale per la promozione delle Pari Opportunità.

Il *gender mainstreaming* istituzionalizzato con il Trattato di Amsterdam a livello europeo consiste in una effettiva strategia politica volta alla sistematica realizzazione delle pari opportunità in tutte le politiche comunitarie è un concetto rivoluzionario perché, oltre a portare la dimensione di genere in tutte le

---

[256] L'intento dell'Anno europeo delle pari opportunità per tutti era quello di accrescere nei cittadini europei la consapevolezza dei propri diritti in materia di parità di trattamento, diritti sanciti dalla Carta dei diritti fondamentali, che vieta ogni discriminazione basata sul sesso, la razza, il colore della pelle, l'origine etnica o sociale, la religione o le convinzioni personali, gli handicap, l'età o le tendenze sessuali. Richiamare l'attenzione sulla parità di opportunità è un modo di rendere omaggio alla diversità presente nell'UE.

[257] La conciliazione ha l'intento di migliorare la qualità della vita, e proprio per questo non riguarda solo il mondo femminile. Il miglioramento della qualità della vita passa attraverso una migliore gestione del tempo sia per gli uomini che per le donne. Da molto tempo l'Unione europea insiste sulla necessità di misure di conciliazione tra vita e lavoro (*work-life balance*) sia nel campo delle strategie individuali e familiari (condivisione del lavoro di cura), che in quello dei luoghi di lavoro (flessibilità oraria, voucher) e anche nella gestione del territorio e del pubblico (piani degli orari e servizi). Il punto di vista economico dimostra che c'è un chiaro e diretto legame tra le difficoltà di conciliare la vita familiare, la vita privata, la vita lavorativa da un lato e la povertà e l'esclusione sociale dall'altro. Le politiche di conciliazione diventano in quest'ottica la chiave di volta di ogni altra politica (occupazione, sevizi, sicurezza, educazione) sia a livello europeo che nazionale. Un miglior sostegno alla conciliazione consente a uomini e donne all'interno di un qualsiasi modello familiare di esercitare più ampie scelte, sulla base dei propri bisogni, per trovare un equilibrio tra lavoro e vita privata, contribuendo così al raggiungimento degli obiettivi delle *policy* europee. Le politiche per la conciliazione rappresentano dunque un importante fattore di innovazione dei modelli sociali, economici e culturali, servono a fornire strumenti che, rendendo compatibili sfera lavorativa e sfera familiare consentono a ciascun individuo di vivere al meglio i molteplici ruoli che ricopre all'interno di una società complessa come quella attuale.

politiche comunitarie, richiede l'adozione di una prospettiva di genere da parte di tutti gli attori del processo politico, anche di quelli che non hanno esperienza o interesse specifico nell'ambito delle "questioni di genere" [258]. In pratica la strategia alla base del *gender mainstreaming* consiste in un duplice approccio prefiggendosi, da una parte, di integrare la dimensione del genere in tutte le politiche comunitarie aventi un impatto diretto o indiretto sull'obiettivo della parità tra donne e uomini, mentre dall'altra propone la realizzazione di azioni specifiche in favore delle donne, indispensabili per eliminare le disuguaglianze persistenti. Tale approccio integrato caratterizza un cambiamento importante rispetto alla precedente azione comunitaria basata in gran parte su attività e programmi settoriali.

Tutte le politiche europee sono dunque condizionate dal *gender mainstreaming* che prende in considerazione le differenze tra le condizioni, le situazioni e le esigenze delle donne e degli uomini per far sì che la prospettiva di genere si applichi all'insieme delle decisioni. In questo senso il *mainstreaming* di genere può essere definito una strategia volta a diminuire le differenze di impatto che politiche a prima vista neutrali in termini di parità tra i sessi hanno per donne e uomini; infatti finché si continuano a perseguire politiche apparentemente "neutre rispetto al genere" ossia prive di impatto differenziale per uomini e donne, le differenze strutturali e i disequilibri tra i due generi continueranno ad essere ignorati e perpetuati. Iniziative come i piani di promozione della donna o le quote rosa sono senz'altro utili e necessarie ma non appaiono sufficienti per delineare un sostanziale miglioramento del rapporto di genere per cui è necessario intervenire anche sulle condizioni quadro, modificando fattori come la ripartizione del lavoro sociale, il divario retributivo e l'orario di lavoro. L'applicazione del mainstreaming di genere nelle politiche, nei programmi e nei progetti generali costituisce un processo complesso, che interessa ogni fase dell'elaborazione di una politica: dalla progettazione, all'attuazione, sino alla valutazione e alla revisione; è un metodo di lavoro, oltreché

---

[258] Spetta alla Comunicazione n. 67 della Commissione del 21 febbraio 1996, "*Integrare la parità di opportunità tra le donne e gli uomini nel complesso delle politiche e azioni comunitarie*" il merito di avere introdotto il principio di integrazione orizzontale delle questioni di genere *(gender mainstreaming)*, nel senso di prendere in considerazione sistematicamente le differenze tra le condizioni, le situazioni e le esigenze delle donne e degli uomini nell'insieme delle politiche e delle azioni comunitarie. Mentre la Risoluzione del Consiglio del 2 dicembre 1996 riguardante l'integrazione della dimensione della parità di opportunità tra donne e uomini nel quadro dei Fondi strutturali europei, invita gli Stati membri a trarre pienamente vantaggio dalle possibilità esistenti in materia di programmazione nel quadro delle varie forme di intervento dei Fondi strutturali, al fine di promuovere le pari opportunità e di esaminare le possibilità di riorientamento dei programmi in funzione dello sviluppo delle pari opportunità e della lotta contro la disoccupazione.

un risultato, che richiede l'adozione di strategie di comunicazione e programmazione come pure un ragionamento approfondito su quali siano di volta in volta le alleanze più utili da costruire.

Il principio del *gender mainstreaming* affronta il tema della promozione della donna in modo approfondito sollevando la questione di una più equa ripartizione di risorse e responsabilità, sottolineando la necessità di cambiamento delle condizioni generali, dei ruoli e/o del rapporto di genere, mirando al cambiamento delle condizioni strutturali da cui derivano le discriminazioni e il disequilibrio; integrando in tutte le azioni la prospettiva della parità [259].

Il legislatore comunitario ha cercato di tradurre in pratica il principio del *gender mainstreaming* concretizzandolo in una serie di direttive tra le quali meritano di essere almeno menzionate la n. 73/2002 e la n. 56/2006. La Direttiva n. 73 è relativa all'attuazione del principio di parità di trattamento tra gli uomini e le donne per quanto riguarda l'accesso al lavoro, alla formazione e alla promozione professionale e le condizioni di lavoro, al fine di dimostrare come il principio di genere avesse ormai acquistato una posizione preminente nel sistema europeo. Tale volontà appare ripresa e rinforzata dalla Direttiva del 2006 concernente l'attuazione del principio delle pari opportunità e della parità di trattamento tra uomini e donne in materia di occupazione e impiego: tale atto infatti, a differenza della Direttiva del 2002, amplia il suo ambito di intervento oltre il principio di parità di trattamento per quanto riguarda l'accesso al lavoro e si configura come un contenitore giuridico in cui rientrano le direttive sulla parità retributiva, sull'onere della prova, sulla parità di trattamento per l'accesso al lavoro, l'accesso alla formazione e alla promozione professionale e le condizioni di lavoro [260]. Nella Direttiva n. 54/2006 la volontà di attuazione del principio di parità di trattamento già espresso dalla Direttiva

---

[259] Il concetto del *gender mainstreaming* (escluso dalla strategia Europa 2020) pervade comunque la formulazione delle politiche europee come dimostra l'adozione nel marzo del 2010, ad opera della Commissione della Carta delle donne nell'ottica di migliorare la promozione dell'eguaglianza tra donne e uomini in Europa e in tutto il mondo e ancora, nel dicembre 2015 la Commissione ha pubblicato l'impegno strategico per l'eguaglianza di genere 2016-2019 al fine di monitorare e proseguire la strategia della commissione per l'eguaglianza tra uomini e donne e nell'ottobre 2015 il Consiglio ha adottato il Piano d'azione sulla parità di genere 2016-2020 basato sul documento congiunto dei servizi della Commissione e del servizio europeo per l'azione esterna (SEAE) sul tema "*Parità di genere ed emancipazione femminile: trasformare la vita delle donne e delle ragazze attraverso le relazioni esterne dell'UE (2016-2020)*". Infine, anche il Parlamento europeo si adopera per l'integrazione della dimensione di genere nelle attività di tutte le sue commissioni.

[260] Sul punto cfr. L. GUAGLIANONE, *Le discriminazioni basate sul genere*, in M. BARBERA (a cura di), *Il nuovo diritto antidiscriminatorio. Il quadro comunitario e nazionale*, Milano, 2007, 247 ss.

n. 73/2002, si affianca all'ambizioso obiettivo della realizzazione delle pari opportunità cercando dunque di realizzare un quadro di riferimento e azione il più completo possibile.

Assai significativa in tema di *gender mainstreaming* è stata anche la c.d. Strategia di Lisbona elaborata dal Consiglio europeo nella sessione straordinaria del 23 e 24 marzo 2000 a Lisbona. Tale strategia prevedeva un nuovo obiettivo per l'Unione per il decennio (2000-2010) al fine di sostenere l'occupazione, le riforme economiche e la coesione sociale nel contesto di un'economia basata sulla conoscenza[261].

Nel 2005 ci si è resi conto che gli obiettivi fissati nel 2000 erano ben lungi dall'essere stati raggiunti per cui gli Stati membri dell'UE hanno deciso di rilanciare la strategia di Lisbona, concentrando gli sforzi verso i due obiettivi principali di *crescita economica* ed *occupazione*.

Nel 2010, con il completamento del ciclo decennale della strategia di Lisbona, le Istituzioni europee e gli Stati membri hanno avviato il dibattito per la definizione di una strategia post 2010, attraverso una verifica dei risultati e l'individuazione dei limiti registrati. È la nuova strategia "UE 2020" che appare volta a rafforzare la dimensione sociale, coniugare in maniera efficace e coerente la strategia di ripresa economica, la strategia per la crescita e l'occupazione, lo sviluppo sostenibile e l'attenzione per i cambiamenti climatici. La strategia UE 2020 si fonda sulle realizzazioni conseguite fino ad oggi sotto forma di partenariato per la crescita e l'occupazione, e si differenzia dalla strategia concordata a Lisbona nel 2000 perché affronta nuove sfide. La Commissione ritiene, infatti, che la strategia UE 2020 debba concentrarsi su quegli ambiti di intervento chiave che possano migliorare la collaborazione tra l'Unione e gli Stati membri e mirare più in alto grazie ad un uso migliore degli strumenti disponibili[262]. Approvata in piena crisi economica, la strategia Eu-

---

[261] Con la Strategia globale concertata nel 2000 l'Unione si è prefissata l'obiettivo strategico di: «*diventare l'economia basata sulla conoscenza più competitiva e dinamica del mondo, in grado di realizzare una crescita economica sostenibile con nuovi e migliori posti di lavoro e una maggiore coesione sociale*».

[262] La Commissione ritiene che l'UE 2020 debba essere guidata da fattori di stimolo tematici imperniati sulle seguenti tre priorità: 1. una crescita basata sulla conoscenza come fattore di ricchezza: in un mondo in cui i prodotti e i processi si differenziano in funzione dell'innovazione, le opportunità e la coesione sociale vanno potenziate valorizzando l'istruzione, la ricerca e l'economia digitale; 2. coinvolgimento dei cittadini in una società partecipativa: l'acquisizione di nuove competenze, l'accento sulla creatività e l'innovazione, lo sviluppo dell'imprenditorialità e la possibilità di cambiare facilmente lavoro sono i fattori essenziali in un mondo che offrirà più occupazione; 3. un'economia competitiva, interconnessa e più verde: l'UE dovrà essere più efficace in termini di competitività e produttività riducendo e razionalizzando il consumo delle energie rinnovabili e delle risorse, in un con-

ropa 2020 stabilisce l'obiettivo di una crescita intelligente sostenibile e socialmente inclusiva, basata su alti tassi di occupazione e sostenuta da coesione sociale e territoriale; tuttavia in tale nuova strategia risulta penalizzata la dimensione di genere: infatti manca un riferimento esplicito al *gender mainstreaming* e diversamente da quanto avvenuto nel 2010 manca anche un obiettivo occupazionale disaggregato per sesso e non viene fissato uno specifico obiettivo occupazionale femminile per il 2020[263]. Sembra dunque che la crisi economica abbia messo in secondo piano l'obiettivo della realizzazione della parità di genere da sempre considerato prioritario nell'azione dell'Unione.

La lotta alle discriminazioni di genere e l'affermazione dell'*empowerment* femminile passano obbligatoriamente anche attraverso una redistribuzione dei ruoli decisionali nelle istituzioni da sempre detenuti in maniera quasi esclusiva dal genere maschile. La scarsa se non inesistente presenza femminile ai vertici istituzionali non è un semplice difetto di alcuni sistemi politici ma dimostra una distorsione strutturale dei principi democratici. Il tema della parità dei generi nel processo decisionale è entrato a far parte dell'agenda europea già dagli inizi degli anni Ottanta nel Primo programma d'azione sulla promozione della parità delle possibilità per le donne e ripreso da molte azioni successive, e lo stesso Parlamento europeo già a partire dal 1994 ha sottolineato la necessità per le donne di «scalfire il soffitto di cristallo» contrastando efficacemente tutti quei fattori discriminatori che impediscono alle donne di partecipare al processo decisionale[264]. Anche la Carta delle donne, approvata dalla Commissione europea nel marzo 2010, sottolinea come le donne continuino a non avere accesso alla condivisione del potere e della capacità decisionale e i Programmi di Strategie per la parità fissano ambiziosi obiettivi del 25% di donne nelle funzioni direttive del settore pubblico e nella ricerca. Tuttavia, nel 2013, la presenza femminile nelle istituzioni rappresentative si attestava in media intorno al 38%, con punte del

---

testo in cui l'energia e le risorse implicano costi elevati e maggiore pressione concorrenziale. Un tale approccio consente di stimolare la crescita e di conseguire gli obiettivi ambientali. Tutti i settori tecnologici ne trarranno beneficio. A tal fine, potranno contribuire anche il potenziamento e l'interconnessione infrastrutturale, la riduzione degli oneri amministrativi e una maggiore rapidità dei mercati e sfruttare le innovazioni.

Cfr. Commissione europea, *Europa 2020. Una strategia per una crescita intelligente, sostenibile e inclusiva*, Bruxelles, 3.3.2010, COM (2010) 2020.

[263] Per un esame della Strategia 2020 rispetto all'approccio del *gender mainstreaming* cfr. M. ROSSILLI, *Le politiche di genere nella strategia Europa 2020 alla prova della crisi economica e delle politiche di austerità*, in F. DI SARCINA (a cura di), *Cultura di genere e politiche di pari opportunità. Il gender mainstreaming alla prova tra UE e Mediterraneo*, Bologna, 2014, 135 ss.

[264] Cfr. Dibattito parlamentare Donne negli organi decisionali, sessione 1993-1994, in GUCE C 61 del 28 febbraio 1994.

74,3% in Svezia a fronte di risultati inferiori al 20% in Italia, Malta, Cipro e Lussemburgo. La stessa Unione europea se da un lato promuove decisamente l'incremento della rappresentanza femminile nei ruoli decisionali, dall'altro riserva nelle sue istituzioni al genere femminile un ruolo decisamente modesto se non inesistente. Infatti, vale la pena ricordare che attualmente il Presidente del Parlamento europeo, eletto dai membri del Parlamento è Martin Schulz; il Presidente del Consiglio europeo, nominato dai leader nazionali capi di Stato o di governo dei paesi membri è Donald Tusk; il Presidente della Commissione Europea nominato dai leader nazionali (capi di Stato o di governo dei paesi membri), con l'approvazione del Parlamento europeo è Jean Claude Junker; il Presidente dell'Eurogruppo, eletto dai ministri delle finanze dei Paesi membri è Jeroen Dijsselbloem, mentre il Presidente della Banca Centrale Europea è Mario Draghi. In questo quadro desolatamente uni-genere l'unica presenza femminile che si registra è quella di Federica Mogherini che dal novembre 2014 ricopre la carica di Alto rappresentante dell'Unione per gli affari esteri e la politica di sicurezza. Rimane il dubbio però che l'unica presenza femminile in un ruolo apicale risponda più ad un'operazione di facciata che di redistribuzione sostanziale dei ruoli, in quanto, come noto, tale carica (anche precedentemente ricoperta da una donna: Catherine Ashton) ha un contenuto virtuale e simbolico, poiché ancora oggi non esiste alcuna politica estera e di sicurezza comune dell'Unione europea[265].

È dunque evidente come, ancora oggi, il *gender mainstreaming* debba essere perseguito e implementato in ogni politica e azione europea e ancor più nell'ambito dei suoi organi decisori.

La lotta contro le discriminazioni di genere coinvolge naturalmente oltre al piano europeo anche quello internazionale. Già la Società delle Nazioni (1919-1946) si occupò di varare la prima normativa di carattere sovranazionale per la protezione e la tutela di alcuni aspetti specifici della condizione femminile e a partire dal 1919 l'Organizzazione Internazionale del Lavoro (OIL), intraprese un'opera di protezione del lavoro femminile rivolta principalmente ad escludere le donne dai lavori più pesanti e mal retribuiti[266].

Il problema della discriminazione femminile era dunque già avvertito agli inizi del '900 anche se certamente è solo dal secondo dopoguerra che si assiste

---

[265] L'Unione europea non sembra dunque in grado di porre in essere quanto da essa stessa promosso e disattende la Dichiarazione di Pechino del 1995 che afferma tra l'altro: «*Women's empowerment and their full participation on the basis of equality in all spheres of society, including participation in the decision-making process and access to power, are fundamental for the achievement of equality, development and peace*».

[266] Cfr. Convenzione n. 3 concernente l'impiego delle donne prima e dopo il parto, 29 novembre 1919; Convenzione n. 4 concernente il lavoro notturno delle donne, 1919; Convenzione sull'impiego delle donne nei lavori sotterranei nelle miniere di ogni categoria, 1935.

ad un reale processo di implementazione dei diritti anche per quanto riguarda la specifica condizione femminile. Il documento fondante delle Nazioni Unite nel preambolo dichiara l'intendimento di «*riaffermare la fede nei diritti fondamentali dell'uomo, nella dignità e nel valore della persona umana, nella eguaglianza dei diritti degli uomini e delle donne* ...», concetto ulteriormente ribadito dall'articolo 55 che afferma: «... *le Nazioni Unite promuoveranno* ... *il rispetto e l'osservanza universale dei diritti dell'uomo e delle libertà fondamentali per tutti, senza distinzione di razza, sesso, lingua o religione*». In realtà, in quel momento, soltanto in 30 dei 51 Stati membri originari, le donne godevano già del diritto di voto o potevano ricoprire cariche pubbliche, ma comunque nessun documento giuridico di portata internazionale, fino ad allora, aveva affermato con tanta forza l'uguaglianza di tutti gli esseri umani senza alcuna distinzione; nello stesso tempo nel testo della Dichiarazione appare chiaro che il sesso viene riconosciuto come un fattore di discriminazione, tra gli altri che vengono menzionati, e come tale viene inserito tra le priorità dell'agenda di lavoro internazionale.

Altra tappa fondamentale per i diritti delle donne è stata la Dichiarazione Universale dei Diritti Umani del 10 dicembre 1948, che già nel preambolo contiene un esplicito riferimento all'uguaglianza dei diritti dell'uomo e della donna[267].

Nei suoi primi due decenni di attività l'ONU ha affrontato i problemi della condizione femminile con una serie di provvedimenti di carattere, per così dire, settoriale concentrandosi particolarmente sui problemi relativi allo sfruttamento sessuale, ai diritti politici ancora non pienamente riconosciuti né tanto meno realizzati in vaste aree del mondo e sulla condizione subalterna della donna nel matrimonio[268].

---

[267] Gli articoli che riguardano direttamente le donne quali soggetti portatori di diritti sono diversi: talora esse sono espressamente menzionate, in altri casi il riferimento è contenuto nella definizione "ogni individuo", che si richiama a quanto recita il fondamentale art.2: «*Ad ogni individuo spettano tutti i diritti e tutte le libertà enunciate nella presente Dichiarazione, senza distinzione alcuna, per ragioni di razza, di colore, di sesso, di lingua, di religione, ... o di altra condizione*». L'art. 16 stabilisce che uomini e donne hanno uguali diritti riguardo al matrimonio, durante il matrimonio e all'atto del suo scioglimento; l'art.23 sancisce uguale diritto al lavoro e a una retribuzione non discriminatoria; l'art.25 tutela la maternità; l'art.26 garantisce uguale diritto all'istruzione.

[268] Nel dicembre 1949 viene approvata la *Convenzione per l'abolizione del traffico delle persone e dello sfruttamento della prostituzione*, entrata in vigore il 25 luglio 1951. La convenzione stabilisce la punibilità di coloro che favoriscono la prostituzione di altre persone per motivi economici, anche se con il consenso delle stesse. Il 20 dicembre 1952 l'Assemblea Generale adotta la *Convenzione sui Diritti politici delle Donne*, con la quale stabilisce per le donne il diritto di elettorato attivo e passivo e quello di poter ricoprire funzioni

Decisamente significativo anche il ruolo dell'UNESCO (Organizzazione per l'Educazione, la Scienza e la Cultura) che si è occupata della condizione femminile, sia in relazione alla reale possibilità di accesso all'istruzione per le donne (in molti Paesi ancora oggi limitata), sia rispetto alla discriminazione culturale nei confronti delle donne veicolata attraverso i canali scolastici ufficiali, ad esempio attraverso la discriminazione nell'accesso all'insegnamento o negli stereotipi sessuali ribaditi nei libri di testo. Per questo nel 1960 la Conferenza Generale dell'UNESCO ha adottato la Convenzione contro la discriminazione in materia di educazione per eliminare qualsiasi discriminazione basata sul sesso in ambiente educativo e per l'adozione di misure miranti alla promozione dell'uguaglianza di opportunità e di trattamento, nello stesso ambito, per le donne come per gli uomini [269].

Mentre i diritti delle donne, superando i limiti di una dimensione settoriale, trovavano accoglimento nelle diverse articolazioni del Codice Internazionale dei Diritti Umani, la *Commissione sulla Condizione delle Donne* (CSW), a partire dal 1963, aveva iniziato a lavorare, su mandato dell'Assemblea Generale, a un progetto che sarebbe stato foriero di ulteriori, fecondi sviluppi [270]. Il 7 novembre 1967 infatti l'Assemblea Generale, con risoluzione

---

pubbliche (la convenzione è entrata in vigore il 31 marzo 1953, ma solo nel 1958 è stata ratificata dall'Italia). Il 29 gennaio 1957 viene adottata invece la *Convenzione sulla nazionalità delle donne sposate*, in vigore dall'11 agosto 1958; il 7 novembre 1962 la *Convenzione sul consenso al matrimonio, l'età minima legale per il matrimonio e la registrazione del matrimonio*, in vigore dal 9 dicembre 1964.

Riguardo alle problematiche legate al lavoro diverse sono le Convenzioni promosse dall'OIL: la *Convenzione n. 89 sul lavoro notturno delle donne occupate nell'industria* (9 luglio 1948); la *Convenzione n.100 sull'equa remunerazione* (29 giugno 1951) con la quale gli Stati firmatari si impegnano ad intervenire sulla legislazione nazionale per eliminare ogni forma di discriminazione nella retribuzione tra uomini e donne a parità di lavoro; la *Convenzione n. 103 sulla protezione della maternità delle donne lavoratrici* (28 giugno 1952); la *Convenzione n. 111 contro la discriminazione sul lavoro* (25 giugno 1958) che stabilisce che ogni Stato deve promuovere l'eguaglianza di opportunità e di trattamento per porre fine a tutte le forme di discriminazione sui luoghi di lavoro.

[269] Rispetto al tema fondamentale dell'educazione delle bambine si ricorda ancora una volta la Campagna "*Because I am a Girl*" lanciata nel 2012 con l'obiettivo di aiutare un gruppo specifico di bambine o ragazze in una determinata comunità e Paese ad accedere alle stesse opportunità di educazione, formazione ed avviamento al lavoro dei ragazzi.

[270] Tale Commissione (Commission on the Status of Women) è una delle Commissioni funzionali del Consiglio Economico e Sociale delle Nazioni Unite. È stata istituita nel 1946 come organismo parallelo alla Commissione sui Diritti Umani, nel corso degli anni ha dato un importante contributo all'elaborazione delle tematiche dell'eguaglianza, dei diritti umani delle donne, e di un punto di vista di genere sui diritti umani. La Commissione è composta da 45 rappresentanti dei governi e da 45 osservatori dei governi, ed il Dipartimento ONU sulla Promozione delle Donne (Division for the Advacement of Women

n. 2263 (XXII), adotta la Dichiarazione sull'eliminazione della discriminazione nei confronti delle donne. La Dichiarazione prende atto del fatto che nonostante lo Statuto (la Carta) delle Nazioni Unite, la Dichiarazione suddetta e i Patti internazionali relativi ai diritti umani, «... *le donne continuano a essere oggetto di gravi discriminazioni*» e che «...*la discriminazione esercitata nei confronti delle donne è incompatibile con la dignità umana e con il benessere della famiglia e della società*», riconoscendo «... *l'importanza del contributo delle donne alla vita sociale, economica e culturale, e la loro funzione nella famiglia e nell'educazione dei figli*» e afferma la convinzione che «... *il completo sviluppo di un Paese, il benessere del mondo e la causa della pace richiedono la massima partecipazione, in tutti i campi, tanto delle donne quanto degli uomini*»[271].

La Dichiarazione sull'eliminazione della discriminazione nei confronti delle donne rappresenta il tentativo di considerare in modo ampio e integrato la materia complessa e diversificata dei diritti umani coniugati al femminile, ma senza perdere la visione d'insieme: il "punto della situazione" riguardo all'attuazione dei diritti delle donne, infatti, viene assunto a paradigma della condizione dei diritti umani in generale e questo ha un grande significato simbolico poiché violare i diritti delle donne significa violare i diritti umani in generale. Tale atto, per sua stessa natura, non è un documento vincolante ma una dichiarazione di principi di carattere esortativo, che per assumere valore giuridico necessitava di essere elaborata sotto forma di convenzione: per questo la Commissione sulla condizione delle donne decise di proseguire il cammino intrapreso e dal 1967 al 1979 attraverso una lunga serie di consultazioni con i singoli Stati, lavorò all'approvazione della Convenzione sull'eliminazione

---

DAW) che opera come sua segreteria, si riunisce una volta l'anno, a marzo, per due settimane, e lavora su rapporti, ricerche e raccomandazioni relative ad una vasta gamma di questioni legate ai diritti umani delle donne. I paesi che non fanno parte della Commissione partecipano comunque a tutte le fasi del dibattito e del negoziato, con diritto di parola ma non di voto. La modalità decisionale, decisa nel 1996 e riconfermata nel 2001, è quella delle conclusioni concordate (agreed conclusions) cioè testi negoziati fra le delegazioni di governo e non sottoposti a votazione, ma adottati per consenso. Le risoluzioni, invece, possono essere o adottate per consenso o sottoposte a voto, a seconda dei casi.

[271] Tra i vari articoli, si ricordano indicazioni di "comportamento" alle quali gli Stati sono sollecitati a conformarsi: «*Devono essere prese tutte le misure adeguate per abolire le leggi, le consuetudini, i regolamenti e le pratiche in vigore, che costituiscono una discriminazione nei riguardi delle donne ... Devono essere prese tutte le misure adeguate per educare l'opinione pubblica e ispirare in tutti i Paesi il desiderio di abolire i pregiudizi e di sopprimere qualunque pratica ... che sia fondata sull'idea dell'inferiorità della donna. È indispensabile che il principio dell'uguaglianza dei diritti degli uomini e delle donne sia applicato in tutti gli stati, in conformità ai principi dello Statuto delle Nazioni Unite e della Dichiarazione Universale dei Diritti Umani*».

di ogni forma di discriminazione nei confronti della donna (CEDAW)[272].

---

[272] La Convenzione, definita "la carta dei diritti femminili", rappresenta una pietra miliare nella storia dei diritti delle donne, un caposaldo giuridico dal quale non è più possibile prescindere, che pone in primo piano in modo perentorio la questione della attuazione dei diritti delle donne nel panorama mondiale. Il documento ripropone i principi già affermati nella precedente omonima Dichiarazione, che qui acquistano forza e operatività di legge. Il Preambolo ripercorre la traccia di quello del precedente documento, ma l'analisi della situazione e delle istanze emergenti si fa più dettagliata e se ne avverte con maggiore forza il carattere di priorità e di urgenza. Si torna a constatare il fatto che le donne continuano a essere oggetto di gravi discriminazioni, con violazione dei principi dell'uguaglianza dei diritti e del rispetto della dignità umana; si sottolinea che le limitazioni imposte alle donne rappresentano un ostacolo alla crescita del benessere della società e della famiglia; si osserva – e questo è un elemento di novità – che il ruolo tradizionale dell'uomo nella famiglia e nella società deve evolversi insieme a quello della donna se si vuole effettivamente addivenire ad una reale parità tra uomo e donna.

Nei 30 articoli che la compongono la Convenzione CEDAW non si limita a delineare le garanzie che la legge deve assicurare alle donne, ma indica le misure che gli stati parte devono impegnarsi ad attuare nel concreto per ottenere una uguaglianza tra donne e uomini, non solo nell'esercizio dei diritti civili e politici, o sul piano economico, sociale e culturale – cioè in quella che potremmo definire la sfera pubblica dei comportamenti e delle azioni – ma anche nella vita privata, specialmente per quanto attiene ai rapporti che si instaurano all'interno della famiglia. Alla tutela giuridica di impostazione negativa, intesa come definizione di norme restrittive, si affianca dunque l'indicazione di azioni positive che, in apparente contraddizione col principio di parità formalmente intesa, consentano di perseguire concretamente l'obiettivo della parità con l'uomo.

La Convenzione definisce "discriminazione contro le donne": «*ogni distinzione, esclusione o limitazione basata sul sesso, che abbia l'effetto o lo scopo di compromettere o annullare il riconoscimento, il godimento o l'esercizio da parte delle donne, indipendentemente dal loro stato matrimoniale e in condizioni di uguaglianza fra uomini e donne, dei diritti umani e delle libertà fondamentali in campo politico, economico, sociale, culturale, civile, o in qualsiasi altro campo*».

La Convenzione consente anche l'adozione di misure temporanee di azione positiva (discriminazione positiva) per accelerare la realizzazione dell'uguaglianza tra donne e uomini, fermo restando che le misure a tutela della maternità non possono in nessun caso essere considerate un atto discriminatorio. Viene istituito anche un *Comitato per l'eliminazione delle discriminazioni contro le donne*, con il compito di controllare le modalità e le condizioni di applicazione della Convenzione negli stati che l'hanno ratificata e, più in generale, di costituire una sorta di osservatorio permanente sulla situazione mondiale delle donne.

Già durante la stesura della CEDAW era stata avanzata, senza essere raccolta, la proposta di inserire in essa delle procedure per la presentazione di denunce delle violazioni dei diritti delle donne. Oltre dieci anni dopo, nel 1991, le Nazioni Unite organizzarono un seminario per discutere nuovamente la questione ed elaborare un Protocollo integrativo. Il dibattito sul Protocollo, riguardò innanzitutto la validità e l'utilità di uno strumento di questo tipo e se fosse utile munirsi di uno strumento *ad hoc* o non fosse invece sufficiente servirsi degli strumenti messi a disposizione dalla normativa internazionale già esistente

L'impegno internazionale in tema di parità di genere non si è sostanziato solo nei documenti ricordati ma si è concretizzato in occasioni di aggregazione e discussione promossi dalle stesse Nazioni Unite e cioè nelle Conferenze globali sulle donne.

Le Conferenze mondiali sulle donne convocate dalle Nazioni Unite sono state di grande utilità nel portare la causa dell'uguaglianza fra i sessi al centro dell'agenda globale, compattando la comunità internazionale dietro ad un insieme di obiettivi comuni con un piano d'azione efficace per il progresso delle donne in ogni luogo, e in tutte le sfere della vita pubblica e privata.

---

riguardo ai diritti umani universali. Un argomento, questo, niente affatto irrilevante se si pensa che mette in gioco la specificità dello status giuridico della condizione femminile che tanto tempo e tanta fatica aveva richiesto affermare: se avesse prevalso, sarebbe stato un passo indietro per la storia delle donne e per la storia del diritto. Anche i contenuti del protocollo hanno richiesto una laboriosa negoziazione, il punto nodale riguardava la possibilità di presentare denunce non solo a livello individuale e personale ma anche da parte di gruppi o associazioni di donne, dunque in conto terzi; la motivazione di tale richiesta non è per nulla irrilevante in quanto è ben difficile, nelle situazioni più gravi e drammatiche, che il soggetto offeso abbia la forza, oltre che la possibilità, di adire gli organismi di denuncia per difendere il proprio diritto. Su questo punto si è convenuto che le denunce si possono presentare sia singolarmente che da parte di gruppi, sia a nome proprio che per altri, purché consenzienti (se non tali, per giustificabili e giustificati motivi) e ancora a lungo si discusse sulla possibilità di denunciare uno Stato non solo per gli atti ma anche per le omissioni lesive nei riguardi dei diritti delle donne. Sebbene questa formulazione non sia stata accolta, la definizione adottata: «violazione di uno qualsiasi dei diritti sanciti dalla Convenzione», può essere proficuamente utilizzata in quanto la CEDAW impegna gli stati non solo a non operare discriminazioni, ma anche ad intervenire attivamente per eliminare le discriminazioni esercitate da privati: in questo caso, dunque, una mancanza di intervento rappresenta già di per sé una violazione e può essere perseguita.

Il Protocollo facoltativo CEDAW è stato infine adottato dall'Assemblea Generale delle Nazioni Unite nel 1999, a venti anni dall'approvazione della Convenzione. L'atto ufficiale di apertura alle firme è stato il 10 dicembre dello stesso anno, in occasione della giornata mondiale dei diritti umani. Esso individua due diverse procedure di intervento: una procedura di denuncia, utilizzabile sia a titolo individuale sia a nome di persone o di gruppi di persone, organizzazioni o associazioni per l'eliminazione di tutte le forme di discriminazione contro le donne e dei i casi di violazione delle norme stabilite dalla Convenzione ed una procedura d'indagine, che conferisce al Comitato CEDAW il potere di condurre indagini sui casi di violazioni gravi o sistematiche dei diritti umani delle donne nei paesi che hanno sottoscritto il Protocollo facoltativo. Infine, il Protocollo stabilisce che non è possibile per gli Stati firmatari avanzare alcuna riserva nei suoi confronti malgrado allo stesso tempo preveda che: «*Ciascuno degli stati parte potrà, al momento della firma o della ratifica… dichiarare di non riconoscere la competenza del Comitato per quanto riguarda gli articoli 8 e 9*». Questa clausola, oltre che contraddittoria con quanto affermato altrove, appare anche limitativa nei confronti delle finalità ispiratrici del Protocollo, in quanto gli articoli menzionati riguardano proprio le modalità di attivazione della procedura d'indagine, finalizzata all'accertamento di violazioni che non siano state altrimenti denunciate.

La prima Conferenza mondiale sulla condizione della donna venne organizzata a Città del Messico nel 1975, in coincidenza con l'Anno Internazionale delle Donne, celebrato per ricordare alla comunità internazionale che la discriminazione nei confronti delle donne continuava ad essere un problema in gran parte del mondo.

La Conferenza di Città del Messico venne convocata dall'Assemblea Generale delle Nazioni Unite per concentrare l'attenzione internazionale sull'esigenza di sviluppare degli obiettivi orientati al futuro, strategie efficaci e piani d'azione per il progresso femminile. La Conferenza, assieme al Decennio delle Nazioni Unite per le Donne (1976-1985) proclamato dall'Assemblea Generale cinque mesi più tardi sulla spinta della Conferenza, diede inizio a una nuova era negli sforzi globali per promuovere il progresso femminile, aprendo un dialogo su base mondiale sull'uguaglianza dei sessi. Venne così messo in moto un processo che avrebbe implicato deliberazioni, trattative, fissazione di obiettivi, identificazione di ostacoli e un continuo monitoraggio dei progressi compiuti, un processo sostanzialmente ancora in corso.

In tale occasione l'Assemblea Generale identificò tre obiettivi chiave che sarebbero diventati la base per il lavoro delle Nazioni Unite in difesa delle donne:

– La piena uguaglianza fra i sessi ed eliminazione delle discriminazioni sessuali;
– L'integrazione e la piena partecipazione delle donne allo sviluppo;
– Un maggiore contributo delle donne nel rafforzamento della pace mondiale.

La Conferenza rispose adottando un Piano d'Azione Mondiale, un documento che presentava le linee guida che i governi e la comunità internazionale avrebbero dovuto seguire nei successivi dieci anni per perseguire i tre obiettivi chiave stabiliti dall'Assemblea Generale.

Questo approccio segnò un cambiamento nel modo in cui le donne venivano percepite; laddove in precedenza le donne venivano viste come passive destinatarie di sostegno e assistenza, ora venivano considerate come partner paritari e rispetto agli uomini, con i medesimi diritti alle risorse e alle opportunità[273]. Un aspetto importante dell'incontro di Città del Messico è stato

[273] All'interno del sistema delle Nazioni Unite, in aggiunta alla già esistente Agenzia (ora Divisione) per il Progresso delle Donne, la Conferenza di Città del Messico portò alla creazione dell'Istituto Internazionale per la Ricerca e la Formazione per il Progresso delle Donne (International Research and Training Institute for the Advancement of Women – INSTRAW) e del Fondo delle Nazioni Unite per lo Sviluppo Femminile (United Nations Development Fund for Women – UNIFEM) per garantire la cornice istituzionale per la ricerca, la formazione e le attività operative nell'area delle donne e dello sviluppo. L'UNIFEM lavora in collaborazione con l'UNDP, il Programma delle Nazioni Unite per lo svi-

proprio il ruolo delle donne nell'ambito della discussione; delle 133 delegazioni degli Stati Membri riuniti per l'occasione, infatti, 113 erano capeggiate da donne [274].

Durante la Conferenza di Città del Messico furono adottati due importanti documenti: la Dichiarazione di Città del Messico sull'uguaglianza delle donne e sul loro contributo allo sviluppo e alla pace e il Piano mondiale d'azione per il conseguimento degli obiettivi fissati dall'Anno internazionale della donna [275].

Gli effetti positivi della prima conferenza globale sulle donne sono già visibili nell'adozione, il 15 dicembre 1975, da parte dell'Assemblea generale delle Nazioni Unite del Piano mondiale proposto dalla Conferenza e dalla proclamazione del "*Decennio Onu per la donna: uguaglianza, sviluppo, pace*" per il periodo dal 1976 al 1985, un periodo dedicato all'attuazione effettiva del *Piano mondiale d'azione.*

La seconda Conferenza mondiale sulle donne si tenne a Copenhagen nel 1980 per riesaminare e valutare il Piano d'Azione Mondiale del 1975 e in generale riformulare l'approccio globale al tema della parità di genere.

I governi e la comunità internazionale avevano infatti proceduto a grande andatura per raggiungere gli obiettivi stabiliti a Città del Messico cinque anni prima e assai significativa era stata l'adozione della già ricordata Convenzione sull'Eliminazione di Tutte le Forme di Discriminazione nei confronti delle Donne, uno degli strumenti più potenti in favore dell'uguaglianza femminile. Tuttavia, nonostante i progressi compiuti, la Conferenza di Copenhagen riconobbe che stavano cominciando ad emergere discrepanze tra i diritti che veni-

---

luppo. Esso ha lo scopo di promuovere l'*empowerment* politico ed economico delle donne. L'attività dell'UNIFEM mira ad assicurare la partecipazione delle donne a tutti i livelli del processo di pianificazione e gestione dello sviluppo e sollecita affinché i bisogni e gli obiettivi delle donne siano presi in considerazione da tutte le altre agenzie e organi delle Nazioni Unite nei rispettivi settori di intervento, a livello nazionale, regionale e globale.

[274] Contemporaneamente alla conferenza ufficiale di Città del Messico si tenne anche una Conferenza parallela delle organizzazioni non governative chiamata "*La tribuna*" Internazionale dell'Anno della Donna alla quale parteciparono 4.000 donne (i delegati alla Conferenza ufficiale erano 1.200).

[275] La *Dichiarazione di Città del Messico* comprende trenta principi e fa perno sul concetto per cui lo spreco del potenziale di circa la metà della popolazione mondiale costituisca un serio ostacolo allo sviluppo sociale ed economico globale.

Il *Piano Mondiale* presentava le linee guida che i governi e la comunità internazionale avrebbero dovuto seguire nei successivi dieci anni per perseguire i tre obiettivi chiave stabiliti dall'Assemblea Generale. Esso stabiliva obiettivi precisi per la prima parte del decennio 1976-1985, come ad esempio l'uguaglianza di accesso a tutti i livelli di istruzione, il riconoscimento del valore economico del lavoro delle donne nell'ambito domestico e nella commercializzazione dei prodotti alimentari e misure più efficaci per l'educazione sanitaria, la nutrizione, l'istruzione, la pianificazione familiare e altri servizi di assistenza.

vano nominalmente garantiti e la capacità delle donne di esercitare tali diritti. Per affrontare questo problema vennero identificate tre aree nelle quali erano necessarie delle azioni specifiche e altamente specializzate se si volevano raggiungere gli obiettivi dell'uguaglianza, dello sviluppo e della pace identificati nel corso della Conferenza di Città del Messico. Le tre aree erano (e probabilmente sono ancora): accesso paritario all'istruzione[276], accesso paritario alle opportunità lavorative e creazione di servizi di assistenza sanitaria adeguati.

La terza Conferenza globale si tenne a Nairobi nel 1985; questo momento di incontro, affiancato dalla Conferenza alternativa del Forum delle ONG con 15.000 rappresentanti di organizzazioni non governative, viene considerata come la "nascita del femminismo globale". Le delegate e i delegati provenienti da tutto il mondo dovevano fare i conti con i dati raccolti dalle Nazioni Unite che rivelavano come i miglioramenti intervenuti nella condizione femminile avevano interessato soltanto una piccola minoranza di donne: insomma, gli obiettivi stabiliti per la seconda metà del Decennio delle Nazioni Unite per le Donne non erano stati raggiunti per cui era necessario elaborare un nuovo approccio.

La Conferenza si concluse con l'adozione del Piano d'Azione intitolato *Strategie future d'azione per il progresso delle donne e misure concrete per superare gli ostacoli alla realizzazione entro l'anno 2000, degli scopi e degli obiettivi del Decennio* in cui si dichiarava che qualsiasi tema era da considerarsi nell'ottica del genere; in tal modo il *gender mainstreaming* diventa un principio essenziale della politica internazionale.

La Quarta Conferenza mondiale delle Donne si tenne dal 9 al 15 settembre 1995 a Pechino, nel cinquantesimo anniversario della fondazione delle Nazioni Unite. Le parole chiave della conferenza di Pechino sono state: "punto di vista di genere", "*empowerment*" e "*mainstreaming*", essa segna effettivamente l'inizio di un nuovo capitolo nella lotta per l'uguaglianza fra i sessi. La trasformazione fondamentale che ha avuto luogo a Pechino è stata il riconoscere di dover spostare l'accento dalla donna al concetto di sesso, ammettendo che l'intera struttura della società, e tutte le relazioni fra uomini e donne all'interno di essa, dovevano essere rivalutate. Solo mediante una simile fondamentale ristrutturazione della società e delle sue istituzioni alle donne avrebbero potuto essere pienamente attribuiti il potere e le responsabilità necessarie ad assumere il loro giusto posto come partner paritarie degli uomini in tutti gli aspetti dell'esistenza.

---

[276] L'istruzione femminile è uno dei grandi temi posti alla base degli sforzi internazionali per la parità di genere. Nel 2016 la Banca Mondiale ha stanziato un finanziamento di 2,5 miliardi di dollari da investire proprio nel potenziamento dell'istruzione femminile nei paesi più poveri. Tale iniziativa è stata appoggiata da Michelle Obama promotrice della campagna "*Let Girls Learn*" che ha come obiettivo quello di consentire nei prossimi 5 anni l'accesso agli studi per 62 milioni di bambine.

Questo cambiamento costituiva una forte riaffermazione del fatto che i diritti delle donne sono da considerarsi come diritti umani nel loro significato più pieno, e che l'uguaglianza dei sessi rappresenta un tema di interesse universale, di cui beneficiano tutti.

Il principale effetto della Conferenza di Pechino è stato quello di riaccendere un rinnovato impegno globale in favore dell'attribuzione di potere e responsabilità alle donne del mondo intero, sollecitando un'attenzione internazionale senza precedenti nei confronti di questo tema.

La Conferenza ha adottato unanimemente oltre alla Dichiarazione, la Piattaforma per l'Azione di Pechino, cioè un ordine del giorno per l'assunzione di potere e responsabilità da parte delle donne, pietra miliare per il progresso femminile nel ventunesimo secolo[277]. Con la Piattaforma di Pechino si passa dalle 'questioni delle donne' alle 'questioni di genere' sottolineando la necessità di politiche globali volte a valorizzare entrambi i generi superando una concezione meramente protezionistica nei confronti del solo genere femminile. I diritti delle donne sono diritti umani e come tali vanno riconosciuti, protetti e realizzati, essi non costituiscono patrimonio di una minoranza ma dell'intero genere umano.

Dopo la Conferenza di Pechino del 1995 l'Assemblea Generale delle Nazioni Unite decise di convocare una sessione speciale per riesaminare i progressi compiuti nei cinque anni trascorsi dall'adozione della Piattaforma. La sessione speciale si tenne a New York dal 5 al 10 Giugno 2000, e venne intitolata: "*Donne 2000, uguaglianza di sesso, sviluppo e pace per il ventunesimo secolo*" (la c.d. Pechino + 5). La sessione speciale doveva offrire ai governi e alla società civile l'opportunità di condividere pratiche positive e valutare le sfide attuali e gli ostacoli incontrati nell'attuazione della Piattaforma per l'azione di Pechino dando nuovo impulso agli impegni politici per raggiungere l'attribuzione di potere e responsabilità e l'uguaglianza di sesso per le donne.

---

[277] Secondo la Piattaforma «*l'uguaglianza tra donne e uomini appartiene alla sfera dei diritti umani ed è una condizione necessaria per la giustizia sociale, ma è anche un requisito essenziale e fondamentale per l'uguaglianza, lo sviluppo e la pace. Una collaborazione rinnovata, basata sull'uguaglianza tra donne e uomini, è la condizione necessaria per uno sviluppo durevole al servizio degli individui. Un sostegno di lungo periodo è essenziale affinché donne e uomini possano lavorare insieme per se stessi, per i loro figli e per la società, in modo da poter affrontare le sfide del ventunesimo secolo*». E ancora: «*Il progresso delle donne e il raggiungimento della uguaglianza tra donne e uomini sono un aspetto dei diritti umani e sono una condizione per la giustizia sociale: non devono essere considerati isolatamente come un obiettivo che riguarda esclusivamente le donne. Essi costituiscono il solo modo per costruire una società sostenibile, giusta e sviluppata. L'acquisizione di potere da parte delle donne e la parità tra donne e uomini sono condizioni necessarie per raggiungere la sicurezza politica, sociale, economica, culturale ed ecologica ambientale di tutti i popoli*».

Cinque anni dopo questo importante incontro, a dieci anni dalla Conferenza di Pechino del 1995, delegazioni di oltre 100 Paesi hanno dato vita alla nuova Conferenza globale sulle donne, tenutasi sempre a New York dal 28 febbraio all'11 marzo 2005. In tale contesto vennero evidenziati i pochi risultati realizzati in dieci anni di lavoro e soprattutto il paradosso per cui in alcune aree del mondo la condizione delle donne era addirittura peggiorata. Nell'intervento di apertura della Conferenza, il Segretario Generale dell'ONU Kofi Annan indicò alcune priorità strategiche rispetto alle quali mobilitare ulteriori risorse ed energie a livello internazionale: diritto all'istruzione, diritto alla salute e a una procreazione sicura e assistita, diritto al tempo, diritto alla proprietà e all'eredità, diritto al lavoro, diritto alla rappresentanza politica, protezione contro ogni forma di violenza.

In conclusione, la Conferenza del 2005 ha evidenziato come purtroppo, a dieci anni dagli ambiziosi obiettivi di Pechino, restavano ancora pesantemente irrisolti nel mondo troppi gravi problemi relativi all'uguaglianza, all'autonomia e alla piena affermazione del principio di pari opportunità nel mondo, ed anzi in alcune aree del pianeta la situazione era addirittura peggiorata, in ragione dei numerosi conflitti in atto e delle profonde trasformazioni del tessuto macroeconomico.

Gli incontri internazionali sul tema dell'*empowerment* femminile e l'elaborazione di politiche di *gender mainstreaming* non si sono mai interrotti come dimostra l'ultima Conferenza svoltasi a Milano in occasione dell'Expo nel settembre 2015 [278], occasione di incontro a cui certamente seguiranno altri importanti momenti di riflessione.

Rispetto all'approccio internazionale verso la parità di genere merita di essere sottolineata la recente campagna HeForShe lanciata da UN Women il 20 settembre 2014 [279]. La campagna HeForShe colloca *gli uomini al centro dell'at-*

---

[278] Il *leitmotiv* dell'Expo, come noto, era il cibo e la Conferenza partiva proprio dall'assunto per cui ogni donna è depositaria di pratiche, conoscenze, tradizioni legate al cibo. Ma Expo 2015 non era solo cibo ma si proponeva di declinare tale soggetto collegandolo con il tema del lavoro, della cultura, delle identità territoriali, della biodiversità e della tutela e cura della Terra. Per questo si è voluto dare spazio alle donne di tutto il mondo per riflettere su cosa è successo nei vent'anni trascorsi da Pechino 1995, per delineare proposte, per disegnare prospettive di cambiamento vero e soprattutto per costruire politiche volte a dare il lavoro alle donne, nell'economia della crisi.

[279] La campagna è stata presentata dall'attrice Emma Watson che ha tenuto un lungo discorso alle Nazioni Unite, dicendo, tra l'altro: «*Voglio che gli uomini accettino questo impegno, affinché le loro figlie, sorelle e madri possano essere libere dai pregiudizi, ma per far in modo che anche i loro figli possono permettersi di essere vulnerabili e umani – recuperando quelle parti di sé che loro hanno abbandonato e ottenendo così una versione più vera e completa di sé stessi*». Dopo aver pronunciato questo discorso è cominciata una campagna con-

tivismo e del dialogo per porre fine alle persistenti disuguaglianze che le donne e le ragazze di tutto il mondo subiscono. Solo coinvolgendo gli uomini infatti è possibile mettere in moto il cambiamento necessario alla realizzazione della parità di genere che deve essere un obiettivo condiviso e non settoriale.

L'indagine sulle politiche europee ed internazionali volte all'eliminazione delle discriminazioni di genere merita di concludersi con un richiamo al fenomeno della violenza e alla fondamentale Convenzione di Istanbul del 2011.

La violenza sulle donne e sulle bambine rappresenta infatti ancora oggi una estesa e grave violazione dei diritti umani, universalmente presente in ogni paese o area del globo, nei paesi industrializzati come in quelli in via di sviluppo, seppure con caratteristiche variabili e determinate da specificità associate all'ambiente sociale e culturale di riferimento [280]. Le vittime e i loro aggressori appartengono a tutte le classi sociali e culturali e a tutti i ceti economici, e gli abusi e le violenze sono perpetrati nella maggior parte dei casi all'interno del nucleo familiare. L'ampiezza e la multiformità del fenomeno lo rendono difficile da misurare nella sua interezza: si stima che circa sette donne su dieci nel mondo abbiano subito in qualche momento della propria vita una qualche forma di violenza, nella maggior parte dei casi perpetrata da persone a loro vicine (il *partner* o familiari), infine, la violenza sulle donne non risparmia le bambine e nemmeno le nascíture [281].

---

tro Emma Watson su Twitter e su 4chan, un forum per condividere foto e commenti. L'attrice è stata minacciata di morte e sono girate delle false notizie sul suo conto. È stato lanciato un sito chiamato "Emma sarai la prossima" con la foto dell'attrice in lacrime vicino a un conto alla rovescia. È più che evidente che il cammino verso la parità è ancora molto lungo e irto di ostacoli.

[280] Si ricorda che nel 1995, la violenza di genere è stata inclusa tra le 12 aree prioritarie della Piattaforma per l'Azione di Pechino. Nonostante questo importante passo, il Rapporto sull'implementazione dei temi della Conferenza di Pechino, a distanza di vent'anni ha mostrato come malgrado siano stati registrati alcuni progressi la violenza contro donne e ragazze resta un fenomeno molto diffuso a livello mondiale. I miglioramenti sono lenti e geograficamente non omogenei, soprattutto a causa dell'insufficiente attenzione prestata al tema della violenza contro donne e ragazze e della lotta contro le discriminazione di genere. Per questo motivo UN Women – Comitato Nazionale Italia, attraverso la campagna del Segretario Generale delle Nazioni Unite UNiTE to End Violence against Women invita i Governi, le agenzie ONU, le organizzazioni della società civile e le persone singole da tutti i Paesi del mondo a implementare le azioni dimostrative per diffondere la consapevolezza dell'importanza della lotta alla violenza di genere.

[281] Nel marzo del 2010 l'Economist lancia un paio di scarpette rosa in copertina sotto il titolo "*Gendercide*". E la domanda agghiacciante: "*Cosa è successo a cento milioni di bambine?*". È il genocidio di genere, le bambine asiatiche scomparse a causa dell'aborto selettivo. Cento milioni secondo l'Economist, forse di più, stando a molti rapporti internazionali. La quarta Conferenza asiatica sui diritti riproduttivi aveva parlato di «163 milioni di bambine mancanti in Asia».

Decenni di mobilitazione e sensibilizzazione della società e delle istituzioni, anche grazie alla continua azione dei movimenti femminili, hanno contribuito a far diventare il tema della violenza di genere uno dei punti prioritari delle agende nazionali ed internazionali, ed un crescente numero di paesi ha adottato, nel corso degli ultimi anni, leggi e provvedimenti *ad hoc* al fine di combattere la violenza domestica, lo stupro e le altre varie forme di violenza sulle donne, oltre a farsi promotori e partner di una serie di iniziative e dispositivi di diritto internazionale. Tale sforzo ha condotto all'adozione della Convenzione del Consiglio d'Europa sulla prevenzione e la lotta contro la violenza nei confronti delle donne e la violenza domestica conosciuta quale Convenzione di Istanbul, approvata dal Comitato dei Ministri del Consiglio d'Europa il 7 aprile 2011 e aperta alla firma l'11 maggio 2011, in occasione della 121ª Sessione del Comitato dei Ministri a Istanbul[282].

L'adozione di questo strumento è stata accolta con grande favore in ambito internazionale, soprattutto in virtù dell'approccio integrato ed olistico che propone e che rende la Convenzione un punto di riferimento a livello internazionale per quanto riguarda la lotta alla violenza contro le donne. Essa rappresenta infatti il primo strumento internazionale giuridicamente vincolante che propone un quadro normativo completo e integrato a tutela delle donne contro qualsiasi forma di violenza, la sua struttura si basa sulle "tre P": preven-

---

Nella sola Cina ci sono uomini senza controparte femminile quanto l'intera popolazione maschile statunitense. Traffico di spose, violenza sessuale, suicidi femminili fanno da contorno a quest'agonia demografica. «Non è una esagerazione chiamarlo genocidio di genere», scrive l'Economist. «Le donne mancano a milioni – abortite, uccise e lasciate morire». Nel 1990 fu il premio Nobel per l'Economia, il liberal Amartya Sen, a lanciare l'allarme sulla New York Review of Books: «*Almeno sessanta milioni di bambine sono state cancellate in seguito a infanticidi o aborti selettivi di feti femmine*». Quindici anni dopo Sen ha aggiunto: «*È l'ultima delle discriminazioni, l'aborto selettivo. Una discriminazione 'high tech'*». In Cina negli anni Ottanta il rapporto maschi/femmine era 108 a 100. Negli ultimi anni è salito a 124 a 100. Il professor Theodor Winkler, uno dei massimi esperti mondiali di discriminazione femminile, ha parlato di «*una pratica eugenetica non riconosciuta e resa silenziosa. L'intera demografia asiatica entrerà in crisi se non fermeremo il massacro di Eva. In Cina c'è l'aborto forzato, mentre in India, dove pure ufficialmente la legge impedisce la selezione del sesso, si praticano ogni giorno decine di aborti di bambine. Nei fatti, è un aborto eugenetico di massa*». In realtà il genocidio di genere esiste in ogni continente, riguarda ricchi e poveri, istruiti e analfabeti, indù, musulmani, confuciani e cristiani, come spiega l'Economist che racconta uno scenario apocalittico, prima degli anni 80, alle bambine indiane si riempiva la bocca di riso per soffocarle o venivano uccise da pesanti dosi di oppio, o semplicemente, gettate via, lasciate morire di fame. Poi è arrivata l'ecografia. Monica Das Gupta della Banca mondiale ha scoperto che le seconde e terze figlie femmine di madri ricche e istruite morivano in misura maggiore entro il quinto giorno rispetto ai loro fratelli. L'India è così diventata la nazione al mondo con la percentuale più bassa di donne.

[282] La Convenzione è entrata in vigore nell'agosto 2014, l'Italia l'ha ratificata nel giugno 2013.

zione, protezione e sostegno delle vittime e perseguimento dei colpevoli, alle quali deve aggiungersi la quarta "P" e cioè quella delle politiche integrate, allo scopo di agire efficacemente su un fenomeno caratterizzato da grande complessità e da molteplici determinanti.

Il tema della violenza in realtà non può dirsi risolto nemmeno con l'adozione di questa importante Convenzione ma certamente averlo posto all'ordine del giorno dell'agenda internazionale rappresenta un grande passo avanti e costringe i singoli Stati firmatari ad intraprendere politiche convincenti in materia e a stanziare fondi e risorse per affrontare e arginare tale preoccupante fenomeno.

Bibliografia

Di Sarcina F., *L'europa delle donne. La politica di pari opportunità nella storia dell'integrazione europea (1957-2007)*, Bologna, 2010.

Di Sarcina F. (a cura di), *Cultura di genere e politiche di pari opportunità. Il gender mainstreaming alla prova tra UE e Mediterraneo*, Bologna, 2014.

Ferrera M., *Il fattore D. Perché il lavoro delle donne farà crescere l'Italia*, Milano, 2008.

Guaglianone L., *Le discriminazioni basate sul genere*, in Barbera M. (a cura di), *Il nuovo diritto antidiscriminatorio. Il quadro comunitario e nazionale*, Milano, 2007, 247 ss.

Niccolai S., *I rapporti di genere nella costruzione costituzionale europea: spunti a partire dal Metodo aperto di coordinamento*, in *Politica del diritto*, 2006, n. 4, 573.

Rossilli M. (a cura di), *Le politiche dell'Unione europea per le donne*, in *Europa Europe*, n. 3, 1997.

Rossilli M., *Gender Policies in the European Union*, New York, 2000.

Rossilli M., *L'uguaglianza fra donne e uomini nel diritto comunitario e nella Carta dei diritti fondamentali dell'Unione Europea*, in Armellini P.-Cotta G.-Pisa B. (a cura di,) *Globalizzazione, federalismo e cittadinanza europea*, vol 1°, Milano, 2007, 72-96.

Rossilli M., *I diritti delle donne nell'Unione Europea: cittadine, migranti, schiave*, Roma, 2009.

Rossilli M., *Le politiche di genere nella strategia Europa 2020 alla prova della crisi economica e delle politiche di austerità*, in Di Sarcina F.(a cura di), *Cultura di genere e politiche di pari opportunità. Il gender mainstreaming alla prova tra UE e Mediterraneo*, Bologna, 2014, 135 ss.

BY CHOICE,
NOT BY
CHANCE
FAMILY PLANNING,
HUMAN RIGHTS AND
DEVELOPMENT

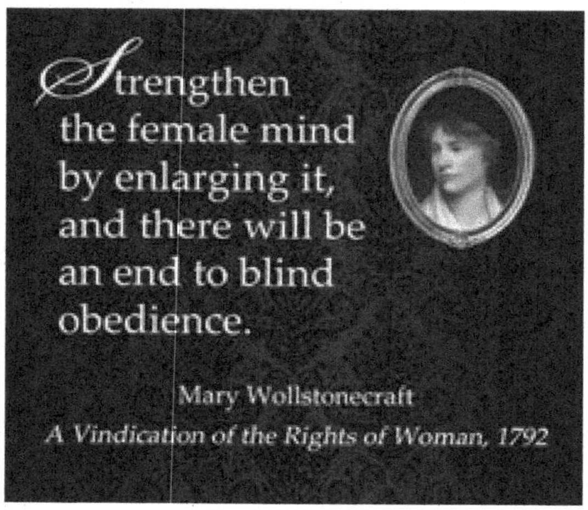
Strengthen
the female mind
by enlarging it,
and there will be
an end to blind
obedience.
Mary Wollstonecraft
A Vindication of the Rights of Woman, 1792

UN WOMEN

12. Il parametro del sesso e l'eguaglianza oltre la barriera del genere *

Il parametro del sesso entra in discussione non soltanto nel caso delle discriminazioni di genere tra uomo e donna, ma diviene fondamento di trattamenti differenziati anche nei confronti di coloro che dimostrano un'identità sessuale "diversa" rispetto a quella c.d. "naturale".

Il diritto alla propria identità sessuale e il diritto a non essere discriminati in base alle proprie scelte sessuali sono ancora oggi nel nostro paese situazioni che giuridicamente e socialmente presentano profili controversi e danno origine a trattamenti discriminatori.

Per quanto concerne l'ordinamento giuridico italiano si evidenzia come a fronte del silenzio legislativo il diritto alla identità sessuale abbia trovato esplicito riconoscimento solo grazie all'evoluzione della giurisprudenza costituzionale. La prima volta che la Corte si è occupata di identità sessuale e libertà sessuale è stata alla fine degli anni '70 con la sent. n. 98/1979 [283]. In tale prima occasione la Consulta accolse un'interpretazione decisamente restrittiva in ordine alla possibilità di configurare un autonomo diritto all'identità sessuale ricavabile sulla base dell'art. 2 della Carta costituzionale prediligendo un'interpretazione "chiusa" dello stesso art. 2 [284]. Come noto, nell'esegesi dell'art. 2, dottrina e giurisprudenza si sono confrontate con il problema della sua natura considerandolo alternativamente "norma chiusa", riassuntiva dei diritti costituzionali enumerati, o al contrario "aperta", atta cioè a consentire l'ingresso di nuovi diritti dotati di valore costituzionale. La natura "chiusa" dell'art. 2 è sostenuta da coloro che sottolineano le ampie potenzialità normative delle di-

---

* Di Francesca Rescigno.

[283] Cfr. sent. n. 98/1979 in *Giur. cost.*, 1979, 719 con nota di S. BARTOLE, *Transessualismo e diritti inviolabili dell'uomo*, 1178.

[284] Rispetto all'estesa bibliografia esistente sull'articolo 2 della Costituzione, senza pretesa di esaustività cfr. P. GROSSI, *Introduzione ad uno studio sui diritti inviolabili nella costituzione italiana*, Padova, 1972; A. BARBERA, [*Commento all'*] *Art. 2*, in G. BRANCA (a cura di), *Commentario alla Costituzione. Principi fondamentali*, Bologna-Roma, 1975, 80; P. BARILE, *Diritti dell'uomo e libertà fondamentali*, Bologna, 1984; R. NANIA, *La libertà individuale nella esperienza costituzionale italiana*, Torino, 1989; A. BALDASSARRE, *Diritti inviolabili*, Voce *Enciclopedia Giuridica Treccani*, vol. XI, 1989; A. PACE, *Problematica delle libertà costituzionali*, Parte generale, Padova, 1990; RICCOBONO (a cura di*), Nuovi diritti dell'età tecnologica*, Milano, 1991; A. SPADARO, *Il problema del «fondamento» dei diritti «fondamentali»*, in *Diritto e Società*, 1991, 453; R. BIN, *Diritti e argomenti*, Milano, 1992; F. MODUGNO, *I «nuovi diritti» nella Giurisprudenza Costituzionale*, Torino, 1995; ASSOCIAZIONE ITALIANA DEI COSTITUZIONALISTI, *I diritti fondamentali oggi*, Convegno di Taormina 30 novembre-1 dicembre 1990, Padova, 1995.

sposizioni costituzionali concernenti i diritti fondamentali, facoltà talmente vaste ed elastiche da ricomprendere qualsiasi ipotesi proposta dall'evoluzione della coscienza sociale e della civiltà[285]; mentre l'interpretazione "aperta" è stata giustificata considerando che i Costituenti non hanno elaborato una "strategia istituzionale delle libertà" preferendo affidarsi alla "rivoluzione promessa" dal secondo comma dell'art. 3 anche se poi tale rivoluzione non si è mai effettivamente realizzata per cui tale inattuazione conduce a superare la concezione dell'art. 2 quale clausola riassuntiva di diritti di libertà espressamente tutelati nelle varie norme costituzionali, riconoscendogli invece la capacità di garanzia di tutti i diritti "naturali" non tradotti nel testo costituzionale, e dei valori di libertà che emergono nella c.d. Costituzione materiale[286].

Il problema del possibile emergere di nuovi diritti quali diritti fondamentali protetti dalla Costituzione non è stato affrontato solo dalla dottrina che, come evidenziato, non ha elaborato una soluzione comune, ma è stato oggetto di profonda riflessione anche da parte della Corte costituzionale la quale ha tenuto un atteggiamento sostanzialmente ambiguo, considerando a volte l'articolo 2 quale porta d'accesso per i nuovi diritti[287] e altre negando decisamente tale possibilità[288], anche se sono le interpretazioni estensive a risultare più

---

[285] Cfr. P. BARILE, *Diritti dell'uomo e libertà fondamentali*, Bologna, 1984; A. BALDASSARRE, *Diritti inviolabili*, Voce *Enciclopedia Giuridica Treccani*, vol. XI, 1989; PACE, *Problematica delle libertà costituzionali*, Parte generale, 1990, 7.

[286] In questo senso cfr. G. BARBERA, [*Commento all'*] *Art. 2*, in G: BRANCA (a cura di), *Commentario alla Costituzione. Principi fondamentali*, Bologna-Roma, 1975, 80.

[287] La Corte ha nel tempo riconosciuto, quali diritti inviolabili, invocando come parametro l'art. 2, ad esempio: il diritto a contrarre matrimonio (sent. n. 27/1969, in *Giur. cost.*, 1969, 371); il diritto al decoro, alla riservatezza e all'immagine (sent. n. 38/1973, in *Giurisprudenza Costituzionale*, 1973, 354); il diritto alla vita (sent. n. 27/1975, n. 372/1994 e n. 223/1996, rispettivamente in *Giur. cost.*, 1975, 117; 1994, 3129, 1996, 1918); il diritto alla *privacy* (sent. n. 139/1990, in *Giur. cost.*, 1990, 760); il diritto all'identità personale (sent. n. 13/1994, in *Giur. cost.*, 1994, 95, con nota di A. PACE, *Nome, soggettività giuridica e identità personale*, *ivi*, 103, ove l'autore pur concordando sulla decisione della Corte nega che il 'diritto al nome' si risolva in un profilo del 'diritto all'identità personale' e soprattutto contesta la possibilità per l'identità personale di rilevare quale autonomo diritto costituzionale, essendo solo la risultante di una serie di limiti ad altrui diritti di libertà); il diritto ad un processo giusto (sent. n. 41/1985, in *Giur. cost.*, 1985, 172); il diritto alla ricerca della paternità e maternità naturali (sent. n. 621/1987, in *Giur. cost.*, 1987, 3728); il diritto del minore ad essere inserito in una famiglia (sent. n. 183/1988, in *Giur. cost.*, 1988, 687); il diritto all'abitazione, riconosciuto quale fondamentale diritto sociale, con le sentt. n. 404/1988 e n. 559/1989 (rispettivamente in *Giur. cost.*, 1988, 1789; 1989, 2564; diritto precedentemente negato con la sent. n. 252/1983, in *Giur. cost.*, 1983, 1516) e il diritto all'accompagnatore per gli invalidi (sent. n. 346/1989, in *Giur. cost.*, 1989, 1586).

[288] Diverse sono infatti le pronunce in cui la Corte afferma che i diritti inviolabili ricono-

convincenti in quanto le pronunce che muovono dall'affermazione del catalogo chiuso paiono piuttosto voler escludere, in concreto, la sussistenza dei diritti di volta in volta invocati; ma nei casi in cui la Corte si dimostra attenta a cogliere l'evoluzione sociale culturale e del costume, ammettendo diritti prima sconosciuti o addirittura negati, essa si dimostra capace di valorizzare il concetto di "persona umana" operando in sintonia con il dettato costituzionale.

L'identità sessuale rappresenta proprio uno degli esempi di ambiguità della giurisprudenza costituzionale che dapprima, come accennato, ne ha negato l'esistenza quale diritto inviolabile e poi – modificando radicalmente la propria impostazione – lo ha ricondotto invece ai diritti inalienabili ed inviolabili protetti *ex* art. 2.

Il giudizio di costituzionalità del 1979 traeva origine dalla richiesta di un soggetto che in seguito alla rettificazione del proprio sesso, realizzata con apposito intervento chirurgico a Casablanca, chiedeva che fosse dichiarata la sua appartenenza al sesso femminile sui registri dello Stato civile, dove era invece iscritto come appartenente al sesso maschile. Il richiedente sentiva che, dopo l'intervento, finalmente il suo aspetto esteriore era conforme a quello psicologico che aveva sempre manifestato e per questo voleva essere, anche per la società civile, considerato a tutti gli effetti quale appartenente al genere femminile.

In questa occasione la Consulta, pur dimostrando una certa "apertura" non dando dunque credito all'interpretazione restrittiva che si era occupata del transessualismo in sede scientifica (la quale, per la maggiore, sosteneva che anche in seguito ad interventi chirurgici non si può parlare di reale mutamento di sesso, in quanto permane comunque l'originario assetto cromosomico), ammette il fenomeno del transessualismo ed invita il Legislatore ad occuparsi della materia; tuttavia, allo stesso tempo, respinge l'esistenza di un diritto all'identità sessuale *ex* art. 2, motivando sull'assunto che non esistono altri diritti fondamentali inviolabili che non siano necessariamente conseguenti a quelli costituzionalmente previsti, e che il diritto all'identità sessuale non è riconosciuto né implicitamente né esplicitamente dalla Costituzione, per cui spetta solo al Parlamento la sua eventuale disciplina in via legislativa[289].

---

sciuti e garantiti ai sensi dell'art. 2 sono solo quelli che trovano esplicito fondamento in norme costituzionali: così ragionando la Corte ha ad esempio negato l'esistenza del diritto ad esercitare la mendicità (sent. n. 102/1975, in *Giur. cost.*, 1975, 1182); del diritto dell'offeso alla punizione dell'offensore (sent. n. 300/1984, in *Giur. cost.*, 1984, 2224); e in alcuni casi ha negato addirittura il riconoscimento, quali diritti inviolabili, ad alcuni diritti che avrebbero potuto comunque trovare un aggancio nelle disposizioni costituzionali, come nel caso dell'autonomia contrattuale degli imprenditori agricoli (sent. n. 16/1968, in *Giur. cost.*, 1968, 369), del diritto ad una giusta imposizione fiscale (sent. n. 283/1987, in *Giur. cost.*, 1987, 2209) e in quello dell'acquisto della cittadinanza (sent. n. 310/1989, in *Giur. cost.*, 1989, 1400).

[289] L'atteggiamento della Consulta in questa occasione ha indotto alcuni autori a consi-

La questione della configurazione dell'identità sessuale quale diritto inviolabile non è però definitivamente tramontata e alcuni anni più tardi, in un contesto decisamente diverso, la Corte torna ad occuparsi di tale fattispecie[290]. Si trattava di un ricorso in materia pensionistica di guerra, per assicurare una pensione alle vittime di violenza carnale che non abbiano però subito menomazioni durature; specificamente, nel caso oggetto del giudizio principale, alla ricorrente, vittima nel 1944 di violenza carnale ad opera di tre soldati marocchini, era stato prima concesso un assegno di guerra rinnovabile per infermità conseguita a tale violenza e poi respinta l'istanza di aggravamento per l'insussistenza degli esiti di essa. Il *giudice a quo* lamenta dunque, nella sua ordinanza di rimessione, che il trattamento pensionistico di guerra sia, in virtù delle disposizioni impugnate, limitato ai soli casi di menomazioni fisiche comportanti una riduzione della capacità lavorativa, e che sia perciò escluso il risarcimento dei danni non patrimoniali patiti dalle vittime di violenze carnali consumate in occasione di fatti bellici. Si chiede quindi alla Corte di decidere se, alla stregua delle disposizioni costituzionali invocate, la violenza carnale in quanto tale – a

---

derare l'art. 2 quale norma semi chiusa, a tale proposito cfr. R. NANIA, *La libertà individuale nella esperienza costituzionale italiana*, Torino, 1989, 161.

Rispetto al fenomeno del transessualismo e alla registrazione della rettificazione dei propri dati anagrafici nei registri dello Stato civile è opportuno ricordare come tale atto sia divenuto giuridicamente obbligatorio in seguito all'approvazione della legge n. 164/1982 contenente, "*Norme in materia di rettificazione di attribuzione di sesso*".

Ancora particolarmente rilevante appare la recente pronuncia della Corte di Cassazione (sez I civ., sent. 21 maggio-20 luglio 2015, n. 15138) che afferma la possibilità di procedere alla rettifica dei dati anagrafici di un transessuale anche a prescindere dall'operazione chirurgica di cambio del sesso in quanto obbligare la persona all'intervento chirurgico per la rettifica dei dati anagrafici lo esporrebbe all'alternativa di salvaguardare o la sua salute psichica (obbligandola ad un trattamento ed ad una modifica corporea che non vuole) o quella fisica (non esponendosi ai rischi dell'intervento). Il diritto al cambiamento di sesso è dunque un diritto inviolabile della persona e la legge del 1982 non contiene (a differenza di altre esperienze europee, come ad esempio Germania ed Austria) un obbligo di procedere al trattamento chirurgico. Il mutamento di sesso come chiarisce la Cassazione è una scelta personale tendenzialmente immutabile, sia sotto il profilo della percezione soggettiva, sia sotto il profilo delle oggettive mutazioni dei caratteri sessuali secondari estetico-somatici ed ormonali. Anche la Corte costituzionale con la sent. n. 221/2015 (in *Giur. Cost.* 2015, 2041 con nota di L. FERRARO, *La Corte costituzionale e la primazia del diritto alla salute e della sfera di autodeterminazione*, *ivi*, 2054) ha confermato questa impostazione affermando che deve essere rimessa al singolo la scelta delle modalità attraverso le quali realizzare – con l'assistenza del medico e di altri specialisti – il proprio "percorso di transizione", che deve comunque riguardare gli aspetti psicologici, comportamentali e fisici che concorrono a comporre l'identità di genere. Il trattamento chirurgico è uno strumento eventuale, un mezzo funzionale al conseguimento del pieno benessere psicofisico poiché porta ad una corrispondenza dei tratti somatici con quelli del sesso di appartenenza.

[290] Cfr. sent. n. 561/1987, in *Giur. Cost.*, 1987, 3535.

prescindere cioè dalle lesioni o infermità che ne siano eventualmente conseguite – possa dare titolo al risarcimento dei danni non patrimoniali in quanto lesiva dell'identità sessuale del soggetto.

Con la sent. n. 561/1987, il giudice delle leggi non solo conferma l'impostazione del giudice rimettente ma coglie l'occasione per affermare, per la prima volta nel nostro Paese, l'esistenza di un diritto fondamentale alla libertà sessuale quale diritto soggettivo assoluto, ricompreso quindi tra le posizioni soggettive direttamente tutelate dalla Costituzione ed inquadrato tra i diritti inviolabili della persona *ex* art. 2. La Corte sostiene infatti che: «*La violenza carnale costituisce invero, nell'ordinamento giuridico penale, la più grave violazione del fondamentale diritto alla libertà sessuale. Essendo la sessualità uno degli essenziali modi di espressione della persona umana, il diritto di disporne liberamente è senza dubbio un diritto soggettivo assoluto, che va ricompreso tra le posizioni soggettive direttamente tutelate dalla Costituzione ed inquadrato tra i diritti inviolabili della persona umana che l'articolo 2 Cost. impone di garantire*». Ci troviamo dinanzi ad una sentenza additiva che stigmatizza l'omissione legislativa e inquadra il diritto di disporre della propria libertà sessuale tra le posizioni soggettive direttamente tutelate dalla Costituzione *ex* art. 2 censurando la norma ove non prevede un trattamento pensionistico di guerra che indennizzi i danni anche non patrimoniali patiti dalle vittime di violenze carnali consumate in occasione di fatti bellici.

A partire da questa pronuncia la libertà sessuale diviene dunque anche giuridicamente uno dei modi essenziali di espressione della persona umana immediatamente protetto dalla Costituzione.

Sono trascorsi ormai molti anni dalla sent. del 1987 che ha consacrato l'identità sessuale tra i nostri diritti inviolabili, ma le questioni legate a tale fattispecie e ai diritti fondamentali ad essa collegati continuano ad impegnare giudici e legislatore non sempre pronti a rispondere positivamente alle esigenze della società civile. Le richieste più recenti si basano sia sul contenuto dell'identità sessuale che sull'effettiva applicazione del principio di eguaglianza senza distinzione di sesso nell'ambito dei diritti derivanti da relazioni affettive tra persone dello stesso sesso[291].

---

[291] Per una prima bibliografia in materia di unioni omosessuali cfr. D. DANNA, *Matrimonio omosessuale*, Bolsena, 1997; M. MONTALTI, *Orientamento sessuale e Costituzione decostruita. Storia comparata di un diritto fondamentale,* Bologna 2007; M. BARBAGLI-A. COLOMBO, *Omosessuali moderni. Gay e lesbiche in Italia*, Bologna, 2007; F. BILOTTA (a cura di), *Le unioni tra persone dello stesso sesso. Profili di diritto civile, comunitario, comparato,* Milano-Udine 2008; E. CRIVELLI, *Il matrimonio omosessuale all'esame della Corte costituzionale,* in *Giurisprudenza Costituzionale,* 2009, 1238; G. FERRANDO, *Il matrimonio gay: il testimone passa alla Consulta,* in *Responsabilità civile e previdenza,* 2009, n. 9, 1905; F. FIORILLO, *Matrimonio omosessuale: la la-*

Rispetto a tale fattispecie è necessario ricordare come l'Italia abbia solo recentemente approvato una legge sulle unioni civili (legge 20 maggio 2016, n. 76) applicabile anche alle coppie dello stesso sesso: fino a tale momento infatti il nostro Paese era uno dei pochi Stati dell'Unione europea a non prevedere alcuna forma di riconoscimento giuridico né per le c.d. coppie di fatto eterosessuali, né per quelle omosessuali. Tale inerzia era diventata particolarmente evidente e censurabile considerando che l'Europarlamento aveva votato a favore del riconoscimento delle unioni civili e del matrimonio tra persone dello stesso sesso in quanto vero e proprio "*diritto umano*", mentre la Corte Europea dei Diritti Umani con la *Sentenza Oliari e altri c. Italia* del 21 luglio 2015 (18766/11 and 36030/11) aveva censurato l'inerzia legislativa del nostro Paese considerandolo inadempiente rispetto agli obblighi positivi derivanti dall'art. 8 CEDU consistenti anche nella necessità di prevedere una qualsiasi forma di riconoscimento giuridico della relazione stabile tra persone dello stesso sesso [292].

---

cuna italiana nella tutela dei diritti, alla luce della Costituzione e della normativa europea, in *Giurisprudenza di merito*, 2009, 1839; B. NASCIMBENE, *Unioni di fatto e matrimonio tra omosessuali. Orientamenti del giudice nazionale e della Corte di Giustizia*, in *Corriere giuridico*, 2010, n. 1, 101; R. BIN-G. BRUNELLI-A. GUAZZAROTTI-A. PUGIOTTO-P. VERONESI (a cura di), *La "società naturale" e i suoi "nemici". Sul paradigma eterosessuale del matrimonio*, Torino, 2010; A. PINI, *Quando eravamo froci. Gli omosessuali nell'Italia di una volta*, Milano, 2011; B. PEZZINI-A. LORENZETTI (a cura di), *Unioni e matrimoni same-sex dopo la sentenza 138 del 2010: quali prospettive?*, Napoli, 2011; R. TORINO, *La tutela della vita familiare delle coppie omosessuali. Nel diritto comparato, europeo e italiano*, Torino, 2012; S. PRISCO (a cura di), *Amore che vieni, amore che vai ... Unioni omosessuali e giurisprudenza costituzionale*, Napoli, 2012; S. PRISCO, *Una nuova problematica frontiera dell'eguaglianza*, in F. CORBISIERO (a cura di), *Comunità omosessuali. Le scienze sociali sulla popolazione LGBT*, Milano, 2013, 53; D. FERRARI (a cura di), *Lo status giuridico delle coppie same sex: una prospettiva multilivello*, Padova, 2013; A. SCHILLACI (a cura di), *Omosessualità, eguaglianza, diritti: desiderio e riconoscimento*, Roma, 2014.

[292] La Convenzione non impone agli Stati membri del Consiglio d'Europa di introdurre un vero e proprio regime matrimoniale per tali coppie essendo sufficiente una forma di riconoscimento alternativa ad esso. Tuttavia l'Italia non si era mossa nemmeno in questa direzione e i giudici di Strasburgo hanno affermato che gli Stati non possono godere di discrezionalità in ordine al *timing* delle riforme legislative. Nella pronuncia la Corte richiama principi oramai consolidati della sua giurisprudenza, in particolare quello secondo cui «*same-sex couples are just as capable as different-sex couples of entering into stable, committed relationships, and that they are in a relevantly similar situation to a different-sex couple as regards their need for legal recognition and protection of their relationship*» (*Schalk e Kopf c. Austria*, § 99, e *Vallianatos e altri c. Grecia*, §§ 78 e 81), così come i richiami provenienti dal Consiglio d'Europa attraverso la Raccomandazione CM/Rec (2010)5 e il *trend* di riconoscimento a livello europeo e internazionale. Da tutto ciò si deduce l'esistenza di un obbligo positivo derivante dall'articolo 8 CEDU di introdurre un (qualsiasi) strumento volto al riconoscimento giuridico delle coppie dello stesso sesso, in assenza del matrimonio.

La questione, prima di essere affrontata dal Legislatore con la recente legge n. 76 del maggio 2016, è stata oggetto del vaglio della Corte costituzionale che si è pronunciata, in maniera certamente non convincente, con la sent. n. 138/2010[293]. Nel caso in questione la Corte riunisce due ricorsi di legittimità con cui le si chiedeva di confutare la circostanza che nel nostro ordinamento sussistesse divieto di matrimonio per le coppie omosessuali. Tale divieto, pur non essendo statuito in maniera diretta e dettagliata, emerge dalle norme censurate e cioè specificamente gli artt. 93, 96, 98, 107, 108, 143, 143-*bis* e 156-*bis* c.c., come pure dalla disciplina della filiazione legittima e da altre discipline collegate al matrimonio quali quella relativa ai casi di scioglimento del matrimonio stesso, discipline che presuppongono la, o che risultano comunque improntate alla, differenza di sesso dei coniugi.

La sent. n. 138/2010, nell'affrontare la questione del riconoscimento dei diritti delle coppie omosessuali, dimostra un atteggiamento alquanto interlocutorio della Corte che, diversamente da quanto accaduto in altre occasioni, sembra preferire la cautela e non "invade" il campo del Legislatore, tralasciando il fatto che il diritto di sposarsi appartenga ormai considerato a pieno titolo ai diritti fondamentali della persona[294] come d'altronde lo stesso giudice delle leggi ave-

---

Su tale fondamentale pronuncia cfr. C. DANISI, *Il diritto al rispetto per la vita familiare impone l'obbligo di riconoscere giuridicamente la relazione tra due persone dello stesso sesso*, in *Articolo 29*, *www.articolo29.it/2015*; L. SCAFFIDI RUNCHELLA, *Ultreya coppie same-sex! La Corte europea dei diritti umani sul caso Oliari e altri v. Italia*, in *Articolo 29*, *www. articolo29.it/2015*.

[293] Cfr. sent. Corte cost. n. 138/2010 in *Giur. cost.*, 2010, 1604, con osservazione di R: ROMBOLI, *Il diritto «consentito» alla vita familiare per le coppie omosessuali in una pronuncia in cui la Corte dice «troppo» e «troppo poco»*, 1629. Su tale pronuncia cfr. R. BIN-BRUNELLI-A. GUAZZAROTTI-A. PUGIOTTO-P. VERONESI (a cura di), *La «società naturale» e i suoi "nemici". Sul paradigma eterosessuale del matrimonio*, Torino, 2010; R. ROMBOLI, *Per la Corte costituzionale le coppie omosessuali sono formazioni sociali, ma non possono accedere al matrimonio,* in *Foro italiano*, 2010, I, 1367; B. PEZZINI, *Il matrimonio same sex si potrà fare. la qualificazione della discrezionalità del Legislatore nella sentenza n. 138/2010 della Corte costituzionale*, in *Giurisprudenza Costituzionale*, 2010, 2715; B. PEZZINI-A. LORENZETTI (a cura di), *Unioni e matrimoni same-sex dopo la sentenza 138 del 2010: quali prospettive?,* Napoli, 2011; F: DAL CANTO, *Le coppie omosessuali davanti alla Corte costituzionale: dalla "aspirazione" al matrimonio al "diritto" alla convivenza*, in AA.VV., *Studi in onore di Franco Modugno*, Napoli, 2011, Vol. II, 1195; A: PUGIOTTO, *Una lettura non reticente della sent. n. 138/2010: il monopolio eterosessuale del matrimonio*, in AA.VV., *Studi in onore di Franco Modugno*, Napoli, 2011, Vol. III, 2697.

[294] Cfr. gli artt. 12 e 16 della "Dichiarazione universale dei diritti dell'uomo" del 1948; artt. 8 e 12 della "Convenzione per la salvaguardia dei diritti dell'uomo e delle libertà fondamentali" del 1950 (CEDU); artt. 7 e 9 della "Carta dei diritti fondamentali dell'Unione Europea" del 2000.

va riconosciuto in precedenti pronunce che non riguardavano però coppie omosessuali[295].

Elemento positivo della pronuncia è l'inclusione delle coppie omosessuali tra le formazioni sociali protette *ex* articolo 2, rispetto alla quale la Corte afferma: «*... per formazione sociale deve intendersi ogni forma di comunità, semplice o complessa, idonea a consentire e favorire il libero sviluppo della persona nella vita di relazione, nel contesto di una valorizzazione del modello pluralistico. In tale nozione è da annoverare anche l'unione omosessuale, intesa come stabile convivenza tra due persone dello stesso sesso, cui spetta il diritto fondamentale di vivere liberamente una condizione di coppia, ottenendone – nei tempi, nei modi e nei limiti stabiliti dalla legge – il riconoscimento giuridico con i connessi diritti e doveri*», tuttavia si premunisce anche di escludere che tale riconoscimento giuridico si manifesti con un'equiparazione delle unioni omosessuali al matrimonio, lasciando alla discrezionalità del Legislatore il compito di individuare le forme di garanzia e riconoscimento più consone rispetto alle esigenze di queste inedite formazioni sociali.

Secondo la Corte non si ravvisa nell'esclusione delle coppie omosessuali al matrimonio alcuna violazione dell'articolo 2 e nemmeno dell'articolo 3 e del principio di eguaglianza, in quanto la normativa del Codice civile, oggetto del sindacato, che contempla esclusivamente il matrimonio tra uomo e donna, non può considerarsi illegittima sul piano costituzionale in quanto è in sintonia con gli artt. 29 e 30, e «*non dà luogo ad una irragionevole discriminazione, in quanto le unioni omosessuali non possono essere ritenute omogenee al matrimonio*».

La Consulta rifiuta dunque la possibilità di affermare un'interpretazione evolutiva ed adeguatrice del paradigma eterosessuale del matrimonio che resta superabile solo con un apposito intervento legislativo. Tale chiusura giustificata dalla Corte rimettendo la questione al legislatore, effettivamente viola il principio di eguaglianza poiché la questione era una fondamentale questione di eguaglianza, in quanto le norme che possono definire la condizione del soggetto omosessuale sono le stesse che garantiscono pari dignità sociale a tutte le persone e che affermano l'uguaglianza *senza distinzioni di sesso*. Il sesso quindi diviene fonte di discriminazione nel riconoscimento giuridico delle proprie relazioni affettive mortificando decisamente quanto statuito dall'art. 3.

La Consulta nel 2010 ha certamente perso un'ottima occasione per estendere alle coppie omosessuali le previsioni di cui all'art. 29 Cost. e quelle del

---

[295] La Corte ha infatti riconosciuto il diritto di sposarsi con la persona prescelta (cfr. sent. n. 445/2002 in *Giur. Cost.*, 2002, 3634 con note di G. BRUNELLI, *L'illegittimità derivata di norme analoghe come tecnica di tutela dei diritti fondamentali*, 3644 e TEGA, *L'addio al celibato (e nubilato) dei militari*, 3652, così come il diritto di non sposarsi (cfr. sent. n. 166/1998, in *Giur. Cost.*, 1998, 1419).

Codice civile[296] limitandosi a spronare il Legislatore ad occuparsi della fatti-

---

[296] Vi è un altro caso assai rilevante che merita di essere ricordato. Si tratta del caso del c.d. "divorzio imposto" risolto con la sent. n. 170/2014 (in *Giur. Cost.*, 2014, 2694, con nota di F. SAITTO, *L'incostituzionalità del "divorzio imposto" tra rettificazione di sesso e tutela del "pregresso vissuto" della coppia*, *ivi*, 2706) con cui la Corte ha dichiarato l'illegittimità costituzionale degli artt. 2 e 4 della legge 14 aprile 1982, n. 164, nella parte in cui non prevedono che la sentenza di rettificazione dell'attribuzione di sesso di uno dei coniugi, che provoca lo scioglimento del matrimonio o la cessazione degli effetti civili conseguenti alla trascrizione del matrimonio, consenta, comunque, ove entrambi lo richiedano, di mantenere in vita un rapporto di coppia giuridicamente regolato con altra forma di convivenza registrata, che tuteli adeguatamente i diritti ed obblighi della coppia medesima, con le modalità da statuirsi dal Legislatore (estendendo in via consequenziale la dichiarazione di illegittimità anche all'art. 31, comma 6, d.lgs. n. 150/2011, che riproduce con minima ininfluente variante lessicale il contenuto dell'art. 4 legge n. 164/1982). Si tratta, come spiega la Corte, di una «*situazione innegabilmente infrequente*», ma che ciò nonostante si è verificata. Un uomo, Alessandro Bernaroli, sposa una donna e poi decide di mutare sesso. La sentenza che dispone la rettificazione dell'attribuzione di sesso e il cambio del nome anagrafico da Alessandro ad Alessandra non dice nulla sul matrimonio, ma ci pensa l'ufficiale dello stato civile, che *motu proprio* annota a margine dell'atto di matrimonio il suo scioglimento. L'interessata chiama allora in giudizio il Comune, e vince. Per il Tribunale di Modena (decr. 28 ottobre 2010), infatti, tale annotazione non è possibile, mancando un provvedimento giurisdizionale specifico al riguardo. Il Ministero dell'Interno però promuove appello e la Corte d'Appello di Bologna (decr. 4 febbraio 2011) ribalta la decisione precedente: «*consentire il permanere del vincolo matrimoniale, rettificato che sia il sesso d'uno dei coniugi*», dice, «*significherebbe mantenere un rapporto privo del presupposto suo legittimo più indispensabile: la diversità sessuale dei coniugi*». Di qui, la correttezza dell'annotazione. Il caso giunge alla Corte di Cassazione, che il 6 giugno 2013, con un'articolata motivazione, dispone la rimessione degli atti alla Corte costituzionale, prospettando una serie di dubbi di legittimità costituzionale in relazione al conflitto tra il divorzio, così "imposto" dal rigore della legge, e i diritti garantiti a livello costituzionale e sovranazionale: in primo luogo, il diritto all'autodeterminazione nella sfera dell'identità personale e in particolare sessuale; secondariamente, il «*diritto alla conservazione della preesistente dimensione relazionale, quando essa assuma i caratteri della stabilità e continuità propri del vincolo coniugale*»; infine, il diritto a non essere discriminati rispetto alle altre coppie che vogliono continuare a stare insieme, alle quali non viene imposto alcun divorzio. Il Giudice costituzionale interviene con una sentenza manipolativa (sent. n. 170/2014), che integra e modifica le disposizioni sottoposte al suo esame, che escono dal giudizio costituzionale con una portata normativa ed un contenuto diversi da quello originario: il contenuto nuovo, "aggiunto" come costituzionalmente dovuto, è rappresentato dalla possibilità di convertire il matrimonio in una "convivenza registrata", anche se in quel momento tale forma giuridica non esisteva. Il matrimonio resta dunque collegato al paradigma eterosessuale come era già avvenuto con la sentenza del 2010, ma nella sentenza del 2014 rileva la volontà di mantenere in vita un rapporto quale diritto inviolabile della persona riconducibile all'articolo 2. La Corte ha scelto di pronunciarsi con una sentenza di illegittimità costituzionale nella forma di una sentenza additiva dimostrando la volontà di allontanar-

specie; dal canto suo, il Legislatore, per lungo tempo dormiente, ha affrontato la questione solo nel 2016 quando, non senza numerose polemiche e ricorrendo al voto di fiducia, è stata approvata la legge n. 76 contenente "*Regolamentazione delle unioni civili tra persone dello stesso sesso e disciplina delle convivenze*". Da tale momento anche l'Italia ha finalmente una legislazione in tema di unioni omosessuali, tuttavia il grande ritardo con cui il nostro Paese è giunto alla disciplina di questo tipo di relazioni affettive non appare bilanciato dalla garanzia offerta dalla nuova legge sostanzialmente frutto di una serie di veti incrociati che ne hanno decisamente impoverito il contenuto.

La legge infatti mantiene discriminazioni ed esclusioni che impediscono la realizzazione della piena eguaglianza giuridica tra coppie eterosessuali e coppie dello stesso sesso che continuano a subire un trattamento differenziato ingiustificato in quanto fondato unicamente sulla base delle proprie preferenze sessuali, mortificandosi così il principio giuridico dell'eguaglianza fagocitato dal compromesso politico-legislativo.

Già la tecnica legislativa utilizzata, ovvero quella del ricorso all'articolo unico composto da molteplici commi con successiva apposizione della questione di fiducia, dimostra la sostanziale debolezza del Legislatore nell'affrontare i temi etici che continuano nel nostro Paese a sopportare il peso di considerazioni e giudizi etico-morali che poco o niente hanno a che vedere con il principio di eguaglianza nelle sue diverse declinazioni. Ancora, la richiesta della fiducia su provvedimenti che investono i diritti dei consociati realizza un vero e proprio paradosso poiché nel momento in cui si ampliano i diritti per una categoria di soggetti, lo si fa comprimendo gli stessi diritti parlamentari legati al sistema rappresentativo[297].

Certamente non è la prima volta che le battaglie giuridiche d'eguaglianza incontrano ostacoli e rallentamenti nel loro percorso, tuttavia il caso dell'egua-

---

si dal mero monito e di volere produrre effetti più diretti ed incisivi innanzitutto sul giudizio *a quo* ma in generale sull'intera materia. Nella sentenza si ravvisa però una confusione di fondo poiché la Corte pone comunque la coppia "fuori dal matrimonio" anche se ammette che la situazione venutasi a creare «*non è neppure semplicisticamente equiparabile ad una unione di soggetti dello stesso sesso*», e ciò perché, altrimenti, si cancellerebbe «*un pregresso vissuto che merita invece tutela*». Insomma l'unione che si presenta davanti alla Corte non è un matrimonio tra due persone dello stesso sesso (al tempo non disciplinato dalla legge) ma non è neppure un matrimonio secondo il modello legislativo tradizionale. La sentenza della Consulta è stata recepita dalla Corte di Cassazione che il 21 aprile 2015 si è pronunciata con la sent. n. 8097.

[297] Ancora si nota come il ricorso all'articolo unico potrebbe anche dare luogo a dubbi di costituzionalità considerando che la Costituzione prevede che le leggi siano approvate "articolo per articolo". Su tali considerazioni cfr. M. BELLETTI, *Matrimoni, unioni civili, convivenze di fatto: cosa cambia? Profili di legittimità costituzionale della nuova normativa (legge 20 maggio 2016, n. 76)*, in *AIC Osservatorio costituzionale*, n. 2016, n. 2.

glianza al di là del proprio orientamento sessuale nel nostro Paese è decisamente emblematico poiché il ritardo legislativo era ormai divenuto insostenibile come dimostravano i solleciti europei e quelli della giustizia ordinaria e costituzionale, e pareva quindi plausibile (oltre che auspicabile) che nel momento in cui finalmente il Legislatore si fosse deciso a normare tale fattispecie lo avrebbe fatto nella maniera più rispettosa del principio di eguaglianza realizzando nel modo più ampio e garantista possibile i diritti delle minoranze omosessuali. Il nostro Parlamento invece non ha potuto o voluto spingersi oltre il rassicurante paradigma del matrimonio eterosessuale e così pur riconoscendo le unioni civili tra persone dello stesso sesso ha scelto di eliminare ogni riferimento specifico alla famiglia, all'affettività, alla fedeltà e all'adozione sancendo nella pratica legislativa la superiorità di un modello di coppia rispetto ad un altro. Certo le unioni omosessuali, già riconosciute come formazioni sociali dalla Consulta, oggi esistono anche per il diritto ma esse non sono collocate in una posizione di eguaglianza rispetto alle unioni eterosessuali; si istituzionalizza così una discriminazione, una distinzione palesemente irragionevole continuando a trattare in maniera diversa situazioni sostanzialmente uguali. Ancora una volta il nostro Paese dimostra di essere incapace di occuparsi di temi etici in maniera laica ed imparziale; è stata approvata una legge che risulta sorpassata, obsoleta già nel momento della sua emanazione, lontana dai bisogni e dalle aspettative della società civile, così come era accaduto rispetto alla fecondazione medica assistita. Si tratta essenzialmente di leggi eticamente orientate approvate da uno Stato che alterna all'omissione legislativa l'interventismo moralmente guidato.

L'approvazione della nuova legge è stata comunque salutata con relativo favore poiché pone fine a quel vuoto normativo che troppo a lungo aveva caratterizzato il nostro ordinamento in materia, tuttavia tale benevola accettazione non elimina la sostanziale insufficienza di un provvedimento e che, ancora una volta, consegna la realizzazione dell'eguale dignità delle persone agli sforzi della società civile e soprattutto alla giurisprudenza, e a tale proposito si evidenzia la moltiplicazione degli interventi dei giudici ordinari volti al superamento delle omissioni più vistose della nuova legge e soprattutto favorevoli alla c.d. *stepchild adoption* da parte di coppie omosessuali[298]. Grazie all'aper-

---

[298] In particolare si segnala l'emblematica sentenza del Tribunale per i minorenni di Roma che ha riconosciuto l'adozione definitiva del figlio del partner in una coppia di maschi gay. Tale pronuncia depositata il 23 dicembre 2015 e resa pubblica il 21 marzo 2016, contiene una serie di indicazioni preziose rispetto a temi fondamentali quali: la confusione tra scelta, desiderio e "diritto" di essere genitore, l'alternativa tra soggettività del bambino e sua riduzione a "oggetto" di condotte e desideri degli adulti, il recupero del dato della differenza sessuale nella riflessione sulla genitorialità omosessuale, nonché il vero e proprio corto circui-

tura dei giudici diverse coppie omosessuali hanno potuto quindi divenire anche coppie di genitori, addirittura con l'adozione incrociata dei figli, così come è avvenuto a Roma e a Napoli tra il marzo e l'aprile del 2016, utilizzando, semplicemente, l'attuale legge sulle adozioni, applicando l'articolo 44 nella parte in cui prevede i "casi speciali". Così la legge non c'è ma la *stepchild adoption* si diffonde insieme a riconoscimenti di adozioni, trascrizioni e addirittura sentenze favorevoli alla "madre sociale" nella maternità surrogata[299]. Queste pronunce assumono un grande significato ma purtroppo non possono modificare il quadro legislativo che rimane incerto ed arretrato e sostanzialmente rimesso alla discrezionalità dei giudici, che naturalmente possono avere anche un atteggiamento di chiusura come purtroppo già accaduto in diversi tribunali[300]. Non si tratta dunque di voler affermare un diritto generale ad essere genitori o ad adottare, quanto tutelare in ogni aspetto i diritti del minore alla propria vita familiare, così come i diritti di coloro che con il minore hanno instaurato una relazione affettiva indipendentemente dal loro sesso biologico. I membri di una coppia omosessuale devono insomma potersi vedere garantiti i medesimi diritti assicurati ai componenti di una coppia eterosessuale e il perdurare di trattamenti differenziati dimostra solo le contraddizioni giuridiche di un Paese che non riesce ad applicare la regola dell'eguaglianza nelle questioni etiche[301].

---

to – politico e mediatico, ma anche giuridico e culturale – tra riconoscimento dei diritti del bambino già nato e disciplina delle tecniche di procreazione assistita. Per la prima volta questa sentenza non è stata appellata dalla Procura ed è quindi divenuta definitiva.

[299] Del resto si segnala come molti giudici minorili e avvocati di tutta Italia avevano scritto a chiare lettere in un appello lanciato dal sito "Articolo 29" di non stralciare dalla legge sulle unioni civili la *stepchild adoption*.

[300] Si segnala inoltre che anche nei casi in cui le adozioni sono state riconosciute ma erano presenti più figli, questi bambini hanno acquistato due genitori ma non hanno potuto diventare fratelli tra di loro con una sostanziale lesione delle proprie relazioni affettive e parentali.

[301] Da ultimo appare rilevante segnalare la decisione Taddeucci e McCall contro Italia del 30 giugno 2016 con cui la Corte europea dei diritti dell'uomo ha condannato il nostro Paese per non aver concesso al partner omosessuale (straniero extra UE stabilmente convivente con un cittadino italiano), il permesso di soggiorno per motivi familiari. I fatti risalgono al 2009: prima, dunque, della "svolta" realizzata sulla scorta della giurisprudenza di alcuni Tribunali di merito, dalle Prefetture di numerose città d'Italia. La Corte dei diritti afferma, in particolare, che la decisione di trattare – all'epoca dei fatti – le coppie omosessuali alla stessa stregua delle coppie eterosessuali non coniugate, ai fini del rilascio del permesso di soggiorno, costituisce una discriminazione sulla base dell'orientamento sessuale nel godimento del diritto alla vita familiare garantito dall'art. 8 della Convenzione. Infatti, la circostanza che la coppia non potesse accedere ad alcuna forma di regolamentazione dell'unione rende impossibile ritenere giustificata l'omologazione di trattamento rispetto alla coppia

Bibliografia

BALDASSARRE A., *Diritti inviolabili, Voce Enciclopedia Giuridica Treccani*, vol. XI, 1989.

BARBAGLI M.-COLOMBO A., *Omosessuali moderni. Gay e lesbiche in Italia*, Bologna, 2007.

BARILE P., *Diritti dell'uomo e libertà fondamentali*, Bologna, 1984.

BELLETTI M., *Matrimoni, unioni civili, convivenze di fatto: cosa cambia? Profili di legittimità costituzionale della nuova normativa (legge 20 maggio 2016, n.76)*, in *AIC, Osservatorio costituzionale*, n. 2, 2016.

BILOTTA F. (a cura di), *Le unioni tra persone dello stesso sesso. Profili di diritto civile, comunitario, comparato*, Milano-Udine 2008.

BIN R.-BRUNELLI G.-GUAZZAROTTI A.-PUGIOTTO A.-VERONESI P. (a cura di), *La «società naturale» e i suoi "nemici". Sul paradigma eterosessuale del matrimonio*, Torino, 2010.

CRIVELLI E., *Il matrimonio omosessuale all'esame della Corte costituzionale, in Giurisprudenza Costituzionale*, 2009, 1238.

---

eterosessuale. Per altro verso, l'assenza di riconoscimento e regolamentazione delle unioni omosessuali – radice della discriminazione – non è giustificata da alcuno dei motivi "solidi e imperativi" alla luce dei quali deve essere valutato l'eventuale trattamento differenziato delle coppie omosessuali. Tale non è, in particolare, l'obiettivo di tutela della "famiglia tradizionale", invocato – all'epoca – dal Governo italiano.

In estrema sintesi il problema sorge dal fatto che i ricorrenti, il signor Taddeucci e il signor McCall, rispettivamente, di nazionalità italiana e neozelandese, coppia omosessuale dal 1999, nel dicembre del 2003 decisero di stabilirsi in Italia. Durante il primo periodo di residenza, al *partner* straniero era stato anticipato un permesso di soggiorno temporaneo per studenti, successivamente lo stesso richiese la concessione un permesso di soggiorno per ricongiungimento familiare ma la sua richiesta venne rifiutata dalla Prefettura. In seguito al ricorso degli stessi il tribunale civile accolse positivamente la richiesta, ma, nel 2006, la Corte d'Appello ribaltò il giudizio accogliendo il ricorso dell'amministrazione e inducendo i ricorrenti a rivolgersi alla Cassazione la quale però, sulla linea della Corte d'Appello, respinse il ricorso poiché in base ai termini dell'art. 29 del d.lgs. n. 286/1998, il termine "*membro della famiglia*" comprende solo il coniuge, i figli minori, figli adulti che non sono autonomi per motivi di salute e genitori a carico che non hanno un adeguato sostegno nel paese. La Corte di Cassazione ha precisato che un'interpretazione estensiva non risulta imposta nemmeno dagli artt. 8 e 12 della Convenzione, nella misura in cui queste disposizioni lasciano un ampio potere discrezionale nella scelta dei diritti protetti, in particolare nella gestione delle questioni di immigrazione. Infine, la Corte di Cassazione escludeva l'esistenza di una discriminazione basata sull'orientamento sessuale dei candidati sulla base del fatto che la legge italiana impedisce ai partner non sposati (sia omo che non) di ottenere il permesso di soggiorno familiare.

La recente pronuncia della CEDU chiude la vicenda dimostrando, ancora una volta, l'arretratezza giuridica del nostro Paese in materia di unioni same-sex e dei loro diritti.

DAL CANTO F., *Le coppie omosessuali davanti alla Corte costituzionale: dalla "aspirazione" al matrimonio al "diritto" alla convivenza*, in AA.VV., *Studi in onore di Franco Modugno*, Napoli, 2011, vol. II, 1195.

DANNA D., *Matrimonio omosessuale*, Bolsena, 1997.

FERRANDO G., *Il matrimonio gay: il testimone passa alla Consulta*, in *Responsabilità civile e previdenza*, 2009, n. 9, 1905.

FERRARI D.(a cura di), *Lo status giuridico delle coppie same sex: una prospettiva multilivello*, Padova, 2013.

FIORILLO F., *Matrimonio omosessuale: la lacuna italiana nella tutela dei diritti, alla luce della Costituzione e della normativa europea*, in *Giurisprudenza di merito*, 2009, 1839.

MONTALTI M., *Orientamento sessuale e Costituzione decostruita. Storia comparata di un diritto fondamentale*, Bologna 2007.

NANIA R., *La libertà individuale nella esperienza costituzionale italiana*, Torino, 1989, 161.

NASCIMBENE B., *Unioni di fatto e matrimonio tra omosessuali. Orientamenti del giudice nazionale e della Corte di Giustizia*, in *Corriere giuridico*, 2010, n. 1, 101.

PEZZINI B., *Il matrimonio same sex si potrà fare. la qualificazione della discrezionalità del Legislatore nella sentenza n. 138/2010 della Corte costituzionale*, in *Giurisprudenza Costituzionale*, 2010, 2715.

PEZZINI B.-LORENZETTI A. (a cura di), *Unioni e matrimoni same-sex dopo la sentenza 138 del 2010: quali prospettive?*, Napoli, 2011.

PRISCO S. (a cura di), *Amore che vieni, amore che vai ... Unioni omosessuali e giurisprudenza costituzionale*, Napoli, 2012.

PUGIOTTO A., *Una lettura non reticente della sent. n. 138/2010: il monopolio eterosessuale del matrimonio*, in AA.VV., *Studi in onore di Franco Modugno*, Napoli, 2011, vol. III, 2697.

ROMBOLI R., *Per la Corte costituzionale le coppie omosessuali sono formazioni sociali, ma non possono accedere al matrimonio*, in *Foro italiano*, 2010, I, 1367.

SCHILLACI A. (a cura di), *Omosessualità, eguaglianza, diritti: desiderio e riconoscimento*, Roma, 2014.

TORINO R., *La tutela della vita familiare delle coppie omosessuali. Nel diritto comparato, europeo e italiano*, Torino, 2012.

TIME
GAY
MARRIAG
ALREA
WON.

GAY
MARRIAGE
ALREADY
WON.

CAPITOLO II

UGUALI SENZA DISTINZIONE DI RAZZA

SOMMARIO: 1. Introduzione al concetto di razza: l'intramontabile fascino del razzismo *(di Francesca Rescigno)*. – 2. L'eguaglianza negata: il razzismo nelle vicende storico-giuridiche italiane *(di Lucia Scaffardi)*. – 3. L'eguaglianza senza distinzione di razza nella prospettiva europea e nel diritto positivo nazionale *(di Diletta Tega)*. – 4. Le frontiere dell'eguaglianza: oltre la razza, lo specismo *(di Francesca Rescigno)*. – *Appendice: per non dimenticare*: il Manifesto della razza (1938); La Dichiarazione sulla razza (1938).

1. Introduzione al concetto di razza: l'intramontabile fascino del razzismo *

> «*Ci avevo un gatto e lo chiamavo Ajò;/ ma, dato ch'era un nome un po' giudio/, agnedi da un prefetto amico mio/ pe' domannaje se potevo o no:/ volevo sta' tranquillo, tantoppiù/ ch'ero disposto de chiamallo Ajù./ "Bisognerà studià" disse er prefetto/ "la vera provenienza de la madre"/ Dico: "La madre è un'àngora, ma er padre/ era siamese e bazzicava er Ghetto;/ er gatto mio, però, sarebbe nato/ tre mesi doppo a casa der Curato"./ "Se veramente ciai 'ste prove in mano,/ – me rispose er prefetto – se fa presto/. La posizzione è chiara". E detto questo/ firmò una carta e me lo fece ariano./ "Però" – me disse – "pe' tranquillità,/ è forse mejo che lo chiami Ajà"*» [1].

L'Enciclopedia Treccani definisce "razza": «*quel raggruppamento di soggetti che presentano un insieme di caratteri fisici ereditari comuni. Nel caso dell'uomo, tali caratteri si riferiscono a caratteristiche somatiche (colore della pelle, tipo di capelli, forma del viso, del naso, degli occhi ecc.), indipendentemente da nazionalità, lingua, costumi*» e chiarisce che il concetto di razza umana «è

---

* Di Francesca Rescigno.

[1] Si è scelto di cominciare una riflessione così seria come quella sulla razza con l'ironia di Trilussa e la sua poesia *L'Affare de la razza*, del 1941 oggi in *Tutte le poesie*, Milano, 2005, 1439.

considerato destituito di validità scientifica, dacché l'antropologia fisica e l'evoluzionismo hanno dimostrato che non esistono gruppi razziali fissi o discontinui. Al contrario, i gruppi umani mutano e interagiscono continuamente, tanto che la moderna genetica di popolazioni si focalizza su modelli di distribuzione di geni specifici anziché su categorie razziali create artificialmente».

Persino in ambito zoologico si può parlare di razza solo nel caso di popolazioni di animali addomesticati sui quali l'uomo ha operato la selezione di caratteristiche genetiche peculiari. Negli animali non addomesticati, le popolazioni regionali differenti tra loro per alcune caratteristiche, dovute alla concentrazione di particolari geni come risultato di adattamenti alle condizioni ambientali, sono invece correttamente definite *sottospecie*.

I termini "razza" e "razzismo" [2] non nascono insieme: infatti l'espressione "razza" viene utilizzata dalle diverse lingue europee già all'inizio dell'età moderna nel XVII secolo, per indicare popolazioni distinte geograficamente o somaticamente ed anche quale sinonimo di stirpe o nazione; il termine "razzismo" invece è un neologismo che compare nei primi anni venti del Novecento designando quelle dottrine politiche che pongono a proprio fondamento l'idea della gerarchia tra gruppi umani prevedendo la separazione, la discriminazione e soprattutto la persecuzione delle razze considerate inferiori. In realtà le politiche "razziste" esistevano già prima della creazione del termine nel tentativo di stigmatizzare e allontanare "il diverso"; fin dall'antichità infatti molti popoli o gruppi sociali hanno escluso o discriminato i diversi, con un atteggiamento che si può definire xenofobo o etnocentrico più che razzista in senso proprio, per la mancanza di un esplicito riferimento ad una supposta superiorità biologica: i fondamenti della propria presunta superiorità erano infatti linguistici, culturali, religiosi. Greci e romani ad esempio definivano "barbari" i popoli che non parlavano la loro lingua [3]; l'Europa cristiana perseguitò e ghettizzò per secoli gli ebrei, accusati dell'uccisione di Cristo mentre una prima forma di razzismo biologico si concretizzò dopo la scoperta dell'America, per giustificare lo sfruttamento schiavistico di indios e africani deportati e gli esempi simili naturalmente potrebbero continuare.

---

[2] In generale quale prima bibliografia di riferimento, senza pretesa di esaustività, sulla razza e il razzismo cfr. L.L. CAVALLI SFORZA, *Geni, Popoli e lingue,* Milano, 1996; P. FREIRE-D. MACEDO, *Cultura, lingia, razza. Un dialogo*, Udine, 2008; B. OBAMA, *Sulla razza*, Milano, 2008; D. STRAZZARI, *Discriminazione razziale e diritto. Un'indagine comparata per un modello "europeo" dell'antidiscriminazione*, Padova, 2008; G. BARBUJIANI-P. CHELI, *Sono razzista, ma sto cercando di smettere*, Roma-Bari, 2010; D. TEGA (a cura di), *Le discriminazioni razziali ed etniche*, Roma, 2011; A. BURGIO-G. GABRIELLI, *Il razzismo*, Roma, 2012; L.L. CAVALLI SFORZA-F. CAVALLI SFORZA, *Chi siamo. La storia della diversità umana*, Torino, 2013.

[3] *Bar-bar* indicava onomatopeicamente proprio il loro balbettio incomprensibile.

Se quella di classificare lo spazio antropologico esterno è stata dunque un'esigenza costante delle culture umane e se l'adozione di criteri fisico-morfologici come base di tali classificazioni è stata altrettanto diffusa, è però solo in Occidente a partire dalla seconda metà del XVIII che si sostanzia l'esigenza di una classificazione sistematica delle razze che compongono la specie umana [4]. Così l'antropologia fisica classica del XIX secolo e dei primi decenni del XX definisce come *razza umana* un raggruppamento di individui che, in un dato momento della loro storia evolutiva, occupano un dato territorio geografico, distinguendosi da altri gruppi per caratteristici valori medi e di frequenza di un insieme di caratteri antropologici (esterni, morfologici). Una razza veniva quindi identificata a partire dalla sovrapposizione di criteri diversi: sistematico-morfologici (il colore della pelle; la quantità di pigmento negli strati profondi dell'epidermide; il tipo dei capelli: lisci, più o meno ondulati, lanosi o crespi; la statura; la forma del cranio) e geografico-funzionali (la capacità dell'adattamento all'ambiente).

Dalla individuazione delle "razze" al c.d. "*razzismo scientifico*" il passo è breve, con tale espressione si definisce quella particolare forma storica di razzismo organizzato, fondata a partire dal XIX secolo in Europa e nelle Americhe, in ambito universitario tra le scienze naturali e sociali dell'epoca, prendendo inizio dalla biologia, dall'antropologia, dalla genetica, dalla medicina, dalla criminologia e dalla sociologia, rifacendosi, manipolandola, alla teoria evoluzionista di Darwin e al positivismo, al fine di dimostrare la superiorità biologica della razza bianca.

Come tristemente noto, sono proprio tali teorie sulla razza e il razzismo scientifico a costituire la base giustificativa dei grandi crimini razziali della storia dell'umanità, esse risultano infatti connesse sia ai crimini legati al colonialismo, che alla schiavitù così come alle terribili leggi razziali approvate in molte parti del mondo tra cui l'Italia degli anni '30 [5].

---

[4] Cfr. C. LINNEO, *Systema naturae*, Leida, 1735; G.L. BUFFON, *Histoire naturelle de l'homme*, Paris, 1749; G.F. BLUMENBACH, *Manuale di storia naturale*, Prima versione italiana, Torino, 1825; J.A. DE GOBINEAU, *Sull'ineguaglianza delle razze umane*, 1853-1855, in quest'opera il razzismo viene proposto sotto la veste di una teoria scientifica in base alla quale interpretare la storia. Lo scritto ebbe un'accoglienza decisamente favorevole soprattutto dai fautori della politica di colonizzazione di India, Cina ed Africa per i quali la presunta superiorità della razza bianca costituiva una valida giustificazione della sottomissione dei popoli locali. Gobineau spiega chiaramente che «*la questione etnica domina tutti gli altri problemi della storia [...] e che l'ineguaglianza delle razze [...] basta a spiegare tutto il concatenarsi del destino dei popoli*», e ancora che le razze si possono suddividere in due gruppi: «*quello delle razze forti e quello delle razze deboli. Le prime tanto più resistono quanto più si preservano da ogni contaminazione, in quanto ogni forma di incrocio ne determina la decadenza. La razza ariana (e al suo interno il popolo germanico) è quella che ha preservato più a lungo la sua purezza*».

[5] Nel luglio del 1938 in Italia veniva approvato il "*Manifesto degli scienziati fascisti*" redat-

Il razzismo scientifico venne rifiutato politicamente e scientificamente solo dopo la fine della seconda guerra mondiale, quando con la pubblicazione della "Dichiarazione sulla razza" nel 1950 l'UNESCO decretò in modo ufficiale la non esistenza delle razze umane e incoraggiò i biologi a ricordare costantemente l'assenza di validità scientifica della nozione di "razze umane".

Le razze dunque non esistono[6], ovvero non sono che mere rappresentazioni o costruzioni ideologico-culturali finalizzate al dominio dei gruppi inferiorizzati, i tentativi scientifici o pseudo tali volti alla costruzione del catalogo razziale dell'umanità sono sconfinati, tuttavia essi si contraddicono gli uni con gli altri a dimostrazione proprio del fatto che le razze non esistono[7]. In realtà i

---

to dallo stesso Mussolini e sottoscritto da 180 scienziati; a partire dal settembre 1938 cominciarono ad essere emanate le prime leggi razziali tra cui: 5 settembre 1938, provvedimenti per la difesa della razza nella scuola italiana; 7 settembre 1938: provvedimenti nei confronti degli ebrei stranieri; 15 novembre 1938: integrazione delle norme per la difesa della razza nella scuola italiana; 17 novembre 1938: provvedimenti per la difesa della razza italiana; 29 giugno 1939: disciplina dell'esercizio delle professioni da parte dei cittadini di razza ebraica. Tra il 6 e il 7 ottobre 1938, si riuniva il Gran Consiglio del fascismo per discutere «*l'attualità urgente dei problemi razziali*» in Italia e valutare le soluzioni possibili. La seduta si concluse con l'approvazione della "Dichiarazione sulla razza" la cui definizione di ebreo e delle differenti tipologie razziali furono recepite dal r.d.l. 17 novembre 1938, n. 1728, che dettava i Provvedimenti per la razza italiana. La politica razziale fu guidata dalla Demorazza istituita presso il Ministero dell'Interno nel 1938. Le leggi razziali italiane si preoccuparono in primo luogo di definire l'ebreo, con una casistica ancor più minuziosa di quella delle leggi di Norimberga del 1935. Vennero considerati di "razza" ebraica coloro che avessero: entrambi i genitori di "razza" e di religione ebraica; un solo genitore di "razza" ebraica e l'altro di nazionalità straniera; un solo genitore di "razza" o di religione ebraica e l'altro di nazionalità italiana; madre di "razza" ebraica, in caso di padre ignoto. Non esisteva la categoria giuridica dei "misti" che invece era assai rilevante in Germania.

Sulla triste pagina del razzismo fascista cfr. senza pretesa di esaustività, R. DE FELICE, *Storia degli ebrei italiani sotto il fascismo*, Torino, 1993; R. MAIOCCHI, *Scienza italiana e razzismo fascista*, Firenze, 1999; M. SARFATTI, *Gli ebrei nell'Italia fascista. Vicende, identità, persecuzione*, Torino, 2000; V. PISANTY, *La difesa della razza. Antologia 1938-1943*, Milano, 2007; F. CASSATA, *«La Difesa della razza». Politica, ideologia e immagine del razzismo fascista*, Torino, 2008; G. ISRAEL, *Il fascismo e la razza. La scienza italiana e le politiche razziali del regime*, Bologna, 2010; S. GENTILE, *Le leggi razziali: scienza giuridica, norme, circolari*, Milano, 2010; S.S. FALCONIERI, *La legge della razza. Strategia del discorso giuridico fascista*, Bologna, 2011; G. ACERBI, *Le leggi antiebraiche e razziali italiane e il ceto dei giuristi*, Milano, 2011.

[6] Si racconta che quando il fisico Albert Einstein fuggito dalla Germania nel 1933 entrò negli Stati Uniti, al momento della compilazione del modulo dell'immigrazione, alla voce razza di appartenenza scrisse semplicemente "razza umana" intendendo evidentemente "genere umano". Cfr. B. DENIS, *Einstein: a life*, New York, 1996.

[7] Tra le prime autorevoli testimonianze sull'inesistenza delle razze cfr. A. MONTAGU, *La*

caratteri morfologici così come quelli genetici sono diversamente distribuiti fra le popolazioni, le moderne conoscenze di genetica, antropologia e paleontologia consentono di ricostruire in termini più precisi la storia evolutiva dell'umanità dimostrando come la maggioranza delle varianti del DNA sia cosmopolita o per usare un linguaggio corrente globalizzata cioè presente, con frequenze diverse, in tutti i continenti [8].

Dunque nella specie umana non ci sono razze biologiche, la razza è un mito, ma nonostante la definitiva sconfitta e delegittimazione scientifica dell'idea di razza avvenuta con la fine della Seconda guerra mondiale, siamo ancora alle prese con gli effetti simbolici, psicologici, culturali e materiali di questo concetto che pur tramontato scientificamente non sembra esserlo dal punto di vista culturale e sociale.

Il divieto di discriminazioni basate sulla razza contenuto nell'articolo 3 della nostra Costituzione potrebbe forse apparire un esercizio di retorica giuridica considerando che la vergognosa pagina delle leggi razziali è stata definitivamente chiusa con la loro abrogazione ad opera dei r.d.l. del 20 gennaio 1944 e potrebbe rappresentare al più un segnale di discontinuità e rottura storico-politica rispetto al regime precedente e un monito a qualsiasi velleità futura indirizzata a ripristinare trattamenti differenti basati sulla razza. Tuttavia, anche se è ormai accertata l'inesistenza scientifica delle razze, l'affermazione co-

---

razza. Analisi di un mito, Torino, 1942; F. LIVINGSTONE, *On the Nonexistence of Human Races*, in *Current Anthropology*, 1962, 3, 279.

[8] Per gli approfondimenti scientifici che dimostrano l'inesistenza delle razze si rimanda agli studi di Luigi Luca Cavalli Sforza a cui va il merito di aver cartografato la distribuzione di centinaia di geni su scala mondiale al fine di dedurre le linee filogenetiche delle popolazioni. I dati risultanti sono stati messi in rapporto con dati demografici, archeologici e linguistici che hanno dimostrato il sovrapporsi di geneaolgie diverse per cui i geni, i popoli e le lingue si sono irradiati parallelamente attraverso una serie di migrazioni. Secondo i risultati di tali studi incrociati l'umanità è una specie africana, discendente da un unico gruppo che circa 50.000 anni fa ha lasciato l'Africa orientale spingendosi in Eurasia e poi nelle Americhe sovrapponendosi alle specie umane extra-africane come l'*Uomo di Neandertal* e l'*Homo erectus*. Tra la sconfinata bibliografia di L.L. Cavalli Sforza si ricordano: *Teoria dell'urto ed unità biologiche elementari*, con A. BUZZATI-TRAVERSO, Milano,1947; *Genetica. Lezioni dettate da Luigi Cavalli-Sforza e Giovanni Magni (Università degli studi di Pavia)*, Milano, 1953; *The genetics of human population*, con W.F. BODMER, San Francisco, 1971; *Introduzione alla genetica umana*, Milano, 1974; *Genetica, evoluzione, uomo*, con W.F. BODMER, 3 voll., Milano, 1976; *Evoluzione*, Padova, 1978; *Chi siamo. La storia della diversità umana*, con F. CAVALLI-SFORZA, Milano, 1993; *Geni, popoli e lingue*, Milano, 1996; *Razza o pregiudizio? L'evoluzione dell'uomo fra natura e storia*, con F. CAVALLI-SFORZA-A. PIAZZA, Milano, 1996; *Storia e geografia dei geni umani*, con P. MENOZZI-A. PIAZZA, Milano, 1997; *Razzismo e noismo. Le declinazioni del noi e l'esclusione dell'altro*, con D. PADOAN, Torino, 2013.

stituzionale del divieto di trattamenti differenziati basati su tale caratteristica in questo tempo di globalizzazione e di intensificazione dei fenomeni migratori acquista un nuovo e pregnante significato poiché il razzismo non sembra aver smarrito il suo fascino ed anche se il razzismo contemporaneo – a differenza di quello del XX secolo– non pretende di avere una patente scientifica, e non si impegna a sconfessare il fatto scientifico per cui non esistono persone biologicamente superiori alle altre [9], continua – pur riconoscendo che non esistono differenze biologiche profonde tra i diversi popoli della terra – a considerare alcuni esseri umani come inferiori e a non voler garantire loro un uguale bagaglio di diritti.

In quest'ottica si comprende dunque quale sia effettivamente il senso della previsione dell'articolo 3 della nostra Costituzione rispetto all'eguaglianza senza distinzione di razza e cioè la necessità di sottolineare che non possiamo considerare diversamente gli esseri umani sulla base di un criterio che non esiste e che se si utilizzano pretestuosamente differenze somatiche come il colore della pelle o culturali come la lingua per attuare trattamenti discriminatori allora si compie una grave violazione del fondamentale principio di eguaglianza, tale assunto costituisce quindi un monito al legislatore così come ad ogni singolo cittadino e va completato con la previsione costituzionale relativa all'accoglienza dello straniero e al diritto di asilo effettuata dall'art. 10, comma 3 [10].

Considerare con attenzione il divieto di discriminazioni basate sul requisito della razza appare oggi, come accennato, ancora di grande importanza: il razzismo infatti dimostra un fascino intramontabile ed egualmente durevole deve essere la volontà di evitare ed arginare ogni pericolosa degenerazione verso razzismo e xenofobia. Continuiamo dunque a parlare di "razza" pur essendo consapevoli dell'insussistenza di tale categoria in quanto, come ricorda la Direttiva n. 43/2000, vietare la discriminazione razziale non implica accettare le teorie che tentano di dimostrare l'esistenza di razze umane distinte ma anzi combattere per ribadire la loro insussistenza. Si lotta quindi contro la discriminazione razziale non solo in quanto pericolosa come ogni forma di discriminazione ma anche perché basata su un dato inesistente e quindi ancor più pericoloso.

La lotta contro le discriminazioni razziali viene condotta a livello interna-

---

[9] In realtà esistono ancora scienziati che continuano a sostenere l'esistenza delle razze e delle differenze genetiche alla loro base. Significativa e stigmatizzabile la posizione del Premio Nobel James Watson (Premio Nobel per la medicina nel 1962, per aver dimostrato la struttura a doppia elica del DNA) il quale sostiene che i bianchi e neri non sono egualmente intelligenti e che i geni responsabili delle differenze di intelligenza saranno ben presto scoperti dimostrando chiaramente che i neri sono meno intelligenti dei bianchi.

[10] Rispetto al tema dell'accoglienza e dell'asilo mi si consenta di rimandare al mio F. RESCIGNO, *Il diritto di asilo*, Roma, 2011 e alla bibliografia *ivi* indicata.

zionale, europeo e naturalmente dal diritto positivo nazionale che recepisce ed elabora le suggestioni internazionali ed europee [11].

Rispetto al vecchio continente si evidenzia come il razzismo non sia scomparso e avanzino pericolosi movimenti xenofobi che raccolgono consensi sempre più forti [12], l'immigrazione viene considerata come un'emergenza anche se

---

[11] A tale proposito cfr. *Dichiarazione sulla razza* dell'UNESCO del 1950; Convenzione internazionale sull'eliminazione di ogni forma di discriminazione razziale dell'ONU aperta alla firma a New York il 7 marzo 1966. Direttive n. 43 e n. 78/2000 recepite rispettivamente con i d.l. n. 215 e n. 216/2003. Le due Direttive hanno l'obiettivo di «*stabilire un quadro generale per la lotta alle discriminazioni fondate sulla razza e l'origine etnica*» e a quelle fondate «*sulla religione o le convinzioni personali, gli handicap, gli orientamenti sessuali, per quanto concerne l'occupazione e le condizioni di lavoro*». La Direttiva n. 43/2000 «*che attua il principio della parità di trattamento fra persone indipendentemente dalla razza e dall'origine etnica*» è la prima di un pacchetto di cinque direttive volte a disciplinare l'intero arco della tutela dalle discriminazioni. Tali Direttive sono la n. 78/2000 che stabilisce un quadro generale per la parità di trattamento in materia di occupazione e di condizioni di lavoro; la Direttiva n. 73/2002 modificativa della n. 207/1976 in materia di parità di genere per l'accesso al lavoro e la formazione; la Direttiva n. 113/2004 che attua il principio della parità di trattamento tra uomini e donne per l'accesso a beni e servizi e la Direttiva n. 54 del 2006 sempre per la parità di genere nel campo lavorativo.

Merita di essere ricordata anche la sent. della Corte cost. n. 54/1979 (in *Giur. cost.*, 1979 ...) ha precisato che il principio di eguaglianza nell'ambito dei diritti inviolabili dell'uomo riguarda anche il rapporto tra stranieri e che una disciplina differente di trattamento è legittima solo se motivata da un rapporto di cittadinanza con Stati diversi e non già dall'appartenenza di una persona ad una determinata etnia.

[12] È sufficiente ricordare le recenti elezioni presidenziali austriache del maggio 2016 quando il partito di destra con marcate tendenze xenofobe è arrivato ad un soffio dalla vittoria. Il vincitore del ballottaggio del 22 maggio è risultato l'ex docente universitario Alexander Van der Bellen, con uno scarto di appena 31026 voti. Tuttavia il 1° luglio 2016 la Corte costituzionale austriaca, in accoglimento del ricorso presentato dalla FPÖ, ha annullato il risultato elettorale a causa di molteplici irregolarità verificatesi in occasione dello scrutinio dei voti per corrispondenza e, vista l'impossibilità di limitare il numero delle circoscrizioni irregolari, ha deciso di far ripetere l'elezione in tutta l'Austria.

La nuova tornata elettorale è stata fissata per il prossimo 4 dicembre 2016. Certamente il Presidente in Austria non ha poteri di governo, ma una personalità quale quella di Hofer, legittimata dal voto popolare, avrebbe egualmente notevole peso, squilibrando la fragile coalizione tra popolari e socialisti che governa e soprattutto, la sua eventuale vittoria nella nuova consultazione dimostrerebbe la forza di chi sceglie l'estrema destra, nazionalista, razzista e antieuropea. La nuova consultazione elettorale autunnale potrebbe essere influenzata dalla c.d. *Brexit* cioè l'uscita della Gran Bretagna dall'Unione europea, così come sancito dal referendum che si è svolto lo scorso 23 Giugno 2016. La prima conseguenza della *Brexit* sono state le dimissioni del Primo Ministro Cameron che, dopo l'iniziale parere favorevole, ha tentato fino all'ultimo di convicere gli elettori a votare per il *Remain*, del resto il Governo da lui presieduto è sempre stato accusato di non aver mai preso una posi-

ormai si tratta di un fatto pressoché quotidiano e non di un evento sporadico, tuttavia l'Europa non sembra pronta ad elaborare una politica comune e si evidenzia nella prassi un atteggiamento "schizofrenico" in quanto anche se nessuno Stato nega apertamente i diritti umani e il principio di *non-refoulement*, quasi tutti lo sconfessano nel momento in cui respingono, con sistemi differenti, i rifugiati verso Paesi dove la loro sicurezza o addirittura la loro vita risulta essere a rischio; continuano così a prevalere gli egoismi nazionalistici che alimentano nuovi "razzismi" forse ancor più subdoli ed insinuosi di quelli del passato. Non sembrano esserci soluzioni rapide per le domande di natura umanitaria, sociale ed economica poste da questi nuovi afflussi e aumentano i pregiudizi frutto dell'ignoranza e di politiche nazionali poco chiare se non palesemente xenofobe.

Il tema della lotta al razzismo deve dunque continuare ad essere all'ordine del giorno nell'agenda politica e il diritto ha il compito di proclamare l'eguaglianza formale senza distinzione di razza e allo stesso tempo adoperarsi per sovvertire tramite azioni positive lo stato di inferiorità che ancora contraddistingue alcuni gruppi di individui a causa delle loro origini e caratteristiche fisiche [13].

---

zione netta e definitiva, questa ambiguità sull'argomento ha fatto perdere importanza alle indicazioni di voto suggerite e lasciato, di fatto, una sorta di libertà che è sfociata in un risultato giudicato, da molti, sorprendente. La vittoria del *Leave* con il 51,9% cambia nettamente lo scenario europeo, con le popolazioni di Inghilterra, Scozia, Galles e Irlanda del Nord che sono da considerare, a uscita dall'UE ratificata, extra-comunitari e con il nuovo Governo inglese che dovrà affrontare i malumori delle altre nazioni del Regno, Scozia su tutte, che già ha rilanciato per indipendenza e rientro in Europa.

[13] Il fatto che le razze non abbiano alcun fondamento scientifico e che il razzismo sia da condannare non impedisce comunque che l'appartenenza ad un determinato gruppo razziale sia ancora oggi fonte di discriminazione per cui sono giustificabili e ragionevoli trattamenti differenziati favorevoli riservati a determinati soggetti individuati sulla base del dato etnico. Negli Stati Uniti, ad esempio, è normale specificare a quale gruppo razziale si appartiene quando si compila il censimento o al momento dell'iscrizione dei propri figli a scuola, e rispetto a tale ultima fattispecie la politica delle *Affirmative Actions* conferisce ad esempio agli indiani d'America, agli afroamericani e agli ispanici quote di accessi riservati nelle migliori scuole ed università. Tali azioni si pongono nell'ottica dell'eguaglianza sostanziale anche se la loro esistenza fa comunque riflettere perché a differenza delle altre azioni positive si basano su un dato, quello razziale, che come dimostrato non esiste, perpetuando forse l'idea falsata che l'umanità sia catalogabile in vari gruppi distinti geneticamente. A tale proposito, si ricorda che anche l'art. 5 della Direttiva n. 43/2000 (la c.d. Direttiva razza) pone una normativa a salvaguardia di eventuali azioni positive messe in atto da uno Stato membro affermando che «*allo scopo di assicurare l'effettiva e completa parità, il principio della parità di trattamento non osta a che uno Stato membro mantenga o adotti misure specifiche dirette a evitare o compensare svantaggi connessi con una determinata razza o origine etnica*».

Non possiamo dunque parlare di razza e razzismo al passato, non è sufficiente dimostrare che la razza è un concetto irrilevante, incoerente e scientificamente inesistente perché il razzismo scompaia; la razza infatti non è la causa del razzismo ma il suo pretesto, il suo alibi, il razzismo si trasforma ma mantiene inalterata la sua forza e il suo potere di convincimento diviene differenziazione etnica-culturale-linguistica-religiosa continuando a dividere, discriminare, selezionando i prescelti e respingendo gli esseri considerati inferiori [14]. Ecco perché il divieto di discriminazione posto dalla nostra Costituzione rispetto alla razza – da considerarsi in ogni sua possibile variante e metamorfosi – rimane oggi più che mai attuale ed imperativo, forse ancor più di quando è stato formulato, monito volto a scongiurare che «*il razzismo divenga una concezione del mondo*» [15].

Oggi nel mondo c.d. civilizzato siamo inclini a ritenere che il razzismo organizzato o scientifico sia solo un brutto ricordo ma in realtà, seppure in forma più o meno nascosta e avversata, il razzismo non può considerarsi un fenomeno archiviato. Solo per fare qualche esempio abbastanza recente, in Giappone i casi di discriminazione e razzismo continuano a riguardare le minoranze etniche presenti nel Paese, talvolta emarginate e trattate con disparità in ambito lavorativo, scolastico e sociale dai giapponesi di etnia Yamato considerati i discendenti del gruppo etnico nativo dominante dell'arcipelago nipponico. Secondo un rapporto del 2006 a cura dell'ONU le minoranze più discriminate in Giappone sono la popolazione Inu, i Burakumin, i Ryukyuani, i discendenti degli immigrati dai Paesi vicini (Corea e Cina) e i nuovi immigrati giunti da altri Paesi (ad esempio brasiliani, vietnamiti e filippini). Così, nonostante la Costituzione giapponese proclami l'uguaglianza di tutti i cittadini davanti alla legge anche senza distinzione di razza, il sistema legislativo nipponico non prevede pene per coloro che compiono attività discriminatorie.

Un altro esempio di moderno razzismo è quello rappresentato dal più conosciuto fenomeno dell'apartheid che ha dato vita alla politica di segregazione razziale istituita dal governo di etnie bianche (Afrikaner e di origine inglese) del Sudafrica dal secondo dopoguerra fino al 1994. L'apartheid fu adottato

[14] Molto interessante la ricostruzione effettuata da M. AIME, *Si dice cultura, si pensa razza*, in M. AIME (a cura di), *Contro il razzismo. Quattro ragionamenti*, Torino, 2016, 43 ss., in cui l'autore spiega come a sostituire il paradigma biologico del pensiero razziale e razzista sia subentrato un nuovo quadro di riferimento: quello culturale. È il fondamentalismo culturale di cui parla l'antropologa Verena Stolcke per cui gli esseri umani sono per natura portatori di una cultura legata al luogo di nascita e le culture sono nettamente distinte tra loro, così il moderno razzismo sostituisce la razza come categoria biologica e la plasma trasformandola in razza-cultura (cfr. V. STOLCKE, *Talking Culture: New Boundaries, New Rethorics for Exclusion in Europe*, in *Current Anthropology*, 1995, n. 36).

[15] Cfr. J.P. SARTRE, *L'antisemitismo*, Milano, 1990.

nel 1948 dopo la vittoria elettorale del Partito nazionalista del Sudafrica (NP). Le leggi dell'apartheid classificavano i cittadini in tre principali gruppi razziali: bianco, bantu (neri africani) e coloured (persone con discendenza mista). Successivamente venne istituita una quarta categoria per gli asiatici (indiani e pakistani). Le leggi prescrivevano i luoghi in cui ciascun gruppo poteva vivere, che tipo di lavori poteva esercitare e a che tipo di sistema scolastico poteva accedere. La segregazione razziale fu contrastata dall'African National Congress (ANC), fondato nel 1912 ma in seguito agli scioperi contro l'apartheid nel marzo del 1960, il governo mise al bando tutte le organizzazioni politiche compreso l'ANC incarcerando il suo leader Nelson Mandela.

La segregazione era applicata a tutti i non bianchi, asiatici e figli di genitori di etnie assortite compresi. Il termine *apartheid* fu utilizzato, in senso politico, per la prima volta nel 1917 dal primo ministro sudafricano Smuts e dopo la vittoria del Partito Nazionale alle elezioni del 1948 venne trasformato in un sistema legislativo compiuto. Tale sistema si basava essenzialmente su due punti principali:

– la separazione dei bianchi dai neri nelle zone abitate da entrambi (per esempio rispetto all'uso di mezzi e strutture pubbliche);
– l'istituzione dei *bantustan*, i territori semi-indipendenti in cui molti neri furono costretti a trasferirsi.

In tale contesto vennero proibiti i matrimoni interrazziali; la possibilità di avere rapporti sessuali con una persona di razza diversa; venne prevista la registrazione di tutti i cittadini in base alle loro caratteristiche razziali *(Population Registration Act)*; ancora la popolazione di colore non poteva entrare e circolare in alcune aree urbane, né utilizzare le stesse strutture pubbliche (fontane, sale d'attesa, marciapiedi, etc.) usate dalla popolazione bianca. In breve tempo i neri (e non solo) vennero privati di ogni diritto politico e civile.

Dalla metà degli anni Settanta fino alla metà degli anni Ottanta, sulla spinta dei disordini interni e delle proteste internazionali, il governo attuò una serie di riforme che permisero alle rappresentanze sindacali nere di organizzarsi e di svolgere una limitata attività politica. La Costituzione del 1984 estese la rappresentanza parlamentare agli asiatici e ai coloured, ma non ai neri, nonostante costituissero oltre il 75% della popolazione. Si accesero nuove rivolte nelle città e, essendo cresciuta la pressione internazionale contro il Sudafrica, le politiche governative dell'apartheid cominciarono ad allentarsi. Nel 1990 il nuovo presidente Frederick de Klerk revocò ufficialmente la messa al bando trentennale dell'ANC e liberò Mandela dopo 27 anni di prigionia. Nel 1993 venne raggiunto e sottoscritto da Mandela e De Klerk un accordo sulle modalità della transizione del Sudafrica alla democrazia e nelle prime libere elezioni del 1994 Mandela divenne il primo presidente nero nella storia del Sudafrica a capo di una coalizione governativa che comprendeva anche il Partito nazionale.

L'*apartheid* è stato proclamato crimine internazionale da una convenzione delle Nazioni Unite, votata dall'Assemblea Generale nel 1973 e entrata in vigore nel 1976, ed è stato recentemente inserito nella lista dei crimini contro l'umanità perseguibili dalla Corte penale internazionale. Si è chiusa così un'altra triste pagina di razzismo.

Un altro caso che merita di essere ricordato per l'estrema brutalità che lo ha contraddistinto è quello dello sterminio ruandese alla base del quale si trova, ancora una volta, una presunta questione razziale. Tale lotta ha dato vita al genocidio del 1994, uno dei più sanguinosi episodi della storia del XX secolo, dove vennero massacrate tra le 800.000 e 1.071.000 persone. Le vittime furono in massima parte di etnia Tutsi (Watussi), una minoranza rispetto agli Hutu, gruppo etnico maggioritario a cui facevano capo i gruppi principalmente responsabili dell'eccidio. I massacri non risparmiarono una larga parte di Hutu moderati. A dispetto dell'atrocità del fatto, si riscontra che dal punto di vista della genetica di popolazione i due gruppi sono estremamente affini, e come nella stragrande maggioranza dei fenomeni razzisti le differenze sono principalmente di tipo sociale e culturale.

Il resoconto di atrocità legate a giustificazioni razziste potrebbe continuare con le pratiche di pratiche di pulizia etnica che hanno coinvolto Serbi, Croati e Albanesi del Kosovo, tuttavia non sembra necessario andare oltre per dimostrare quanto possa essere pericolosa la discriminazione fondata sulla razza, una discriminazione che mina profondamente lo stesso concetto di umanità e che per questo merita di non essere mai trascurata e accantonata quale esperienza del passato.

La razza dunque non esiste ma la lotta alle discriminazioni razziali non dovrà mai cessare di essere condotta con puntualità e accuratezza.

Bibliografia

ACERBI G., *Le leggi antiebraiche e razziali italiane e il ceto dei giuristi*, Milano, 2011.

AIME M., *Si dice cultura, si pensa razza*, in ID. (a cura di*), Contro il razzismo. Quattro ragionamenti*, Torino, 2016, 43 ss.

BARBUJIANI G.-CHELI P., *Sono razzista, ma sto cercando di smettere*, Roma-Bari, 2010.

BLUMENBACH G. F., *Manuale di storia naturale*, Prima versione italiana, Torino, 1825.

BUFFON G.L., *Histoire naturelle de l'homme*, Paris, 1749.

BURGIO A.-GABRIELLI G., *Il razzismo*, Roma, 2012.

CASSATA F., «*La Difesa della razza*». *Politica, ideologia e immagine del razzismo fascista*, Torino, 2008.

CAVALLI SFORZA L.L., *Teoria dell'urto ed unità biologiche elementari*, con Adriano Buzzati-Traverso, Milano,1947.
CAVALLI SFORZA L.L., *Genetica. Lezioni dettate da Luigi Cavalli-Sforza e Giovanni Magni*, (Università degli studi di Pavia), Milano, 1953.
CAVALLI SFORZA L. L., *The genetics of human population*, con Walter F. Bodmer-W.H. Freeman and C., San Francisco, 1971.
CAVALLI SFORZA L.L., *Introduzione alla genetica umana*, Milano, 1974.
CAVALLI SFORZA L.L., *Genetica, evoluzione, uomo*, con Walter F. Bodmer, 3 voll., Milano, 1976.
CAVALLI SFORZA L.L., *Evoluzione*, Padova, 1978.
CAVALLI SFORZA L.L., *Chi siamo. La storia della diversità umana*, con Francesco Cavalli-Sforza, Milano, 1993.
CAVALLI SFORZA L.L., *Geni, popoli e lingue*, Milano, 1996.
CAVALLI SFORZA L.L., *Razza o pregiudizio? L'evoluzione dell'uomo fra natura e storia*, con Francesco Cavalli-Sforza e Ada Piazza, Milano, 1996.
CAVALLI SFORZA L.L., *Storia e geografia dei geni umani*, con Menozzi P.-Piazza A., Milano, 1997.
CAVALLI SFORZA L.L., *Razzismo e noismo. Le declinazioni del noi e l'esclusione dell'altro*, con Padoan D., Torino, 2013.
CAVALLI SFORZA L.L.-CAVALLI SFORZA F., *Chi siamo. La storia della diversità umana*, Torino, 2013.
DE FELICE R., *Storia degli ebrei italiani sotto il fascismo*, Torino, 1993.
DE GOBINEAU J.A., *Sull'ineguaglianza delle razze umane*, 1853-1855.
DENIS B., *Einstein: a life*, New York, 1996.
FALCONIERI S.S., *La legge della razza. Strategia del discorso giuridico fascista*, Bologna, 2011.
FREIRE P.-MACEDO D., *Cultura, lingua, razza. Un dialogo*, Udine, 2008.
GENTILE S., *Le leggi razziali: scienza giuridica, norme, circolari*, Milano, 2010.
ISRAEL G., *Il fascismo e la razza. La scienza italiana e le politiche razziali del regime*, Bologna, 2010.
LINNEO C., *Systema naturae*, Leida, 1735.
LIVINGSTONE F., *On the Nonexistence of Human Races*, in *Current Anthropology*, 1962, 3, 279.
MAIOCCHI R., *Scienza italiana e razzismo fascista*, Firenze, 1999.
MONTAGU A., *La razza. Analisi di un mito*, Torino, 1942.
OBAMA B., *Sulla razza*, Milano, 2008.
PISANTY V., *La difesa della razza. Antologia 1938-1943*, Milano, 2007.
SARFATTI M., *Gli ebrei nell'Italia fascista. Vicende, identità, persecuzione*, Torino, 2000.
SARTRE J.P., *L'antisemitismo*, Milano, 1990.
SCAFFARDI L., *Oltre i confini della libertà di espressione. L'istigazione all'odio razziale*, Padova, 2009.
STOLCKE V., *Talking Culture: New Boundaries, New Rethorics for Exclusion in Europe*, in *Current Anthropology*, 1995, n. 36.
STRAZZARI D., *Discriminazione razziale e diritto. Un'indagine comparata per un modello "europeo" dell'antidiscriminazione*, Padova, 2008.
TEGA D. (a cura di), *Le discriminazioni razziali ed etniche*, Roma, 2011.

2. L'eguaglianza negata: il razzismo nelle vicende storico-giuridiche italiane *

La memoria storica è, per il giurista e non solo, il filo rosso necessario a meglio interpretare il presente. Così come è vero che il divieto di discriminazione in base alla razza, contenuto nella nostra Costituzione, «*potrebbe forse apparire un esercizio di retorica giuridica*»[16], la lettura degli eventi che hanno portato alla scrittura della Carta stessa diventa elemento fondamentale per meglio comprendere la genesi della scelta del costituente.

I "razzismi" hanno sempre utilizzato la libertà di manifestazione del pensiero come alibi per giustificare politiche di esclusione se non quando di persecuzione vera e propria. La possibilità di esprimere le proprie opinioni è universalmente ritenuta, infatti, momento di crescita fondamentale nel vissuto esistenziale umano[17], ma il quesito che rimane sotteso a questa possibilità attiene ai limiti oltre i quali l'espressione diviene qualcosa di diverso e forse "estraneo" all'esternazione di una idea: un attacco alla condizione strutturale dell'uomo in quanto persona ed alla sua dignità, non solo intesa come carattere coessenziale al proprio essere individuale ma anche come possibile aggressione ad una pari dignità sociale – patrimonio della collettività dei cittadini – tale da provocare un infingimento della partecipazione paritaria alla realtà comunitaria.

Anche l'Italia, purtroppo, non è passata indenne da dolorose esperienze di razzismo. Il ricordo delle vergognose leggi razziali non è però l'unico. Per ricostruire il complesso panorama giuridico del nostro Paese non può essere dimenticato l'intreccio storico e culturale che ne ha contraddistinte le vicende nel corso degli ultimi cento anni.

Già con le prime colonizzazioni italiane in Africa, risalenti agli anni di fine Ottocento, si registrò un intenso e a tratti durissimo scontro politico, con comportamenti che potremmo definire di razzismo strisciante, non scritto in norme, ma esplicitato nelle quotidiane pratiche coloniali in Abissinia, come il vero e proprio apartheid urbanistico ad Addis Abeba, separazione che veniva poi acuita nel campo lavorativo, dei trasporti, del commercio. Si era instaurata, dunque, una sorta di invisibile, ma ben definita nella prassi "linea del colore". Non meno grave la pratica del madamato per quanto attiene la condizio-

---

* Di Lucia Scaffardi.

[16] Come osserva F. RESCIGNO all'inizio di questo capitolo.

[17] Come efficacemente espresso infatti: «La verità non è qualcosa di bello e fatto, ma un perpetuo farsi, non è una cosa ma un pensiero, e anzi è il pensiero stesso». B. CROCE, *Liberalismo e liberalismo*, in *Etica e politica*, Bari, 1981, 283.

ne femminile, (con cui si indicavano particolari tipi di rapporti *more uxorio*), esemplificativa dello svilente ruolo riconosciuto alle donne autoctone [18]. In dissenso da questi atteggiamenti si ergevano voci autorevoli, come quella di Arcangelo Ghisleri, fondatore tra l'altro del Partito Repubblicano, che nel suo *Le Razze Umane e il Diritto nella Questione Coloniale* [19] si chiedeva: «*La disparità delle razze deve creare la disparità del diritto?* ...» [20].

Le posizioni di Ghisleri, ben evidenziate nel duro confronto con l'on. Bovio, che al contrario sosteneva la linea razziale delle politiche del governo, sono *tranchant*: «*Un duplice errore si annida nella dottrina coloniale dell'on. Bovio (...): 1. Egli confonde la civiltà con la razza, quasi che la civiltà fosse dote ingenita e non acquisita; o che la storia la dimostrasse privilegio stabile e perenne di un dato paese o popolo, mentre che la sua luce ha splendori intermittenti, e migra coi secoli da luogo a luogo, da popolo a popolo. 2. L'errore di considerare la civiltà come fonte, per sé stessa, di diritti contro i popoli che vi sono estranei, od avversi*» [21].

Se possiamo dunque affermare che per alcuni il razzismo rappresentava, fin dall'inizio dell'avventura coloniale, una politica necessaria, si potrebbe ipotizzare che il fascismo si sia inserito in quella scia. Tuttavia una siffatta lettura è assai riduttiva [22]. Il periodo fascista è in questo campo gravido di innovazioni normative che ne determinano un "salto di qualità", in quanto da elemento presente nel dibattito politico nazionale diviene motivo fondante della stessa costruzione della società. La relazione sociale è vissuta come portato di relazioni in cui l'uomo, sia come essere individuale che collettivo, riconosce rapporti fortemente gerarchizzati che impongono logiche di subordinazione tali da comportare l'annientamento di determinate libertà individuali [23]. Ed è per

---

[18] Durante il periodo trascorso in colonia gli italiani "affittavano" ragazze del luogo come collaboratrici domestiche, ma anche per fini sessuali. I figli nati da queste unioni venivano considerati nella maggioranza dei casi incroci razziali, di cui i padri non si sarebbero occupati al ritorno dalle colonie. Come vedremo più oltre, questa pratica sotto il fascismo diverrà reato, non per stigmatizzarne l'atroce mentalità razzista e sessista, ma al contrario per evitare quelle contiguità che avrebbero potuto intaccare la "purezza" della stirpe italica.

[19] A. GHISLERI, *Le Razze Umane e il Diritto nella Questione Coloniale*, Bergamo, 1896.

[20] *Ibidem*, 70.

[21] *Ibidem*, 75.

[22] Sul punto si consultino le opere di E. COLLOTTI, *Il fascismo e gli ebrei. Le leggi razziali in Italia,* Bari, 2003; R. MAIOCCHI, *Scienza italiana e razzismo fascista*, Firenze, 1999; M. SARFATTI, *Gli ebrei nell'Italia fascista. Vicende, identità, persecuzione*, Torino, 2000.

[23] Sul generale tema dell'autoritarismo nella forma di Stato fascista si consulti L. PALADIN, *Saggi di storia costituzionale*, S. BARTOLE (a cura di), Bologna, 2008, 56, che sottolinea appun-

questo che può oggi essere affermato come il razzismo fascista, lungi dall'essere un accidente storico, è base costitutiva della stessa costruzione politico-normativa del regime.

Prima di soffermarci sulle tristemente note Leggi razziali, è utile ricordare come già ai tempi delle prime conquiste coloniali fasciste, e in particolare durante la campagna di Etiopia, si fossero toccate punte di vero e proprio "razzismo mixofobico" [24]. Tale fobia diede luogo ad una serie di norme specifiche che fecero da battistrada a politiche più generali da parte del regime nei confronti di tutte le razze/etnie considerate inferiori [25]. Come sollecita Collotti, «prima ancora che nelle leggi la distanza doveva poggiare sulla predisposizione psicologica» [26].

Da un punto di vista legislativo, il primo fondamentale atto di questa politica razzista è rappresentato da un Regio Decreto Legge del 1937 [27] con cui venivano proibite le "relazioni di indole coniugale" tra cittadini italiani e sudditi dell'Africa Orientale Italiana [28]. Questa legge andava a colpire, per la prima volta, il cittadino italiano sulla base di una presunzione razziale che voleva una responsabilità in capo al solo cittadino e non alla "persona suddita", ritenuta evidentemente di razza inferiore [29]. Il ruolo di totale subordinazione della donna

---

to come «*il totalitarismo fascista esige per definizione che lo Stato disciplini positivamente, così da conformarli ai propri fini, tutte le specie di rapporti soggettivi rilevanti per la comunità nazionale, sopprimendo o comunque snaturando – per ciò stesso – tutte le libertà individuali*».

[24] L'espressione è ripresa da un efficace neologismo di Gianluca Gabrielli in R. BONAVITA-G. GABRIELLI-R. ROPA, *L'offesa della Razza. Razzismo e antisemitismo dell'Italia fascista*, (a cura di), Bologna 2005.

[25] Da un punto di vista "antropologico", il termine "razza" aveva fatto il suo ingresso nella legislazione italiana sin dall'inizio del Novecento, con riferimento alle popolazioni delle colonie (specie l'Eritrea, poi anche l'Etiopia). Più generalmente in tema v. E. COLLOTTI, *Il fascismo e gli ebrei. Le leggi razziali in Italia*, *op. cit.*, 22 ss., che parla appunto dell'avvio della politica di tutela razziale «*come conseguenza della conquista coloniale in Abissinia e dell'incontro con popolazioni africane che non poteva non porre il problema della "contaminazione" della popolazione italiana con gli indigeni. Problema che viene risolto ab origine affermando la superiorità della "razza bianca e della civiltà latina*».

[26] E. COLLOTTI, *Il fascismo e gli ebrei. Le leggi razziali in Italia*, cit.

[27] R.d.l. 19 aprile 1937, n. 880, convertito nella legge 30 dicembre 1937, n. 2590.

[28] Il testo della legge n. 2590 si componeva di un unico articolo che così recitava: «*Il cittadino italiano che nel territorio del Regno o delle Colonie tiene relazione di indole coniugale con persona suddita dell'Africa Orientale Italiana o straniera appartenente a popolazioni che abbia tradizioni, costumi o concetti giuridici e sociali analoghi a quelli dei sudditi dell'Africa Orientale Italiana, è punito con la reclusione da uno a cinque anni*».

[29] Fra i doveri richiesti verso la stirpe si impone infatti la "Fedeltà" che impone «l'obbligo verso la propria razza di non adulterarla e non contaminarla con il meticciato, parti-

indigena di quegli anni è ben evidenziato dall'uso del madamato, di cui si è detto sopra, da allora in poi proibito non sulla base dell'uso oggettificante della donna, ma come possibile rapporto inquinante la razza. L'intervento legislativo richiama chiaramente i provvedimenti che di lì a poco verranno presi per la difesa della razza italiana in quella che segnerà l'inizio della campagna contro gli ebrei in Italia, che tra l'altro vedrà, appunto, la proibizione del matrimonio tra «cittadini italiani di razza ariana e persone appartenenti ad altra razza».

Nel 1939, ancora più esplicita da un punto di vista di discriminazione razziale, veniva approvata una legge che «riguardava sanzioni penali per la difesa del prestigio di razza di fronte ai nativi dell'Africa Italiana»[30]. Questa legge prevedeva che la nascita di un bambino italo-eritreo potesse essere assunta come possibile indizio di reato di "relazione di indole coniugale". Il fine della norma (che prevedeva pene aggravate anche per i nativi) era più generalmente quello di fare in modo che venissero limitati al massimo "i contatti" con le popolazioni locali ritenute inferiori[31]. Come si evince espressamente, per «lesione del prestigio di razza» si intendeva «l'atto del nativo diretto ad offendere il cittadino nella sua qualità di appartenente alla razza italiana o, comunque, *in odio* (corsivo nostro) alla razza italiana»[32], rafforzando sempre più il clima razzista che si intendeva far crescere in tutta Italia nei confronti degli autoctoni africani.

Ulteriore esempio apertamente discriminatorio di legislazione razzista coloniale è esplicitato nella legge 13 maggio 1940, n. 822, intitolata "Norme relative ai meticci"[33]. Questa legge impediva che il figlio nato da una relazione

---

colarmente nei rapporti di razze inferiori o non affini. È un tradimento violare questa fede comune che ha mantenuto intatto il sangue nella vicenda delle generazioni: è imprimere alle generazioni future una colpa non meritata, ledere la personalità dei figli in quello che ha di più profondo. L'obbligo è sancito essenzialmente per i partecipi della razza nazionale. Difatti il delitto di madamato, punito dal r.d.l. 19 aprile 1937-XV, n. 880, secondo l'interpretazione della giurisprudenza dell'Impero, concerne il solo cittadino italiano, non anche il suddito o lo straniero, essendo reato bilaterale nel quale la legge punisce solo il cittadino e non concorso di reato». M. BACCIGALUPI, *Aspetti della nuova dogmatica. I doveri della stirpe*, in *Lo Stato*, anno X, fasc. III, 1939, 173.

[30] R.d.l. 29 giugno 1939-XVII, n. 1004.

[31] «*La nuova legge non riguardava soltanto gli aspetti delle relazioni sessuali, ma aveva un campo di intervento praticamente senza confini, sia che il cittadino si fosse piegato ad un rapporto di lavoro alle dipendenze di un nativo, sia che frequentasse luoghi (esercizi pubblici, cinematografici, ecc) riservati ai nativi, sia che desse pubblico scandalo mostrandosi in stato di ebbrezza in luogo riservato ai nativi o in luogo pubblico. Reati per i quali si sarebbe dovuto procedere solo su querela di parte, ma che se commessi in un contesto che ne configurava il carattere di lesione del prestigio di razza diventavano perseguibili d'ufficio*». E. COLLOTTI, *Il fascismo e gli ebrei. Le leggi razziali in Italia*, cit.

[32] Art. 1, comma 2, r.d.l. 29 giugno 1939-XVII, n. 1004.

[33] Legge 13 maggio 1940, n. 822, in GU 17 luglio 1940, n. 166.

con persona del luogo venisse riconosciuto dal genitore italiano.

Quanto era inizialmente accaduto nelle Colonie era purtroppo solo un'anticipazione di quanto si sarebbe verificato anche in Italia. Il diritto all'eguaglianza veniva evidentemente negato attraverso una riduzione per così dire di rappresentatività che andrà via via ampliandosi ad altre "categorie razziali" con il passare degli anni. Con il r.d.l. 17 novembre 1938, n. 1728, che conteneva appunto i provvedimenti «per la difesa della razza italiana»[34], il Regno si apprestava a trasformarsi definitivamente in uno "Stato razziale", introducendo norme discriminatorie basate sul criterio della razza[35], presentata come realtà scientifica esistente oggettivamente. Il 14 luglio 1938, infatti, era stato pubblicato un documento dal titolo *Il fascismo e i problemi della razza,* meglio noto come *Manifesto della razza*[36]. Questo Manifesto, redatto su precise indicazioni dello stesso Mussolini[37], segnava l'avvio ufficiale di una campagna antisemita che il regime fascista aveva avviato da mesi. La persecuzione degli ebrei italiani seguiva diverse direttrici: le vittime del 1938 erano cittadini italiani perseguiti anche per ragioni socio-economiche[38], oltre che per motivi razziali[39].

---

[34] Questo Reale decreto, poi integrato da diverse leggi e provvedimenti amministrativi, rappresenta lo sbocco di una campagna antisemita iniziata da lungo tempo, su cui ampiamente si diffonde per spiegarne le ragioni profonde M. MATARD BONUCCI, *L'Italia fascista e la persecuzione degli ebrei*, Bologna, 2008.

[35] Si parla ormai di un *dovere* che lo Stato impone ai propri appartenenti alla stirpe secondo criteri discriminatori che vedono la razza italiana superiore rispetto ad esempio ai meticci ormai apertamente definiti razza inferiore. I non ariani potevano però contrarre matrimonio anche se appartenenti a "razze non affini" (es. tra camiti e semiti) essendo questi per loro natura, secondo le perniciose teorie del tempo, razze inferiori il cui "incrocio" avrebbe potuto portare anche possibili effetti benefici. I doveri richiesti ai cittadini di stirpe italica possono essere succintamente riassunti nel dovere di perpetuazione, fedeltà e difesa della razza. Sul punto v. M. BACCIGALUPI, *Aspetti della nuova dogmatica. I doveri della stirpe*, cit., 171.

[36] Nel luglio 1938 questo documento venne pubblicato sui maggiori quotidiani del tempo, primo fra tutti il Giornale d'Italia. Sottoscritto da dieci "scienziati" di cui solo due erano professori affermati (Nicola Pende e Arturo Donaggio, mentre gli altri erano assistenti universitari all'inizio della carriera in alcuni casi anche estranei alle scienze biologiche o antropologiche). Per la consultazione del Manifesto si rimanda alla parte finale del presente capitolo.

[37] Si veda al proposito quanto affermato nel Diario di Ciano in cui l'autore attribuisce la paternità dei contenuti del *Manifesto della razza* al Duce. G. CIANO, *Diario 1937-1943*, R. DE FELICE (a cura di), ed. integrale, Milano, 2000.

[38] Sul piano economico diverse sono le norme che riguardarono i "soli" cittadini italiani di razza ebraica. Fra queste il r.d.l. 9 febbraio 1939, n. 126, relativo ai limiti di proprietà immobiliare e di attività industriale e commerciale per i cittadini italiani di razza ebraica, ancora il r.d.l. 29 giugno 1939, n. 1054, è disciplinò l'esercizio delle professioni da parte dei cittadini italiani di razza ebraica. Questa norma prevedeva, fra l'altro, l'inibizione all'e-

A dimostrazione della tendenziale diversità della realtà italiana, durante la fase iniziale del fascismo continuò l'assimilazione degli ebrei nel contesto italiano. Anzi, molti ebrei erano divenuti fascisti sin dall'inizio. Mussolini aveva infatti lasciato sempre intendere che in Italia non esisteva un problema ebraico e che per l'esiguità del loro numero non erano necessarie particolari prese di posizione[40]. Ma nel tentativo di rinsaldare l'alleanza con il terzo Reich anche l'Italia proseguì sempre più duramente l'inaccettabile percorso della persecuzione razziale.

Dopo il censimento degli ebrei del 22 agosto 1938, ci fu l'emanazione delle prime leggi antiebraiche. Certo, come ci ricorda Umberto Eco, moltissimi italiani misero a rischio la loro stessa vita per salvare dalla deportazione tanti ebrei: «*Italiani brava gente, dunque. Ma nel 1938 il re Vittorio Emanuele III firmava le leggi razziali ed esisteva in Italia una consistente corrente di pensiero razzista ed antisemita. Stiamo parlando di pensiero: il pensiero, certo, non ha nulla a che fare, direttamente, coi campi di sterminio, ma in realtà li giustifica e in qualche misura li prepara e li accompagna, anche se sono stati allestiti da altri*»[41].

---

sercizio della professione di notaio e di giornalista (art. 2) così come la proibizione di assolvere incarichi comportanti funzioni di pubblico ufficiale. Sotto la Repubblica sociale, nel 1944, veniva poi imposta la denuncia di ogni debito contratto con ebrei e dichiarate nulle le cessioni o i trasferimenti di proprietà che «risultino fittizi e fatti al solo scopo di sottrarre i beni ai provvedimenti razziali». Per un panorama completo delle leggi e dei diversi provvedimenti razziali di quegli anni v. S. MISELLI-F. ZARZANA, *La scure su Davide. Le leggi razziali del 1938*, cit., 89 ss.

[39] L'art. 6 della legge ("Provvedimenti per la difesa della razza nella scuola fascista"), precisava che «*agli effetti del presente decreto-legge è considerato di razza ebraica colui che è nato da genitori entrambi di razza ebraica, anche se egli professi religione diversa da quella ebraica*». Nelle norme di integrazione varate il 15 novembre dello stesso anno, si prevedeva che in deroga a quanto deciso in precedenza, potevano essere «*ammessi in via transitoria a proseguire gli studi universitari studenti di razza ebraica già iscritti nei passati anni accademici*», mentre si precisava che «*per l'insegnamento nelle scuole elementari e medie per alunni di razza ebraica saranno preferiti gli insegnanti dispensati dal servizio a cui dal ministro per l'interno siano state riconosciute le benemerenze individuali o familiari previste dalle disposizioni generali per la difesa della razza italiana*» (cioè i «componenti delle famiglie dei caduti nelle guerre libica, mondiale, etiopica e spagnola, e dei caduti per la causa fascista», i mutilati di guerra, i decorati almeno con una croce al merito di guerra, i legionari fiumani, nonché gli iscritti al PNF negli anni tra il 1919 e il 1922, e nel secondo semestre del 1924, (cioè durante la "crisi Matteotti", n.d.a.).

[40] «L'antisemitismo non esiste in Italia. Gli ebrei italiani si sono sempre comportati bene come cittadini, e come soldati si sono battuti coraggiosamente. Occupano posti eminenti nelle Università, nell'Esercito, nelle Banche. Numerosi sono i generali ...». E. LUDWIG, *Colloqui con Mussolini*, Milano, 1970, 87.

[41] U. ECO, *Prefazione*, in V. PISANTY, La *difesa della razza. Antologia 1938-1943*, Milano, 2007, 9.

Il 5 settembre furono esclusi dall'insegnamento, a partire dal successivo 16 ottobre, tutti i docenti di razza ebraica delle scuole di ogni ordine e grado, mentre veniva decretato anche che gli stessi "alunni di razza ebraica" non potessero più frequentare alcuna scuola. Lo Stato, dunque, si faceva esso stesso "istigatore" di odio razziale nei confronti di alcuni cittadini, sottoscrivendo norme discriminatorie non fondate su alcuna motivazione giuridico-razionale.

L'Italia, dopo la Germania, fu dunque l'unico Paese ad adottare leggi antiebraiche di tipo biologico anteriormente allo scoppio della guerra, evidenziando in ciò una propria autonoma scelta legislativa che arrivò ad una maggiore limitazione dei diritti degli ebrei rispetto ad esempio a quelle di Vichy, che non vietarono mai i matrimoni misti, o a quelle tedesche relativamente al tema dei figli nati da matrimoni misti.

Alla base dell'intervento del fascismo in Italia è una vera e propria "guerra antropologica", iniziata con il *Manifesto della razza* e ulteriormente implementata dalla *Carta della Razza* approvata dal Gran Consiglio del Fascismo, contenente le direttive del futuro intervento legislativo [42]. Il pregiudizio relativo agli ebrei arrivava sicuramente da lontano, ma forse rispondeva in quel preciso momento storico alla necessità dell'individuazione di un capro espiatorio in chiave sociale che sarebbe sfociato in una iniziale istigazione indiretta, foriera di ben diversi risultati. Ecco allora che non si può non comprendere come «la distruzione degli Ebrei non si realizzò solo in esecuzione delle leggi e degli ordini» [43], ma piuttosto attraverso una capillare e diffusa "tonalità emotiva" [44] (nella quale una parte importante era la diffusione di testate giornalistiche ad hoc, come nel caso de "La difesa della razza", un periodico che iniziò le sue pubblicazioni il 5 agosto 1938), che Mussolini aveva ordito sapientemente.

Quella che si era cercata di creare era una istigazione nei confronti del diverso/altro per presunti (e indimostrati) motivi di razza. Si era andato formando «una comunità di pensiero» [45] in cui anche il «massimamente irrazionale» [46] era divenuto "pensiero" di una collettività predisposta in quel momento a recepire l'idea di fondo sottesa.

---

[42] E cioè del già richiamato r.d.l. 17 novembre 1938, n. 1728, meglio conosciuto come "Leggi razziali".

[43] R. HILBERG, *La distruzione degli Ebrei in Europa*, ult. ed., Torino, 1999, 53.

[44] F. VANDER, *L'estetizzazione della politica. Il fascismo come anti-Italia*, Bari, 2001, 72.

[45] R. HILBERG, *La distruzione degli Ebrei in Europa*, cit., 61.

[46] F. VANDER, *L'estetizzazione della politica. Il fascismo come anti-Italia*, cit., 72.

3. L'eguaglianza senza distinzione di razza nella prospettiva europea e nel diritto positivo nazionale *

Nel sistema giuridico italiano il principio di non discriminazione è radicato, come si è visto, nel principio di uguaglianza proclamato dall'art. 3 Cost. Il quadro di riferimento costituzionale si completa però anche con riferimento agli artt. 2 e 10, comma 2, Cost., considerato che attualmente in Italia il tema della non discriminazione per motivi razziali ed etnici si sovrappone alla legislazione in materia di immigrazione. La Corte costituzionale italiana, dal canto suo, ha stabilito che tutte le volte in cui sono in gioco diritti fondamentali, riconosciuti dall'art. 2 Cost. e dai trattati internazionali, come previsto dall'art.

---

* Di Diletta Tega.

10, comma 2, il principio di uguaglianza deve essere goduto anche dai cittadini extracomunitari, senza distinzioni (ad esempio tra le molte decisioni, si possono ricordare le sentt. nn. 104/1969, 54/1979, 199/1986, 252/2001, 148/2008, 269/2010, 245/2011, 230/2015)[47].

Per quanto riguarda la legislazione ordinaria va ricordato che l'Italia ha ratificato, con la legge 7 gennaio 1975, n. 654, la Convenzione internazionale ONU del 1966 sull'eliminazione di ogni forma di discriminazione razziale. In particolare, la legge n. 654 nel testo vigente – modificata con legge 25 giugno 1993, n. 205 e, da ultimo, con legge 24 febbraio 2006, n. 85 – punisce sia il c.d. *hate speech*[48], cioè quelle espressioni che veicolano odio e risentimento nei confronti di specifici gruppi, sia gli *hate crimes*, cioè le azioni delittuose ispirate dall'odio e dal risentimento. In particolare l'art. 3 della legge n. 654 prevede: a) la reclusione fino ad un anno e sei mesi o la multa fino a 6.000 euro per chi propaganda idee fondate sulla superiorità o sull'odio razziale o etnico, ovvero istiga a commettere o commette atti di discriminazione per motivi razziali, etnici, nazionali o religiosi; b) la reclusione da sei mesi a quattro anni per chi, in qualsiasi modo, istiga a commettere o commette violenza o atti di provocazione alla violenza per motivi razziali, etnici, nazionali o religiosi[49].

Nel 1977 è stata modificata la legge n. 300/1970, conosciuta quale Statuto dei lavoratori, inserendo la previsione della nullità di qualsiasi atto o patto discriminatorio per motivi di razza, politici, di religione, di lingua o di sesso (art. 15 della legge 12 settembre 1977, n. 903). Nel 1998 la legge n. 40, la c.d. Tur-

---

[47] Reperibili sul sito della Corte costituzionale, *www.cortecostituzionale.it*.

[48] Un giurisprudenza interessante in questi ultimi anni sul tema è stata quella elaborata dalla Corte europea dei diritti di Strasburgo, si veda in proposito P. TANZARELLA, *L'hate speech nella più recente giurisprudenza della Corte di Strasburgo*, in D. TEGA (a cura di), *Le discriminazioni razziali ed etniche*, Roma, 2011,151; sulla dimensione costituzionale della tematica cfr. C. CARUSO, *La libertà di espressione in azione. Contributo a una teoria costituzionale del discorso pubblico*, Bologna, 2013, 102.

[49] La vicenda più nota nella quale tale disposizione è stata decisiva (nella pratica invero non ha avuto frequente applicazione) è quella che ha riguardato la condanna, confermata dalla Corte di Cassazione, a carico di alcuni esponenti della lega Nord, fra i quali Flavio Tosi, sindaco di Verona al secondo mandato, a seguito di una campagna di protesta contro i campi nomadi (cfr. Cass. pen., sez. IV, 10 luglio 2009, n. 41819, consultabile al sito *http://www.asgi.it/wp-content/uploads/public/cassazione_41819_301109.pdf*). Come è stato ricordato, proprio a margine di questa decisione, mentre non c'è alcun dubbio sulla legittimità costituzionale del reato di istigazione, la condotta di propaganda (ardua da ricostruire in sede processuale) fa emergere, in relazione al profilo della repressione penale, il difficile distinguo esistente tra essa e la libertà di espressione, anche di quella del pensiero più sgradevole (a tale proposito cfr. C. CARUSO, in *Dialettica della libertà di espressione: il "caso Tosi" e la propaganda di idee razziste*, in D. TEGA (a cura di), *Le discriminazioni razziali ed etniche*, Roma, 2011, 133).

co-Napolitano, ha coniato la prima esaustiva definizione legislativa di discriminazione, prevedendo una serie di rimedi contro le discriminazioni basate sul colore della pelle, sull'ascendenza, sull'origine nazionale o etnica, sulle convinzioni e le pratiche religiose. L'art. 43 del d.lgs. n. 286/1998 (più volte modificato in questi anni), meglio noto come Testo Unico sull'immigrazione, vieta la discriminazione diretta e indiretta da parte di individui e di enti pubblici, indicando un elenco aperto di campi di applicazione (formulazione mantenuta identica all'art. 41 della legge Turco Napolitano). Lo stesso TU contiene anche la previsione della tutela giurisdizionale, riconoscendo la possibilità di risarcimento anche del danno non patrimoniale, altrimenti limitato ai soli casi di vittime di reati penali.

Nel 2003 i d.lgs. nn. 215 e 216 hanno recepito rispettivamente le Direttive comunitarie nn. 43 [50] e 78/2000 in tema di parità di trattamento in materia di occupazione e di condizioni di lavoro.

In particolare, il d.lgs. n. 215 ha introdotto alcune importanti innovazioni rispetto al quadro di riferimento nazionale: ha definito che cosa si intende per discriminazione diretta e indiretta (art. 2, comma 1); ha stabilito che vanno considerate discriminazioni anche le molestie ovvero quei comportamenti indesiderati, posti in essere per motivi di razza o di origine etnica, aventi lo scopo o l'effetto di violare la dignità e di creare un clima intimidatorio, ostile, degradante, umiliante od offensivo (art. 2, comma 3); ha ritenuto che anche l'ordine di discriminare persone a causa della razza o dell'origine etnica costituisca una discriminazione (art. 2, comma 4); ha specificato che «il principio

---

[50] In merito alla quale e agli strumenti, più in generale, elaborati dal diritto comunitario si rimanda all'importante volume curato da M. BARBERA, *Il nuovo diritto antidiscriminatorio. Il quadro comunitario e nazionale*, Milano, 2007, in particolare con riferimento a M. BARBERA, *Il nuovo diritto antidiscriminatorio innovazione e continuità*, XIX ss. e D. GOTTARDI, *Le discriminazioni fondate sulla razza e sull'origine etnica*, 1 ss.; T. CASADEI, a cura di, *Il lessico delle discriminazioni*, Reggio Emilia, 2008, ed in particolare con riferimento allo scritto di C. FAVILLI, *La normativa italiana contro le discriminazioni per motivi di razza e di origine etnica alla luce della direttiva 2000/43/CE*.

In riferimento alla Direttiva 43 va ricordata la sentenza della Corte di Giustizia, *Centrum voor gelijkheid van kansen en voor racismebestrijding v Firma Feryn NV*, C-54/07, decisa il 10 luglio 2008. In estrema sintesi si tratta di un ricorso in via pregiudiziale sollevato nel corso di un procedimento tra *Centrum*, un centro per le pari opportunità e per la lotta contro il razzismo, e *Feryn*, una ditta installatrice di porte di sicurezza che aveva deciso e statuito con un'apposita circolare di non assumere immigrati nel timore che i clienti sarebbero stati riluttanti ad accoglierli in casa. La Corte ha ritenuto che una tale affermazione costituisse una discriminazione diretta rientrante nella definizione della direttiva, pur in assenza di uno specifico soggetto che avesse sofferto un danno, cfr. S. MORANO-FOADI, *Discriminazione in base alla razza e alla nazionalità nei confronti dei cittadini di paesi terzi*, in D. TEGA (a cura di), *Le discriminazioni razziali ed etniche*, Roma, 2011, 162.

di parità di trattamento senza distinzione di razza ed origine etnica si applica a tutte le persone sia nel settore pubblico che privato», negli ambiti dell'accesso all'occupazione (compresi i criteri di selezione, le condizioni di assunzione, gli avanzamenti di carriera, la retribuzione e le condizioni del licenziamento), dell'orientamento e della formazione professionale, dell'affiliazione e delle attività nell'ambito di organizzazioni di lavoratori e di datori di lavoro, della protezione sociale (compresa sicurezza sociale), dell'assistenza sanitaria, delle prestazioni sociali, dell'istruzione, dell'accesso a beni e servizi, incluso l'alloggio (art. 3).

A fronte di queste disposizioni va specificato che il decreto non riguarda le differenze di trattamento basate sulla nazionalità e non pregiudica le disposizioni nazionali e le condizioni relative all'ingresso, al soggiorno, all'accesso all'occupazione, all'assistenza e alla previdenza dei cittadini dei Paesi terzi e degli apolidi nel territorio dello Stato (art. 3, comma 2). Il legislatore ha infatti precisato che nel rispetto dei principi di proporzionalità e di ragionevolezza, nell'ambito del rapporto di lavoro o dell'esercizio dell'attività di impresa, non costituiscono atti di discriminazione ai sensi dell'art. 2 quelle differenze di trattamento dovute a caratteristiche connesse alla razza o all'origine etnica di una persona, qualora, per la natura di un'attività lavorativa o per il contesto in cui essa viene espletata, si tratti di caratteristiche che costituiscono un requisito essenziale e determinante ai fini dello svolgimento dell'attività medesima (art. 3, comma 3). Agli Stati membri inoltre è permesso di mantenere o adottare misure specifiche dirette a evitare o compensare svantaggi connessi alla razza o all'origine etnica, vale a dire le azioni cosiddette positive (art. 3, comma 4).

Il decreto ha poi ricapitolato i possibili strumenti di tutela che le vittime di discriminazioni possono esperire: il tentativo di conciliazione ai sensi dell'art. 410 c.p.c., oppure la tutela giurisdizionale già prevista dall'art. 44 (commi da 1 a 6, 8 e 11) del TU in materia di immigrazione.

Solo nel 2008, in seguito alla procedura di infrazione attivata dalla Commissione europea[51], è stata approvata la legge n. 101 che ha introdotto all'art. 8-*sexies*, oltre ad una serie di emendamenti al d.lgs n. 215/2003, l'importante elemento dell'inversione dell'onere della prova, previsto appunto dalla direttiva, ma non dall'atto di recepimento (si è dovuto attendere d.lgs. n. 150/2011 perché tale garanzia fosse riconosciuta anche in riferimento al recepimento della Direttiva n. 78). Infine è stata prevista la creazione dell'Ufficio per la promozione della parità di trattamento e la rimozione delle discriminazioni

---

[51] La procedura di infrazione, 2005/2358, 2006/2441, si basava essenzialmente sul fatto che l'atto di recepimento era stato ritenuto inadeguato sotto tre aspetti: l'onere della prova; la protezione delle vittime e la definizione di *molestia a sfondo razziale*.

fondate sulla razza o sull'origine etnica (UNAR, art. 7)[52] con funzioni di controllo e garanzia delle parità di trattamento e dell'operatività degli strumenti di tutela.

Più in sintesi, il d.lgs. n. 216/2003, di recepimento della Direttiva n. 78/2000, reca le disposizioni relative all'attuazione della parità di trattamento fra le persone indipendentemente dalla religione, dalle convinzioni personali, dagli handicap, dall'età e dall'orientamento sessuale (art. 1) negli stessi ambiti previsti dall'atto di recepimento della Direttiva n. 43/2000. Anche in questo caso sono previste alcune eccezioni al principio della parità di trattamento[53].

Accanto agli strumenti di tutela apprestati dalla normativa che si è appena richiamata, se ne vanno consolidando alcuni altri, rappresentati *in primis* dalle c.d. istituzioni nazionali per la promozione e la protezione dei diritti umani, altrimenti definiti *equality bodies* e in base all'esperienza di altri ordinamenti europei, è possibile distinguere tra *equality bodies* e *tribunal equality bodies*. I primi monitorano le discriminazioni, forniscono assistenza legale o attività di mediazione, lanciano campagne di sensibilizzazione contro le discriminazioni razziali ed etniche. I secondi invece hanno il potere, nell'ambito di una vasta gamma di strumenti, di prendere decisioni direttamente vincolanti (anche se non sempre giuridicamente vincolanti, come nel caso della Commissione olandese per la parità di trattamento) al fine di risolvere le denunce di discriminazione. Alcuni paesi, come il Regno Unito[54], la Svezia e il Belgio hanno deciso di dotarsi di un unico *equality body* che agisce in ogni settore delle discriminazioni, il c.d. *multi-ground equality body*, altri invece continuano ad avere *equality bodies* separati, ognuno specializzato in un singolo settore di in-

---

[52] Del resto lo stesso Preambolo della Direttiva enfatizza il ruolo fondamentale di questo tipo di istituzioni.

[53] Cfr. art. 3, commi 4 e 5, «4. *Sono, comunque, fatte salve le disposizioni che prevedono accertamenti di idoneità al lavoro per quanto riguarda la necessità di una idoneità ad uno specifico lavoro e le disposizioni che prevedono la possibilità di trattamenti differenziati in merito agli adolescenti, ai giovani, ai lavoratori anziani e ai lavoratori con persone a carico, dettati dalla particolare natura del rapporto e dalle legittime finalità di politica del lavoro, di mercato del lavoro e di formazione professionale*» «5. *Non costituiscono atti di discriminazione ai sensi dell'articolo 2 le differenze di trattamento basate sulla professione di una determinata religione o di determinate convinzioni personali che siano praticate nell'ambito di enti religiosi o altre organizzazioni pubbliche o private, qualora tale religione o tali convinzioni personali, per la natura delle attività professionali svolte da detti enti o organizzazioni o per il contesto in cui esse sono espletate, costituiscano requisito essenziale, legittimo e giustificato ai fini dello svolgimento delle medesime attività*».

[54] Basti pensare alla *British Equal Opportunity Commission*, creata nel 1964 e alla *Commission for Racial Equality*, nata nel 1976.

tervento[55]. I principali modelli individuati dagli studiosi sono: lo scandinavo, caratterizzato dall'uso dell'attività di mediazione per risolvere le denunce di discriminazione e di un forte potere persuasivo; l'olandese che si presenta come un quasi organo giudiziario; il belga focalizzato sia sulla promozione di cause strategiche sia sulla mediazione; l'inglese che combina poteri di monitoraggio e di assistenza legale alle vittime. Nonostante le tante differenze che caratterizzano le scelte degli ordinamenti degli stati membri riguardo il ruolo degli *equality bodies*, se ne può in ogni caso valutarne in generale e comparativamente, l'efficacia in termini sia di assistenza alle vittime – allo scopo di favorire una soluzione positiva della discriminazione (attraverso strumenti giudiziari o extra giudiziari) – sia di capacità di incidere sulla legislazione vigente e futura.

In estrema sintesi, gli ordinamenti nazionali sono tenuti ad apprestare istituzioni specializzate per la promozione e la protezione dei diritti fondamentali, distinguendo tra gli apparati strettamente governativi e le c.d. strutture indipendenti.

Gli studi commissionati[56] sia dall'Agenzia europea dei diritti fondamentali[57] che dalla Commissione europea in merito al funzionamento di tali istituzioni nel nostro ordinamento sono la conferma che la loro azione viene avvertita come particolarmente importante. Ebbene proprio in riferimento alla lotta contro la discriminazione razziale l'Italia ha sperimentato per la prima volta la creazione di un *equality body*, il già ricordato UNAR. In base alle previsioni dell'art. 7 del d.lgs. n. 215/2003 e del DPCM dell'11 dicembre 2003 l'Ufficio è una direzione generale, inserita presso la Presidenza del Consiglio dei Ministri – Dipartimento per le Pari Opportunità, con funzioni di controllo e garanzia delle parità di trattamento e dell'operatività degli strumenti di tutela, avente il compito di svolgere, in modo autonomo e imparziale, attività di promozione della parità e di rimozione di qualsiasi forma di discriminazione fondata sulla razza o sull'origine etnica, anche in un'ottica che tenga conto del diverso impatto che le stesse discriminazioni possono avere su donne e uomini, nonché

---

[55] Si veda a tal proposito, D. STRAZZARI, *Discriminazione razziale e diritto. Un'indagine comparata per un modello "europeo" dell'antidiscriminazione*, Padova, 2008; C. HERMANIN, *Le istituzioni contro la discriminazione razziale*, in *Lavoro e Diritto*, a. XXIII, n. 4, 2009.

[56] Mi riferisco al *Thematic Legal Study on impact of the Race Equality Directive*, scritto nel 2009 insieme a M. CARTABIA, per l'Agenzia europea, e allo *Study on Equality Bodies set up under Directives 2000/43/EC, 2004/113/EC and 006/54/EC*, redatto nel 2010, ancora una volta insieme a M. Cartabia, per la Commissione europea.

[57] Cfr. M. CARTABIA-E. LAMARQUE-D. TEGA, *L'agenzia dei diritti fondamentali dell'Unione europea: uno sguardo all'origine di un nuovo strumento di promozione dei diritti*, in *Rivista di diritto comunitario*, 3/2009, 531.

dell'esistenza di forme di razzismo a carattere culturale e religioso[58]. Le aree di azione sono dunque quattro: rimozione delle discriminazioni, monitoraggio e verifica dell'applicazione del principio di parità di trattamento, promozione di azioni positive e buone prassi e prevenzione. Le attività principali che l'Ufficio è chiamato a intraprendere riguardano: fornire assistenza alle persone che si ritengono lese da comportamenti discriminatori nei procedimenti giurisdizionali o amministrativi intrapresi; svolgere, nel rispetto delle prerogative e delle funzioni dell'autorità giudiziaria, inchieste al fine di verificare l'esistenza di fenomeni discriminatori; promuovere l'adozione – da parte di soggetti pubblici e privati, in particolare delle associazioni e degli enti iscritti al registro previsto dall'art. 6 del d.lgs. n. 215 – di misure specifiche, compresi progetti di azioni positive, diretti a evitare o compensare le situazioni di svantaggio connesse alla razza o all'origine etnica; formulare raccomandazioni e pareri su questioni connesse alle discriminazioni per razza e origine etnica, nonché proposte di modifica della normativa vigente; redigere una relazione annuale per il Parlamento sull'effettiva applicazione del principio di parità di trattamento e sull'efficacia dei meccanismi di tutela, nonché una relazione annuale al Presidente del Consiglio dei Ministri sull'attività svolta; partecipare a consultazioni e scambi promossi dalla Commissione europea e dagli organismi internazionali impegnati nella lotta contro la discriminazione.

L'Ufficio, pur formalmente competente per le sole discriminazioni fondate sulla razza o l'origine etnica, si occupa anche delle c.d. discriminazioni multiple, che coinvolgono insieme alla razza o all'etnia altre cause di discriminazione basate sulla nazionalità e la religione (cause del resto previste dalla definizione di discriminazione già enucleata dall'art. 43.1 TU). L'intenzione seguita dall'Ufficio potrebbe essere quella di proporsi, in un futuro, come istituzione capace di trattare tutti i casi di discriminazione, un c.d. *multi-ground equality body*[59].

L'UNAR fornisce supporto alle vittime di discriminazione principalmente

---

[58] Tra i pochissimi scritti si veda C. FAVILLI, *L'istituzione di un organismo per la promozione delle pari opportunità prevista dalla normative comunitaria*, in *Il Diritto dell'Unione europea*, 2002, 177; G. GUARINO, *Lo strumento europeo di lotta alla discriminazione razziale e la sua applicazione in Italia, alla luce del diritto internazionale generale e convenzionale*, in *Rivista della cooperazione giuridica internazionale*, 2006, 25-61; L. MELICA, *La problematica delle discriminazioni e l'istituzione dell'Unar*, in *Diritto immigrazione e cittadinanza*, 2006, 52; F. GUARIELLO, *Il ruolo delle istituzioni e della società civile*, in M. BARBERA (a cura di), *Il nuovo diritto antidiscriminatorio*, cit., 467 ss.; C. HERMANIN, *op. cit.*

[59] Il Ministro delle Pari Opportunità ha affermato, nell'ambito dell'audizione sulle linee programmatiche svoltasi il 5 novembre 2008, alle Commissioni riunite Affari Costituzionali e Lavoro della Camera dei Deputati, e in seguito nel corso dell'incontro dell'8 ottobre 2009 con le associazioni LGBT, che l'UNAR rappresenta attualmente il soggetto di riferimento a garanzia del principio di non discriminazione *tout court*.

attraverso l'attività di conciliazione informale, prospettando soluzioni per la rimozione delle situazioni discriminatorie, non avendo legittimazione ad agire direttamente in giudizio [60], come invece hanno le associazioni e gli enti che fanno parte dell'elenco nazionale. È evidente che la legittimazione ad agire in nome e per conto della vittima di discriminazioni o di molestie è molto importante, vista la condizione di estrema fragilità e spesso precarietà in cui versano le vittime.

L'attività dell'Ufficio italiano risulta però ancora in fase di compimento, soprattutto per quanto concerne il suo impatto e la ridotta attenzione che ancora lo circonda nell'ambito del dibattito pubblico. Le riserve principali rivolte all'UNAR riguardano la non piena conformità, almeno formale, ai requisiti di indipendenza e pluralismo richiesti dai c.d. Principi di Parigi [61]; la mancanza di legittimazione ad agire in giudizio per conto delle vittime; l'assenza di un ruolo incisivo sulla legislazione da adottare in materia.

Un ruolo fondamentale nella mappatura dei casi di discriminazione è svolto dal settore *non profit*, grazie al tradizionale radicamento nel territorio e alla serietà e competenza che caratterizzano l'esperienza italiana delle c.d. organizzazioni non governative. Il numero delle organizzazioni del settore *non profit* in generale, destinate all'assistenza anti-discriminazione risulta molto significativo, anche se mancano dati ufficiali aggiornati in merito. Il mondo dell'associazionismo è coinvolto non solo nella raccolta delle denunce e nelle attività di monitoraggio delle discriminazioni, ma anche nel fornire ausilio legale alle vittime [62]. Sono infatti in grado di fornire un'assistenza capillare e, molto spesso

---

[60] In base all'art. 425 c.p.c., l'UNAR può intervenire nei procedimenti giudiziari esclusivamente attraverso osservazioni orali o scritte. Va detto che il numero di procedimenti giudiziari è limitato a causa del timore di rappresaglie, della mancanza di consapevolezza di aver subito una discriminazione e, infine, proprio per la mancanza di legittimazione dell'UNAR a stare in giudizio per conto della vittima nei procedimenti giudiziari.

[61] Tali principi sono stati approvati dalla Commissione per i diritti umani nel marzo 1992, risoluzione 1992/54, e il 20 dicembre 1993 dall'Assemblea Generale delle Nazioni Unite, risoluzione 48/134. I Principi presentano in sostanza un'esposizione sistematica dei criteri che dovrebbero informare le istituzioni, che si occupano di diritti sia in termini strutturali che funzionali.

Va detto però che, sulla base delle ricerche condotte, l'azione dell'UNAR non pare influenzata dalle istituzioni politiche, anche se da un punto di vista strutturale è parte della Presidenza del Consiglio.

[62] L'onere finanziario delle procedure legali nei casi di discriminazione è sostenuto di norma dalle vittime, o da singoli avvocati o, se il caso è considerato particolarmente interessante o strategico, da associazioni di avvocati, come l'ASGI, coinvolte nella lotta contro le discriminazioni. Recentemente l'UNAR ha previsto forme di sostegno diretto alle vittime attraverso l'istituzione di un fondo di solidarietà finalizzato all'anticipazione delle spese processuali a carico delle vittime e/o delle associazioni legittimate ad agire.

l'unica che le vittime possono ricevere. La risoluzione di questi casi è spesso raggiunta grazie a interventi realizzati da associazioni che operano a livello locale nei settori in cui la discriminazione è stata segnalata. Si può affermare che le associazioni *non profit* in generale, insieme con le parti sociali, svolgono il ruolo più efficace nella lotta contro le discriminazioni per motivi razziali, rappresentando la principale fonte di informazione, assistenza e monitoraggio.

4. Le frontiere dell'eguaglianza: oltre la razza, lo specismo *

Tra i problemi di giustizia sociale irrisolti, illustre dottrina pone oltre alla disabilità e alla condizione dello straniero anche il trattamento riservato dagli umani agli animali [63] ed in effetti tutti i proclami e le affermazioni di eguaglianza che conosciamo sia a livello internazionale, europeo che nazionale non sembrano porsi il problema dell'applicazione del principio di eguaglianza oltre la barriera della specie e anche in nostro articolo 3 si ferma all'affermazione dell'eguaglianza senza distinzione di razza non occupandosi del rapporto tra le diverse specie così come le altre previsioni costituzionali che non sembrano in alcun modo interessarsi agli esseri animali e al loro rapporto con il diritto. Certamente la problematica giuridica del benessere e dei diritti degli esseri animali era assai lontana dagli interessi dei nostri Costituenti nel secondo dopo guerra così come nelle altre Costituzioni coeve. Il diritto e le moderne costituzioni nascono dunque con una marcata caratterizzazione antropocentrica. Con il passare del tempo però, grazie alla spinta dei movimenti animalisti, alla riflessione filosofica e ai progressi della scienza medica e di quelli dell'etologia, anche il diritto ha cominciato a modificare il proprio approccio rispetto alla "questione animale" [64].

---

* Di Francesca Rescigno.

[63] Cfr. C.R. SUNSTAIN-M. NUSSBAUM (eds.), *Animal Rights: Current Debates and New Directions,* 2004, Oxford; M. NUSSBAUM, *Le nuove frontiere della giustizia: disabilità, nazionalità, appartenenza di specie*, Bologna, 2007.

[64] Sulla "questione animale" e sull'apertura degli ordinamenti giuridici rispetto alla soggettività animale mi si consenta di rimandare ai miei F. RESCIGNO, *I diritti degli animali. Da* res *a soggetti*, Torino, 2005; *Animali (diritti degli)*, Voce, *Dizionario di Diritto Pubblico*, a cura di S. Cassese, Milano, 2006, vol. I, 321; *Una nuova frontiera per i diritti esistenziali: gli esseri animali*, Nota alla Sentenza 7 luglio 2006, n. 173, del Giudice di Pace di Rovereto, in *Giur. cost.*, 2006, 3181; *Diritti degli animali,* Voce Dizionario *Diritti umani. Cultura e dignità della persona nell'epoca della globalizzazione*, a cura di M. Flores, Torino, 2007, vol. I, 320; *L'inserimento della dignità animale in Costituzione: uno scenario di "fantadiritto"*?, in S. CASTIGNONE-L. LOMBARDI VALLAURI (a cura di), *La Questione Animale*, *Trattato di Biodiritto*, Milano,

Il problema del riconoscimento giuridico di diritti agli esseri animali presenta diverse criticità dovute al fatto innegabile che il diritto ha a lungo ignorato gli esseri animali poiché i sistemi giuridici sono sostanzialmente autoreferenziali, cioè elaborati dagli esseri umani per tutelare la propria convivenza in società sempre più complesse, insomma sistemi progettati e realizzati dagli esseri umani per gli esseri umani (e a volte nemmeno per tutti gli esseri umani). In quest'ottica è chiaro come gli esseri animali abbiano da sempre trovato ben poco spazio per affermare la propria soggettività dal punto di vista giuridico, venendo considerati quali "cose" a completa disposizione del genere umano: gli animali si cacciano, si allevano, si mangiano, si utilizzano per fabbricare beni, per compiere lavori faticosi o pericolosi, per sperimentare sostanze che potrebbero essere dannose per l'uomo, per intrattenere, e per molteplici altri scopi che confermano la loro totale soggezione alla volontà umana. Ma anche quando il diritto ha modificato il proprio approccio nei confronti degli esseri animali cercando di innalzarli dal rango di "*res*", non è stato però in grado di renderli effettivamente soggetti ma al massimo ha elaborato politiche protezionistiche collocabili più nell'ottica umana che in quella animale.

Ma, se gli esseri animali non sono più, almeno per la scienza e la filosofia, i "bruti privi di pensiero" di cartesiana memoria[65], ma nemmeno soggetti del diritto, allora resta da definire cosa sono. Il tentativo di classificare giuridicamente gli esseri animali sembra ricevere notevole impulso dal richiamo effettuato dal Trattato di Lisbona del 2009 che all'art. 13 prevede: «*Nella formulazione e nell'attuazione delle politiche dell'Unione nei settori dell'agricoltura, della pesca, dei trasporti, del mercato interno, della ricerca e sviluppo tecnologico e dello spazio, l'Unione e gli Stati membri tengono pienamente conto delle esigenze in materia di benessere degli animali in quanto esseri senzienti, rispettando nel contempo le disposizioni legislative o amministrative e le consuetudini degli Stati membri per quanto riguarda, in particolare, i riti religiosi, le tradizioni culturali e il patrimonio regionale*»; sancendo in tal modo il valore intrinseco degli animali in quanto individui.

Il significativo riconoscimento degli esseri animali quali esseri senzienti costituisce l'evoluzione di un *trend* europeo in materia cominciato molti anni prima. Già nel 1991, infatti, in occasione della conclusione del Trattato di Maastricht era stata approvata una Dichiarazione sulla protezione degli ani-

---

2012, 267. Di fondamentale importanza per inquadrare in maniera complessiva il tema della soggettività animale appare l'ultimo volume citato: S. CASTIGNONE-L. LOMBARDI VALLAURI (a cura di), *La Questione Animale, Trattato di Biodiritto*, Milano, 2012.

[65] La ricostruzione cartesiana dell'animale-macchina si basa sul fatto che gli animali non sono in grado di parlare o comunque di usare un linguaggio, per cui risultano sprovvisti di una mente e di una coscienza. Cfr. R. DESCARTES, i primi due libri del *Discorso sul metodo* del 1637.

mali, in cui si rifiutava la classificazione degli animali quali meri prodotti agricoli; tale Dichiarazione veniva poi, nel 1997 ad Amsterdam, trasformata in un Protocollo sul benessere degli animali. Tuttavia è l'inserimento del benessere animale in quella che viene definita la nuova Costituzione Europea ad apparire particolarmente significativo, in quanto negli interventi precedenti erano sempre state rifiutate le proposte provenienti dalle Associazioni animaliste volte a modificare lo *status* degli animali da "prodotti agricoli" ad "esseri senzienti"; tanto è vero che lo stesso Protocollo sul benessere degli animali utilizzava il termine "esseri senzienti" solo nella premessa. Il Trattato di Lisbona introduce dunque una affermazione decisamente significativa anche se un'attenta lettura dell'intera previsione dimostra lo spirito di compromesso sotteso, per cui l'innovazione europea non incide su fenomeni discutibili, come le macellazioni rituali religiose o le attività folkloristiche e di costume alla maniera della corrida, ed è quindi evidente che gli animali continueranno ad essere mangiati, usati nei laboratori, tenuti negli zoo e usati per "divertire" gli esseri umani. Per tale ragione la previsione europea non pare in grado di modificare la soggettività giuridica degli esseri animali, ancora una volta sostanzialmente rimessi alle decisioni elaborate in materia dagli esseri umani cittadini degli Stati membri.

Si potrebbe ritenere che definendo gli animali quali esseri senzienti essi siano automaticamente da considerarsi soggetti di diritto, ma se si indaga oltre la superficie di tale affermazione si evince una limitata, a tratti inesistente, attenzione del diritto verso gli animali e il perdurare dell'autoreferenzialità antropocentrica dei sistemi giuridici. Non sembra infatti che i diritti nazionali siano effettivamente intenzionati a sconfessare la costruzione antropocentrica per promuovere una visione in cui integrità umana e integrità naturale si richiamino reciprocamente, affermando una visione antropogenica che pur sostenendo la genealogia umana dei valori ne consenta l'attribuzione anche ai soggetti non umani.

L'impegno del giurista moderno dovrebbe dunque indirizzarsi verso l'ampliamento della categoria dei diritti oltre la specie verificando se esistano effettivamente condizioni che ostino a tale espansione o se la mancata soggettività animale sia solo frutto di un atteggiamento antropocentrico e specista dei nostri ordinamenti giuridici[66]. A tale proposito la mancata soggettività

---

[66] Come il razzista attribuisce maggior peso agli interessi dei membri della sua razza, così lo "specista" permette che gli interessi della sua specie prevalgano sugli interessi dei membri di tutte le altre specie. Il termine "specismo" è stato coniato da R.D. RYDER che già nel 1970 aveva pubblicato un *pamphlet* dal titolo *Speciesism*, termine ripreso nei suoi lavori successivi per i quali cfr. R.D. RYDER, *Experiments on Animals*, in S. GODLOVITCH-R. GODLOVITCH-J. HARRIS (a cura di), *Animal, Men and Morals: an enquiry into the maltreatment of non-humans*, London, 1971; ID., *Victims of Science*, London, 1975; ID., *The Struggle against Speciesism*, in D. PATERSON-R.D. RYDER, *Animal Rights. A Symposium*,

animale non può imputarsi, come motivato da molti, all'assenza della capacità di linguaggio o all'inabilità di percepire ed utilizzare i propri diritti, perché così ragionando dovrebbero risultare esclusi dal novero dei soggetti di diritto anche tutti gli esseri umani non propriamente "paradigmatici" come i bambini o i disabili (i c.d. "casi marginali"), esclusione paradossale in quanto proprio l'intrinseca debolezza di questi soggetti li rende ancor più meritevoli di tutela; ma anche al di là dei casi marginali è doveroso evidenziare come gli ordinamenti giuridici si riferiscano al concetto di *persona*, per indicare enti e associazioni che persone fisiche non sono ma alle quali si riconosce ugualmente la realtà fenomenologica di autonomi centri di imputazione di interessi. Proprio la positiva estensione di tale figura ad entità di per sé prive della fisicità e della soggettività naturale (le persone giuridiche) induce ad ammettere la possibilità di una costruzione giuridica analoga per quegli esseri viventi che, pur non essendo umani, sono comunque dotati di entrambe tali dimensioni.

Il perdurare di trattamenti differenziati tra esseri viventi dotati di sensibilità e capacità cognitive appare dunque sempre più ingiustificabile. La risoluzione della "questione animale" potrà realizzarsi solo attraverso un bilanciamento tra interessi umani ed interessi animali, il bilanciamento tra diritti infatti è la regola che disciplina i rapporti tra gli esseri umani e bilanciare non significa svilire o vanificare. Il bilanciamento certamente potrà relativizzare alcuni diritti animali in caso di contrasto con superiori interessi umani, ma ciò non potrà tradursi nel porre la soggettività giuridica animale alla completa mercè della discrezionalità umana: al contrario, il nuovo approccio giuridico dovrà determinare il contenuto minimo della soggettività animale che non potrà in nessun caso essere sacrificato, stabilendo quali interessi umani in eventuale conflitto con quelli animali sono destinati a prevalere, assicurando comunque agli animali una vita dignitosa, libera il più possibile da inutili sofferenze e consona alle proprie caratteristiche etologiche e garantendo loro una morte che eviti ingiustificabili angosce.

In mancanza di un effettivo riconoscimento della soggettività giuridica animale, la nostra Costituzione e la nostra legislazione continueranno a perpetuare un atteggiamento specista frapponendo la barriera della specie alla realizzazione piena e consapevole del principio di eguaglianza mortificando in tal modo non solo la specificità e senzietà animale ma in generale il rapporto dell'essere umano con la realtà che lo circonda privandolo della concreta possibilità di elaborare una nuova armonia biocentrica e non più antropocentrica.

London-New York, 1979; Id., *Animal Revolution: Changing Attitudes Towards Speciesism*, Oxford, 1989.

ANIMAL LIBERATION
HUMAN LIBERATION

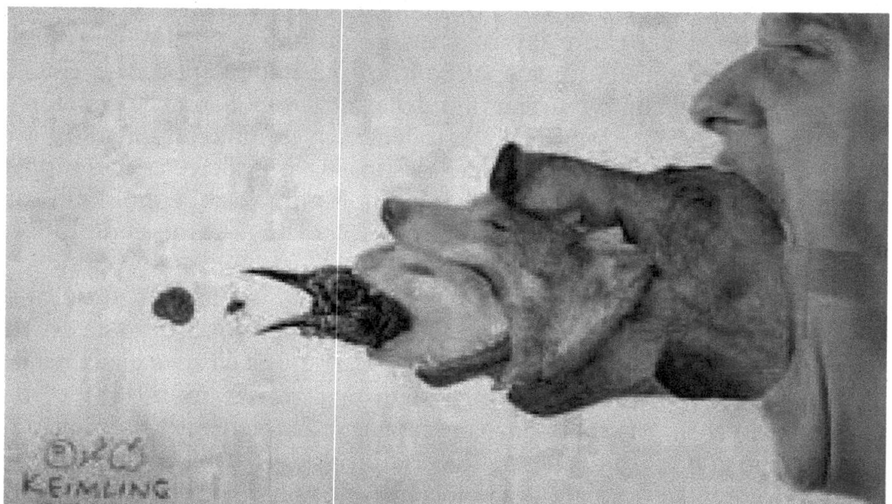
KEIMLING

Appendice per non dimenticare:

Il Manifesto della razza (1938)

Il 5 agosto 1938 sulla rivista *La difesa della razza* viene pubblicato il seguente manifesto:

«Il ministro segretario del partito ha ricevuto, il 26 luglio XVI, un gruppo di studiosi fascisti, docenti nelle università italiane, che hanno, sotto l'egida del Ministero della Cultura Popolare, redatto o aderito, alle proposizioni che fissano le basi del razzismo fascista.

1. LE RAZZE UMANE ESISTONO. La esistenza delle razze umane non è già una astrazione del nostro spirito, ma corrisponde a una realtà fenomenica, materiale, percepibile con i nostri sensi. Questa realtà è rappresentata da masse, quasi sempre imponenti di milioni di uomini simili per caratteri fisici e psicologici che furono ereditati e che continuano a ereditarsi. Dire che esistono le razze umane non vuol dire a priori che esistono razze umane superiori o inferiori, ma soltanto che esistono razze umane differenti.

2. ESISTONO GRANDI RAZZE E PICCOLE RAZZE. Non bisogna soltanto ammettere che esistano i gruppi sistematici maggiori, che comunemente sono chiamati razze e che sono individualizzati solo da alcuni caratteri, ma bisogna anche ammettere che esistano gruppi sistematici minori (come per es. i nordici, i mediterranei, i dinarici, ecc.) individualizzati da un maggior numero di caratteri comuni. Questi gruppi costituiscono dal punto di vista biologico le vere razze, la esistenza delle quali è una verità evidente.

3. IL CONCETTO DI RAZZA È CONCETTO PURAMENTE BIOLOGICO. Esso quindi è basato su altre considerazioni che non i concetti di popolo e di nazione, fondati essenzialmente su considerazioni storiche, linguistiche, religiose. Però alla base delle differenze di popolo e di nazione stanno delle differenze di razza. Se gli Italiani sono differenti dai Francesi, dai Tedeschi, dai Turchi, dai Greci, ecc., non è solo perché essi hanno una lingua diversa e una storia diversa, ma perché la costituzione razziale di questi popoli è diversa. Sono state proporzioni diverse di razze differenti, che da tempo molto antico costituiscono i diversi popoli, sia che una razza abbia il dominio assoluto sulle altre, sia che tutte risultino fuse armonicamente, sia, infine, che persistano ancora inassimilate una alle altre le diverse razze.

4. LA POPOLAZIONE DELL'ITALIA ATTUALE È NELLA MAGGIORANZA DI ORIGINE ARIANA E LA SUA CIVILTÀ ARIANA. Questa popolazione a civiltà ariana abita da diversi millenni la nostra penisola; ben poco è rimasto della civiltà delle genti preariane. L'origine degli Italiani attuali parte essenzialmente da elementi di quelle stesse razze che costituiscono e costituirono il tessuto perennemente vivo dell'Europa.

5. È UNA LEGGENDA L'APPORTO DI MASSE INGENTI DI UOMINI IN TEMPI STORICI. Dopo l'invasione dei Longobardi non ci sono stati in Italia altri notevoli movimenti di popoli capaci di influenzare la fisionomia razziale della nazione. Da ciò deriva che, mentre per altre nazioni europee la composizione razziale è variata notevolmente in tempi anche moderni, per l'Italia, nelle sue grandi linee, la composizione razziale di oggi è la stessa di quella che era mille anni fa: i quarantaquattro milioni d'Italiani di oggi rimontano quindi nella assoluta maggioranza a famiglie che abitano l'Italia da almeno un millennio.

6. ESISTE ORMAI UNA PURA "RAZZA ITALIANA". Questo enunciato non è basato sulla confusione del concetto biologico di razza con il concetto storico-linguistico di popolo e di nazione ma sulla purissima parentela di sangue che unisce gli Italiani di oggi alle generazioni che da millenni popolano l'Italia. Questa antica purezza di sangue è il più grande titolo di nobiltà della Nazione italiana.

7. È TEMPO CHE GLI ITALIANI SI PROCLAMINO FRANCAMENTE RAZZISTI. Tutta l'opera che finora ha fatto il Regime in Italia è in fondo del razzismo. Frequentissimo è stato sempre nei discorsi del Capo il richiamo ai concetti di razza. La questione del razzismo in Italia deve essere trattata da un punto di vista puramente biologico, senza intenzioni filosofiche o religiose. La concezione del razzismo in Italia deve essere essenzialmente italiana e l'indirizzo ariano-nordico. Questo non vuole dire però introdurre in Italia le teorie del razzismo tedesco come sono o affermare che gli Italiani e gli Scandinavi sono la stessa cosa. Ma vuole soltanto additare agli Italiani un modello fisico e soprattutto psicologico di razza umana che per i suoi caratteri puramente europei si stacca completamente da tutte le razze extra-europee, questo vuol dire elevare l'italiano a un ideale di superiore coscienza di sé stesso e di maggiore responsabilità.

8. È NECESSARIO FARE UNA NETTA DISTINZIONE FRA I MEDITERRANEI D'EUROPA (OCCIDENTALI) DA UNA PARTE E GLI ORIENTALI E GLI AFRICANI DALL'ALTRA. Sono perciò da considerarsi pericolose le teorie che sostengono l'origine africana di alcuni popoli europei e comprendono in una comune razza mediterranea anche le popolazioni semitiche e camitiche stabilendo relazioni e simpatie ideologiche assolutamente inammissibili.

9. GLI EBREI NON APPARTENGONO ALLA RAZZA ITALIANA. Dei semiti che nel corso dei secoli sono approdati sul sacro suolo della nostra

Patria nulla in generale è rimasto. Anche l'occupazione araba della Sicilia nulla ha lasciato all'infuori del ricordo di qualche nome; e del resto il processo di assimilazione fu sempre rapidissimo in Italia. Gli ebrei rappresentano l'unica popolazione che non si è mai assimilata in Italia perché essa è costituita da elementi razziali non europei, diversi in modo assoluto dagli elementi che hanno dato origine agli Italiani.

10. I CARATTERI FISICI E PSICOLOGICI PURAMENTE EUROPEI DEGLI ITALIANI NON DEVONO ESSERE ALTERATI IN NESSUN MODO. L'unione è ammissibile solo nell'ambito delle razze europee, nel quale caso non si deve parlare di vero e proprio ibridismo, dato che queste razze appartengono a un ceppo comune e differiscono solo per alcuni caratteri, mentre sono uguali per moltissimi altri. Il carattere puramente europeo degli Italiani viene alterato dall'incrocio con qualsiasi razza extra-europea e portatrice di una civiltà diversa dalla millenaria civiltà degli ariani».

La Dichiarazione sulla razza (1938)

La **Dichiarazione sulla Razza** venne emessa dal Gran Consiglio del Fascismo il 6 ottobre 1938 e costituisce uno dei principali documenti delle cosiddette leggi razziali promulgate dal fascismo.

Il documento fu pubblicato dal "*Foglio d'ordine*" del Partito Nazionale Fascista il 26 ottobre 1938, e successivamente adottato dal regio decreto legge del 17 novembre 1938.

Il Gran Consiglio del Fascismo, in seguito alla conquista dell'Impero, dichiara l'attualità urgente dei problemi razziali e la necessità di una coscienza razziale. Ricorda che il Fascismo ha svolto da sedici anni e svolge un'attività positiva, diretta al miglioramento quantitativo e qualitativo della razza italiana, miglioramento che potrebbe essere gravemente compromesso, con conseguenze politiche incalcolabili, da incroci e imbastardimenti. Il problema ebraico non è che l'aspetto metropolitano di un problema di carattere generale.

Il Gran Consiglio del Fascismo stabilisce:

a) il divieto di matrimoni di italiani e italiane con elementi appartenenti alle razze camita, semita e altre razze non ariane;

b) il divieto per i dipendenti dello Stato e da Enti pubblici – personale civile e militare – di contrarre matrimonio con donne straniere di qualsiasi razza;

c) il matrimonio di italiani e italiane con stranieri, anche di razze ariane, dovrà avere il preventivo consenso del Ministero dell'Interno;

d) dovranno essere rafforzate le misure contro chi attenta al prestigio della razza nei territori dell'Impero.

EBREI ED EBRAISMO

Il Gran Consiglio del Fascismo ricorda che l'ebraismo mondiale – specie dopo l'abolizione della massoneria – è stato l'animatore dell'antifascismo in tutti i campi e che l'ebraismo estero o italiano fuoruscito è stato in taluni periodi culminanti, come nel 1924-25 e durante la guerra etiopica, unanimemente ostile al Fascismo. L'immigrazione di elementi stranieri accentuatasi fortemente dal 1933 in poi, ha peggiorato lo stato d'animo degli ebrei italiani nei confronti del Regime, non accettato sinceramente, poiché antitetico a quella che è la psicologia, la politica e l'internazionalismo d'Israele. Tutte le forze antifasciste fanno capo ad elementi ebrei; l'ebraismo mondiale è in Spagna dalla parte dei bolscevichi di Barcellona.

IL DIVIETO D'ENTRATA E L'ESPULSIONE DEGLI EBREI STRANIERI

Il Gran Consiglio del Fascismo ritiene che la legge concernente il divieto d'ingresso nel Regno degli ebrei stranieri non poteva più essere ritardata e che l'espulsione degli indesiderabili, secondo il termine messo in voga e applicato dalle grandi democrazie, è indispensabile. Il Gran Consiglio del Fascismo decide che oltre ai casi singolarmente controversi che saranno sottoposti all'esame dell'apposita commissione del Ministero dell'Interno, non sia applicata l'espulsione nei riguardi degli ebrei stranieri i quali:

a) abbiano un'età superiore agli anni 65;
b) abbiamo contratto un matrimonio misto italiano prima del 1° ottobre XVI.

EBREI DI CITTADINANZA ITALIANA

Il Gran Consiglio del Fascismo, circa l'appartenenza o meno alla razza ebraica, stabilisce quanto segue:

a) è di razza ebraica colui che nasce da genitori entrambi ebrei;
b) è considerato di razza ebraica colui che nasce da padre ebreo e da madre di nazionalità straniera;
c)è considerato di razza ebraica colui che, pur essendo nato da un matrimonio misto, professa la religione ebraica;
d) non è considerato di razza ebraica colui che è nato da un matrimonio misto, qualora professi altra religione all'infuori della ebraica, alla data del 1° ottobre XVI.

DISCRIMINAZIONE FRA GLI EBREI DI CITTADINANZA ITALIANA

Nessuna discriminazione sarà applicata, escluso in ogni caso l'insegnamento nelle scuole di ogni ordine e grado, nei confronti di ebrei di cittadinanza italiana, quando non abbiano per altri motivi demeritato, i quali appartengono a:

1. famiglie di Caduti nelle quattro guerre sostenute dall'Italia in questo secolo; libica, mondiale, etiopica, spagnola;
2. famiglie dei volontari di guerra nelle guerre libica, mondiale, etiopica, spagnola;
3. famiglie di combattenti delle guerre libica, mondiale, etiopica, spagnola, insigniti della croce al merito di guerra;
4. famiglie dei Caduti per la Causa fascista;
5. famiglie dei mutilati, invalidi, feriti della Causa fascista;
6. famiglie di Fascisti iscritti al Partito negli anni 1919, 1920, 1921, 1922 e nel secondo semestre del 1924 e famiglie di legionari fiumani;
7. famiglie aventi eccezionali benemerenze che saranno accertate da apposita commissione.

GLI ALTRI EBREI

I cittadini italiani di razza ebraica, non appartenenti alle suddette categorie, nell'attesa di una nuova legge concernente l'acquisto della cittadinanza italiana, non potranno:

a. essere iscritti al Partito Nazionale Fascista;
b. essere possessori o dirigenti di aziende di qualsiasi natura che impieghino cento o più persone;
c. essere possessori di oltre cinquanta ettari di terreno;
d. prestare servizio militare in pace e in guerra.

L'esercizio delle professioni sarà oggetto di ulteriori provvedimenti.

Il Gran Consiglio del Fascismo decide inoltre:

1. che agli ebrei allontanati dagli impieghi pubblici sia riconosciuto il normale diritto di pensione;
2. che ogni forma di pressione sugli ebrei, per ottenere abiure, sia rigorosamente repressa;
3. che nulla si innovi per quanto riguarda il libero esercizio del culto e l'attività delle comunità ebraiche secondo le leggi vigenti;
4. che, insieme alle scuole elementari, si consenta l'istituzione di scuole medie per ebrei.

IMMIGRAZIONE DI EBREI IN ETIOPIA

Il Gran Consiglio del Fascismo non esclude la possibilità di concedere, anche per deviare la immigrazione ebraica dalla Palestina, una controllata immigrazione di ebrei europei in qualche zona dell'Etiopia. Questa eventuale e le altre condizioni fatte agli ebrei, potranno essere annullate o aggravate a seconda dell'atteggiamento che l'ebraismo assumerà nei riguardi dell'Italia fascista.

CATTEDRE DI RAZZISMO

Il Gran Consiglio del Fascismo prende atto con soddisfazione che il Ministro dell'Educazione Nazionale ha istituito cattedre di studi sulla razza nelle principali Università del Regno.

ALLE CAMICIE NERE

Il Gran Consiglio del Fascismo, mentre nota che il complesso dei problemi razziali ha suscitato un interesse eccezionale nel popolo italiano, annuncia ai Fascisti che le direttive del Partito in materia sono da considerarsi fondamentali e impegnative per tutti e che alle direttive del Gran Consiglio devono ispirarsi le leggi che saranno sollecitamente preparate dai singoli Ministri.

CAPITOLO III

UGUALI SENZA DISTINZIONE DI LINGUA. Lingue e Costituzione, tra principio di eguaglianza e diritto alla diversità *

SOMMARIO: 1. Introduzione. La lingua come fattore di (non) discriminazione e come elemento identitario. – 2. La Costituzione italiana e il pluralismo linguistico: quali lingue e quali garanzie? – 3. Dal principio di eguaglianza alla protezione delle minoranze linguistiche: in particolare, il collegamento tra art. 3 e art. 6 Cost. – 4. La protezione "asimmetrica" delle minoranze linguistiche: a) le c.d. minoranze nazionali dell'arco alpino tutelate dagli statuti regionali speciali. – 4.1. *Segue*: b) le minoranze linguistiche storiche e la legge generale di tutela n. 482/1999. – 5. Conclusioni. Garantire l'eguaglianza nel rispetto della diversità linguistica e culturale: quali sfide per l'italiano e per le lingue minoritarie?

1. Introduzione. La lingua come fattore di (non) discriminazione e come elemento identitario

Il principio di eguaglianza formale dei cittadini davanti alla legge e il divieto di distinzioni sulla base, tra l'altro, del fattore linguistico trova espressa consacrazione, sin dal secondo dopoguerra, nelle costituzioni degli stati liberal-democratici, oltre che all'interno di numerosi documenti internazionali adottati per combattere le discriminazioni e garantire il godimento dei diritti fondamentali.

Non è stato sempre così. Infatti, le Dichiarazioni dei diritti del XVIII secolo [1] e le carte costituzionali dell'epoca liberale – pur avendo avuto il grande merito di affermare il principio della eguaglianza giuridica di tutti i soggetti come presupposto per il riconoscimento uniforme, generalizzato e indifferen-

---

* Di Valeria Piergigli.

[1] Si pensi all'art. 1 della Dichiarazione francese dei diritti dell'uomo e del cittadino del 1789, secondo cui: «*Gli uomini nascono e rimangono liberi e uguali nei diritti. Le distinzioni sociali non possono essere fondate che sull'utilità comune*».

ziato delle libertà individuali, in reazione al previgente regime dello stato assoluto – non declinavano l'eguaglianza, cioè non esplicitavano i fattori (sesso, razza, religione, lingua, ecc.) astrattamente suscettibili di costituire la premessa per l'introduzione illegittima di trattamenti giuridici discriminatori o irragionevolmente discriminatori.

Soltanto con la Dichiarazione universale dei diritti dell'uomo (artt. 2 e 7)[2], approvata nel 1948 dalle Nazioni Unite, e con la Convenzione europea per la salvaguardia dei diritti dell'uomo e delle libertà fondamentali (CEDU), adottata dal Consiglio d'Europa nel 1950 (art. 14)[3], prendeva avvio – nella comunità internazionale e nel costituzionalismo democratico – un percorso verso il riconoscimento del principio di eguaglianza formale nelle sue diverse e molteplici sfaccettature. Quel percorso non si sarebbe più arrestato e, anzi, si sarebbe progressivamente arricchito di ulteriori specificazioni. Si pensi, senza alcuna pretesa di esaustività, al Patto internazionale ONU sui diritti civili e politici del 1966 (art. 26) ed al coevo Patto sui diritti sociali, economici e culturali (art. 2, comma 2)[4]; nel sistema regionale europeo, si pensi al Protocollo n. 12 aggiunto alla CEDU nel 2000 (art. 1, che ribadisce l'art. 14 CEDU), nonché al Trattato di Lisbona del 2009 (art. 2 TUE)[5] che richiama la Carta

---

[2] Ai sensi dell'art. 2, comma 1 della Dichiarazione: «*Ad ogni individuo spettano tutti i diritti e tutte le libertà enunciati nella presente Dichiarazione, senza distinzione alcuna, per ragioni di razza, di colore, di sesso, di lingua, di religione, di opinione politica o di altro genere, di origine nazionale o sociale, di ricchezza, di nascita o di altra condizione*»; ai sensi dell'art. 7: «*Tutti sono eguali dinanzi alla legge e hanno diritto, senza alcuna discriminazione, ad un'eguale tutela da parte della legge. Tutti hanno diritto ad un'eguale tutela contro ogni discriminazione che violi la presente Dichiarazione come contro qualsiasi incitamento a tale discriminazione*».

[3] Secondo l'art. 14 CEDU: «*Il godimento dei diritti e delle libertà riconosciuti nella presente Convenzione deve essere assicurato senza nessuna discriminazione, in particolare quelle fondate sul sesso, la razza, il colore, la lingua, la religione, le opinioni politiche o quelle di altro genere, l'origine nazionale o sociale, l'appartenenza a una minoranza nazionale, la ricchezza, la nascita od ogni altra condizione*».

[4] Secondo l'art. 26 del Patto sui diritti civili e politici: «*Tutti gli individui sono eguali dinanzi alla legge e hanno diritto, senza alcuna discriminazione, ad una eguale tutela da parte della legge. A questo riguardo, la legge deve proibire qualsiasi discriminazione e garantire a tutti gli individui una tutela eguale ed effettiva contro ogni discriminazione, sia essa fondata sulla razza, il colore, il sesso, la lingua, la religione, l'opinione politica o qualsiasi altra opinione, l'origine nazionale o sociale, la condizione economica, la nascita o qualsiasi altra condizione*». *Ai sensi dell'art. 2, 2° co. del Patto sui diritti economici, sociali e culturali:* «*Gli Stati parti del presente Patto si impegnano a garantire che i diritti in esso enunciati verranno esercitati senza discriminazione alcuna, sia essa fondata sulla razza, il colore, il sesso, la lingua, la religione, l'opinione politica o qualsiasi altra opinione, l'origine nazionale o sociale, la condizione economica, la nascita o qualsiasi altra condizione*».

[5] Ai sensi dell'art. 2 TUE: «*L'Unione si fonda sui valori del rispetto della dignità umana,*

dei diritti fondamentali dell'Unione europea del 2000 (c.d. Carta di Nizza), la quale a sua volta contiene una articolata enunciazione dei presupposti che non possono essere assunti per realizzare trattamenti discriminatori (artt. 20-21)[6]. Anche le Costituzioni, ispirate alla tradizione liberale, sono ormai tutte inclini a declinare l'eguaglianza formale ed indicano un catalogo più o meno dettagliato dei fattori di non-discriminazione, tra i quali compare anche la lingua, di solito a fianco di elementi affini, quali la razza, l'origine nazionale o etnica, l'appartenenza a una minoranza nazionale.

D'altra parte, come si avrà cura di approfondire con riferimento al fattore linguistico, occorre dare atto che la mera proclamazione del divieto di discriminazione, in generale, e della parità di trattamento non è sufficiente a garantire il godimento dei diritti di libertà in condizioni di eguaglianza, se permangono situazioni di emarginazione e di obiettiva diseguaglianza. Pertanto, già con l'affermazione del c.d. stato sociale nei primi decenni del XX secolo, alla eguaglianza formale si affiancava l'eguaglianza sostanziale e si faceva strada l'impegno dei poteri pubblici ad operare attivamente per rimuovere gli ostacoli, principalmente di natura economica e sociale, che potessero impedire il pieno sviluppo della persona, la titolarità effettiva dei diritti costituzionalmente sanciti e la realizzazione della eguaglianza "di fatto". Alla luce di queste trasformazioni e nel mutato clima sociale ed ideologico conseguente alla fine della seconda guerra mondiale – oltre che, come accaduto in Italia e in Germania, al rovesciamento di regimi autocratici – le Costituzioni del secondo dopoguerra non si limitano a vietare i trattamenti discriminatori enumerandone le possibili ragioni, ma prevedono altresì un generale dovere a carico dello Stato di adoperarsi affinché l'eguaglianza dei cittadini sia reale, mediante interventi in campo sociale, economico e culturale[7].

Sotto il nostro angolo visuale, la lingua costituisce sia un elemento di pos-

---

della libertà, della democrazia, dell'uguaglianza, dello Stato di diritto e del rispetto dei diritti umani, compresi i diritti delle persone appartenenti a minoranze. Questi valori sono comuni agli Stati membri in una società caratterizzata dal pluralismo, dalla non discriminazione, dalla tolleranza, dalla giustizia, dalla solidarietà e dalla parità tra donne e uomini».

[6] In base all'art. 20: «Tutte le persone sono uguali davanti alla legge»; in base all'art. 21, comma 1: «*È vietata qualsiasi forma di discriminazione fondata, in particolare, sul sesso, la razza, il colore della pelle o l'origine etnica o sociale, le caratteristiche genetiche, la lingua, la religione o le convinzioni personali, le opinioni politiche o di qualsiasi altra natura, l'appartenenza ad una minoranza nazionale, il patrimonio, la nascita, gli handicap, l'età o le tendenze sessuali*».

[7] La Costituzione di Weimar del 1919, pur non prevedendo l'eguaglianza sostanziale, è stata la prima Costituzione europea a riconoscere un catalogo di diritti sociali. Tuttavia, è nelle Costituzioni democratiche del secondo dopoguerra che tanto l'eguaglianza sostanziale insieme a quella formale, quanto i diritti economici, sociali e culturali hanno trovato esplicita consacrazione.

sibile discriminazione, che come tale occorre vietare in ossequio al principio di eguaglianza formale, sia un elemento da salvaguardare e promuovere in nome della eguaglianza sostanziale, specialmente se la lingua rappresenta il tratto distintivo di una collettività di persone in posizione minoritaria rispetto al resto della popolazione nazionale. La lingua svolge un indiscutibile ruolo di aggregazione e identificazione sociale, contribuisce a individuare l'identità di quella comunità umana – non importa quanto numerosa – che trova nella coesione linguistica dei propri aderenti il fondamento – o uno dei fondamenti – per la condivisione di un distinto corredo di valori storici, tradizionali, culturali. Essa costituisce pertanto la componente più immediatamente percepibile – sebbene probabilmente la più elementare e comunque non unica – di un determinato patrimonio culturale, inteso come insieme di fattori materiali e immateriali da proteggere e tramandare alle generazioni future in quanto significativo della peculiarità di un popolo ovvero di comunità particolari.

Prima ancora che nel costituzionalismo contemporaneo, l'obiettivo della tutela e promozione dei diritti alla diversità e alla identità culturale, anche nella dimensione collettiva, si è affermato in seno alla comunità internazionale. Già all'epoca della Società delle Nazioni, il concetto di identità trovava accoglimento in occasione del primo tentativo di definire la nozione di minoranza [8]. Sotto l'egida dell'ONU un impulso significativo alla individuazione di un diritto alla identità culturale dei componenti le formazioni sociali minoritarie è stato impresso dall'art. 27 del citato Patto internazionale sui diritti civili e politici che costituisce la prima disposizione a livello mondiale dotata di forza cogente per la tutela delle minoranze. In particolare, senza dismettere l'impostazione individualistica accreditata ancora oggi nel contesto internazionale, l'art. 27 riconosce alle persone appartenenti a minoranze il diritto di non essere private della possibilità di godere, in comune con gli altri membri del gruppo, della propria lingua, cultura e religione [9]. La disposizione, cautamente formulata in termini negativi e apparentemente evocatrice di un atteggiamento meramente omissivo da parte dei pubblici poteri, lascia intravedere quello che, in una accezione più attuale, possiamo definire come *diritto alla identità*

---

[8] Cfr. Corte permanente di giustizia, parere 31 luglio 1930, n. 17, concernente la Convenzione greco-bulgara del 27 novembre 1919 (*Permanent Court of Justice,* Serie B, n. 17, 21), che definiva la minoranza (etnica, linguistica, religiosa) come la «collettività di persone che vivono in un dato paese o località e unite da identità di razza, religione, lingua e tradizione in un sentimento di solidarietà, allo scopo di preservare l'identità stessa».

[9] In base all'art. 27: «*Negli Stati in cui esistono minoranze etniche, religiose o linguistiche, le persone appartenenti a queste minoranze non possono essere private del diritto di godere, in comune con gli altri membri del loro gruppo, della loro propria cultura, di professare e praticare la loro religione o di usare la loro propria lingua*». L'Italia ha ratificato il Patto, incluso l'art. 27, con legge n. 881/1977.

linguistica, culturale e religiosa di quanti appartengono e si identificano, appunto, in una comunità connotata da tratti differenziali propri [10].

2. La Costituzione italiana e il pluralismo linguistico: quali lingue e quali garanzie?

La Costituzione italiana appartiene al ciclo delle carte costituzionali ispirate ai valori liberali e del pluralismo in tutte le sue accezioni; pertanto, essa contiene diverse disposizioni che, in maniera esplicita o implicita, fanno riferimento, in termini garantisti e promozionali, alla lingua e alla appartenenza a comunità di lingua e cultura minoritaria. Alla luce di quanto accennato poc'anzi, si tratta di una conquista legata alla evoluzione della forma di stato e del ruolo dei pubblici poteri in rapporto alla mutata concezione delle esigenze della persona. In proposito, infatti, lo Statuto albertino si limitava a riconoscere, con formula generica, l'eguaglianza formale vietando al legislatore di introdurre trattamenti discriminatori e senza prevedere specifiche garanzie di attuazione. Ai sensi dell'art. 24 dello Statuto, «*Tutti i regnicoli, qualunque sia il loro titolo o grado, sono eguali davanti alla legge. Tutti godono egualmente dei diritti civili e politici e sono ammissibili alle cariche civili e militari, salve le eccezioni determinate dalle leggi*». Vi era, altresì, nello Statuto una disposizione che faceva espresso riferimento allo *status* della lingua italiana: questa era riconosciuta come lingua ufficiale delle Camere, ma si consentiva l'impiego del francese nei dibattiti parlamentari ai deputati provenienti da regioni in cui esso fosse utilizzato o in risposta ai medesimi (art. 62). Ad eccezione di quella previsione, peraltro caduta in desuetudine, lo Statuto non riservava alcuna attenzione verso altri idiomi in uso nel territorio del Regno. Dopo la prima guerra mondiale, l'annessione all'Italia del Tirolo meridionale e dell'Istria, con conseguente formazione entro i confini italiani di due consistenti minoranze nazionali rispettivamente di lingua tedesca e slava, determinava un atteggiamento cautamente liberale del governo italiano, in linea con gli obiettivi sottesi alle attività della Società delle Nazioni ed ai trattati delle minoranze, ai cui obblighi peraltro l'Italia non era tenuta. Come è noto, la politica nazionalistica

[10] Sulla linea inaugurata dal Patto sui diritti civili e politici, ma utilizzando una formulazione più apertamente positiva, sia con riguardo alla configurazione dei diritti menzionati che ai doveri degli Stati, si sarebbe posta – qualche tempo dopo – la Dichiarazione della assemblea generale dell'ONU sui diritti delle persone appartenenti alle minoranze nazionali o etniche, religiose o linguistiche (1992), che afferma espressamente il diritto delle minoranze alla esistenza e al mantenimento della loro identità (nazionale, etnica, culturale, religiosa) (art. 1).

praticata durante il fascismo determinava una decisa inversione di tendenza, proibendo l'impiego di lingue diverse dall'italiano, per conseguire l'assimilazione forzata dei gruppi minoritari della penisola.

Questa era la situazione allorché i costituenti si accingevano ad affrontare la disciplina della lingua, o meglio delle lingue e dei loro parlanti, nella mutata cornice dello stato repubblicano, democratico e pluralista. La Costituzione menziona il fattore linguistico, anzitutto, nei Principi fondamentali: l'art. 3, comma 1, ereditando e specificando la portata dell'art. 24 dello Statuto albertino, vieta le discriminazioni fondate sulla lingua, mentre l'art. 6, il cui diretto precedente si può rinvenire nel citato art. 62 dello Statuto, rinvia alla Repubblica il compito di tutelare con apposite norme le minoranze linguistiche [11]. Inoltre, la X disposizione transitoria e finale della Costituzione prevede(va) l'applicazione dell'art. 6 al Friuli-Venezia Giulia, in attesa della adozione dello statuto speciale di quella regione [12]. Molti anni più tardi, ad opera di due distinte revisioni costituzionali, altrettanti riferimenti alle lingue venivano inseriti nel testo costituzionale: il primo in relazione all'uso della lingua nel processo penale, in modo da assicurare alla persona accusata di un reato l'assistenza di un interprete «se non comprende o non parla la lingua impiegata nel processo» (art. 111, comma 3 Cost. introdotto da legge cost. n. 2/1999) [13]; il secondo riferimento si trova sotteso alla introduzione della denominazione bilingue per identificare le regioni Trentino-Alto Adige/*Südtirol* e Valle d'Aosta/*Vallée d'Aoste*, a conferma del permanere delle motivazioni che a suo tempo suggerirono l'attribuzione a questi territori della autonomia speciale (art. 116, comma 1, Cost. modificato con legge cost. n. 3/2001) [14].

Dunque, l'impostazione del costituente e, successivamente, del legislatore costituzionale è profondamente lontana sia dall'approccio repressivo fascista, che da quello in apparenza più tollerante dell'esperienza liberale. I cittadini

---

[11] Sul collegamento tra queste due disposizioni si tornerà *infra* §3.

[12] Lo statuto sarebbe stato adottato nel 1963 (v. *infra* nota 28).

[13] Inoltre, il d.lgs. n. 32/2014, nel recepire la Direttiva 2010/64/UE sul diritto all'interpretazione e alla traduzione nei procedimenti penali, ha riscritto l'art. 143 e modificato l'art. 104 del codice di rito, introducendo il diritto dell'imputato – compreso l'imputato in stato di custodia cautelare, nonché l'arrestato o il fermato – che non conosce la lingua italiana alla assistenza linguistica gratuita nei colloqui col difensore e il diritto alla traduzione degli atti fondamentali del processo penale. Il testo novellato dell'art. 143 precisa che l'autorità giudiziaria procede all'accertamento della conoscenza della lingua italiana, conoscenza che è presunta fino a prova contraria per chi è cittadino italiano (comma 4); il diritto all'interprete e al traduttore permane anche qualora il giudice o il pubblico ministero o l'ufficiale di polizia giudiziaria abbia personale conoscenza della lingua o del dialetto da interpretare (comma 5).

[14] V. *infra* §§3 e 4.

sono uguali indipendentemente dalla lingua ed hanno diritto alla eguale libertà di lingua, il che significa che non sono ammessi trattamenti differenziati per ragioni linguistiche (eguaglianza formale) e, anzi, specifiche misure devono essere predisposte per coloro (italiani o stranieri) che non comprendono la lingua utilizzata dal giudice e per i soggetti che appartengono alle comunità alloglotte storicamente presenti nel territorio italiano (eguaglianza sostanziale).

Tuttavia, da questi postulati non discende la parificazione di tutte le lingue. È evidente infatti, che l'italiano è la lingua ufficiale sull'intero territorio nazionale, sebbene, diversamente dallo Statuto albertino e dalla gran parte delle Costituzioni vigenti, la nostra Costituzione non contenga un espresso riconoscimento in tal senso. Una prescrizione del genere venne ritenuta superflua in Assemblea costituente, non essendovi dubbio – in un paese come l'Italia, nel quale erano state la lingua e la tradizione letteraria a favorire il processo di aggregazione politica e non viceversa – che l'italiano fosse la lingua comune della popolazione, senza che si avvertisse la necessità di esplicitare un tratto identitario ben noto e consolidato. Più in generale, in verità, va detto che scarsa attenzione venne riservata nei lavori preparatori alla stesura di quello che sarebbe diventato l'art. 12 della Costituzione, relativo alla definizione dei simboli nazionali, tra i quali solitamente trova sede nei testi costituzionali la previsione della lingua ufficiale, assieme all'inno e alla bandiera [15]. D'altra parte, sul silenzio costituzionale ha pesato, come si accennava sopra, la politica di nazionalizzazione forzata condotta dal regime fascista a scapito delle minoranze alloglotte dell'arco alpino e degli idiomi minoritari: il riconoscimento dell'italiano come lingua ufficiale dello Stato avrebbe potuto assumere un sapore nazionalistico, evocando regimi totalitari e repressivi nei confronti del pluralismo linguistico e culturale che il legislatore costituente ha voluto, invece, riconoscere e garantire. Dunque, un dato di fatto accompagnato a qualche preoccupazione ideologica furono essenzialmente all'origine della mancata costituzionalizzazione del principio di ufficialità della lingua italiana. Eppure, l'italiano è da sempre considerato implicito nel fatto stesso che la Costituzione è redatta nella sola lingua italiana e nel fatto che l'art. 6, come accennato, protegge le minoranze linguistiche e le loro lingue, così con-

---

[15] Ai sensi dell'art. 12 Cost., «*La bandiera della Repubblica è il tricolore italiano, verde, bianco e rosso, a tre bande verticali di eguali dimensioni*». Sulla proposta di costituzionalizzare l'ufficialità della lingua italiana, v., in particolare, nella XVII legislatura il d.d.l. cost. n. 973/2013, a modifica dell'art. 12 Cost., e il d.d.l. cost. n. 1575/2014, a modifica dell'art. 9 Cost. Oltre a quanto si dirà *infra* §5 e nota 50, cfr. in dottrina, P. CARETTI, *Lingua e Costituzione,* in *Rivista AIC,* n. 2/2014; M. FRANCHINI, *"Costituzionalizzare" l'italiano: lingua ufficiale o lingua culturale?*, in *Rivista AIC*, n. 1/2014. Cfr., inoltre, i contributi pubblicati in *Osservatorio AIC,* n. 1/2014 sul tema *"Uso della lingua italiana e valori costituzionali"* e, infine, la proposta di legge A.C. n. 5683/2012 contenente disposizioni per la valorizzazione e l'internazionalizzazione della lingua italiana.

fermandosi l'esistenza di una collettività maggioritaria di lingua e cultura italiana [16]. Del resto, nel medesimo senso depongono gli statuti speciali delle due regioni sopra menzionate, ove viene sancita la co-ufficialità, limitatamente al territorio regionale, del tedesco e del francese rispetto alla lingua italiana [17]. Quanto all'impiego della lingua davanti all'autorità giudiziaria, la legislazione stabilisce l'uso dell'italiano nel processo civile con facoltà per il giudice di nominare un interprete qualora debba essere sentita una persona che non conosce la lingua italiana (art. 122 c.p.c.) e l'obbligo di compiere gli atti del procedimento penale in italiano, ferme restando le garanzie per gli appartenenti alle minoranze linguistiche (art. 109 c.p.p.) [18]. Più recentemente, l'ufficialità della lingua italiana è stata resa esplicita, quantunque soltanto a livello di legislazione ordinaria, in occasione della approvazione della legge per la tutela delle minoranze linguistiche storiche [19].

3. Dal principio di eguaglianza alla protezione delle minoranze linguistiche: in particolare, il collegamento tra art. 3 e art. 6 Cost.

Se, in sede costituente, la stesura dell'art. 3 non aveva dato adito a particolari problematicità, tutt'altra fu la situazione in merito alla introduzione di una norma espressamente rivolta alla tutela delle minoranze linguistiche. Alla opinione di chi (on. Ruini) riteneva pleonastica una norma *ad hoc*, dal momento che l'affermazione del principio di eguaglianza per tutti i cittadini indipendentemente dalla razza e dalla lingua sarebbe risultata sufficiente ed avrebbe assorbito la garanzia delle minoranze linguistiche, faceva da contraltare la proposta di inserire una disposizione specifica nella parte della Costituzione dedi-

[16] Sul punto, v. anche Corte cost. n. 28/1982, secondo cui: «*la Costituzione conferma per implicito che il nostro sistema riconosce l'italiano come unica lingua ufficiale*» (punto 2 cons. dir.). Più recentemente, quella affermazione veniva ribadita nella sent. n. 159/2009 (punto 2.3 cons. dir.), cu cui v. *infra* §4.1.

[17] V. *infra* §4.

[18] Ai sensi dell'art. 109, comma 2, c.p.p., il cittadino italiano che appartiene ad una minoranza linguistica riconosciuta (v. *infra* nel testo per tale nozione) può richiedere l'uso della lingua minoritaria nel processo che si svolga nel territorio di insediamento della minoranza stessa; nella medesima lingua sono tradotti gli atti del procedimento a lui indirizzati, su sua richiesta. Resta ferma la garanzia del diritto all'interprete anche per il cittadino italiano appartenente ad una minoranza linguistica, qualora il processo sia celebrato fuori dal territorio di insediamento autoctono.

[19] Cfr. art. 1 della legge n. 482/1999, su cui v. *infra* §4.1.

cata all'ordinamento regionale, in alternativa alla istituzione delle regioni a statuto speciale di confine, ove erano manifeste le esigenze di tutela di comunità autoctone con lingua diversa dall'italiano (on. Codignola)[20]. Su indicazione dell'on. Tosato, l'Assemblea costituente decise, alla fine, di includere la disposizione tra i Principi fondamentali della Costituzione e di prevedere comunque le regioni Trentino-Alto Adige, Valle d'Aosta e Friuli-Venezia Giulia, ove erano (e sono) stanziate, rispettivamente, consistenti comunità di lingua tedesca, francese e slovena. Prevalse, infatti, l'idea che la protezione delle situazioni minoritarie non potesse considerarsi un aspetto legato esclusivamente alla autonomia regionale, trattandosi piuttosto di una questione di ordine generale, di un obiettivo da perseguire nella forma di stato democratica e pluralista che si andava costruendo, in ottemperanza non ad eventuali vincoli internazionali, bensì ad un principio ritenuto, di per sé, rilevante sul piano interno e degno di espressa menzione.

Nella redazione definitiva di quello che sarebbe diventato l'attuale art. 6 («La Repubblica tutela con apposite norme le minoranze linguistiche»), venne preferita l'espressione "minoranze linguistiche", in luogo di quella originariamente proposta di "minoranze etniche e linguistiche", in quanto è la lingua a dover essere assunta quale criterio distintivo per la tutela delle popolazioni nelle zone alloglotte e mistilingui, piuttosto che la razza o la nazionalità. La scelta finale non sembra, comunque, essere stata suggerita da precise motivazioni di ordine giuridico, quanto, ponendosi l'accento sull'aspetto linguistico-culturale della tutela minoritaria, dalla intenzione di consentire al legislatore la più ampia facoltà di apprezzamento delle situazioni minoritarie nel rispetto della unità e integrità territoriale dello Stato.

Sta di fatto che al costituente era ben presente la complessità delle situazioni minoritarie del nostro paese che comprendevano (e comprendono tuttora), oltre alle tre consistenti minoranze sopra menzionate e localizzate in modo omogeneo e compatto in territori di confine con altrettanti Stati in cui i rispettivi idiomi sono lingue nazionali (c.d. minoranze nazionali), le popolazioni ladine prevalentemente stanziate nelle valli dell'Alto Adige e numerose altre isole linguistiche. Veniva così individuata una ideale linea di demarcazione tra le diverse tipologie minoritarie che, pur non conservando traccia nella stesura dell'art. 6 Cost., finiva inevitabilmente per influire sullo statuto delle garanzie e offriva lo spunto per il radicarsi di un atteggiamento che avrebbe per lungo tempo resistito e privilegiato le minoranze tedesca, francese e slovena, rele-

---

[20] In base all'art. 108-*bis*, proposto dall'on. Codignola: «*La Repubblica garantisce il pieno e libero sviluppo, nell'ambito della Costituzione, delle minoranze etniche e linguistiche esistenti sul territorio dello Stato (1° co.). Gli enti autonomi regionali non possono, sotto nessuna forma, limitare il pieno e libero sviluppo delle minoranze etniche e linguistiche esistenti nel territorio dello Stato*» (seduta del 1° luglio 1947, A.C., III, 2447-2448).

gando nel sostanziale disinteresse del legislatore le restanti comunità linguistiche disseminate nel territorio italiano[21].

L'insufficienza avvertita in Assemblea costituente, almeno in relazione alle minoranze nazionali più cospicue e problematiche, del divieto di discriminazione per ragioni di lingua e la previsione a carico dei pubblici poteri – la Repubblica – dell'impegno di predisporre misure specifiche di tutela ha indotto una parte della dottrina a ravvisare nel disposto dell'art. 6 una delle possibili specificazioni dell'art. 3 nella duplice accezione della eguaglianza formale e sostanziale[22], oltre che il naturale prolungamento del diritto alla libera manifestazione del pensiero (art. 21). Altra parte della dottrina legge, invece, nell'art. 6 il fondamento per l'introduzione di disposizioni specifiche e derogatorie rispetto all'art. 3, come la previsione di un catalogo di diritti linguistici e di usi pubblici delle lingue minoritarie, a garanzia dei tratti identitari propri degli appartenenti ai gruppi alloglotti, quantunque conoscano, comprendano e parlino la lingua italiana[23]. In realtà, per quanto in apparenza distanti, non sembra che le due interpretazioni debbano escludersi a vicenda. Nell'ambito di contesti sociali etnicamente e linguisticamente compositi, l'accoglimento di valori democratici basilari – tra i quali il principio di non discriminazione e quello pluralistico, modulati anche sulla base della lingua e della appartenenza etnica – frequentemente si coniuga con la predisposizione da parte dei pubblici poteri di interventi *ad hoc*, capaci di conservare e valorizzare l'identità linguistica e culturale, non soltanto dei singoli individui e della nazione, ma altresì delle collettività minoritarie. Posto che la protezione degli appartenenti alle comunità di lingua minoritaria non può esaurirsi nella affermazione del principio di eguaglianza formale e non discriminazione per ragioni linguistiche, l'effettività della protezione dipenderà in larga misura dalla adozione delle soluzioni più idonee, all'interno di ciascun ordinamento, a realizzare l'eguaglianza sostanziale e ciò allo scopo di promuovere tra i membri delle minoranze linguistiche un patrimonio di valori comuni e sintetizzabili nel diritto alla diversità e alla identità linguistica e culturale, di cui si accennava in apertura.

Ulteriori disposizioni presenti nella Costituzione italiana possono, peraltro,

---

[21] V. *infra* §4.

[22] In tal senso, v., per tutti, PIZZORUSSO, *Il pluralismo linguistico tra Stato nazionale e autonomie regionali,* Pisa, 1975, 36 ss. Cfr. anche Corte cost. n. 233/1994, secondo cui: «nell'ottica di tale disposizione costituzionale [art. 6] è stato pure affermato da questa Corte che la tutela di dette minoranze può richiedere la predisposizione di un trattamento specificamente differenziato, in forza del principio di "eguaglianza sostanziale" e della connessa esigenza di forme di tutela positiva» (punto 7 cons. dir.).

[23] In questo senso, v., invece, E. PALICI DI SUNI PRAT, *Intorno alle minoranze,* Torino, 2002, 15 ss.

ricongiungersi all'obiettivo della tutela delle minoranze linguistiche e concorrere alla sua realizzazione. Ad esempio, si può leggere l'art. 6 in combinato disposto con la norma che assegna alla Repubblica, una e indivisibile la promozione e l'attuazione dei principi della autonomia locale e del decentramento (art. 5): soprattutto in relazione alle comunità alloglotte meno numerose o disperse sul territorio, gli enti infraregionali appaiono le sedi più congeniali per la realizzazione di una tutela giuridica realmente positiva ed efficace. E ancora, in reazione alla concezione individualistica ottocentesca, che non tollerava o comunque non incoraggiava le manifestazioni del pluralismo sociale, l'art. 6 si collega idealmente al principio di tutela dei diritti inviolabili dell'uomo nelle formazioni sociali ove si svolge la sua personalità (art. 2), tra le quali sono sicuramente da annoverare le formazioni linguistiche minoritarie. Infine, un nesso con l'art. 6 è individuabile nella disposizione, anch'essa collocata tra i Principi fondamentali, che attribuisce, di nuovo, alla Repubblica la promozione dello sviluppo della cultura e la tutela del patrimonio storico e artistico della nazione (art. 9), nel quale rientrano i patrimoni linguistici e culturali delle minoranze linguistiche. Infatti, non sembra potersi dubitare che gli idiomi minoritari costituiscono beni culturali da salvaguardare e valorizzare, oltre che elementi distintivi di un gruppo sociale i cui componenti condividono la volontà di preservare quegli idiomi e utilizzarli sia in ambito familiare che nella vita pubblica.

4. La protezione "asimmetrica" delle minoranze linguistiche: a) le c.d. minoranze nazionali dell'arco alpino tutelate dagli statuti regionali speciali

Il modello di tutela delle minoranze linguistiche delineato in Italia dal legislatore statale si caratterizzava, fino al 1999, per il riconoscimento di uno *status* giuridico privilegiato alle minoranze nazionali – gruppi francofono della Valle d'Aosta, germanofono dell'Alto Adige e, in minor misura, sloveno delle province di Trieste e Gorizia – e la pressoché totale assenza di misure di protezione nei confronti degli appartenenti ai restanti, e talora anche demograficamente consistenti, gruppi alloglotti di antico insediamento distribuiti nel territorio nazionale[24].

La diversità di approccio era già emersa, come si è accennato, durante i lavori preparatori della Carta costituzionale, allorché venne tracciata la distin-

---

[24] Si tratta, in totale, di circa due milioni e mezzo di parlanti.

zione tra "isole linguistiche" e "minoranze etniche e linguistiche" dei territori di confine. Quella distinzione trovava un seguito nelle vicende attuative dell'art. 6 e nel pensiero del giudice delle leggi. La Corte costituzionale ha contribuito infatti, con la progressiva chiarificazione del concetto di "minoranza linguistica riconosciuta"[25], ad avvalorare in sede interpretativa le categorie delineate in sede costituente. L'esistenza di specifici obblighi internazionali[26] e l'adozione di norme interne di rango costituzionale (come sono gli statuti speciali), nonché di atti normativi statali e regionali variamente connessi agli impegni assunti dallo Stato italiano verso stati esteri hanno costituito, nella giurisprudenza costituzionale, le premesse per delineare lo *status* di minoranza linguistica riconosciuta e, implicitamente, per operare una classificazione dei gruppi linguistici, almeno fino alla attuazione con legge generale dell'art. 6 Cost.[27].

Le pronunce del giudice costituzionale, d'altro canto, ricevevano impulso e al tempo stesso offrivano sostegno al comportamento ambiguo del parlamento, orientato per molti anni a sottolineare il *favor* verso le minoranze linguistiche *riconosciute* e a perseverare in un atteggiamento di sostanziale indifferenza nei confronti delle restanti comunità di lingua e cultura minoritaria, relegate alla condizione di minoranze linguistiche *non riconosciute*. Queste ultime, localizzate nei territori sia delle regioni ordinarie che speciali, potevano fare affidamento – una volta completato il disegno regionale negli anni '70 – quasi esclusivamente sulle iniziative dei legislatori locali, i quali si dimostravano dapprima timidi e poi via via più sensibili alla tutela dei patrimoni linguistici delle minoranze e alla promozione degli usi pubblici delle lingue minoritarie.

Pertanto, secondo quanto risulta dagli statuti speciali[28], il regime della tutela prescelto dal legislatore italiano per gli appartenenti alle minoranze francofona della Valle d'Aosta e tedesca dell'Alto Adige si sostanzia da sempre nel

---

[25] Si vedano, in particolare, le sentt. nn. 28/1982, 62/1992 e 15/1996.

[26] Si vedano, con riguardo al Trentino-Alto Adige, gli Accordi De Gasperi-Gruber (1946) e Moro-Waldheim (1969) che sancirono un pacchetto di misure legislative e amministrative, la cui attuazione ha determinato il rilascio della quietanza liberatoria da parte delle autorità austriache (1992) e, con riguardo al Friuli-Venezia Giulia, il Memorandum di Londra (1954) e il Trattato di Osimo (1975).

[27] V. *infra* § 4.1.

[28] Legge cost. n. 4/1948 (st. Valle d'Aosta); legge cost. n. 5/1948, modif. nel 1971-'72 (d.P.R. n. 670/1972) (st. Trentino-Alto Adige), cui si aggiunse la legge cost. n. 1/1963 (st. Friuli-Venezia Giulia, su cui v. *infra* nel testo). Gli statuti speciali sono stati modificati con legge cost. n. 2/2001, su cui v. *infra* nel testo per le novità introdotte allo st. Trentino-Alto Adige in tema di minoranze linguistiche.

conferimento della *co-ufficialità,* cioè nella parificazione giuridica delle lingue, rispettivamente, francese e tedesca alla lingua italiana (art. 38 st. Valle d'Aosta e art. 99 st. Trentino-Alto Adige), che possono essere usate indifferentemente nei rapporti pubblici limitatamente ai territori delle relative regioni. Il modello della equivalenza giuridica delle lingue ed il conseguente statuto dei diritti linguistici risultano strutturati, rispettivamente in Valle d'Aosta e in Trentino-Alto Adige (*rectius*: nella provincia di Bolzano), secondo i criteri del bilinguismo totale o integrale e del separatismo linguistico. Entrambi i criteri sono declinati, nell'ordinamento italiano, in base al prevalente principio di territorialità che tende a far corrispondere a determinate frontiere amministrative altrettanti confini linguistici. In linea teorica, la scelta del bilinguismo o del separatismo dipende dalla intenzione del legislatore di agevolare i contatti e l'integrazione culturale tra le diverse componenti nazionali nelle aree mistilingui ovvero di favorire la conservazione del gruppo minoritario evitandone l'assimilazione al gruppo economicamente e culturalmente più forte. L'adozione del bilinguismo totale comporta l'uso pubblico della lingua minoritaria o della lingua di stato senza necessità di traduzioni, mentre il separatismo linguistico consente l'impiego disgiunto delle lingue e favorisce, nei diversi ambiti pubblici, l'utilizzazione separata di ciascuna lingua, salvo ricorrere a testi bilingui o traduzioni nei casi espressamente previsti dalla normativa o nei rapporti intercomunitari. Così, ad esempio, in materia di istruzione, se lo statuto della Valle d'Aosta stabilisce che nelle scuole di ogni ordine e grado all'insegnamento della lingua francese deve dedicarsi un numero di ore settimanali pari a quello della lingua italiana (artt. 38-40), lo statuto del Trentino-Alto Adige dispone l'istituzione di scuole separate a seconda che la lingua materna degli alunni sia il tedesco oppure l'italiano (art. 19). Tra gli interventi più rilevanti per la comunità germanofona della provincia di Bolzano, viene in considerazione il criterio della c.d. proporzionale etnica, che riserva i posti dei ruoli del personale civile delle amministrazioni statali e degli uffici giudiziari della provincia ai cittadini appartenenti a ciascuno dei tre gruppi linguistici (italiano, tedesco, ladino), in rapporto alla consistenza dei gruppi stessi, quale risulta dalle dichiarazioni di appartenenza rilasciate nel censimento ufficiale della popolazione (art. 89 st.). A garanzia della parità dei diritti tra i cittadini dei tre gruppi linguistici è altresì preordinata la previsione che riconosce alla maggioranza dei membri di un gruppo in seno al consiglio regionale o provinciale di Bolzano la richiesta di votazione per gruppi separati su una proposta di legge ritenuta lesiva del suddetto principio, con possibile impugnazione del provvedimento davanti alla Corte costituzionale da parte della maggioranza del gruppo stesso (art. 56 st.). Dunque, in Trentino-Alto Adige, il regime privilegiato di tutela accordato alla minoranza tedesca di Bolzano ha potuto giovare, fin dalle origini, anche agli appartenenti alla minoranza ladina residenti sul medesimo territorio, ai quali è stato riconosciuto un trattamento di favore rispetto al più modesto grado di protezione riservato all'omologo gruppo stanziato nel territorio della provincia di Trento. Pur senza pervenire al riconoscimento del trilinguismo, infatti, lo statuto del 1948, modificato nel 1972, e la conseguente normativa di attuazione hanno accordato ai ladini sudtirolesi soddisfacenti tecniche di protezione che trovano espressione – oltre a quanto già riferito – nella previsione dell'impiego della lingua ladina nelle scuole come lingua veicolare e materia di insegnamento (art. 19, comma 2, st.), nel riconoscimento dell'uso della lingua ladina per comunicare in forma scritta e orale con gli uffici della pubblica amministrazione, con l'autorità giudiziaria e nelle riunioni degli organi collegiali degli enti locali (art. 32, d.P.R. n. 574/1988), nonché, a seguito della riforma dello statuto regionale del 2001, nel principio della rappresentanza garantita in seno agli organi degli enti pubblici locali in provincia di Bolzano e alla giunta regionale (artt. 62 e 36, comma 3, st.).

Diversamente dalle minoranze francofona, germanofona e ladina, quella slovena, insediata nel territorio del Friuli-Venezia Giulia – anch'essa regione a statuto speciale – gode di una tutela più modesta, a cominciare dal fatto che lo sloveno non è parificato all'italiano. Lo statuto regionale si limita a riconoscere la parità di trattamento dei cittadini a prescindere dal gruppo linguistico di appartenenza e a salvaguardare le rispettive caratteristiche etniche e culturali (art. 3), ma non contiene disposizioni specificamente rivolte alla garanzia delle minoranze linguistiche localizzate nella regione. Infatti, il panorama linguistico e culturale di questa regione comprende anche una estesa comunità di lingua friulana (province di Udine e Pordenone), oltre ad un meno consistente gruppo germanofono. A prescindere dal silenzio dello statuto, comunque, gli sloveni di Trieste hanno potuto beneficiare di una tutela più approfondita, non soltanto a confronto con gli altri gruppi alloglotti presenti sul territorio, ma altresì rispetto alla tutela accordata alle omologhe comunità del ceppo sloveno stanziate nelle province di Gorizia e Udine, grazie alla qualificazione di "minoranza linguistica riconosciuta" che il giudice costituzionale, come anticipato, ha riservato per ragioni storiche e giuridiche alla minoranza slovena di Trieste. Nel tentativo di pervenire ad una tutela globale e omogenea delle minoranze slovene in Friuli-Venezia Giulia, il parlamento ha previsto numerose iniziative di sostegno, promozione e recupero della identità slovena nella regione, da rendere effettive previa delimitazione delle aree di insediamento tradizionale delle minoranze stesse[29].

Ulteriori strumenti normativi sono stati progressivamente adottati a livello nazionale per rafforzare e rendere più organico lo statuto giuridico delle mi-

[29] Cfr., in proposito, la legge n. 38/2001 (*Norme per la tutela della minoranza linguistica slovena del Friuli-Venezia Giulia*).

noranze linguistiche di antico insediamento nei territori delle regioni a statuto speciale ovvero per ampliare la rosa dei destinatari. Ad esempio, con decreti legislativi di attuazione statutaria sono state introdotte dal governo misure di protezione per le popolazioni ladina, mochena e cimbra della provincia di Trento[30] e alcune leggi costituzionali sono andate a modificare gli statuti di autonomia anche nella prospettiva considerata. Veniva così previsto l'insegnamento nella lingua materna ai componenti della minoranza *walser* stanziata nella Valle del Lys in Valle d'Aosta (art. 40-*bis* st., introdotto con legge cost. n. 2/1993), mentre una serie di disposizioni introdotte con legge cost. n. 2/2001 allo statuto del Trentino-Alto Adige sono valse ad attenuare la disparità di trattamento tra i gruppi ladini delle province di Bolzano e Trento e a potenziare la tutela delle comunità mochena e cimbra della provincia di Trento, comprese l'assegnazione di un seggio nel consiglio provinciale di Trento al gruppo ladino-dolomitico di Fassa (art. 48, comma 3, st.) e l'estensione della facoltà – in precedenza riconosciuta limitatamente ai gruppi linguistici della provincia di Bolzano – di impugnare davanti al giudice amministrativo della provincia di Trento gli atti amministrativi ed i provvedimenti dei comuni, rispettivamente da parte dei consiglieri regionali o provinciali e anche – nel secondo caso – da parte dei consiglieri dei comuni delle località ladine, mochene e cimbre, previo accertamento ad opera di un quinto del consiglio comunale, qualora quei provvedimenti risultino lesivi del principio di parità tra i cittadini di lingua italiana, ladina, mochena e cimbra residenti nel territorio provinciale (art. 92, comma 2, st.).

4.1. *Segue:* b) le minoranze linguistiche storiche e la legge generale di tutela n. 482/1999.

In un simile scenario, caratterizzato dalla asimmetria nella intensità della tutela sia tra le diverse minoranze riconosciute, che tra queste e le altre minoranze non riconosciute, vedeva la luce la legge n. 482/1999 (*Norme in materia di tutela delle minoranze linguistiche storiche*)[31]. Adottata a conclusione di un lungo e travagliato *iter* parlamentare, è questa la prima legge generale di attuazione dell'art. 6 Cost. che fornisce le premesse comuni per la predisposizione di uno statuto giuridico modulabile a cura dei poteri locali e rivolto a *tutte* le minoranze linguistiche *esplicitamente enumerate*, tra le quali compaiono anche le collettività già destinatarie, per le ragioni a suo tempo evidenziate in Assemblea costituente, di misure speciali di protezione. Dopo avere proclamato

[30] V. d.P.R. nn. 592/1993, 321/1997, 261/2001.

[31] Alla legge veniva data attuazione con un regolamento governativo (d.P.R. n. 345/2001).

il carattere ufficiale dell'italiano e collocato la valorizzazione del patrimonio linguistico e culturale della lingua italiana, nonché la promozione e valorizzazione delle lingue e culture espressamente oggetto di tutela, tra gli obiettivi della Repubblica (art. 1), la legge impegna quest'ultima alla protezione della lingua e cultura delle popolazioni albanesi, catalane, germaniche, greche, slovene, croate e di quelle parlanti il francese, il franco-provenzale, il friulano, il ladino, l'occitano e il sardo (art. 2).

Come emerge dalla intitolazione e dalla riportata elencazione, la legge n. 482/1999 ha scelto di non occuparsi né delle minoranze degli immigrati, né delle popolazioni di etnia rom e sinta. Peraltro, queste ultime comparivano nei lavori preparatori, ma vennero estromesse nella stesura definitiva del provvedimento legislativo[32]. Per tutte quelle situazioni, la ragione fondamentale della loro esclusione risiede nella assenza del requisito della autoctonia, trattandosi di gruppi minoritari caratterizzati dalla presenza diffusa sul territorio nazionale, cui si aggiunge, per le c.d. nuove minoranze composte da immigrati, il carattere recente della formazione che non giustificherebbe l'esistenza di un vincolo di appartenenza storica col territorio. La legge del 1999, infatti, fa dipendere la tutela positiva delle minoranze linguistiche riconosciute dal loro radicamento geografico e collega il godimento di precisi diritti linguistici e culturali alla previa delimitazione delle aree di insediamento tradizionale.

L'attribuzione dello *status* di minoranze linguistiche riconosciute ad opera della legge n. 482/1999 e la definizione delle aree di insediamento minoritario da parte dei consigli provinciali soddisfano i presupposti per la realizzazione di un catalogo di diritti linguistici, prevalentemente articolati secondo il criterio della territorialità. Infatti, la legge riconosce, limitatamente alle aree geografiche in cui le minoranze sono stanziate storicamente, il diritto all'uso della lingua minoritaria sia come strumento di insegnamento che come materia curricolare nelle scuole materne, elementari e secondarie inferiori, aggiungendo ulteriori iniziative per la valorizzazione e la ricerca anche a livello universitario (artt. 4-6); l'impiego della madrelingua nelle adunanze degli organi amministrativi, fatto salvo il diritto di quanti non conoscono la lingua ammessa a tutela ad una immediata traduzione in italiano (art. 7); la pubblicazione nell'idioma minoritario di atti ufficiali dello Stato, delle regioni, degli enti locali territoriali e non territoriali, fermo restando l'esclusivo valore legale del testo redatto in lingua italiana (art. 8); l'uso della lingua minoritaria nei rapporti con

---

[32] Dopo l'intervento legislativo del 1999, svariati progetti sono stati presentati vuoi per modificare la legge n. 482/1999 mediante l'inserimento della popolazione zingara, vuoi per l'introduzione di una disciplina *ad hoc* avente ad oggetto la condizione giuridica delle minoranze zingare ovvero rom, sinti e camminanti. Nella XVII legislatura, per l'introduzione di una disciplina *ad hoc*, v. A.S. 770/2013 (*Norme per la tutela e le pari opportunità della minoranza dei rom e dei sinti*).

l'amministrazione locale e davanti al giudice di pace (art. 9), nonché nelle indicazioni topografiche (art. 10), mentre per il ripristino dei cognomi, eventualmente modificati, nella forma originaria è prescritta la presentazione di idonea documentazione (art. 11) e nel sistema dell'informazione lo Stato è tenuto ad assicurare la tutela delle minoranze linguistiche nelle zone di appartenenza alle quali le regioni interessate possono rivolgere particolare attenzione nell'ambito della programmazione radiofonica e televisiva (art. 12).

Subito dopo l'adozione, grande fiducia veniva riposta nella legge n. 482/1999 soprattutto da parte delle amministrazioni regionali. In primo luogo, infatti, essa dava finalmente attuazione ad un principio fondamentale della Costituzione che per lungo tempo era stato applicato in maniera pressoché esclusiva a vantaggio delle minoranze nazionali stanziate nei territori di confine dell'Italia settentrionale. In secondo luogo, la legge andava a legittimare *ex post* ovvero a fornire l'opportuno fondamento giuridico per l'intervento dei poteri locali, permettendo di superare, eventualmente mediante meccanismi istituzionali di coordinamento e proposta (art. 3, comma 3), l'ulteriore discriminazione derivante dalla frammentazione geografica del medesimo nucleo linguistico o di nuclei linguistici affini, come nei casi emblematici degli sloveni del Friuli-Venezia Giulia e dei ladini diversamente trattati a seconda della provincia di residenza. Inoltre, la valorizzazione delle lingue e culture ammesse a tutela, anche al di là dei confini nazionali, nei territori in cui esse sono diffuse e a condizioni di reciprocità (art. 19, comma 1) testimoniava la presa d'atto di una esigenza avvertita anche in seno al Consiglio d'Europa e che riconosce nella cooperazione transfrontaliera e nella stipulazione di accordi con stati esteri lo strumento più idoneo a rafforzare i vincoli comuni tra i membri dei gruppi minoritari, oltre che a preservare le rispettive identità linguistiche e culturali dal rischio della assimilazione alle culture maggioritarie[33].

La legge n. 482/1999 va inserita nel contesto delle iniziative legislative regionali già avviate prima della sua entrata in vigore e finalizzate non soltanto alla salvaguardia dei patrimoni linguistici regionali, ma altresì alla disciplina di determinati usi pubblici degli idiomi minoritari nelle rispettive aree di insediamento[34]. Proprio con riguardo ai rapporti tra la sopravvenuta legge generale di principi e la esistente normativa regionale, viene precisato che nei confronti delle regioni di diritto speciale e delle province autonome di Trento e

---

[33] V. art. 18 Convenzione-quadro per la protezione delle minoranze nazionali, ratificata con legge n. 302/1997.

[34] Si vedano: legge reg. Veneto n. 73/1994; legge reg. Friuli-Venezia Giulia n. 15/1996, modif. da legge reg. n. 13/1998; legge reg. Molise n. 15/1997; legge reg. Sardegna n. 26/1997; legge reg. Piemonte n. 37/1997; legge reg. Basilicata n. 40/1998; legge reg. Sicilia n. 26/1998; legge reg. Valle d'Aosta n. 47/1998; legge prov. Trento n. 4/1999.

Bolzano restano ferme le disposizioni in vigore mentre la eventuale estensione delle misure più favorevoli contenute nella legge n. 482/1999 è rinviata a decreti legislativi di attuazione statutaria (art. 18). Per le regioni ordinarie, invece, il parlamento ha fatto salve le disposizioni regionali vigenti che abbiano previsto un regime di maggiore garanzia per le minoranze linguistiche e ha disposto che, nelle materie di loro competenza, la legislazione regionale possa adeguarsi ai principi della legge n. 482 (art. 13).

Il venir meno di una presunta riserva di legge statale in materia di tutela delle minoranze linguistiche[35] e l'interpretazione del termine "Repubblica" di cui all'art. 6 Cost. come sinonimo di stato-ordinamento avevano impresso, infatti, a far data dagli anni '80, una accelerazione all'esercizio della potestà legislativa delle regioni, sia a statuto ordinario che speciale. La riforma delle autonomie locali e il conferimento della potestà statutaria a province e comuni (legge n. 142/1990, in seguito sostituita dal d.lgs. n. 272/2000), nonché la riconduzione alla potestà legislativa primaria delle regioni ad autonomia speciale della disciplina concernente l'ordinamento degli enti locali (legge cost. n. 2/1993) avevano offerto ulteriori stimoli ai legislatori regionali per disporre modalità di tutela delle lingue e comunità minoritarie. In particolare, dagli anni '90 si poteva registrare un significativo incremento delle leggi regionali, alcune delle quali sarebbero state in seguito abrogate e sostituite ovvero semplicemente modificate con il sopraggiungere di nuove normative. L'attivismo del legislatore regionale proseguiva nella fase successiva alla entrata in vigore della legge statale n. 482/1999[36]. Nelle previsioni regionali le misure di tutela, dirette alla conservazione e allo sviluppo della identità etnica, linguistica, storica e culturale delle popolazioni alloglotte, sono fatte consistere prevalentemente nello stanziamento di risorse finanziarie agli enti locali allo scopo di favorire la promozione delle attività culturali e didattiche, anche mediante la costituzione di appositi istituti di cultura, la diffusione dell'informazione e di programmi nella lingua ammessa a tutela sia nelle emittenti pubbliche che private, la promozione di studi, ricerche e incontri in modo da diffondere la conoscenza del patrimonio culturale delle minoranze e contribuire al recupero della toponomastica originaria. Più propense al riconoscimento, oltre che degli aspetti culturali, dell'uso pubblico delle lingue autoctone sono state, ancora prima della adozione della legge n. 482/1999, alcune regioni a statuto speciale[37].

---

[35] In proposito, v. Corte cost. n. 312/1983 e n. 289/1987.

[36] Si vedano: legge reg. Basilicata n. 16/1998, modif. da legge n. 40/1998 e da legge n. 17/2004; legge reg. Piemonte n. 11/2009, abrogativa delle leggi n. 26/1990 e n. 37/1997; legge reg. Calabria n. 15/2003; legge reg. Campania n. 14/2004; legge reg. Puglia n. 5/2012.

[37] V., ad es., le leggi regionali di Sicilia, Sardegna, Valle d'Aosta e Friuli-Venezia Giulia,

La nuova stagione statutaria, apertasi nel XXI secolo nelle regioni ordinarie, è stata l'occasione per palesare una più convinta propensione verso la tutela delle comunità minoritarie locali [38]: se alcuni statuti hanno inserito per la prima volta l'obiettivo della regione di riconoscere, tutelare e promuovere le minoranze linguistiche presenti nel proprio territorio (es. art. 4 st. Puglia) ovvero più semplicemente di valorizzare le specificità storiche, linguistiche, culturali, sociali e geografiche o le identità linguistiche della regione (così, rispettivamente, art. 2, comma 1, lett. *g*), st. Liguria; art. 2, comma 3, lett. *f*), st. Lombardia), altri hanno inteso ribadire l'impegno regionale alla salvaguardia e valorizzazione del patrimonio culturale delle minoranze linguistiche storicamente presenti nel territorio regionale (art. 8 st. Molise) ovvero alla promozione delle identità minoritarie locali che vengono espressamente individuate (es. art. 2 st. Calabria; preambolo e art. 7 st. Piemonte) [39].

Negli anni recenti, alcune autonomie speciali, sull'esempio consolidato del modello spagnolo di tutela delle lingue regionali parificate al castigliano, hanno deciso di attribuire alle lingue parlate nei rispettivi ambiti geografici il carattere di "lingua propria", perfezionando contestualmente il regime della protezione. Così, il legislatore trentino (legge prov. n. 6/2008, abrogativa della legge prov. n. 4/1999), nell'intento di valorizzare l'identità delle popolazioni di minoranza e di conferire unitarietà e organicità alla tutela delle comunità ladina, mochena e cimbra presenti nel territorio della provincia di Trento, ha dettato una articolata disciplina che – previa delimitazione degli ambiti territoriali – riconosce nel *Comun general de Fascia* (già istituito con legge prov. n. 3/2006) il soggetto esponenziale di quelle comunità, dispone la loro rappresentanza negli organi collegiali della provincia, negli enti pubblici e privati, nelle istituzioni scolastiche e nel consiglio delle autonomie locali, prevede la creazione di istituti culturali, così come di appositi organismi sia per la definizione delle politiche di tutela minoritaria che per la vigilanza sulla corretta attuazione della normativa in materia di tutela e promozione delle minoranze linguistiche, garantisce l'uso del ladino, mocheno e cimbro – "lingue proprie" delle rispettive comunità – nei rapporti con le istituzioni scolastiche, con gli uffici della provincia e degli enti locali, nelle

---

15/1996, cit. *supra* nota 34. Per quest'ultima regione, v. inoltre a tutela, rispettivamente, della minoranza slovena, di quella friulana e di quella tedesca nella regione legge n. 26/2007, legge n. 29/2007, legge n. 20/2009. Cfr., infine, leggi prov. Trento n. 5/2006 e n. 6/2008.

[38] A seguito della legge cost. n. 1/1999, per l'adozione e la modifica degli statuti ordinari si procede con legge regionale (art. 123 Cost.).

[39] Lo st. Calabria si riferisce esplicitamente alle popolazioni di origine albanese, grecanica, occitanica e rom; mentre lo st. Piemonte si rivolge alle comunità occitana, francoprovenzale e *walser*. Lo st. Veneto riconosce forme particolari di autonomia amministrativa, regolamentare e finanziaria alla provincia di Belluno, in quanto territorio abitato da «significative minoranze linguistiche» (art. 15, comma 5).

adunanze degli organi elettivi, nella scuola e nella toponomastica, detta norme di sostegno alla cultura e all'informazione e in materia di accesso al pubblico impiego in modo da assicurare la precedenza assoluta a quanti dimostrino la conoscenza della lingua minoritaria nei pubblici concorsi. Al rafforzamento della tutela minoritaria si è risolto anche il legislatore del Friuli-Venezia Giulia (legge reg. n. 29/2007) che, dopo aver proclamato il friulano come «lingua propria» del Friuli, ha affermato testualmente l'obiettivo di «ampliare» l'uso di tale lingua nel territorio di riferimento e nel rispetto della libertà di scelta dei cittadini (art. 1, comma 3, legge reg.), così affiancando al più diffuso criterio di territorialità quello di personalità della tutela minoritaria[40]. Per questo e per altri motivi la legge regionale veniva dichiarata illegittima dalla Corte costituzionale che, ad un decennio dalla adozione, ha avuto per la prima volta l'occasione di pronunciarsi sulla portata della legge attuativa dell'art. 6 Cost. Con la sent. n. 159/2009[41], che sarebbe stata ripresa nelle linee generali da pronunce successive riguardanti questioni analoghe (sentt. n. 170/2010 e n. 88/2011)[42], il giudice co-

---

[40] Se, come detto, il criterio di territorialità tende a far corrispondere a determinati ambiti geografici altrettanti confini linguistici e ad applicare la tutela minoritaria ai territori in cui le minoranze sono storicamente stanziate, il criterio di personalità – viceversa – prescinde dal luogo di insediamento e si basa sulla libera scelta della lingua da parte dei singoli parlanti. La prima soluzione meglio si adatta alle comunità concentrate sul territorio, mentre la seconda è più congeniale – anche se nella pratica meno utilizzata – in caso di minoranze diffuse.

[41] Con la sentenza citata, la Corte costituzionale ha dichiarato la quasi totale illegittimità della legge reg. Friuli-Venezia Giulia n. 29/2007, per contrasto con l'art. 6 Cost. e la legge n. 482/1999, qualificata espressamente come "norma interposta" che si impone alle regioni, incluse quelle a statuto speciale, se e fin quando non intervenga un decreto legislativo di attuazione statutaria, unica fonte abilitata per le autonomie differenziate, secondo il giudice costituzionale, ad introdurre norme derogatorie rispetto alla menzionata legge statale del 1999. A commento della decisione, cfr.: E. STRADELLA, *La tutela delle minoranze linguistiche storiche tra Stato e Regioni davanti alla Corte costituzionale*, R. TONIATTI, *Pluralismo sostenibile e interesse nazionale all'identità linguistica posti a fondamento di "un nuovo modello di riparto delle competenze" legislative fra Stato e Regioni*, entrambi reperibili in *http://www.giurcost.org/decisioni/index.html*, 2009; S. BARTOLE, *Lingue minoritarie e potestà legislativa regionale,* in *Giur. cost.,* 2009, 1764 ss.; E. PALICI DI SUNI, *La tutela delle minoranze linguistiche fra Stato e regioni: un ritorno al passato?*, *ivi*, 1771 ss.; F. PALERMO, *La Corte "applica" il Titolo V alle minoranze linguistiche e chiude alle Regioni*, *ivi*, 1780 ss.; PIERGIGLI, *La tutela delle minoranze linguistiche storiche nell'ordinamento italiano tra principi consolidati e nuove (restrittive) tendenze della giurisprudenza costituzionale,* in *http://archivio.rivistaaic.it/dottrina/libertadiritti/Piergigli.pdf*, 2010.

[42] A commento della sent. 170/2010, che ha avuto ad oggetto la legge reg. Piemonte n. 11/2009, v. G. DELLEDONNE, *La Corte costituzionale si pronuncia sulla «lingua piemontese»: fra tutela delle minoranze linguistiche e incerti limiti di un «costituzionalismo regionale»*, in *Le Regioni*, 4/2011, 268 ss.; P. LEWIS GETI, *Federalismo linguistico, tutela delle minoranze e unità*

stituzionale ha affermato, in sintesi, che il legislatore statale è l'unico soggetto competente per individuare le lingue minoritarie da tutelare e per definire o perfezionare gli istituti della tutela, la quale deve essere il «frutto di un indefettibile bilanciamento con gli altri legittimi interessi coinvolti ed almeno potenzialmente confliggenti» (sent. n. 159/2009, punto 2.3 cons. dir.). Se, da un lato, la giurisprudenza costituzionale citata appare piuttosto restrittiva nei confronti della autonomia regionale in tema di protezione delle minoranze linguistiche, dall'altro lato essa sembra offrire qualche margine di apertura in relazione alla sfera dei possibili destinatari della protezione, in sintonia con quanto emerge, in maniera più nitida, dalle posizioni assunte dagli organismi internazionali di consulenza e monitoraggio sulla tutela delle situazioni minoritarie[43]. Secondo l'approccio internazionale, infatti, le situazioni minoritarie meritevoli di attenzione non si esauriscono nelle minoranze nazionali o autoctone, perché le previsioni di salvaguardia e promozione, formalmente dettate per i membri delle minoranze nazionali, etniche o linguistiche, possono estendersi alle comunità degli immigrati, sebbene di più recente formazione e non formate da cittadini dello Stato. A fondamento di questa impostazione vi è la considerazione secondo cui il requisito della *cittadinanza* possa essere sostituito con quello della *presenza* sul territorio, in modo da legittimare l'adozione di politiche di riconoscimento e garanzia almeno di alcuni diritti linguistici[44]. In uno spazio sociale e giuridico sempre più globalizzato e interconnesso, questa interpretazione – quantunque non sia esente da aspetti di problematica attuazione pratica – appare potenzialmente idonea, nel prossimo futuro, ad offrire tutela a situazioni che sono ancora oggi emarginate o scarsamente tutelate.

---

nazionale: Un nemis a l'è tròp e sent amis a basto nen, in *Le Regioni*, n. 4/2011, 718 ss.; U. HAIDER-QUERCIA, *La sentenza n. 170/2010 e la questione della competenza legislativa regionale in tema di tutela delle minoranze linguistiche*, in *federalismi.it*, n. 15/2010. A commento della sent. n. 88/2011, che ha avuto ad oggetto la legge reg. Friuli-Venezia Giulia n. 5/2010, v. A. ANZON DEMMIG, *La Corte apre a "nuove minoranze"?*, in *Rivista AIC*, n. 3/2011.

[43] Si vedano, ad es., l'Osservazione Generale del Comitato ONU sui diritti umani (26 aprile 1994); le opinioni periodicamente espresse, nell'ambito del Consiglio d'Europa, dalla c.d. Commissione di Venezia e dal Comitato consultivo sulla citata Convenzione-quadro per la protezione delle minoranze nazionali; i rapporti dell'Alto Commissario sulle minoranze nazionali che opera nel sistema OSCE.

[44] Secondo il Comitato ONU sui diritti umani, gli stati parti non possono riservare l'esercizio dei diritti enunciati nell'art. 27 del Patto internazionale sui diritti civili e politici ai soli cittadini, né ai residenti permanenti sui rispettivi territori, in quanto anche i lavoratori migranti o gli individui che si trovano temporaneamente sul territorio di uno Stato parte e che sono membri di gruppi minoritari hanno il diritto di non essere privati dei diritti sanciti nell'art. 27, così come delle libertà di riunione, associazione di espressione. Fa eccezione il godimento di situazioni espressamente riservate ai cittadini, come i diritti politici (Osservazione Generale, cit., §§ 5.1, 5.2).

5. Conclusioni. Garantire l'eguaglianza nel rispetto della diversità linguistica e culturale: quali sfide per l'italiano e per le lingue minoritarie?

L'esigenza di assicurare l'eguaglianza di tutti gli individui senza distinzioni di lingua e, al tempo stesso, di tutelare l'identità linguistica e culturale di quanti appartengono alle minoranze linguistiche di antico insediamento deve misurarsi con le dinamiche che attraversano, quotidianamente ed irreversibilmente, il nostro tessuto sociale. In verità, quelle dinamiche interessano, sebbene in misura non identica, pressoché tutti i paesi dell'Unione europea (e non solo) considerati pluralisti, plurilingui ed economicamente sviluppati. Ovunque, in questo variegato panorama geo-politico-culturale, le comunità minoritarie autoctone, si trovano di fronte ad una duplice sfida[45].

Da un lato, esse avvertono la "minaccia" derivante non tanto dalla comunità di lingua e cultura maggioritaria, come poteva essere in epoche più risalenti, quanto dalla condivisione del loro spazio tradizionale, sia fisico che immateriale, con le c.d. nuove minoranze e le loro lingue. Si tratta, come accennato, delle comunità composte da immigrati, provenienti da paesi che non appartengono all'Unione europea e regolarmente soggiornanti, i quali vorrebbero potersi integrare appieno nella società di accoglienza, magari facendosi raggiungere dai propri familiari, senza con ciò dover rinunciare alla loro identità storica, linguistica, culturale e religiosa. È agevole intuire come il radicamento di comunità di immigrati possa rischiare di alterare gli equilibri (non soltanto demografici) locali se sul medesimo territorio risiedono comunità di antico insediamento, portatrici di un proprio patrimonio di lingua e cultura, talora lungamente preservato e strenuamente difeso. Altrettanto comprensibile, in simili frangenti, può risultare la scelta di valorizzare la lingua nazionale (accanto ad altri fattori identitari della nazione), quale simbolo della unità e della identità di un popolo, ancorché linguisticamente eterogeneo.

Dall'altro lato, le lingue delle minoranze autoctone sono costrette a misurarsi – almeno fuori dal Regno Unito – con la progressiva diffusione della lingua inglese, quale lingua dell'istruzione universitaria e specialistica, della formazione professionale, della finanza e dei mercati, della comunicazione nei rapporti di lavoro sia pubblici che privati.

Peraltro, a quelle sfide risultano esposte sia le lingue minoritarie, sia, per

---

[45] Si pensi, ad esempio, al Belgio, alla Spagna, ma anche alla Svizzera e al Canada. Per maggiori approfondimenti su queste dinamiche, sia consentito rinviare a V. PIERGIGLI, *Le minoranze linguistiche storiche nell'ordinamento italiano: quale futuro di fronte alle politiche per l'immigrazione e l'internazionalizzazione?*, in *federalismi.it*, n. 8/2015, 1-34.

certi versi, la/e lingua/e di stato. In sostanza, i flussi migratori da stati terzi e la potenza omologante dell'inglese hanno modificato profondamente la trama delle relazioni tra maggioranza e minoranze, nonché gli usi linguistici di molti paesi europei, specialmente di quelli la cui lingua ufficiale non gode del prestigio attribuito all'inglese, al francese o persino al tedesco, comunemente percepite come lingue forti o egemoni nel vecchio continente. Ne risulta una situazione ben più articolata e complessa di quella che poteva delinearsi fino a qualche lustro addietro e che mette sotto pressione non soltanto gli idiomi minoritari autoctoni, ma altresì la stessa lingua nazionale. In che modo si sta ponendo l'ordinamento italiano di fronte a questi fenomeni e quali strumenti si stanno attivando per provare a conciliare obiettivi in apparenza confliggenti, quali la tutela delle minoranze autoctone, l'integrazione linguistica e sociale delle nuove minoranze, la salvaguardia della lingua ufficiale nazionale?

La riforma della legislazione in materia di immigrazione ha introdotto, da qualche anno, il requisito del superamento di un test di conoscenza della lingua italiana per gli stranieri extra UE, legalmente soggiornanti sul territorio dello Stato e aspiranti al rilascio del permesso di soggiorno di lungo-periodo[46]. Inoltre, l'apprendimento della lingua italiana è previsto nel c.d. accordo di integrazione che lo straniero, in possesso di regolare titolo di soggiorno, è tenuto a sottoscrivere al momento dell'ingresso in Italia[47]. Dunque, la lingua per l'integrazione è sicuramente l'italiano, tanto per gli adulti che per i minori extra UE[48],

---

[46] L'introduzione del requisito di conoscenza dell'italiano nel testo unico sull'immigrazione (art. 9 d. lgs. n. 286/1998, modif. con legge n. 94/2009, e d.m. 4 giugno 2010) trova riscontro nelle analoghe previsioni recentemente approvate o riformate, per la verità in senso progressivamente restrittivo, da parte di numerosi paesi europei in attuazione della Direttiva n. 2003/109/CE che rinvia sul punto alla discrezionalità degli stati membri (art. 5). Variamente modulati ed eventualmente affiancati da una verifica di conoscenza della storia, dei valori e delle istituzioni del paese ospitante, i test linguistici rispondono ovunque allo scopo dichiarato di agevolare l'inclusione degli stranieri regolari nella società ospitante, non senza lasciar trapelare – a seconda della struttura, dei contenuti e dell'esito del test linguistico, nonché del livello di conoscenza richiesto – l'intenzione di controllare e contenere i flussi migratori da paesi terzi, proteggere le frontiere e salvaguardare la sicurezza nazionale, selezionare la popolazione immigrata.

[47] All'atto dell'ingresso regolare in Italia, lo straniero extra UE è tenuto dal 2012 a sottoscrivere un accordo e ad avviare un percorso di integrazione che prevede, tra l'altro, la frequenza di un corso gratuito per acquisire le conoscenze di base su lingua, cultura e principi dell'ordinamento (art. 4-*bis*, d.P.R. n. 286/1998 e d.P.R. n. 179/2011).

[48] In realtà, per i minori stranieri, la principale forma di integrazione linguistica dovrebbe trovare realizzazione nelle aule scolastiche. Infatti, «i minori stranieri presenti sul territorio sono soggetti all'obbligo scolastico; ad essi si applicano tutte le disposizioni vigenti in materia di diritto all'istruzione, di accesso ai servizi educativi, di partecipazione alla vita della comunità scolastica» (art. 38, comma 1, d. lgs. n. 286/1998), non rilevando in alcun modo il fatto che essi siano apolidi, stranieri, cittadini extra UE o figli di cittadini

ma in taluni contesti territoriali può essere utile conoscere anche la lingua locale, quantunque minoritaria a livello nazionale. Nelle regioni in cui, accanto alla lingua italiana, sono parlati idiomi tradizionali ovvero dotati del carattere della co-ufficialità, il legislatore regionale si è preoccupato di valorizzare queste peculiarità mediante la previsione di iniziative dedicate all'apprendimento della lingua locale per i cittadini stranieri che risiedono nelle rispettive aree territoriali. Così, in Friuli-Venezia Giulia, viene promosso l'insegnamento del friulano per gli immigrati presenti nelle aree delimitate (legge reg. n. 29/2007 art. 18, comma 3), mentre la «conoscenza delle lingue ufficiali della provincia» di Bolzano costituisce uno degli obiettivi da realizzare a favore dei cittadini stranieri regolarmente soggiornanti sul territorio (legge prov. n. 12/2011, art. 1, comma 3, lett. *b*) e la «promozione delle competenze linguistiche nelle lingue provinciali italiano, tedesco e ladino» rientra tra gli interventi diretti alla integrazione linguistica e culturale delle cittadine e dei cittadini stranieri (art. 7, comma 2, legge prov.). In particolare, nella provincia di Bolzano la presenza di immigrati è in costante aumento negli ultimi anni ed i genitori stranieri che iscrivono i propri figli a scuola, ove vige il regime di separatismo linguistico, devono scegliere la lingua di insegnamento, che è quella tedesca oppure italiana, ad eccezione delle scuole ubicate nelle valli ladine in cui è previsto un insegnamento trilingue. Adulti e minori potranno dedicarsi allo studio della lingua localmente più diffusa oppure decidere di imparare l'italiano, ferma restando naturalmente la facoltà di apprendere entrambe le lingue[49]. È questa una situazione che si riscontra in termini analoghi anche all'estero, in quei contesti territoriali caratterizzati dalla compresenza di minoranze o gruppi linguistici autoctoni, specie se l'ordinamento riconosce il bi/trilinguismo in ambito locale o nazionale.

---

extra UE a loro volta regolari, irregolari, senza cittadinanza, rifugiati o richiedenti asilo. I minori stranieri devono poter fruire delle prestazioni scolastiche che la legge italiana, a partire dal dettato costituzionale (art. 34 Cost.), garantisce a "tutti" facendone addirittura oggetto di un obbligo per gli individui e per le istituzioni.

[49] Sebbene non assimilabile alla situazione altoatesina, anche nella provincia di Trento il legislatore appare orientato per l'adozione di un modello che, oltre a tutelare la ladinità, intende promuovere la reciproca comprensione «con le persone non appartenenti alla popolazione ladina» e valorizzare «il pluralismo culturale e linguistico della provincia autonoma di Trento in collaborazione con le altre comunità di minoranza linguistica» (art. 2 legge prov. Trento n. 1/2010). In tal modo, il legislatore trentino si dimostra consapevole della complessità sociale, linguistica e culturale del proprio territorio e disposto alla tutela anche di comunità non-ladine, in ipotesi formate da non-cittadini italiani. La legge prov. n. 1/2010 ha approvato lo statuto del *Comun General de Fascia* (su cui v. *supra* nel testo). A commento delle potenzialità della legge citata, cfr. R. TONIATTI, *Il Trentino quale laboratorio del diritto delle diversità: le «piccole minoranze» come minoranze garantite,* in J. WOELK-S. PENASA-F. GUELLA (a cura di), *Minoranze linguistiche e pubblica amministrazione. Il problema dei piccoli numeri: modello trentino e esperienze comparate,* Padova, 2014, spec. 297-298.

Ma, come accennato, la presenza stabile di comunità di immigrati non è l'unica sfida con la quale le minoranze autoctone e la comunità nazionale, con i rispettivi patrimoni di lingua e cultura, devono confrontarsi. Gli inarrestabili fenomeni di internazionalizzazione e globalizzazione hanno contribuito a determinare il privilegio delle lingue economicamente più forti e, in particolare, dell'inglese sia sulle lingue minoritarie che sulla lingua nazionale. A conferma di ciò, basti richiamare la questione, sulla quale si pronunciava il giudice amministrativo, concernente l'organizzazione da parte del Politecnico di Milano di corsi di laurea magistrale e di dottorato di ricerca esclusivamente in lingua inglese, qualificata «lingua ufficiale di erogazione» dei corsi di studio. Il Consiglio di Stato – pur non ritenendo illegittima la delibera del Politecnico, così discostandosi dalla pronuncia del TAR Lombardia – ha deciso comunque di rimettere la soluzione definitiva della vicenda alla attenzione del giudice costituzionale [50], al quale si offre nuovamente l'occasione per interpretare il rapporto tra lingua italiana, idiomi minoritari e lingue straniere [51].

In conclusione, è innegabile, nell'epoca attuale, l'estrema fluidità delle relazioni che possono intercorrere, persino entro un ristretto ambito geografico, tra

---

[50] TAR Lombardia, sez. III, 25 maggio 2013, n. 1348 e Cons. Stato, sez. VI, 22 gennaio 2015, n. 242. Il giudice amministrativo in primo grado aveva annullato la delibera dell'Ateneo milanese, ribadendo l'ufficialità della lingua italiana anche nell'insegnamento universitario, poiché «l'internazionalizzazione delle Università deve essere compiuta rispettando il primato della lingua italiana», mentre, in secondo grado, il Consiglio di Stato non giudicava illegittima la delibera del Politecnico, ma sollevava l'eccezione di incostituzionalità dell'art. 2, comma 2, lett. *l*), legge n. 240/2010 sulla riforma universitaria, per violazione degli artt. 3, 33 e 6 Cost. (ord. n. 88/2015). In dottrina, oltre a quanto riferito *supra* nota 15, cfr. N. Maraschio-D. De Martino, *Fuori l'italiano dall'Università? Inglese, internazionalizzazione, politica linguistica*, Bari, 2012; G. Milani, *Il Tar Lombardia boccia l'internazionalizzazione 'a senso unico' dell'Università: annullata la delibera del Politecnico che prevedeva l'uso esclusivo dell'inglese per lauree magistrali e dottorati*, in *federalismi.it*, n. 20/2013; P. Caretti-A. Cardone, *Ufficialità della lingua italiana e insegnamento universitario: le ragioni del diritto costituzionale contro gli eccessi dell'esterofilia linguistica (commento a sent. TAR Lombardia n. 1348 del 23 maggio 2013)*, in *Giur. cost.*, 2013, 1223 ss.; G. De Minico, *Inglese* vs *italiano tra mercato e diritti fondamentali*, in *Pol. dir.*, n. 2/2014, 189 ss.

[51] Su lingue straniere e lingue minoritarie, cfr. sent. n. 215/2013, pronunciata su ricorso promosso in via principale dal Friuli-Venezia Giulia contro il d.l. n. 95/2012 in materia di riduzione della spesa pubblica, che attribuisce alle «aree geografiche caratterizzate da specificità linguistiche», di cui all'art. 19, comma 5, d.l. n. 98/2011, il significato di aree «nelle quali siano presenti minoranze di lingua madre straniera». A giudizio della Corte, ciò comportava una rilevante contrazione dell'ambito applicativo della disposizione originaria, che era estesa alle tre minoranze linguistiche storiche – friulana, slovena, tedesca – presenti nella regione. Nella fattispecie, tuttavia, il giudice costituzionale si risolveva per l'infondatezza della questione, trovando applicazione la clausola di salvaguardia per le regioni speciali contenuta nello stesso d.l. impugnato (art. 24-*bis*).

le lingue praticate dai componenti delle collettività minoritarie (che siano "storiche" oppure "nuove"), localmente stanziate e animate dalla volontà di mantenere, ciascuna, la propria identità culturale. Contestualmente, non si possono ignorare e anzi occorre stimolare, da un lato, il senso della loro appartenenza (originaria o acquisita, rispettivamente) alla comunità maggioritaria o nazionale e, dall'altro lato, la legittima aspirazione di tutti i consociati di non essere esclusi, a causa della scarsa padronanza di più diffusi codici linguistici, dalla rete dei rapporti internazionali. È evidentemente compito del diritto sforzarsi di regolamentare la complessità di queste situazioni, peraltro in costante evoluzione, in modo da individuare un punto di equilibrio, un bilanciamento ragionevole tra esigenze diverse, eppure tutte meritevoli di considerazione e valorizzazione. Una operazione certamente ardua e delicata che però è necessario compiere, con il contributo sia delle istituzioni che dei cittadini, per non smarrire i valori della eguaglianza e della democrazia, ma al tempo stesso del pluralismo e della diversità linguistica e culturale (oltre che religiosa) sui quali si fonda la Costituzione italiana ed ai quali dichiara di ispirarsi l'Unione europea[52].

Bibliografia

AA.VV., *Uso della lingua italiana e valori costituzionali*, in *Osservatorio AIC*, n. 1/2014.

ANZON DEMMIG A., *La Corte apre a "nuove minoranze"?*, in *Rivista AIC*, n. 3/2011.

BARTOLE S., *Lingue minoritarie e potestà legislativa regionale*, in *Giur. cost.*, 2009, 1764 ss.

BARTOLE S.-OLIVETTI RASON N.-PEGORARO L. (a cura di), *La tutela giuridica delle minoranze*, Padova, 1998.

BERTOLISSI M., *Art. 6*, in CRISAFULLI V.-PALADIN L. (a cura di), *Commentario breve alla Costituzione,* Padova, 1990, 42 s.

CARETTI P., *Lingua e Costituzione*, in *Rivista AIC*, n. 2/2014.

CARETTI P.-CARDONE A., *Ufficialità della lingua italiana e insegnamento universitario: le ragioni del diritto costituzionale contro gli eccessi dell'esterofilia linguistica (commento a sent. TAR Lombardia n. 1348 del 23 maggio 2013)*, in *Giur. cost.*, 2013, 1223 ss.

CARROZZA P., *Lingue (uso delle),* in *Noviss. Dig. It. App. IV*, Torino, 1980, 976 ss.

D'ALOIA A., *Eguaglianza sostanziale e diritto diseguale. Contributo allo studio delle azioni positive nella prospettiva costituzionale*, Padova, 2002.

DELLEDONNE G., *La Corte costituzionale si pronuncia sulla «lingua piemontese»: fra tutela delle minoranze linguistiche e incerti limiti di un «costituzionalismo regionale»*, in *Le Regioni*, n. 4/2011, 268 ss.

[52] V. *supra* note 5 e 6.

DE MINICO G., *Inglese vs italiano tra mercato e diritti fondamentali*, in *Pol. dir.*, n. 2/2014, 189 ss.

FRANCHINI M., *"Costituzionalizzare" l'italiano: lingua ufficiale o lingua culturale?*, in *Rivista AIC*, n. 1/2014.

HAIDER-QUERCIA U., *La sentenza n. 170/2010 e la questione della competenza legislativa regionale in tema di tutela delle minoranze linguistiche*, in *federalismi.it*, n. 15/2010.

LEWIS GETI P., *Federalismo linguistico, tutela delle minoranze e unità nazionale:* Un nemis a l'è tròp e sent amis a basto nen, in *Le Regioni*, n. 4/2011, 718 ss.

MARASCHIO N.-DE MARTINO D., *Fuori l'italiano dall'Università? Inglese, internazionalizzazione, politica linguistica*, Bari, 2012.

MILANI G., *Il Tar Lombardia boccia l'internazionalizzazione 'a senso unico' dell'Università: annullata la delibera del Politecnico che prevedeva l'uso esclusivo dell'inglese per lauree magistrali e dottorati*, in *federalismi.it*, n. 20/2013.

PALERMO F., *La Corte "applica" il Titolo V alle minoranze linguistiche e chiude alle Regioni*, in *Giur. cost.*, 2009, 1780 ss.

PALICI DI SUNI PRAT E., *Intorno alle minoranze,* Torino, 2002.

PALICI DI SUNI E., *La tutela delle minoranze linguistiche fra Stato e regioni: un ritorno al passato?*, in *Giur. cost.*, 2009, 1771 ss.

PIERGIGLI V., *Art. 6,* in BIFULCO R.-CELOTTO A.-OLIVETTI M. (a cura di), *Commentario alla Costituzione*, Torino, 2006, 155 ss.

PIERGIGLI V., *La tutela delle minoranze linguistiche storiche nell'ordinamento italiano tra principi consolidati e nuove (restrittive) tendenze della giurisprudenza costituzionale*, in *http://archivio.rivistaaic.it/dottrina/libertadiritti/Piergigli.pdf*, 2010.

PIERGIGLI V., *Le minoranze linguistiche storiche nell'ordinamento italiano: quale futuro di fronte alle politiche per l'immigrazione e l'internazionalizzazione?*, in *federalismi.it*, n. 8/2015.

PIZZORUSSO A. 1975. *Art. 6*, in BRANCA G. (a cura di), *Commentario della Costituzione*, Bologna-Roma, 1975, 296 ss.

PIZZORUSSO A., *Il pluralismo linguistico tra Stato nazionale e autonomie regionali*, Pisa, 1975.

PIZZORUSSO A., *Minoranze etnico-linguistiche*, in *Enc. dir.*, XXVI, Milano, 1976, 527 ss.

ROSSI E., *Minoranze etnico-linguistiche (voce per un'enciclopedia)*, in *Arch. giur.*, 1993, 263 ss.

STIPO M., *Minoranze etnico-linguistiche. I. Diritto pubblico*, in *Enc. giur.*, XX, Roma, 1990.

STRADELLA E., *La tutela delle minoranze linguistiche storiche tra Stato e Regioni davanti alla Corte costituzionale*, in *http://www.giurcost.org/decisioni/index.html*, 2009.

TONIATTI R., *Pluralismo sostenibile e interesse nazionale all'identità linguistica posti a fondamento di "un nuovo modello di riparto delle competenze" legislative fra Stato e Regioni*, in *http://www.giurcost.org/decisioni/index.html*, 2009.

TONIATTI R., *Il Trentino quale laboratorio del diritto delle diversità: le «piccole minoranze» come minoranze garantite*, in WOELK J.-PENASA S.-GUELLA F.(a cura di), *Minoranze linguistiche e pubblica amministrazione. Il problema dei piccoli numeri: modello trentino e esperienze comparate*, Padova, 2014.

Capitolo IV

UGUALI SENZA DISTINZIONE DI RELIGIONE *

Sommario: 1. L'eguaglianza e il dato religioso nella Carta costituzionale. – 2. La laicità quale necessario strumento di realizzazione dell'eguaglianza senza distinzione di religione. – 3. Insegnamento e simboli: il monopolio cattolico che minaccia il principio di eguaglianza.

1. L'eguaglianza e il dato religioso nella Carta costituzionale

L'articolo 3 nella formalizzazione del fondamentale principio di eguaglianza afferma che siamo tutti uguali anche senza distinzione di religione. La religione e le nostre convinzioni personali legate alle questioni spirituali non possono dunque essere fattori di discriminazione. Anche l'Unione europea molti anni dopo l'entrata in vigore della nostra Costituzione ribadisce questo fondamentale concetto con la Direttiva n. 78/2000 che mira a stabilire un quadro generale per la lotta alle discriminazioni fondate sulla religione o le condizioni personali, gli handicap, l'età o le tendenze sessuali, per quanto concerne l'occupazione e le condizioni di lavoro. Questo perché qualsiasi discriminazione basata su religione o convinzioni personali, handicap, età o tendenze sessuali potrebbe pregiudicare il conseguimento degli obiettivi del trattato CE, in particolare il raggiungimento di un elevato livello di occupazione e di protezione sociale, il miglioramento del tenore e della qualità della vita, la coesione economica e sociale, la solidarietà e la libera circolazione delle persone. Naturalmente il divieto di discriminazione non pregiudica la possibilità di adottare o mantenere in vigore misure volte a prevenire o compensare gli svantaggi incontrati da un gruppo di persone di religione o convinzioni personali determinate o avente determinati handicap, età o tendenze sessuali poiché tali misure costituiscono un sistema di realizzazione del principio di eguaglianza che non si limita alla sua statuizione formale ma deve avere anche un contenuto sostanziale. Infine la stessa Unione Europea in materia religiosa ha previsto

* Di Francesca Rescigno.

nella Dichiarazione n. 11 sullo *status* delle chiese e delle organizzazioni non confessionali, allegata all'atto finale del trattato di Amsterdam, che l'Unione rispetta e non pregiudica lo *status* previsto nelle legislazioni nazionali per le chiese e le associazioni o comunità religiose degli Stati membri e inoltre, che rispetta lo status delle organizzazioni filosofiche e non confessionali. In tale prospettiva, gli Stati membri possono mantenere o prevedere disposizioni specifiche sui requisiti professionali essenziali, legittimi e giustificati che possono essere imposti per svolgervi un'attività lavorativa.

In questo quadro multilivello di applicazione del principio di eguaglianza in materia religiosa appare rilevante verificare quale sia l'atteggiamento concreto del nostro ordinamento.

Scriveva Benedetto Croce nel suo celebre saggio del 1942 «*Perché non possiamo non dirci cristiani*», che «... *non possiamo non riconoscerci e non dirci cristiani, e che questa denominazione è semplice osservanza della verità" e ancora spiegava che il Cristianesimo ha compiuto una rivoluzione "che operò nel centro dell'anima, nella coscienza morale, e conferendo risalto all'intimo e al proprio di tale coscienza, quasi parve che le acquistasse una nuova virtù, una nuova qualità spirituale, che fino allora era mancata all'umanità ... Gli uomini, i geni, gli eroi, che furono innanzi al Cristianesimo, compierono azioni stupende, opere bellissime, e ci trasmisero un ricchissimo tesoro di forme, di pensieri, di esperienze; ma in tutti essi si desidera quel proprio accento che noi accomuna e affratella, e che il cristianesimo ha dato solo alla vita umana*»[1]. Se quindi dobbiamo riconoscerci quali eredi della rivoluzione del Cristianesimo è opportuno però comprendere come tale riconoscimento si rifletta sul nostro attuale ordinamento giuridico e sulla nostra Carta costituzionale per verificare quanto il dato religioso influenzi o magari ostacoli il percorso verso la realizzazione del principio di eguaglianza[2].

---

[1] Cfr. B. CROCE, *Perché non possiamo non dirci «cristiani»*, 1942. Questo saggio è uscito la prima volta in, *La Critica*, il 20 novembre 1942; poi fu raccolto nel volume dei *Discorsi di varia filosofia*, vol. I, Bari 1945 ed anche pubblicato autonomamente sempre dalla Casa Editrice Laterza, nel 1959. È doveroso puntualizzare come realmente Croce non avesse mai abbandonato la sua convinzione laica né si fosse mai schierato a difesa della Chiesa romana, ma semplicemente avesse acutamente osservato come «*con l'appello alla storia non possiamo non riconoscersi e non dirci cristiani*».

[2] Si ricorda come Eugenio Scalfari, a lungo direttore di uno dei principali quotidiani italiani, abbia parafrasato Croce nel suo "*Perché non possiamo non dirci laici*" interrogandosi sul tema del laicismo e del rapporto tra le credenze religiose e lo Stato, tra i diritti individuali e l'organizzazione d'una società di uomini liberi. Per il direttore, se «*il cristianesimo ha saputo e potuto aggiornare costantemente la propria dottrina e i canoni interpretativi della realtà sociale senza rinchiudersi nelle bende del dogma, ciò è dovuto soprattutto al fatto della presenza dialettica del potere civile accanto a quello ecclesiastico, nella reciproca auto-*

Si nota come il nostro ordinamento giuridico presti da sempre particolare attenzione al fattore religioso sia perché l'esperienza religiosa viene considerata come un bene-valore che contribuisce alla crescita della persona umana[3]; ma anche perché, al di là dell'interiorità personale, la religione presenta una proiezione esteriore esprimendosi in una serie di atti che da sempre hanno inevitabili ricadute sulla sfera giuridica sociale.

L'esame del rapporto tra ordinamento giuridico e fattore religioso precede e influenza inevitabilmente l'entrata in vigore della Costituzione repubblicana investendo il periodo in cui maturano i rapporti tra il nuovo Stato italiano e la Chiesa cattolica. Muovendo proprio dallo Statuto Albertino si evidenzia infatti una possibile propensione del nostro ordinamento alla confessionalità nel momento in cui lo Statuto afferma, all'articolo 1, che: «*la religione cattolica, apostolica e romana è la sola religione di Stato*» mentre rispetto alle altre religioni si prevede che «*gli altri culti ora esistenti sono tollerati conformemente alle leggi*»[4]. Tuttavia, malgrado le apparenze, si trattava di un regime confessionale *sui generis*, un confessionismo di facciata perché la previsione statutaria, peraltro contenuta in una Costituzione flessibile, non garantiva realmente alla reli-

---

nomia dell'uno e dell'altro, alle lotte che ne sono derivate e agli equilibri che di volta in volta ne sono scaturiti. Dal "date a Cesare quel che è di Cesare e a Dio quel che è di Dio" alla guerra delle investiture sul finire dell'XI secolo, al lungo contrasto tra Impero e Papato che segnò il XIII e il XIV, fino alla nascita dell'Umanesimo, della libera scienza, della Riforma, delle monarchie nazionali, del diritto civile accanto e al di sopra del canone ecclesiastico, questa è stata la storia dell'Occidente europeo. Essa ha toccato infine il suo culmine nell'epoca dei Lumi, dell'egemonia della ragione e della tolleranza, nella dichiarazione dei diritti dell'uomo e del cittadino, nella guerra d'indipendenza americana e nella grande rivoluzione dell'Ottantanove incardinata nei princìpi tricolori di libertà eguaglianza fraternità ... La compresenza degli Stati e delle Chiese ha consentito agli individui di essere attori sia all'interno delle Chiese sia all'interno degli Stati, impedendo alle prime di scivolare nella teocrazia e ai secondi di tracimare dall'assolutismo regio al totalitarismo, approdando infine alla democrazia repubblicana». L'autore sottolinea però come tale equilibrio sembra oggi incrinarsi e la religione viene sempre più usata per separare e non per unire e progredire. Cfr. E. SCALFARI, *Perché non possiamo non dirci laici*, in *La Repubblica*, 7 novembre 2004.

[3] In tal senso cfr. sent. Corte cost. n. 440/1995 in *Giur. Cost.*, 1995, 3475 con osservazioni di R. D'ALESSIO, 3482 e note di F. RAMACCI, *La bestemmia contro la Divinità: una contravvenzione delittuosa?*, 3484 e M. D'AMICO, *Una nuova figura di reato: la bestemmia contro la "Divinità"*, 3487.

[4] Tale statuizione si pone sostanzialmente in linea con le previgenti disposizioni del Codice civile del 1837 in cui si disponeva che «*la religione Cattolica Apostolica Romana era la sola religione dello Stato*» (art. 1) e che «*gli altri culti attualmente esistenti nello Stato sarebbero stati semplicemente tollerati secondo gli usi e i regolamenti speciali che li riguardano*» (art. 3). Tuttavia, già ad una prima lettura, si nota come lo Statuto Albertino sembri essere più tollerante nei confronti degli altri culti rispetto a quanto invece previsto dal Codice civile del 1837.

gione cattolica una posizione privilegiata né tantomeno riuscì ad evitare gli scontri Stato-Chiesa legati a questioni politiche e patrimoniali, per cui la reale esigenza primaria dal 1848 in avanti è quella di affermare la sovranità del potere civile e la sua indipendenza dal potere religioso, quindi nonostante l'affermazione dell'articolo 1 dello Statuto Albertino, lo Stato liberale sardo-piemontese, poi Stato italiano, si caratterizzò per una decisa laicizzazione del proprio ordinamento giuridico[5]. Insomma il Regno d'Italia era uno stato laico con una religione di stato.

La situazione mutò radicalmente con i Patti Lateranensi dell'11 febbraio 1929 firmati dal Capo del Governo italiano Benito Mussolini e dal segretario di Stato vaticano cardinale Pietro Gasparri[6]. I Patti Lateranensi rappresentano infatti la volontà di conciliazione tra Stato e Chiesa e questa pacificazione avviene attraverso la "riconfessionalizzazione" dello Stato e la piena sovranità temporale della Santa Sede sullo Stato della Città del Vaticano. Gli accordi lateranensi davano dunque sostanza all'interpretazione confessionale dell'articolo 1 dello Statuto, secondo una visione tradizionalista, conservatrice e nazionale del regime, fortemente in contrasto con l'ideologia dello Stato liberale sviluppata fino a quel momento.

La svolta concordataria non appare indirizzata tanto a promuovere la libertà religiosa personale quanto una libertà ecclesiastica che delaicizza e desecolarizza la società italiana, che ai sensi dell'articolo 29 del Concordato si trova impegnata a rivedere «*la sua legislazione in quanto interessa la materia ecclesiastica, al fine di riformarla e integrarla, per metterla in armonia colle direttive, alle quali si ispira il Trattato stipulato colla Santa Sede ed il presente Concordato*». In linea con questa nuova visione confessionale si pone il nuovo Codice Penale Rocco che criminalizza la bestemmia (art. 724) e il vilipendio (art. 402) contro la sola religione di Stato, compromettendo irrimediabilmente la condizione delle altre confessioni religiose.

Rispetto al ruolo di assoluto privilegio accordato alla Confessione cattolica, gli altri culti si trovarono ben presto in posizione di netta subordinazione; se-

---

[5] Per una ricostruzione esaustiva cfr. F. FINOCCHIARO, *Libertà di coscienza e di religione*, in *Enciclopedia giuridica Treccani*, vol. XIX, 1990.

[6] Tali accordi, resi esecutivi con la legge del 27 maggio 1929, n. 810 con cui venne creato lo Stato Città del Vaticano e posto fine alla *questione romana*, constavano di tre distinti documenti: il *Trattato* che riconosceva l'indipendenza e la sovranità della Santa Sede; la *Convenzione Finanziaria*, legata al Trattati, che prevedeva un risarcimento di 750 milioni di lire a beneficio della Chiesa oltre all'esenzione per il nuovo Stato della Città del Vaticano dalle tasse e dai dazi sulle merci importate ed anche l'attribuzione di titoli di Stato consolidati al 5 per cento al portatore, per un valore nominale di un miliardo di lire, a compenso dei danni finanziari subiti dallo Stato pontificio in seguito alla fine del potere temporale; e il *Concordato* che definiva le relazioni civili e religiose in Italia tra la Chiesa e il Governo.

condo la legge 24 giugno 1929, n. 1159, infatti, risultano ammissibili, nello Stato, i culti diversi dalla religione cattolica apostolica e romana purché «*non professino principi e non seguano riti contrari all'ordine pubblico o al buon costume*». In ogni caso al di là delle norme specificatamente dedicate alla regolamentazione dei culti, era l'intera produzione giuridica dello Stato a restringere gli spazi di libertà religiosa come le Leggi di Pubblica sicurezza e allo stesso modo anche la giurisprudenza era incline ad estendere il più possibile i privilegi attribuiti alla religione cattolica.

Le motivazioni che avevano indotto lo Stato fascista e la Chiesa cattolica a siglare i Patti lateranensi erano simili ma opposte in quanto ognuno dei due soggetti voleva fare dell'altro il proprio braccio secolare o spirituale; tale distanza motivazionale, unita ai tragici eventi bellici allontanarono progressivamente i due sottoscrittori dei Patti.

Il quadro che si presenta all'indomani della fine del secondo conflitto mondiale appare dunque decisamente complesso, la difficile eredità lasciata dal fascismo ma anche i complessi rapporti che avevano caratterizzato precedentemente le relazioni Stato-Chiesa cattolica influenzarono l'atteggiamento dell'Assemblea Costituente e il dibattito che in essa si articolò intorno ai temi "religiosi" rispetto ai quali la volontà dei Costituenti era quella di mantenere lo Stato e la Chiesa cattolica quali ordinamenti separati e indipendenti, salvaguardando la 'pace religiosa' faticosamente raggiunta e garantendo al contempo una generale libertà religiosa, accompagnata dall'affermazione dell'eguaglianza e dalla tutela delle confessioni religiose, legittimando infine anche la libertà di non professare alcuna religione.

In questo tentativo di pacificazione-separazione i Costituenti persero la grande occasione di includere espressamente il principio di laicità tra i principi fondamentali del nuovo ordinamento costituzionale preoccupandosi soprattutto di disciplinare i rapporti tra lo Stato e le confessioni religiose e ancor più l'aspetto della libertà di professare qualsiasi religione.

La Costituzione effettivamente non fornisce una nozione di confessione religiosa ma si occupa dei rapporti tra lo Stato e la Chiesa cattolica e successivamente di quelli tra lo Stato e le altre confessioni religiose.

La definizione dello Stato e della Chiesa, contenuta nell'art. 7, comma 1, come due ordinamenti separati ed indipendenti non destò particolari problemi poiché la maggioranza dei Costituenti riteneva che tale affermazione altro non rappresentasse se non la constatazione di un dato storico che non poteva arrecare alcun pregiudizio alla libertà dei non cattolici[7]. L'art. 7, comma 1,

---

[7] Sull'art. 7 Cost. cfr. G. CATALANO, *Sovranità dello Stato e autonomia della Chiesa nella Costituzione repubblicana*, Milano, 1968; F. FINOCCHIARO, *Art. 7 e 8*, in G. BRANCA (a cura di) *Commentario della Costituzione*, *Art. 1-12*, *Principi fondamentali*, Bologna-Roma

mostra quindi un valore meramente programmatico comportando il generale riconoscimento da parte dello Stato dell'organizzazione della Chiesa cattolica e dei suoi caratteri di sovranità ed indipendenza. Assai più articolata fu invece la discussione relativa alla seconda parte dell'art. 7 rispetto all'opportunità o meno di richiamare nel testo costituzionale i Patti Lateranensi del 1929, infatti da un lato vi era chi sottolineava l'inutilità di tale richiamo, considerando che normalmente i trattati internazionali o gli accordi con altri Stati non formano oggetto di rinvio costituzionale, ma soprattutto voleva evitare ogni possibile "deriva confessionale" della neo-nata Repubblica Italiana [8], e dall'altro chi invece, muovendo proprio dalla separatezza ed indipendenza dello Stato e della Chiesa cattolica, sottolineava la necessaria bilateralità dei rapporti assicurata dal mantenimento dei Patti con copertura costituzionale che realizzava «*quella pacificazione religiosa auspicata da tutti gli italiani e quella soluzione di un conflitto storico che era già stata nel desiderio e nell'opera degli ultimi governi democratici*» [9].

La non costituzionalizzazione dei Patti del 1929 e la loro soggezione ai principi fondamentali è stata successivamente confermata dalla Corte costituzionale che ha chiarito come il secondo comma dell'articolo 7 «*non sancisce solo un generico principio pattizio da valere nella disciplina dei rapporti fra lo Stato e la Chiesa cattolica, ma contiene altresì un preciso riferimento al Concordato in vigore e, in relazione al contenuto di questo ... tuttavia, giacché esso riconosce allo Stato e alla Chiesa cattolica una posizione reciproca di indipendenza e di sovranità, non può avere forza di negare i principi supremi dell'ordinamento costituzionale dello Stato*» [10].

Le norme pattizie non sono dunque norme costituzionalizzate potendo modificarsi con legge ordinaria qualora vi sia l'accordo tra le parti, ma presentano comunque una resistenza passiva all'abrogazione per la quale è percorribile unilateralmente la sola via della revisione costituzionale; esse, inoltre, in quanto norme speciali, hanno la forza di derogare alle norme costituzionali pur incontrando il limite invalicabile dei principi supremi dell'ordinamento costituzionale dello Stato.

1975, 321 ss; S. LARICCIA, *Diritto ecclesiastico*, Padova 1978; P. LILLO, *Commento all'articolo 7*, in R. BIFULCO-A. CELOTTO-M. OLIVETTI (a cura di), *Commentario alla Costituzione*, Vol. I, Milano, 2006, 171.

[8] Decisamente contrario fu l'Onorevole Calamandrei. Cfr. Seduta del 20 marzo 1947, in Atti dell'Assemblea Costituente.

[9] Così si esprime l'Onorevole Dossetti in ASSEMBLEA COSTITUENTE, *Atti della Commissione per la Costituzione*, vol. II, Relazioni e proposte, Roma, 1947, 62.

[10] Sono le sentt. n. 30, 31 e 32/1971 (rispettivamente in *Giur. Cost.*, 1971, 150, 154, 156) a risolvere la questione della presunta costituzionalizzazione dei Patti lateranensi.

I Patti Lateranensi sono stati revisionati dall'Accordo del 18 febbraio 1984 [11], revisione particolarmente significativa in quanto pone fine al principio, in realtà già da tempo considerato superato, della religione cattolica quale religione di Stato [12]. I nuovi accordi modificano il precedente Concordato negli aspetti più evidenti di giurisdizionalismo statale o confessionale: dalle restrizioni sulle attività politiche del clero, al controllo sulle nomine dei vescovi e dei parroci, fino al loro obbligo di giuramento di fedeltà allo Stato. Significative anche le modifiche in tema di insegnamento della religione cattolica nelle scuole pubbliche rispetto al quale viene meno il riferimento all'insegnamento della religione cattolica quale "*fondamento e coronamento*" dell'intera istruzione pubblica pur permanendo comunque un privilegio rispetto alle altre religioni, in quanto anche se certamente può riconoscersi al singolo un diritto soggettivo di avvalersi o meno di tale insegnamento, non è al contempo riconosciuta alcuna possibilità a chi volesse conoscere ed approfondire nella scuola pubblica i fondamenti di altre confessioni religiose [13].

Gli accordi del 1984 hanno dunque eliminato alcune norme di stampo decisamente confessionista risalenti al Concordato del 1929 [14] anche se continuano a permanere diversi aspetti controversi rispetto ad esempio al trattamento finanziario delle confessioni religiose diverse dalla cattolica, al già ricordato insegnamento scolastico della sola religione cattolica, allo *status* degli stessi insegnanti di religione, fino al tema (taciuto) dei simboli religiosi, questioni che incidono profondamente sul concetto di eguaglianza rispetto al dato religioso.

---

[11] Cfr. legge 25 marzo 1985, n. 121 contenente *Ratifica ed esecuzione dell'accordo, con protocollo addizionale, firmato a Roma il 18 febbraio 1984, che apporta modificazioni al Concordato lateranense dell'11 febbraio 1929, tra la Repubblica italiana e la Santa Sede*. Il nuovo Concordato è diviso in un Accordo di modificazioni, composto da quattordici articoli, e in un Protocollo Addizionale, composto da ulteriori sette norme, che costituiscono le disposizioni esplicative dell'Accordo, fornendone in pratica l'interpretazione autentica.

[12] Il punto 1 del Protocollo addizionale alla accordo precisa infatti: «*Si considera non più in vigore il principio, originariamente richiamato dai Patti lateranensi, della religione cattolica come sola religione dello Stato italiano*».

[13] Sulla revisione degli accordi del 1929 cfr. VEGAS, *Il dibattito sulla revisione del Concordato 1965-1984*, Senato della Repubblica, Quaderno di documentazione, n. 13, Roma, 1984; F. MARGIOTTA BROGLIO, *La riforma dei Patti Lateranensi dopo vent'anni*, in *Quaderni di diritto e politica ecclesiastica*, 2004, 1, 5; C. CARDIA, *Concordato, intese, laicità dello Stato. Bilancio di una riforma*, in *Quaderni di diritto e politica ecclesiastica*, 2004, 1, 23.

[14] Alcune modifiche hanno riguardato anche la disciplina matrimoniale con la previsione di celebrare il matrimonio secondo le disposizioni contenute nella riforma del diritto di famiglia del 1975 e le relative restrizioni al riconoscimento della giurisdizione ecclesiastica, mentre la Chiesa accetta il divorzio, scompare il riconoscimento statale del matrimonio quale "sacramento".

La definizione dei rapporti tra Stato e Chiesa cattolica attraverso l'esplicita menzione dei Patti Lateranensi in Costituzione influenzò decisamente l'atteggiamento dei Costituenti nei confronti delle altre confessioni religiose; così, proprio per evitare che il riconoscimento offerto alla Chiesa cattolica si traducesse in una posizione di esclusività e privilegio si procedette in maniera analoga riconoscendo e garantendo in Costituzione anche le confessioni diverse dalla cattolica. È dunque paradossalmente proprio la posizione riconosciuta alla Chiesa cattolica ad indirizzare verso una nuova valutazione per le altre confessioni, considerate non più quali meri "culti ammessi", ma "confessioni religiose" tutte egualmente libere davanti alla legge. L'articolo 8 rappresenta il punto di arrivo di un lungo processo di trasformazione dell'ordinamento italiano passato da una posizione di mera tolleranza (poi trasformatesi in avversione) verso le confessioni diverse dalla cattolica all'affermazione della tutela effettiva dei loro diritti, costituendo una sorta di 'antidoto' rispetto ad una possibile deriva confessionale cattolica [15].

Gli articoli 7 e 8 della Carta fondamentale dimostrano, seppure con declinazioni differenziate, la volontà dei Costituenti di eleggere il metodo dell'incontro delle volontà quale strumento principe per la regolazione dei rapporti tra lo Stato e le diverse Chiese [16], indipendentemente dalla loro quantificazione numerica e dal loro reale *appeal* nella società.

Il progetto costituzionale era dunque quello di affermare, attraverso l'accordo, il pluralismo confessionale, al fine di superare definitivamente lo Stato liberale e ancor più quello fascista.

2. La laicità quale necessario strumento di realizzazione dell'eguaglianza senza distinzione di religione

L'attenzione dedicata dalla nostra Carta costituzionale al legame tra lo Stato e la religione non si limita alla disciplina dei rapporti tra Stato e con-

---

[15] In generale sull'art. 8 Cost. cfr. F. FINOCCHIARO, *Art. 8*, in G. BRANCA (a cura di), *Commentario della Costituzione*, Bologna-Roma, 1975, 409; N. COLAIANNI, *Confessioni religiose ed intese. Contributo all'interpretazione dell'articolo 8 della Costituzione*, Bari, 1990; B. RANDAZZO, *Commento all'articolo 8*, in R. BIFULCO-A. CELOTTO-M. OLIVETTI (a cura di), *Commentario alla Costituzione*, Vol. I, Torino, 2006,193.

[16] In questo senso S. LANDOLFI, *L'intesa tra Stato e culto acattolico. Contributo alla teoria delle fonti del diritto ecclesiastico italiano*, Napoli, 1962, 41, quando afferma: «*mentre le antiche esperienze concordatarie davano luogo ad un regime, per così dire, di bilateralità di fatto, quello stabilito dalle intese è un regime bilaterale di diritto, che conferisce ai culti, una vera e propria pretesa interna alla soluzione bilaterale*».

fessioni religiose organizzata secondo il già citato metodo dell'incontro e della garanzia del pluralismo ma si sostanzia anche attraverso l'affermazione della libertà religiosa intesa quale vero e proprio concetto giuridico espresso con chiarezza dagli articoli 19 e 20 [17]. Libertà di esprimere il proprio credo ma anche libertà di non avere un credo religioso anche se dall'esame dei lavori preparatori dell'articolo 19 non si evince un'equiparazione tra libertà religiosa e libertà di ateismo, ed effettivamente venne respinto il tentativo di costituzionalizzare il pensiero non religioso [18]. Così, fino agli anni '60, si è ritenuto che se all'ateismo si doveva riconoscere tutela costituzionale, questa avrebbe potuto discendere non dall'articolo 19, bensì dall'articolo 21 nella prospettiva della libera espressione del pensiero e solo successivamente, anche grazie all'evoluzione della giurisprudenza costituzionale, si è ampliata l'interpretazione dell'articolo 19 facendovi rientrare la possibilità di non esprimere alcuna fede religiosa dando al non credente maggiori garanzie rispetto a quelle offerte dall'articolo 21 [19].

---

[17] In generale sugli artt. 19 e 20 Cost. cfr. F. FINOCCHIARO, *Art. 19*, in G. BRANCA (a cura di), *Commentario della Costituzione*, Bologna-Roma, 1977, 238; S. FERRARI, *L'articolo 19 della Costituzione*, in *Politica e diritto*, 1996, 97; M. RICCA, *Art. 19*, in R. BIFULCO-A. CELOTTO-M. OLIVETTI (a cura di), *Commentario alla Costituzione*, Vol. I, Torino, 2006, 420; A. GUAZZAROTTI, *Art. 19*, in V. CRISAFULLI-L. PALADIN-S. BARTOLE-R. BIN, *Commentario breve alla Costituzione*, II ed., Padova, 2008, 148; G. CATALANO, *Osservazioni sull'articolo 20 della Costituzione*, in *Diritto Ecclesiastico*, 1964, I, 353; FINOCCHIARO, *Art. 20*, in G. BRANCA (a cura di), *Commentario della Costituzione*, Bologna-Roma, 1977, 302; A. BETTETINI, *Art. 20*, in R. BIFULCO-A. CELOTTO-M. OLIVETTI (a cura di), *Commentario alla Costituzione*, Vol. I, Torino, 2006, 441.

[18] L'emendamento presentato dall'Onorevole Labriola prevedeva «*sono pienamente libere le opinioni e le organizzazioni dirette a dichiarare il pensiero laico o estraneo a credenze religiose*». Cfr. seduta del 12 aprile 1947, in *La Costituzione della Repubblica nei lavori preparatori dell'Assemblea Costituente*, 1970, vol. I, 833.

[19] Rispetto alla giurisprudenza costituzionale cfr. dapprima la sent. n. 58/1960 (in *Giur. Cost.*, 1960, 752) in cui la Consulta sosteneva che «*l'ateismo comincia dove finisce la vita religiosa*» e quindi non risulta tutelato dall'art. 19 Cost., e successivamente il cambio di giurisprudenza espresso nella sent. n. 117/1979 (in *Giur. Cost.*, 1979, 816) dove la Corte spiega invece: «*l'opinione prevalente fa ormai rientrare la tutela della c.d. libertà di coscienza dei non credenti in quella della più ampia libertà in materia religiosa assicurata dall'art. 19, il quale garantirebbe altresì (analogamente a quanto avviene per altre libertà: ad es. gli articoli 18 e 21 Cost.) la corrispondente libertà "negativa". Ma anche chi* ricomprende *la libertà di opinione religiosa del non credente in quella di manifestazione del pensiero garantita dall'art. 21 Cost. (norma parimenti richiamata come parametro di giudizio nell'ordinanza del pretore di Torino) perviene poi alle stesse conclusioni pratiche, e* cioè *che il nostro ordinamento costituzionale esclude ogni differenziazione di tutela della libera esplicazione sia della fede religiosa sia dell'ateismo, non assumendo rilievo le caratteristiche proprie di quest'ultimo sul piano teorico*».

L'articolo 19 tutela quindi il diritto di credere e quello di non credere, quello alla miscredenza e anche quello di non compiere alcuna scelta[20], così come la facoltà di diffondere e propagandare le proprie credenze di tipo negativo ed ateistico[21]. La previsione dell'articolo 19 va dunque letta nei due sensi della "*libertà di*" e in quella "*di non*", anche se il fenomeno ateistico certamente non può essere equiparato in tutto a quello religioso, in quanto non risultano estendibili all'ateismo quelle garanzie tipiche delle confessioni religiose come la particolare autonomia organizzativa e la tutela di cui all'articolo 20 della Costituzione[22].

Rispetto alla libertà religiosa essa risulta composta da due aspetti principali fortemente connessi: la libertà di coscienza e la libertà di culto che non sono da intendersi quali fatti «*puramente interiori dell'intimo sentimento religioso, o*

---

[20] Sul punto cfr. F. FINOCCHIARO, *Art. 19*, in G. BRANCA (a cura di), *Commentario della Costituzione*, Bologna-Roma, 1977, 247.

[21] Sull'ateismo cfr. A. ORIGONE, *La libertà religiosa e l'ateismo*, in *Studi di diritto costituzionale in memoria di L. Rossi*, Milano, 1952, 417; C. CARDIA, *Ateismo e libertà religiosa*, Bari, 1973; P. FLORIS, *Ateismo e religione nell'ambito del diritto di libertà religiosa*, in *Foro Italiano*, 1981, I, 5; P. BELLINI, *Ateismo*, voce *Digesto discipline pubblicistiche*, 1987, vol. I, 513; BELLINI, *L'ateismo nel sistema delle libertà fondamentali*, in P. BELLINI, *Saggi di diritto ecclesiastico italiano*, Soveria Mannelli, 1996, Tomo I, 211; A. DI GIOVINE, *Garanzie costituzionali della libertà dei non credenti*, in *Rivista giuridica sarda*, 2001, 599; M. NOVAK, *Nessuno può vedere Dio. Il destino comune di atei e credenti*, Roma, 2010; P. FLORIS, *Ateismo e Costituzione*, in *Quaderni di diritto e politica ecclesiastica*, 2011, n. 1, 87; G. CIMBALO, *Ateismo e diritti di farne propaganda tra dimensione individuale e collettiva*, in *Quaderni di diritto e politica ecclesiastica*, 2011, 113; G. FILORAMO, *Trasformazioni del religioso e ateismo*, in *Quaderni di diritto e politica ecclesiastica*, 2011, n.1, 3.

[22] In tal senso cfr. L. MUSSELLI, *Libertà religiosa e di coscienza*, in *Digesto delle Discipline Pubblicistiche*, 1994, vol. IX, 226; S. TROILO, *La libertà religiosa nell'ordinamento costituzionale italiano*, in *Anales de Derecho*, 2008, n. 26, 353. L'aspetto organizzativo delle organizzazioni ateistiche sta assumendo contorni peculiari soprattutto in seguito agli sforzi compiuti dall'Unione degli Atei e degli Agnostici Razionalisti (UAAR), associazione costituita nel 1991 per «*tutelare i diritti civili degli atei e degli agnostici*» e per far valere l'uguaglianza «*di fronte alla legge di religioni e associazioni filosofiche non confessionali*» (art. 3 Statuto). Nel 2005 l'UAAR ha richiesto, ai sensi della normativa del 1929, il suo riconoscimento quale ente di culto, e più volte ha indirizzato al Governo la richiesta di avviare la procedura di stipula di un'intesa ai sensi dell'articolo 8. Tali richieste sono finora state respinte sulla base dell'assunto per cui l'articolo 8 si riferisce a fattispecie connotate da un contenuto religioso di tipo positivo non estendibile ad associazioni che non presentano natura religiosa e confessionale. È opportuno notare come tali richieste non presentino una mera connotazione polemica collocandosi nell'ambito di una prospettiva più ampia verso l'adozione di una nuova legge generale sulla libertà di religione. Sull'UAAR e il significato di una possibile intesa con lo Stato cfr. P. FLORIS, *Ateismo e Costituzione*, in *Quaderni di diritto e politica ecclesiastica*, 2011, n. 1, 102; N. COLAIANNI, *Ateismo de combat e intesa con lo Stato*, in *AIC – Associazione Italiana dei Costituzionalisti*, n. 4/2014, *www.rivistaaic.it*, pubblicato il 6 dicembre 2013.

areligioso o magari antireligioso» bensì come «*l'esteriore espressione*» del sentimento religioso e le «*pratiche visibili di tale adorazione*»[23]. Insomma, la libertà religiosa ha una natura decisamente pratica, una libertà concreta di manifestazione del sentimento religioso individuale e collettivo che non incontra limiti se non nel dovere morale, nel rispetto dell'alterità[24], essa si sostanzia nella «*libertà garantita dallo Stato a ogni cittadino di scegliere e professare la propria credenza in fatto di religione*»[25] e va considerata quale libertà giuridica, diritto inviolabile ai sensi dell'articolo 2, diritto soggettivo perfetto imponendosi sia nei confronti del privato che dei pubblici poteri, insomma la libertà religiosa rappresenta senza dubbio un fine costituzionale.

La libertà religiosa si fonda sull'affermazione dell'eguaglianza dinanzi alla legge senza alcuna distinzione di religione, poiché anche la religione rientra tra gli specifici divieti di discriminazione stabiliti dall'ultimo periodo del primo comma dell'articolo 3, come a voler ribadire la distanza della nostra Costituzione repubblicana dalle discriminazioni arbitrarie e antidemocratiche che avevano caratterizzato il periodo precedente.

Affermare l'eguaglianza rispetto al fattore religioso implica una necessaria riflessione sul principio di laicità dello Stato e cioè se uno Stato che afferma l'eguaglianza senza distinzione di religione sia da considerarsi in maniera pressoché automatica quale stato laico[26]. Effettivamente la nostra Carta costitu-

---

[23] Cfr. F. RUFFINI, *Corso di diritto ecclesiastico italiano: libertà religiosa come diritto pubblico subbiettivo*, Torino, 1924, 198.

[24] In tal senso cfr. C.A. CIAMPI, *La libertà delle minoranze religiose*, (a cura di F.P. CASAVOLA-G. LONGO-F. MARGIOTTA BROGLIO), Bologna, 2009, 77 ss.

[25] Per tale definizione cfr. P.A. D'AVACK, *Il problema storico-giuridico della libertà religiosa*, Roma, 1966; ID., *Libertà religiosa (diritto ecclesiastico)*, in *Enciclopedia del diritto*, vol. XXIV, 1974.

[26] Rispetto alla dottrina in tema di laicità, senza pretesa di completezza cfr. L. GUERZONI, *Note preliminari per uno studio della laicità dello Stato sotto il profilo giuridico*, in *Archivio giuridico*, 1967, n. 1-2, 80; U. POTOTSCHNIG, *La laicità dello Stato*, in *Jus*, 1977, 247; C. CARDIA, *Stato laico*, in *Enciclopedia del diritto*, vol. XLIII, 1990, 876; G. DALLA TORRE (a cura di), *Ripensare la laicità. Il problema della laicità nell'esperienza giuridica contemporanea,* Torino, 1993; S. LARICCIA, *Laicità dello Stato e democrazia pluralista in Italia*, in *Diritto ecclesiastico*, 1994, I, 383; F. RIMOLI, *Laicità*, in *Enciclopedia Giuridica Treccani,* vol. XVIII, 1995; F. FINOCCHIARO, *La Repubblica italiana non è uno Stato laico*, in *Diritto Ecclesiastico*, 1997, 11; R. BIN-G. BRUNELLI-A. PUGIOTTO-P. VERONESI (a cura di), *La laicità crocifissa? Il nodo costituzionale dei simboli religiosi nei luoghi pubblici*, Torino, 2004; G. PRETEROSSI (a cura di), *Le ragioni dei laici*, Roma-Bari, 2005; L. ELIA, *A proposito del principio di laicità dello Stato e delle difficoltà di applicarlo*, in *Studi in onore di Giorgio Berti*, vol. II, Napoli, 2005, 1063; F. MARGIOTTA BROGLIO, *La laicità dello Stato*, in G. PRETEROSSI (a cura di), *Le ragioni dei laici*, Roma-Bari, 2005, 79; G. LONG, *Laicità dello Stato, confessioni religiose e multiculturalismo*, in *Quaderni di diritto e politica ecclesiastica*, 2006,

zionale da un lato afferma l'eguaglianza senza distinzione di religione, ma dall'altro non opera alcun richiamo esplicito alla laicità dello Stato come carattere necessario dello stesso ed il termine *laicità* o *laico* non appare mai nell'intera Carta costituzionale. Tale omissione potrebbe avere due significati opposti e cioè corrispondere all'idea che nel momento in cui si afferma l'eguaglianza senza distinzione religiosa si dà vita ad uno stato laico e quindi non è necessario richiamare la laicità quale carattere fondamentale del vivere insieme, oppure che si può essere (o cercare di essere) uguali senza distinzione di religione senza però dover essere laici e neutrali. Rispetto alla nostra esperienza è assai probabile che i Costituenti abbiano preferito optare per una soluzione compromissoria temendo che un'esplicita affermazione del pensiero laico fosse strutturalmente votata ad un relativismo vuoto e indifferente incapace di condurre ad argomenti e ragioni credibili e coerenti in quanto la laicità come molte altre categorie giuridiche di estrema rilevanza sfugge a concezioni assolute e astratte sostanziandosi diversamente a seconda del periodo storico e della società a cui ci si riferisce. Così, in Assemblea Costituente non è mancata la discussione sull'alternativa: laicità/confessionalità, ma alla fine i Costituenti hanno evitato volutamente di formalizzare una delle due posizioni ritenute 'estreme' tentando di affermare la via del pluralismo religioso, lasciando però alle promesse dell'articolo 3 l'arduo compito di realizzare l'eguaglianza senza distinzione di religione e con essa la laicità dello Stato.

Il dilemma dei nostri Costituenti su come conciliare pluralismo religioso, laicità e riconoscimento di un *favor* alla tradizione della Chiesa cattolica sembra rimasto, a distanza di anni, ancora irrisolto e di grande attualità, e il principio di laicità risulta il grande assente della costruzione costituzionale e purtroppo conseguentemente anche di quella normativa.

Ma quando uno Stato può definirsi laico? Lo Stato laico è quello che non

---

340; G. CASUSCELLI, *Le laicità e le democrazie: la laicità della «repubblica democratica» secondo la Costituzione italiana*, in *Quaderni di diritto e politica ecclesiastica*, 2007, n. 1, 183; B. RANDAZZO, *Le laicità. Alla ricerca del nucleo essenziale di un principio*, in *Filosofia e teologia*, 2007, 273; A. SPADARO, *Libertà di coscienza e laicità nello stato costituzionale: sulle radici 'religiose' dello Stato 'laico'*, Torino, 2008; B. RANDAZZO, *Diversi ed eguali. Le confessioni religiose davanti alla legge*, Milano, 2008; A. DI GIOVINE, *Laicità e democrazia*, in *Studi in memoria di Giuseppe G. Floridia*, Napoli, 2009, 255; G. ROLLA (a cura di), *Libertà religiosa e laicità. Profili di diritto costituzionale*, Napoli, 2009; M. AINIS, *Chiesa padrona. Un falso giuridico dai Patti Lateranensi ad oggi*, Milano, 2009; S. PRISCO, *Laicità. Un percorso di riflessione*, Torino, 2009; S. RODOTÀ, *Perché laico*, Roma-Bari, 2009-2010; A. BARBA (a cura di), *La laicità del diritto*, Roma, 2010; S. LARICCIA, *Battaglie di libertà. Democrazia e diritti civili in Italia (1943-2011)*, Roma, 2011; GRASSI, *Laicità e pluralismo religioso*, Villa Verucchio, 2013; L. MUSSELLI-C.B. CEFFA, *Libertà religiosa obiezione di coscienza e Giur. Cost.*, Torino, 2014; F. RESCIGNO, *"Ite missa est". Laicità paradigma di eguaglianza*, Napoli, 2015.

tende ad imporre i punti di vista di una parte della società al resto della popolazione, nemmeno se quella parte corrisponde alla maggioranza, è lo Stato che proclama l'autonomia di coscienza e che svolge un ruolo di arbitro non affermando come obbligatoria una "concezione buona" della vita, ed adoperandosi perché nessuno possa imporre la propria agli altri[27]. Lo Stato è effettivamente laico quando non è culturale, cioè quando è separato da ogni cultura nella misura in cui riconosce il pieno valore delle differenze e, conformemente al carattere relativistico della democrazia, non ne assume alcuna in proprio ma è capace, in un quadro fondamentale di valori condivisi o di principi supremi, che trovano espressione nella Costituzione, di rispettare tutte le culture e le posizioni in egual misura[28]. La laicità dunque non è separazione e indifferenza, ma riconoscimento pieno e rispettoso della dignità dell'altro attraverso la salvaguardia della sua diversità culturale, religiosa e morale[29]. In questo senso il principio della democrazia che fa coesistere la pluralità delle idee, dei valori, degli stili di vita è necessariamente laico, laicità intesa non «*come una filosofia tra le filosofie, come un'ideologia da opporsi ad altre ideologie*», ma piuttosto come «*la regola di convivenza di tutte le possibili filosofie e ideologie*»[30]. Il principio di laicità diviene così, grazie alla sua neutralità assiologica, valore di tutti i valori, consentendo «*a tutti l'espressione della propria personalità e dei propri convincimenti*»[31].

Così ragionando si comprende come la scelta omissiva operata dalla nostra Carta fondamentale sulla laicità dello Stato sia divenuta sempre più imbarazzante poiché è innegabile che il rapporto laicità-democrazia costituisce, almeno per la tradizione occidentale, un binomio indissolubile, ciò non significa escludere totalmente l'universo religioso dallo spazio pubblico, bensì confe-

---

[27] Sulla definizione di Stato laico cfr. G. HAARSCHER, *La laïcité*, Paris, 1996 e la bella ricostruzione effettuata da F. MARGIOTTA BROGLIO, *La laicità dello Stato*, in G. PRETEROSSI (a cura di), *Le ragioni dei laici*, Roma-Bari, 2005, 79.

[28] Così N. COLAIANNI, *Diritto pubblico delle religioni. Eguaglianza e differenze nello Stato costituzionale*, Bologna, 2012, 45 ss.

[29] Sullo Stato laico di fronte all'altro si vedano le interessanti riflessioni di F. RIMOLI, *Democrazia. Pluralismo. Laicità*, Napoli, 2013, 296 ss.

[30] Cfr. G. CALOGERO, *Filosofia del dialogo*, Milano, 1969, 280; e ancora del medesimo autore, *Un'dea di laicità*, Bologna, 2013, 15, in cui afferma: «*La mia tesi principale è che la connessione fra laicità, istituzioni e scelte democratiche è così stretta che si può concludere a proposito dei due termini, democrazia e laicità, che essi simul stabunt, simul cadent*». Così anche P. ROSSI, *Laicità in crisi?*, in A. RONCAGLIA-P. ROSSI-M.L. SALVADORI (a cura di), *Libertà, giustizia, laicità. In ricordo di Paolo Sylos Labini*, Bari, 2008, 59.

[31] Cfr. F. RIMOLI, *Laicità e pluralismo bioetico*, Relazione al Convegno annuale dell'associazione italiana dei Costituzionalisti, *Problemi della laicità agli inizi del secolo XXI*, Napoli, 26-27 ottobre 2007, annuario 2007, Padova.

rirgli il ruolo che gli compete cioè il collocarsi nella dimensione di libertà della democrazia non come verità di fede ma come convincimento fra gli altri senza ambire di esserne il fondamento, in quanto la democrazia stessa è un insieme di valori in grado di fungere da solido supporto, etico e giuridico, alla dinamica convivenza fra i consociati [32]. Per questo una moderna democrazia necessita dell'affermazione chiara ed univoca del principio di laicità e in quest'ottica anche nel nostro Paese dottrina e giurisprudenza si sono impegnate in una "esegesi creativa" del testo costituzionale al fine di dimostrare comunque la presenza della laicità tra i principi fondanti del nostro vivere insieme.

Il punto di partenza nella ricostruzione giurisprudenziale della laicità è costituito dalla sent. n. 203/1989 con cui la Consulta ha elevato il concetto di laicità a principio supremo dell'ordinamento costituzionale [33]. Tale pronuncia si occupa della questione dell'insegnamento della religione cattolica rispetto alla posizione degli studenti che non se ne avvalgono essendo esso, ai sensi della legge n. 121/1985, non più obbligatorio.

La Corte chiarisce la propria competenza nel verificare la costituzionalità della normativa impugnata in quanto il parametro è costituito da uno dei principi supremi dell'ordinamento, poiché «*i parametri invocati, artt. 2, 3 e 19. In particolare, nella materia vessata gli artt. 3 e 19 vengono in evidenza come valori di libertà religiosa nella duplice specificazione di divieto: a) che i cittadini siano discriminati per motivi di religione; b) che il pluralismo religioso limiti la libertà negativa di non professare alcuna religione*», e ancora chiarisce che i «*i valori richiamati concorrono, con altri (artt. 7, 8 e 20 della Costituzione), a strutturare il principio supremo della laicità dello Stato, che è uno dei profili della forma di Stato delineata nella Carta costituzionale della Repubblica*».

Entra così, grazie alla giurisprudenza costituzionale, il principio di laicità tra i valori fondanti della Carta e dello Stato. Tuttavia, l'esegesi della Sentenza del 1989 lascia alquanto perplessi in quanto, se da un lato la Corte afferma l'esistenza di uno Stato laico «*entro un quadro normativo rispettoso del principio supremo di laicità*», dall'altro, «*proprio per la sua forma di Stato laico*», inspiegabilmente conferisce solo ad una specifica religione una condizione decisamente privilegiata, rendendola unica confessione oggetto di studio (sia pur

---

[32] In tal senso cfr. P. PRODI, *La questione laica nell'Italia di oggi*, in *Rivista del Grande Oriente d'Italia*, 2006, n. 4, in cui osserva che «*l'Occidente nella sua storia ha imparato a tenere a bada il sacro senza scacciarlo e questa è la nostra conquista della laicità*», ancora A. DI GIOVINE, *Laicità e democrazia*, in *Studi in memoria di Giuseppe G. Floridia*, Napoli, 2009, 255.

[33] Cfr. sent. n. 203/1989, in *Giur. Cost.*, 1989, 890, con osservazioni di A. SACCOMANNO, 903 e nota di L. MUSSELLI, *Insegnamento della religione cattolica e tutela della libertà religiosa*, 908 ed anche G.G. FLORIDIA-S. SICARDI, *Dall'eguaglianza dei cittadini alla laicità dello Stato*, *ivi*, 1086.

non obbligatorio) nelle scuole pubbliche. Così, la laicità riconosciuta dalla Corte nasce viziata, con un innegabile *favor* nei confronti della religione cattolica. È una laicità che non realizza il principio di eguaglianza di cui al primo comma dell'articolo 3; poiché lo Stato non assume una posizione di neutralità e garanzia nei confronti di tutte le confessioni religiose e quindi non può definirsi quale stato veramente laico.

La ricostruzione della laicità operata dalla Sentenza del 1989, che richiama proprio l'articolo 3 tra le disposizioni che concorrono a strutturare il principio supremo di laicità dello Stato, lascia in ombra la rilevanza specifica che l'eguaglianza deve necessariamente assumere nella definizione dei caratteri e dei contenuti della laicità statuale; insomma il principio di eguaglianza deve divenire una "pregiudiziale" della stessa tematica della laicità in modo da salvaguardare effettivamente la libertà di coscienza e religione di tutti e per tutti, in un reale regime di pluralismo confessionale e culturale[34]. Nella ricostruzione operata dalla Consulta invece il *genus* "valore della cultura religiosa" e la *species* "principi del cattolicesimo nel patrimonio storico del popolo italiano" concorrono a descrivere l'attitudine laica del nostro Stato-comunità, ponendola realmente al servizio delle concrete istanze della coscienza civile e religiosa dei cittadini. È inevitabile dunque domandarsi come sia possibile conciliare eguaglianza e privilegio, laicità e confessionalismo, libertà religiosa ed indottrinamento in una sola fede, disconoscendo il principio della neutralità dello Stato[35], vero cardine della riflessione laica.

La Corte considera vigente ed appurata l'esistenza di diverse tipologie di laicità ponendo alla base del riconoscimento della laicità nel nostro Stato una visione confessionale della stessa poiché riconoscendo l'insegnamento della sola religione cattolica nella scuola pubblica quale estrinsecazione dei valori fondanti dello stato mette inevitabilmente in discussione il principio di egua-

---

[34] In tal senso cfr. le perplessità espresse da L. GUERZONI, *Problemi della laicità nell'esperienza giuridica positiva: il diritto ecclesiastico*, in G. DALLA TORRE (a cura di), *Ripensare la laicità. Il problema della laicità nell'esperienza giuridica contemporanea,* Torino, 1993, 126.

Il principio di eguaglianza non sembra assurgere a vera *pregiudiziale* della tematica della laicità nemmeno con le pronunce successive quando la Corte pur richiamando tale fondamentale principio in materia di confessioni religiose dimentica però di declinarlo in maniera compiuta. Cfr. sent. n. 329/1997 in *Giur. Cost.*, 1997, 3335.

[35] La Corte parla di "equidistanza" e "imparzialità" ma non di 'neutralità' e a tale proposito nella sent. n. 329/1997 (in *Giur. Cost.*, 1997, 3335) afferma: «*il principio costituzionale della laicità o non-confessionalità dello Stato, affermato in numerose occasioni da questa Corte (sentenze n. 203 del 1989, n. 259 del 1990 e n. 195 del 1993) ... non significa indifferenza di fronte all'esperienza religiosa ma comporta equidistanza e imparzialità della legislazione rispetto a tutte le confessioni religiose*».

glianza *ex* articolo 3. Nella ricostruzione della laicità giurisprudenziale emergono duqnue almeno due categorie di laicità[36]: la "laicità negativa o laicità-neutralità" e la "laicità sana"[37] o "positiva"[38] e la sentenza del 1989 non riconosce formalmente il principio di laicità, ma certifica una sorta di temibile "metamorfosi interpretativa" dello stesso, una mutazione in grado di metterne «*in forse lo stesso contenuto originario ed essenziale, cioè il principio di neutralità religiosa e di conseguente imparzialità dello Stato*»[39]: la Corte prende cioè le distanze da una concezione del fenomeno religioso quale elemento strettamente correlato alla sfera del privato, ponendosi in una prospettiva non di mera astensione, ma in quella di una 'laicità positiva' rispetto allo stesso fenomeno religioso.

Se la "laicità negativa o neutrale" comporta l'irrilevanza per la Repubblica del fenomeno religioso e il vincolo a carico dello Stato a mantenersi neutrale rispetto ai convincimenti religiosi dei cittadini restando conseguentemente equidistante ed imparziale nei riguardi delle varie confessioni; la 'laicità positiva' invece non si traduce in indifferenza e neutralità ma al contrario vede lo Stato garante della libertà religiosa, al servizio delle concrete istanze della coscienza civile e religiosa dei cittadini. In questo senso sembra dirigersi il primo articolo del Concordato riformato con cui la Repubblica e la Santa Sede si impegnano «*alla reciproca collaborazione per la promozione dell'uomo e il bene del Paese*», per cui è evidente che la religione non corrisponde ad una dimensione individuale del singolo (o almeno non solo) bensì alla promozione della dimensione pubblica dell'uomo e al bene del Paese. Questa impostazione, decisamente discutibile, viene confermata dalla Corte quando decide una seconda volta sulla legittimità dell'art. 9, comma 2, legge n. 121/1985[40], occasione in cui la Consulta ribadisce decisamente l'orientamento maturato nella sentenza del 1989 sostenendo che: «*l'insegnamento di religione cattolica, compreso tra gli altri insegnamenti del piano didattico, con pari dignità culturale, come previsto nella normativa di fonte pattizia, non è causa di discriminazione e non contrasta – essendone anzi una manifestazione col principio supremo di laicità dello*

---

[36] Su tale distinzione cfr. G. DALLA TORRE, *Sana laicità o laicità positiva?*, in *Stato, Chiese e pluralismo confessionale*, Rivista telematica, 2012.

[37] Parla di *"sana laicità"* Pio XII in un discorso del 1958.

[38] Parte della dottrina parla anche di "laicismo estremo" e "laicismo moderato", su tale distinzione cfr. F. D'AGOSTINO, *Laicismo, costituzionalismo e religioni*, in AA.VV., *Costituzione e religione*, *Percorsi costituzionale*, 2/3, Trento, 2013, 15.

[39] Cfr. L. GUERZONI, *Il principio di laicità tra società civile e Stato*, in M. TEDESCHI (a cura di), *Il principio di laicità nello Stato democratico*, Napoli, 1996, 75.

[40] Cfr. sent. Corte cost. n. 13/1991, in *Giur. Cost.*, 1991, 77, con nota di A. SACCOMANNO, *Insegnamento di religione cattolica: ancora una interpretativa di rigetto*, 88.

Stato ...». L'insegnamento della sola religione cattolica nella scuola pubblica costituisce dunque (alquanto paradossalmente) per il Giudice delle leggi attuazione del principio di laicità e chi decide di non avvalersene si trova in uno stato di "non obbligo". La definizione di laicità rimane ancorata all'idea di "buona laicità" che ben si concilia con i privilegi riconosciuti alla sola religione cattolica.

La Corte si è confrontata con il tema religioso non solo in materia di insegnamento della religione cattolica ma anche rispetto al vilipendio di tale confessione quale religione di Stato e almeno in quest'ambito si registra un interessante mutamento giurisprudenziale per cui, dopo una fase iniziale in cui la tutela privilegiata accordata in campo penale alla sola religione cattolica non veniva considerata contrastante rispetto ai principi costituzionali, in quanto in sintonia con la posizione di preminenza che la Costituzione assicura alla Chiesa Cattolica attraverso il richiamo ai Patti Lateranensi effettuato dall'articolo 7 [41]; in seguito alla modifica concordataria del 1984, la Corte, che torna ad occuparsi dei rapporti Stato-religione, arriva invece alla censura di diversi articoli del Codice penale a partire dal reato di bestemmia fino al vilipendio della religione di Stato *ex* art. 402 c.p. [42].

Il punto di svolta della giurisprudenza costituzionale è costituito dalla modifica del Concordato che pone fine al principio della religione cattolica come sola religione dello Stato, ed anche dalle intese raggiunte con confessioni reli-

---

[41] Cfr. sentt. Corte cost. nn. 125/1957 e 39/1965, rispettivamente in *Giur. Cost.*, 1957, 1209; 1965, 602 con cui la Corte dichiara non fondata la questione di costituzionalità *ex* art. 402 c.p. (vilipendio della religione di Stato) in riferimento agli artt. 3, 8, 19 e 20 Cost., osservando come tale norma penale non implichi discriminazione in base alla religione professata, in quanto da un lato si rivolge indistintamente a tutti i destinatari della norma penale e dall'altro la tutela penale rafforzata assicurata alla religione cattolica si giustifica con il fatto che si tratta della religione professata dalla maggioranza degli italiani.

[42] Sulla bestemmia cfr. sent. n. 440/1995, in *Giur. Cost.*, 1995, 3575 con osservazioni di R. D'ALESSIO, 3482 e note di F. RAMACCI, *La bestemmia contro la Divinità: una contravvenzione delittuosa?*, 3484 e M. D'AMICO, *Una nuova figura di reato: la bestemmia contro la "Divinità"*, 3487.

Sulla dichiarazione di incostituzionalità «*nella forma semplice, esclusivamente ablativa*» dell'art. 402 c.p. relativo al vilipendio della religione di Stato cfr. sent. Corte cost. n. 508/2000, in *Giur. Cost.*, 2000, 3965 con osservazioni di M. OLIVETTI, *Incostituzionalità del vilipendio alla religione di Stato, uguaglianza senza distinzioni di religione e laicità dello Stato*, 3972, di B. RANDAZZO, *Vilipendio della religione: una dichiarazione d'incostituzionalità "obbligata"?*, 3979; P. CAVANA, *La caducazione del delitto di vilipendio della religione di Stato. Luci e ombre di un'incostituzionalità annunciata*, 3990.

Su tale ultima pronuncia cfr. anche G. CASUSCELLI, *L'evoluzione della giurisprudenza costituzionale in materia di vilipendio della religione*, in *Quaderni di Diritto e Politica Ecclesiastica*, 2001, n. 3, 1124.

giose diverse da quella cattolica. L'abbandono del "*criterio quantitativo*" individuato in alcune pronunce quale causa di giustificazione delle discipline differenziate e della speciale preminenza riconosciuta alla religione cattolica rispetto alle altre religioni [43], l'allontanamento dal "*criterio sociologico*" che giustificava discipline differenziate rispetto alle offese alla religione cattolica in quanto in grado di suscitare reazioni sociali di «*maggiore ampiezza e intensità*» [44] e l'affermazione del principio di laicità quale principio ordinatore dello Stato costituiscono il quadro di riferimento dell'evoluzione giurisprudenziale della Consulta in materia di vilipendio alla religione. Da queste pronunce emerge un'innegabile attenzione della Corte rispetto alle problematiche relative all'equilibrio tra Stato e religioni ma, malgrado ciò, il suo atteggiamento di base resta ancorato ad un'impostazione sostanzialmente confessionale non riuscendo o non volendo imporre il principio di laicità in modo pieno ed effettivo.

Il fatto che il termine laicità si riferisca ad un insieme estremamente articolato e complesso di situazioni, di giudizi di valore, di atteggiamenti, che l'idea stessa di laicità risulti essere «*un prodotto tutto contemporaneo*» [45] sembra essere utilizzato dalla Corte per giustificare il proprio atteggiamento sostanzialmente ambiguo, per cui la giurisprudenza costituzionale persegue la strada della laicità solo a tratti non riuscendo ad elaborare una definizione semantica chiara del principio di laicità, così come non erano stati in grado di farlo i Costituenti e come ancora sfugge al Legislatore contemporaneo.

Il principio di laicità introdotto dalla giurisprudenza costituzionale mostra dunque forti limiti mentre una definizione chiara della laicità nel nostro contesto costituzionale e legislativo non appare più procrastinabile, i tempi moderni infatti ci pongono dinanzi a sfide quotidiane che coinvolgono il principio di laicità: dal campo della bioetica, a quello del multiculturalismo, all'accoglienza, ai fondamentalismi ed integralismi religiosi – pericolose deviazioni del principio del pluralismo religioso –, alle "nuove famiglie", all'applicazione delle avanguardistiche tecnologie biomedicali alla vita di relazione, alle profonde trasformazioni nel modo d'essere dello Stato e nel rapporto tra società civile e Stato, all'uso dei simboli religiosi, fino ai "diritti di quarta generazio-

---

[43] Cfr. sentt. nn. 125/1957, 79/1958 e 14/1973 rispettivamente in *Giur. Cost.*, 1957, 1209; 1958, 990 con osservazioni di C. ESPOSITO; 1973, 69 con nota di A. BALDASSARRE, *È costituzionale l'incriminazione della bestemmia?*, *ivi* 70. *contra* tale interpretazione basata sul dato quantitativo cfr. le sentt. nn. 440/1995 e 329/1997 rispettivamente in *Giur. Cost.*, 1995, 3475 e 1997, 3335.

[44] Cfr. sent. n. 329/1997 in *Giur. Cost.*, 1997, 3335.

[45] Cfr. G. MICCOLI, *La questione della laicità nel processo storico contemporaneo*, in ID., *Fra mito della cristianità e secolarizzazione. Studi sul rapporto Chiesa-società nell'età contemporanea*, Casale Monferrato, 1985, 475.

ne" [46]. Continuare a sostenere che il nostro principio di laicità non si sostanzia nell'indifferenza, nell'equidistanza e nella neutralità rispetto al fenomeno religioso ma costruisce una "*laicità relativa*", un "*pluralismo privilegiato*", una laicità ponderata alle concrete condizioni sociali, proporzionata all'importanza del patrimonio cattolico [47] dimostra solo che purtroppo «*il principio di laicità non conforma la realtà italiana, ma è da essa conformata, sia sul piano giuridico – la tenaglia dell'art. 7 e del Concordato – che su quello sociale (l'imponente condizionamento da parte della gerarchia cattolica, assecondata da un ceto politico "in ginocchio")*» [48].

Non può esistere una "*laicità buona*" e una "*laicità cattiva*", esiste solo lo Stato laico e la laicità esprime il valore fondante del vivere insieme e come tale va riconosciuta e realizzata. La laicità omessa dai nostri Costituenti ed introdotta dalla giurisprudenza costituzionale è una «*laicità battezzata e praticante*» fondata «*sulla norma implicita che continua a riconoscere al cattolicesimo – e non ai principi costituzionali – un ruolo pontificale nel processo d'integrazione societaria e, di conseguenza, un regime di privilegio in perfetta continuità con la natura di Nazione Stato e non di Stato-Nazione dell'Italia*» [49].

La mancanza di laicità quale fondamento dell'impianto costituzionale inficia, in parte, la democraticità dell'ordinamento poiché, almeno sul fronte religioso, non si garantisce l'uguaglianza dei cittadini e delle confessioni religiose davanti alla legge. La differenza di trattamento tra le religioni non appare infatti giustificabile ai sensi del principio di ragionevolezza, poiché le confessioni religiose (come chiarito dalla stessa Corte) non possono essere considerate in maniera diversa sulla base del dato numerico, antropologico o sociologico, e tale inattuazione non può giustificarsi nemmeno con il timore della pericolosità di una presunta deriva laicista. Per non continuare a "tradire" la Costituzione [50]

---

[46] Sulla necessaria e non più procrastinabile coniugazione tra laicità ed eguaglianza mi si consenta di rimandare al mio F. RESCIGNO, "*Ite missa est*". *Laicità paradigma di eguaglianza*, Napoli, 2015 e alla bibliografia *ivi* indicata.

[47] Per la dottrina in linea con tale impostazione cfr. M. OLIVETTI, *Incostituzionalità del vilipendio della religione dello Stato, uguaglianza senza distinzioni di religione e laicità dello Stato*, in *Giur. Cost.*, 2000, 3978; R. COPPOLA, *Ma la "laicità relativa" non l'ho inventata io ... ovvero dell'uguaglianza delle confessioni religiose secondo Procuste*; ed anche *Il simbolo del crocifisso e la "laicità relativa" o ponderata, in Forum di Quaderni costituzionali*, 13 aprile 2002 e 9 giugno 2006.

[48] Cfr. la lucida ricostruzione critica e le inevitabili e condivisibili conclusioni di A. DI GIOVINE, *Laicità e democrazia*, in *Studi in memoria di Giuseppe G. Floridia*, Napoli, 2009, 273.

[49] Cfr. A. FERRARI, *Laicità del diritto e laicità narrativa*, in *Il Mulino*, 2008, n. 6, 1123 e ss.

[50] Sul tradimento della nostra Costituzione non ha dubbi AINIS quando afferma: «*Pur-*

è necessario intervenire in modo che l'innegabile "valore della cultura religiosa" e del "patrimonio storico" costituito *anche* dal cattolicesimo non divengano ostacoli insormontabili all'effettiva realizzazione del principio di eguaglianza, ma siano anzi utili strumenti nelle mani di un attento Legislatore pronto a declinare finalmente anche nel nostro Paese il paradigma della laicità.

Il principio di laicità è oggi affermato a pieno titolo anche tra i pilastri della democrazia europea per cui appare sempre più auspicabile una convergenza dei modelli europei di relazioni tra Stato e Chiese verso un paradigma fondamentalmente unitario di libertà religiosa che si basi principalmente sul primato della libertà individuale, sul divieto di discriminazione per motivi religiosi, sull'autonomia confessionale e sulla cooperazione tra istituzioni pubbliche e gruppi religiosi[51]. Il principio di laicità non può essere infatti confinato al solo dibattito dottrinale, non è un semplice esercizio di stile, o il "*sogno di un giurista*"[52], poiché la sua concreta affermazione influenza decisamente la vita di ogni soggetto e solo lo Stato laico è in grado di superare ogni *weltanschauung* caratterizzata dal c.d. integralismo, da certezze indimostrabili, da pericolosi dogmi, insomma solo la laicità può "smascherare" le ideologie perché lo Stato divenga effettivamente «*il luogo di confronto ed integrazione di tutte le verità, riconosciute e relativizzate come tali nella loro infinità varietà*»[53] e solo lo Stato laico può realizzare effettivamente ed efficacemente il principio di eguaglianza senza violare le scelte più intime, personali e anche confessionali che ognuno dei suoi consociati è libero comunque di compiere nella sua dimensione privata.

La mancata previsione della laicità costituzionale così come la sua "parziale e falsata" introduzione ad opera della Corte costituzionale si ripercuotono negativamente su molti settori della nostra legislazione positiva, la mancanza di laicità ferisce duramente il principio di eguaglianza e giustifica un legislatore inerte o schizofrenico che troppo spesso quando si confronta con gli importanti temi etici che contraddistinguono i nostri tempi dimostra un'arretratezza

---

troppo tutta la storia della legislazione religiosa in età repubblicana è intessuta di favoritismi e discriminazioni. Sono state discriminate le confessioni di minoranza, a partire dagli anni immediatamente successivi all'entrata in vigore della Costituzione, quando facendo leva sulla natura programmatica (dunque non vincolante) delle norme costituzionali i culti acattolici vennero costretti ad una condizione di sostanziale illibertà; ed è stata privilegiata la religione dominante». Cfr. M. AINIS, *Chiesa padrona. Un falso giuridico dai Patti Lateranensi ad oggi*, Milano, 2009, 101 ss.

[51] Così A. FERRARI, *Laicità del diritto e laicità narrativa*, in *Il Mulino*, 2008, 1123 e ss.

[52] Così si esprime F. MARGIOTTA BROGLIO, *La laicità dello Stato*, in G. PRETEROSSI (a cura di), *Le ragioni dei laici*, Roma-Bari, Laterza, 2005, 93.

[53] Così V. ZANONE, *Laicismo*, in N. BOBBIO-M. MATTEUCCI-G. PASQUINO (a cura di), *Dizionario di politica*, Torino, 1976, 511; RIMOLI, *Laicità,* in *Enciclopedia Giuridica Treccani,* vol. XVIII, 1995.

giuridica realmente intollerabile[54] o sceglie di non scegliere preferendo l'omissione legislativa alla legislazione laica fedele al principio di eguaglianza.

L'esercizio della laicità che come ricordato non è concetto meramente teorico, esige lo strumento legislativo, uno strumento misurato che non si trasformi in una scorciatoia autoritaria per imporre valori non universalmente condivisi, per mortificare l'autonomia individuale in nome di ideologie e fedi. Il nostro Legislatore continua invece ad alternare all'omissione legislativa l'intervento eticamente orientato, la "norma ad una dimensione" nella quale la giuridicità diviene veicolo obbligato di una sola etica[55]. È difficile, fuori dal nostro Paese, comprendere perché un Presidente del Consiglio all'indomani dell'approvazione di una brutta legge sulle unioni civili, arrivata in ritardo rispetto a quanto accaduto negli altri Paesi europei, debba giustificarsi dinanzi alle gerarchie ecclesiastiche dichiarando pubblicamente di «*non aver giurato sul Vangelo, bensì sulla Costituzione*»[56].

---

[54] Come dimostra ad esempio la legge n. 40/2004 sulla procreazione medica assistita (soprannominata "*legge burqua*"), ormai del tutto smembrata e resa fortunatamente inefficace dagli interventi del giudice costituzionale. Tale legge può essere considerata il simbolo della difficoltà nel nostro paese di affrontare in modo adeguato e laico temi e questioni che incidono sulla salute, sull'esistenza delle persone e sui loro progetti di vita, nonché sul rapporto con la medicina e l'evoluzione scientifica. Dietro al proibizionismo esasperato del testo originario si evince la volontà di imporre un modello di gestione del corpo della donna, sottratto alla libera disponibilità della persona interessata. Dalla sua emanazione sono passati oltre dieci anni in cui, grazie agli interventi del Giudice delle leggi, ma soprattutto grazie agli sforzi della società civile, si è ristabilito un equilibrio dei diritti e degli interessi coinvolti e tutelati dalla nostra Carta costituzionale, come il diritto alla salute e il diritto di autodeterminazione, l'autonomia e la responsabilità del medico. In questi anni la Corte ha cercato di ricreare un corretto bilanciamento fra diritti e tutele dei soggetti coinvolti, considerando con attenzione quali spazi debba occupare lo Stato nelle decisioni che riguardano la vita familiare e come si debba porre nei confronti dell'evoluzione scientifica e della medicina, cambiando infine profondamente la legge che oggi appare irriconoscibile se non vanificata. Sulla legge n. 40/2004 cfr. nell'ambito di una bibliografia assai estesa A. CELOTTO-N. ZANON (a cura di), *La procreazione medicalmente assistita. Al margine di una legge controversa*, Milano, 2004; R. VILLANI, *La procreazione assistita. La nuova legge 19 febbraio 2004, n. 40*, Torino, 2004; C. FLAMIGNI-M. MORI, *La legge sulla procreazione medicalmente assistita*, Milano, 2005; M. D'AMICO-I. PELLIZZONE (a cura di), *I diritti delle coppie infertili. Il limite dei tre embrioni e la sentenza della Corte costituzionale*, Milano, 2010; RODOTÀ, *Perché laico*, Bari, 2009-2010, 68 ss.; M. D'AMICO-I. ALESSO-M. CLARA, *La cicogna e il codice. Fecondazione assistita, riflessioni e prospettive*, Milano, 2010; M.P. COSTANTINI-M. D'AMICO-M. MENGARELLI, *Diritti traditi. La legge 40 cambiata dai cittadini*, Roma, 2015.

[55] In questo senso cfr. P. PRODI, *Una storia della giustizia. Dal pluralismo dei fori al moderno dualismo tra coscienza e diritto*, Bologna, 2000; S. RODOTÀ, *Perché laico*, Bari, 2009-2010, 67.

[56] Si vedano le dichiarazioni del Presidente del Consiglio Matteo Renzi alla puntata di Porta a Porta del 12 maggio 2016.

Lo Stato democratico che afferma e realizza il principio di eguaglianza è obbligatoriamente uno Stato laico e per questo garantista e pluralista, ed è l'unico Stato capace di arginare realmente integralismi e fondamentalismi religiosamente orientati rispondendo con la democrazia[57]. Non possono essere i principi religiosi a connotare il nostro vivere insieme, così come i crocifissi nei luoghi pubblici non sono simboli neutrali, passivi che favoriscono pluralismo culturale e religioso, insomma simboli di laicità; non possono dimenticarsi le lotte effettuate per l'affrancamento del potere politico da quello ecclesiastico, né disconoscere la tradizione del pensiero politico occidentale, del liberalismo, e l'affermazione dei diritti di libertà e del pluralismo, insomma ciò che ha condotto alla creazione del sistema democratico. Sono i diritti inviolabili e la Costituzione repubblicana a testimoniare la nostra effettiva identità culturale, la nostra storia e il nostro percorso democratico[58] non certo i principi confessionali. Abbiamo dunque bisogno di affermare (e soprattutto ancora di maturare) un reale principio di laicità per perseguire effettivamente i valori della tolleranza, della dignità e dell'eguaglianza in maniera neutrale, garantendo la libertà di coscienza e la sensibilità di ognuno come richiesto dal principio di eguaglianza senza distinzione di religione. Per questo, ancora oggi, malgrado l'affermazione dell'articolo 3, non siamo realmente tutti eguali senza distinzione di religione: ci sono infatti tuttora alcuni che appaiono "*più uguali di altri*"[59] in virtù del valore essenziale della sola cultura cattolica considerata quale patrimonio storico comune dell'intero popolo italiano.

Concludendo, se è vero che «*non possiamo non dirci cristiani*» per il nostro passato e la nostra storia, allo stesso tempo deve essere altrettanto vero, anche

---

[57] Come ricorda Rodotà: «*La laicità, lo sappiamo, non è una tavola di valori da contrapporre semplicisticamente ad altri valori. È piuttosto una dimensione della libertà, uno strumento per la libera formazione della personalità, un elemento essenziale per la convivenza. Vi è un'antica componente della laicità, in cui certamente si rinviene la sua matrice illuministica, che consiste nel valore della conoscenza piena e critica, liberata da catechismi e censure. Ma per muovere in questa direzione, è indispensabile una specifica cornice istituzionale. Così, nella sua storia concreta, la laicità incontra lo Stato, di cui diviene un connotato anche perché questo è l'unico modo per allontanare la tragedia delle guerre di religione ...*». Cfr. S. RODOTÀ, *Perché laico*, Bari, 2009-2010, 60 ss.

[58] Il questo senso cfr. di G. GALANTE, *Piccole note sul crocifisso nelle aule scolastiche*, in R. BIN-G. BRUNELLI-A. PUGIOTTO-P. VERONESI (a cura di), *La laicità crocifissa? Il nodo costituzionale dei simboli religiosi nei luoghi pubblici*, Torino 2004, 154.

[59] Come ricorda Rota rispetto all'insegnamento della sola religione cattolica nella scuola pubblica, che dimostra come nel nostro Paese «*Tutte le religioni sono uguali, ma certamente ce n'è una, che è più uguale delle altre*». Cfr. E. ROTA in *La laicità nella legislazione italiana: alcune considerazioni di una cittadina preoccupata*, in *www.uaar.it/uaar/ateo/archivio/2014*.

per onorare e rispettare la rivoluzione operata dal Cristianesimo, che per il nostro futuro da cristiani è arrivato il momento di dimostrarci capaci di essere effettivamente laici ed egualitari nella gestione della cosa pubblica e della democrazia che oggi più che mai non può fare a meno di connotarsi in maniera egualitariamente laica. La laicità dunque è lo strumento necessario e obbligato per poter realizzare la rivoluzione promessa dall'articolo 3 rispetto all'eguaglianza senza distinzione di religione e non solo, senza laicità tale rivoluzione rischia di rimanere per sempre solo una promessa.

3. Insegnamento e simboli: il monopolio cattolico che minaccia il principio di eguaglianza

Il pluralismo religioso e confessionale riconosciuto dalla nostra Costituzione e il principio di laicità, seppure nella sua declinazione 'buona', emerso dalla giurisprudenza costituzionale non sembrano effettivamente sufficienti a definire l'eguaglianza senza distinzione di religione: infatti malgrado tali affermazioni la religione cattolica continua a mantenere una posizione di privilegio che inficia il principio di eguaglianza. Tale situazione appare in tutta la sua gravità in due ambiti di estrema rilevanza quali quello dell'insegnamento scolastico e quello della simbologia nello Stato.

Rispetto al primo ambito decisamente peculiare appare la vicenda dell'insegnamento scolastico della sola religione cattolica. Effettivamente la storia dell'ora di religione appare alquanto 'tormentata' conoscendo una serie di alti e bassi per poi assumere una precisa configurazione negli anni del fascismo.

Siamo nella seconda metà dell'ottocento, poco prima dell'unità d'Italia, quando la legge n. 3725/1859 voluta dal ministro della Pubblica Istruzione Casati introduce per la prima volta tra le discipline oggetto di istruzione pubblica la religione cattolica, tale nuova materia era considerata obbligatoria per i primi due anni delle elementari ma non si istituiva una specifica ora di Religione, bensì si inseriva l'insegnamento religioso nell'ambito del complessivo programma educativo[60]. Come già sottolineato, malgrado l'articolo 1 dello Statuto Alberti-

[60] La bibliografia in materia è decisamente ampia per cui indicheremo solo alcuni riferimenti principali: E. BUTTURINI, *La religione a scuola. Dall'Unità a oggi*, Brescia, 1987; G. FLORIDIA-S. SICARDI, *Dall'eguaglianza dei cittadini alla laicità dello Stato. L'insegnamento confessionale nella scuola pubblica tra libertà di coscienza, pluralismo religioso e pluralità delle fonti*, in *Giur. Cost.*, 1989, II, 1098; N. PAGANO, *Religione e libertà nella scuola. L'insegnamento della religione cattolica dallo Statuto Albertino ai giorni nostri*, Torino, 1990; P. BELLINI, *Considerazioni critiche sull'insegnamento della religione cattolica nelle scuole pubbliche*, in P. BELLINI (a cura di), *Saggi di diritto ecclesiastico italiano*, Soveria Mannelli (CZ), 1996, To-

no dichiarasse l'esistenza di una religione di stato, non si delineò uno Stato confessionale e anzi i motivi di attrito e allontanamento tra Stato e Chiesa cattolica si moltiplicarono dall'unità del Regno in avanti. In questa sequenza di momenti di avvicinamento e allontanamento del potere temporale e di quello spirituale si inserisce anche la vicenda dell'insegnamento della religione cattolica, per cui nel 1860 il Regio decreto n. 4151 ("Regolamento per le scuole normali e magistrali degli aspiranti maestri e delle aspiranti maestre") introduceva l'obbligatorietà dell'insegnamento della religione per le scuole magistrali, destinate a formare i futuri maestri mentre nelle Università venivano vietati gli insegnamenti contrari ai principi religiosi[61]; ma già nell'ottobre del 1867 nei programmi del Ministro Coppino, autore della legge sull'istruzione obbligatoria, l'insegnamento della religione cattolica passa in secondo piano rispetto all'italiano e all'aritmetica, materie essenziali per cementare la recente e precaria unità nazionale e, all'indomani della Breccia di Porta Pia, la circolare del 29 settembre 1970 stabilisce che l'istruzione religiosa scolastica poteva essere impartita solo su richiesta dei genitori e nel 1873 venivano soppresse le Facoltà teologiche di Stato mai più ripristinate. Si assiste da questo momento in avanti ad una vera e propria "secolarizzazione" dell'istruzione pubblica come dimostra nel 1888 la soppressione dell'insegnamento della religione cattolica[62] che in breve tempo viene del tutto estromessa dalla scuola pubblica[63].

---

mo II, 527; T. DE MAURO, *Scuola e cultura laica*, in G. PRETEROSSI (a cura di), *Le ragioni dei laici*, Roma-Bari, 2005, 97; B. RANDAZZO, *Diversi ed eguali. Le confessioni religiose davanti alla legge*, Milano, 2008; M. PARISI, *Il diritto alla scelta di insegnamenti di religione nella scuola pubblica*, in S. DOMIANELLO (a cura di), *Diritto e religione in Italia. Rapporto nazionale sulla salvaguardia della libertà religiosa in regime di pluralismo confessionale e culturale*, Bologna, 2012, 139; M. CATTERIN, *L'insegnamento della religione nella scuola pubblica in Europa. Analisi e contributi di istituzioni europee*, Venezia, 2013.

[61] Le Istruzioni relative ai Programmi del 15 settembre 1860, chiarivano che l'insegnamento della religione cattolica aveva il compito di inculcare nei fanciulli l'idea dell'importanza della «*obbedienza [...] verso le Podestà costituite, non già per timore de' castighi, ma per ossequio a quei principi di pubblico interesse, che esse rappresentano e tutelano*», in ultima analisi l'insegnamento della religione cattolica era concepito, da parte dello Stato, quale rafforzamento dell'autorità politica.

[62] Nel 1888 la Commissione presieduta da Pasquale Villari, incaricata dal ministro Boselli di redigere i nuovi programmi per la scuola elementare concludeva con una relazione in cui si affermava che: «*lo Stato non può fare, né direttamente né indirettamente una professione di fede, che manchevole per alcuni, sarebbe soverchia per altri*». In tal senso il R.D. del 16 febbraio 1888, n. 5292 ("Regolamento unico per l'istruzione elementare"), estendeva la facoltatività dell'insegnamento delle «prime nozioni dei doveri dell'uomo e del cittadino" a tutto il corso d'istruzione elementare a discapito dell'insegnamento della Religione cattolica. Impostazione confermata nel 1894 dal Ministro Baccelli.

[63] Fatta salva la possibilità, garantita dal Decreto 9 ottobre 1895, n. 623 e dal R.D. 6

Dunque a fronte di una Carta fondamentale che proclama la religione di Stato, la scuola liberale pubblica italiana si presenta invece quale scuola laica lontana dai dogmi e dagli insegnamenti religiosi. Il quadro di indipendenza è destinato però a modificarsi drasticamente con l'avvento del fascismo e con le due grandi modifiche introdotte dalla riforma scolastica Gentile e dalla firma dei Patti Lateranensi: la prima, del 1923, segna infatti la reintroduzione dell'insegnamento religioso nelle scuole elementari [64] mentre si deve ai Patti del 1929 l'estensione di tale insegnamento anche alle scuole medie [65].

Sia la Chiesa che il nascente regime speravano di trarre vantaggi da tali accordi; da un lato la Chiesa vedeva nell'insegnamento scolastico non solo un antidoto al problema dell'analfabetismo religioso ma soprattutto il cardine essenziale per la costruzione di una rinnovata *societas christiana*, mentre il fascismo considerava tale riconoscimento in maniera strumentale al fine di ottenere la "benedizione" della Santa Sede alla nuova svolta autoritaria e allo stesso tempo si poteva educare il popolo italiano con un insegnamento concordato con la Chiesa ma comunque soggetto ai limiti fissati dallo Stato stesso [66].

La religiosità della scuola pubblica italiana appare "consacrata" dai Patti Lateranensi del 1929 che confermano l'insegnamento della religione cattolica nelle scuole elementari e lo estendono alla scuola media inferiore. Mentre il Trattato ribadisce il principio della religione cattolica, l'articolo 36 del Concordato afferma che: «*l'Italia considera fondamento e coronamento dell'istru-*

---

febbraio 1908, n. 150, di impartire tale insegnamento «a cura dei padri di famiglia che lo hanno richiesto», quando la maggioranza dei consiglieri comunali non decidesse di ordinarlo a carico del Comune.

[64] Con orari differenziati a seconda delle classi l'insegnamento religioso faceva dunque il proprio reingresso nelle elementari. Era prevista mezz'ora nelle classi preparatorie, un'ora e mezza in prima e seconda, due ore in terza, quarta e quinta. Anche l'insegnamento era diverso in quanto per le prime tre classi si prevedevano preghiere e nozioni fondamentali della dottrina cristiana mentre per la quarta e la quinta era stabilita l'estensione delle letture storiche di religione cattolica oltre a lezioni sulla morale e sul dogma cattolico sulla base dei dieci comandamenti e delle Parabole del Vangelo. Le prescrizioni didattiche per l'insegnamento della religione precisavano anche che l'insegnamento avrebbe dovuto informarsi «*dalla prima all'ultima classe, allo spirito che anima l'opera religiosa di Alessandro Manzoni*». Cfr. E. CATARSI, *Storia dei programmi delle scuole elementari (1860-1965)*, Firenze, 1990.

[65] Sull'insegnamento della religione nel ventennio fascista cfr. L. AMBROSOLI, *Libertà e religione nella riforma Gentile*, Firenze, 1980; M. OSTENC, *La scuola italiana durante il fascismo*, Roma-Bari, 1981; A. GAUDIO, *Scuola chiesa e fascismo. La scuola cattolica in Italia durante il fascismo (1922-1943)*, Brescia, 1995; M. GALFRÈ, *Una riforma alla prova. La scuola media di Gentile e il fascismo*, Milano, 2000.

[66] Su tale ricostruzione cfr. A. GUASCO, *Fascismo, chiesa cattolica e ora di religione*, in A. MELLONI (a cura di), *Rapporto sull'analfabetismo religioso in Italia*, Bologna, 2014, 143 ss.

zione pubblica l'insegnamento della dottrina cristiana secondo la forma ricevuta dalla tradizione cattolica. E perciò consente che l'insegnamento religioso ora impartito nelle scuole pubbliche elementari abbia un ulteriore sviluppo nelle scuole medie, secondo programmi da stabilirsi d'accordo tra la Santa Sede e lo Stato. Tale insegnamento sarà dato a mezzo di maestri e professori, sacerdoti o religiosi, approvati dall'autorità ecclesiastica, e sussidiariamente a mezzo di maestri e professori laici, che siano a questo fine muniti di un certificato di idoneità da rilasciarsi dall'Ordinario diocesano. La revoca del certificato da parte dell'Ordinario priva senz'altro l'insegnante della capacità di insegnare. Pel detto insegnamento religioso nelle scuole pubbliche non saranno adottati che i libri di testo approvati dall'autorità ecclesiastica». Le ricadute di tale previsione erano notevoli poiché da questo momento la dottrina cristiana non costituiva semplicemente «*il fondamento e il coronamento*» della sola istruzione elementare, ma dell'intera istruzione pubblica: così la religione cattolica, introdotta anche negli istituti medi d'istruzione classica, scientifica e magistrale e negli istituti di istruzione tecnica e nelle scuole negli istituti di istruzione artistica, diventava di fatto materia scolastica al pari di ogni altra[67].

La sconfitta fascista, l'avvento della Repubblica e l'elezione dell'Assemblea Costituente condussero anche alla ridefinizione dei rapporti tra lo Stato e le confessioni religiose compresa la Chiesa Cattolica e in tale ambito l'Assemblea Costituente fu il luogo dove discutere anche dell'insegnamento religioso nella scuola pubblica.

Il dibattito fu articolato e si registrarono interventi di grande spessore tra cui si ricordano le preoccupazioni dell'onorevole Togliatti che rilevava come «*oggi nelle scuole quando si insegna la religione, si fa della politica e per di più della politica diretta specificamente contro l'idea e la parte del comunismo*», mentre il Presidente Tupini lo rassicurava affermando che la Democrazia Cristiana non era un partito confessionale e non intendeva l'insegnamento religioso nella scuola come «*insegnamento del programma di democrazia cristiana*»[68]. Fu Dossetti a sottolineare come la discussione sull'insegnamento reli-

---

[67] Il 31 dicembre 1929 l'Enciclica *Divini illius magistri* (considerata da Mussolini «*ben pensata e ben formulata*») definiva la scuola quale «*istituzione sussidiaria e complementare della famiglia e della chiesa*».

[68] Fu la prima sottocommissione – presieduta dal democristiano Tupini – che si occupava dei diritti e doveri dei cittadini, a dibattere lungamente sul ruolo della scuola e anche sull'insegnamento religioso. I relatori erano il comunista Marchesi che pur contestando l'opportunità dell'insegnamento della religione nelle scuole statali, lo faceva non tanto «*in nome della scienza*» quanto «*nel nome stesso della religione*» e infine «*pure essendo geloso della sovranità statale e mal tollerante di ingerenze ecclesiastiche nella civile amministrazione*» si sentiva «*personalmente disposto a transigere e cooperare alla costruzione di quella conduttura religiosa che si vorrebbe impiantare*», e il democristiano Moro che rispetto all'in-

gioso risultasse strettamente connessa a quella relativa ai rapporti tra lo Stato e il fenomeno religioso per cui appariva opportuno definire preliminarmente tali rapporti e poi affrontare il problema dell'insegnamento. Così, la questione dell'insegnamento della religione nelle scuole pubbliche scomparve quasi completamente dal dibattito costituente assorbita dalla definizione dei rapporti tra lo Stato e le confessioni religiose[69] e soprattutto dall'inserimento dei Patti Lateranensi in Costituzione. In ultima analisi però nessuna delle disposizioni costituzionali dedicate al fattore religioso si occupano specificatamente dell'insegnamento della religione, per cui l'unico rimando significativo è quello contenuto nell'articolo 7 rispetto ai Patti Lateranensi del 1929, patti che contenevano all'articolo 36 del Concordato la previsione dell'insegnamento obbligatorio della religione cattolica nella scuola pubblica[70].

---

segnamento religioso nelle scuole pubbliche lo riteneva essenziale in nome della «*necessaria rispondenza della scuola pubblica agli orientamenti spirituali del popolo italiano al quale essa deve servire*». A tale scopo egli propose un emendamento che affermava: «*in ogni ordine di scuola dello Stato, escluso quello universitario, sarà impartito agli studenti, i cui genitori non ne chiedano la dispensa, l'insegnamento religioso nella forma ricevuta dalla tradizione cattolica*». Cfr. Commissione per la Costituzione, I Sottocommissione, Relazione del deputato Concetto Marchesi sui principi costituzionali riguardanti la cultura e la scuola e relazione del deputato Aldo Moro sui principi dei rapporti sociali (culturali), rispettivamente p. 36 e p. 45. Sulla discussione in Assemblea Costituente rispetto all'insegnamento scolastico della religione cattolica cfr. V. ONIDA, *L'insegnamento della religione cattolica negli atti dell'Assemblea costituente. Una cronaca parlamentare*, in A. MELLONI (a cura di), *Rapporto sull'analfabetismo religioso in Italia*, Bologna, 2014, 155.

[69] Sul compito della scuola rispetto all'insegnamento della sola religione cattolica giova ricordare la limpida analisi di Gaetano Salvemini in un saggio del 1907 poi ripubblicato nel 1951, in cui l'autore afferma: «*La scuola laica non deve imporre agli alunni credenze religiose, filosofiche o politiche in nome di autorità sottratte al sindacato della ragione. Ma deve mettere gli alunni in condizione di potere in piena libertà e consapevolezza formarsi da sé le proprie convinzioni politiche, filosofiche, religiose*». Cfr. G. SALVEMINI, *Il programma scolastico dei clericali*, Firenze, 1951.

[70] Anche per questo Calamandrei si oppose strenuamente a tale riconoscimento costituzionale affermando tra l'altro: «*...attraverso il richiamo dei Patti lateranensi, si introducono di soppiatto nella Costituzione, mediante rinvio, quelle tali norme occulte, leggibili solo per trasparenza, che saranno in urto con altrettanti articoli palesi della nostra Costituzione, i quali in realtà ne rimarranno screditati e menomati. ... Il principio della uguaglianza dei cittadini di fronte alla legge, della libertà di coscienza, della libertà di insegnamento, il principio della attribuzione esclusiva allo Stato della funzione giurisdizionale, tutti questi princìpi costituzionali sono menomati e smentiti da norme contenute nei Patti lateranensi ... Ma, ripeto, non mi indugerò a rinnovare l'analisi già fatta ad esuberanza nelle precedenti discussioni. Mi limito a richiamare l'attenzione vostra, amici democristiani, su quella norma dei Patti lateranensi, che tutte le riassume: dico l'articolo 1 del Trattato: "L'Italia riconosce e riafferma il principio consacrato nell'articolo 1 dello Statuto del Regno 4 marzo 1848, per il quale la reli-*

La strana anomalia di uno Stato che proclama l'eguaglianza senza distinzione di religione e quindi si presume laico, ma che ha allo stesso tempo una religione di Stato è stata modificata (almeno in parte) come noto dalla revisione dei Patti Lateranensi attraverso l'Accordo del 18 febbraio 1984. Tale revisione appare particolarmente significativa proprio perché ad essa si deve la scomparsa del principio della religione cattolica quale religione di Stato cercando quindi di realizzare il pluralismo e l'eguaglianza religiosa affermata dalla Costituzione. Decisamente importanti anche le conseguenze di tale revisione in materia di insegnamento della religione cattolica nelle scuole pubbliche poiché l'art. 9, comma 2 dell'Accordo dispone: «*La Repubblica italiana, riconoscendo il valore della cultura religiosa e tenendo conto che i principi del cattolicesimo fanno parte del patrimonio storico del popolo italiano, continuerà ad assicurare, nel quadro delle finalità della scuola, l'insegnamento della religione cattolica nelle scuole pubbliche non universitarie di ogni ordine e grado. Nel rispetto della libertà di coscienza e della responsabilità educativa dei genitori, è garantito a ciascuno il diritto di scegliere se avvalersi o non avvalersi di detto insegnamento*». Viene dunque meno il riferimento all'insegnamento della religione cattolica quale «*fondamento e coronamento*» dell'intera istruzione pubblica anche se permane un privilegio rispetto alle altre religioni, in quanto seppure può riconoscersi al singolo un vero e proprio diritto soggettivo di avvalersi o meno di tale insegnamento, non è al contempo riconosciuta alcuna possibilità a chi volesse invece conoscere ed approfondire nella scuola i fondamenti di altre confessioni religiose[71].

---

gione cattolica, apostolica e romana è la sola religione dello Stato" ... E vi chiedo: dobbiamo o no fare una Costituzione democratica, che abbia alla sua base i diritti di libertà? Tra questi c'è il diritto di uguaglianza di tutti i cittadini, la libertà di religione, la libertà di coscienza. Non vi accorgete che tutto questo è in contrasto con l'articolo 1 del Trattato, che consacra la religione di Stato e quindi lo Stato confessionale? ... Una prima proposizione che mi sembra sicura è questa: che i Patti lateranensi realizzano uno Stato confessionale.». Cfr. Seduta del 20 marzo 1947, in Atti dell'Assemblea Costituente.

[71] Sulla "presunta laicità" della nostra scuola e sull'importanza della stessa nell'impianto democratico si ricorda quanto affermato da Piero Calamandrei nel suo discorso dell'11 febbraio 1950, pronunciato al III° Congresso dell'Associazione a difesa della scuola nazionale, quando il grande giurista afferma: «*Cari colleghi, Noi siamo qui insegnanti di tutti gli ordini di scuole, dalle elementari alle università ... Siamo qui riuniti in questo convegno che si intitola alla Difesa della scuola. Perché difendiamo la scuola? Forse la scuola è in pericolo? Qual è la scuola che noi difendiamo? Qual è il pericolo che incombe sulla scuola che noi difendiamo? Può venire subito in mente che noi siamo riuniti per difendere la scuola laica. Ed è anche un po' vero ed è stato detto stamane. Ma non è tutto qui, c'è qualche cosa di più alto. Questa nostra riunione non si deve immiserire in una polemica fra clericali ed anticlericali. Senza dire, poi, che si difende quello che abbiamo. Ora, siete proprio sicuri che in Italia noi abbiamo la scuola laica? Che si possa difendere la scuola laica come se ci fosse, dopo l'art. 7? ...*». Cfr. P.

L'accordo di modifica del Concordato si mosse seguendo alcune direttrici non del tutto condivisibili e cioè la volontà di continuare comunque ad assicurare l'insegnamento della religione cattolica sulla base del riconoscimento obiettivo della cultura religiosa e della constatazione che i principi del cattolicesimo costituiscono parte del patrimonio storico-culturale del popolo italiano e quindi vanno inseriti negli elementi pedagogici e didattici perseguiti dallo Stato. Così muovendosi sul piano storico-culturale si continua a giustificare l'insegnamento religioso cattolico prevedendo solamente che esso dovrà rispettare l'obiettività storica, il pluralismo e lo spirito critico inserendosi nell'ambito delle finalità formative della scuola pubblica e si sancisce il diritto di ciascuno di poter scegliere se avvalersi o meno di tale insegnamento «*nel rispetto della libertà di coscienza e della responsabilità educativa dei genitori*»[72].

La riforma concordataria del 1984 compie dunque un passo verso il concetto di laicità e infatti solo successivamente a tale modifica la nostra Corte costituzionale trova il coraggio di affermare l'esistenza del principio di laicità tra i fondamenti costituzionali ed è interessante notare come tale aspetto emerga proprio nell'ambito di una questione concernente l'insegnamento scolastico della religione cattolica[73]. La questione concretamente riguardava la posizione degli studenti che decidono (o i cui genitori decidono) di non avvalersi di tale insegnamento che, ai sensi della legge di ratifica delle modifiche concordatarie, non può più considerarsi obbligatorio così come del resto va considerato l'eventuale insegnamento alternativo[74]. Se la Consulta coglie l'occasione per

---

CALAMANDREI, *Discorso al III° Congresso dell'Associazione a difesa della scuola nazionale (ADSN)*, Roma 11 febbraio 1950, in *Scuola democratica. Periodico di battaglia per una nuova scuola*, Roma, IV, suppl. al n. 2 del 20 marzo 1950, 1.

[72] Si ricorda che nella scuola materna, elementare e media la scelta viene effettuata dai genitori mentre nella scuola superiore è stata riconosciuta agli alunni la capacità di compiere tale scelta indipendentemente dal raggiungimento della maggiore età. Cfr. art. 1, comma 1, legge 18 giugno 1986, n. 281.

Sulla svolta post-Concordato cfr. V. PACILLO, *L'insegnamento della religione cattolica nella scuola pubblica: il quadro giuridico postconcordatario*, in A. MELLONI (a cura di), *Rapporto sull'analfabetismo religioso in Italia*, Bologna, 2014, 179.

[73] Cfr. la già esaminata sent. n. 203/1989, in *Giur. Cost.*, 1989, 890.

[74] Cfr. art. 9, legge 11 agosto 1984, n. 449 «*La Repubblica italiana, nell'assicurare l'insegnamento della religione cattolica nelle scuole pubbliche, materne, elementari, medie e secondarie superiori, riconosce agli alunni di dette scuole, al fine di garantire la libertà di coscienza di tutti, il diritto di non avvalersi delle pratiche e dell'insegnamento religioso per loro dichiarazione, se maggiorenni, o altrimenti per dichiarazione di uno dei loro genitori o tutori. Per dare reale efficacia all'attuazione di tale diritto, l'ordinamento scolastico provvede a che l'insegnamento religioso e ogni eventuale pratica religiosa, nelle classi in cui sono presenti alunni che hanno dichiarato di non avvalersene, non abbiano luogo in occasione dell'insegnamento di altre materie, e secondo orari che abbiano per i detti alunni effetti comunque discriminanti*»; art. 2.1.

affermare «*il principio supremo della laicità dello Stato, che è uno dei profili della forma di Stato delineata nella Carta costituzionale della Repubblica*», non ravvede però in tale affermazione nessun ostacolo alla prosecuzione dell'insegnamento della sola religione cattolica nelle scuole pubbliche. La Consulta spiega infatti, come l'articolo 9 della contestata legge del 1985 individui quattro dati significativi che non possono essere ignorati e cioè: «*1) il riconoscimento del valore della cultura religiosa; 2) la considerazione dei principi del cattolicesimo come parte del patrimonio storico del popolo italiano; 3) la continuità di impegno dello Stato italiano nell'assicurare, come precedentemente all'Accordo, l'insegnamento di religione nelle scuole non universitarie; 4) l'inserimento di tale insegnamento nel quadro delle finalità della scuola*», per cui «*esaurito il ciclo storico, prima, della strumentale utilizzazione della religione come sostegno alla morale comune, poi dell'opposizione positivistica tra religione e scienza, quindi dell'eticità dello Stato totalitario*», la Repubblica laica ora possa «*fare impartire l'insegnamento di religione cattolica in base a due ordini di valutazioni: a) il valore formativo della cultura religiosa, sotto cui s'inscrive non più una religione, ma il pluralismo religioso della società civile; b) l'acquisizione dei principi del cattolicesimo al "patrimonio storico del popolo italiano"*».

La religione insegnata nelle scuole pubbliche è «*una religione positiva*» e la scelta di avvalersi o meno di tale insegnamento non pregiudica in alcun modo la posizione dello studente poiché non è prevista come obbligatoria altra materia per i non avvalentisi.

L'esegesi della sentenza del 1989, come già detto non riesce a convincere, così come non può convincere uno Stato laico che sostiene l'insegnamento scolastico di un'unica religione che per quanto la Corte chieda venga articolato in maniera pluralista è pur sempre un insegnamento religioso ed è sufficiente un rapido esame degli obiettivi di apprendimento elaborati dal Ministero della Pubblica Istruzione previa intesa con la Conferenza Episcopale Italiana per verificare la poca obiettività e l'inesistente pluralismo di un insegnamento che per ogni fascia di età appare strutturato interamente sulla persona di Gesù Cristo e sull'indottrinamento e non certo sullo sviluppo del pensiero autonomo e del ragionamento critico degli alunni in un quadro di pluralismo confessionale[75].

---

d.P.R. 16 dicembre 1985, n. 751, «*a) il diritto di scegliere se avvalersi o non avvalersi dell'insegnamento della religione cattolica assicurato dallo Stato non deve determinare alcuna forma di discriminazione, neppure in relazione ai criteri per la formazione delle classi, alla durata dell'orario scolastico giornaliero e alla collocazione di detto insegnamento nel quadro orario delle lezioni; b) la scelta operata su richiesta dell'autorità scolastica all'atto dell'iscrizione ha effetto per l'intero anno scolastico cui si riferisce e per i successivi anni di corso nei casi in cui è prevista l'iscrizione d'ufficio, fermo restando, anche nelle modalità di applicazione, il diritto di scegliere ogni anno se avvalersi o non avvalersi dell'insegnamento della religione cattolica*».

[75] Gli obiettivi di apprendimento per ogni fascia d'età sono articolati in quattro temati-

Certamente rimane la facoltà di non avvalersi dell'insegnamento religioso scolastico e a tale proposito le alternative possibili dovrebbero essere diverse: dalla creazione di un'attività scolastica concernente argomenti legati all'etica, alla tolleranza e alla pace; oppure attività di studio assistita da qualsiasi docente disponibile o un'attività generica di studio non assistita o infine possibilità di entrata posticipata o uscita anticipata [76]. Purtroppo però ancora oggi il diritto alle attività opzionali, salvo alcuni casi virtuosi, rimane sostanzialmente ignorato e l'unica scelta realmente percorribile per i genitori – soprattutto di bambini piccoli – e gli studenti rimane quella di partecipare all'ora di religione.

Si è dunque evidenziato come il tema dell'insegnamento della religione cattolica nella scuola pubblica non sia marginale e rimanga tuttora uno dei più controversi nell'ambito della proclamazione di uno Stato laico che per essere tale dovrebbe innanzitutto garantire che i suoi giovani cittadini possano formarsi senza dogmi e ideologie venendo invece stimolato il libero pensiero e la riflessione critica; se la "cultura religiosa" appartiene agli obiettivi pedagogici allora essa deve essere pluralista e multi-confessionale e non ancorata unicamente ai principi del cattolicesimo ma volta alla dialettica delle opinioni e dei diversi orientamenti; infatti se proprio si continua a ritenere necessaria una prospettiva religiosa nell'ambito della scuola, allora tale insegnamento deve indirizzarsi in maniera generale al "fatto religioso", affrontando con metodologie laiche e neutrali la conoscenza dei fenomeni religiosi nelle loro varietà storiche ed attuali perché solo una scuola veramente laica, che rispetti tutte le fedi senza privilegiarne alcuna, realizza il principio di eguaglianza e contribuisce alla costruzione di una cittadinanza consapevole e democratica [77].

Se il tema dell'insegnamento scolastico non è certo marginale, egualmente significativa è la questione dell'esposizione dei simboli. In un'epoca come la

---

che che tengono conto della centralità della persona di Gesù Cristo: 1. Dio e l'uomo, con i principali riferimenti storici e dottrinali del cristianesimo; 2. la Bibbia e le fonti; 3. il linguaggio religioso nelle sue declinazioni verbali e non verbali; 4. i valori etici e religiosi per mettere in luce il legame tra elementi religiosi, senso morale e sviluppo di una convivenza civile, responsabile e solidale. Cfr. d.P.R. 20 marzo 2009, n. 89.

[76] Possibilità questa che però non può realizzarsi in quanto le ore di religione non vengono effettivamente collocate alla prima o ultima ora per non discriminare l'insegnamento rispetto agli altri.

[77] Su tali ultime riflessioni e sulla necessità che si ponga fine al monopolio religioso cattolico cfr. M. PARISI, *Il diritto alla scelta di insegnamenti di religione nella scuola pubblica*, in S. DOMIANELLO (a cura di), *Diritto e religione in Italia. Rapporto nazionale sulla salvaguardia della libertà religiosa in regime di pluralismo confessionale e culturale*, Bologna, 2012, 139; E. PACE, *Una società a monopolio cattolico davanti all'inatteso pluralismo religioso*, in A. MELLONI (a cura di), *Rapporto sull'analfabetismo religioso in Italia*, Bologna, 2014, 111; P. BRANCA-A. CUCINIELLO, *Scuola e Islam*, in A. MELLONI (a cura di), *Rapporto sull'analfabetismo religioso in Italia*, Bologna, 2014, 284.

nostra, caratterizzata dalla multiculturalità e dal pluralismo anche religioso, non può stupire il fatto che la tematica dei simboli, da quelli "profani" a quelli più specificatamente religiosi, risulti di forte impatto[78]. Il simbolo infatti può avere effetti molto diversi, da un lato è in grado di *«sintetizzare messaggi e di comunicarli con immediatezza»*, è dunque uno strumento di richiamo identitario, ma così come il simbolo può unire, al contempo esclude, ghettizza, discrimina: il simbolo cioè unisce i *"partecipi"* della stessa credenza, fede o passione, e contemporaneamente li divide dai *"non partecipi"*[79].

Così come il potere si nutre spesso di simboli[80] anche la religione ne ha necessità ed anzi assai spesso accade di assistere alla secolarizzazione da parte del potere pubblico di simboli religiosi, e per riflesso, dei valori della religione maggioritaria che diviene in tal modo uno dei simboli di identificazione dello stesso Stato. Una "fusione" di questo tipo appare particolarmente pericolosa nelle moderne società pluraliste e multiculturali dove si potrebbe arrivare ad

---

[78] In generale sull'importanza dell'uso dei simboli con particolare riferimento ai simboli religiosi cfr. G. FERRERO, *I simboli in rapporto alla storia e filosofia del diritto, alla psicologia e alla sociologia*, Torino, 1892 (riedito a cura di B. LAURETANO, Napoli, 1995); G. MOSSE, *La nazionalizzazione delle masse. Simbolismo politico e movimenti di massa in Germania*, Bologna, 1984; D. KERTZER, *Riti e simboli del potere*, Roma, 1989; GENTILE, *Il culto del littorio*, Roma-Bari, 1993; L. GATTAMORTA, *Teorie del simbolo: studio sulla sociologia fenomenologica,* Milano, 2005; L. LOMBARDI VALLAURI, *Simboli e realizzazione*, in E DIENI-A. FERRARI-V. PACILLO (a cura di), *Symbolon/Diabolon. Simboli, religioni, diritti nell'Europa multiculturale*, Bologna, 2005, 13; E. DIENI-A. FERRARI-V. PACILLO (a cura di), *Symbolon/Diabolon. Simboli, religioni, diritti nell'Europa multiculturale*, Bologna, 2005; M. JASONNI, *Simbolo religioso e laicità (Appunti a margine della rilettura apologetica di un frammento eracliteo)*, in *Archivio giuridico Filippo Serafini*, 2005, 2; G. CASUSCELLI, *Il crocifisso nelle scuole: neutralità dello Stato e «regola della precauzione»*, in *Diritto ecclesiastico*, 2005, n. 1, 512; M. PARISI (a cura di); *Simboli e comportamenti religiosi nella società globale*, Napoli-Roma, 2006; E. DIENI-A. FERRARI-V. PACILLO (a cura di), *I simboli religiosi tra diritto e culture*, Milano, 2006; S. MANCINI, *Il potere dei simboli, i simboli del potere: laicità e religione alla prova del pluralismo*, Padova, 2008; F. BENIGNO-L. SCUCCIMARRA (a cura di), *Simboli della politica*, Roma 2010; A. DE OTO (a cura di), *Simboli e pratiche religiose nell'Italia «multiculturale». Quale riconoscimento per i migranti?*, Roma, 2010; ZAGREBELSKY, *Simboli al potere: politica, fiducia, speranza*, Torino, 2012; F. LA CAMERA, *Il diritto ad esporre simboli religiosi nello spazio pubblico*, in S. DOMIANELLO (a cura di), *Diritto e religione in Italia. Rapporto nazionale sulla salvaguardia della libertà religiosa in regime di pluralismo confessionale e culturale*, Bologna, 2012, 215; P. VANONI, *Laicità e libertà di educazione. Il crocifisso nelle aule scolastiche in Italia e in Europa*, Milano, 2013; F. RESCIGNO, *"Ite missa est". Laicità paradigma di eguaglianza*, Napoli, 2015.

[79] Cfr. A. GUAZZAROTTI, *Giudici e minoranze religiose*, Milano, 2001.

[80] Sui simboli e il potere cfr. per tutti G. ZAGREBELSKY, *Simboli al potere: politica, fiducia, speranza*, Torino, 2012.

"una guerra dei simboli" che diverrebbe ben presto "guerra di tutti contro tutti" poiché «*il fenomeno migratorio sta infatti mischiando le carte della storia e dell'evoluzione, facendo coesistere il passato con il presente e il futuro, soprattutto mischia le fedi, le religioni, i diversi simboli, con modalità fino ad oggi sconosciute*»[81].

La questione della presenza dei simboli religiosi nello spazio pubblico presuppone, da un punto di vista teorico, una riflessione sul ruolo che il principio di laicità esplica nelle contemporanee società multiculturali[82]. Lo Stato laico e neutrale infatti dovrebbe consentire a tutte le diverse culture di partecipare e comunicare nello spazio sociale e nei luoghi dell'interazione pubblica, nel rispetto dei principi essenziali della democrazia e del moderno costituzionalismo in quadro di pluralismo religioso e confessionale che vede lo Stato fare un passo indietro rispetto ai simboli religiosi.

Purtroppo anche in questo ambito si evidenzia come la nostra "laicità all'italiana" appaia paradossale e privilegi ancora una volta la sola religione cattolica attraverso l'esposizione del crocifisso nei luoghi dello Stato[83]. Il problema rispetto all'esposizione del crocifisso è se debba essere considerato lecito, e soprattutto rispondente ad uno Stato che afferma annoverare il principio di laicità tra i suoi principi fondamentali, esporre un crocifisso in un'aula scolastica, in un tribunale o in un ufficio pubblico; oppure se questa scelta, oltre a

---

[81] Così C. CARDIA, *Il simbolo religioso e culturale*, in *Stato, Chiese e pluralismo confessionale*, Rivista telematica, *www.statoechiese.it*, luglio 2012.

[82] Chiarisce con maestria gli effetti negativi del simbolo in termini di carica identitaria rispetto ai fondamentalismi di ogni religione L. LOMBARDI VALLAURI, *Simboli e realizzazione*, in E. DIENI-A. FERRARI-V. PACILLO (a cura di), *Symbolon/Diabolon. Simboli, religioni, diritti nell'Europa multiculturale*, Bologna, 2005, 13.

[83] L'esposizione del crocifisso negli uffici pubblici in genere, è disciplinata dall'Ordinanza ministeriale 11 novembre 1923 n. 250; mentre l'esposizione nelle aule giudiziarie deriva dalla Circolare del Ministro Rocco, Ministro Grazia e Giustizia, Div. III, del 29 maggio 1926, n. 2134/1867 recante "*Collocazione del crocifisso nelle aule di udienza*". Per quanto concerne la scuola si fa riferimento ad una serie di atti secondari su cui si avrà modo di soffermarsi nel prosieguo della trattazione.

Più recentemente rispetto all'esposizione di simboli religiosi all'interno di uno spazio pubblico destinato ad uso privato è stata prevista –dall'articolo 58, comma 2, d.p.r. 30 giugno 2000, n. 230– la possibilità al detenuto di «*esporre nella propria camera individuale o nel proprio spazio di appartenenza nella camera a più posti, immagini e simboli della propria confessione religiosa*».

Infine, si ricorda la "*Carta dei valori della cittadinanza e dell'integrazione*" approvata con Decreto del Ministro dell'Interno 23 aprile 2007, n. 26628, in cui si afferma tra l'altro che «*l'Italia rispetta i simboli, e i segni, di tutte le religioni. Nessuno può ritenersi offeso dai segni e simboli di religioni diverse dalla sua*». Peccato che i simboli delle altre religioni non trovino alcuno spazio nei luoghi dello Stato.

potere offendere la coscienza del non credente o dell'appartenente ad un'altra confessione religiosa, contraddica il principio di laicità e conseguentemente lo stesso principio di eguaglianza.

Ancora oggi nelle scuole, nelle aule dei tribunali, negli ospedali troviamo spesso esposto il crocifisso cattolico; tale esposizione risponde ad alcune normative risalenti al periodo fascista, previsioni che né le successive novità legislative né, tantomeno, la Costituzione repubblicana che statuisce l'eguaglianza delle religioni di fronte alla legge sono riuscite a scalfire, così come non sembra esserci riuscita l'affermazione della Corte costituzionale che sancisce la presenza del principio di laicità tra i fondamenti dello Stato.

Rispetto alla collocazione del crocifisso nei tribunali è la Circolare del Ministro Rocco del 29 maggio 1926 a disporre la collocazione del Crocefisso nelle aule di udienza [84]. Tale previsione, ancora oggi applicata, è stata contestata apertamente a partire dall'ottobre del 2003, da un magistrato di Camerino – il dottor Tosti – che decise, su richiesta di alcuni avvocati, di rimuovere il crocifisso presente nell'aula giudiziaria, gesto che causò un'inchiesta dell'allora Ministro della giustizia Castelli al fine di appurare se fosse necessario intervenire con un trasferimento d'ufficio o un'azione disciplinare nei confronti del magistrato. Il giudice arrivò fino all'astensione dalle udienze con le naturali conseguenze derivate dall'interruzione di pubblico servizio, cioè una prima condanna nel dicembre del 2005 da parte del Tribunale dell'Aquila, a sette mesi di reclusione e all'interdizione dei pubblici uffici per un anno [85]. Tale condan-

---

[84] Cfr. Circolare Ministero di Grazia e Giustizia – Div. III del 29 maggio 1926, n. 2134/1867: «*Prescrivo che nelle aule di udienza, sopra il banco dei giudici e accanto all'effige di Sua Maestà il Re sia restituito il Crocefisso, secondo la nostra antica tradizione. Il simbolo venerato sia solenne ammonimento di verità e di giustizia. I Capi degli uffici giudiziari vorranno prendere accordi con le Amministrazioni comunali affinché quanto ho disposto sia eseguito con sollecitudine e con decoro di arte, quale si conviene all'altissima funzione della giustizia*».

[85] Il comportamento di astensione del giudice venne infatti sanzionato e considerato indebito «... *soprattutto nella considerazione che certamente il Tosti all'inizio della propria attività e poi a lungo per anni, ha concretamente accettato le condizioni in cui si svolgevano le proprie funzioni sino al 2003, epoca in cui la "coscienza" ha indotto il giudicabile ad assumere l'attuale posizione non dimessa neppure quando le condizioni per lo svolgimento delle sue personali mansioni sono state adattate alle rappresentate esigenze di "neutralità", di "imparzialità" e di "eguaglianza" dell'ambiente deputato alla formazione del processo decisionale ... il mancato espletamento della sua attività mai avrebbe potuto essere legittimato da un presunto bilanciamento delle esigenze discendenti dalla legittima tutela della libertà religiosa o di coscienza ovvero del principio di laicità dello Stato – e ancora meno dal loro prevalere – sul dovere di inadempimento delle proprie funzioni di giudice. L'obbligo di esercitare queste ultime sarebbe stato ed è per il Tosti da assolvere in via "primaria", nella considerazione, peraltro, che subito egli fu posto nelle condizioni logistiche idonee a rendere, comunque, compatibile lo svolgimento della sua attività giurisdizionale con le rappresentate, seppur "tardiva-*

na veniva confermata dalla Corte di Appello dell'Aquila, e poi successivamente annullata nel 2009 dalla Cassazione che accoglieva la non configurazione del reato di omissione di atti di ufficio, poiché le udienze erano state tenute comunque dai sostituti, omettendo però di pronunciarsi sugli altri motivi relativi alla tutela della libertà religiosa. In seguito all'assoluzione è stato riattivato il procedimento disciplinare che era stato sospeso in attesa della definizione di quello penale e nel 2010 la Sezione disciplinare del CSM –pur ritenendo che l'imposizione dei crocifissi potesse configurare la lesione dei diritti di libertà religiosa e di coscienza– rimuoveva comunque il giudice Tosti dalla magistratura in quanto considerava i rimedi alternativi proposti sufficienti a garantire i diritti dello stesso[86]. Nel luglio del 2012 la Corte di appello dell'Aquila ha discusso l'appello contro la seconda sentenza di condanna nel frattempo già pronunciata assolvendo il giudice dal reato di omissione di atti di ufficio (art. 328 c.p.) per essersi rifiutato di tenere le udienze sotto l'imposizione dei crocifissi, omettendo però anche in questo caso di soffermarsi sui profili più controversi della vicenda e cioè quelli legati alla libertà religiosa e al principio di laicità[87]. La lunga vicenda del giudice Tosti arriva anche dinanzi alla Corte costituzionale la quale con l'ord. n. 127/2006 dichiara inammissibile il conflitto tra poteri dello Stato[88] cogliendo l'occasione per aggiungere che in realtà il magistrato «*esprime solo il personale disagio di un lavoratore dipendente del*

---

mente", irrinunciabili esigenze, discendenti dalla "libertà di coscienza e di religione", dalla "libertà di manifestazione del pensiero" e dal "principio di laicità dello Stato", consentendogli l'esercizio di essa in ambienti privati dei simboli religiosi cristiani, "privilegio" dei cattolici». Cfr. Trib. Aquila, sent. 15 dicembre 2005, n. 622.

[86] I giudici del CSM hanno scelto la sanzione estrema della rimozione dalla magistratura per motivi di "*prevenzione speciale*" poiché se il giudice Tosti fosse stato riammesso in servizio avrebbe comunque proseguito nella sua richiesta di difesa dei propri diritti inviolabili e quindi nella rimozione dei crocifissi, così l'unica soluzione concretamente praticabile appariva quella della rimozione del giudice e non certo dei crocifissi.

[87] La Corte d'Appello nella sua Sentenza sostiene: «*che è meritevole di tutela, alla luce dei principi costituzionali, il diritto dei difensori e dell'imputato a presenziare e ad esercitare le prerogative difensive in un'aula di giustizia priva di espliciti simboli religiosi*», ma afferma anche che tale tutela di questi diritti poteva «*essere garantita mediante la celebrazione del processo in un'altra aula della Corte, che era priva dei crocifissi*».

[88] Si tratta del giudizio per conflitto di attribuzione tra poteri dello Stato sorto a seguito della circolare del Ministro di grazia e giustizia – Div. III del 29 maggio 1926, n. 2134/1867, relativa alla «*Collocazione del Crocefisso nelle aule di udienza*» e consequenziale diniego dell'attuale Ministro della giustizia alla rimozione dei crocifissi nelle aule giudiziarie promosso con ricorso di Luigi Tosti, nella qualità di giudice monocratico del Tribunale di Camerino, nei confronti del Ministro della giustizia, depositato in cancelleria il 5 dicembre 2005 ed iscritto al n. 43 del registro conflitti tra poteri dello Stato, fase di ammissibilità. Cfr. ord. n. 127/2006 in *Giur. Cost.*, 2006, 1192.

Ministro di Giustizia per lo stato dell'ambiente nel quale deve svolgere la sua attività» senza lamentare «*alcuna menomazione delle attribuzioni costituzionalmente garantite agli appartenenti all'ordine giudiziario*».

Dopo condanne, assoluzioni e azioni disciplinari possiamo ben dire che la questione non appare risolta e che, accanto al motto '*La legge è uguale per tutti*', ancora oggi trova posto nei nostri tribunali il simbolo della passione di Cristo, come a ricordarci che una cosa è l'eguaglianza dinanzi alla legge e ben altro è invece l'eguaglianza senza distinzione di religione.

Se questa è la situazione nei luoghi deputati alla giustizia, altrettanto grave e pregiudizievole è quella nei luoghi del sapere: infatti, oltre all'insegnamento della sola religione cattolica, le nostre scuole portano il messaggio religioso attraverso l'esposizione del crocifisso nelle aule scolastiche.

Paradossalmente l'esposizione dei crocifissi nelle scuole pubbliche non deriva da una previsione legislativa ma è il risultato di una serie di atti secondari concernenti non tanto l'insegnamento della religione cattolica quanto piuttosto gli arredi scolastici[89]. I Patti Lateranensi e le successive modifiche del 1984 non hanno infatti stabilito niente di specifico rispetto all'esposizione del crocifisso nelle scuole o, più in generale negli uffici pubblici. È interessante notare come il Consiglio di Stato abbia però fornito parere negativo rispetto ad una abrogazione implicita dovuta al decadimento della previsione della religione cattolica quale religione di Stato avvenuto proprio con la modifica dei Patti Lateranensi[90].

---

[89] L'esposizione dell'immagine del crocifisso (e del ritratto del Re) nelle scuole pubbliche è disposta dall'art. 118, R.D. 30 aprile 1924, n. 965, in ogni aula delle scuole medie (del Regno d'Italia) e, per la scuola elementare, dal R.D. 26 aprile 1928, n. 1297, che all'allegato C (art. 119) prevede il crocifisso nella tabella degli arredi e del materiale occorrente nelle varie classi. La vigenza di tali norme viene successivamente confermata dall'art. 30 della legge 28 luglio 1967, n. 641 in materia di edilizia scolastica (poi sostituito dall'art. 6 della legge 17 febbraio 1968, n. 106) e dalla Circolare del Ministero della Pubblica Istruzione 19 ottobre 1967, n. 367/2527 che prevede l'esposizione dell'immagine del Presidente della Repubblica al posto di quella del Re. Il d.lgs. 16 aprile 1994, n. 297 (T.U. delle disposizioni legislative vigenti in materia di istruzione) non menziona espressamente gli elementi di necessario corredo delle aule scolastiche; la Circolare del Miur del 3 ottobre 2002, n. 2667, dedicata proprio al crocifisso, ribadisce l'obbligo per i dirigenti scolastici di assicurare il rispetto dell'esposizione. Ancora, in merito all'esposizione di simboli religiosi diversi dal crocifisso nelle scuole pubbliche è intervenuta la Circolare del Ministero della Pubblica Istruzione dell'8 aprile 1923, n. 8823 che accogliendo le richieste dei valdesi, prevede la possibilità di affiggere un'immagine del Redentore «*in un'espressione significativa che valga a manifestare il medesimo altissimo ideale che è raffigurato nel crocifisso*».

[90] Con il parere n. 63/1988, il Consiglio di Stato ha stabilito che le norme dell'art 118 del R.D. 30 aprile 1924 n. 965 e l'allegato C del R.D. del 26 aprile 1928, n. 1297, che prevedono l'esposizione del crocifisso nelle aule scolastiche non possono essere considerate implicitamente abrogate dalla nuova regolamentazione concordataria sull'insegnamento

L'esposizione del crocifisso nelle nostre scuole ha condotto ad importanti pronunce giudiziarie nazionali ed extra-nazionali[91]. Si comincia nell'anno scolastico 2002-2003, quando un cittadino italiano di religione musulmana (Adel Smith) chiede all'insegnante della scuola di Ofena (in provincia dell'Aquila), frequentata dai suoi figli, di rimuovere il crocifisso appeso alla parete o, in subordine, di appendervi un quadretto con il testo di un versetto del Corano[92]. L'insegnante accondiscende a questa seconda richiesta, ma successivamente il dirigente scolastico impone di rimuovere il quadretto[93]. Adel Smith ricorre allora al Tribunale dell'Aquila per ottenere un pronunciamento d'urgenza e il Tribunale conferma le sue ragioni e decreta la rimozione del crocifisso[94]. Una successiva

---

della religione cattolica in quanto, premesso che «...*il Crocifisso, o più esattamente la Croce, a parte il significato per i credenti, rappresenta il simbolo della civiltà e della Cultura cristiana, nella sua radice storica, come valore universale, indipendentemente da specifica confessione religiosa, le norme citate, di natura regolamentare, sono preesistenti ai Patti Lateranensi e non si sono mai poste in contrasto con questi ultimi. Occorre, poi, anche considerare che la Costituzione Repubblicana, pur assicurando pari libertà a tutte le confessioni religiose, non prescrive alcun divieto alla esposizione nei pubblici uffici di un simbolo che, come il Crocifisso, per i principi che evoca e dei quali si è già detto, fa parte del patrimonio storico*».

[91] Non aveva condotto ad un'esplicita pronuncia giudiziaria il caso sollevato nel 1987-88 dalla insegnante Maria Vittoria Migliano Montagnana che aveva sollecitato il Preside di tale istituto a rimuovere il crocifisso da tutte le aule dove questo era esposto, altrimenti avrebbe sospeso ogni sua attività didattica. Stante il rifiuto del Preside, la professoressa Migliano interruppe la sua attività didattica e venne perciò sottoposta d'ufficio ad un procedimento disciplinare e inquisita dalla magistratura per interruzione di pubblico servizio. L'insegnante non ottenne alcun pronunciamento dirimente né dal Ministero della Pubblica Istruzione, né dall'autorità giudiziaria e la caduta del governo nel marzo 1988 spense il caso mediatico che era sorto intorno alla sua legittima protesta. Rispetto al clamore mediatico si segnala N. GINZBURG, *Non togliete quel crocifisso: è il segno del dolore umano. Quella croce rappresenta tutti*, L'Unità, 22 marzo 1988, con cui la nota scrittrice invita i laici alla tolleranza verso i cattolici sentendosi anch'essi comunque protetti e tutelati dal crocifisso. *Contra* la posizione della Ginzburg cfr. le condivisibili critiche di S. LUZZATTO, *Il crocifisso di Stato*, Torino, 2011, 13 ss.

[92] Si tratta del testo della *Sura* 112 del Corano che recita: «*Egli è il Dio, l'Uno, il Dio l'Eterno, l'Onnipotente, egli non ha generato né è stato generato e non vi è nulla simile a Lui*».

[93] Sul caso di Adel Smith cfr. L.P. VANONI, *Laicità e libertà di educazione. Il crocifisso nelle aule scolastiche in Italia e in Europa*, Milano, 2013, 88.

[94] Tale pronuncia differisce decisamente da una precedente della Pretura di Roma con cui il giudice di merito si era dichiarato contrario alla rimozione del crocifisso sostenendo «... *che esso doveva restare esposto, posto che la sua presenza non può costituire pregiudizio alcuno per la formazione culturale e ideologica dell'alunno ... data la particolare importanza che la figura di Cristo ha assunto nella nascita e nella evoluzione della civiltà occidentale, come dimostrato, tra l'altro, dalla testimonianza di un uomo di cultura laica come Benedetto Croce, il quale pubblicamente riconosceva che 'non possiamo non dirci cristiani'*». Cfr. Pret. Roma, 28 aprile 1986, in *Rivista giuridica della scuola*, 1986, 619.

ordinanza revoca però tale pronunciamento per difetto di giurisdizione, in quanto l'istanza presentata non integrava una domanda "meramente risarcitoria", ma si concretizzava nella richiesta di una misura di carattere inibitorio idonea ad interferire nella gestione del servizio scolastico, per la quale è prevista l'esclusiva competenza del giudice amministrativo[95]. La vicenda si chiuse in sede di ricorso per regolamento preventivo di giurisdizione dinanzi alle Sezioni Unite della Cassazione che con l'ord. n. 115614 dichiara la sussistenza della giurisdizione del giudice amministrativo sulla base del fatto che la richiesta di rimozione del crocifisso investe in via «*immediata il potere dell'amministrazione in ordine all'organizzazione e alle modalità di prestazione del servizio scolastico*» e che l'art. 33 del d.lgs. n. 80/1998 attribuisce nella materia dei pubblici servizi al «*giudice amministrativo la giurisdizione esclusiva se in essa la pubblica amministrazione agisce esercitando il suo potere autoritativo*». In maniera decisamente oscura la Suprema Corte dapprima sostiene che il crocifisso «*per il suo valore escatologico e di simbolo fondamentale della religione cristiana*» non può essere «*considerato alla stregua di qualsiasi componente dell'arredo scolastico*», e poi richiama «*le pressanti esigenze di tutela delle minoranze religiose, etniche e culturali in un ordinamento ispirato ai valori della tolleranza, della solidarietà, della non discriminazione e del rispetto del pluralismo*»; ma se la questione non è meramente organizzativa bensì riguarda la tutela di valori costituzionalmente protetti, allora la competenza dovrebbe essere del giudice ordinario e non certo di quello amministrativo.

Ancora più significativo appare il caso iniziato nel 2002 in seguito alla richiesta della signora Lautsi, di origini finlandesi, al Consiglio d'istituto della scuola media di Abano Terme frequentata dai propri figli, di rimuovere il crocifisso dalle aule. Al rifiuto della scuola la signora decide di rivolgersi al Tribunale Amministrativo Regionale del Veneto che non entra nel merito della vicenda e rimette la questione di legittimità alla Corte costituzionale fondando la propria ordinanza di remissione sui due presupposti: che le norme regolamentari del 1924 e del 1928 fossero tuttora vigenti in virtù dell'art. 676 del d.lgs. n. 297/1994 e che quindi fosse possibile un controllo indiretto su di esse attraverso la proposizione di una questione di legittimità avente ad oggetto alcune disposizioni del testo unico sull'istruzione, così come «specificate» da tali norme secondarie[96].

Il giudice delle leggi però "decide di non decidere" e dichiara la manifesta infondatezza della questione sollevata «sotto ogni profilo» ritenendo «erronei» i presupposti del ricorso[97]. La questione è inammissibile, poiché non vi

---

[95] Cfr. le due pronunce del Tribunale dell'Aquila, Ordinanza 23 ottobre 2003 e 29 novembre 2003, in *Foro italiano*, 2004, I, 1262.

[96] Cfr. TAR Veneto, sez. I, ord. 14 gennaio 2004, n. 56, in *Foro italiano*, 2004, III, 235.

[97] Cfr. ord. n. 389/2004 in *Giur. Cost.*, 2004, 4280 ss. con osservazioni di S. LARICCIA,

sarebbe un obbligo legislativo all'affissione del crocifisso ma al massimo una previsione con fonte secondaria; in tal modo la Consulta non sembra voler avallare il Parere del Consiglio di Stato del 1988 che sosteneva la vigenza e la costituzionalità delle disposizioni del periodo fascista; in più, considerando che nel 2000 la Corte di Cassazione, sez. IV pen., con la sentenza n. 439, dichiarava non necessaria e non legittima la presenza del crocifisso nei seggi elettorali, allora si poteva pensare che la loro legittimazione a rimanere nelle scuole dovesse essere rimessa sostanzialmente all'autonomia e alla discrezionalità delle singole istituzioni e concretamente alle decisioni assunte dagli organi direttivi. Questa è naturalmente solo una delle ipotesi interpretative, tanto che la "non decisione" della Consulta suscitò reazioni diverse e discordanti, venendo accolta entusiasticamente dai sostenitori dell'esposizione del crocifisso che interpretarono tale Ordinanza quale affermazione del fatto che «*il crocifisso deve rimanere dov'è*»[98], e polemicamente da coloro che invece la considerarono una sorta di "fuga" rispetto alla spinosa questione dei simboli religiosi grazie a semplici motivi di rito[99]. Realmente la scelta dell'inammissibilità era prevedibile, il Giudice delle leggi infatti aveva optato per la medesima soluzione in una pronuncia del 1968 quando venne portato alla sua attenzione il caso concernente la possibile illegittimità dell'articolo 142 del Regolamento per gli istituti di prevenzione e pena (R.D. n. 787/1931) che imponeva di frequentare la messa ai detenuti che al momento del loro ingresso in carcere non avessero esplicitamente dichiarato di non professare la religione cattolica. La Corte, in tale occasione, optò per l'inammissibilità poiché l'oggetto era costituito da una disposizione regolamentare, precisando però al contempo che «*le norme regolamentari, quando siano ritenute illegittime per contrasto con la Co-*

A ciascuno il suo compito: non spetta alla Corte costituzionale disporre la rimozione del crocifisso nei locali pubblici; G. GEMMA, *Esposizione del crocifisso nelle aule scolastiche: una corretta ordinanza di inammissibilità*; F. RIMOLI, *La Corte, la laicità e il crocifisso, ovvero di un appuntamento rinviato*; A. GIGLI-S. GATTAMELATA, *Il crocifisso: valore universale di un arredo scolastico*. Ancora su tale pronuncia cfr. G. GEMMA, *Spetta al giudice comune, non alla Corte costituzionale, disporre la rimozione del crocifisso,* in R. BIN-G. BRUNELLI-A. PUGIOTTO-P. VERONESI (a cura di), *La laicità crocifissa? Il nodo costituzionale dei simboli religiosi nei luoghi pubblici*, Torino 2004, 161; A. CELOTTO, *Il simbolo sacro inserito tra gli arredi scolastici può mettere in discussione la laicità dello Stato*, in *Guida al diritto*, 2004, n. 8, 95; F. MARGIOTTA BROGLIO, *Obbligatorio o non obbligatorio? Il crocifisso per ora resta appeso*, in OLIR, *Osservatorio delle libertà ed istituzioni religiose*, *www.olir.it*, dicembre 2004.

[98] Cfr. F.P. CASAVOLA, *Consulta: il crocifisso resta in classe,* in *Il Messaggero*; M. OLIVETTI, *Via italiana alla laicità*, in *Avvenire,* entrambi del 16 dicembre 2004.

[99] Cfr. A. PUGIOTTO, *Sul crocifisso la Corte costituzionale pronuncia un'ordinanza pilatesca*, in *www.forumcostituzionale.it*, 23 dicembre 2004; ID., *Verdetto pilatesco sul crocifisso in aula. Dopo l'ordinanza si naviga a vista*, in *Diritto & Giustizia*, 2005, n. 3, 80.

stituzione, possono e debbono (non diversamente dai casi in cui siano ritenute illegittime per contrasto con leggi ordinarie) essere disapplicate» [100].

Se la decisione da un lato quindi non stupisce e appare fondata limitandosi all'esame delle ragioni meramente processuali, dall'altro la prudenza dimostrata dalla Corte non appare condivisibile considerando l'importanza della questione relativa all'esposizione del simbolo cattolico per eccellenza in un luogo così rilevante quali le aule scolastiche.

Il seguito della laconica Ordinanza della Corte arriva con la sentenza TAR Veneto 17-22 marzo 2005, n. 1110, in cui il Tribunale regionale, in maniera "dissociata" rispetto alla precedente ordinanza di rimessione – che poteva far supporre una propensione verso la caducazione delle norme incriminate – decide di superare le perplessità precedenti e dopo avere affermato la propria giurisdizione passa al giudizio nel merito in cui ricostruisce dapprima l'evoluzione storica della disciplina prendendo le mosse dalla normativa prevista dallo Statuto Albertino e dalle modifiche sopravvenute; sottolineando come l'esposizione del crocifisso nelle scuole è perdurata tanto a lungo, anche dopo la caduta del fascismo, che si potrebbe ipotizzare addirittura una consuetudine nel senso giuridico del termine. Il TAR si mostra particolarmente attento alle problematiche legate al tema della laicità [101] ricordando come tale fondamentale principio non rimane confinato al nostro ordinamento, ma costituisce altresì un tratto distintivo di tutti i sistemi democratici occidentali come confermato da numerose sentenze che in diversi paesi (anche non europei) si sono occupate di risolvere delicati conflitti sulla presenza pubblica di simboli religiosi [102]. Si concentra dunque sul principio di laicità e sulla giurisprudenza costituzionale in materia al fine di poter meglio valutare le norme contestate e soprattutto il valore dei simboli religiosi. Il TAR è infatti consapevole che *«il crocifisso peraltro, come appare evidente, non può essere considerato semplicemente come un arredo, ma è un simbolo, un oggetto cioè che richiama significati*

---

[100] Cfr. sent. n. 72/1968 in *Giur. Cost.*, 1968, 1031 con nota di V. ONIDA, *Sulla «disapplicazione» dei regolamenti incostituzionali (a proposito della libertà religiosa dei detenuti)*.

[101] Rispetto allo Stato laico afferma tra l'altro: *«Stato laico significa altresì, come logico corollario, che nella scuola pubblica in cui si devono formare i giovani anche ai valori di libertà, democrazia e laicità dello Stato, non è lecito imporre alcun tipo di credo religioso e anzi risulta doverosa un'educazione improntata alla massima libertà e al rispetto reciproco in tale campo»*.

[102] Per quanto concerne i riferimenti di diritto comparato il TAR respinge decisamente l'idea di un concetto di laicità alla francese sostenendo: *«Infine, risulta impossibile trasporre nel nostro sistema il concetto di laicità francese, legato strettamente alla specifica storia di quel Paese e basato non già sulla neutralità dello Stato, ma su di una sua precisa scelta di valori»*, come se la Francia fosse caratterizzata da principi, valori e da una storia che nulla ha in comune con la tradizione italiana.

diversi rispetto alla sua materialità, alla stregua di una bandiera, di uno scettro o di un anello nuziale. La questione si sposta quindi su quale sia il significato o i significati che tale particolare simbolo evoca, per verificare, alla luce delle norme vigenti, principalmente di rango costituzionale, se essi siano o meno compatibili con la sua esposizione in una scuola pubblica". E continua dicendo: «*ciò premesso, va osservato innanzi tutto come il crocifisso costituisca anche un simbolo storico-culturale, e di conseguenza dotato di una valenza identitaria riferita al nostro popolo ... esso indubbiamente rappresenta in qualche modo il percorso storico e culturale caratteristico del nostro Paese e in genere dell'Europa intera e ne costituisce un'efficace sintesi...il crocifisso non può, oggi, essere considerato come un mero simbolo storico e culturale, nemmeno nel contesto scolastico, ma deve essere valutato anche come un simbolo religioso. A tale proposito va evidenziato come la croce vada intesa quale simbolo del cristianesimo, non già semplicemente del cattolicesimo, e quindi riassuma in sé oltre al cattolicesimo stesso anche i valori delle altre confessioni cristiane presenti nel nostro Paese... In sostanza, la croce è un simbolo in cui si possono identificare numerose (anche se probabilmente non tutte) confessioni religiose che si rifanno alla figura del Cristo e che, in certo qual modo, costituisce quindi anche il segno del loro comune denominatore ... Si può quindi sostenere che, nell'attuale realtà sociale, il crocifisso debba essere considerato non solo come simbolo di un'evoluzione storica e culturale, e quindi dell'identità del nostro popolo, ma quale simbolo altresì di un sistema di valori di libertà, eguaglianza, dignità umana e tolleranza religiosa e quindi anche della laicità dello Stato, principi questi che innervano la nostra Carta costituzionale.. Sarebbe quindi sottilmente paradossale escludere un segno cristiano da una struttura pubblica in nome di una laicità, che ha sicuramente una delle sue fonti lontane proprio nella religione cristiana ... Riassumendo e concludendo, il crocifisso inteso come simbolo di una particolare storia, cultura e identità nazionale – elemento questo immediatamente percepibile – oltre che espressione di alcuni principi laici della comunità – il che richiede invece un ragionevole sforzo interpretativo – può essere legittimamente collocato nelle aule della scuola pubblica, in quanto non solo non contrastante ma addirittura affermativo e confermativo del principio della laicità dello Stato repubblicano*».

Il ragionamento del giudice amministrativo lascia decisamente increduli. Il giudice si è avventurato su quello che lui stesso definisce essere un "*terreno scivoloso*" ed è "*scivolato*" non tanto perché sostiene l'esistenza di un'affinità tra i valori che costituiscono l'architrave del pensiero cristiano e il nucleo portante della Carta repubblicana, ma perché afferma che per questo il simbolo della croce diviene simbolo di un sistema di valori di libertà, eguaglianza, dignità umana, tolleranza religiosa e dunque simbolo della laicità dello Stato. Il crocifisso "*abbraccia*" tutti e "*non può escludere nessuno senza negare sé stesso*", per cui tutti: credenti, non credenti e seguaci di altre religioni in esso devono riconoscersi; ben venga dunque la sua collocazione nelle aule della scuola pubblica, in quanto non solo esso non contrasta ma anzi afferma e conferma il principio della laicità dello Stato repubblicano [103].

La sentenza sposa quindi l'idea di una laicità "attiva" rispetto alla quale lo Stato svolge un ruolo di promozione, non nella direzione di promuovere l'eguaglianza tra le varie confessioni religiose bensì in quella di esaltare i valori espressi dalla religione cattolica in senso omnicomprensivo rispetto alle altre confessioni; infine, in nessuna considerazione vengono tenute le libertà fondamentali degli alunni, considerando che tra le funzioni primarie della scuola dovrebbe invece esserci l'educazione al pluralismo religioso e culturale ed alla tolleranza ed anche la protezione della libertà di coscienza degli alunni stessi [104].

La storia infinita dell'esposizione del crocifisso nelle scuole pubbliche prosegue con la sentenza n. 556/2006 del Consiglio di Stato il quale conferma l'impostazione relativa alla 'laicità del crocifisso' elaborata dal giudice amministrativo di I° grado e chiarisce, preliminarmente, che il concetto di laicità non va inteso in senso generale ed univoco, per cui se è pur vero che la laicità richiede la distinzione tra la dimensione temporale e quella spirituale è altrettanto vero che ogni Stato realizza la propria personale laicità [105]. Emerge quindi accanto alla "laicità buona" e alla "laicità cattiva" una visione "territoriale'"della laicità, per cui si riconoscono tante laicità quanti Paesi esistono, e il Consiglio di Stato afferma, tra l'altro, che il crocifisso deve restare nelle aule scolastiche in quanto «*simbolo idoneo ad esprimere l'elevato fondamento dei valori civili*» che hanno un'origine religiosa, ma «*che sono poi i valori che delineano la laicità nell'attuale ordinamento dello Stato*», e ancora spiega che il simbolo esprime significati diversi a seconda del luogo in cui si trova per cui «... *in un luogo di culto il crocifisso è propriamente ed esclusivamente un "sim-*

---

[103] Si evidenzia come l'ottica di riferimento della pronuncia è unicamente quella della oggettiva valenza del crocifisso alla luce del patrimonio storico e culturale della Nazione, tralasciando la percezione soggettiva del simbolo ad opera dell'alunno, cioè la prospettiva soggettivistica della libertà di coscienza. Sul dilemma tra ottica "soggetivistica" e prospettiva "oggettivistica" rispetto alla questione dell'esposizione del crocifisso nei luoghi pubblici e cioè se essa attenga in via esclusiva o primaria al tema della laicità dello Stato ovvero a quello della libertà di coscienza di quanti accedono in quei luoghi, cfr. M. MANCO, *Esposizione del crocifisso e principio di laicità dello Stato*, in *Quaderni di Diritto e Politica Ecclesiastica*, 2005, n. 1, 33, dove l'autore si concentra sulla forma assiologica cui si conforma l'istituzione statale in sé.

[104] A tale proposito giova ricordare la legge 27 maggio 1991, n. 176 contenente *Ratifica ed esecuzione della convenzione sui diritti del fanciullo, fatta a New York il 20 novembre 1989* e pure la legge 20 marzo 2003, n. 77 contenente *Ratifica ed esecuzione della Convenzione europea sull'esercizio dei diritti dei fanciulli*, fatta a Strasburgo il 25 gennaio 1996.

[105] Cfr. sent. n. 556/2006 del Consiglio di Stato.

bolo religioso", in quanto mira a sollecitare l'adesione riverente verso il fondatore della religione cristiana. In una sede non religiosa, come la scuola, destinata all'educazione dei giovani, il crocifisso potrà ancora rivestire per i credenti i suaccennati valori religiosi, ma per credenti e non credenti la sua esposizione sarà giustificata ed assumerà un significato non discriminatorio sotto il profilo religioso, se esso è in grado di rappresentare e di richiamare in forma sintetica immediatamente percepibile ed intuibile (al pari di ogni simbolo) valori civilmente rilevanti, e segnatamente quei valori che soggiacciono ed ispirano il nostro ordine costituzionale, fondamento del nostro convivere civile. In tal senso il crocifisso potrà svolgere, anche in un orizzonte "laico", diverso da quello religioso che gli è proprio, una funzione simbolica altamente educativa, a prescindere dalla religione professata dagli alunni».

Ancora, il giudice amministrativo rinviene nel crocifisso un simbolo unificante di grande portata poiché sarebbe difficile trovare, «*nel contesto culturale italiano*», un altro simbolo più idoneo del crocifisso ad esprimere «*l'elevato fondamento dei valori civili*». Su tale affermazione non si può che dissentire decisamente in quanto esiste certamente un altro simbolo, decisamente più idoneo allo scopo indicato e pure chiaramente descritto dalla Carta repubblicana tra i suoi principi fondamentali: si tratta della nostra bandiera [106], unico dei simboli della Repubblica a trovare esplicita menzione nella Costituzione che non si riferisce né all'inno, né a feste nazionali, né tantomeno a simboli religiosi o pseudo-tali.

La sentenza del Consiglio di Stato non può certamente soddisfare la ricorrente che decide allora di rivolgersi alla Corte europea per i diritti dell'uomo, che con la sentenza del 3 novembre 2009 (Procedimento n. 30814/06), *Lautsi v. Italia*, capovolge l'impostazione delineata fino a quel momento dalla giustizia italiana stabilendo che l'esposizione del crocifisso nelle aule scolastiche costituisce «*una violazione del diritto dei genitori a educare i figli secondo le loro convinzioni e del diritto degli alunni alla libertà di religione*» [107]. La Corte dei

---

[106] Sulla bandiera cfr. R. QUADRI, *Bandiera e altri segni distintivi dello Stato*, in *Novissimo Digesto Italiano*, 1958, II, 268; A. CASSESE, *Commento all'articolo 12*, in G. BRANCA (a cura di) *Commentario della Costituzione*, *Art. 1-12*, *Principi fondamentali*, Bologna-Roma 1975, 589; F. TAROZZI-G. VECCHIO (a cura di), *Gli italiani e il tricolore. Patriottismo, identità nazionale e fratture sociali lungo due secoli di storia*, Bologna, 1999; GROPPI, *Bandiera*, in S. CASSESE (a cura di), *Dizionario di diritto pubblico*, Milano, 2006; ID., *Commento all'articolo 12*, in R. BIFULCO-A. CELOTTO-M. OLIVETTI (a cura di) *Commentario alla Costituzione*, Vol. I, Milano, 2006, 306.

[107] Sull'esposizione del crocifisso e specificamente sulla Sentenza della Corte di Strasburgo cfr. S. MANCINI, *La supervisione europea presa sul serio: la controversia sul crocifisso tra margine di apprezzamento e ruolo contro-maggioritario delle Corti*, in *Giur. Cost.*, 2009, 4055; S. BARTOLE, *Simbolo religioso, simbolo passivo, simbolo civile: le metamorfosi forensi*

diritti sottolinea infatti come spetti principalmente all'istruzione pubblica salvaguardare e promuovere il pluralismo educativo, essenziale alla preservazione della società democratica così come la concepisce la Convenzione, per cui «*il rispetto delle convinzioni dei genitori deve essere reso possibile nel quadro di un'istruzione capace di garantire un ambiente scolastico aperto e favorendo l'inclusione piuttosto che l'esclusione, indipendentemente dall'origine sociale degli allievi, delle loro credenze religiose o dalla loro origine etnica*», infatti «*la scuola non dovrebbe essere il teatro di attività di proselitismo o predicazione*» bensì «*un luogo di unione e confronto di varie religioni e convinzioni filosofiche, dove gli allievi possono acquisire conoscenze sulle diverse tradizioni*». Il pluralismo per la Corte è assicurato dalla neutralità dello Stato, ancor più necessaria quando i protagonisti sono i bambini che ancora non possono aver maturato quella capacità critica consona a prendere le distanze rispetto al messaggio che deriva da una scelta preferenziale manifestata dallo Stato in materia religiosa. Lo Stato è dunque tenuto alla neutralità confessionale nel quadro dell'istruzione pubblica obbligatoria e l'esposizione nelle aule delle scuole pubbliche di un simbolo che è ragionevole associare al cattolicesimo (la religione maggioritaria in Italia) non appare di alcun aiuto alla realizzazione del pluralismo educativo essenziale alla preservazione d'una società democratica come la concepisce la Convenzione, e alla preservazione del pluralismo che è stato riconosciuto pure dalla Corte costituzionale nel diritto nazionale.

La Corte stabilisce che in questo caso c'è stata effettivamente violazione dell'articolo 2 del protocollo n. 1 e dell'articolo 9 della Convenzione, ma non potendo imporre la rimozione dei crocifissi dalle scuole italiane ed europee, condanna comunque il nostro Paese a risarcire la ricorrente per danni morali.

---

del Crocifisso, in *Diritti umani e diritto internazionale*, 2010, 65; N. COLAIANNI, *Il crocifisso tra Roma e Strasburgo*, in *www.statoechiese.it*, maggio 2010; J.H.H. WEILER, *Il crocefisso a Strasburgo: una decisione imbarazzante*, in *Quaderni Costituzionali*, 2010, 148; D. TEGA, *Cercando un significato europeo di laicità: la libertà religiosa nella giurisprudenza della Corte europea dei diritti*, in *Quaderni Costituzionali*, 2010, 799; S. PAJNO, *Dialogando con Weiler: apologo di Marco e Leonardo*, in *Quaderni Costituzionali*, 2010, 873; F. CORTESE, *Dialogando con Weiler: il crocefisso e gli "imbarazzi" del giurista*, in *Quaderni Costituzionali*, 2010, 877; M. RUOTOLO, *La questione del crocifisso e la rilevanza della sentenza della Corte europea dal punto di vista del diritto costituzionale*, in *www.costituzionalismo.it*, 11 gennaio 2010; GUAZZAROTTI, *Il crocifisso visto da Strasburgo*, in *Studium Iuris*, 2010, n. 5, 494; F. CORTESE-S. MIRATE, *La CEDU e il crocifisso: prodromi, motivi e conseguenze di una pronuncia tanto discussa*, in *www.forumcostituzionale.it*, 28 gennaio 2010; M. RICCA, *Chi vuole il crocifisso? Domande semplici, democrazia interculturale, fede personale*, in *Diritti umani e diritto internazionale*, 2010, 5; C. CARDIA, *Identità religiosa e culturale europea. La questione del crocifisso*, Torino, 2010; D. SCAFFIDI, *L'esposizione di simboli religiosi nella scuola pubblica: la decisione della Corte e europea dei diritti dell'uomo del 3 novembre 2009 nel caso Lautsi c. Italia (ric. 30814/2006)*, in *Persona e mercato*, 2011, n. 2, 120; L.P. VANONI, *Laicità e libertà di educazione. Il crocifisso nelle aule scolastiche in Italia e in Europa*, Milano, 2013.

Questa pronuncia suscitò forti reazioni e condusse a quella che per ora appare l'ultima tappa della vicenda e cioè la pronuncia della Grande Chambre del 18 marzo 2011, con la quale (con quindici voti a favore e due contrari) viene ribaltata la pronuncia di primo grado e assolta l'Italia, perché pur essendo vero che il crocifisso è essenzialmente un simbolo religioso, «*non sussistono tuttavia nella fattispecie elementi attestanti l'eventuale influenza che l'esposizione di un simbolo di questa natura sulle mura delle aule scolastiche potrebbe avere sugli alunni*»; in altre parole, la Corte considera il crocifisso come un simbolo "*passivo*", e le scelte relative alla sua esposizione o meno nelle aule scolastiche rientrano totalmente «*nell'ambito del margine della discrezionalità dello Stato*» [108].

L'ultimo atto di questa annosa vicenda non pare risolvere la "questione crocifisso" in maniera convincente, mostra infatti una Corte prudente che pur ritenendo che il crocifisso sia innanzitutto un simbolo religioso, non ravvede però specifici elementi che attestino l'eventuale influenza negativa dell'esposizione di un simbolo religioso sui muri delle aule scolastiche; lasciando unicamente alla valutazione dello Stato convenuto la scelta se affiggerlo o meno sostenendo che comunque il nostro sistema di istruzione pubblica sembra ispirato al pluralismo e al rispetto di ogni convinzione religiosa (come emerge da quanto allegato dal Governo italiano), per cui l'ipotesi di un'influenza forte sugli alunni risulta indebolita. Così il crocifisso che nella sentenza del 2009 era un "*simbolo forte*" si trasforma in un *"simbolo essenzialmente passivo"* [109], che si

---

[108] Sulla decisione cfr. A. LEONI, *L'"Affaire Lautsi c. Italie": la vicenda giudiziaria dell'esposizione del crocifisso nelle aule scolastiche*, in *Stato, Chiese e pluralismo confessionale*, in *Rivista telematica*, *www.statoechiese.it*, aprile 2011; C. PINELLI, *Esposizione del crocefisso nelle aule scolastiche e libertà di religione (Oss. a Corte europea dei diritti dell'uomo* – Grande Chambre, Lautsi contro Italia, *18 marzo 2011)*, in *Osservatorio sul rispetto dei diritti fondamentali in Europa* (*www.europeanrights.eu*), 10 maggio 2011; M. TOSCANO, *La sentenza Lautsi e altri c. Italia della Corte europea dei Diritti dell'Uomo*, in *Stato, Chiese e pluralismo confessionale*, Rivista telematica, *www.statoechiese.it*, ottobre 2011; I. RUGGIU, *Il crocifisso come "simbolo passivo" nella Lautsi II: riflessioni sulle tecniche argomentative dei giudici nei conflitti multiculturali e religiosi*, in *Diritti Comparati*, *www.diritticompara ti.it*, 28 luglio 2011; A. ERRANTE PARRINO, *La decisione della "grande chambre" sul caso del crocifisso nelle scuole italiane*, in *Persona e mercato*, 2011, n. 2, 129; S. MANCINI, *La sentenza della Grande Camera sul crocifisso: è corretta solo l'opinione dissenziente*, in *Quaderni costituzionali*, 2011, 2, 425.

[109] Sulle due definizioni cfr. *Lautsi c. Italia* (sez. II), 3 novembre 2009: «*la Cour reconnaît que, comme il est exposé, il est impossible de ne pas remarquer le crucifix dans les salles de classe. Dans le contexte de l'éducation publique, il est nécessairement perçu comme partie intégrante du milieu scolaire et peut dès lors être considéré comme un 'signe extérieur fort'*". e *Lautsi e altri c. Italia* (GC), 18 marzo 2011: «*a crucifix on a wall is an essentially passive symbol and this point is of importance in the Court's view, particularly having regard to the*

concilia con il principio di neutralità, in quanto non è possibile attribuirgli un'influenza sugli allievi paragonabile a quella che può avere ad esempio un discorso didattico o la partecipazione ad attività religiose. La Corte sembra così aver accantonato la sua giurisprudenza precedente in cui neutralità e laicità camminavano insieme perché «*laicità significa neutralità; lo dice la Corte europea, lo dice la dottrina: neutrale è, e deve essere, lo spazio pubblico di convivenza, in primo luogo la scuola, sede primaria di formazione del cittadino. Non va confuso ciò che rientra nella libertà dei singoli e ciò che è consentito allo Stato*» [110].

Il crocifisso rimane dunque nelle classi dei nostri figli [111], pronto ad assumere un significato diverso a seconda dei loro insegnanti e delle spiegazioni che forniremo noi genitori, impegnati ogni giorno in un'estenuante battaglia per affermare la laicità dello Stato. È certamente sconfortante riflettere sul fatto che nelle nostre scuole pubbliche, dove si formano le coscienze e la capacità critica dei piccoli cittadini, l'unica religione che viene insegnata (seppure non obbligatoriamente) è la religione cattolica e l'unico simbolo che si trova esposto (questo obbligatoriamente) è il crocifisso. Così, la scuola che dovrebbe essere uno dei luoghi per eccellenza laici, dove la laicità viene arricchita sviluppando i motivi che la fondano, che sono insieme, la negazione del confessionismo, il rifiuto dell'intolleranza, il riconoscimento del ruolo delle minoranze, diventa invece una "scuola prepotente" fonte di divisione e non certo di inclusione, una scuola che forgia una società in cui nessuno è più educato al dialogo, dove non solo si abbassa la soglia di tolleranza, ma si perde anche la possibilità di cercare dati comuni che sono invece necessari per superare gli egoismi e individuare interessi generali [112]. Vale la pena ricordare sempre che sono i diritti inviolabili e la Costituzione repubblicana a testimoniare la nostra identità culturale, la nostra storia e il nostro percorso democratico e non certo il crocifisso, o qualche altro simbolo più propenso a dividere che a unire. Lo Stato deve dunque impegnarsi per perseguire i valori della tolleranza, della dignità e soprattutto per realizzare il principio di eguaglianza anche nella sua specifica "senza distinzione di religione".

---

principle of neutrality [...]. *The Chamber found that, in the context of public education, cruci-fixes, which it was impossible not to notice in classrooms, were necessarily perceived as an integral part of the school environment and could therefore be considered 'powerful external symbols'* [...]. *The Grand Chamber does not agree with that approach*».

[110] Cfr. L. CARLASSARE, *Crocifisso: una sentenza per l'Europa 'non laica'*, in *Costituzionalismo.it*, 2011, n. 2 (*www.costituzionalismo.it/articoli/384*), ed ora anche in *Nuova giurisprudenza civile commentata*, 2011, n. 6, parte II, 291.

[111] In conclusione pare opportuno ricordare che l'esposizione forzata del crocifisso riguarda spesso anche i seggi elettorali e gli ospedali.

[112] In tal senso cfr. le riflessioni di S. RODOTÀ, *Perché laico*, Bari, 2009-2010, 63 ss.

Bibliografia

AINIS M., *Chiesa padrona. Un falso giuridico dai Patti Lateranensi ad oggi*, Milano, 2009.

BARBA A. (a cura di), *La laicità del diritto*, Roma, 2010.

BARBERA A., *Il cammino della laicità*, in CANESTRARI S. (a cura di), *Laicità e diritto*, Bologna, 2007, 33.

BELLINI P. (a cura di), *Saggi di diritto ecclesiastico italiano,* Soveria Mannelli (CZ), 1996, Tomi I e II.

BILOTTA F. (a cura di), *Le unioni tra persone dello stesso sesso. Profili di diritto civile, comunitario, comparato*, Milano-Udine, 2008.

BIN R.-BRUNELLI G.-PUGIOTTO A.-VERONESI P. (a cura di), *La laicità crocifissa? Il nodo costituzionale dei simboli religiosi nei luoghi pubblici*, Torino, 2004.

BIN R.-BRUNELLI G.-GUAZZAROTTI A.-PUGIOTTO A.-VERONESI P. (a cura di*), La «società naturale» e i suoi "nemici". Sul paradigma eterosessuale del matrimonio*, Torino, 2010.

CANESTRARI S. (a cura di), *Laicità e diritto*, Bologna, 2007.

CARDIA C., *Stato laico*, in *Enciclopedia del diritto*, vol. XLIII, 1990, 876.

CARDIA C., *Identità religiosa e culturale europea. La questione del crocifisso*, Torino, 2010.

CARLASSARE L., *Crocifisso: una sentenza per l'Europa 'non laica'*, in *Nuova giurisprudenza civile commentata*, 2011, 6, parte II, 291.

CROCE B., *Perché non possiamo non dirci cristiani*, in *La Critica*, 20 novembre 1942.

CROCE M., *La libertà religiosa nell'ordinamento costituzionale italiano*, Pisa, 2012.

DALLA TORRE G., *Il fattore religioso nella Costituzione*, Torino, 1988.

DALLA TORRE G. (a cura di), *Ripensare la laicità. Il problema della laicità nell'esperienza giuridica contemporanea*, Torino, 1993.

DALLA TORRE G., *Europa. Quale laicità?*, Cinisello Balsamo. 2003.

D'AMICO M., *La laicità è donna*, Roma, 2013.

DI GIOVINE A., *Garanzie costituzionali della libertà dei non credenti*, in *Rivista giuridica sarda*, 2001, 599.

DI GIOVINE A., *Laicità e democrazia, in Studi in memoria di Giuseppe G. Floridia*, Napoli, 2009, 255.

ELIA L., *A proposito del principio di laicità dello Stato e delle difficoltà di applicarlo*, in *Studi in onore di Giorgio Berti*, vol. II, Napoli, 2005, 1063.

GIGLI A.-GATTAMELATA S., *Il crocifisso: valore universale di un arredo scolastico*, in *Giur. Cost.*, 2004, 4280.

GRASSI P., *Laicità e pluralismo religioso*, Villa Verucchio, 2013.

GUERZONI L., *Il principio di laicità tra società civile e Stato*, in TEDESCHI M. (a cura di), *Il principio di laicità nello Stato democratico*, Napoli, 1996, 75.

LARICCIA S., *Laicità dello Stato e democrazia pluralista in Italia*, in *Diritto ecclesiastico*, 1994, I, 383.

LARICCIA S., *La laicità in Italia, oggi*, in CARCANO R. (a cura di), *Le voci della laicità*, Roma, 2006, 23.

LARICCIA S., *Battaglie di libertà. Democrazia e diritti civili in Italia (1943-2011)*, Roma, 2011.

LOMBARDI VALLAURI L., *Simboli e realizzazione*, in DIENI E.-FERRARI A.-PACILLO V. (a cura di), *Symbolon/Diabolon. Simboli, religioni, diritti nell'Europa multiculturale*, Bologna, 2005, 13.

LUZZATTO S., *Il crocifisso di Stato*, Torino, 2011.

MANCINI S, *Il potere dei simboli, i simboli del potere: laicità e religione alla prova del pluralismo*, Padova, 2008.

MANCINI S., *La sentenza della Grande Camera sul crocifisso: è corretta solo l'opinione dissenziente*, in *Quaderni costituzionali*, 2011, 2, 425.

MARGIOTTA BROGLIO F., *La protezione internazionale della libertà religiosa nella Convenzione europea dei diritti dell'uomo*, Milano, 1967.

MARGIOTTA BROGLIO F., *La riforma dei Patti Lateranensi dopo vent'anni*, in *Quaderni di diritto e politica ecclesiastica*, 2004, 1, 5.

MARGIOTTA BROGLIO F., *Obbligatorio o non obbligatorio? Il crocifisso per ora resta appeso*, in *OLIR, Osservatorio delle libertà ed istituzioni religiose*, *www.olir.it*, dicembre 2004.

MUSSELLI L., *Insegnamento della religione cattolica e tutela della libertà religiosa*, in *Giurisprudenza Costituzionale*, 1989, 908.

NANIA R., *Il Concordato, i giudici, la Corte*, in *Giur. Cost.*, 1982, 147.

NASCIMBENE B., *Unioni di fatto e matrimonio tra omosessuali. Orientamenti del giudice nazionale e della Corte di Giustizia*, in *Corriere giuridico*, 2010, n. 1, 101.

PARISI M., *Il diritto alla scelta di insegnamenti di religione nella scuola pubblica*, in DOMIANELLO S., *Diritto e religione in Italia. Rapporto nazionale sulla salvaguardia della libertà religiosa in regime di pluralismo confessionale e culturale*, Bologna, 2012, 139.

PINELLI C., *Esposizione del crocefisso nelle aule scolastiche e libertà di religione (Oss. a Corte europea dei diritti dell'uomo– Grande Chambre, Lautsi contro Italia, 18 marzo 2011)*, in *Osservatorio sul rispetto dei diritti fondamentali in Europa* (*www.europeanrights.eu*), 10 maggio 2011.

POTOTSCHNIG U., *La laicità dello Stato*, in *Jus*, 1977, 247.

PRISCO S., *La laicità. Un percorso di riflessione*, Torino, 2007 (ult. ed. 2009).

PRISCO S. (a cura di), *Amore che vieni, amore che vai ... Unioni omosessuali e giurisprudenza costituzionale*, Napoli, 2012.

PUGIOTTO A., *Sul crocifisso la Corte costituzionale pronuncia un'ordinanza pilatesca, in www.forumcostituzionale.it*, 23 dicembre 2004.

PUGIOTTO A., *Verdetto pilatesco sul crocifisso in aula. Dopo l'ordinanza si naviga a vista*, in *Diritto & Giustizia*, 2005, n. 3, 80.

PUGIOTTO A., *Una lettura non reticente della sent. n 138/2010: il monopolio eterosessuale del matrimonio*, in AA.VV., *Studi in onore di Franco Modugno*, Napoli, 2011, Vol. III, 2697.

RANDAZZO B., *Commento all'articolo 8*, in BIFULCO R.-CELOTTO A.-OLIVETTI M.(a cura di), *Commentario alla Costituzione*, Vol. I, Torino, 2006,193.

RANDAZZO B., *Le laicità. Alla ricerca del nucleo essenziale di un principio*, in *Filosofia e teologia*, 2007, 273.

RANDAZZO B., *Diversi ed eguali. Le confessioni religiose davanti alla legge*, Milano, 2008.

RESCIGNO F., *Se non ora quando? Principio di eguaglianza e laicità all'italiana*, in *IANUS (Rivista telematica)*, n. 12, 2015.

RESCIGNO F., "Ite missa est". *Laicità paradigma di eguaglianza*, Napoli, 2015.
RESCIGNO P., *Il Crocifisso dopo Strasburgo*, in *Corriere giuridico*, 2011, n. 7, 894.
RESCIGNO P., *Il matrimonio same sex al giudizio di tre Corti*, in *Corriere giuridico*, 2012, 861.
RICCA M., *Commento all'articolo 19*, in BIFULCO R.-CELOTTO A.-OLIVETTI M. (a cura di), *Commentario alla Costituzione*, Vol. I, Milano, 2006, 425.
RICCA M., *Chi vuole il crocifisso? Domande semplici, democrazia interculturale, fede personale*, in *Diritti umani e diritto internazionale*, 2010, 5.
RIMOLI F., *Laicità (dir. cost.)*, in *Enciclopedia giuridica Treccani*, IV volume di aggiornamento, 1995.
RIMOLI F., *Tutela del sentimento religioso, principio di eguaglianza e laicità dello Stato*, in *Giur. Cost.*, 1997, 3343.
RIMOLI F., *La Corte, la laicità e il crocifisso, ovvero di un appuntamento rinviato*, in *Giurisprudenza costituzionale*, 2004, 4280.
RIMOLI F., *I diritti fondamentali in materia religiosa*, in RIDOLA P.-NANIA R. (a cura di), *I diritti costituzionali*, Torino, 2006, vol. III, 877.
RODOTÀ S., *La battaglia su un simbolo*, in *La Repubblica*, 4 novembre 2009.
RODOTÀ S., *Perché laico*, Roma-Bari, 2009-2010.
RODOTÀ S., *Il diritto di avere diritti*, Roma-Bari, 2012.
ROMBOLI R., *Il diritto «consentito» alla vita familiare per le coppie omosessuali in una pronuncia in cui la Corte dice «troppo» e «troppo poco»*, in *Giur. Cost.*, 2010, 1629.
ROMBOLI R., *Per la Corte costituzionale le coppie omosessuali sono formazioni sociali, ma non possono accedere al matrimonio*, in *Foro italiano*, 2010, I, 1367.
ROMBOLI R., *Il matrimonio tra persone dello stesso sesso ed il diritto ad una vita per le coppie omosessuali*, in FERRARI D.(a cura di), *Lo status giuridico delle coppie same sex: una prospettiva multilivello*, Padova, 2013, 1.
ROMBOLI R., *La legittimità costituzionale del "divorzio imposto": quando la Corte dialoga con il Legislatore ma dimentica il giudice*, in *Il Foro italiano*, 2014, n. 10.
RUFFINI F., *La libertà religiosa come diritto pubblico subiettivo*, Bologna, 1924 (riedizione del volume del 1992).
RUFFINI F., *Relazioni tra Stato e Chiesa*, Bologna, 1974.
SCALFARI E., *Perché non possiamo non dirci laici*, in *La Repubblica*, 7 novembre 2004.
SPADARO A., *Libertà di coscienza e laicità nello stato costituzionale: sulle radici religiose dello Stato laico*, Torino, 2008.
TEGA D., *L'addio al celibato (e nubilato) dei militari*, in *Giur. Cost.*, 2002, 3652.
TEGA D., *Cercando un significato europeo di laicità: la libertà religiosa nella giurisprudenza della Corte europea dei diritti*, in *Quaderni Costituzionali*, 2010, 799.
TICCHI J.M., *Aux frontiers de la paix. Bons offices, médiations, arbitrages du Saint-Siège (1878-1922)*, Rome, 2002.
TORINO R., *La tutela della vita familiare delle coppie omosessuali. Nel diritto comparato, europeo e italiano*, Torino, 2012.
TORNIELLI A., *La fragile concordia. Stato e cattolici in centocinquant'anni di storia italiana*, Milano, 2011.
TORTAROLO E., *Il laicismo*, Roma-Bari, 1998.

VANONI L.P., *Laicità e libertà di educazione. Il crocifisso nelle aule scolastiche in Italia e in Europa*, Milano, 2013.
VECA S., *Laicità e democrazia: "simul stabunt, simul cadent"*, in *MicroMega, Almanacco di filosofia*, Roma, 2009, 98.
VECA S., *Un'idea di laicità*, Bologna, 2013.
VEGAS G., *Il dibattito sulla revisione del Concordato 1965-1984, Senato della Repubblica, Quaderno di documentazione*, n. 13, Roma, 1984.
WEILER J.H.H., *Il crocefisso a Strasburgo: una decisione imbarazzante*, in *Quaderni Costituzionali*, 2010, 148.
ZAGREBELSKY G., *Principi costituzionali e sistema delle fonti di disciplina del fenomeno religioso*, in AA.VV., *Studi per la sistemazione delle fonti in materia ecclesiastica*, Salerno, 1993, 108.
ZAGREBELSKY G., *La virtù del dubbio*, Roma-Bari, 2007.
ZAGREBELSKY G., *Contro l'etica della verità*, Bari, 2008.
ZAGREBELSKY G., *Il problema della laicità nella Costituzione*, in AA.VV., *Costituzione, laicità e democrazia*, in *Quaderni laici*, n. 0, Torino, 2009, 59.
ZAGREBELSKY G., *Scambiarsi la veste. Stato e Chiesa al governo dell'uomo*, Roma-Bari, 2010.
ZAGREBELSKY G., *Simboli al potere: politica, fiducia, speranza*, Torino, 2012.
ZANONE V., *Laicismo*, in BOBBIO N.-MATTEUCCI N.-PASQUINO G.(a cura di), *Dizionario di politica*, Torino, 1976, 511 (II ed. 1983).

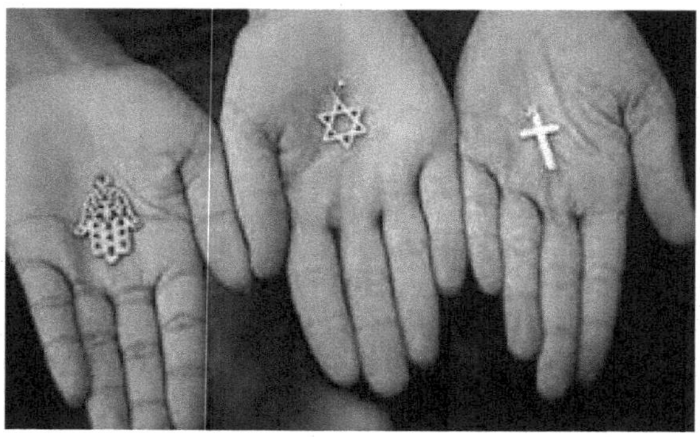

LIBERTÉ
DEMOCRATIE
LAÏCITÉ

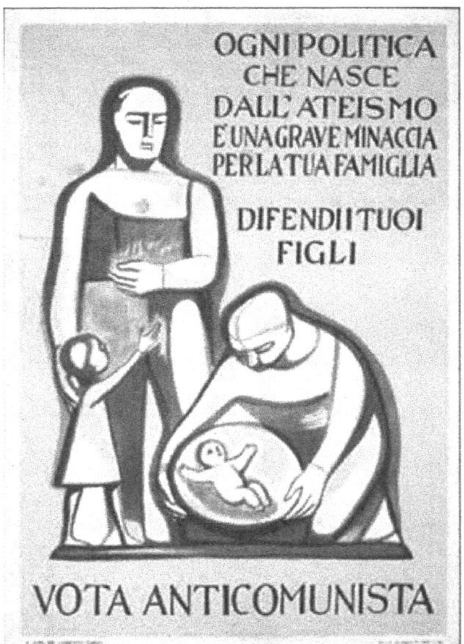
OGNI POLITICA
CHE NASCE
DALL'ATEISMO
È UNA GRAVE MINACCIA
PER LA TUA FAMIGLIA
DIFENDI I TUOI
FIGLI
VOTA ANTICOMUNISTA

I figli pagano per il divorzio dei genitori
VOTA ANTICOMUNISTA
VOTA ANTILAICISTA

CAPITOLO V

UGUALI SENZA DISTINZIONE DI OPINIONI POLITICHE, CONDIZIONI PERSONALI E SOCIALI

1. Eguaglianza e pari opportunità sono conciliabili? Un tentativo di chiarificazione concettuale (e di proposta politico-giuridica) *

1.1. Introduzione.

Il campo semantico dell'eguaglianza è andato arricchendosi e infittendosi nel corso degli ultimi decenni, sicuramente in ragione dello sviluppo esponenziale della produzione normativa in materia di antidiscriminazione nonché della progressiva complessificazione del diritto [1], ma soprattutto perché lo stesso concetto di "eguaglianza" è "non autonomo e controverso", in quanto «nozione connotata e ideologicamente compromessa in ognuna delle sue possibili declinazioni e delle sue diverse letture» [2].

L'eguaglianza giuridica, di conseguenza, è andata assumendo significati sempre più articolati rispetto al passato: significati, del resto, non sempre coerenti tra loro, né tantomeno corrispondenti ad un'unica visione politico-giuridica. Su questi diversi significati di eguaglianza è già stata prodotta una notevole elaborazione dottrinale, che ha messo in luce le diverse accezioni di tale nozione, esplicitando ad esempio le specificità dell'eguaglianza di *inputs* rispetto all'eguaglianza di *outputs* [3], dibattendo attorno alle peculiarità dell'eguaglianza delle opportunità [4], o infine introducendo ulteriori nozioni quali l'eguaglianza relazionale [5].

In questa sede, non intendo ripercorrere quanto già indagato da tale ricca

---

* Di Orsetta Giolo.

[1] Sui principali processi di trasformazione del diritto nell'esperienza contemporanea cfr., per tutti, B. PASTORE, *Interpreti e fonti nell'esperienza giuridica contemporanea*, Padova, 2014.

[2] T. MAZZARESE, *Eguaglianza, differenze e tutela dei diritti fondamentali. Nuove sfide e crisi dello Stato costituzionale di diritto*, in TH. CASADEI (a cura di), *Lessico delle discriminazioni tra società, diritto e istituzioni*, Reggio Emilia, 2008, 206-231, alla p. 213. Tecla Mazzarese cita a tal proposito quanto sostenuto da Ernesto Garzòn Valdés in E. GARZÒN VALDÉS, *Some Reflexions on the Concept of Equality*, in AA.VV., *Principio d'eguaglianza e principio di legalità nella pluralità degli ordinamenti giuridici*, Padova, 1999, 3-20.

[3] Si veda, ad esempio, G. ZANETTI, *Eguaglianza come prassi. Teoria dell'argomentazione normativa*, Bologna, 2015.

[4] Per una ricognizione N.RIVA, *Eguaglianza delle opportunità*, Roma, 2011.

[5] Sul tema dell'eguaglianza relazionale rinvio a A. SILVERS, *Reconciling Equality to Difference: Caring (F)or Justice for People with Disabilities*, in P. DI QUINZIO, I.M. YOUNG (a cura di), *Feminist Ethics and Social Policy*, Bloomington, 1997, 23-48; E. KITTAY, *La cura dell'amore. Donne, uguaglianza e dipendenza* (1998), Milano, 2010; M. FINEMAN, *The Autonomy Myth: a Theory of Dependency*, New York, 2004.

letteratura, ma vorrei piuttosto offrire qualche spunto di riflessione relativamente al crescente depotenziamento del principio di eguaglianza, che sta avvenendo a mio avviso attraverso la progressiva sostituzione – e nel discorso pubblico e in ambito normativo – della stessa nozione di eguaglianza con altre nozioni di diversa origine, al fine di comprendere se anche l'espressione "pari opportunità" operi o meno in questa direzione.

Quindi, di seguito, proporrò una breve ricognizione relativamente ad alcune distinzioni concettuali elaborate in ambito teorico-giuridico e che ritengo estremamente rilevanti per il linguaggio giuridico e per la corretta produzione e applicazione delle norme in tema di eguaglianza, soffermandomi in particolare sulle definizioni di diseguaglianza, differenza e discriminazione. Poi, analizzerò brevemente alcune delle nozioni che sono attualmente in uso in ambito giuridico e politico e che sembrano imporsi in termini di concorrenza con il principio di eguaglianza, concentrandomi in particolare su "equità", "vulnerabilità" e appunto "pari opportunità".

Infine, cercherò di illustrare in che modo l'espressione "pari opportunità" a mio avviso possa conciliarsi con il principio di eguaglianza, dando luogo ad una sua declinazione politico-istituzionale piuttosto che ad un suo superamento, sia sul piano retorico sia su quello politico.

1.2. Sulle nozioni (chiare) di differenza, diseguaglianza, discriminazione.

Va evidenziato sin d'ora il fatto che, ragionando in tema di eguaglianza e di pari opportunità, è inevitabile incappare in un costante scivolamento dal piano teorico-giuridico (dell'eguaglianza) a quello politico-istituzionale (delle pari opportunità) e viceversa, poiché il principio di eguaglianza è, innanzitutto, nei sistemi giuridici contemporanei, un principio giuridico "in senso stretto" che informa tutto l'ordinamento; di converso, le pari opportunità non sono (per lo meno, non ancora) un principio "in senso stretto", ma costituiscono piuttosto un orientamento programmatico delle politiche pubbliche[6], e quindi sono forse inquadrabili come un principio "in senso ampio"[7].

---

[6] Cfr. N. RIVA, *Multiculturalismo ed eguaglianza delle opportunità*, in "*Ragion pratica*", 1, giugno, 2013, 149-160, alla p. 150.

[7] Sulla distinzione tra principi "in senso stretto" e principi "in senso ampio" si veda M. BARBERIS, *Manuale di filosofia del diritto*, Torino, 2011, 119-120. Preciso inoltre che utilizzo la nozione di "principio" aderendo alle tesi di Luigi Ferrajoli relativamente alla distinzione tra costituzionalismo garantista e costituzionalismo principialista e dunque sostenendo la c.d. indefettibilità dei principi, cioè la loro non soggezione ad eccezioni implicite. Cfr. L. FERRAJOLI, *La democrazia attraverso i diritti*, Roma-Bari, 2013.

È riconoscibile dunque tra i due temi un diverso rapporto gerarchico, poiché il principio di eguaglianza rappresenta evidentemente il fondamento delle politiche delle pari opportunità, e non viceversa. Ciò comporta necessariamente il fatto che il linguaggio dell'eguaglianza, forte delle sue articolazioni concettuali già chiarite in dottrina, debba necessariamente essere fatto proprio anche dalle politiche delle pari opportunità, le quali tendono invece, proprio in quanto politiche, a dissimulare, attenuare o addirittura riformulare alcune elaborazioni fondamentali relativamente ai contenuti dell'eguaglianza e alle violazioni di tale principio.

In particolare, ciò che di rilevante appartiene al lessico dell'eguaglianza, e che non può dunque essere ignorato dalle politiche delle pari opportunità, concerne sicuramente la distinzione tra diseguaglianze e differenze, nonché la relazione esistente tra eguaglianza e differenza.

Tali considerazioni sono state sviluppate sia sotto il profilo filosofico-giuridico sia da un punto di vista teorico-giuridico generale: ed è soprattutto quest'ultimo approccio ad aver contribuito in modo determinante alla chiarificazione di tali concetti e delle loro reciproche relazioni.

Basti ricordare, per il contesto italiano, i fondamentali lavori di Luigi Ferrajoli e Letizia Gianformaggio.

Ferrajoli ha contribuito in modo determinante a chiarire la distinzione tra i termini "diseguaglianza" e "differenza". Con il termine "differenza" vanno indicate tutte quelle identità e specificità proprie dell'individuo che trovano riconoscimento e tutela nei diritti civili e politici[8]. Con il termine "diseguaglianze", invece, vanno indicate quelle situazioni di fatto che gravano sulle persone in modo negativo e che vengono rimosse grazie alle garanzie poste dai diritti sociali[9].

Evidentemente, il principio di eguaglianza opera nei confronti delle differenze e delle diseguaglianze in modo differente, poiché impone di riconoscere e tutelare le prime mentre prescrive di individuare e rimuovere le seconde[10].

La distinzione teorico-concettuale tra differenze e diseguaglianze, come è noto, è estremamente rilevante poiché permette di non confondere le discri-

---

[8] «Le *differenze*», scrive Ferrajoli, «– siano esse naturali o culturali – altro non sono che i connotati specifici e irripetibili che differenziano e al tempo stesso individuano le persone e che sono on quanto tali tutelati dai *diritti fondamentali*» (L. FERRAJOLI, *Principia iuris. Teoria del diritto e della democrazia*, vol. 1, *Teoria del diritto*, Roma-Bari, 2007, 790).

[9] «Le *disuguaglianze* – siano esse economiche e sociali – sono invece le disparità tra soggetti prodotte dalla diversità dei loro *diritti patrimoniali*, nonché delle loro posizioni di potere e di soggezione» (*ibidem*).

[10] Scrive ancora Ferrajoli: «[i]l principio di eguaglianza può essere perciò caratterizzato come un principio complesso, che impone la tutela delle differenze per il tramite dei diritti individuali e dei connessi spazi di *libertà* e di *autonomia*, e la riduzione delle diseguaglianze eccessive e intollerabili per il tramite dei diritti sociali e delle connesse relazioni di *solidarietà*» (*ibidem*).

minazioni di matrice identitaria (sessuale, razziale, religiosa e così via) da quelle dipendenti da ragioni di natura economica (ad esempio l'estrazione sociale). Mentre, sovente, tra le due questioni si opera una confusione che nemmeno viene colta, perché, come tenterò di evidenziare in seguito, tutte le discriminazioni vengono sempre più intese come azioni dannose rivolte nei confronti di un soggetto generalmente "svantaggiato", in quanto portatore di uno svantaggio nel quale vengono fatte rientrare erroneamente sia le differenze (e dunque le identità, che a ben vedere non possono essere certo considerate uno svantaggio) sia le condizioni economiche.

Invece, ovviamente, le discriminazioni sono da intendersi come trattamenti differenziati in senso peggiorativo diretti, da un lato, a misconoscere identità in ragione di precise opzioni politiche – come quelle di impianto sessista e/o razzista – e, dall'altro, a mantenere categorie di individui in condizioni di assoggettamento economico in ragione di politiche strutturalmente (e non incidentalmente) classiste e gerarchizzanti – come sono ad esempio le politiche del neo-liberismo [11].

A questo proposito, va sottolineato quanto è già emerso in ambito dottrinale relativamente al contrasto alle discriminazioni e al diritto antidiscriminatorio, il quale non rappresenta l'unico strumento di realizzazione dell'eguaglianza, poiché le discriminazioni non rappresentano l'unica modalità di violazione di questo principio. Gianformaggio, infatti, ponendo la questione del rapporto esistente tra eguaglianza e potere – poiché tra posizioni diseguali si esplica sempre un rapporto di potere – ha evidenziato la rilevanza teorico-giuridica (e non solo politica) della nozione di oppressione quale grave forma di violazione dell'eguaglianza giuridica [12].

L'emersione del tema del potere in relazione all'eguaglianza permette di cogliere di conseguenza la condizione non di generico svantaggio ma di vera e propria oppressione che strutturalmente grava in capo a intere classi di soggetti [13].

---

[11] Si veda in tema di discriminazioni e di diritto antidiscriminatorio quanto scrive, in questo volume, Maria Virgilio.

[12] Anche su questo punto sono fondamentali i lavori di Letizia Gianformaggio, in particolare si vedano saggi raccolti in L. GIANFORMAGGIO, *Eguaglianza, donne, diritto*, a cura di A. Facchi-C. Faralli-T. Pitch, Bologna, 2005. Per un approfondimento sulla rilevanza dell'oppressione in ambito teorico-giuridico e non solamente in ambito filosofico-politico cfr. D. MORONDO TARAMUNDI, «*... che finalmente si considerai violazione del principio giuridico dell'eguaglianza ... l'oppressione anziché la discriminazione*». *Sul contributo di Letizia Gianformaggio alla critica del diritto antidiscriminatorio: un indirizzo e due tasselli*, in O. GIOLO-B. PASTORE (a cura di), *Diritto potere e ragione nel pensiero di Letizia Gianformaggio*, Napoli, 2016, 65-78. Mi permetto di rinviare anche a O. GIOLO, *Oltre la critica. Appunti per una contemporanea teoria femminista del diritto*, in *Diritto e questioni pubbliche*, 15/2, 2015, 63-81.

[13] Si inserisce in questo ambito anche il tema delle discriminazioni multiple e dell'inter-

Relativamente invece alla compatibilità teorica tra il principio di eguaglianza e la tutela delle differenze, è noto che la loro contrapposizione abbia dato luogo al c.d. "dilemma della differenza", animando a lungo il dibattito filosofico e politico in tema di assimilazione, omologazione, relativismo e così via [14]. Ma, sul piano teorico-giuridico, Gianformaggio prima e Ferrajoli poi hanno evidenziato come la piena esplicazione dell'eguaglianza si realizzi proprio attraverso il riconoscimento delle differenze individuali. In particolare, Gianformaggio ha evidenziato come entrambe le rivendicazioni – sia quella dell'eguaglianza, sia quella della differenza – costituiscano in realtà rivendicazioni di aspetti diversi dell'eguaglianza: «*la teoria della differenza va caratterizzata come una rivendicazione di uguale considerazione e rispetto, e la teoria dell'eguaglianza come una rivendicazione di uguale trattamento*» [15]. Ancora, aggiunge: «*la valorizzazione delle differenze non richiede che si ripudi l'eguaglianza, ma piuttosto che la si prenda sul serio*» [16].

Ferrajoli, poi, individuando quattro possibili modelli di trattamento giuridico delle differenze, ha riconosciuto nel modello dell'eguale valorizzazione giuridica delle differenze quello in grado di offrire migliore applicazione al principio dell'eguaglianza, proprio attraverso l'eguale riconoscimento delle differenze [17].

---

sezionalità: si veda sul punto quanto sostenuto da Kimberle Crenshaw. Rinvio, tra i vari suoi scritti, al fondamentale K. Crenshaw, *Demarginalizing the Intersection of Race and Sex: A Black Feminist Critique of Antidiscrimination Doctrine, Feminist Theory and Antiracist Politics*, in *The University Chicago College Forum*, 1989, 139-167. Su intersezionalità e diritto antidiscriminatorio cfr., in particolare, D. Morondo Taramundi, *Un caffè da Starbucks. Intersezionalità e disgregazione del soggetto nella sfida al diritto antidiscriminatorio*, in O. Giolo-B. Pastore (a cura di), *I nuovi femminismi*, numero monografico di *Ragion pratica*, n. 37, 2011, 365-384.

[14] Il c.d. "dilemma della differenza" è stato elaborato in seno al dibattito giusfemminista e propriamente all'interno della disputa tra il pensiero dell'eguaglianza e il pensiero della differenza, considerati rispettivamente la prima e la seconda ondata di femminismo: cfr. D. Morondo Taramundi, *Il dilemma della differenza nella teoria femminista del diritto*, Pesaro, 2004. Tuttavia, è noto come tale disputa abbia investito successivamente molte altre questioni, in primo luogo relativamente alle specificità proprie delle società multiculturali e ai c.d. modelli di "integrazione". Cfr. in merito B. Pastore, *Pluralismo, fiducia, solidarietà. Questioni di filosofia del diritto*, Roma, 2007. Per un ulteriore approfondimento cfr. M.G. Bernardini-O. Giolo, *Il "parametro mobile". Note sul rapporto tra eguaglianza e differenza*, in *Filosofia politica*, 3, 2014, 505-522.

[15] L. Gianformaggio, *Eguaglianza e differenza: sono veramente incompatibili?*, in Id., *Eguaglianza, donne, diritto*, cit., 33-61, alla p. 52.

[16] L. Gianformaggio, L'identità, l'eguaglianza, la somiglianza e il diritto, in L. Gianformaggio, *Eguaglianza, donne, diritto*, cit., 90.

[17] In merito ai quattro modelli di gestione giuridica delle differenze (omologazione, differenziazione, indifferenza e eguale valorizzazione delle differenze) rinvio a L. Ferrajoli,

Un'ultima precisazione concerne quanto affermato da Ferrajoli, a completamento di quanto ricordato fino ad ora, in relazione al rapporto tra eguaglianza e diritti fondamentali, essendo anche questo molto spesso non tematizzato a sufficienza [18]. Ebbene, Ferrajoli ha messo in luce come i diritti fondamentali rappresentino il "parametro" dell'eguaglianza nel momento in cui la loro titolarità e il loro effettivo godimento offrono la misura della reale condizione di eguaglianza condivisa o meno dagli individui: non è possibile dunque esprimersi relativamente all'eguaglianza se non ricorrendo alla semantica dei diritti fondamentali [19].

1.3. Quanta confusione sotto il cielo dell'eguaglianza: equità, vulnerabilità, opportunità (*equity, vulnerability, opportunities*).

Paradossalmente, è proprio da un'analisi, anche sommaria, della produzione normativa, regolamentare e amministrativa degli ultimi anni in tema di tutela dei diritti fondamentali che emerge invece una sorta di "slittamento semantico" che attraversa il linguaggio giuridico, politico e istituzionale. Tale slittamento sembra procedere nella direzione del superamento dell'eguaglianza, nella sua doppia dimensione formale-sostanziale [20], attraverso l'adozione, soprattutto a livello europeo e internazionale, di alcune parole-nozioni che vanno sempre più affermandosi quali "nuovi" concetti e "nuove" categorie in grado di offrire maggiore visibilità e tutela ad alcuni bisogni e ad alcune specificità che invece l'eguaglianza "tradizionale" andrebbe trascurando.

Sono andati così diffondendosi nel panorama politico e giuridico i riferimenti a nozioni quali "equità", "vulnerabilità" e "opportunità", termini maggiormente rintracciabili nella loro traduzione inglese (*equity, vulnerability, opportunities*) dato che nella letteratura anglofona sono ampiamente utilizzati e dibattuti, e probabilmente non a caso: è noto infatti che nel contesto giuridico-politico di *common law* sia molto più debole, se non evanescente, il riferimento alla dimensione "sostanziale" dell'eguaglianza, che rappresenta invece il fondamento sul quale poggia la tutela, ad esempio, dei diritti sociali [21].

Principia Juris. Teoria del diritto, cit., 790 ss. Cfr., per un ulteriore approfondimento, B. PASTORE-L. LANZA, *Multiculturalismo e giurisdizione penale*, Torino, 2008.

[18] Sul punto T. MAZZARESE, *Eguaglianza, differenze e tutela dei diritti fondamentali. Nuove sfide e crisi dello Stato costituzionale di diritto*, cit., 209.

[19] Cfr. ancora, sul punto, T. MAZZARESE, *Eguaglianza, differenze e tutela dei diritti fondamentali. Nuove sfide e crisi dello Stato costituzionale di diritto*, cit., 215.

[20] Si veda, sulla distinzione tra eguaglianza formale, la ricognizione proposta in questo volume da Maria Giulia Bernardini.

[21] Si veda quanto sostenuto a tal proposito dalla costituzionalista Giuditta Brunelli nel

Nella preferenza accordata ad uno qualsiasi di questi tre termini, seppur con modalità differenti, è possibile riconoscere dunque: 1) una critica, più o meno, esplicita, al principio di eguaglianza (considerato quasi esclusivamente nella sua dimensione formale), nonché 2) la presunzione che simili ulteriori nozioni siano in grado di fondare in modo più efficace la tutela dei diritti fondamentali o, meglio ancora, di proteggere, genericamente, alcuni bisogni.

Di fondo, e trasversalmente alle tre nozioni, è possibile rinvenire il misconoscimento di quanto la dottrina nel suo complesso ha elaborato, come già ricordato, in merito alla distinzione concettuale tra differenza e diseguaglianza, alla relazione tra eguaglianza e differenze, al nesso tra eguaglianza e potere e così via.

1.3.1. *Equality vs. equity*: un equivoco consolidato.

Ad esempio, molta letteratura – anglofona ma non solo – utilizza oramai abitualmente il termine *equity*, sostenendo che questo sia maggiormente in grado di rappresentare la capacità di un provvedimento, di una norma o di una politica di porre le persone in una condizione di eguaglianza effettiva. Sintomatica è un'immagine che circola notevolmente sul web e che viene ripresa in molte relazioni e in molti report: si tratta di due riquadri all'interno dei quali l'eguaglianza (*equality*) viene rappresentata solo nella sua dimensione formale (ci sono persone di altezza differente che guardano oltre un muro, e non tutti arrivano a vedere cosa c'è dall'altra parte), mentre l'equità (*equity*) viene disegnata nel modo in cui solitamente si raffigura l'eguaglianza sostanziale, la quale, come è noto, pretende l'intervento del potere pubblico per rimuovere le diseguaglianze e permettere in questo modo il pieno godimento dei diritti (alle persone di altezza inferiore viene fornito uno scalino che permette di vedere oltre il muro in modo eguale alle persone più alte)[22]. Dunque, il termine equità viene veicolato con lo stesso significato dell'eguaglianza sostanziale, nonostante per la scienza giuridica sia noto il fatto che si tratti di due nozioni-concetti-principi ben diversi e non sovrapponibili[23].

Tale retorica è andata imponendosi nel dibattito pubblico[24], e soprattutto in alcuni settori: ad esempio in ambito socio-sanitario[25], cioè in un contesto politi-

---

corso della sua relazione presentata al Dipartimento di Giurisprudenza dell'Università di Ferrara nell'ambito del Seminario "sulla vulnerabilità", tenutosi il 15 giugno 2016 e organizzato dal Gruppo di lavoro interuniversitario sulla soggettività politica delle donne.

[22] L'immagine (e la storia dell'immagine) è consultabile al seguente link: *http://interactioninstitute.org/illustrating-equality-vs-equity/*.

[23] Per un chiarimento relativamente al significato di equità rinvio a B. PASTORE, *Giustizia*, in U. POMARICI, *Atlante di filosofia del diritto*, Torino, 2012, 259-280, alla 278 ss.

[24] Sul punto cfr. V. CARDINALI, *Pari opportunità ed "effetti perversi"*, Milano, 2008, 62 ss.

[25] Si veda quanto affermato sul sito dell'Organizzazione mondiale della sanità alla voce

co-istituzionale finalizzato a offrire attuazione al diritto alla salute, notoriamente classificato come un diritto sociale. È significativo, dunque, il fatto che tale slittamento semantico riguardi propriamente la classe dei diritti sociali, la quale, notoriamente, trova il proprio fondamento giuridico-politico nel combinato disposto tra il principio di eguaglianza nella sua dimensione sostanziale e il principio di solidarietà[26]. Con l'imporsi del termine *equity*, invece, tale consolidata elaborazione giuridico-dottrinale sembra perdersi nell'imposizione, di impianto meramente amministrativo, non tanto di una nuova riflessione quanto di una nuova retorica che sembra mirare ad evidenziare, come sopra ho anticipato, non solo il fatto che l'eguaglianza formale non sia sufficiente (ma lo sapevamo già!) a riconoscere e tutelare le specificità individuali (ecco la critica) ma che essa non sia nemmeno possibile, proprio in ragione delle differenze che caratterizzano le persone. Dunque la nozione-principio dell'equità funzionerebbe in modo più adeguato (ecco la presunzione), ignorando del tutto la dimensione dell'eguaglianza sostanziale e, di conseguenza, espellendo dal dibattito pubblico – almeno in questi specifici settori – la semantica dell'eguaglianza.

Infatti, alle spalle dell'imporsi del termine *equity*, oltre a tutte le incongruenze che sul piano giuridico risultano evidentissime – come già accennato, il termine *equity* giuridicamente ha tutt'altro significato – è possibile riconoscere il tentativo di superare la radicalità del principio di eguaglianza nella sua articolazione formale/sostanziale, poiché "troppo esigente": la contrapposizione tra eguaglianza e equità, proprio in relazione alla titolarità dei diritti, è infatti sovente utilizzata in ragione della minore forza e della maggiore malleabilità di quest'ultima rispetto alla prima. È sufficiente richiamare l'annosa questione relativa alle Dichiarazioni in tema di diritti umani e al fatto che, laddove in alcuni documenti regionali non si voglia affermare l'eguaglianza tra i sessi, si faccia ricorso al termine equità per stemperare le affermazioni di principio e dunque le implicazioni normative che ne potrebbero derivare[27].

"*Equity*": in *http://www.who.int/healthsystems/topics/equity/en/*. Cfr.la rivista scientifica dedicata al tema: *International Journal for Equity in Health*, in *https://equityhealthj.biomedcentral.com/*. Si vedano a titolo esemplificativo per il contesto italiano: G.Costa-M. Bassi-G.F. Gensini-M. Marra-A.L. Nicelli-N. Zengarini (a cura di), *L'equità nella salute in Italia. Secondo rapporto sulle disuguaglianze sociali in sanità*, Milano, 2014; Comitato nazionale per la bioetica, *Orientamenti bioetici per l'equità nella salute*, Presidenza del consiglio dei ministri, 2001, in *http://presidenza.governo.it/bioetica/pdf/46.pdf*.

[26] B. Pastore, *Pluralismo, fiducia, solidarietà. Questioni di filosofia del diritto*, cit.

[27] Sul punto mi permetto di rinviare a O. Giolo, *I diritti umani e le società civili nei paesi arabo-musulmani*, in *Parolechiave*, giugno 2007, 47-64; cfr. anche G. Gozzi, *L'Islam e i diritti: le carte islamiche e le carte arabe dei diritti dell'uomo*, in *Parolechiave*, cit., 83-102; T. Mazzarese-P. Parolari (a cura di), *Diritti fondamentali. Le nuove sfide. Con un'appendice di carte regionali*, Torino, 2010.

Dunque, comunque lo si interpreti, il rinvio all'equità non rafforza alcunché, ma affievolisce l'impianto politico-giuridico che mira a porre i soggetti in una condizione di eguaglianza, formale e sostanziale, a partire dal riconoscimento delle specificità e delle esigenze di ciascuna persona. Ricorrendo alla nozione di equità, infatti, si ritorna a sostenere in modo maldestro che l'affermazione dell'eguaglianza e il riconoscimento delle differenze sono inconciliabili, quando una consolidata dottrina ha dimostrato da tempo, come ricordato precedentemente, non solo la loro conciliabilità ma anche la loro coessenzialità: non vi è l'una senza l'altro.

1.3.2. Eguaglianza *vs.* vulnerabilità: un altro equivoco che va consolidandosi.

Un'altra operazione linguistica sembra in fase di consolidamento a livello internazionale grazie all'imporsi nel dibattito politico-giuridico (e disgiuntamente dal dibattito filosofico-giuridico e filosofico-politico)[28] del termine "vulnerabilità". Quest'ultimo viene già utilizzato abbondantemente in ambito normativo, in modo eterogeneo e per nulla coerente, per individuare per lo più soggetti che si trovano in condizioni di particolare svantaggio (termine che spesso rinvia a sua volta alle nozioni di fragilità, debolezza o precarietà), ricorrendo alla categoria dei c.d. "soggetti vulnerabili". Tale categoria è utilizzata da un lato, soprattutto in ambito internazionale, per individuare le persone non autonome, dall'altro per indicare classi di individui che si trovano in condizioni di difficoltà economica o che rischiano, per varie ragioni, di subire discriminazioni[29]. Questa qualificazione non incontra unanime approvazione, soprattutto in ragione del fatto che al suo interno vengono ricondotte senza distinzioni sia le identità, sia le diseguaglianze: non viene infatti operata alcuna differenziazione tra le specificità identitarie di una persona (ad esempio l'essere donna, e/o disabile, e/o musulmana e così via) e le situazioni sfavorevoli prodotte da una condizione di diseguaglianza (come l'essere povero, disoccupato, e così via) che possono essere oggetto di discriminazione. Anche in questo caso, dunque, il "nuovo" lessico della vulnerabilità sembra aver surclassato, come avviene con l'equità, l'utilizzo di qualificazioni o categorie ben più definite sul piano filosofico e giuridico, quali appunto quelle della dise-

[28] L'elaborazione attorno al concetto di vulnerabilità si è sviluppata moltissimo nell'ambito delle scienze sociali e in particolare in ambito filosofico e filosofico-politico. Particolare impulso a tale corrente di studi è stato promosso da alcune autrici contemporanee, già conosciute dagli studiosi dell'etica della cura e del pensiero femminista: in particolare, si vedano, per una ricognizione, i lavori di Eva Kittay, Martha Fineman e Estelle Ferrarese.

[29] Come primo tentativo di analisi di tale eterogenea categoria si veda TH. CASADEI (a cura di), *Diritti umani e soggetti vulnerabili. Violazioni, trasformazioni, aporie*, Torino, 2012.

guaglianza e della differenza, nonché quella della discriminazione, in favore di una generica qualificazione di "svantaggio" personale.

Inoltre, il lessico della vulnerabilità sembra porre l'accento esclusivamente sul soggetto vulnerabile. In questo modo, tale terminologia conduce in primo luogo ad una pressoché totale coincidenza tra le nozioni di vulnerabilità e quelle di debolezza e fragilità, le quali, in quanto riferibili anche alle identità e non solo a situazioni mutevoli, finiscono per essere definite come fragilità, debolezze o precarietà "costitutive" di determinati soggetti, a differenza della "forza" che invece costituirebbe soggettività altre (meno sottoposte, ad esempio, a discriminazioni in quanto portatrici di "identità forti"). In secondo luogo, ponendo l'accento sul soggetto vulnerabile, il lessico della vulnerabilità rimuove dalla discussione pubblica, e dunque dal piano normativo, la questione delle cause della vulnerabilità, soprattutto nel momento in cui queste hanno a che fare con le diseguaglianze. Di conseguenza, viene tacitata se non del tutto annientata qualsiasi critica di carattere sistemico al quadro giuridico-politico-economico che produce tali vulnerabilità: queste finiscono per essere definite come caratteristiche (tutte, senza distinzioni) dei soggetti e non come prodotti di sistemi realmente o potenzialmente discriminatori.

1.3.3. Eguaglianza *vs.* opportunità: i dibattiti in corso.

La tematica dell'eguaglianza delle opportunità è ancor più complessa poiché è andata sviluppandosi notevolmente nel dibattito filosofico-giuridico nonché in ambito normativo, negli ultimi anni, almeno in due direzioni.

Nella prima prospettiva, l'eguaglianza delle opportunità è stata oggetto di un'ampia discussione ed ha incontrato un certo consenso, anche in ragione della sua notevole genericità, per non dire "vaghezza" [30]: ambigui infatti sono i termini di una simile espressione, soprattutto nel momento in cui non si chiarisce che cosa si intenda per opportunità e come si concepiscano i mezzi per raggiungere tale eguaglianza [31]. Ancora, tale espressione, a differenza delle altre nozioni (equità e vulnerabilità), non disdegna il discorso sul merito [32]: le

---

[30] La letteratura sul tema è molto ricca. Rinvio, per una ricognizione e per l''individuazione delle questioni principali sui quali si dibatte, a N. RIVA, *Eguaglianza delle opportunità*, Roma, 2011, 12 ss. Vale la pena ricordare che nella letteratura sociologica espressione equivalente a "eguaglianza delle opportunità è "eguaglianza delle *chances*": sul punto cfr. V. CARDINALI, *Pari opportunità ed "effetti perversi"*, Milano, 2008, 46 ss. Cfr. inoltre, R.J. ARNESON, *Eguaglianza ed eguali opportunità di benessere*, in I. CARTER (a cura di), *L'idea di eguaglianza*, Milano, 2001, 164-182 e P. WESTEN, *The Concept of Equal Opportunity*, in *Ethics*, 95, 1985, 837-850.

[31] N. RIVA, *Eguaglianza delle opportunità*, 12 ss.

[32] *Ivi*, 177 ss.

opportunità alle quali sarebbe possibile accedere potrebbero infatti dipendere anche dai meriti, o da alcuni meriti, delle persone stesse[33].

Nella seconda prospettiva, più interessante in questa sede, si è assistito ad una progressiva sovrapposizione tra i temi dell'eguaglianza, della non discriminazione e delle pari opportunità (*equal opportunities*), in ragione della promozione di norme, istituzioni e politiche finalizzate a garantire ad ogni persona l'accesso a numerosi ambiti della vita pubblica, senza subire discriminazioni e a pari condizioni.

Questa seconda direzione risulta particolarmente importante quanto agli esiti che va producendo per il contesto italiano, poiché sta comportando un ulteriore mutamento di senso molto rilevante: infatti, nel contesto italiano, come è noto, le c.d. "pari opportunità" sono entrate a far parte del discorso pubblico a partire dalla seconda metà del '900, grazie all'adozione di normative finalizzate a favorire l'ingresso delle donne nella sfera pubblica e nel mondo del lavoro[34]. È del resto altrettanto noto che la legislazione sulle pari opportunità, concepita come uno strumento "*gender-oriented*"[35] finalizzato alla messa a tema, in ambito pubblico e politico, della soggettività politica delle donne, ha subito differenti applicazioni e interpretazioni, nonché ridimensionamenti e ciclici depotenziamenti, che spesso ne hanno determinato la scarsa efficacia e operatività.

In ambito europeo, invece, l'espressione "pari opportunità" rinvia oramai costantemente alla pluralità delle categorie della discriminazione e si presenta dunque come "*diversity oriented*"[36]: non solamente le donne sono considerato le destinatarie delle politiche di pari opportunità, ma tutti i soggetti che rischiano di subire una qualche forma di discriminazione[37].

Tale ulteriore slittamento di significato ha comportato per l'Italia, necessariamente, un riposizionamento degli strumenti volti a garantire e promuovere la soggettività politica delle donne, lasciando lo spazio a chi intendeva, e intende, utilizzare invece tali luoghi della politica per occuparsi di ogni tipo di di-

---

[33] Ad esempio si vedano L.P. Pojman-O. McLeod, *What Do We Deserve? A Reader on Justice and Desert*, Oxford, 1999 e S. Olsaretti, *Eguaglianza e merito: valori in conflitto?*, in *Rivista di filosofia*, vol. XCIV, n. 2, agosto 2003, 284-303. Si veda anche di V. Mathieu (a cura di), *Merito/Uguaglianza*, *Paradoxa*, n. 1 – Gennaio/Marzo 2011.

[34] La letteratura sul tema è molto ampia, rinvio per tutti, per una ricognizione della legislazione di parità ad esempio in ambito lavorativo a M.V. Ballestrero, *Parità e oltre. Parità, apri opportunità, azioni positive*, Roma 1989.

[35] V. Cardinali, *Pari opportunità ed "effetti perversi"*, cit., 163.

[36] *Ivi*, 165.

[37] Per una ricognizione della produzione normativa e della comunicazione istituzionale europea in tema di *equal opportunities* cfr. *http://eur-lex.europa.eu/summary/glossary/equal_opportunities.html*.

scriminazione, a maggior ragione adducendo il fatto che a livello europeo quest'ultima è l'interpretazione dominante dell'espressione "pari opportunità".

1.4. Eguaglianza e pari opportunità: due rischi e una prospettiva.

La compatibilità tra l'eguaglianza e le "pari opportunità" necessita dunque di essere tematizzata ed esplicitata nella sua articolazione soprattutto perché, a mio parere, a differenza delle nozioni di vulnerabilità e, ancora peggio, di equità, l'espressione "pari opportunità" possiede un nesso forte – fondativo – con il principio di eguaglianza, dal quale dipende. Tanto più che essa si presta probabilmente di meno a distorsioni concettuali nel momento in cui rimane circoscritta al piano degli orientamenti e delle metodologie delle politiche pubbliche.

I rischi che si possono intravvedere in questo caso semmai riguardano infatti non tanto la confusione tra le nozioni di differenza e diseguaglianze o altre categorie concettuali (anche se talvolta questa ritorna) quanto piuttosto l'individuazione dei soggetti destinatari di tali politiche.

A tal riguardo, è possibile mettere in luce due rischi, in particolare, che un'acritica sovrapposizione tra i temi dell'eguaglianza e delle pari opportunità porterebbe necessariamente con sé.

Il primo rischio concerne l'interpretazione "originaria" delle pari opportunità, almeno in ambito italiano, e cioè l'esclusivo riferimento alla soggettività politica delle donne, laddove essa finisca per offrire alle istituzioni una modalità utile a garantire una qualche forma di eguaglianza alle donne, ma solamente all'interno di "spazi politici" ben determinati. Spessissimo si è assistito, è opportuno sottolinearlo, ad una sorta di confinamento della soggettività politica delle donne proprio nei consessi consacrati alle pari opportunità, le quali, vissute in tal modo, vedono completamente distorta la propria funzione e si riducono a dare forma ad una sorta di "gineceo dell'eguaglianza".

È evidente, infatti, che lo strumento delle pari opportunità, nel momento in cui si rivolge solamente alle donne, da sempre meno rappresentate sul piano politico e istituzionale, può essere utile nella misura in cui offre loro un luogo di visibilità ulteriore rispetto a quelli tradizionali, ancora pesantemente condizionati da matrici sessiste, al fine di scardinare le prassi e le norme esistenti e di costruire sistemi politici e giuridici maggiormente improntati a logiche, appunto, paritarie.

Il secondo rischio è invece rinvenibile nella seconda interpretazione delle "pari opportunità", ovvero nella lettura europeista di una modalità di tutela che concerne più persone e più soggetti potenzialmente vittime di discriminazione. In questo secondo caso, il pericolo sta, per un verso, in quanto già accennavo precedentemente, cioè nella fuorviante sovrapposizione tra i due discorsi, e per altro verso, nella dissoluzione dell'orientamento politico finalizzato all'emersione della soggettività politica delle donne. Quanto alla prima questione, la sovrapposizione tra i due discorsi – quello dell'eguaglianza e quello delle pari opportunità – porta abitualmente ad una certa prevalenza del secondo sul primo, producendo di conseguenza quella sorta di depotenziamento dell'eguaglianza che nelle retoriche sulle pari opportunità è riconoscibilissimo e che trova terreno fertile soprattutto nel contesto internazionale. Tutt'al più che, se la sovrapposizione fosse davvero possibile, potremmo proporre di abbandonare il tema delle pari opportunità, in quanto superfluo, avendo a disposizione quello – ben più strutturato e chiaro – dell'eguaglianza. Quanto alla seconda questione, non vi è dubbio riguardo al fatto che la concezione delle pari opportunità "*diversity oriented*" rischi di condurre nuovamente alla dissoluzione della soggettività politica delle donne, depotenziando la visibilità stessa delle donne nella sfera pubblica o, peggio, espellendo dal discorso politico la questione della sistematica (ancora oggi) subordinazione femminile.

Dunque, la tematizzazione del rapporto tra eguaglianza e pari opportunità deve innanzitutto, a mio parere, mantenere ben distinti e visibili i diversi piani sui quali si sviluppano i due discorsi (il primo giuridico, il secondo politico-istituzionale) al fine di mantenere chiara l'articolazione di entrambi e di cogliere le reciproche interazioni.

Tutto questo, e sta qui la prospettiva da seguire, deve avvenire senza dar luogo a "dispersioni linguistiche" pericolosissime e attingendo costantemente a quella elaborazione concettuale di matrice teorico-giuridica e filosofico-giuridica che ha esplicitato chiaramente le peculiarità del principio di eguaglianza, nella sua più significativa radicalità.

Proprio il recupero del principio di eguaglianza nella sua radicalità e nella sua profonda attinenza con il tema della giustizia[38], senza arretramenti o camuffamenti retorici, permetterà di rimettere ordine nella semantica dei diritti fondamentali e del diritto antidiscriminatorio.

Bibliografia

ARNESON R.J., *Eguaglianza ed eguali opportunità di benessere*, in I. CARTER (a cura di), *L'idea di eguaglianza*, Milano, 2001, 164-182.

BALLESTRERO M.V., *Parità e oltre. Parità, apri opportunità, azioni positive*, Roma 1989.

[38] I. TRUJILLO, *La giustizia e le nuove frontiere dell'eguaglianza*, in *Ragion pratica*, 2, dicembre 2009, 459-471. Cfr. anche I. TRUJILLO PEREZ, *Giustizia globale. Le nuove frontiere dell'eguaglianza*, Bologna, 2007.

BARBERIS M., *Manuale di filosofia del diritto*, Torino, 2011, 119-120.
BERNARDINI M.G.-GIOLO O., *Il "parametro mobile". Note sul rapporto tra eguaglianza e differenza*, in *Filosofia politica*, 3, 2014, 505-522.
CARDINALI V., *Pari opportunità ed "effetti perversi"*, Milano, 2008.
CASADEI TH. (a cura di), *Diritti umani e soggetti vulnerabili. Violazioni, trasformazioni, aporie*, Torino, 2012.
COSTA G.-BASSI M..GENSINI G.F.-MARRA M.-NICELLI A.L.-ZENGARINI N. (a cura di), *L'equità nella salute in Italia. Secondo rapporto sulle disuguaglianze sociali in sanità*, Milano, 2014.
CRENSHAW K., *Demarginalizing the Intersection of Race and Sex: A Black Feminist Critique of Antidiscrimination Doctrine, Feminist Theory and Antiracist Politics*, in *The University Chicago College Forum*, 1989, 139-167.
FERRAJOLI L., Principia iuris. *Teoria del diritto e della democrazia*, vol. 1, *Teoria del diritto*, Roma-Bari, 2007.
FERRAJOLI L., *La democrazia attraverso i diritti*, Roma-Bari, 2013.
FINEMAN M., *The Autonomy Myth: a Theory of Dependency*, New York, 2004.
GARZÒN VALDÉS E., *Some Reflexions on the Concept of Equality*, in AA.VV., *Principio d'eguaglianza e principio di legalità nella pluralità degli ordinamenti giuridici*, Padova, 1999, 3-20.
GIANFORMAGGIO L., *Eguaglianza, donne, diritto*, a cura di A. Facchi, C. Faralli, T. Pitch, Bologna, 2005.
GIOLO O., *I diritti umani e le società civili nei paesi arabo-musulmani*, in *Parolechiave*, giugno 2007, 47-64.
GIOLO O., *Oltre la critica. Appunti per una contemporanea teoria femminista del diritto*, in *Diritto e questioni pubbliche*, 15/2, 2015, 63-81.
GIOLO O.-PASTORE B. (a cura di), *Diritto potere e ragione nel pensiero di Letizia Gianformaggio*, Napoli, 2016, 65-78.
GOZZI G., *L'Islam e i diritti: le carte islamiche e le carte arabe dei diritti dell'uomo*, in *Parole chiave*, 2007, n. 37, 66-81.
KITTAY E., *La cura dell'amore. Donne, uguaglianza e dipendenza (1998)*, Milano, 2010.
MATHIEU V. (a cura di), *Merito/Uguaglianza*, *Paradoxa*, n. 1 – Gennaio/Marzo 2011.
MAZZARESE T., *Eguaglianza, differenze e tutela dei diritti fondamentali. Nuove sfide e crisi dello Stato costituzionale di diritto*, in TH. CASADEI (a cura di), *Lessico delle discriminazioni tra società, diritto e istituzioni*, Reggio Emilia, 2008, 206-231.
MAZZARESE T.-PAROLARI P. (a cura di), *Diritti fondamentali. Le nuove sfide. Con un'appendice di carte regionali*, Giappichelli, Torino, 2010.
MORONDO TARAMUNDI D., *Il dilemma della differenza nella teoria femminista del diritto*, Pesaro, 2004.
MORONDO TARAMUNDI D., *Un caffè da Starbucks. Intersezionalità e disgregazione del soggetto nella sfida al diritto antidiscriminatorio*, in GIOLO O.-PASTORE B. (a cura di), *I nuovi femminismi, numero monografico di Ragion pratica*, n. 37, 2011, 365-384.
MORONDO TARAMUNDI D., *"... che finalmente si considerai violazione del principio giuridico dell'eguaglianza ... l'oppressione anziché la discriminazione". Sul contributo di Letizia Gianformaggio alla critica del diritto antidiscriminatorio: un indirizzo e due tasselli*, in GIOLO O.- PASTORE B. (a cura di), *Diritto potere e ragione nel pensiero di Letizia Gianformaggio*, Napoli, 2016, 65-78.

OLSARETTI S., *Eguaglianza e merito: valori in conflitto?*, in *Rivista di filosofia*, vol. XCIV, n. 2, agosto 2003, 284-303.

PASTORE B., *Pluralismo, fiducia, solidarietà. Questioni di filosofia del diritto*, Roma, 2007.

PASTORE B., *Giustizia*, in U. POMARICI, *Atlante di filosofia del diritto*, Torino, 2012, 259-280; PASTORE B., *Interpreti e fonti nell'esperienza giuridica contemporanea*, Padova, 2014.

PASTORE B.-LANZA L., *Multiculturalismo e giurisdizione penale*, Torino, 2008.

POJMAN L.P.-MCLEOD O., *What Do We Deserve? A Reader on Justice and Desert*, Oxford, 1999.

RIVA N., *Eguaglianza delle opportunità*, Roma, 2011.

RIVA N., *Multiculturalismo ed eguaglianza delle opportunità*, in *Ragion pratica*, 1, giugno, 2013, 149-160.

SILVERS A., *Reconciling Equality to Difference: Caring (F)or Justice for People with Disabilities*, in DI QUINZIO P.-YOUNG I.M. (a cura di), *Feminist Ethics and Social Policy*, Bloomington, 1997, 23-48.

TRUJILLO PEREZ I., *Giustizia globale. Le nuove frontiere dell'eguaglianza*, Bologna, 2007.

TRUJILLO PEREZ I., *La giustizia e le nuove frontiere dell'eguaglianza*, in *Ragion pratica*, 2, dicembre 2009, 459-471.

WESTEN P., *The Concept of Equal Opportunity,* in *Ethics*, 95, 1985, 837-850.

2. Eguaglianza, differenza, disabilità: percorsi d'inclusione *

2.1. Oltre il diritto negato **.

Alla fine degli anni '60 del Novecento, nel campus americano di Berkeley, Ed Roberts e le *Rolling Quads* intraprendono una battaglia personale e politica il cui fine è quello di affermare il riconoscimento della piena soggettività ed il diritto alla vita indipendente delle persone con disabilità.

All'incirca nello stesso periodo, in Inghilterra, l'*Union of the Phisically Impaired Against Segregation* (UPIAS) tenta di promuovere un cambiamento sociale ed istituzionale volto a riconoscere in capo alle persone con disabilità il diritto di godere di una piena ed attiva partecipazione sociale, di poter svolgere un'attività lavorativa e di condurre una vita indipendente.

Pochi anni più tardi, in Italia, Vincenza Ferrarese (così come altri attivisti per i diritti dei soggetti disabili) prende la propria auto, appositamente e pionieristicamente adattata per consentirne la guida anche alle persone con disabilità e, partendo dalla Basilicata, risale l'Italia per raggiungere la Germania. Con quest'atto, che oggi desterebbe assai poco clamore, in realtà Vincenza Ferrarese pone in essere una forte contestazione dell'assetto allora corrente, violando peraltro innumerevoli norme giuridiche. Infatti, a differenza di quanto accadeva in Germania, al tempo in Italia le persone con disabilità si vedevano ancora negato il diritto di sostenere l'esame di guida e, dunque, di prendere la patente. Ecco dunque che, traendo vantaggio dalla comune appartenenza di Italia e Germania al contesto euro-unitario, Vincenza Ferrarese "costringe" l'ordinamento italiano a confrontarsi con la realtà: non esiste alcuna ragione per negare alle persone con disabilità il diritto di prendere la patente, in quanto ogni presunzione assoluta relativa ad una loro incapacità innata e totalizzante è totalmente errata.

Si tratta di tre episodi certamente diversi, accaduti all'interno di contesti politici e sociali non assimilabili. Eppure, le storie che hanno portato i protagonisti di queste narrazioni a sfidare le norme (sociali, politiche, giuridiche) fino a quel momento pressoché incontestate presentano almeno un elemento in comune: sono richieste volte al riconoscimento del fatto che le persone con disabilità abbiano diritto di vivere nel mondo su un piano di eguaglianza con i soggetti normodotati [39]. O – che è lo stesso – questi fatti mettono in luce come,

---

* Di Maria Giulia Bernardini.

** Ringrazio Ciro Tarantino per avermi introdotta alla storia del movimento per i diritti civili delle persone con disabilità italiano, purtroppo spesso ancora trascurata.

[39] La vicenda americana e quella inglese sono senz'altro le più note; tuttavia, non va dimenticato che i movimenti di rivendicazione dei diritti civili delle persone con disabilità

partendo da una storia personale di negazione dei diritti, soprattutto a partire dalla fine degli anni '60 le persone con disabilità abbiano deciso di rendere politiche delle esperienze fino ad allora percepite unicamente come private, contestando quella pervasiva esclusione che era presentata come 'normale' ma che, a ben vedere, si caratterizzava per il fatto di essere 'normativa' (e, per questo, nient'affatto inevitabile). Tali soggetti hanno dunque favorito la transizione delle questioni concernenti la disabilità dalla sfera caritativa, riabilitativa ed assistenziale all'arena del dibattito pubblico e dei diritti.

In questo senso, il legame tra disabilità ed eguaglianza chiama senz'altro in causa sia la politica, sia il diritto, che anche in tale campo – come in altri – risultano fortemente intrecciati: da un lato, infatti, le battaglie politiche condotte dagli attivisti disabili hanno avuto la finalità di favorire la 'conquista' del diritto di presenza delle persone con disabilità e, a cascata, di molti diritti già riconosciuti ai soggetti normodotati. In tale ottica, pertanto, la lotta di rivendicazione politica può essere considerata una 'lotta per i diritti' finalizzata al raggiungimento della piena eguaglianza.

Dall'altro, i "nuovi" modelli culturali della disabilità che si sono affermati proprio grazie all'azione politica delle persone disabili hanno influito sul diritto, il quale peraltro non si è limitato ad essere passivo ricettore del mutamento di paradigma originatosi a livello politico ma, al contrario, si è rivelato esso stesso un importante volano del cambiamento socio-politico finalizzato alla promozione di una piena eguaglianza tra i soggetti.

Nel corso di questo saggio saranno proprio i percorsi appena delineati ad aiutarci a comprendere quale significato (o quali significati) possa assumere il concetto di eguaglianza per le persone con disabilità.

2.2. *Disability pride* e soggettività.

La "lotta per i diritti" [40] delle persone con disabilità presenta rilevanti punti in comune con le battaglie compiute, a partire dagli anni '60 del Novecento,

---

sono stati – e sono tuttora – molteplici, né che la loro collocazione geografica è assai più ampia rispetto all'area anglofona. Per approfondire (anche) il contesto italiano, si consulti la rivista *Minority Reports*, nata nel 2015 con la finalità di « *[...] coniugare la giustizia con l'inclusione, i diritti con la partecipazione, lo sviluppo con la democrazia, la storia dei movimenti di emancipazione con i dispositivi di controllo sociale e politico, nella consapevolezza che i processi di disabilitazione colpiscono fasce così ampie di popolazione che configurano maggioranze diverse da quelle che attualmente hanno il potere di decidere*»; così G. GRIFFO, *Presentazione – Disabling Processes e giustizia sociale*, in *Minority Reports – Cultural Disability Studies*, 1 2015, 11-13, 13.

[40] L'espressione, chiaramente, rievoca la nota "lotta per il diritto" di von Jehring; cfr. R. VON JEHRING, *La lotta per il diritto. E altri saggi*, Milano, 1989.

da altri soggetti esclusi, che hanno rivendicato il diritto all'eguaglianza attraverso la politicizzazione della propria condizione personale e l'esaltazione della differenza-specificità, vista come elemento di orgoglio identitario. In questo senso, se sono noti gli slogan di alcuni importanti movimenti di rivendicazione della fine degli anni '60, come quelli volti alla riappropriazione del proprio corpo da parte delle femministe, il *black power* afro-americano o il *queer pride* delle persone LGBTQI, più raramente si è a conoscenza dell'esistenza di un *disability pride* e delle battaglie per i diritti civili compiute dalle persone con disabilità, sull'onda del motto "*nulla su di noi senza di noi*" [41].

La lotta in questione trae origine dall'auto-comprensione di tali soggetti quale minoranza [42] vittima di una struttura socio-politica che esclude immotivatamente le persone con disabilità dalla piena partecipazione sociale, rivelandosi così la fonte della loro oppressione [43]. In base a questa analisi – che, almeno nell'esperienza inglese, molto deve alla lettura marxista delle dinamiche sociali – l'esclusione in oggetto non ha nulla di naturale (non deriva, cioè, da alcuna incompetenza o mancanza ascrivibili al soggetto disabile in modo stipulativo, in ragione della sua condizione psico-fisica), ma assume un significato eminentemente politico. Deriva, infatti, da quella che è ormai conosciuta come "concezione medica" della disabilità [44], con la quale si è soliti indicare

---

[41] Per tutti, cfr. J.I. CHARLTON, *Nothing about us without us: disability oppression and empowerment*, Berkeley, 1998. Tra le più recenti occasioni di celebrazione dell'orgoglio disabile va segnalato il c.d. *Disability Pride* tenutosi dall'8 al 10 luglio 2016 in concomitanza a Palermo e New York, con il duplice obiettivo di rivendicare l'effettività delle disposizioni della *Convenzione Onu sui diritti delle persone con disabilità* e di sensibilizzare l'opinione pubblica in chiave inclusiva. Si tratta della più importante manifestazione che il mondo della disabilità unito abbia mai organizzato. Scaturito dalla volontà degli organizzatori del *Disability Pride* newyorkese, avvenuto lo scorso luglio, insieme agli organizzatori *dell'Handy Pride*, che si è tenuto in provincia di Ragusa nel medesimo periodo, il *Disability Pride* è dunque un'iniziativa internazionale con l'obiettivo di rivendicare i 50 articoli della Convenzione ONU sui diritti delle persone con disabilità, formalmente ottenuti ma in effetti scarsamente applicati. Parole d'ordine della manifestazione: inclusione, consapevolezza e visibilità.

[42] Non a caso, nel preambolo dell'*American with Disabilities Act* (ADA) del 1990, le persone con disabilità sono considerate una «*discrete insular minority*».

[43] UPIAS, *Fundamental Principles of Disability*, London, 1976, 4.

[44] All'interno dei *Disability Studies*, che costituiscono il "braccio teorico" del movimento per i diritti civili delle persone con disabilità, questa concezione è presentata attraverso il ricorso ad espressioni come "modello medico", "modello biomedico", "modello individuale", "modello della tragedia personale", etc. Non si tratta di espressioni perfettamente equivalenti, ma condividono tutte lo stesso impianto teorico di fondo. Per un approfondimento, cfr. almeno D. PFEIFFER, *The Philosophical Foundations of Disability Studies*, in *Disability Studies Quarterly*, 2002, 2-22, 3-23; C. THOMAS, *Sociologies of Disability and Illness.*

prassi, definizioni, classificazioni, elaborazioni teoriche, normative e politiche che, pur nella loro eterogeneità, sono accomunate dall'assunto (ideologico e, nei fatti, rivelatosi errato proprio grazie all'opera di decostruzione compiuta da teorici ed attivisti disabili) secondo il quale la disabilità è uno stato individuale di svantaggio che si oppone alla normalità e che richiede di essere corretto.

In una prospettiva medica, la disabilità è un ostacolo alla piena fioritura umana che determina l'inevitabile tragicità dell'esistenza e che, in quanto tale, richiede cura (medica e familiare), nonché riabilitazione. Viene così veicolata un'immagine passiva (e 'passivizzante') del soggetto disabile, visto non come attore sociale, ma unicamente come ricettore di cura, ed è parimenti esclusa ogni sua possibilità di presenza nel contesto pubblico; in questa prospettiva, le mura domestiche, le strutture di cura e, laddove ancora presenti, gli istituti di internamento sono i luoghi di (in)visibilità privilegiati.

La concezione in questione ha dominato a lungo, in modo pressoché incontrastato, ogni sfera del sociale. Sul versante politico-istituzionale, in particolare, la presunzione che le persone con disabilità fossero irrimediabilmente «*unfortunate, useless, different, oppressed and sick*»[45], ha determinato il fatto che esse si siano trovate ad esperire varie forme di diseguaglianza, ritenute conseguenze necessarie ed inevitabili dello stato di disabilità e, per tale ragione, privatizzate e "declassate" a questioni meramente individuali. Questa dinamica ha quindi contribuito a rafforzare l'esclusione di tali soggetti ed il loro confinamento all'interno della sfera privata, legittimando parallelamente un'ampia deresponsabilizzazione socio-istituzionale per quanto concerne il riconoscimento e l'effettività dei loro diritti, primo fra tutti il diritto di presenza in quello spazio pubblico che, come è noto, è lo spazio dei diritti.

Soprattutto a partire dagli anni '60 del Novecento, tale ordine inizia però ad essere aspramente contestato dal movimento per i diritti civili delle persone con disabilità, che reclama il diritto di chi sia disabile ad ottenere una piena inclusione, da intendersi come processo di recupero della dignità di chi versa in una condizione di esclusione, attraverso un riequilibrio di poteri all'interno della società che consenta di prendere seriamente in considerazione anche i bisogni dei soggetti esclusi, rivalutando il loro punto di vista[46].

Contested Ideas in Disability Studies and Medical Sociology, Hampshire, 2007; T. SHAKESPEARE ET AL., *Models*, in G. ALBRECHT (ed.), *Encyclopedia of Disability*, Thousand Oaks, 2006, 1101-1108, 1101.

[45] P. HUNT, *A Critical Condition*, in ID. (ed.), *Stigma: The Experience of Disability*, London, 1966, 145-159, 146.

[46] Queste considerazioni si ritrovano ripetutamente negli scritti di Giampiero Griffo, membro del *Disabled Peoples'International* (DPI) e già *advisor* nella delegazione Italiana du-

La strategia seguita per raggiungere tale fine consiste nella politicizzazione della disabilità, che in una prospettiva disabile non è più un problema medico individuale o una tragedia imputabile a colpe personali, ma il prodotto del "paradigma abilista" che ha informato per secoli le società occidentali. In quest'ottica, la disabilità è prodotta da quel paradigma culturale che ha legittimato l'affermazione di un tipo particolare di soggetto, considerato 'tipicamente umano', rendendo l'individuo normodotato, indipendente, autonomo e produttivo il punto di riferimento al quale ispirare *policies* e normative.

Interpretata in chiave rivendicativa, la disabilità è allora una forma di relazione ineguale tra soggetti normodotati e disabili, dove questi ultimi rivestono una posizione socialmente deteriore che nulla ha di naturale, ma è ascrivibile a precise scelte politiche compiute da chi detiene il potere di progettazione della società (ossia i soggetti normodotati)[47]. È alla presenza di radicati pregiudizi, dunque, che si deve la *costruzione* della disabilità come devianza rispetto alla normalità normodotata[48], con la conseguente 'naturalizzazione' della preclusione dell'accesso allo spazio pubblico ai soggetti disabili, della condizione di emarginazione sociale, nonché delle discriminazioni di tipo strutturale. In breve, la disabilità viene vista come una forma di oppressione che recepisce ed al contempo consolida l'affermazione delle retoriche mediche che assegnano ai soggetti disabili uno status di inferiorità, giustificando la negazione del loro il diritto di vivere nel mondo come titolari del "*diritto ai diritti*"[49] su un piano di effettiva eguaglianza con gli altri attori sociali.

---

rante le sessioni di discussione della *Convenzione Onu sui diritti delle persone con disabilità*. Se le posizioni vanno "riequilibrate", significa che di fatto c'è un'asimmetria di potere. Le relazioni tra le persone con disabilità e quelle normodotate, quindi, sono percepite in termini di subordinazione e dominio, contro i quali è necessario combattere. Cfr. anche S. MARKS-A. CLAPMAN, *Disabilità*, in EAD., *Lessico dei diritti umani*, Milano, 2009, 151-165, 155.

[47] Tale passaggio è ben espresso da Martha Nussbaum, che proprio con riferimento alla disabilità ha osservato come le questioni del "da chi" e del "per chi" siano scelti i principi fondamentali della società, nonostante siano distinguibili dal punto di vista analitico, in pratica siano state immotivatamente fuse, privilegiando il soggetto normodotato, contemporaneamente decisore politico e destinatario delle previsioni elaborate. Cfr. M.C. NUSSBAUM, *Le nuove frontiere della giustizia. Disabilità, nazionalità, appartenenza di specie*, Bologna, 2007, 36.

[48] È interessante notare come le retoriche utilizzate per costruire la devianza del soggetto disabile siano le medesime che hanno colpito anche gli appartenenti alle altre categorie escluse; ad esempio, la pericolosità sociale, l'incontinenza sessuale, l'irrazionalità.

[49] La locuzione di Hannah Arendt, di recente ripresa anche da Stefano Rodotà, è stata oggetto di "appropriazione" anche all'interno delle prospettive *disability oriented*: per tutti, cfr. O. OSIO-P. BRAIBANTI, *Il diritto ai diritti. Riflessioni e approfondimenti a partire dalla Convenzione Onu sui diritti delle persone con disabilità*, Milano, 2012.

Gli attivisti disabili contrappongono a tale immagine quella di un soggetto disabile che visto come un attore competente, dotato di *agency*, al quale va riconosciuto il diritto di prendere parte alla *"tavola delle trattative"* [50] per la fissazione delle regole del gioco democratico, al fine di favorire – per l'appunto – il raggiungimento di una piena ed effettiva eguaglianza con i soggetti normodotati [51].

2.3. Tra eguaglianze e differenza.

È facile osservare come l'operazione compiuta dagli attivisti disabili presenti molte analogie con quella portata avanti da altri gruppi oppressi. In quanto tale, permette di ricondurre le rivendicazioni in oggetto ad una *querelle* assai nota nell'ambito giuridico, espressa nel famoso "*dilemma della differenza*" [52], che trae origine dalla contestazione dello statuto privilegiato a lungo goduto da un'eguaglianza formale che si rivela inadatta a garantire l'effettività dei diritti di ciascun soggetto. È noto, infatti, che – considerata sinonimo di vera e propria "eguaglianza giuridica" [53] – la nozione in questione storicamente ha consegnato l'eguaglianza di tipo sostanziale ad un ruolo ancillare. Non a caso, intesa quale mero fatto empirico avente connotati extra-giuridici, la no-

---

[50] Cfr. L. Gianformaggio, *Eguaglianza, donne e diritto*, A. Facchi-C. Faralli-T. Pitch (a cura di), Bologna, 2005, 86-87.

[51] La statuizione originaria dell'UPIAS, secondo la quale la disabilità è una forma di oppressione, viene recepita a livello teorico a partire dagli anni '80, in quello che oggi è conosciuto come "modello sociale", coniato dal sociologo inglese Mike Oliver. Cfr. M. Oliver, *The Politics of Disablement*, London, 1990.

[52] Come è noto, la locuzione in oggetto è stata coniata negli anni Ottanta del Novecento all'interno della riflessione femminista: «*[q]uando l'eguaglianza e la differenza si congiungono in maniera dicotomica, articolano una scelta impossibile. Se uno sceglie l'eguaglianza, allora deve accettare che la differenza è antitetica ad essa. Se uno sceglie la differenza, allora ammette che l'eguaglianza è irraggiungibile*». Cfr. J. Scott, *Deconstructing Equality-versus-Difference: or, the Uses of Poststructuralist Theory for Feminism*, in F. Olsen (ed.), *Feminist Legal Theory*, Aldershot, 1995, 271.

Sul "dilemma della differenza", cfr. anche M. Minow, *Making All the Difference: Inclusion, Exclusion and American Law*, Ithaca-London, 1990, 20; L. Gianformaggio, *Eguaglianza e differenza: sono veramente incompatibili?*, in L. Gianformaggio, *op. cit.*, 43 ss.; K. Crenshaw, *Mapping the Margins: Intersectionality, Identity Politics, and Violence against Women of Color,* in *Standford Law Review*, 1991, 43, 6, 1241-1299; C. MacKinnon, *Reflections on Sex Equality under the Law*, in *Yale Law Journal*, 1991, 100, 1281-1328; D. Morondo Taramundi, *Il dilemma della differenza nella teoria femminista del diritto*, Pesaro, 2004.

[53] Cfr. R. Guastini, *Distinguendo: studi di teoria e metateoria del diritto*, Torino, 1996, 157-161.

zione sostanziale è stata sovente ritenuta un *correttivo* rispetto a quella formale; dunque, un'eccezione alla regola dell'eguaglianza propriamente intesa[54].

Parallelamente, il fatto che l'eguaglianza formale recepita nel dato normativo non abbia posto rimedio alle diseguaglianze presenti all'interno del tessuto sociale ha portato alla proliferazione di fiere critiche all'eguaglianza, sovente espresse attraverso contestazioni politiche interpretabili come rivendicazione del diritto alla propria differenza-specificità, ancorata appunto alla nozione di eguaglianza sostanziale. Attraverso esse, i soggetti esclusi hanno contestato come la situazione di svantaggio propria di determinati attori sociali, causa della condizione di diseguaglianza sulla quale intervenire attraverso la rimozione degli ostacoli fattuali, in genere non sia affatto episodica, bensì strutturale.

In questo senso, la diseguaglianza in oggetto si presenta come "di fatto" solo in modo apparente: non è un caso che le sfortune visitino puntualmente gli appartenenti a determinati gruppi sociali, i quali si trovano in una condizione di *strutturale* diseguaglianza a causa dell'asimmetria presente nella distribuzione del potere sociale. Diseguaglianza strutturale e asimmetria di potere che una nozione formale di eguaglianza non solo non è in grado di 'vedere' ma, soprattutto, finisce per legittimare[55].

In tale ottica, i gruppi non paradigmatici vengono dunque posti davanti ad una scelta impossibile: cedere alla logica assimilazionista veicolata dal principio di eguaglianza formale, che offre una maggior garanzia di tutela a prezzo della conformazione allo "*standard del non-punto-di-vista*"[56], o celebrare la propria differenza-specificità, limitandosi a denunciare come la distanza dalla norma legittimi, nei fatti, una tutela differenziata (e spesso deteriore, quando

---

[54] A riprova di tale dato, si può porre mente a come – intese quali rimedi funzionali alla rimozione degli ostacoli che impediscono la realizzazione di un'eguaglianza effettiva – le misure adottate sulla base dell'eguaglianza sostanziale siano state sovente considerate delle deviazioni rispetto all'eguaglianza di tipo formale e, di conseguenza, delle eccezioni alla regola. Più ampiamente, D. MORONDO TARAMUNDI, «*... che finalmente si consideri violazione del principio giuridico dell'eguaglianza ... l'oppressione anziché la discriminazione». Sul contributo di Letizia Gianformaggio alla critica del diritto antidiscriminatorio: un indirizzo e due tasselli*, in O. GIOLO-B. PASTORE (a cura di), *Diritto potere e ragione nel pensiero di Letizia Gianformaggio*, Napoli, 2016, 65-78, 77.

[55] Il giudice Bonello, ad esempio, nell'opinione dissenziente espressa in *Anguelova* v. *Bulgaria* osservava come *"Misfortunes punctually visit disadvantaged minority groups, but only as the result of well-disposed coincidence"*. Cfr. *Anguelova* v. *Bulgaria* (2002) 38 EHRR 31 [O-13]. Sull'asimmetria di potere, per tutti si rimanda a I. M. YOUNG, *Asymmetrical Reciprocity: on Moral Respect, Wonder, and Enlarged Thought*, in *Constellations*, 1997, 3, 3, 340-363.

[56] C. MACKINNON, *Feminism, Marxism, Method, and the State: Toward Feminist Jurisprudence*, in *Signs*, 1983, 8, 4, 635-658, 639.

non assente)[57]. E tale scelta impossibile genera un'irrisolvibile e dilemmatica *impasse*: da qui, appunto, il ricorso all'espressione "dilemma della differenza".

Si tratta di un dilemma che, appunto perché riguarda i soggetti non paradigmatici, trova applicazione anche nei confronti delle persone con disabilità. La staticità da esso prodotta, infatti, è ben evidente, laddove da un lato la presenza di un deficit fonda l'identità di gruppo e giustifica l'adozione di un trattamento differenziale (in genere di carattere antidiscriminatorio)[58], mentre dall'altro il "doppio binario" di tutela rende assai concreto il rischio che la "differenza disabile" sia percepita come "radicalmente altra", giustificando tanto un trattamento differenziale deteriore, quanto una costruzione (sociale e normativa) stereotipata del soggetto disabile[59]. In breve, si corre il rischio di incorrere in un differenzialismo segregante che retoricamente si legittima come considerazione delle varie specificità (tra i molti esempi possibili, si pensi alla presenza delle classi differenziali per i bambini disabili)[60].

Di certo si ricorderà come, nel corso degli anni, i rischi di semplificazione prodotti da questa presunta e pretesa contrapposizione siano stati ben messi in evidenza, e come sia stato acutamente osservato che la relazione tra le due nozioni di eguaglianza non è di tipo oppositivo, ma dialettico[61]. Accettando tale premessa, appare chiaro come il monito a concentrarsi sulla differenza non si traduca nella spinta all'abbandono dell'eguaglianza, ma solleciti piuttosto a *"pensare l'eguaglianza fino in fondo"*[62] esaminando criticamente le norme che statuiscono l'eguaglianza stessa, al fine di disvelare le gerarchie di potere

---

[57] Sulla radicalizzazione della differenza come strumento di rivendicazione identitaria, cfr. almeno I.M. YOUNG, *Le politiche della differenza*, Milano, 1996.

[58] Il discorso sarebbe notevolmente più articolato, data l'estrema eterogeneità delle esperienze di disabilità: congenita, acquisita, fisica, mentale, stabile, degenerativa, etc. Per semplicità del discorso, si può assumere che la comune esperienza di segregazione, disconoscimento, umiliazione, discriminazione (in una parola: di ingiustizia) esperita dalle persone disabili possa fondare una loro comune identità. Sugli esiti perversi del paradosso della differenza per la causa disabile, cfr. anche M.T. MCCLUSKEY, *How the Biological/Social Divide limits Disability and Equality*, in *Journal of Law & Policy*, 2010, 33, 109-160.

[59] Sull'ambivalenza della legge antidiscriminatoria che, instaurando una protezione di tipo asimmetrico nei confronti della disabilità, richiede l'adozione di un approccio particolare, che nei fatti crea un diritto specifico, diverso da quello "comune", cfr. A. MARRA, *Disabilità e diritto: qual è l'utilità dei* Disability Studies *per la ricerca giuridica?*, in *Italian Journal of Disability Studies*, 2011, 1, 23-29, 25-26.

[60] Cfr. C. GARDOU, *Diversità, vulnerabilità e handicap,* Trento, 2006, 147.

[61] Per tutti, L. GIANFORMAGGIO, *Eguaglianza, donne e diritto*, cit., 201.

[62] D. MORONDO TARAMUNDI, *«...che finalmente si consideri violazione del principio giuridico dell'eguaglianza... l'oppressione anziché la discriminazione». Sul contributo di Letizia Gianformaggio alla critica del diritto antidiscriminatorio: un indirizzo e due tasselli*, cit., 69.

sottostanti, già presenti all'interno del tessuto sociale e, spesso, di carattere strutturale. In questo senso, poiché nasce dall'esigenza di contrastare l'inferiorità di *status* conferita ai membri di taluni gruppi sociali, la rivendicazione della differenza si pone come richiesta di riconoscimento dell'eguale dignità di ciascuna persona, sia sul piano normativo, sia su quello fattuale. Per dirla con una formula ormai conosciuta, si tratta di una denuncia volta a smascherare il carattere oppressivo dell'ordine (culturale, politico e giuridico) esistente, al quale è possibile accedere come soggetti a pieno titolo solo nel caso in cui si presentino le caratteristiche di coloro che detengono il potere sociale, e della correlata richiesta di garantire una "*eguale valorizzazione delle differenze*" [63] sul piano normativo.

In tale prospettiva, assumono un rilievo centrale almeno due aspetti. Il primo concerne la denuncia della *costruzione* dell'alterità: detenendo il potere di definizione delle categorie connotate come 'differenti', i soggetti già inclusi sono in grado di elaborare le rappresentazioni funzionali alla strutturazione della percezione della realtà sociale, creando così le differenze in un modo a loro congeniale. Pertanto, con un'operazione solo all'apparenza neutra, essi determinano quali sono i requisiti da esibire per essere pienamente inclusi e quali, invece, comportano l'etichettamento come soggetti 'altri'; in tal modo, i soggetti inclusi ricoprono un ruolo fondamentale anche nello stabilire chi possa fruire dei diritti e delle opportunità sociali.

A livello giuridico, quest'operazione fa sì che il dato normativo (ma discorso analogo potrebbe essere fatto in relazione a quello giurisprudenziale) veicoli precise immagini dei soggetti portatori di quelle che, di volta in volta, vengono individuate come differenze. All'apparenza neutrale e descrittiva, l'operazione in questione in realtà ha dunque ha un contenuto fortemente normativo: con essa, infatti, non solo si *rappresentano*, ma addirittura si *costruiscono* i soggetti interessati dalle previsioni normative, finendo per classificarli e per attribuire loro connotati di valore o disvalore [64].

Poiché questo aspetto è stato principalmente oggetto della critica femminista, molte analisi si sono appuntate sul percorso storico di costruzione del "soggetto-donna" dal punto di vista giuridico che, recependo stereotipi in gran parte connessi ad aspetti quali l'irrazionalità, la naturale oblatività o l'in-

---

[63] L. GIANFORMAGGIO, *op. cit.*, specialmente 37-39, 92-93; L. FERRAJOLI, Principia Iuris. *Teoria del diritto e della democrazia. I. Teoria del diritto*, Roma-Bari, 2007, 795-797.

[64] Su queste "meccaniche del potere", cfr. ancora L. GIANFORMAGGIO, *Eguaglianza, differenza e rapporti di potere*, in EAD., *Eguaglianza, donne e diritto*, 191-200; sul punto, si veda anche l'analisi di Orsetta Giolo in E. DICIOTTI-O. GIOLO-V. VELLUZZI, *Diritto, ragione, potere in Letizia Gianformaggio*, in O. GIOLO-B. PASTORE (a cura di), *Diritto potere e ragione nel pensiero di Letizia Gianformaggio*, cit., 1-19, 11-19.

continenza sessuale, è divenuto particolarmente problematico. In genere, infatti, ha finito per sancire (e legittimare) normativamente una diseguaglianza giuridica tra uomini e donne riferendosi ad un 'soggetto-donna' dai connotati quantomeno discutibili. Non a caso, spesso si è resa necessaria la riforma dei settori dell'ordinamento che prendevano in considerazione la specificità femminile, proprio perché progressivamente è stato svelato il carattere discriminatorio (ed ideologico) di quelle diseguaglianze, tutt'altro che neutre[65].

Tuttavia, il meccanismo in questione non solo non è affatto scomparso, ma prevede un ambito applicativo ben più ampio rispetto a quello di genere, come dimostrano ad esempio la recente normativa italiana sulle unioni civili, che nel non prevedere l'obbligo di fedeltà sembra quasi presupporre una naturale incontinenza sessuale dei soggetti che non si riconoscono nel paradigma eterosessuale[66], o la positivizzazione di una categoria altamente indeterminata come quella della vulnerabilità, che allo stato attuale legittima, quasi per definizione, la rappresentazione dei soggetti 'vulnerabili' come bisognosi di (paternalistica) protezione, data la loro speciale debolezza e fragilità[67].

Se si volge lo sguardo alla disabilità, poi, è facile avvedersi di come la presenza del potere di definizione e normazione in capo ai soggetti normodotati abbia portato ad implementare il paradigma medico della disabilità anche a

---

[65] Oltre ai classici esempi della normativa italiana concernente il delitto di onore o il diritto di famiglia prima della riforma intervenuta nel 1975, si pensi alla normativa sull'immigrazione. Su quest'ultimo aspetto, cfr. O. GIOLO, *Il diritto sessuato dell'immigrazione. A partire da alcune riflessioni di Judith Butler*, in EAD., *Diritti e culture*, Roma, 2012, 73-99.

[66] Ringrazio per tale spunto Maria Rosaria Marella, che ha ampiamente trattato della questione nell'ambito del seminario *Queer Theory: la critica all'eterosessualità del soggetto di diritto*, presso l'Università di Ferrara.

[67] A ben vedere, alcune retoriche utilizzate per legittimare il trattamento giuridico differenziale di alcuni soggetti sono trasversali; l'appello all'incontinenza sessuale, ad esempio, ha operato anche come argomento legittimante la sterilizzazione forzata delle donne con disabilità mentali, e talvolta viene utilizzato ancora oggi.

Per quanto concerne l'utilizzo del concetto di vulnerabilità in questa chiave (stigmatizzante), oltre alla Convenzione dell'Aja del 13 gennaio 2000 concernente la protezione degli adulti vulnerabili, tra gli esempi più recenti si può ricordare la Direttiva 2011/36/UE del 5 aprile 2011 (attuata nell'ordinamento italiano con d.lgs. 4 marzo 2014, n. 24), relativa alla prevenzione, alla repressione della tratta di esseri umani e alla protezione delle vittime, dove si vincolano i Governi ad elaborare una definizione di 'persone vulnerabili' che tenga conto di aspetti quali l'età, il genere, le condizioni di salute, di disabilità (fisica e mentale), la condizione di vittima di tortura, stupro o altre forme di violenza sessuale, e altre forme di violenza di genere. Si vedano anche la raccomandazione pubblicata in GUCE, 24 dicembre 2013 C/378-8 e la Direttiva 2013/33/UE, recante norme relative all'accoglienza dei richiedenti protezione internazionale (rifusione), al cui art. 21, capo IV.

livello giuridico fino a tempi assai recenti [68], legittimando un'ampia limitazione della capacità d'agire delle persone disabili e l'adozione di norme improntate ad una logica fortemente paternalistica. In breve, la diffusione socio-culturale di pregiudizi relativi all'irrecuperabilità di chi sia disabile ha portato alla *costruzione* giuridica delle persone con disabilità come soggetti incapaci quasi per definizione, cosicché il diritto è stato a lungo contraddistinto da una valenza strutturalmente discriminatoria.

In questo senso, ad esempio, il mancato riconoscimento del diritto di prendere la patente (come parte del più ampio diritto alla mobilità personale) che era presente nella normativa italiana non può essere considerato un'eccezione alla regola del pieno riconoscimento dei diritti; piuttosto, derivava – in modo, per così dire, automatico – dalla presunzione di incapacità relativa al soggetto disabile. Parimenti, dalla regola dell'incapacità del soggetto disabile sono state fatte discendere, tra gli altri, la legittimazione dell'istruzione differenziale e dell'istituzionalizzazione, nonché la positivizzazione degli istituti giuridici ablativi della capacità d'agire (si pensi all'interdizione e, pur con dei distinguo, all'inabilitazione).

Inoltre, nei confronti delle persone con disabilità trovano applicazione le retoriche relative alla vittimizzazione di chi sia vulnerabile che, in quanto tale, va protetto per definizione; anzi, si può dire che le persone con disabilità costituiscano uno dei gruppi vulnerabili per eccellenza. Se è facile intuire che questa logica vittimizzante avalla normativamente una forte compressione della possibilità di autodeterminazione individuale, è opportuno rimarcare come, declinata in riferimento alla disabilità, la compressione in oggetto abbia assunto fino a tempi recentissimi un carattere pressoché incontrovertibile, e ancora residui nei diversi ordinamenti. Anche in quest'ambito, infatti, la presunzione relativa all'incompetenza del soggetto disabile ha portato a ritenere in modo stipulativo che egli difettasse della capacità di autodeterminazione, e – di converso – che l'eterodeterminazione permettesse di realizzare indubitabilmente "il suo bene" [69]. Del resto, se si è in presenza di un difetto originario, allora non si può ritenere che esista privazione alcuna o, quantomeno, l'eventuale privazione appare comunque sempre giustificata.

Viene dunque in rilievo il secondo elemento caratterizzante la critica in oggetto, ossia il monito relativo alla necessità di ammettere alla "tavola delle trat-

---

[68] Cfr. *infra*, § 4 per ulteriori approfondimenti.

[69] Uno dei campi principali in cui tale meccanismo ha prodotto esiti perversi è quello della sterilizzazione coatta delle persone con gravi disabilità. Su taluni orientamenti giurisprudenziali concernenti questo profilo, cfr. S. ROSSI, *Per il suo bene: note sulla sterilizzazione coatta dell'interdetta – Trib. Catanzaro, decr. 18.11.2013, Gt De Lorenzo*, in *www.personaedanno.it*.

tative" del gioco democratico i soggetti non inclusi in modo originario: come è chiaro, l'etichettamento del soggetto disabile come incompetente e la diffusione culturale di false rappresentazioni della disabilità, recepiti nella sfera giuridica, sono da imputarsi proprio alla mancata presa in considerazione del punto di vista delle persone con disabilità nelle sfere decisorie.

Per questo, l'importanza dell'azione di rivendicazione compiuta negli ultimi decenni dal movimento per i diritti civili delle persone con disabilità appare ancora più evidente. Infatti, poiché il significato del motto *"nulla su di noi senza di noi"* è proprio quello di una richiesta di ammissione alla tavola delle trattative, è chiaro come, rivendicando il riconoscimento (sociale e normativo) del proprio diritto di presenza, le persone con disabilità abbiano favorito l'emersione delle relazioni di potere esistenti tra i gruppi sociali altrimenti velate dall'eguaglianza di tipo formale. In questo modo, esse hanno svelato la parzialità e fallacia del punto di vista normodotato, sulla base del quale il soggetto disabile è stato a lungo *costruito* come incompetente, favorendo sul piano culturale e giuridico quella radicale riformulazione della soggettività disabile che ha portato al riconoscimento normativo della sua piena capacità legale[70].

2.4. Il cammino verso l'eguaglianza.

Volgendo lo sguardo al dato normativo, è facile notare come la 'lotta per i diritti' delle persone con disabilità – e, dunque, la relazione tra disabilità ed eguaglianza – si sia tradotta tanto in una crescente attenzione al soggetto disabile, quanto nel progressivo abbandono della logica riabilitativa e vittimizzante veicolata dal paradigma medico della disabilità. Per una maggiore chiarezza espositiva, è bene soffermarsi brevemente sulle tappe principali di questo percorso distinguendo i livelli normativi nei quali si è realizzato il riconoscimento in questione.

2.4.1. Le tappe nel diritto internazionale.

La dottrina è solita considerare come prima tappa del processo di affermazione della soggettività disabile nel contesto internazionale la *Dichiarazione Universale dei diritti umani* del 1948. Infatti, pur non riferendosi espressamente alle persone con disabilità, la Dichiarazione ricomprende nel "chi" della propria portata applicativa «*tutti i membri della famiglia umana*» (Preambolo), ammonendo più oltre sulla necessità di non effettuare distinzione alcuna per

---

[70] Si veda, al riguardo, l'art. 12 della *Convenzione sui diritti delle persone con disabilità*. L'"ammissione alla tavola delle trattative" è dunque in grado di comportare sia il riconoscimento di una differenza prima negata, sia la riconfigurazione di una diversità in precedenza considerata in senso spregiativo.

ragioni «*[...] di razza, di colore, di sesso, di lingua, di religione, di opinione politica o di altro genere, di origine nazionale o sociale, di ricchezza, di nascita o di altra condizione*» (art. 2 § 1). Il riferimento alla *"famiglia umana"* e il divieto di distinzione sulla base di "*altre condizioni*" hanno supportato la tesi che la dichiarazione in oggetto sia applicabile anche alle persone disabili, inaugurando la stagione del riconoscimento dei loro diritti sul piano internazionale[71].

Tale intuizione è confermata anche nelle Dichiarazioni successive quando, nel processo di specificazione dei soggetti titolari di diritti derivante dalla crescente attenzione volta al recupero della "*vita materiale*"[72] ed ai *"volti della vita"*[73] che sono nascosti dietro la maschera dell'astratto *homo juridicus*, fanno la propria comparsa anche i soggetti con disabilità.

Già all'inizio degli anni '50 le Nazioni Unite affidano alla Commissione sociale uno studio che porta alla redazione di due reports sulla disabilità, denominati *The Social Rehabilitation and the Handicapped* e *The Social Rehabilitation of the Blind*. In questa prima fase, l'attenzione internazionale è alle sole disabilità fisiche, e l'impegno delle Nazioni Unite va nel senso della promozione dei diritti (in primo luogo afferenti alla sfera educativa), della prevenzione della disabilità e della riabilitazione sociale.

Da metà degli anni '50 agli anni '70 il focus delle Nazioni Unite si sposta sul *welfare* sociale[74]: oltre alla necessità di incidere sulla sfera riabilitativa e su quella educativa, si fa strada l'idea che sia necessario creare condizioni sociali idonee ad evitare ogni discriminazione dovuta alla disabilità. Tra i due orientamenti, in verità, non esistono differenze significative: in entrambi i casi la disabilità è considerata un problema individuale sul quale intervenire in primo luogo attraverso la riabilitazione, in modo da riportare la devianza disabile nell'alveo della normalità normodotata. In nessuno dei due modelli, inoltre, compare alcun riferimento al fatto che i diritti delle persone con disabilità possano essere considerati diritti umani.

L'approccio muta sensibilmente negli anni '70, con la *Dichiarazione sui diritti della persona con disabilità mentale* e la *Dichiarazione dei diritti delle persone con disabilità*[75], i primi documenti approvati dall'Assemblea Generale in-

---

[71] Più ampiamente, cfr. V. VADALÀ, *La tutela delle disabilità*, Milano, 2009, 47.

[72] L. MENGONI, *La tutela giuridica della vita materiale nelle varie età dell'uomo*, in ID., *Diritto e valori*, Bologna, 1985, 123-145.

[73] P. ZATTI, *Maschere del diritto volti della vita*, Milano, 2009.

[74] Nel 1969 l'Assemblea Generale adotta la *Dichiarazione sul progresso sociale e lo sviluppo*, il cui art. 19, lett. *d*) fa riferimento alla necessità di predisporre misure appropriate per la riabilitazione delle persone (in particolar modo giovani e bambini) con disabilità fisiche o mentali, al fine di favorire il loro inserimento sociale quali *"useful members"*.

[75] Rispettivamente, Risoluzione nn. 2856/1971 e 3447/1975. Come già in riferimento al-

teramente dedicati ai soggetti disabili. Gli anni successivi sono caratterizzati da varie iniziative riguardanti il tema in oggetto, con l'*Anno internazionale delle persone con disabilità* (1981) che inaugura un decennio in cui l'attenzione a questo ambito segue tre direttrici principali: prevenzione della disabilità, riabilitazione del soggetto disabile e garanzia delle pari opportunità. La promozione di quest'ultimo aspetto diventa, da tale momento, uno dei temi principali della retorica diffusa a livello internazionale e uno degli obiettivi ai quali dovrebbe tendere la normativa ad essa relativa. Si tratta, infatti, di un aspetto considerato imprescindibile ai fini della piena integrazione sociale [76].

L'affrancamento dal modello medico della disabilità, tuttavia, è ancora lontano: il paradigma in questione è sullo sfondo anche degli atti normativi seguenti, ivi comprese le *Regole standard per l'eguaglianza delle opportunità delle persone disabili*, adottate nel 1993, che si legittimano sul piano internazionale come direttive di cambiamento sociale finalizzate a garantire la piena partecipazione delle persone disabili, appunto attraverso le pari opportunità [77].

La svolta arriva nel 2006, con l'approvazione della *Convenzione sui diritti delle persone con disabilità* e del suo protocollo opzionale, che si convertono nel primo trattato sui diritti umani adottato in seno alle Nazioni Unite nel XXI secolo. Anche e soprattutto grazie alla partecipazione degli organismi rappresentativi delle persone con disabilità al tavolo delle trattative, in tale

---

la Dichiarazione del 1948, che è stata riportata come Dichiarazione "dei diritti umani" anziché "dell'uomo", anche in tal caso i nomi delle Dichiarazioni (originariamente, *Dichiarazione sui diritti del minorato mentale* e *Dichiarazione sui diritti delle persone handicappate*) sono stati adeguati alla "svolta linguistica" conseguente all'affermazione delle teorie critiche del diritto.

[76] Poiché, in concreto, in quel periodo non è stato adottato nessuno strumento giuridicamente vincolante avente quale oggetto specifico la disabilità, si è anche sostenuto che la disabilità sia stato un elemento invisibile nel diritto internazionale dei diritti umani del tempo, con la parziale eccezione dell'art. 23 della *Dichiarazione dei diritti del fanciullo* del 1989, relativo ai bambini con disabilità. Al riguardo, cfr. R. KAYESS-PH. FRENCH, *Out of Darkness into Light? Introducing the Convention on the Rights of Persons with Disabilities*, in *Human Rights Law Review*, 2008, 8, 1, 1-34, 12-13.

Giova inoltre osservare come il concetto di integrazione sia stato sostituito da quello di inclusione. Nell'ottica dei teorici e degli attivisti disabili, infatti, l'integrazione una modalità di accesso ad una comunità nella quale i principi di funzionamento sono già stati decisi dai soggetti normodotati; al contrario, con l'inclusione le persone con disabilità prendono parte attiva alla 'tavola delle trattative' delle regole del gioco democratico.

[77] Risoluzione 48/96 del 1993. Le Regole Standard presentano comunque anche alcuni elementi del modello sociale della disabilità Per un approfondimento cfr. almeno A. VENCHIARUTTI, *I diritti delle persone disabili*, in S. CANESTRARI ET AL. (a cura di), *Trattato di biodiritto. Il governo del corpo*, Tomo I, Milano, 2011, 173-187, 173; E. PARIOTTI, *Disabilità, diritti umani e azioni positive*, in TH. CASADEI (a cura di), *Lessico delle discriminazioni tra società, diritto e istituzioni*, Reggio Emilia, 2008, 159-175, 164.

documento si abbandonano la concezione medica della disabilità e la logica welfaristica ad essa connessa, a vantaggio di nuovi modelli culturali in cui, non più considerata come tragica di devianza dalla norma, la condizione disabile viene risignificata come uno degli aspetti della diversità umana, ed ai soggetti con disabilità viene riconosciuta la piena titolarità dei diritti umani [78].

Nell'articolato, la consapevolezza del fatto che le persone con disabilità continuino a incontrare delle barriere alla propria partecipazione sociale su un piano di eguaglianza con i soggetti normodotati è presente già dal preambolo (lett. *k*), e costituisce una delle ragioni principali dell'adozione di una convenzione internazionale per la promozione e la protezione dei diritti e della dignità delle persone con disabilità, finalizzata a riequilibrare i profondi svantaggi sociali che colpiscono i soggetti disabili e a promuovere la loro partecipazione nella sfera civile, politica, economica, sociale e culturale, attraverso le pari opportunità (lett. *y*).

Così, oltre ad essere oggetto specifico della previsione di cui all'art. 5 della Convenzione, l'eguaglianza costituisce anche uno dei *fils rouges* dell'intero articolato. Non a caso, fonda l'obbligo, in capo agli Stati Parti, di agire su più fronti per garantire la piena eguaglianza delle persone con disabilità, ora attraverso la rimozione delle barriere – fisiche e simboliche – relative alla fruizione degli spazi o al godimento dei diritti, ora tramite la predisposizione di forme di "accomodamento ragionevole", ora adottando misure di diritto antidiscriminatorio [79].

A questo riguardo, è interessante notare come la scelta di legare la disabilità tanto alla prospettiva antidiscriminatoria, quanto ad una olistica di stampo universalistico (i diritti previsti nella Convenzione sono tendenzialmente quelli già riconosciuti sul piano internazionale per i soggetti normodotati, con l'eventuale aggiunta di previsioni che ne consentano l'esercizio anche per i soggetti disabili) determini la presenza di un "modello misto" di tutela all'interno del dettato convenzionale. Salutato come novità nel panorama internazionale,

---

[78] Per un approfondimento concernente il testo, cfr. S. MARCHISIO ET AL. (a cura di), *Commentario alla Convenzione delle Nazioni Unite sui diritti delle persone con disabilità*, Roma, 2010. Uno degli ambiti in cui ben emerge il contrasto tra le varie prospettive presenti è quello relativo alla nozione di capacità legale adottata all'interno della Convenzione.

[79] Interessante la scelta operata dall'art. 5, § 4 della Convenzione, che tratta delle misure antidiscriminatorie come "misure specifiche", e non "speciali", secondo il lessico più diffuso; in tal modo suggerisce l'idea che esista una relazione dialettica tra eguaglianza e differenza, e sfuma fortemente la percezione che la specificità disabile costituisca una distanza dalla norma. Degno di nota è anche il fatto che siano proibite le «*discriminazioni fondate sulla disabilità*» (art. 5 § 2, da leggersi in combinato disposto con l'art. 2): non solo, dunque, è vietata la discriminazione dei soggetti disabili, ma anche di coloro che si trovino in una qualche relazione con la disabilità (si pensi, ad esempio, ai *care-givers*).

un simile dato può essere letto come attuazione normativa del principio di *eguale valorizzazione delle differenze* già citato, in base al quale riconoscere la specificità delle persone con disabilità senza tuttavia enfatizzarne la differenza rispetto ai soggetti normodotati e, dunque, senza favorire alcun differenzialismo segregante.

2.4.2. Eguali nell'Unione europea.

Il quadro normativo europeo relativo al riconoscimento dei diritti delle persone con disabilità si è sviluppato – seppure in modo disorganico – a partire dalla metà degli anni '70: a lungo, infatti, la condizione giuridica delle persone con disabilità è stata (sporadicamente) oggetto di attenzione del legislatore europeo in settori specifici, secondo un'ottica di tipo medico-assistenzialistico[80]. Un primo distacco da questa concezione è stato reso possibile dall'adozione, a livello comunitario, di un generale divieto di porre in essere ogni forma di discriminazione, implementato dall'art. 13 del *Trattato di Amsterdam* (oggi art. 19 TFUE). Quest'ultimo costituisce anche una delle basi normative della nota Direttiva 2000/78 in materia occupazionale, che vieta le discriminazioni dirette e indirette nei confronti delle persone con disabilità e prevede la necessità di predisporre soluzioni ragionevoli per garantire il rispetto del principio della parità di trattamento nei loro confronti.

La *Carta dei diritti fondamentali dell'Unione europea*, che come è noto ha acquisito valore giuridico dal 2006 ma come atto di *soft law* era presente a livello euro-unitario sin dal 2000, accentua poi la dimensione sociale del divieto di discriminazione: se l'art. 21, rubricato *"Uguaglianza"*, considera tra i fattori che non devono dare luogo a discriminazione la disabilità, l'art. 26 riconosce alle persone disabili il diritto di beneficiare di misure tese a garantirne l'autonomia, l'inserimento sociale e professionale, la partecipazione[81].

Nel 2010 il quadro normativo si completa grazie alla ratifica, da parte dell'Unione europea, della *Convenzione Onu sui diritti delle persone con disabilità*; nello stesso anno l'UE adotta anche la *Strategia europea sulla disabilità*

---

[80] Un riferimento specifico ai diritti delle persone con disabilità mentali è contenuto nella *Convenzione sui diritti umani e sulla biomedicina* del 1994, nonché nella risoluzione del Parlamento europeo A3-0231/92; anche la *Carta europea dei diritti sociali fondamentali dei lavoratori* dedicava una specifica attenzione alle persone disabili. Per quanto concerne le politiche europee, va segnalato come le strategie europee relative alla disabilità siano state rilanciate soprattutto a partire dal 1996, con la *European Community Disability Strategy*, espressamente basata sul modello delle pari opportunità. Il successivo Piano d'Azione 2003-2010 ha proseguito la strategia della strategia europea.

[81] Più ampiamente, cfr. A. VENCHIARUTTI, *Sistemi multilivello delle fonti e divieto di discriminazione per disabilità in ambito europeo*, in *La nuova giurisprudenza civile commentata*, 2014, 9, 409-419.

(2010-2020), con la quale pone le basi per tradurre i principi espressi dalla Convenzione all'interno delle politiche europee, garantendo l'inclusione sociale, il benessere ed il pieno esercizio dei diritti delle persone con disabilità, con un'azione complementare rispetto a quella propria dei singoli Stati Membri [82]. Uno degli ambiti di maggiore interesse è quello dell'accessibilità, vista quale prerequisito per l'autonomia, l'inclusione e la partecipazione (dunque, per il godimento dei diritti umani e delle libertà fondamentali su un piano di parità con i soggetti normodotati).

In sintesi, almeno a partire dagli anni Duemila, la normativa europea abbandona progressivamente lo sguardo assistenzialistico ed incapacitante nei confronti della disabilità e, con esso, il paradigma medico, a vantaggio di un'ottica inclusiva volta al riconoscimento della piena soggettività delle persone disabili e dei loro diritti (in primo luogo autonomia, inserimento sociale e professionale, partecipazione alla vita pubblica) [83].

2.4.3. Disabilità ed eguaglianza nell'ordinamento italiano.

Anche il quadro giuridico italiano si caratterizza per un'articolazione complessa, ostativa all'individuazione di un orientamento omogeneo nei confronti del soggetto disabile. È tuttavia possibile rilevare come il mutamento legislativo intervenuto negli ultimi vent'anni sia tendenzialmente in consonanza con la visione concettuale, etica e normativa introdotta dalla Convenzione dell'Onu, ratificata con la legge n. 18/2009.

A livello costituzionale, un riferimento esplicito alla disabilità si trova solo all'art. 38; il riconoscimento del fatto che le persone con disabilità siano soggetti in possesso di una pari dignità ed eguali davanti alla legge, ai sensi dell'art. 3, è dunque possibile unicamente in via interpretativa, riconducendo la disabilità alle «*condizioni personali e sociali*» di cui al primo comma dell'articolo appena citato [84]. Operazione, questa, che non solo permette di considerare i soggetti disabili come eguali rispetto a quelli normodotati, ma che consente anche di leggere la Costituzione in un'ottica inclusiva, in base alla quale

---

[82] *Comunicazione della Commissione al Parlamento europeo, al Consiglio, al Comitato economico e sociale europeo e al Comitato delle regioni* del 15 novembre 2010, *Strategia europea sulla disabilità 2010-2020: un rinnovato impegno per un'Europa senza barriere*, non pubblicata in Gazzetta Ufficiale.

[83] Chiaramente, tale mutamento normativo non garantisce automaticamente un analogo cambiamento di prospettiva anche sul piano giurisprudenziale. Per un approfondimento in relazione alle legislazioni e alle politiche pubbliche dell'Unione europea, cfr. S. FAVALLI-D. FERRI, *Defining Disability in the EU Non-Discrimination Legislation: Judicial Activism and Legislative Restraints*, in *European Public Law*, 2016, 22, 3, in corso di pubblicazione.

[84] Più ampiamente, C. COLAPIETRO, *Diritti dei disabili e Costituzione*, Napoli, 2011.

riconoscere un vero e proprio «*diritto alla diversità*»[85] o, anche, il riconoscimento costituzionale dell'«*eguale valorizzazione delle differenze*» più volte menzionato.

Tra i capisaldi della normativa di rango primario vanno segnalate le leggi in tema di accessibilità, integrazione, lavoro, non discriminazione e accesso alla giustizia, mentre è all'esame della Camera il disegno di legge relativo al c.d. "dopo di noi"[86]. Se un'analisi dettagliata della normativa in oggetto non è possibile in questa sede, tuttavia è opportuno svolgere alcune considerazioni relativamente a taluni suoi profili critici.

Spesso si è soliti rimarcare come l'ordinamento italiano, già prima della ratifica italiana della Convenzione del 2006, abbia riservato una grande attenzione alla disabilità, tanto che questo fattore ne ha favorito la configurazione in termini maggiormente inclusivi rispetto ad altri ordinamenti europei. Tuttavia, tale dato non ha impedito di rilevare anche alcune criticità, che il *Rapporto dell'Osservatorio Nazionale sulla condizione delle persone con disabilità* del 2013 non ha mancato di mettere in luce, e che sono relative al fatto che il paradigma medico spesso è ancora latente nel dato normativo.

Ad esempio, all'interno della legge n. 104/92 mancano tanto un riferimento all'ambiente disabilitante, quanto una definizione di "persona con disabilità" alla quale associare un processo di valutazione/accertamento della condizione di disabilità che sia coerente con la Convenzione del 2006[87]. Parimenti, la leg-

---

[85] In tal senso anche M. D'AMICO, *Introduzione. Un nuovo modo di guardare la disabilità: la Costituzione inclusiva*, in M. D'AMICO, G. ARCONZO (a cura di), *Università e persone con disabilità. Percorsi di ricerca applicati all'inclusione a vent'anni dalla legge n. 104 del 1992*, Milano, 2013, 9-13, 10.

[86] Più nel dettaglio: legge n. 13/1989 (*Disposizioni per favorire il superamento e l'eliminazione delle barriere architettoniche negli edifici*) e successive modificazioni; n. 104/1992 (*Legge-quadro per l'assistenza, l'integrazione sociale e i diritti delle persone con disabilità*) e successive modificazioni; n. 68/1999 (*Norme per il diritto al lavoro dei disabili*) e successive modificazioni; n. 67/2006 (*Misure per la tutela giudiziaria delle persone con disabilità vittime di discriminazione*); nonché d.lgs. n. 216/2003 (di recepimento della Direttiva 2000/78); disegno di legge A.S. n. 2232, XVII legislatura, più propriamente rubricato *Disposizioni in materia di assistenza in favore delle persone con disabilità grave prive del sostegno familiare*.

Negli ultimi anni la letteratura secondaria sulla disabilità è divenuta fluviale, in pressoché ogni ramo del diritto; si vedano almeno G. LATTI, *I diritti esigibili. Guida normativa all'integrazione sociale delle persone con disabilità*, Milano, 2010; E. VIVALDI (a cura di), *Disabilità e sussidiarietà. Il 'dopo di noi' tra regole e buone prassi*, Bologna, 2012; S. TROILO, *Il diritto all'istruzione e all'integrazione scolastica dei disabili nella crisi dello stato sociale*, Milano, 2012; C. COLAPIETRO-A.SALVIA (a cura di), *Assistenza, inclusione sociale e diritti delle persone con disabilità. A vent'anni dalla legge 5 febbraio 1992, n. 104*, Napoli, 2013.

[87] Cfr. il *Programma di azione biennale per la promozione dei diritti e l'integrazione delle*

ge n. 68/99, relativa al c.d. "collocamento mirato", è censurabile laddove i parametri di valutazione della capacità lavorativa sono ancora di tipo medico. Non a caso, il Governo italiano starebbe studiando le modalità più idonee per trasporre nella sfera lavorativa i principi espressi all'interno dell'*International Classification of Functionings* (nota come ICF), adottata dall'Organizzazione Mondiale della Sanità nel 2001, dove il fattore ambientale acquista un'importanza considerevole ai fini dell'accertamento di una condizione di disabilità.

Anche la de-istituzionalizzazione presenta profili di criticità, nonostante il pionieristico lavoro di Franco Basaglia abbia portato all'approvazione della legge n. 180/78, con la quale sono state stabilite sia la chiusura dei manicomi, sia la predisposizione di servizi alternativi, con la precisa finalità di superare l'ottica difensiva e segregante del regime pregresso a favore dell'integrazione sociale. Infatti, formalmente l'ordinamento italiano sembra in linea con l'art. 19 della *Convenzione sui diritti delle persone con disabilità*, dedicato alla "vita indipendente" delle persone con disabilità. Tuttavia, i dati del report *Deinstitutionalisation and Community Living* mostrano come, solo nel 2007, in Italia l'asse portante (in termini percentuali, l'86% di tutti i servizi offerti) delle politiche per la residenzialità degli adulti con disabilità mentali fosse ancora l'istituzionalizzazione in servizi al cui interno non era promosso alcun tipo di percorso diretto a superare l'isolamento [88].

Infine, pure la disciplina degli istituti di tutela non è esente dal presentare aspetti problematici. Certo, l'istituto dell'amministrazione di sostegno, introdotto nell'ordinamento italiano con la Legge n. 6 del 2004, si pone come superamento dell'idea che il soggetto disabile sia irrimediabilmente incapace dal punto di vista giuridico e, dunque, favorisce il riconoscimento della sua piena soggettività su un piano di eguaglianza con le persone normodotate. Non a caso, facendo proprio il presupposto che la persona con disabilità, ove opportunamente assistita, sia in grado di autodeterminarsi nell'ambito dei rapporti personali e patrimoniali, la *ratio* dell'istituto è quella del graduale reinserimen-

---

persone con disabilità, pubblicato in G.U. n. 303 del 28 dicembre 2013, 9. Si rimanda al testo completo per ulteriori approfondimenti relativi alle varie linee di intervento auspicate.

[88] Si tratta dei più recenti dati ufficiali; cfr. J. MANSELL-M. KNAPP-J. BEADLE-BROWN-J. BEECHAM, *Deinstitutionalisation and Community Living – Outcomes and Costs: Report of a European Study* 2007. Non va trascurato nemmeno il fatto che i servizi alternativi risultano accessibili principalmente da persone con disabilità lievi, a causa del minore costo della retta richiesta (cfr. *Rapporto dell'Osservatorio Nazionale sulla condizione delle persone con disabilità*, 2013, 23). Su un altro fronte, ma sempre sul piano dell'ineffettività del superamento delle cd. 'istituzioni totali', va ricordata la vicenda relativa alla chiusura degli Ospedali psichiatrici giudiziari; per un approfondimento, si veda almeno M. MIRAVALLE, *Roba da matti. Il difficile superamento degli Ospedali psichiatrici giudiziari*, EGA – Edizioni Gruppo Abele, Torino, 2015.

to del soggetto disabile nel mondo giuridico. Tale dato determina dunque la parziale conformità della normativa italiana al dettato della Convenzione. Statuendo l'obbligo, per gli Stati Parti, di riconoscere il diritto delle persone disabili di essere riconosciute come eguali davanti alla legge *ex* art. 12, la Convenzione in oggetto stabilisce infatti anche che la garanzia della piena capacità legale della persona disabile, su un piano di parità con gli altri attori sociali in ogni aspetto della vita, sia indefettibile. A tal fine, gli Stati Parti sono tenuti a fornire ogni supporto che si renda necessario all'esercizio di detta capacità.

Per questo, l'attuale permanenza di istituti quali interdizione ed inabilitazione – rigidamente ancorati all'idea di incapacitazione – appare censurabile, laddove è idonea a dare luogo ad una spirale di meccanismi di emarginazione; sotto questo profilo l'ordinamento italiano non sembra dunque rispettoso degli obblighi assunti a livello internazionale con la ratifica della Convenzione del 2006, tanto che in tale ambito appare urgente un'attenta opera di riforma[89].

2.5. Verso l'inclusione.

La breve analisi della recente storia dei diritti delle persone con disabilità condotta in questa sede ha messo in evidenza come la "lotta per i diritti" di questi soggetti non sia affatto giunta al termine. Invero, nonostante molto abbiano ottenuto in termini di riconoscimento normativo e di visibilità pubblica, le persone con disabilità sono ancora tra le vittime principali di numerose diseguaglianze e discriminazioni strutturali. In questo, peraltro, la loro sorte è comune a quella degli altri soggetti (ancora) esclusi, che non a caso continuano strenuamente a combattere per l'eguale valorizzazione delle proprie specificità.

In particolare, a livello giuridico le persone disabili si scontrano con la frequente ineffettività delle disposizioni normative riguardanti la disabilità, spesso accompagnata da un immobilismo riformista che di certo non favorisce – tra gli altri – l'adeguamento ordinamentale agli obblighi internazionali previsti dalla Convenzione del 2006. Invero, poiché quest'ultima si discosta in modo sensibile da una prospettiva medica della disabilità riconoscendo la piena soggettività disabile, è di tutta evidenza come debba essere considerata il punto di riferimento indiscusso delle *policies* e delle normative sulla disabilità.

---

[89] Per alcuni approfondimenti relativi allo stadio dei lavori parlamentari sul punto, si rimanda al sito *www.personaedanno.it*, sezione "Amministrazione di sostegno/Interdizio ne, inabilitazione". Sulle criticità del "dopo di noi", cfr. invece il recente M. D'AMICO-G. ARCONZO, *I diritti delle persone con disabilità grave. Osservazioni al D.D.L. A.S. 2232 approvato dalla Camera dei Deputati sul cosiddetto 'Dopo di noi'*, in *Osservatorio Costituzionale*, 2016, 1.

A livello politico, poi, ancora oggi le persone disabili si trovano davanti alla diffusa tendenza a celebrare la "differenza disabile" con iniziative che si arrestano al solo piano culturale, mentre le azioni volte a favorire l'effettività dei diritti vengono frequentemente considerate troppo costose. Così, ad esempio, le politiche che si fondano sulle pari opportunità in concreto rischiano di assumere un significato meramente retorico [90], anziché contribuire al raggiungimento della piena inclusione delle persone con disabilità. Piuttosto, quest'ultima appare possibile solo recuperando il loro punto di vista e valorizzandone un coinvolgimento attivo e trasversale all'interno delle sfere decisionali. L'adozione di prospettive di inclusione che siano in grado di rispondere alle esigenze reali ed effettive delle persone con disabilità richiede dunque di prendere sul serio il motto *"Nothing about us without us"*, riconoscendo finalmente un peso alla voce di soggetti troppo spesso, nei fatti, ancora ritenuti inessenziali.

Bibliografia

CHARLTON J.I., *Nothing about us without us: disability oppression and empowerment*, Berkeley, 1998.

COLAPIETRO C., *Diritti dei disabili e Costituzione*, Napoli, 2011.

COLAPIETRO C.-SALVIA A. (a cura di), *Assistenza, inclusione sociale e diritti delle persone con disabilità. A vent'anni dalla legge 5 febbraio 1992*, n. 104, Napoli, 2013.

D'AMICO M.-ARCONZO G. (a cura di), *Università e persone con disabilità. Percorsi di ricerca applicati all'inclusione a vent'anni dalla legge n. 104 del 1992*, Milano, 2013.

FAVALLI S.-FERRI D., *Defining Disability in the EU Non-Discrimination Legislation: Judicial Activism and Legislative Restraints*, in *European Public Law*, 2016, 22, 3, 2016, in corso di pubblicazione.

GARDOU C., *Diversità, vulnerabilità e handicap*, Trento, 2006.

GIANFORMAGGIO L., *Eguaglianza, donne e diritto*, A. Facchi, C. Faralli, T. Pitch (a cura di), Bologna, 2005.

GIOLO O., *Diritti e culture*, Roma, 2012.

GIOLO O.-PASTORE B. (a cura di), *Diritto potere e ragione nel pensiero di Letizia Gianformaggio*, Napoli, 2016.

GRIFFO G., *Presentazione – Disabling Processes e giustizia sociale*, in *Minority Reports – Cultural Disability Studies*, 2015, 1,11-13.

---

[90] Icastica, in tal senso, la considerazione di Massimiliano Verga: «*per una riflessione in tema di handicap, occorre sempre partire da due concetti fondamentali: quello di "pari opportunità" e quello di "integrazione". Seguono, in ordine di importanza: la rava e la fava, la Niña, la Pinta e la Santa Maria* (M. VERGA, *Zigulì*, Milano, 2012, 10).

LATTI G., *I diritti esigibili. Guida normativa all'integrazione sociale delle persone con disabilità*, Milano, 2010.
MARCHISIO S. ET AL. (a cura di), *Commentario alla Convenzione delle Nazioni Unite sui diritti delle persone con disabilità*, Roma, 2010.
MARKS S.-CLAPMAN A., *Lessico dei diritti umani*, Milano, 2009.
MARRA A., *Disabilità e diritto: qual è l'utilità dei Disability Studies per la ricerca giuridica?*, in *Italian Journal of Disability Studies*, 2011, 1, 23-29.
MCCLUSKEY M.T., *How the Biological/Social Divide Limits Disability and Equality*, in *Journal of Law & Policy*, 2010, 33, 109-160.
MIRAVALLE M., *Roba da matti. Il difficile superamento degli Ospedali psichiatrici giudiziari*, Torino, 2015.
NUSSBAUM M.C., *Le nuove frontiere della giustizia. Disabilità, nazionalità, appartenenza di specie*, Bologna, 2007.
OLIVER M., *The Politics of Disablement*, London, 1990.
OSIO O.-BRAIBANTI P., *Il diritto ai diritti. Riflessioni e approfondimenti a partire dalla Convenzione Onu sui diritti delle persone con disabilità*, Milano, 2012.
PARIOTTI E., *Disabilità, diritti umani e azioni positive*, in CASADEI TH.(a cura di), *Lessico delle discriminazioni tra società, diritto e istituzioni*, Reggio Emilia, 2008,159-175.
PFEIFFER D.,*The Philosophical Foundations of Disability Studies*, in *Disability Studies Quarterly*, 2002, 22, 2, 3-23.
YOUNG I.M., *Le politiche della differenza*, Milano, 1996.
TROILO S., *Il diritto all'istruzione e all'integrazione scolastica dei disabili nella crisi dello stato sociale*, Milano, 2012.
VADALÀ V., *La tutela delle disabilità*, Milano, 2009.
VENCHIARUTTI A., *I diritti delle persone disabili*, in CANESTRARI S. ET AL. (a cura di), *Trattato di biodiritto. Il governo del corpo*, Tomo I, Milano, 2011, 173-187.
VENCHIARUTTI A., *Sistemi multilivello delle fonti e divieto di discriminazione per disabilità in ambito europeo*, in *La nuova giurisprudenza civile commentata*, 2014, 9, 409-419.
VERGA M., *Zigulì*, Milano, 2012.
VIVALDI E. (a cura di), *Disabilità e sussidiarietà. Il 'dopo di noi' tra regole e buone prassi*, Bologna, 2012.
VON JEHRING R., *La lotta per il diritto. E altri saggi*, Milano, 1989.
ZATTI P., *Maschere del diritto volti della vita*, Milano, 2009.

TUTTI I GIORNI DELLA MIA VITA.
TUTTI POSSIAMO DIVENTARE DISABILI.
MA OGNUNO DI NOI PUÒ AIUTARE.
Yes I care.

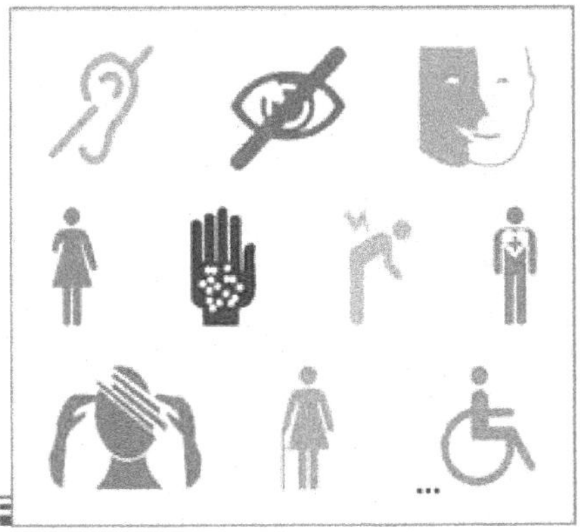

POLITICALLY CORRECT
...HANDYCAPPATO? DISABILE? DIVERSAMENTE ABILE? NON DEAMBULANTE?
VERAMENTE MI CHIAMO FILIPPO!
VAURO

3. Eguaglianza e intergenerazionalità *

3.1. Sul concetto di generazioni.

Il termine generazione rimanda etimologicamente all'idea di generatività, e richiama, da questo punto di vista un legame di ascendenza e di discendenza, tuttavia, nel senso pieno del concetto di generazioni e delle relazioni intergenerazionali, si va oltre il legame riproduttivo per richiamare l'idea delle costruzioni identitarie come crocevia di rapporti familiari, sociali, storici e politici [91].

In ambito demografico il concetto di generazione si collega sia alla discendenza famigliare, sia all'analisi delle coorti, ovvero l'insieme delle persone nate nello stesso arco temporale (25 anni circa). L'interesse degli studi demografici risiede nell'indagare le caratteristiche e i comportamenti delle persone appartenenti alla stessa coorte, così come la coesistenza di più generazioni nello stesso intervallo temporale [92]. Nella prospettiva storica, al contrario, si definisce generazione un insieme di individui che hanno vissuto in prima persona un'esperienza storico-sociale comune, condividendo ideali ed esperienze. Secondo questa accezione, l'appartenenza a una certa generazione, in virtù dell'evento o degli eventi marcatori di quel gruppo, influenza l'esistenza degli individui dal punto di vista sociale e culturale [93]. Negli studi economici una generazione è un gruppo di individui caratterizzati dalla fascia di età e, conseguentemente, analoghi rapporti con il sistema produttivo, nonché stili di consumo simili. In questo senso vengono distinte tre generazioni sempre compresenti: quella dei giovani, che comprende tutti gli individui che ancora non hanno terminato la loro formazione e/o non sono ancora venuti a contatto con il sistema produttivo (all'incirca 0-24 anni); quella degli adulti che lavorano e pagano le tasse (24-65 anni) e quella degli anziani che comprende chi è fuoriuscito dal sistema produttivo (65 anni e più). In sociologia si fa riferimento al concetto di generazione come legame sociale che unisce coloro che hanno una stessa collocazione nella discendenza familiare (figli, genitori, nonni, bisnonni), rispetto al modo in cui tale collocazione viene trattata dalla società, attraverso i contesti e i rapporti che mediano tali relazioni all'interno e all'esterno della famiglia [94].

---

* Di Elena Luppi.

[91] B. BASCHIERA in B. BASCHIERA-R. DELUIGI-E. LUPPI, *Educazione Intergenerazionale*, Milano, 2014.

[92] N. RYDER, *The Process of Demographic Translation*, *Demography*, 1, 1964, 74-82.

[93] B. BASCHIERA, 2014, *op. cit.*

[94] P. DONATI, *Il dono in famiglia e nelle alte sfere sociali*, in E. SCABINI-G. ROSSI, *Dono e perdono nelle relazioni familiari e sociali*, Milano, 2000.

In questo contributo si cercherà di guardare al concetto di generazioni secondo una prospettiva multidisciplinare, che aiuti a cogliere la complessità delle diseguaglianze fra le generazioni, per soffermarsi sul potenziale costituito dalle relazioni intergenerazionali, come spazio di costruzione di comunità basate sulla trasmissione dei patrimoni esistenziali, sulla solidarietà fra i suoi membri e sull'esercizio di una cittadinanza che, per essere attiva, deve necessariamente rinnovarsi e riattualizzarsi grazie al contributo dinamico di giovani, adulti e anziani.

Il concetto di interdipendenza positiva fra le generazioni è sempre più presente all'interno dei documenti elaborati dalla Commissione Europea, ma ha, in particolare, ispirato l'istituzione, nel 2012, *dell'Anno europeo per l'invecchiamento attivo e la solidarietà fra le generazioni*, sancendo, di fatto, la necessità di affrontare il fenomeno dell'invecchiamento della popolazione rinforzando i legami intergenerazionali positivi. Per la prima volta lo sguardo sulla popolazione anziana, le sue fragilità e i suoi potenziali, non viene scisso dall'attenzione verso tutte le altre generazioni e dalla necessità di promuovere relazioni positive fra le stesse. Nelle premesse all'istituzione dell'Anno europeo 2012 si legge:

> *La nostra società sta attraversando una fase di notevole invecchiamento demografico. È quindi chiamata a rispondere alle nuove esigenze non solo delle persone più anziane, ma anche delle persone appartenenti alle altre fasce d'età al fine di trovare soluzioni sostenibili ed eque per tutte le generazioni interessate dal cambiamento in atto. Questo significa ripensare il modo in cui la nostra società funziona. Gli interventi a livello di politiche [...] dovranno riconoscere nella longevità un'opportunità in grado di proporre soluzioni innovative a molte delle attuali sfide economiche e sociali. [...] promuovere un invecchiamento attivo e sano, che dia la possibilità agli anziani di impegnarsi nella società e nel mondo del lavoro, ci aiuterà a far fronte alla sfida demografica in modo da garantire equità e sostenibilità a tutte le generazioni*[95].

Le azioni intraprese nel corso dell'anno europeo 2012 si ponevano i seguenti obiettivi:

– contribuire a creare migliori opportunità e condizioni di lavoro per il crescente numero di lavoratori ultrasessantenni;
– aiutare gli anziani ad assumere un ruolo attivo nella società;
– favorire un invecchiamento sano;
– rafforzare la solidarietà e la cooperazione fra le generazioni[96].

---

[95] *http://ec.europa.eu/social/main.jsp.*

[96] *http://ec.europa.eu/social/main.jsp.*

L'orientamento comunitario si muove, quindi, nella direzione della promozione della solidarietà intergenerazionale, come risposta strategica fondamentale agli importanti cambiamenti demografici che investono i paesi europei. In un'ottica di comunità inclusiva, in cui ogni componente è legato a tutti e ciascuno, lo sguardo verso le generazioni non può che essere inclusivo e solidale. La rivoluzione demografica degli ultimi decenni, insieme alle sfide economiche e sociali, richiedono imponenti ripensamenti e ristrutturazioni nei nostri paradigmi comunitari. Per garantire equità e sostenibilità a tutte le generazioni occorre promuovere un impegno concreto nella direzione della solidarietà reciproca, unica scelta possibile per far fronte alle complessità, fragilità e ai rischi che caratterizzano, nell'epoca attuale, ogni fase della vita umana.

3.2. La rivoluzione demografica.

L'invecchiamento della popolazione rappresenta, ai nostri giorni, uno dei cambiamenti più significativi cui i paesi occidentali hanno assistito negli ultimi secoli. L'allungamento della vita media e la riduzione delle cause di mortalità stanno mutando il volto demografico di molti paesi occidentali. L'Organizzazione Mondiale della Sanità[97] ha rilevato che fra il 1980 e il 2010 si è verificato un aumento del 30% della popolazione degli ultrasessantacinquenni in Europa e stima che, entro il 2050, questa coorte generazionale andrà a costituire il 25% del totale della popolazione.

La rappresentazione grafica della struttura della popolazione assume normalmente la forma di una piramide, con un'ampia base rappresentata dalle nuove nascite, negli ultimi anni tale rappresentazione ricorda la forma di un albero di Natale, in cui è evidente lo scarto considerevole tra la base ridotta, rappresentata dalle nuove generazioni, definite *baby busts* in contrapposizione ai numerosissimi *baby boomers* che vanno a costituire la folta chioma dell'albero. Il cambiamento non riguarda solo il numero di anziani e anziane rispetto alle altre fasce di popolazione, ma anche la longevità. l'Istituto nazionale di statistica italiano ci dice che la speranza di vita, che nel 1961 era di 67,2 anni per gli uomini e di 72,3 anni per le donne è ora di 80,1 per gli uomini e di 84,7 per le donne[98]. Per comprendere il fenomeno dell'invecchiamento della popolazione dal punto di vista degli equilibri intergenerazionali occorre considerare sia *l'indice di invecchiamento dal basso,* sia *l'indice di invecchiamento dall'alto*[99]. Il primo ci

---

[97] WORLD HEALTH ORGANIZATION, *The European Health Report 2012: Charting the Way to Well-Being*, Copenhagen, 2013-*http://www.euro.who.int/__data/assets/pdf_file/0003/184161/The-European-Health-Report-2012,-FULL-REPORT-w-cover.pdf.*

[98] ISTAT, *Rapporto annuale* 2016, *http://www.istat.it/it/archivio/185497.*

[99] E. PUGLIESE, *La terza età. Anziani e società in Italia*, Bologna, 2011.

permette di comprendere l'impatto demografico dell'allungamento della vita media, cioè tutti i fenomeni che portano la popolazione anziana ad aumentare e a diventare sempre più longeva ed è definito dall*indice di invecchiamento*, cioè la percentuale di anziani sulla popolazione. In Italia negli ultimi 50 anni la popolazione di età superiore ai 60 anni è passata dal 12 al 24% mentre negli altri paesi europei dal 14 al 21%. Gli italiani ultraottantenni, cosiddetti "grandi anziani", sono oggi il 5,3% della popolazione, mentre la media europea è di 4,5%.

D'altro canto, l'indice di *invecchiamento dal basso,* ci offre indicazioni sull'invecchiamento della popolazione determinato dal calo nei tassi di natalità ed è descritto dall'*indice di vecchiaia*, che mette in relazione il numero degli anziani ogni 100 bambini (0-14 anni) e dall'*indice di dipendenza anziani* che mette in relazione le persone in età lavorativa (dai 15 ai 64 anni) con gli anziani [100].

L'Italia è uno dei paesi con il più basso peso delle nuove generazioni: dal 1926 al 2016 la quota di queste fasce di età si è quasi dimezzata. Nel 2016 la popolazione fino a 24 di età è scesa sotto il 25 per cento, mentre in Francia questa quota è del 30,4 per cento; sei milioni di giovani in meno, in relazione alle forti differenze fra i due paesi nei tassi di fecondità e nelle migrazioni [101].

L'allungamento della vita media ha coinciso anche con significativi cambiamenti nell'articolazione delle fasi della vecchiaia, che si presenta oggi come un periodo di vita molto più ampio e diversificato di quanto non lo fosse 40 o 50 anni fa. Si tratta di un aspetto molto importante per valutare l'attuale articolazione e il potenziale delle relazioni intergenerazionali. Attualmente la terza età viene suddivisa in almeno due o, più spesso, tre fasi. Ad esempio, si parla di terza età per indicare la fascia dai 70 agli 80 anni (dato l'allungamento della vita media le coorti dei 65enni non sono più considerate come appartenenti alla terza età poiché assimilabili ai 60enni), quarta età oltre agli 80 e si arriva anche alla quinta età. In letteratura si parla ormai diffusamente di "giovani anziani" per indicare i soggetti ultrasessantacinquenni che svolgono una vita attiva e dinamica, mentre si definiscono "anziani-anziani" gli ultraottantenni in situazione di riduzione delle proprie potenzialità, fino alla perdita dell'autosufficienza [102].

Parlare di terza età significa, quindi, approcciarsi a una fase della vita estremamente ampia e articolata, con forti margini di variabilità intra e interindividuale e con le conseguenti diverse sfaccettature nelle relazioni intergenerazionali.

Per comprendere le caratteristiche della numerosa e longeva popolazione anziana italiana occorre prendere in considerazione un ulteriore elemento che

---

[100] E. PUGLIESE, 2011, *op. cit.*

[101] ISTAT, *Rapporto annuale 2016, http://www.istat.it/it/archivio/185497.*

[102] M.R. BARONI, *I processi psicologici dell'invecchiamento*, Roma, 2003.

ha un notevole impatto sociale, economico e culturale nel rapporto fra le generazioni: il tasso di occupazione e di pensionamento. Anche in questo caso l'Italia presenta dati peculiari rispetto al resto dell'Europa: il nostro tasso di attività per la fascia dei lavoratori fra i 55 e i 65 anni è di 26,1% contro il 42,7% della media EU [103]. Le uscite anticipate del lavoro hanno rappresentato per vari decenni una strategia che ha permesso, allo stesso tempo, di alleggerire il mercato del lavoro nei momenti di crisi, creare nuovi posti di lavoro per i giovani e tutelare i diritti sindacali dei lavoratori più anziani. Si tratta di quella che è stata definita come una "cultura del prepensionamento" condivisa dalle parti sociali e dalle istituzioni pubbliche che ha determinato conseguenti aspettative e apertura di diversa progettualità da parte dei lavoratori senior [104].

Un ultimo elemento demografico che caratterizza i recenti mutamenti nei rapporti fra le generazioni in Italia è rappresentato dalle condizioni delle famiglie. Saraceno [105] parla della famiglia italiana come "più stretta" e "più lunga" per indicare la tendenza dei nuclei famigliari del nostro paese ad essere poco numerosi (la percentuale di famiglie intergenerazionali è la più bassa di tutta Europa) e caratterizzati dalla presenza di meno figli, i quali tendono a trattenersi più a lungo a vivere con i genitori, rispetto agli altri paesi europei.

Il fenomeno dell'invecchiamento della popolazione si è accompagnato a un ulteriore evento demografico del tutto nuovo nella storia dell'umanità: la femminilizzazione della vecchiaia. Attualmente le donne, in Italia, come in Europa, rappresentano complessivamente circa il 60% della popolazione anziana: in particolare, i due terzi della popolazione compresa fra sessantacinque e settantacinque anni e i tre quarti degli ultra settantacinquenni [106]. Si tratta di un cambiamento consistente che ha iniziato a verificarsi in tempi piuttosto recenti: si pensi che fino all'inizio del '900, le donne morivano molto più spesso degli uomini in età giovane o adulta. La ricerca di spiegazioni scientifiche per le forti differenze fra aspettative di vita femminili e maschili è piuttosto controversa. Da un lato vi sono le teorie genetiche, in base alle quali il doppio cromosoma X garantirebbe alla donna un codice genetico più ricco di quello degli uomini, una maggiore resistenza alle malattie e, conseguentemente, prospettive di vita più ampie. D'altro canto esistono molti studi che mettono in relazione la riduzione delle nascite con l'aumento dell'aspettativa di vita femminile, fino alle teorie metaboliche e ormonali. Analizzando i cambiamenti

---

[103] EUROSTAT, *Labour Force Survey*, 2011, *http//epp.eurostat.ec.europa.eu* (23-24).

[104] A.M. GUILLEMARD-A. JOLIVET, *Invecchiamento e occupaizone in una cultura del pensionamento anticipato*, in *L'Assistenza sociale*, 1-2, 2011, (101).

[105] C. SARACENO ED., *Families, Ageing, and Social Policy: Intergenerational Solidarity in European Welfare States*, UK: 2008, 71.

[106] EUROSTAT 2011, *op. cit.*

nella mortalità degli individui emergono senz'altro tre cause principali, che hanno portato, a partire dalla metà del '900, al generarsi di un divario sostanziale fra i percorsi della longevità femminile e maschile: la scomparsa delle malattie legate al parto e al puerperio (storicamente una fra le principali cause di morte per le donne), la maggior incidenza di malattie cardiovascolari e tumorali negli uomini e l'aumento delle morti violente e accidentali (di cui sono più colpiti gli uomini) [107].

Approcci più recenti evidenziano la necessità di superare modelli di causalità lineare, considerando il problema in termini multidimensionali e mettendo in relazione fattori biologici e sociali. Kryspin-Exner, Lamplmayr e Felnhofer [108] ipotizzano un modello dell'invecchiamento bio-psico-sociale comprensivo che considera gli aspetti biologici dell'essere uomo e donna, i ruoli di genere acquisiti socialmente e altri fattori che determinano il comportamento degli individui. Secondo questo modello per lo studio dell'invecchiamento in un'ottica di genere, esiste una reciproca e costante interazione fra le componenti biologiche e culturali delle differenze fra uomini e donne.

In questa direzione si muovono le analisi storico-sociali che guardano ai differenti percorsi femminili e maschili nella storia recente. Betty Friedan [109], in particolare, sostiene che il ruolo della donna nella società nell'ultimo secolo è stato caratterizzato dalla discontinuità: il passaggio dal ruolo di casalinghe a quello di lavoratrici durante la guerra, il ritorno alla realtà domestica con il rientro degli uomini e la successiva reintroduzione delle donne nel mondo del lavoro, pur mantenendo ruoli e compiti legati alla famiglia. Inoltre, le donne che oggi sono anziane in Italia, così come nel resto dell'Europa, hanno attraversato alcuni decenni cruciali per la storia del femminismo. Si tratta di donne che erano adulte nel corso degli anni '60 e che hanno vissuto direttamente o indirettamente la ridefinizione o il tentativo di ridefinizione dei ruoli di genere in famiglia e nella società. La Friedan sostiene che, per ragioni storiche e sociali, la generazione delle donne anziane di oggi ha sperimentato più dei coetanei uomini il cambiamento e la gestione di molti ruoli diversi, sviluppando alcune caratteristiche che corrisponderebbero, secondo l'autrice, ad altrettanti punti di forza della longevità femminile: *relazione, interdipendenza, cambiamento e trasformazione*.

D'altro canto i percorsi della vecchiaia femminile si caratterizzano per essere più investiti, rispetto a quella maschile, da relazioni di cura e scambi intergenerazionali. Le donne sono mediamente molto più impegnate in compiti di

---

[107] T. SUARDI, *Invecchiare al femminile,* Roma, 1993.

[108] I. KRYSPIN-EXNER-E. LAMPLMAYR-A. FELNHOFER-A. GEROPSYCHOLOGY, *The gender gap in human aging – A mini-review. Gerontology, 57* (6), 2011, 539-548.

[109] B. FRIEDAN, *The Fountain of Age,* New York, 1993.

accudimento di famigliari o figure di riferimento che si trovano in condizioni di fragilità, ma sono anche, di solito, coloro che curano le relazioni fra il nucleo famigliare e il contesto sociale più allargato. Questa differenza nei ruoli e nei vissuti personali sembra avere un impatto in almeno due eventi che costituiscono fonte di criticità nella ricostruzione del sé che l'ingresso nell'età anziana richiede: il pensionamento e il fenomeno del "nido vuoto", ossia l'allontanamento dei figli dal nucleo domestico [110]. Entrambi questi momenti richiedono un riadattamento, una ricostruzione del proprio ruolo e della propria immagine di sé che risulta più difficoltosa oggi per gli uomini anziani, tanto è vero che molti degli interventi sociosanitari per la terza età sono oggi indirizzati agli uomini che invecchiano, categoria più a rischio di perdita del benessere psicofisico nel momento in cui la vecchiaia richiede processi di cambiamento, adattamento e reinvestimento sulle dimensioni della relazione. Ovviamente è impossibile generalizzare questa visione a tutte le donne e gli uomini anziani, ma è interessante sottolineare che, attualmente, le prime non sono solo più longeve ma anche più attive durante la terza età, maggiormente coinvolte nell'associazionismo, nel volontariato e nelle relazioni intergenerazionali.

3.3. Le influenze storiche e sociali.

Per comprendere appieno gli equilibri e squilibri intergenerazionali è fondamentale prendere in esame le tante variabili storico-sociali che incidono nel determinare la molteplicità e complessità dei vissuti nella terza età. Il rapporto ISTAT del 2016 [111] dedica proprio un capitolo all'analisi della popolazione italiana per generazioni, classificando gli individui in funzione del periodo storico che ha coinciso con l'ingresso nell'età adulta. La prima generazione presa in esame è quella dei nati dal 1926 al 1945, definita la *Generazione della ricostruzione*, protagonista del secondo dopoguerra, un gruppo che non ha goduto della scolarizzazione di massa, in cui le donne hanno ricoperto prevalentemente ruoli di tipo tradizionale, dedicandosi alla casa e alla cura dei figli. Si tratta di una generazione profondamente segnata dalla Seconda guerra mondiale, sia per il peggioramento delle condizioni di vita che il conflitto ha portato, sia per l'assottigliamento delle coorti dei nati negli anni '10 e '20 e la forte riduzione delle nascite tra il 1940 e il 1945. La generazione successiva è rappresentata dal gruppo dei *baby boomers*, che viene suddivisa, nel rapporto, in due sottogruppi: i nati dal 1946 al 1955, definiti come la *Generazione dell'impegno*, protagonista delle grandi battaglie sociali e delle trasformazioni cultu-

[110] E.H. Erickson-J.M. Erickson-H.Q. Kivnick, *Vital Involvement in Old Age*, New York, 1986.

[111] ISTAT, *Rapporto annuale* 2016, *http://www.istat.it/it/archivio/185497.*

rali degli anni '70; i nati dal 1946 al 1955, la *Generazione dell'identità,* connotata da una maggiore appartenenza politica o per una visione più orientata alla realizzazione di obiettivi personali. Seppure differenti, entrambi questi gruppi si caratterizzano per alti livelli di partecipazione politica e sociale in tutte le fasi della vita e che, negli ultimi anni, hanno conservato l'impegno orientandolo verso forme di partecipazione sociale depoliticizzate. La generazione successiva, quella dei nati fra il 1966 e il 1980, viene definita nel rapporto come *Generazione di transizione*, ovvero gruppo di passaggio tra vecchio e nuovo millennio, tra la fine del blocco sovietico e l'allargamento a est dell'Unione europea. Si tratta di un gruppo che ha completato la propria formazione più tardi raggiungendo un titolo di studio generalmente più elevato di quello dei genitori, ha ritardato l'ingresso nel mercato del lavoro e sempre più spesso ha sperimentato un'occupazione flessibile e precaria. Rispetto alle generazioni precedenti i nati negli anni '60 e '70 hanno scelto percorsi di vita più diversificati e posticipato le tradizionali tappe di vita familiare. I nati negli anni '80 e fino alla metà degli anni '90 sono definiti *Generazione del millennio*, appunto perché entrati nella vita adulta nei primi 15 anni del nuovo millennio. Si tratta della generazione dell'euro e della cittadinanza europea ed è la generazione che sta pagando più di ogni altra le conseguenze economiche e sociali della crisi. Infine, i nati dal 1996 in poi, i più giovani, sono indicati come la *Generazione delle reti* in virtù dell'avvento delle nuove tecnologie informatiche e dell'era di internet in cui sono nati, sono cresciuti e si stanno formando. Si tratta della generazione che ha vissuto in pieno i processi di globalizzazione, sono i più vicini alla multiculturalità, anche perché fra i rappresentanti di questa generazione i ragazzi di origine straniera sono una quota consistente.

Il rapporto sintetizza le differenze fra queste sei generazioni attraverso quattro percorsi femminili: quattro donne appartenenti alle generazioni prese in esame.

L'ITALIA ATTRAVERSO LE GENERAZIONI

Istat 90

Sei generazioni per raccontare 90 anni del Paese

	1926 nasce **Maria**	1952 nasce **Anna**	1976 nasce **Francesca**	2016 nasce **Giulia**
Popolazione (migliaia)	39.339	47.540	55.589	60.656
Speranza di vita alla nascita per le donne	52,1	67,9	76,1	84,7
Morti entro il primo anno di vita (per 1.000)	126,5	63,5	19,5	3,1
Tasso di prime nozze femminile (per 1.000)	834,9	862,0	892,4	463,4
Numero medio di figli per donna	3,51	2,34	2,11	1,35
Numero medio di **componenti per famiglia**	4,2	4,0	3,2	2,3

Come emerge dalla tabella[112] sono consistenti le differenze fra Maria e Giulia, fra queste generazioni, di fatto coesistenti, la speranza di vita alla nascita si è allungata notevolmente, analogamente è calato in modo straordinario il tasso di mortalità a un anno dalla nascita. In parallelo si sono più che dimezzati i matrimoni e il numero di figli per donna, così come il numero medio di componenti della famiglia.

Nel rapporto si immaginano le quattro storie di vita coesistenti: Maria oggi compie 90 anni, superando di molto la sua speranza di vita alla nascita (il 24% delle donne nate nel 1926 sono ancora vive). Maria ha un diploma di quinta elementare, si è sposata a 24 anni, ha fatto la casalinga e ha avuto tre figli, ora è vedova e vive con sua figlia Anna, di 64 anni, che è appena andata in pensione. Anna ha dovuto prendere a servizio un'immigrata ucraina, che prima si occupava della casa e ora anche di Maria. Anna, infatti, dovrà prendersi cura della sua nipotina Giulia, figlia di Francesca, una delle due figlie che ha appena compiuto 40 anni, si sta separando e fa la ricercatrice con un contratto a termine[113].

Da questo *excursus* esemplificativo che il rapporto propone emergono le differenze fra quattro generazioni che hanno attraversato alcuni decenni di grande cambiamento storico, sociale e culturale. Nel corso degli anni le distanze fra i percorsi di vita, le tappe, le opportunità e le risorse delle diverse generazioni che coesistono nel medesimo arco temporale si sono diversificate

---

[112] ISTAT, *Rapporto annuale* 2016, *http://www.istat.it/it/archivio/185497.*

[113] ISTAT, *Rapporto annuale 2016*, *http://www.istat.it/it/archivio/185497.*

in modo consistente. L'accesso all'istruzione, le possibilità professionali, le scelte famigliari rendono i percorsi delle generazioni dei giovani, degli adulti e degli anziani anche molto differenti, seppure fortemente complementari nei legami formali e informali di reciproca interdipendenza.

3.4. Modelli di *welfare* e relazioni intergenerazionali.

Per comprendere le dinamiche e le relazioni intergenerazionali in Italia occorre analizzare le caratteristiche del nostro sistema di *welfare*: i modelli di *welfare* costituiscono, infatti, un elemento che condiziona, non solo le politiche famigliari, ma anche le convinzioni e le relazioni intra e interindividuali. Secondo la classificazione di Esping-Andersen [114], esistono tre modelli di *welfare state*: il modello socialdemocratico, il modello liberale e il modello corporativo. Il modello socialdemocratico è tipico dei paesi scandinavi e dell'Olanda e si caratterizza per un intervento pubblico importante, a sostituzione del mercato, da un lato, e della famiglia, dall'altro. Si tratta di un sistema volto a garantire a tutta la popolazione accesso a prestazioni di alto livello e di qualità. Il modello liberale, dei paesi anglosassoni, è soprattutto orientato alla riduzione delle forme di povertà estreme e dei fenomeni connessi all'emarginazione sociale. Tale modello prevede consistenti interventi di assistenza sociale e vari sistemi di sussidi, in funzione delle condizioni di bisogno rilevate. Il modello cosiddetto corporativo, presente nei paesi dell'Europa continentale, di matrice culturale e religiosa protestante, è principalmente finalizzato a creare e mantenere un sistema di protezione dei lavoratori e delle loro famiglie. Si tratta di un sistema che mette in relazione le prestazioni sociali con la posizione lavorativa degli individui, diversificando gli interventi per categorie.

Il modello di *welfare* che caratterizza i paesi mediterranei, in particolare l'Italia, è un modello misto che è stato oggetto di vari tipi di analisi classificatorie. Alcuni autori lo definiscono modello di *welfare* mediterraneo, individuando molti aspetti in comune con il *welfare* corporativo, ma una differenza fondamentale: il primo ricorre più spesso a prestazioni monetarie in sostituzione o a compensazione rispetto alle forniture di servizi. Questo sistema di compensazione economica è spesso determinato da una presenza delle istituzioni non omogenea sul territorio e da una notevole frammentazione nei servizi e nei programmi di intervento.

All'interno del *welfare* italiano, che, come si è detto, si configura come un welfare mix, è storicamente forte la presenza della Chiesa Cattolica nei servizi alla persona, tuttavia, nel nostro paese, il principale soggetto cui è delegata la

---

[114] G. ESPING-ANDERSEN, *I fondamenti sociali delle economie postindustriali*, Bologna, 2000.

funzione di dare risposta ai bisogni di cura, assistenza e sostegno degli individui rimane la famiglia [115].

Il modello di *welfare* italiano viene anche definito del *male breadwinner* [116]. In questo modello lo Stato demanda alla famiglia la maggior parte dei compiti e delle responsabilità di cura (in particolare la cura della prole e la cura degli anziani e fragili) attribuendole un ruolo di assoluta centralità e di altrettanta invisibilità nella gestione dei servizi alla persona. Per assolvere le mansioni di cura di cui il *welfare* italiano non si fa carico (si pensi alla persistente scarsità di servizi per la prima infanzia e di servizi assistenziali per la terza età che non siano di natura residenziale e a carico dell'utente), le famiglie italiane sono implicitamente portate a mantenere una divisione dei ruoli caratterizzata appunto dal modello del *male breadwinner*, in cui l'uomo è il soggetto portatore di reddito e la donna colei che, in modo non istituzionalmente riconosciuto, si occupa della cura familiare di figli e anziani [117].

Gli stessi anziani spesso sopperiscono alle carenze nei servizi, soprattutto quelli per la prima infanzia e per la terza età, svolgendo importantissime funzioni di *caregiver* verso i nipoti o verso famigliari anziani o malati, andando a colmare, attraverso rapporti intergenerazionali solidali, il vuoto nei servizi di cura del nostro paese.

Le diseguaglianze fra generazioni nel sistema di welfare si riscontrano, d'altro canto, nell'orientamento assunto verso i bisogni dei cittadini anziani: di fronte a questa fascia di popolazione il *welfare* italiano ha sempre adottato politiche caratterizzate da una prevalenza di investimenti nella spesa pensionistica e un impegno marginale nei servizi per la terza età [118].

Le diversità nei sistemi di *welfare* rispecchiano i modelli e contesti culturali e influenzano la percezione che le persone hanno dei servizi e della qualità degli stessi. La famiglia rappresenta nel contesto italiano uno dei principali fornitori di beni e servizi connessi alla cura delle persone, anche se il suo ruolo è in corso di definizione, per effetto delle trasformazioni dei sistemi di welfare e della crisi economica. Perra [119], in uno studio che analizza i dati della Banca

---

[115] M. NALDINI, *Le politiche sociali in Europa. Trasformazioni dei bisogni e risposte di policy*, Roma, 2006.

[116] J. LEWIS-I. OSTNER, *Gender and Evolution of European Social Policies*, ZeS-Arbeitpaper, n. 4, Centre for Social Policy Research, Bremen, 1994.

[117] M. NALDINI, 2006, *op. cit.*

[118] E. PUGLIESE, 2011, *op. cit.*

[119] S. PERRA, *Riflessioni ed evidenze empiriche sulle solidarietà famigliari e il Welfare State in Italia*, in *Inchiesta*, 146, 2004, 79-88; PERRA S., *La propensione al risparmio* in C. FACCHINI (a cura di), *Conti aperti. Denaro, asimmetrie di coppie e solidarietà fra le generazioni*, Bologna, 2008 (337-260).

d'Italia, mette in evidenza la consistenza, nel nostro paese, dell'impegno nella direzione di cura dei figli da parte dei genitori, ben oltre l'età della non autosussistenza. La dipendenza dei figli dalle famiglie di origine tende a prolungarsi oltre il momento in cui i figli vivono con i genitori, viene, infatti, mantenuto, l'impegno delle famiglie nell'offrire un sostegno economico, in particolare al momento dell'acquisto della casa. La casa rappresenta, peraltro, uno degli elementi di stabilità più consistenti, sia in termini economici, sia in termini simbolici. La popolazione italiana è, nella media europea, quella più propensa ad acquistare l'abitazione in cui risiede. Probabilmente questo orientamento è reso possibile proprio da un'economia della solidarietà intergenerazionale che permette ai figli di beneficiare del sostegno dei genitori al momento dell'impegno economico nell'acquisto di una casa. Perra, nel suo studio, mette in evidenza che gli scambi intergenerazionali costituiscono un'importante quota del patrimonio di ricchezza individuale: il 23% delle famiglie ha ricevuto un'eredità o donazione da un famigliare, quota stimata in un quarto della ricchezza disponibile al nucleo famigliare nel corso del suo ciclo di vita. Tali trasferimenti intergenerazionali costituiscono anche un'aspettativa per un numero non trascurabile di nuclei famigliari di giovane generazione. Dall'altro lato i giovani stessi, nella maggior parte dei casi, proiettandosi in una relazione famigliare futura di genitorialità o cura, si aspettano a loro volta di poter effettuare analoghe donazioni o trasferimenti verso i figli. Ovviamente queste aspettative possono essere influenzate o inficiate da contingenze economiche avverse, ma è importante sottolineare come questo sistema di supporto economico intergenerazionale solidale, si fondi su basi simboliche e identitarie, più che su un'analisi delle condizioni sociali o economiche contingenti. Il mutamento economico sembra incidere, invece, sulle aspettative delle famiglie rispetto alle capacità dei discendenti di garantire loro l'aiuto e la cura necessari per il futuro, da cui il ricorso a forme di risparmio assicurativo: pensioni integrative e polizze vita.

Le relazioni intergenerazionali nel nostro paese, si fondano quindi su un articolato, ricco e complesso sistema di cura e supporto reciproco, in termini materiali, morali ed economici, azioni che compensano in larga misura le lacune del nostro sistema di *welfare*, le fragilità del mercato del lavoro e altre forme di diseguaglianza economico-sociale.

3.5. Oltre le diseguaglianze: la sfida della solidarietà intergenerazionale.

Nel corso di questo capitolo si è cercato di far emergere alcuni dei molteplici piani di complessità che caratterizzano i rapporti fra le generazioni, in cui, come si è visto, coesistono grandi rischi di diseguaglianze e grandi risorse in termini di solidarietà. Su questo secondo aspetto ci si vuole soffermare in questo paragrafo conclusivo, per dare spazio alle possibilità di guardare alle relazioni intergenerazionali come orizzonti possibili per trasformare i rischi di diseguaglianza in opportunità di solidarietà.

Nel pensare alle relazioni fra le generazioni in questa ottica è immediato il richiamo al concetto di sviluppo sostenibile [120], alla base di molte riflessioni giuridiche sulla responsabilità intergenerazionale [121] Lo sviluppo sostenibile rilegge il rapporto uomo natura in modo sistemico inserendovi alcune variabili determinanti gli equilibri-squilibri fra fattori antropici ed elementi ambientali. Il triangolo economia, ecologia, equità pone all'attenzione un diverso modo di concepire le ricadute dirette e indirette delle scelte umane sugli ecosistemi, ma, soprattutto, la nozione di sviluppo sostenibile impone una riflessione sugli impatti futuri delle scelte presenti [122].

I cambiamenti climatici, le catastrofi ambientali, i disastri ecologici e anche la crisi economica sono eventi che oggi orientano l'attenzione mondiale sulla necessità di ripensare ai modello di sviluppo che caratterizzano i paesi in cui viviamo. Tutti questi eventi portano l'umanità ad uno stato di incertezza e annichilimento che può ricordare l'idea Hobbesiana di paura come passione mobilitante e fondante del "patto sociale". In questo senso la paura ha svolto una funzione costruttiva ed emancipatrice appunto perché ha emancipato l'uomo dal suo stato di natura. Secondo Pulcini [123] la paura globale odierna è, tuttavia, priva dell'elemento propulsivo che spinge l'uomo al patto sociale. Il pericolo, oggi, non viene dall'altro ma è paura indeterminata. Di fronte a tutto ciò si assiste alla trasformazione della paura in angoscia con conseguenti rischi di individualismo totale [124] o di comunitarismo tribale. Per scongiurare questi rischi di degenerazione della paura Pulcini [125] auspica che essa torni a svolgere la funzione di "passione nobilitante" e portare oltre la responsabilità, fino alla

[120] D.H. Meadows-D.L. Meadows-J. Randers-W.W. Behrens III, *The Limits to Growth*. New York, 1972, Traduzione italiana: *I limiti dello sviluppo*, Milano, Mondadori, 1972; World Commission on Environment and Development (WCED). *Our Common Future – The Bruntland Report*. Oxford, 1987.

[121] R. Bifulc-A. D'Aloia, *Un Diritto per il futuro. Teorie e modelli dello sviluppo sostenibile e della responsabilità intergenerazionale*, Napoli, 2008.

[122] E. Ronchi *Uno sviluppo capace di futuro Le nuove politiche ambientali*, Bologna, 2000; Id., *Ecologia come seconda modernità*, Roma, 2003.

[123] E. Pulcini *L'Io globale: crisi del legame sociale e nuove forme di solidarietà* in D. D'Andrea-E. Pulcini (a cura di), *Filosofie della globalizzazione* Pisa, 2001; E. Pulcini, *L'individuo senza passioni: individualismo moderno e perdita del legame sociale*, Torino, 2001.

[124] Z. Bauman, *Globalization. The Human Consequences*, Cambridge-Oxford 1999.

[125] E. Pulcini, *op. cit.*

cura, come condizione per un nuovo "essere in comune" in cui ai principi dell'economia globalizzata si sostituiscano nuove forme di scambio basate, ad esempio, sull'etica del dono [126]. Da un punto di vista pedagogico, poiché parlando di cambiamento di prospettiva è fondamentale un richiamo all'educazione, è forte la connessione con la visione del *Problematicismo pedagogico* di Bertin [127] e con il suo imperativo morale "realizza te stesso realizzando l'altro", inteso come un diritto/dovere del soggetto la cui attuazione si deve verificare non contro né nonostante il diritto/dovere degli altri, ma favorendolo. Si fa riferimento qui a una progettualità tesa alla differenza, che non si esprime in termini di individualismo e di opposizione agli altri, ma di intersoggettività e di inclusività. È una direzione che si snoda in opposizione ai localismi ai separatismi e all'individualismo che caratterizzano la contemporaneità per andare nella direzione di una progettualità individuale che scavalca i confini del proprio gruppo sociale, della propria appartenenza culturale e della propria generazione [128] Come evidenziato da Scortegagna [129] nel concetto di solidarietà intergenerazionale «*convivono principi di uguaglianza con situazioni di diversità; elementi tenuti insieme dalla condivisione di un unico obiettivo, superiore agli interessi delle singole parti*».

Biggs individua tre principali fattori che influenzano il processo di comunicazione tra giovani e anziani [130] Il primo è il grado di diversità dei progetti di vita connessi alla differenza di età: maggiore è la diversità di tali progetti, maggiore sarà la difficoltà di comunicazione. Il secondo, è il grado di organizzazione delle generazioni in gruppi, ovvero l'appartenere ad associazioni pressoché omogenee dal punto di vista anagrafico enfatizza la percezione della propria età. Infine, il terzo fattore è l'asimmetria dell'esperienza, cioè l'impossibilità per i giovani di avere esperienze dirette rispetto a una fase della vita che non hanno ancora vissuto. Una società poco intergenerazionale porta a un mancato senso culturale e affettivo, sia per la popolazione giovane che per quella anziana; mancate possibilità di scambi tra le generazioni portano a minori occasioni di contatto tra l'una e l'altra e questo genera un impoverimento da entrambe le parti [131].

Le istituzioni educative, sia negli spazi dell'educazione formale che di quel-

---

[126] M. MAUSS, *Essai sur le don*, 1965.

[127] G.M. BERTIN, M. CONTINI. *Costruire l'esistenza*, Roma, 1983.

[128] M. CONTINI, *Categorie e percorsi del problematicismo pedagogico*, in *Ricerche di pedagogia e didattica*, 2006, 1, settembre 2006. 13.

[129] R. SCORTEGAGNA, *Invecchiare*, Bologna, 1999. (52-53).

[130] S. BIGGS, *Understanding Ageing: Images, Attitude and Professional Practice*, Buckinghamshire, 1993.

[131] E. RIPAMONTI, *Anziani e cittadinanza attiva,* Milano, 2005.

la non formale, possono molto nella direzione del superamento delle barriere che separano i percorsi e le progettualità delle diverse generazioni per muoversi verso società più integre e inclusive. Durante la Seconda Assemblea Mondiale sull'Invecchiamento [132] si stabilì che, per realizzare società inclusive "per tutte le età", si devono interpellare i cittadini come soggetti attivi e, allo stesso tempo, promuovere una *struttura territoriale* in cui *la rete delle agenzie educative* si faccia garante di una presenza efficace nell'analizzare le potenzialità e le fragilità dei contesti.

Questo approccio richiede una ristrutturazione delle modalità di progettare e gestire i servizi: non più come luoghi e fonti di assistenzialismo ma come alleati della comunità partecipante, in grado di generare impresa sociale [133]. In questo senso, scrive Deluigi [134] "il sociale" deve assumere le sembianze di un laboratorio di progettualità e di ricerca innovativa per avanzare verso *sistemi di welfare equi e di prossimità.* La solidarietà familiare e generazionale non sono, infatti, sufficienti a garantire un welfare comunitario fondato sulle relazioni [135], al contrario, è necessario porre in essere strategie congiunte tra cittadini e servizi, affinché non si verifichino fenomeni di delega, di trascuratezza e di abbandono. Il *welfare* di prossimità presuppone una comunità attiva la quale necessita, a sua volta, di un sistema compartecipe con cui dialogare e progettare al meglio, in funzione dei bisogni in costante evoluzione.

Questo cambiamento di prospettiva verso la partecipazione intergenerazionale alla comunità e ai servizi permette di passare dall'assistenzialismo alla sussidiarietà [136] attraverso dinamiche di progettazione partecipata, si tratta di un *circolo virtuoso* capace di attivarne un altro altrettanto importante: quello tra la solidarietà e la cura intergenerazionale.

Bibliografia

Baroni M.R., *I processi psicologici dell'invecchiamento*, Roma, 2003.
Baschiera B.-Deluigi R.-Luppi E., *Educazione Intergenerazionale*, Milano, 2014.

---

[132] *International Plan of Action on Ageing, Madrid 2012 http://www.un.org/en/events/pastevents/pdfs/Madrid_plan.pdf.*

[133] A. Gasparre, *Logiche organizzative nel welfare locale. Governance, partecipazione, terzo settore*, Milano, 2012.

[134] B. Baschiera-R. Deluigi-E. Luppi, *op. cit.*, 24

[135] P. Donati, *La cittadinanza societaria*, Bari, 2000; P. Donati, *Teoria relazionale della società: i concetti di base*, Milano, 2009.

[136] P. Donati-I. Colozzi (a cura di), *La sussidiarietà. Che cos'è e come funziona*, Roma, 2005.

BAUMAN Z., *Globalization. The Human Consequences*, Cambridge-Oxford, 1999.

BERTIN G.M.-CONTINI M. *Costruire l'esistenza,* Roma, 1983.

BIFULCO R.-D'ALOIA A., *Un Diritto per il futuro. Teorie e modelli dello sviluppo sostenibile e della responsabilità intergenerazionale*, Napoli, 2008.

BIGGS S., *Understanding Ageing: Images, Attitude and Professional Practice*, Buckinghamshire, 1993.

DONATI P., *Il dono in famiglia e nelle alte sfere sociali*, in SCABINI E.-ROSSI G., *Dono e perdono nelle relazioni familiari e sociali*, Milano, 2000.

DONATI P., *La cittadinanza societaria*, Bari, 2000.

DONATI P., *Teoria relazionale della società: i concetti di base*, Milano, 2009.

DONATI P.-COLOZZI I. (a cura di), *La sussidiarietà. Che cos'è e come funziona*, Roma, 2005.

ESPING-ANDERSEN G., *I fondamenti sociali delle economie postindustriali*, Bologna, 2000.

ERICKSON E.H.-ERICKSON J.-M.-KIVNICK H.Q., *Vital Involvement in Old Age*, New York, 1986.

FRIEDAN B., *The Fountain of Age,* New York, 1993.

GASPARRE A, *Logiche organizzative nel welfare locale.* Governance*, partecipazione, terzo settore*, Milano, 2012.

GUILLEMARD A.M.-JOLIVET A, *Invecchiamento e occupazione in una cultura del pensionamento anticipato*, in *L'Assistenza sociale*, 1-2, 2001.

KRYSPIN-EXNER I.-LAMPLMAYR E.-FELNHOFER A., *Geropsychology: The gender gap in human aging – A mini-review*. Gerontology*, 57* (6), 2011, 539-548.

LEWIS J.-OSTNER I., *Gender and Evolution of European Social Policies*, ZeS-Arbeitpaper, n. 4, Centre for Social Policy Research, University of Bremen, 1994.

LUPPI E., *Pedagogia e terza età*, Roma, 2008.

LUPPI E., *Prendersi cura della terza età. Valutare e innovare i servizi per anziani fragili e non autosufficienti*, Milano, Franco Angeli, 2015.

MAUSS M., *Essai sur le don*, 1923-24; trad.it. *Saggio sul dono*, in *Teoria generale della magia e altri saggi*, Torino, 1965.

MEADOWS D.H.-MEADOWS D.L.-RANDERS J.-BEHRENS W.W., *The Limits to Growth.* New York, 1972.

NALDINI M., *Le politiche sociali in Europa. Trasformazioni dei bisogni e risposte di policy*, Roma, 2006.

PERRA S., *Riflessioni ed evidenze empiriche sulle solidarietà famigliari e il Welfare State in Italia*, in *Inchiesta*, 146, 2004, 79-88.

PERRA S., *La propensione al risparmio*, in FACCHINI C. (a cura di), *Conti aperti. Denaro, asimmetrie di coppie e solidarietà fra le generazioni*, Bologna, 2008, 237-260.

PUGLIESE E., *La terza età. Anziani e società in Italia*, Bologna, 2011.

PULCINI E., *L'individuo senza passioni: individualismo moderno e perdita del legame sociale*, Torino, 2001.

PULCINI E., *L'Io globale: crisi del legame sociale e nuove forme di solidarietà* in D'ANDREA D.-PULCINI E. (a cura di), *Filosofie della globalizzazione*, Pisa, 2011.

RIPAMONTI E., *Anziani e cittadinanza attiva*, Milano, 2005.

RYDER N., *The Process of Demographic Translation*, Demography, 1, 1964, 74-82.

SARACENO C, *Families, Ageing, and Social Policy: Intergenerational Solidarity in European Welfare States*, UK, 2008.

SCABINI E.-ROSSI G., *Dono e perdono nelle relazioni familiari e sociali*, Milano, 2000.
SCORTEGAGNA R., *Invecchiare*, Bologna, 1999.
SUARDI T., *Invecchiare al femminile*, Roma, 1993.
RONCHI E., *Uno sviluppo capace di futuro Le nuove politiche ambientali*, Bologna, 2000.
RONCHI E., *Ecologia come seconda modernità*, Roma, 2003.

4. Eguaglianza vs. cittadinanza: il trattamento dello straniero *

Sono un cittadino, non di Atene o della Grecia, ma del mondo
(Socrate)

Le porte possono anche essere sbarrate,
ma il problema non si risolverà
per quanto massicci possano essere i lucchetti.
Lucchetti e catenacci non possono certo domare o indebolire
le forze che causano l'emigrazione;
possono contribuire a occultare i problemi alla vista e alla mente,
ma non a farli scomparire
(Zygmunt Bauman)

Se voi avete il diritto di dividere il mondo in italiani e stranieri
allora io reclamo il diritto di dividere il mondo
in diseredati e oppressi da un lato,
privilegiati e oppressori dall'altro.
Gli uni sono la mia patria, gli altri i miei stranieri
(Don Lorenzo Milani)

L'integrazione avviene tra integrabili
e la cittadinanza concessa a immigrati inintegrabili
non porta a integrazione ma a disintegrazione
(Giovanni Sartori)

Il mondo è un posto cattivo e non lontano da noi mentre qui abbiamo il paradiso.
Dobbiamo essere orgogliosi che i rifugiati vogliano venire da noi,
ma non possiamo lasciare che gli effetti negativi siano solo su alcuni Paesi
(Frans Timmermans)

Si apre questo contributo sulle diseguaglianze che possono derivare dall'avere una cittadinanza diversa da quella italiana, come pure dal non possedere nessuna cittadinanza, riportando alcune frasi più o meno celebri sugli stranieri: l'intento non è quello di provocare empatia o biasimo bensì quello di suscitare una riflessione sul binomio straniero/eguaglianza e cioè chiedersi se sia

---

* Di Francesca Rescigno.

possibile difendere l'applicazione del principio di eguaglianza anche al di là del c.d. *status civitatis*[137].

Parlare di stranieri e di diritti appare infatti ogni giorno sempre più difficile; ci troviamo in un momento della storia dell'umanità in cui la globalizzazione, la libera circolazione delle persone incoraggiata lungamente soprattutto dalle politiche europee ma non solo, la facilità degli spostamenti, ma anche le guerre, la povertà, la ricerca di un'esistenza migliore così come la grande sproporzione nella distribuzione delle ricchezze rendono i flussi di popolazioni verso le zone maggiormente "appetibili" del pianeta una costante che delinea un quadro del tutto inedito rispetto al passato. Questa nuova situazione caratterizzata da centinaia di migliaia di persone che si spostano da un luogo all'altro per studiare, lavorare, viaggiare, per proteggere la propria incolumità o quella dei propri cari, o per garantirsi un'esistenza migliore si confronta con alcuni fattori negativi quali la recessione, la crisi economica e soprattutto lo spettro del terrorismo internazionale.

Siamo quindi in un momento di svolta in cui si cerca di ridefinire il rapporto giuridico degli Stati con gli stranieri: per lungo tempo infatti, malgrado "lo straniero" abbia probabilmente da sempre suscitato qualche timore, è generalmente prevalso lo spirito di tolleranza e accoglienza che comportava naturalmente anche vantaggi per gli Stati ospitanti[138] ed in considerazione altresì del fatto che,

---

[137] Per una prima bibliografia di riferimento in tema di cittadinanza e stranieri cfr. C. LAVAGNA, *Basi per uno studio delle figure giuridiche soggettive contenute nella costituzione italiana*, in *Studi economico-giuridici*, Padova, 1953, 14; L. PALADIN, *Il principio costituzionale di uguaglianza*, Milano, 1965; L. FERRAJOLI, *Dai diritti del cittadino ai diritti della persona*, in D. ZOLO (a cura di), *La cittadinanza. Appartenenza, identità, diritti*, Roma-Bari, 1994, 263; D. ZOLO, *Cosmopolis. La prospettiva del governo mondiale*, Milano, 1995; L. MELICA, *Lo straniero extracomunitario. Valori costituzionali e identità culturale*, Torino, 1996; E. GROSSO, *Le vie della cittadinanza*, Padova, 1997; E. GROSSO, *Straniero (status dello)*, in *Digesto disc. pubbl.*, vol. XV, Torino, 1999, 5791; C. CORSI, *Lo Stato e lo straniero*, Padova, 2001; F. CERRONE, *La cittadinanza e i diritti*, in R.NANIA-P.RIDOLA (a cura di), *I diritti costituzionali*, vol. I, Torino, 2006, 277; G. BASCHERINI, *Immigrazione e diritti fondamentali. L'esperienza italiana tra storia costtiuzionale e prospettive europee*, Napoli, 2007; AA.VV., *Lo statuto costituzionale del non cittadino*, Atti del XXIV Convegno annuale dell'Associazione Italiana dei Costituzionalisti, Cagliari 16-17 ottobre 2009, Napoli, 2010; L. RONCHETTI, *I diritti di cittadinanza dei migranti. Il ruolo delle Regioni*, Milano, 2012; F. BIONDI DAL MONTE, *Dai diritti sociali alla cittadinanza. La condizione giuridica dello straniero tra ordinamento italiano e prospettive sovranazionali*, Torino, 2013; F. MARCELLI (a cura di), *Immigrazione, asilo e cittadinanza universale*, Napoli, 2013; B. NASCIMBENE, *Lo straniero nel diritto internazionale*, Milano, 2013; F. SORRENTINO, *Uguaglianza e immigrazione*, in L. RONCHETTI (a cura di), *La Repubblica e le migrazioni*, Milano, 2014, 118: C. CORSI, *Stranieri, diritti sociali e principio di eguaglianza nella giurisprudenza della Corte costituzionale*, in *Federalismi.it*, 2014, n. 3; L. RONCHETTI (a cura di), *La Repubblica e le migrazioni*, Milano, 2014.

[138] Uno dei problemi maggiori rispetto alla presenza degli "stranieri" è proprio quello

come giustamente notato, «*siamo sempre lo straniero di qualcun altro*» (Tahar Ben Jelloun) Stati e soggetti decidenti erano maggiormente propensi a trovare soluzioni giuridiche e politiche che consentivano per quanto possibile gli spostamenti delle persone. Oggi invece paradossalmente la c.d. abolizione delle frontiere sembra tesa a garantire il solo flusso dei capitali [139] mentre le frontiere restano ed anzi tendono, dopo un periodo di relativo liberalismo, ad ispessirsi per quanto concerne i movimenti di esseri umani che sempre più vengono considerati come "stranieri" indesiderati se non addirittura pericolosi [140].

---

relativo ai costi di tale presenza e al riconoscimento di prestazioni sociali anche a coloro che non sono cittadini. La concorrenza tra cittadini e stranieri nel riconoscimento di alcuni diritti sociali ripropone il tema classico dell'utilizzazione delle risorse disponibili e spesso porta a considerare gli stranieri quali «consumatori di risorse usurpate ai legittimi proprietari» (su tale punto cfr. V. FERRANTE-L. ZANFRINI, *Una parità imperfetta*, Roma, 2008; M.P. NANNI-A. FUCILITTI, *Welfare, spesa sociale e immigrazione. Un quadro d'insieme*, in *IV Rapporto sui lavoratori di origine immigrata negli archivi INPS "La regolarità del lavoro come fattore di integrazione"*, Roma, 2011; Ricerca ISTAT, *I migranti visti dai cittadini*, 2012; F. BIONDI DAL MONTE, *Dai diritti sociali alla cittadinanza. La condizione giuridica dello straniero tra ordinamento italiano e prospettive sovranazionali*, Torino, 2013). In realtà questa visione negativa non è giustificata ed esistono precisi e documentati "vantaggi" economici derivati dall'immigrazione, come ad esempio ricorda il Presidente dell'Inps Tito Boeri che sottolinea come solo nel nostro Paese ogni anno gli immigrati versano 8 miliardi di contributi sociali e ne ricevono 3 in termini di pensioni e altre prestazioni sociali, con un saldo netto di circa 5 miliardi. Circa un punto di Pil di contributi sociali non viene impiegato per erogare le pensioni, vale a dire circa 300 milioni. In un'intervista nel luglio 2016 Boeri ha infatti affermato: «*Abbiamo calcolato che sin qui gli immigrati ci abbiano regalato circa un punto di pil di contributi sociali a fronte dei quali non sono state erogate delle pensioni. E ogni anno questi contributi a fondo perduto degli immigrati valgono circa 300 milioni di euro*». Nella sua analisi incentrata soprattutto sulla c.d. Brexit, Boeri sostiene che «*la paura che la libera circolazione del lavoro nell'ambito dell'Unione europea si potesse tradurre in turismo sociale, in welfare shopping, ha giocato un ruolo rilevante nel referendum sulla Brexit, in molti paesi vi sono partiti che capitalizzano su questi timori descrivendo gli immigrati come vere e proprie spugne dello stato sociale, ma in realtà non c'è evidenza che questo avvenga*». Inoltre sostiene che: «*chiudersi al resto dell'Europa, chiudere le proprie frontiere è la risposta sbagliata a queste tensioni. Le vere minacce alla protezione sociale vengono proprio da chi vuole impedire la libera circolazione dei lavoratori, la mobilità del lavoro favorisce anche la crescita soprattutto nei paesi che ricevono gli immigrati, rendendo più facile finanziare lo stato sociale*».

[139] Sul punto cfr. F. MARCELLI-I. TAGLIAMONTE, *Il diritto contro la crisi*, Roma, 2012; F. MARCELLI (a cura di), *Immigrazione, asilo e cittadinanza universale*, Napoli, 2013.

[140] Fa parte dei ricordi della mia infanzia il programma "Giochi senza frontiere", un gioco che nascondeva uno spirito di fratellanza e già nel nome segnava una speranza. Quando nel 1989 è crollato il Muro di Berlino e si è sgretolata la cortina di ferro abbiamo tutti pensato che quel nome stesse per diventare realtà. E invece una recente ricerca della

È questo dunque il quadro di riferimento geopolitico ed economico in cui effettuare il ragionamento giuridico sull'attuale valore della cittadinanza e su come essa possa eventualmente divenire origine di diseguaglianze.

L'importanza storica della cittadinanza è certamente innegabile, essa da sempre consente ai singoli di esercitare la propria sovranità partecipando democraticamente alle scelte che vengono adottate dagli organi pubblici ed inoltre proprio la cittadinanza costituisce titolo per l'acquisto e il godimento dei diritti anche se come noto non è possibile affermare diritti inviolabili quali ad esempio la libertà personale o magari lo stesso principio di eguaglianza per

---

rivista francese *Courrier International* dimostra come dal 1989 i muri si sono più che moltiplicati. Divisioni elettrificate, barriere, steccati, "*fences*" come li chiamano gli americani, possenti muri di sabbia e di cemento: c'è di tutto nella mappa globale della separazione. Alcune di queste divisioni sono più antiche, si pensi al muro di Famagosta che separa la Repubblica turca di Cipro Nord dalla Repubblica di Cipro eretto nel 1974, doveva essere abbattuto e invece è ancora lì, come rimangono i 99 muri (48 chilometri di estensione) che separano cattolici e protestanti in Irlanda del Nord. La barriera tra Corea del Nord e Corea del Sud è del 1953 ed è ancora il confine più militarizzato al mondo. Nel 1967 è la volta della costruzione del muro lungo la frontiera Nord di Israele con Libano e Siria, ed altrettanto storico è quello del 1959 che circonda la base americana di Guantanamo a Cuba. Kashmir indiano e Kashmir pakistano sono invece separati da una barriera di 550 chilometri alta quasi quattro metri, tra India Bangladesh nel 1993 è stata eretta una barriera che corre lungo la quasi totalità dei 3400 chilometri di frontiera tra i due Paesi. Tra le separazioni meno evidenti troviamo il muro di sabbia costruito a fine anni Ottanta dal governo marocchino in mezzo al deserto, nella zona del Sahara occidentale che da decenni è conteso tra il governo di Casablanca e i miliziani del Fronte Polisario, che sostengono l'indipendenza del popolo Saharawi: più che un muro si tratta di un terrapieno lungo oltre 2700 chilometri che divide la parte controllata dal governo marocchino da quella in mano al Fronte Polisario. Tra i più recenti la Barriera di separazione costruita in Medio Oriente a partire dal 2002 che già nel nome denuncia il suo obiettivo: separare Israele dalla Cisgiordania e dalla striscia di Gaza. E l'elenco continua con i muri tra Stati Uniti e Messico, o la recinzione che circonda le enclave spagnole in terra marocchina di Ceuta e Melilla, avamposto in terra africana della fortezza Europa. Appare necessario ricordare anche le più recenti decisioni dell'Ungheria in merito alla costruzione del muro al confine con la Serbia; mentre nel 2014 la Bulgaria ha costruito il suo muro al confine con la Turchia. Infine (ma purtroppo solo per ora) nell'aprile del 2016 è cominciata la contestata costruzione del muro austriaco con buona pace degli accordi di Schengen, e così mentre Papa Francesco chiedeva di "*rimuovere i muri*" l'Austria iniziava i lavori per la costruzione della sua barriera volta a limitare, in caso di necessità, l'accesso di migranti provenienti dall'Italia, una struttura di circa 250 metri comprendente autostrada e strada statale. Insomma muri costruiti e muri in via di costruzione, è evidente che il più noto Muro di Berlino non ha insegnato niente ai governanti del mondo e che i 'giochi senza frontiere' sono sempre più lontani. Peccato che i muri non rendono il nostro mondo più sicuro, ma aumentano solo la tensione accrescendo la sindrome da cittadella assediata in cui viviamo e sarebbe bene fare tesoro di ciò che scriveva Italo Calvino: «*Se alzi un muro, pensa a cosa lasci fuori*» .

poi riservarne il concreto godimento solo ai cittadini di un determinato Stato senza vanificarne conseguentemente la stessa inviolabilità.

Se, come è vero, esiste un legame inscindibile tra eguaglianza e democrazia e l'eguaglianza è uno dei pilastri fondamentali dell'ordinamento giuridico di ogni Paese democratico, allora quest'ultima non può basarsi sulla discriminazione dei soggetti che ad essa fanno riferimento, per cui se certamente è possibile che la cittadinanza sia fonte di *status* differenziati, tali differenze non potranno trasformarsi in diseguaglianze sostanziali senza inficiare lo stesso valore della democrazia che per essere tale non può fondarsi sulla discriminazione del diverso ma deve sforzarsi di operare per realizzare la sua massima inclusione e garanzia.

Uguaglianza-democrazia-cittadinanza sono dunque tre fattori inevitabilmente legati ed appare necessario verificare che tipo di rapporto possa svilupparsi concretamente tra essi.

La categoria e la stessa nozione di cittadinanza si intreccia strettamente con i concetti base e con i principi cardine del diritto e dell'assetto costituzionale: eguaglianza, diritti e doveri costituzionali, rapporto autorità-libertà, Stato e forma dello Stato, democrazia come principio costitutivo dell'organizzazione politica; ma il rapporto cittadini/non cittadini si colloca anche nell'ambito di fenomeni di portata globale quali le migrazioni di massa e le risposte che lo Stato deve saper dare a queste nuove situazioni [141].

È doveroso sottolineare come il nostro testo costituzionale rispetto agli stranieri offra un quadro appena abbozzato; del resto al momento della discussione in Assemblea Costituente l'Italia si configurava sostanzialmente quale Paese di emigranti e infatti veniva costituzionalizzata proprio la libertà di emigrazione e si sanciva la tutela del lavoro italiano all'estero senza soffermarsi sui possibili problemi dell'immigrazione con l'unico richiamo agli 'stranieri' contenuto nell'articolo 10, mutuando in pratica 'lo statuto costituzionale degli stranieri' dal diritto internazionale. Certamente in quel momento storico il fenomeno dell'immigrazione era pressoché sconosciuto ma tale visione si connette anche ad una cultura giuridica positivista e statualista che connota il complesso dell'impalcatura costituzionale in materia di elementi dello Stato e dei fini dell'ordinamento repubblicano, privilegiando lo sviluppo della personalità dei suoi cittadini [142].

---

[141] In tal senso cfr. V. ONIDA, *Lo statuto costituzionale del non cittadino*, in AA.VV., *Lo statuto costituzionale del non cittadino*, Atti del XXIV Convegno annuale dell'Associazione Italiana dei Costituzionalisti, Cagliari 16-17 ottobre 2009, Napoli, 2010, 3 ss.

[142] In questo senso cfr. V.U. ALLEGRETTI, *Costituzione e diritti cosmopolitici*, in G. GOZZI (a cura di), *Democrazia, diritti, costituzione*, Bologna, 1997, 171 e G. BASCHERINI, *Immigrazione e diritti fondamentali. L'esperienza italiana tra storia costituzionale e prospettive europee*, Napoli, 2007, 107.

Mentre la Costituzione non si occupa dunque, se non marginalmente, degli stranieri, è doveroso sottolineare come dall'esame complessivo del testo costituzionale non si ricavi una definizione chiara nemmeno del cittadino e nulla si dica rispetto ai modi di acquisto e perdita della cittadinanza rimettendo sostanzialmente l'intera disciplina al Legislatore ordinario [143], avvalorando quanto affermato da insigne dottrina e cioè che «*la cittadinanza è una condizione giuridica di contenuto variabile, che non può né determinarsi a priori né scomporsi interamente in singoli diritti e doveri*» [144].

Se questa era la situazione al momento dell'entrata in vigore della Costituzione repubblicana non sembra che gli interventi successivi abbiano mutato sostanzialmente il quadro di riferimento; infatti anche le leggi cost. nn. 1/2000 e 1/2001, relative al voto degli italiani all'estero, si sono limitate a facilitare l'esercizio del diritto di voto e a dare una (esigua e a parere di chi scrive non necessaria) rappresentanza parlamentare agli italiani residenti all'estero enfatizzando ingiustificatamente un legame pressoché inesistente con persone che non hanno alcun rapporto continuativo con il nostro Paese e che risiedono, lavorano e vivono stabilmente all'estero. Nulla invece è stato fatto per valorizzare la presenza e consentire forme di partecipazione per gli stranieri che risiedono in modo stabile nel nostro Paese [145].

---

[143] L'unica disposizione che sembra soffermarsi sul requisito della cittadinanza è l'art. 22 là dove prevede che «*Nessuno può essere privato, per motivi politici, della capacità giuridica, della cittadinanza, del nome*». Tale previsione ribadisce la tutela costituzionale contro discriminazioni di tipo politico quale reazione alla legislazione del periodo fascista. In materia cfr. S. LABRIOLA, *"Status civitatis" e norme costituzionali*, in *Rivista trimestrale di diritto e procedura civile*, 1977, 1315; U. DE SIERVO, *Articolo 22*, in *Commentario della Costituzione*, Bologna, 1978.

[144] Cfr. SANTI ROMANO, *Il diritto pubblico italiano*, Milano, 1988, 66.

[145] Questo atteggiamento è il linea con la legge n. 91/1992 (che ha sostituito la precedente normativa del 1912) che disciplina la cittadinanza in Italia, ai sensi della quale il principio fondamentale in materia di attribuzione di cittadinanza è quello del diritto del sangue (*ius sanguinis*) al quale si affianca il criterio del diritto del territorio dove si nasce (*ius soli*) e in subordine il diritto di scelta (*ius electionis*) e della comunicabilità (*iuris comunicatio*). Lo *ius sanguinis* dimostra la volontà di far sì che il popolo coincida con la nazione *etnos* cioè quell'entità pregiuridica costituita da una comunità umana caratterizzata da legami capaci di produrre unità. La nazione *etnos* fa riferimento ad elementi di tipo materiale come la lingua, la religione, la cultura, la storia, la razza, elementi che esistono a prescindere dall'elemento volontaristico. Diversamente, attribuire la cittadinanza a chiunque nasca sul territorio indipendentemente dalla cittadinanza dei genitori vuol dire consentire agli immigrati di seconda generazione di divenire subito cittadini e aprire la nazione a nuovi elementi, è questo il sistema tipico dei paesi di forte immigrazione come il Canada, l'Australia e gli Stati Uniti. La legge del 1992 favorisce al massimo l'acquisto della cittadinanza da parte di chi abbia anche un lontanissimo legame di sangue con cittadini italiani (cfr. art. 4, comma 1 e art. 9, comma

La Carta fondamentale dunque non dedica una approfondita riflessione al tema del trattamento dello straniero[146] e pur non affermando un precipuo

---

1, lett. *a*), legge n. 91/1992), e consente il mantenimento della cittadinanza italiana anche se si acquista un'altra cittadinanza (cfr. art.11 legge n. 91/1992), mentre rende più complesso l'acquisto per naturalizzazione da parte degli stranieri residenti, innalzando da cinque a dieci anni il periodo di residenza richiesto e perfino l'acquisto per elezione da parte di nati in Italia da genitori stranieri, richiedendo il soggiorno legale ininterrotto dalla nascita alla maggiore età. Si segnala come recentemente il dibattito sulla cittadinanza si sia intensificato e in molti chiedono la revisione della legge del 1992. In realtà le richieste vanno in direzioni diametralmente opposte, da un lato coloro che vorrebbero rendere ancora più difficile l'ottenimento della cittadinanza italiana e dall'altro coloro che invece spingono per un allargamento dello *ius soli*. Naturalmente non si tratta solo di un dibattito teorico e dottrinale perché l'allargamento della cittadinanza investe diritti e doveri. Certamente la situazione più importante che richiederebbe un intervento in breve tempo è quella relativa ai minori stranieri nati sul territorio italiano i quali ai sensi della vigente disciplina del 1992 se nati in Italia e ivi residenti senza interruzioni sino alla maggiore età possono acquistare la cittadinanza italiana se lo richiedono entro un anno dal compimento della maggiore età, mentre sarebbe opportuno che tali soggetti potessero avere la cittadinanza italiana per il solo fatto di essere nati e di continuare a risiedere nel territorio italiano, questi soggetti infatti hanno seguito un percorso formativo ed educativo nella nostra scuola e nel nostro contesto sociale ma una volta raggiunta la maggiore età vengono a trovarsi in una sorta di 'limbo giuridico' perché restano in attesa di ottenere la cittadinanza e nel frattempo perdono la titolarità dei diritti e le garanzie di cui godevano in quanto minori come il diritto all'istruzione indipendentemente dallo *status* del genitore e non ne acquistano altri in quanto maggiorenni. La normativa attuale sulla cittadinanza si rivela dunque in larga misura inadeguata di fronte agli sviluppi e alle trasformazioni che caratterizzano la struttura stessa della nostra società, trasformando quindi la cittadinanza in un fattore di diseguaglianza. Purtroppo l'inerzia legislativa trova conforto nelle numerose decisioni dei giudici amministrativi relative al diniego della cittadinanza, l'orientamento prevalente è quello che ritiene che «*l'amministrazione, dopo avere accertato l'esistenza dei presupposti per proporre la domanda di cittadinanza, debba effettuare una valutazione ampiamente discrezionale sulle ragioni che inducono lo straniero a chiedere la nazionalità italiana e delle sue possibilità di rispettare i doveri che derivano dall'appartenenza alla comunità nazionale, ivi compresi quelli di solidarietà economica e sociale*» (Cons. Stato, sez IV, decisione n. 1474/1999 ed anche Cons. Stato, sez. VI, decisione n. 52/2011). Alla chiusura legislativa e giudiziaria corrisponde una ancor più grave chiusura culturale, riconoscere lo *status* di cittadino a chi è nato o anche solo cresciuto nei paesi europei infatti non è un atto di misericordia ma un concreto investimento per la crescita della società. A tale proposito si segnala la campagna di informazione di alcuni anni fa "*l'Italia sono anche io*", promossa da diverse organizzazioni: dall'Arci alla Caritas, dalla Cgil alle Acli, dai G2 a Libera, fino all'editore Carlo Feltrinelli, che ha portato nel 2012 alla presentazione di due proposte di legge: una che prevede che i bambini nati in Italia da genitori stranieri regolari (da almeno un anno) possano essere cittadini italiani e l'altra che mira a garantire il diritto elettorale amministrativo ai lavoratori regolarmente presenti in Italia da cinque anni. Finora purtroppo tali sforzi di civiltà non hanno condotto a nessun risultato.

[146] Fa eccezione il terzo comma dell'articolo 10 relativo al diritto di asilo che recita: «*Lo*

contenuto del requisito della cittadinanza si riferisce ad essa molte volte contribuendo a definirne comunque una struttura di riferimento.

Il requisito della cittadinanza appare accolto in tutti i sistemi costituzionali contemporanei e mostra uno strettissimo legame con il principio di eguaglianza, infatti l'identità e lo *status* di cittadino nascono e si affermano a partire dalle rivoluzioni liberali della fine del settecento in contrapposizione ai titoli nobiliari o di altro tipo con cui venivano precedentemente identificati gli individui per poi evolversi con il successivo fondamentale passaggio da 'sudditi' a "cittadini" nel senso più moderno del termine.

Nelle moderne Carte costituzionali il requisito della cittadinanza viene dunque espresso quale fattore di eguaglianza, per cui "*utti i cittadini sono uguali davanti alla legge*" anche se tale definizione potrebbe mettere in dubbio la portata universalistica di alcuni principi fondamentali. La cittadinanza quindi quale eguaglianza dei consociati ed anche quale garanzia grazie al collegamento con l'autorità statale e il relativo territorio[147]. Tuttavia tale ultima funzione di garanzia è solo formalmente uguale per tutti, si nota infatti come essa poggi su una realtà internazionale fortemente differenziata dal punto di vista economico, sociale e culturale per cui non tutte le 'cittadinanze' presentano il medesimo "valore" e non tutti gli Stati sono in grado di offrire le stesse "garanzie" ai propri cittadini[148]. Se il trattamento e le garanzie offerte al cittadino differiscono nei diversi Paesi, ancor più diversificato appare il trattamento riservato agli stranieri.

La condizione del trattamento e dell'eguaglianza dello straniero rispetto al cittadino è infatti, come evidente, un tema complesso che assume rilievo sia sotto il profilo interno che nell'ambito internazionale e oggi più che mai nell'ambito del diritto dell'Unione europea.

Se storicamente il processo di formazione delle norme in materia di tratta-

---

straniero, al quale sia impedito nel suo paese l'effettivo esercizio delle libertà democratiche garantite dalla Costituzione italiana, ha diritto d'asilo nel territorio della Repubblica secondo le condizioni stabilite dalla legge». Sul diritto di asilo in Italia cfr. C. Esposito, *Asilo (diritto di)-Diritto Costituzionale*, voce, *Enciclopedia del diritto*, vol. III, 1958, 222; A. Cassese *Commento all'articolo 10, III° comma Costituzione*, in G. Branca (a cura di) *Commentario Costituzionale*, Bologna-Roma, 1975, 526; P. Ziotti, *Il diritto di asilo nell'ordinamento italiano*, Padova, 1988; B. Nascimbene, *Lo straniero nel diritto italiano. Appendice di aggiornamento. Le nuove norme sull'ingresso, soggiorno e asilo*, Milano, 1990; G. D'Orazio, *Asilo (diritto di) – Diritto Costituzionale*, voce *Enciclopedia Giuridica Treccani*, vol. III, 1991; G. D'Orazio, *Lo straniero nella Costituzione italiana: asilo – condizione giuridica-estradizione*, Padova, 1992; F. Rescigno, *Il diritto d'asilo tra previsione costituzionale, spinta europea e "vuoto"costituzionale*, in *Politica del diritto*, 2004, 155; F. Rescigno, *Il diritto d'asilo*, Roma, 2011.

[147] In questo senso cfr. M. Walzer, *Sfere di giustizia*, Milano, 1987, 41; C. Corsi, *Lo Stato e lo straniero*, Padova, 2001.

[148] Su tale riflessione cfr. C. Corsi, *Lo Stato e lo straniero*, Padova, 2001, 407.

mento o condizione dello straniero era strettamente collegato alla c.d. protezione diplomatica da parte dello Stato e concentrato sulla definizione di alcuni standard di trattamento, la questione si è poi arricchita delineando una maggiore attenzione ai profili relativi alla protezione internazionale dei diritti della persona in virtù degli obblighi di tutela dei diritti umani derivanti dagli strumenti di diritto internazionale. In quest'ambito grande differenza ha fatto la nascita delle Nazioni Unite così come le grandi Dichiarazioni dei diritti che l'hanno accompagnata, insomma la creazione di un sistema internazionale umanitario volto ad eliminare ogni discriminazione nei confronti dello straniero.

Su tali basi il costituzionalismo moderno afferma la fruibilità dei fondamentali diritti civili e sociali "*everywhere in the world*" cioè in qualsiasi parte del mondo in cui ci troviamo senza ancorarle ad alcun requisito di appartenenza [149], è questa la nuova frontiera dell'eguaglianza, o almeno dovrebbe esserlo. Accanto al nuovo approccio umanitario e di apertura del moderno costituzionalismo sembra infatti muoversi in senso diametralmente opposto un atteggiamento di chiusura causato probabilmente dal notevole incremento del numero dei migranti [150] che influenza in maniera inevitabilmente negativa la

---

[149] Così si esprimeva il Presidente Roosevelt nel suo messaggio al Congresso nel 1941 (in *www.ourdocuments.gov*).

[150] Secondo una ricerca pubblicata nel marzo 2016 dal Sole 24 ore, alla fine del 2015 i migranti nel mondo erano 244 milioni (nel 1960 erano settantanove milioni) di cui 47 milioni negli Stati Uniti e 5,8 in Italia. Per quanto concerne invece i rifugiati, nel 2015 si contavano oltre 65 milioni di rifugiati. Un record preoccupante emerso nei dati ONU-UNHCR pubblicato in occasione della Giornata Mondiale del Rifugiato. Le statistiche tracciano anche il quadro dei maggiori paesi di provenienza di profughi e sfollati. Ai primi tre posti, troviamo, nell'ordine, Siria (4,9 milioni) Afghanistan (2,7 milioni) e Somalia (1,1 milioni). Mentre, per quanto riguarda gli stati che ne hanno accolti di più, vediamo le prime tre posizioni occupate da Turchia (2,5 milioni), Pakistan (1,6 milioni) e Libano. Sempre in occasione della Giornata Mondiale del Rifugiato nel 2015 il *Washington Post* ha pubblicato un interessante servizio in cui ha evidenziato 17 caratteristiche correlate al fenomeno delle migrazioni che meritano una riflessione: 1. Le stime più recenti delle Nazioni Unite dimostrano come le persone che hanno lasciato le loro case nel 2014 sono circa 60 milioni tra rifugiati, richiedenti asilo o sfollati e corrispondono quindi ormai alla popolazione di un'intera nazione (si pensi che il nostro Paese, secondo i dati più recenti dell'ISTAT, conta circa 60 milioni di abitanti); 2. La percentuale di migranti è in crescita rispetto a quella della popolazione mondiale. Secondo l'ONU negli anni dal 2007 al 2012 il rapporto tra il numero di migranti e la popolazione mondiale è rimasto più o meno costante ogni anno: negli ultimi due anni però la percentuale di persone che hanno lasciato le proprie case a causa di una guerra, rapportata al numero della popolazione mondiale, è aumentata di oltre il 50 per cento; 3. I migranti sono soprattutto minori; 4. I profughi oggi sono soprattutto provenienti dalla Siria; 5. Di tali migranti ben pochi tornano a casa, infatti nel 2014 solo 126.800 rifugiati sono potuti tornare nel loro paese di origine: si tratta del numero più basso negli ultimi 31 anni; 6. Il caso paradossale del Gambia di cui almeno il 4 per cento della popolazione vive all'estero e circa il 20 per cento del prodotto in-

ridefinizione del trattamento degli stranieri. Così, se da un lato il diritto internazionale e il moderno costituzionalismo hanno cercato di stabilire regole di accoglienza e protezione volte a limitare la tipica discrezionalità degli Stati in materia, sganciando l'applicazione del principio di eguaglianza dalla sola cittadinanza; dall'altro, l'arrivo di ingenti quantitativi di persone sembra mettere a repentaglio ogni possibile sistema di accoglienza e tende a differenziare nuovamente il trattamento dei cittadini da quello degli stranieri in un'ottica protezionistica dei privilegi e delle garanzie che ogni Stato vuole/può offrire solo ai propri cittadini.

Nell'attuale diritto internazionale dei diritti umani sembrerebbe affermarsi addirittura la nascita di un "diritto internazionale alla cittadinanza" basato sul principio per cui negare la cittadinanza significa violare il diritto dell'individuo ad avere una cittadinanza, quale presupposto giuridico per il godimento di diritti e obblighi all'interno di uno Stato e tale diritto sarebbe legato non alla concessione dello Stato nazionale, in mancanza di legami effettivi con que-

---

terno lordo del paese è rappresentato dai versamenti di chi è all'estero e invia aiuti alle famiglie rimaste nel paese di origine; 7. Oltre 2,6 milioni di profughi afghani vivono fuori dal loro paese d'origine da più di trent'anni, soprattutto in Pakistan e Iran; 8. Attualmente la popolazione del Libano è composta per un quinto da profughi, il Libano è il paese con la concentrazione più alta di profughi al mondo, per questo nel 2014 ha intrapreso una politica di chiusura per gli ingressi nel Paese; 9. La Turchia è il paese con il maggior numero di rifugiati al mondo, con circa 2 milioni di rifugiati. La grande maggioranza di queste persone è siriana e ha lasciato il proprio paese a causa della guerra; 10. Le isole greche sono diventate alcuni dei principali punti di accesso via mare all'Europa, secondo le stime di Medici Senza Frontiere nelle isole greche via mare dall'inizio del 2015 sono arrivate più di 46 mila persone; 11. Nel 2014, 1,7 milioni di persone hanno presentato domanda di asilo, i paesi in cui sono state fatte le maggiori richieste sono: Russia (274.700 richieste che dipendono in gran parte dalla recente crisi dell'Ucraina: secondo l'UNHCR, circa il 99 per cento delle richieste presentate in Russia è stata fatta da ucraini), Germania (173.100), Stati Uniti d'America (121.200), Turchia (87.800), e Svezia (75.100). In Italia i richiedenti asilo nel 2013 sono stati 26.620 e 64.456 nel 2014, con un incremento del 137 per cento; 12. Un numero crescente di persone in Europa si oppone all'accoglienza; 13. Crescono i partiti anti-immigrazione considerati favorevolmente dalle popolazioni locali; 14. L'Europa costruisce muri, l'Ungheria lo fa al confine con la Serbia, la Bulgaria al confine con la Turchia, il Kenya al confine con la Somalia; 15. Aumentano i morti nel Mediterraneo; 16. Sono migliaia i migranti bloccati nel sud-est asiatico; 17. Le richieste di aiuto delle Nazioni Unite sono aumentate del 500 per cento negli ultimi dieci anni.

È più che evidente come il quadro delineato da questa ricerca non appaia affatto confortante.

Infine, merita di essere ricordata la squadra dei rifugiati presente alle recenti Olimpiadi di Rio 2016, team composto da persone fuggite da guerre e dittature, squadra che – come ha notato Roger Cohen sulle colonne del New York Times – è stata molto apprezzata e così da un lato si glorificano i rifugiati "sportivi" mentre dall'altro si continuano a denigrare e respingere tutti gli altri in cerca di un rifugio.

sto, ma dallo Stato in cui l'individuo sceglie di stabilirsi ed operare[151]. Il contenuto di tale nuovo diritto si fonda sulla norma consuetudinaria che vieta la discriminazione basata sulla nazionalità. Sembra però che l'evoluzione garantista del diritto internazionale fatichi molto per essere tradotta in regole di accoglienza dai singoli Stati,

Nell'ambito del panorama europeo, in un quadro internazionale (come evidenziato) già notevolmente complesso, si è inserita anche una variabile costituita da un'inedita forma di cittadinanza contraddistinta da una particolare fisionomia: si tratta della cittadinanza europea istituita con il Trattato di Maastricht del 1992 che ha creato una nuova entità sovranazionale: l'Unione europea, fondata sulle Comunità già esistenti ma da cui è rimasta distinta. La cittadinanza europea si unisce alla cittadinanza nazionale, non la sostituisce e non ha regole proprie che disciplinano il suo acquisto o perdita per cui si presenta in maniera sussidiaria rispetto alle singole cittadinanze nazionali degli Stati membri. La centralità del nuovo istituto della cittadinanza europea è evidenziata dal fatto che già nel Preambolo del Trattato di Maastricht essa viene indicata tra le motivazioni della costituzione dell'Unione. Esaminando la nozione e le caratteristiche della cittadinanza europea è indubbio che questa presenta elementi decisamente peculiari rispetto alle cittadinanze nazionali: innanzi tutto sembra da escludere che essa possa connotare uno *status* di appartenenza ad una entità statuale, infatti la costruzione europea è qualcosa che si colloca a metà strada tra la Confederazione e la Federazione e anche l'Unione europea creata da Maastricht non costituisce uno Stato nel senso proprio del termine, essa appare come un "Confederazione moderna" che non è solo una lega di Stati, ma concerne direttamente l'individuo, tutelandone i diritti fondamentali e generando una cittadinanza comune accanto a quella dello Stato nazionale. La cittadinanza europea ha certamente un carattere aggiuntivo e complementare rispetto a quella nazionale, carattere ribadito dal fatto che né Maastricht né gli interventi comunitari successivi hanno mai fissato dei requisiti *ad hoc* per il suo riconoscimento, attribuendola a tutti coloro che posseggono la cittadinanza di uno degli Stati membri. Così il cittadino di uno Stato membro è automaticamente cittadino europeo e i requisiti fissati da ogni Stato per l'ottenimento della propria cittadinanza divengono contemporaneamente i requisiti necessari per ottenere la cittadinanza europea, ma allo stesso modo anche la perdita della cittadinanza nazionale causerà la perdita di quella euro-

[151] In tal senso cfr. L. PANELLA, *La cittadinanza e le cittadinanze nel diritto internazionale*, Napoli, 2008; P.J. SPIRO, *A new International Law of Citezenship*, in *American Journal of International Law*, 2011, 694; S. MOSCATELLI, *Il diritto alla cittadinanza nel diritto internazionale dei diritti umani*, in F. MARCELLI (a cura di), *Immigrazione, asilo e cittadinanza universale*, Napoli, 2013.

pea perché questa non presenta uno *status* autonomo ma è in tutto condizionata dallo *status* di cittadino di uno Stato membro, per cui la cittadinanza nazionale è quella primaria ed originaria mentre quella europea è da essa derivata. Ancora, si avverte fortemente la mancanza dell'elemento della volontarietà, cioè la possibilità di scelta effettuabile dal singolo rispetto all'acquisizione della cittadinanza europea: in quest'ottica, infatti, il singolo non ha alcuna possibilità di opzione essendo la cittadinanza europea automaticamente legata a quella nazionale di uno degli Stati membri. La cittadinanza europea presenta dunque un carattere essenzialmente duale, lasciando ancora la caratteristica di cittadinanza principale e originaria a quella nazionale da cui essa deriva. Tale scelta è dovuta al fatto che nessun Paese vuole rinunciare al rapporto diretto con i propri cittadini, per cui rimane agli Stati membri dell'Unione il potere di determinare chi sono i propri cittadini e conseguentemente chi sono i cittadini europei; ma il cammino compiuto dall'Unione dovrebbe comportare che essere cittadino europeo significhi qualcosa di più che essere semplicemente cittadino italiano, tedesco o francese e questo grazie anche all'affermazione del principio di non discriminazione a livello europeo che andando ben oltre le iniziali previsioni specifiche nel campo del lavoro coinvolge l'Unione europea in fondamentali settori quali il diritto di asilo, la lotta alla criminalità organizzata, i problemi della sicurezza interna e la collaborazione giudiziaria e, ancora la cittadinanza europea dovrebbe avere una propria autonomia come dimostra anche la garanzia giurisdizionale offerta dalla Corte di Giustizia della Comunità. Purtroppo però ancora oggi la cittadinanza europea continua a mancare di una propria fisionomia e pur garantendo alcuni diritti all'interno dell'Unione non sembra essere divenuta uno strumento di identificazione per i cittadini degli Stati membri e nemmeno per gli stranieri extra-comunitari che ad essa non possono comunque fare riferimento [152].

Come evidenziato nemmeno la cittadinanza europea appare capace di ga-

---

[152] Per contrastare la scarsa affezione dei cittadini degli Stati membri rispetto alla cittadinanza europea il 2013 è stato ufficialmente proclamato "*Anno europeo dei cittadini*" con decisione del Parlamento europeo e del Consiglio, su proposta dalla Commissione, pubblicata il 23 novembre 2012 nella Gazzetta ufficiale dell'Unione europea. A vent'anni dal Trattato di Maastricht e dall'introduzione della cittadinanza europea, l'Anno europeo della cittadinanza è stato l'occasione per presentare le politiche e i programmi esistenti e spiegare ai cittadini come beneficiare direttamente dei diritti dell'Unione. Malgrado l'Anno europeo dei cittadini venne ufficialmente inaugurato il 10 gennaio 2013 a Dublino con un dibattito pubblico e pubblicizzato dagli organismi comunitari tale iniziativa non sembra aver raggiunto lo scopo che si prometteva e cioè quello di rafforzare la consapevolezza e la conoscenza dei diritti e delle responsabilità connessi alla cittadinanza dell'Unione, al fine di permettere ai cittadini di esercitare pienamente i proprio diritti, con particolare riferimento al diritto di circolare e di soggiornare liberamente nel territorio degli Stati Membri.

rantire l'applicazione generalizzata del principio di eguaglianza rimanendo ancorata ad una visione tradizionale del cittadino e della cittadinanza conferendo a tali *status* una prerogativa di esclusione dell'altro, dello straniero.

La cittadinanza europea non riesce dunque ad unire se non marginalmente i cittadini dei Paesi membri dell'Unione che spesso ne ignorano perfino l'esistenza e certamente rappresenta un fattore di esclusione per i soggetti extracomunitari che in nessun caso potranno instaurare un rapporto di cittadinanza diretto con l'Unione ma dovranno comunque sempre passare dalla mediazione dei singoli Stati membri.

Rispetto al trattamento dello straniero nel nostro Paese e al rapporto principio di eguaglianza-cittadinanza-straniero si è registrato anche l'intervento del Giudice delle leggi che ha affermato la valenza del principio di eguaglianza, uscendo dal legame uguaglianza-cittadinanza, anche per gli stranieri ribadendo pure in tempi recenti come: «*il principio costituzionale di eguaglianza non tollera discriminazioni fra la posizione del cittadino e quella dello straniero solo quando venga riferito al godimento dei diritti inviolabili dell'uomo (v., fra le tante, la sentenza n. 62 del 1994): così da rendere legittimo, per il legislatore ordinario, introdurre norme applicabili soltanto nei confronti di chi sia in possesso del requisito della cittadinanza – o all'inverso ne sia privo – purché tali da non compromettere l'esercizio di quei fondamentali diritti*»[153].

La cittadinanza può dunque essere posta *ragionevolmente* alla base di trattamenti differenziati ma solo se tali trattamenti non hanno quale oggetto diritti inviolabili dell'uomo come ad esempio il diritto alla salute rispetto al quale appare riconoscibile un nucleo irriducibile di tutela in quanto vero e proprio diritto della persona e per questo esso deve essere riconosciuto e garantito anche agli stranieri, qualunque sia la loro posizione rispetto alle norme che regolano l'ingresso ed il soggiorno nello Stato, pur potendo il legislatore prevedere diverse modalità di esercizio dello stesso.

Il Legislatore dunque può anche differenziare i soggetti basandosi sul mancato possesso della cittadinanza italiana ma non detiene comunque una libertà di regolazione assoluta, essa deve infatti essere contenuta nell'ambito della ragionevolezza per cui dovrà essere adeguata, pertinente, congrua e proporzionale, insomma coerente con il principio di eguaglianza.

Appare significativo il fatto che la giurisprudenza costituzionale in tema di trattamento dello straniero e applicazione del principio di eguaglianza si sia

---

[153] Cfr. sent. Corte cost. n. 432/2005 (in *Giur. Cost.*, 2005, 4657) concernente la legge reg. Lombardia n. 25/2003 che escludeva i cittadini stranieri, residenti in regione, dagli aventi diritto alla circolazione gratuita sui servizi di linea pubblica garantita alle persone totalmente invalide per cause civili. Su tale pronuncia cfr. M. CUNIBERTI, *L'illegittimità costituzionale dell'esclusione dello straniero alle prestazioni sociali previste dalla legislazione regionale*, in *Le Regioni*, 2006, 516.

modificata nel corso del tempo: in un primo periodo infatti l'impostazione era quella di ancorare il riconoscimento dei diritti fondamentali per gli stranieri sulla base del rapporto intercorrente tra gli articoli 2 e 3 della nostra Costituzione, poi, a causa dell'enorme sviluppo dell'immigrazione irregolare, la Corte si è concentrata maggiormente sul dato dell'inviolabilità dei diritti che come tali devono poter essere garantiti a qualsiasi soggetto indipendentemente dal rapporto di cittadinanza. La Corte è andata dunque oltre il dato letterale collegando l'articolo 3 con gli articoli 2 e 10 [154] e già dalla fine degli anni '60 ribadisce che «*il principio di eguaglianza vale pure per lo straniero quando trattasi di rispettare quei diritti fondamentali*» [155], insomma il principio di eguaglianza deve essere applicato allo straniero senza distinzioni rispetto al cittadino per tutti i diritti riconducibili all'articolo 2.

La giurisprudenza di garanzia della Consulta non impedisce comunque al Legislatore di operare differenziazioni tra cittadino e straniero in base al principio di ragionevolezza, poiché il cittadino gode di un rapporto con lo Stato che è originario o comunque permanente mentre lo straniero ha un rapporto acquisito e solitamente temporaneo quindi «*la riconosciuta eguaglianza di situazioni soggettive nel campo della titolarità dei diritti di libertà non esclude affatto che, nelle situazioni concrete, non possano presentarsi, fra soggetti uguali, differenze di fatto che il legislatore può apprezzare e regolare nella sua discrezionalità, la quale non trova altro limite se non nella razionalità del suo apprezzamento. Ora, nel caso, non può escludersi che, tra cittadino e straniero, benché uguali nella titolarità di certi diritti di libertà, esistano differenze di fatto che possano giustificare un loro diverso trattamento nel godimento di quegli stessi diritti. Il cittadino ha nel territorio un suo domicilio stabile, noto e dichiarato, che lo straniero ordinariamente non ha; il cittadino ha diritto di risiedere ovunque nel territorio della Repubblica ed, ovviamente, senza limiti di tempo, mentre lo straniero può recarsi a vivere nel territorio del nostro, come di altri Stati, solo con determinate autorizzazioni e per un periodo di tempo che è in genere limitato, salvo che egli non ottenga il così detto diritto di stabilimento o di incolato che gli assicuri un soggiorno di durata prolungata o indeterminata; infine il cittadino non può essere allontanato per nessun*

---

[154] In tal senso cfr. P. PASSAGLIA-R. ROMBOLI, *La condizione giuridica dello straniero nella prospettiva della Corte costituzionale*, in M. REVENGA SANCHEZ (a cura di), *I problemi costituzionali dell'immigrazione tra Italia e Spagna*, Valencia, 2005, 11; S. SICARDI, *L'immigrato e la Costituzione. Note sulla dottrina e sulla giurisprudenza costituzionale*, in *Giurisprudenza Italiana*, 1996, 316; M. CUNIBERTI, *La cittadinanza. Libertà dell'uomo e libertà del cittadino nella Costituzione italiana*, Padova, 1997, 150; F. SCUTO, *I diritti fondamentali della persona quale limite al contrasto dell'immigrazione irregolare*, Milano, 2012, 45 ss.

[155] Cfr. sent. Corte cost. n. 120/1967, in *Giur. Cost.*, 1967, 1577.

motivo dal territorio dello Stato, mentre lo straniero ne può essere espulso, ove si renda indesiderabile, specie per commessi reati»[156].

Esiste dunque un'eguaglianza di trattamento tra cittadino e straniero per quanto concerne i diritti inviolabili anche se tali diritti potrebbero essere considerati un '*minus*' rispetto alla somma dei diritti di libertà riconosciuti generalmente al cittadino. In ultima analisi i diritti inviolabili degli stranieri (anche irregolari) non possono essere inficiati dal titolo della loro presenza nel nostro Stato, anche se possono essere ammissibili disparità di trattamento rispetto a situazioni non riconducibili ai diritti inviolabili. Se questa è la linea di fondo che da sempre anima la giurisprudenza costituzionale, è d'obbligo anche evidenziare come nell'ultimo quindicennio la Corte abbia 'allargato' le maglie di protezione riconducendo al trattamento dello straniero la definizione di diritti inviolabili *ex* articolo 2, un'interpretazione combinata degli articoli 2 e 3 della nostra Costituzione consente infatti una maggiore garanzia della posizione dello straniero. Così, a partire da una pronuncia del 2000, la Corte ricorda che «*allo straniero comunque presente alla frontiera o nel territorio dello Stato sono riconosciuti i diritti fondamentali della persona umana previsti dalle norme di diritto interno, dalle convenzioni internazionali in vigore e dai principi di diritto internazionale generalmente riconosciuti*»[157], e quando la Corte parla di straniero si riferisce indistintamente ai cittadini comunitari, extra-comunitari, stranieri irregolari, rifugiati, asilanti o apolidi con o senza permesso di soggiorno regolare, perché a ogni soggetto deve essere riconosciuto un nucleo irriducibile di diritti inviolabili che vanno dal diritto alla difesa, alla libertà personale, al diritto alla salute in quanto il canone della ragionevolezza non può operare distinguo nell'ambito dei diritti fondamentali per i quali l'applicazione del principio di eguaglianza deve tradursi nel divieto di diseguaglianza tra cittadino e non cittadino[158].

Lo studio dei diritti degli stranieri induce a riflettere sugli elementi costitutivi dello Stato nel rapporto tra sovranità, territorio e popolo, poiché quest'ultimo non può più essere solo quello che si lega al territorio per nascita, per storia o per lingua[159]; l'immigrazione e la presenza sempre più numerosa di stranieri non è un fenomeno arrestabile ma costituisce ormai un aspetto strutturale della società odierna e per questo appare necessaria una 'riarticolazione' dei diritti fondamentali che devono essere universalizzati ridefinendo la stessa fisionomia dello Stato sociale ancora combattuto tra logiche di sosteni-

---

[156] Cfr. sent. Corte cost. n. 104/1969, in *Giur. Cost.*, 1969, 1565.

[157] Cfr. sent. Corte cost. n. 198/2000, in *Giur. Cost.*, 2000, 1666.

[158] In questo senso si condividono le riflessioni di F. SCUTO, *I diritti fondamentali della persona quale limite al contrasto dell'immigrazione irregolare*, Milano, 2012, 56 ss.

[159] In tal senso cfr. G. BERTI, *Cittadinanza, cittadinanze e diritti fondamentali*, in *Rivista di Diritto Costituzionale*, 1997, 16.

bilità finanziaria e vocazione universalistica dei diritti fondamentali[160].

Ad ogni straniero presente nel nostro Paese devono dunque riconoscersi i diritti inviolabili dell'uomo e quando ci si riferisce ai diritti inviolabili si parla della globalità dei diritti contenuti nel Titolo Primo della Prima Parte della Carta costituzionale e dei diritti comunque ascrivibili a tale gruppo sulla base dell'interpretazione estensiva dell'articolo 2. Rimangono dunque estranei rispetto a tale categoria i diritti politici tranne quelli riconosciuti ai cittadini comunitari sulla base della cittadinanza europea.

Il principio che si sposa con l'eguaglianza è dunque quello della dignità umana che gode di una garanzia "*multi level*" che va dalle previsioni statali alle grandi dichiarazioni internazionali.

La sfida è quella di riuscire a garantire e tutelare la dignità umana attraverso una politica e una giustizia distributiva (o per meglio dire redistributiva) internazionale. Questo aspetto del principio di eguaglianza nella sua declinazione di osservanza e garanzia della dignità umana deve essere rispettato dal Legislatore allorché si appresta a disciplinare lo *status* dello straniero con particolare riguardo alle misure di contrasto per l'immigrazione irregolare. Il significativo aumento dei fenomeni migratori rischia infatti di mettere in pericolo la garanzia dell'inviolabilità dei diritti degli stranieri e l'inasprimento delle misure di contrasto all'immigrazione clandestina che si sta realizzando in maniera più o meno identica in tutti i Paesi membri dell'Unione europea avviene purtroppo il più delle volte proprio vanificando tali diritti inviolabili. La disciplina di contrasto all'immigrazione clandestina rappresenta certamente un profilo essenziale dell'esercizio della sovranità statale che agisce motivata da esigenze di contenimento dei flussi di ingresso e di sicurezza interna, tuttavia tali esigenze devono bilanciarsi con la dignità dell'individuo e la stessa Corte ha ammonito che «*né potrebbe dirsi che le garanzie dell'articolo 13 della Costituzione subiscano attenuazioni rispetto agli stranieri, in vista della tutela di altri beni costituzionalmente rilevanti. Per quanto gli interessi pubblici incidenti sulla materia della immigrazione siano molteplici e per quanto possano essere percepiti come gravi i problemi di sicurezza e di ordine pubblico connessi a flussi migratori incontrollati, non può risultarne minimamente scalfito il carattere universale della libertà personale, che, al pari degli altri diritti che la Costituzione proclama inviolabili, spetta ai singoli non in quanto partecipi di una determinata comunità politica, ma in quanto esseri umani*»[161], la sicurezza e il ruolo "protettivo" dello Stato rispetto ai propri consociati sono valori costituzionali, così

---

[160] Su tale necessaria riarticolazione cfr. S. BENHABIB, *I diritti degli altri. Stranieri, residenti, cittadini*, Milano, 2006 e le interessanti conclusioni di F. BIONDI DAL MONTE, *Dai diritti sociali alla cittadinanza. La condizione giuridica dello straniero tra ordinamento italiano e prospettive sovranazionali*, Torino, 2013, 275 ss.

[161] Cfr. sent. Corte cost. n. 1058/2001, in *Giur. Cost.*, 2001, 675.

come lo sono la libertà e la dignità dei singoli (cittadini e stranieri che siano), ma in ultima analisi tali valori non possono essere del tutto parificati dovendo comunque prevalere il rispetto dei diritti inviolabili quale limite invalicabile per il Legislatore, anche se realmente non sempre gli Stati sembrano seguire questa indicazione nell'elaborazione delle proprie politiche sugli stranieri.

L'applicazione del principio di eguaglianza al di là dello *status civitatis* diviene dunque un'operazione più articolata di quella che potrebbe apparire a prima vista; il quadro risulta ulteriormente complicato dalla crisi economica mondiale e dalle grandi migrazioni di stranieri che distinguiamo in comunitari, extra-comunitari, rifugiati, asilanti ed apolidi cercando di offrire risposte giuridiche differenti e confuse ad ognuno di loro. Manca un modello nazionale di accoglienza ma soprattutto, e ciò appare ancora più grave, manca completamente un modello europeo comune di accoglienza dello straniero. La strada da percorrere dovrebbe essere quella del c.d. "*burden sharing*", cioè "condivisione del peso", un sistema di collaborazione che ponga in primo piano le finalità umanitarie dell'accoglienza anche rispetto alle esigenze interne di controllo dei flussi migratori, un sistema attuabile solo distribuendo equamente i costi e il peso di chi lascia il proprio Paese alla ricerca di una vita più sicura. Gli Stati dovrebbero conciliare l'interesse nazionale con quello degli individui che chiedono ospitalità, la strategia del *burden sharing* si realizza operando in diverse direzioni: razionalizzando il sistema d'esame dei flussi migratori, gestendo in maniera unitaria i fondi destinati all'accoglienza in modo da conciliare l'interesse dello Stato con quello dell'individuo [162]. Teoricamente l'Unione europea pare aver compreso la necessità di muoversi in questo senso, ma nella prassi si evidenzia un atteggiamento a dir poco "schizofrenico" per cui nessuno Stato nega apertamente il principio di *non-refoulement* [163] ma qua-

[162] Sul *burden sharing* mi si consenta di rimandare al mio F. RESCIGNO, *Il diritto d'asilo*, Roma, 2011 e alla bibliografia ivi indicata.

[163] Rispetto al principio di *non-refoulement* si ricorda che esso viene affermato nel periodo tra le due guerre mondiali quando vengono adottati diversi trattati internazionali riguardanti minoranze etniche o profughi di specifiche nazionalità. In tale ambito la Prima Convenzione sul rifugiato, adottata il 28 Ottobre 1933 (realmente circoscritta ai profughi russi ed armeni) enuncia per la prima volta il principio di *non-refoulement*, ovvero il non respingimento dei rifugiati alle frontiere. Il principio trova la sua definitiva consacrazione con la Convenzione di Ginevra del 1951 che all'articolo 33 sancisce il divieto di *refoulement* ai sensi del quale anche chi si sia introdotto illegalmente in un Paese o sia stato raggiunto da un provvedimento di espulsione non potrà, in alcun modo essere allontanato dal territorio di rifugio verso Stati nei quali la vita o la libertà possano essere minacciate, tale fondamentale postulato incontra le eccezioni di quegli individui che rappresentano un pericolo per la sicurezza dello Stato e di coloro che essendo stati condannati con sentenza passata in giudicato a causa di un crimine particolarmente grave costituiscono una minaccia per la comunità di chi concede rifugio. Il divieto di *refoulement* è fondamentale in quanto investendo l'allontanamento del rifugiato

si tutti lo sconfessano nel momento in cui respingono, con sistemi differenti, i migranti verso Paesi dove la loro sicurezza o addirittura la loro vita risulta essere a rischio. In tali occasioni i diversi governi invocano eccezioni al divieto di *refoulement* sulla base dell'interesse nazionale e della sicurezza, salvando così il principio teorico ma realizzando una prassi in palese contraddizione con il principio fondamentale di tutela della dignità umana[164]. La dignità umana è infatti un principio di struttura dell'Unione europea e allo stesso tempo un diritto fondamentale. Tale principio riconosciuto a livello primario dall'Unione europea non solo si pone quale canone di ogni ordinamento e deve condizionarne lo sviluppo considerando che sia il diritto dei Trattati che la

"*in any manner whatsoever*", include l'espulsione, l'estradizione e il respingimento alla frontiera. La Dichiarazione sull'asilo territoriale approvata dall'Assemblea generale delle Nazioni Unite il 14 dicembre 1967 afferma la valenza del principio di *non-refoulement* anche per il richiedente asilo (e non solo per il rifugiato) che possa essere rimandato in uno Stato che non rispetta i diritti umani fondamentali, o nel quale il soggetto tema comunque di poter subire persecuzioni o torture. Si segnala inoltre come, pur non esistendo un obbligo generale che imponga agli Stati la concessione dell'asilo, alcuni accordi quali la Convenzione europea di estradizione del dicembre 1957 e la Convenzione europea di assistenza giudiziaria in materia penale dell'aprile 1959, hanno previsto obblighi sussidiari rispetto all'asilo, come il principio di *non-refoulement* e il divieto di estradizione per reati politici. In pratica il *non refoulement* si traduce nell'obbligo di non trasferimento, diretto o indiretto, di un rifugiato o di un richiedente asilo in un luogo nel quale la sua vita o libertà sarebbe in pericolo a causa della sua razza, religione, nazionalità, appartenenza ad un determinato gruppo sociale od opinioni politiche. Un problema concreto sollevato da tale principio è quello relativo alla sua applicazione unicamente nei confronti degli individui presenti sul territorio di uno Stato o se invece esso si traduca in un divieto di respingimento alla frontiera di chi fugge da un paese in cui la sua vita e la sua libertà sarebbero in pericolo. Effettivamente l'esegesi del *non refoulement* induce a ritenere preferibile l'interpretazione estensiva, sia sulla base dell'articolo 33 della Convenzione del 1951, ma anche sul fatto che la *ratio* di tale principio sta nella protezione della vita e della libertà di ogni individuo, elementi che non possono essere messi in discussione dalle circostanze relative alla componente territoriale, per questo il *non refoulement* deve necessariamente includere anche il respingimento alla frontiera senza che l'elemento territoriale risulti dirimente; infatti, per gli obblighi di *non refoulement*, il criterio decisivo non è se i migranti si trovino nel territorio dello Stato quanto piuttosto se essi si trovino sotto l'effettivo controllo e autorità di quello Stato. Il principio del *non refoulement* non si sostanzia solo nel divieto del rinvio diretto di chi chiede ospitalità verso un Paese nel quale teme di essere perseguitato: infatti anche il rinvio indiretto verso un Paese terzo che potrebbe successivamente inviare la persona verso il Paese di temuta persecuzione costituisce respingimento, perciò nessun richiedente dovrebbe essere rinviato verso un Paese terzo che non possa garantire criteri base di protezione come l'osservanza del principio di non respingimento, l'impegno ad esaminare in maniera imparziale ed obiettiva la domanda di asilo della persona, nonché la capacità e la volontà di fornire efficace protezione.

[164] Sulla necessaria elaborazione di una strategia comune rimando nuovamente al mio F. RESCIGNO, *Il diritto d'asilo*, Roma, 2011.

Carta dei diritti fondamentali oggi parte integrante degli stessi Trattati lo accolgono quale principio assoluto non prevedendo alcuna possibile limitazione. Da ciò deriva che la salvaguardia della dignità umana non può formare oggetto di bilanciamento con riguardo a pretese pubbliche o private per opera dei giudici e che il diritto europeo secondario deve essere interpretato e applicato in modo da rispettare tale fondamentale principio [165].

Il Legislatore interno così come quello europeo devono dunque impegnarsi in una direzione nuova abbandonando gli egoismi nazionali per elaborare modelli comuni di accoglienza in grado di collocare in primo piano le finalità umanitarie anche rispetto alle esigenze interne di controllo dei flussi migratori, distribuendo razionalmente i costi e il peso di chi chiede protezione e ospitalità. Il Legislatore deve rispettare la dignità umana nel suo contenuto fisico e morale, la dignità è connessa alla vita dell'uomo e ogni forma di degradazione della persona deve essere considerata violazione della stessa dignità umana.

Lo straniero, il migrante non può essere tenuto fuori dall'applicazione del principio di eguaglianza poiché l'eguaglianza protegge e realizza la dignità umana su cui si costruisce il vivere insieme. Per questo l'affermazione dei diritti fondamentali per chiunque si trovi in uno Stato democratico, quale che sia la sua qualifica giuridica, al di là quindi anche del vincolo della cittadinanza, appare oggi un passo necessario [166], perché lo straniero non corra il rischio di essere «*nella società senza essere nella società*» [167].

È giunto il momento per la cittadinanza di modificare la propria fisionomia divenendo fattore di inclusione al fine di valorizzare la volontarietà della scelta individuale verso lo Stato garante dei diritti fondamentali patrimonio dell'umanità. L'Europa oggi rischia di sgretolarsi soffocata dalle regole economiche ed incapace di gestire le più recenti emergenze umanitarie. È necessario riflettere su come gli egoismi nazionali, la difesa della specificità delle singole cittadinanze, l'inesistente valore della cittadinanza europea abbiano condotto a questo momento di crisi e disgregazione, a quanto ci siamo allontanati dal Manifesto di Ventotene per comprendere se davvero vogliamo restare a guardare un mondo che si costruisce sulla sfortuna di molti e la ricchezza di pochi o se le moderne democrazie sono finalmente pronte a concretizzare insieme prin-

---

[165] In tal senso cfr. M. OLIVETTI, *Art. 1. Dignità umana*, in R. BIFULCO-M. CARTABIA-A. CELOTTO (a cura di), *L'Europa dei diritti*, Bologna, 2001, 38; S. MANGIAMELI, *Processi migratori, principi europei e identità dell'Europa*, in L. RONCHETTI (a cura di), *I diritti di cittadinanza dei migranti. Il ruolo delle regioni*, Milano, 2012, 5 ss.

[166] Cfr. M. LUCIANI, *Cittadini e stranieri come titolari di diritti fondamentali. L'esperienza italiana*, in *Riv. crit. dir. priv.*, 1992, 203.

[167] Così E. BALIBAR, *Cittadinanza*, Torino, 2012, 86.

cipio di eguaglianza e dignità umana. Un auspicio, un sogno? Credo una necessità comune che va oltre ogni legame di cittadinanza per abbracciare e realizzare la dignità umana.

Bibliografia

AA.VV., *Lo statuto costituzionale del non cittadino, Atti del XXIV Convegno annuale dell'Associazione Italiana dei Costituzionalisti, Cagliari 16-17 ottobre 2009*, Napoli, 2010.

ALLEGRETTI V.U., *Costituzione e diritti cosmopolitici*, in GOZZI G. (a cura di), *Democrazia, diritti, costituzione*, Bologna, 1997, 171.

BASCHERINI G., *Immigrazione e diritti fondamentali. L'esperienza italiana tra storia costtiuzionale e prospettive europee*, Napoli, 2007.

BIONDI DAL MONTE F., *Dai diritti sociali alla cittadinanza. La condizione giuridica dello straniero tra ordinamento italiano e prospettive sovranazionali*, Torino, 2013.

CASSESE A., *Commento all'articolo 10, III° comma Costituzione*, in G. BRANCA (a cura di), *Commentario Costituzionale*, Bologna-Roma, 1975, 526.

CERRONE F., *La cittadinanza e i diritti*, in R. NANIA-P. RIDOLA (a cura di), *I diritti costituzionali*, vol. I, Torino, 2006, 277.

CORSI C., *Lo Stato e lo straniero*, Padova, 2001.

CORSI C., *Stranieri, diritti sociali e principio di eguaglianza nella giurisprudenza della Corte costituzionale*, in *Federalismi.it*, 2014, n. 3.

CUNIBERTI M., *La cittadinanza. Libertà dell'uomo e libertà del cittadino nella Costituzione italiana*, Padova, 1997, 150.

CUNIBERTI M., *L'illegittimità costituzionale dell'esclusione dello straniero alle prestazioni sociali previste dalla legislazione regionale*, in Le Regioni, 2006, 516.

DE SIERVO U., *Articolo 22*, in *Commentario della Costituzione*, Bologna, 1978.

D'ORAZIO G., *Asilo (diritto di) – Diritto Costituzionale*, voce Enciclopedia Giuridica Treccani, vol. III, 1991.

D'ORAZIO G., *Lo straniero nella Costituzione italiana: asilo-condizione giuridica-estradizione*, Padova, 1992.

ESPOSITO C., *Asilo (diritto di)-Diritto Costituzionale*, voce, *Enciclopedia del diritto*, vol. III, 1958, 222.

FERRAJOLI L., *Dai diritti del cittadino ai diritti della persona*, in ZOLO D. (a cura di), *La cittadinanza. Appartenenza, identità, diritti*, Roma-Bari, 1994, 263.

FERRANTE V.-ZANFRINI L., *Una parità imperfetta*, Roma, 2008.

GROSSO E., *Le vie della cittadinanza*, Padova, 1997.

GROSSO E., *Straniero (status dello)*, in *Digesto disc. pubbl.*, vol. XV, Torino, 1999, 5791; C. CORSI, *Lo Stato e lo straniero*, Padova, 2001.

ISTAT, *I migranti visti dai cittadini*, 2012.

LABRIOLA S., *"Status civitatis" e norme costituzionali*, in *Rivista trimestrale di diritto e procedura civile*, 1977, 1315.

LAVAGNA C., *Basi per uno studio delle figure giuridiche soggettive contenute nella costituzione italiana*, in *Studi economico-giuridici*, Padova, 1953, 14.
MANGIAMELI S., *Processi migratori, principi europei e identità dell'Europa*, in L. RONCHETTI (a cura di), *I diritti di cittadinanza dei migranti. Il ruolo delle regioni*, Milano, 2012, 5.
MARCELLI F. (a cura di), *Immigrazione, asilo e cittadinanza universale*, Napoli, 2013.
MARCELLI F.-TAGLIAMONTE I., *Il diritto contro la crisi*, Roma, 2012.
MELICA L., *Lo straniero extracomunitario. Valori costituzionali e identità culturale*, Torino, 1996.
NANNI M.P.-FUCILITTI A., *Welfare, spesa sociale e immigrazione. Un quadro d'insieme*, in *IV Rapporto sui lavoratori di origine immigrata negli archivi INPS. La regolarità del lavoro come fattore di integrazione*, Roma, 2011.
NASCIMBENE B., *Lo straniero nel diritto italiano. Appendice di aggiornamento. Le nuove norme sull'ingresso, soggiorno e asilo*, Milano, 1990.
NASCIMBENE B., *Lo straniero nel diritto internazionale*, Milano, 2013.
OLIVETTI M., *Art. 1. Dignità umana*, in BIFULCO R.-CARTABIA M.-CELOTTO A. (a cura di), *L'Europa dei diritti*, Bologna, 2001, 38.
ONIDA V., *Lo statuto costituzionale del non cittadino*, in AA.VV., *Lo statuto costituzionale del non cittadino. Atti del XXIV Convegno annuale dell'Associazione Italiana dei Costituzionalisti, Cagliari 16-17 ottobre 2009*, Napoli, 2010, 3 ss.
PALADIN L., *Il principio costituzionale di uguaglianza*, Milano, 1965.
PASSAGLIA P.-ROMBOLI R., *La condizione giuridica dello straniero nella prospettiva della Corte costituzionale*, in REVENGA SANCHEZ M. (a cura di), *I problemi costituzionali dell'immigrazione tra Italia e Spagna*, Valencia, 2005, 11.
RESCIGNO F., *Il diritto d'asilo tra previsione costituzionale, spinta europea e "vuoto" costituzionale*, in *Politica del diritto*, 2004, 155.
RESCIGNO F., *Il diritto d'asilo*, Roma, 2011.
RONCHETTI L., *I diritti di cittadinanza dei migranti. Il ruolo delle Regioni*, Milano, 2012.
RONCHETTI L. (a cura di), *La Repubblica e le migrazioni*, Milano, 2014.
SANTI ROMANO, *Il diritto pubblico italiano*, Milano, 1988.
SCUTO F., *I diritti fondamentali della persona quale limite al contrasto dell'immigrazione irregolare*, Milano, 2012.
SICARDI S., *L'immigrato e la Costituzione. Note sulla dottrina e sulla giurisprudenza costituzionale*, in *Giurisprudenza Italiana*, 1996, 316.
SORRENTINO F., *Uguaglianza e immigrazione*, in RONCHETTI L. (a cura di), *La Repubblica e le migrazioni*, Milano, 2014, 118.
WALZER M., *Sfere di giustizia*, Milano, 1987, 41.
ZIOTTI P., *Il diritto di asilo nell'ordinamento italiano*, Padova, 1988.
ZOLO D., Cosmopolis. *La prospettiva del governo mondiale*, Milano, 1995.

Grazie alla guida alpina Danny Zampiccioli del Rifugio Altissimo per questa immagine.

5. Le risorse economiche e l'eguaglianza *

5.1. Introduzione.

La domanda cui vuole rispondere schematicamente questo capitolo è: come gli economisti pensano all'eguaglianza di risorse economiche? Come la definiscono, quali ritengono ne siano le cause, come la misurano? E cosa pensano delle politiche pubbliche che la favoriscono?

Gli economisti sono una comunità epistemica [168] ampia e variegata al cui in-

* Di Elisabetta Addis. L'autrice ha indicato i nomi di battesimo, in omaggio alle regole editoriali di *Feminist Economics*, dove dopo un lungo dibattito si è deciso che è necessario, se possibile, sapere da che punto di vista "di genere" parla chi scrive.

terno, ovviamente, esistono rilevantissime differenze di approccio metodologico e di opinione. È possibile tuttavia circoscrivere i confini di questa comunità indicando due caratteristiche che accomunano gli economisti e li distinguono da altri studiosi di scienze sociali.

Prima caratteristica: gli economisti si caratterizzano perché *fanno riferimento* allo schema teorico che ho chiamato altrove "modello standard" del mercato[169]. Questo modello è la metafora centrale[170] su cui si basa la narrazione dell'economia neoclassica. L'epitome, cioè il concetto cardine in cui si riassume l'intero modello, è la cosiddetta croce marshalliana: il noto grafico in cui la domanda e offerta s'incontrano in un punto di equilibrio in cui sono definiti il prezzo e la quantità a cui avviene lo scambio di un bene. *Far riferimento* non significa accettare acriticamente: ma il dominio intellettuale dell'economia neoclassica è stato ed è ancora così pervasivo che il riferimento a esso, seppure critico, è quasi imprescindibile in qualunque analisi economica. Quando questo modello è esteso all'insieme di tutti i mercati, si parla di modello Walrasiano o di equilibrio generale. Seconda caratteristica: la professione oggi accetta, come criterio di verifica delle proposizioni teoriche presentate e come metodo di analisi di questioni fattuali, la metodologia statistica applicata all'economia, l'econometria. Alla diffusione della strumentazione concettuale propria della statistica si associa una particolare "forma mentis", quella di pensare ai fenomeni sociali in termini della loro descrizione statistica.

Partiamo da questa seconda caratteristica. Gli economici pensano alla di-

---

[168] Per comunità epistemica si intende una comunità transnazionale di persone che condividono un insieme di teorie e conoscenze, PETER M. HAAS, *(Winter 1992), Introduction: epistemic communities and international policy coordination*, International Organization, *special issue: Knowledge, Power, and International Policy Coordination* (Cambridge Journals) 46(1), 1-35.

[169] Per una definizione di modello standard vedi ELISABETTA ADDIS, *Economics, Gender, Power*, in MINO VIANELLO-MARY HAWKSWORTH (a cura di), *Gender and Power: Towards Equality and Democratic Governance*, London, 2015. Il modello standard viene insegnato identico in tutto il mondo nei corsi di introduzione all'economia. Negli ultimi decenni abbiamo assistito a un processo per cui gli stessi pochi manuali in inglese o tradotti dall'inglese, vengono insegnati dappertutto nel mondo. Sono scritti di solito da alcuni premi Nobel o professori di Università americane importanti e da una squadra di collaboratori che curano il sito, l'eserciziario e i test d'esame, e sono diffusi dalle grande case editrici scientifiche, per cui non è raro convalidare l'esame di uno studente Erasmus che ha usato in Olanda o Spagna il medesimo testo che io uso in Italia e cioè PAUL KRUGMAN-ROBIN WELLS-KATHRYN GRADDY, *Essentials of Economics*, II ed., New York, 2010.

[170] DIANA STRASSMANN, *The Stories of Economics and the Power of the Storyteller History of Political Economy* Vol. 25, No.1, (Spring 1993) 147-65; ID., *How Economists Shape their tales*, Challenge, Vol. 39, No 1 (January-February 1996) 13-20.

seguaglianza come una distribuzione di frequenza: questo è il risultato della "forma mentis" statistica. Le risorse, ciascuna risorsa oppure un insieme di risorse sono distribuite fra le persone in una maniera che può essere descritta da una distribuzione di frequenza statistica [171]. Si può quindi applicare alle risorse economiche una serie di ragionamenti e tecniche che si applicano a tutte le variabili distribuite: possiamo definire alcuni parametri chiave di una distribuzione, la media, la mediana, le varie misure di distanza dalla media e dalla mediana. Una distribuzione molto nota è la cosiddetta curva a campana, o Gaussiana, campana che può essere più o meno ampia. Per un certo valore della sua ampiezza, è così comunemente usata da essere chiamata distribuzione normale. Per esempio, nel grafico 1 paragoniamo due distribuzioni, che hanno circa lo stesso reddito medio. La curva rappresentata con una linea nera rappresenta una distribuzione del reddito tendenzialmente egalitaria – c'è una robusta classe media, poche persone molto povere e poche molto ricche. La curva tratteggiata rappresenta una distribuzione del reddito in cui ci sono molti poveri, una classe media relativamente piccola, e molti ricchi. In questo e negli altri grafici uso una Gaussiana per comodità espositiva ma non vi è nessun motivo per cui la distribuzione del reddito abbia la forma a campana simmetrica nei due lati, può essere una campana distorta in infiniti modi – per esempio, se i ricchissimi sono pochissimi, la coda di destra scenderà maggiormente verso l'asse orizzontale rispetto a quella di sinistra – o possiamo avere una distribuzione con due picchi, e così via.

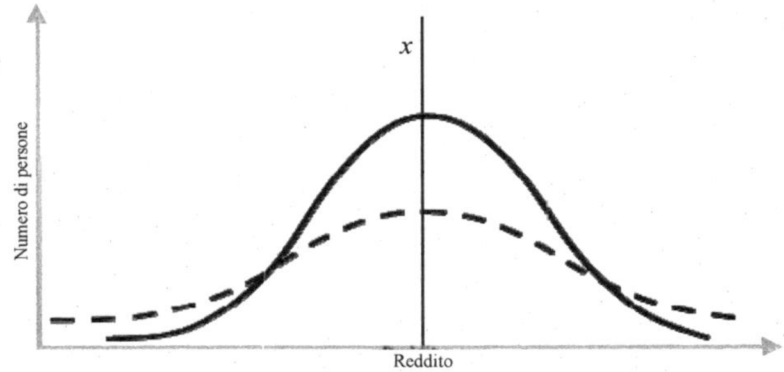

Grafico 1 – *Distribuzione più egalitaria (linea solida) versus distribuzione più diseguale (linea tratteggiata) con lo stesso reddito medio.*

---

[171] Parliamo qui della "distribuzione personale", cioè chi possiede che cosa. In Economia si pone anche il problema, connesso ma non identico, della "distribuzione funzionale", cioè delle quote relative del prodotto che spettano ai fattori di produzione, salari ai lavoratori, profitti ai capitalisti, rendite ai proprietari terrieri o a coloro che per qualsiasi motivo occupano una posizione di rendita, inclusi certi imprenditori e lavoratori.

Se dividiamo la popolazione in due gruppi – i bianchi e i neri, le donne e gli uomini – e misuriamo la distribuzione di una risorsa in ciascuno dei due gruppi, potremo trovare una sistematica differenza. Un gruppo può trovarsi nella situazione di avere sistematicamente meno dell'altro, cosa che di solito si misura guardando alla differenza nella media: nel grafico 2 il reddito medio B è maggiore del reddito medio A. Ma non c'è nessun motivo per cui la distribuzione debba avere la medesima forma per i due gruppi. Potremo trovare, tipicamente, per esempio, che i redditi da lavoro maschili sono in media più elevati, linea solida, e in aggiunta anche che sono distribuiti in maniera più diseguale rispetto a quelli femminili, linea tratteggiata [172].

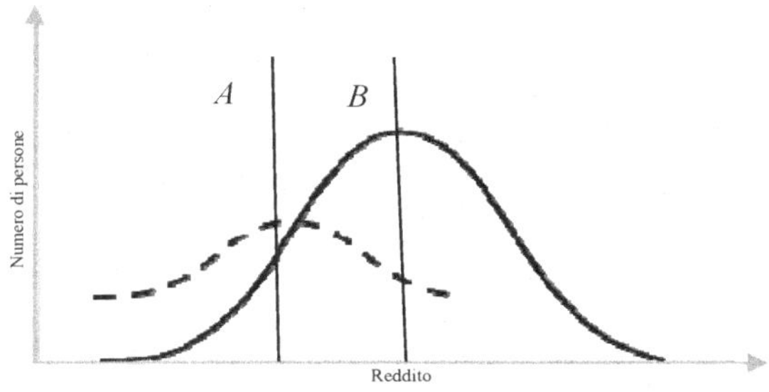

Grafico 2 – *Diseguaglianza nella distribuzione tra due gruppi della popolazione.*

Perché è importante tenere a mente questi aspetti, quando si ragiona di politiche per l'eguaglianza? Perché un intervento di politica economica che migliora l'eguaglianza complessiva nell'intera popolazione, cioè restringe l'ampiezza della campana della distribuzione delle risorse, non necessariamente migliora l'eguaglianza comparata tra i due gruppi. In altre parole, cioè, non sempre diminuisce la distanza tra le risorse medie possedute di un sottogruppo della popolazione e quelle possedute dall'altra: a volte si, a volte no. Prendiamo un tipico indicatore usato per misurare le risorse economiche a disposizione di una persona, il reddito. A seconda della forma della distribuzione e del numero di persone di ciascun gruppo presente nelle code della distribuzione, potrebbe accadere che aumentando il reddito dei più poveri diminuisce la distanza di reddito medio tra due gruppi, della popolazione, per esempio bianchi e neri. Ma potrebbe anche succedere il contrario, la distanza media tra i due gruppi potrebbe aumentare. Può succedere, parlando per immagini, che vengano sollevate le code di entrambe le distribuzioni, facendo diminuire la

[172] In realtà, il reddito non è distribuito come una gaussiana, ma lo è il suo logaritmo.

distanza tra il più ricco e il più povero nella distribuzione complessiva e anche in ciascuna delle distribuzioni di gruppo, senza che però cambi la differenza tra il reddito medio di ciascuno dei due gruppi, che può perfino aumentare, oltre che diminuire o restare uguale[173]. L'intera distribuzione diventerebbe più egalitaria ma la distanza tra gruppo privilegiato e gruppo svantaggiato non diminuirebbe.

Ne segue, che se il nostro obiettivo è diminuire la diseguaglianza specifica tra due gruppi, un intervento che cerca di aumentare in modo generale le risorse di chi ne ha meno – cioè, un intervento equitativo generalizzato – non è sufficiente. Può essere necessario un intervento mirato esplicitamente al gruppo svantaggiato. E questo implica che allora occorre un monitoraggio specifico degli effetti di una politica equitativa generalizzata riferito ai due gruppi. Bisogna verificare se, al migliorare dell'eguaglianza generalizzata, stia o non stia anche migliorando l'eguaglianza specifica fra quei gruppi, per agire in caso contrario.

Questo punto mi sembra una prima conclusione importante nel dibattito sugli interventi di politica economica: implica per esempio che le politiche di Pari Opportunità fra uomini e donne devono essere specifiche, non possono essere sommerse nel mare *magnum* delle politiche, lodevolissime, di Pari Opportunità per tutti indistintamente dal sesso; così come non sarà sufficiente ridurre la povertà, in una società divisa tra due componenti etniche, per ridurre la diseguaglianza tra bianchi e persone di colore[174].

Nella letteratura scientifica già dai primi anni del XX secolo per misurare la diseguaglianza si usa comunemente non la distribuzione di frequenza (come quelle che ho appena introdotto) ma la distribuzione cumulativa che deriva da quella di frequenza, e calcola la somma di reddito percepita dalla somma delle persone. La rappresentazione è nota come "curva di Lorenz"[175] e mostra sull'asse delle ordinate la percentuale di reddito nazionale posseduta, e sull'asse delle ascisse la percentuale di chi la possiede. La perfetta eguaglianza si avrebbe lungo la retta bisettrice dell'angolo delle origini: tanto più panciuta è la distribuzione effettiva, tanto più la distribuzione è diseguale.

---

[173] Per chi non ne fosse convinto, l'appendice 1 contiene un semplice esempio numerico.

[174] È una conclusione di importanza per la *policy*: per esempio, nelle Università italiane si sono sostituiti i Comitati per le Pari Opportunità tra uomini e donne con dei generici CUG, Comitati unici di garanzia, secondo il ragionamento, errato, che se si facevano le opportunità uguali per tutti allora sarebbero state eguali anche per le donne.

[175] La figura è tratta da un lavoro di R. Vannini, *http://www.treccani.it/enciclopedia/distribuzione-del-reddito_* (Dizionario-di-Economia-e-Finanza).

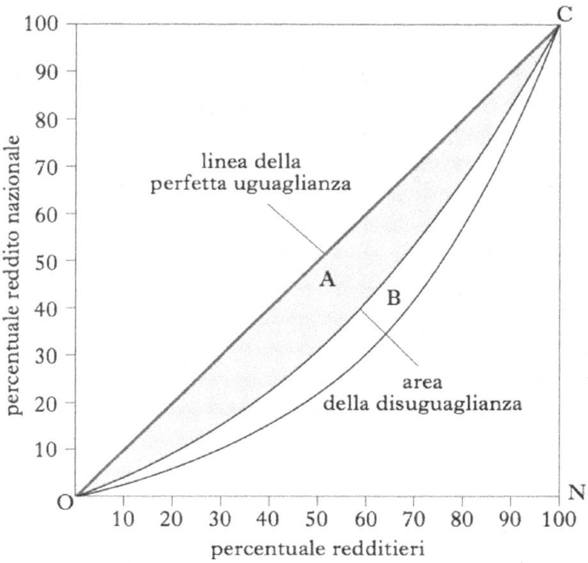

Figura 1 – *La curva di Lorenz*

Alla curva di Lorenz è associato un indice, noto come Coefficiente di Gini[176], che varia tra 0, in corrispondenza della linea di perfetta eguaglianza, e un massimo di 1.

Possiamo guardare alla distribuzione del reddito rispetto alla popolazione nella sua semplice numerosità, quante persone nella popolazione hanno quanto reddito, come negli esempi precedenti. Oppure possiamo guardare alla distribuzione rispetto ad altre dimensioni, per esempio rispetto al titolo di studio, rispetto all'età, rispetto alla nazionalità o area geografica. Per esempio, la Figura 2 mostra com'è variata la distribuzione del reddito per fasce di età in Italia a seguito della crisi economica, mentre la figura 3 mostra la distribuzione del reddito per titolo di studio e per sesso.

---

[176] Introdotto nel 1912 dallo statistico italiano Corrado Gini, vedi */it.wikipedia.org/wiki/Coefficiente_di_Gini.*

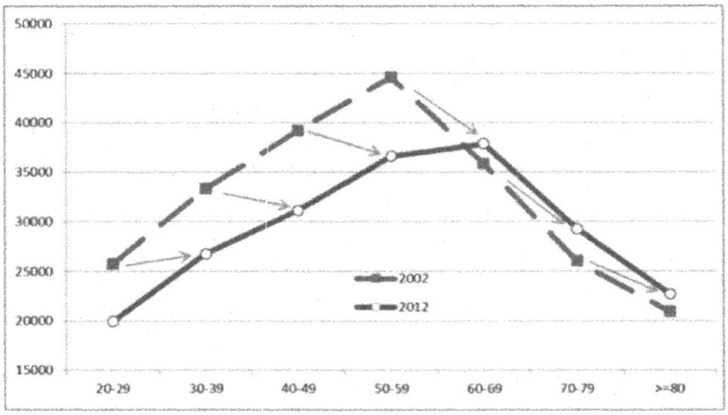

Figura 2 – *Reddito medio delle famiglie per età della persona di riferimento (a prezzi costanti 2012)*

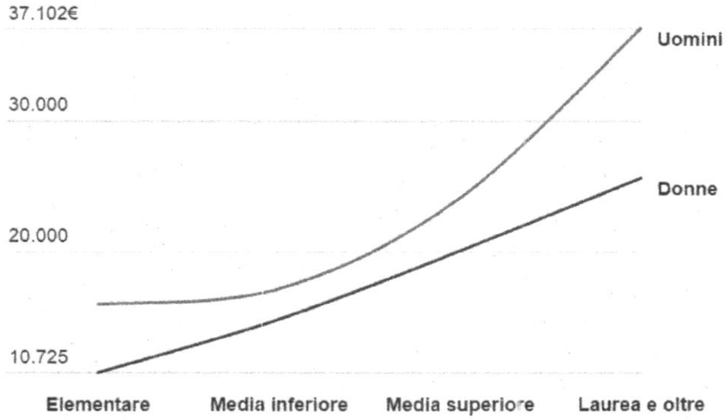

Figura 3 – *Reddito medio lavoratori tra i 58 e i 63 anni (dati del 2013)*

5.2. Perché le risorse sono distribuite in maniera diseguale? Che cosa dice la teoria economica.

Nel noto successo editoriale "*Il capitale nel ventunesimo secolo*" lo studioso francese Thomas Piketty [177] ha dimostrato che la differenza fra i percentili più ricchi e i più poveri della distribuzione di reddito e ricchezza, – variabili che sono spesso utilizzate per misurare le risorse disponibili delle persone è andata

[177] THOMAS PIKETTY, *Capital in the Twenty-First Century*, Harvard University Press, 2014; THOMAS PIKETTY-EMANUEL SAEZ, *Inequality in the long run Science*, 8-23 May 2014, Vol 344 Issue 6186.

aumentando dagli anni '70 del XX secolo, fino a raggiungere livelli simili a quelli che aveva alla fine del XIX secolo. La differenza fra la classe media e i ricchi si è ampliata, quella tra la classe media e i poveri si è ridotta. La classe media si è pertanto ridotta, la società si è polarizzata tra un'alta percentuale con redditi relativamente bassi, e una piccolissima percentuale con redditi enormemente elevati, con una riduzione considerevole del numero di persone che trovandosi tra i due estremi formano la cosiddetta classe media. Questo è avvenuto in alcuni paesi in maniera più marcata, in altri meno marcata, e l'ordine di grandezza delle differenze cambia se si guarda al reddito (flusso annuale di risorse) oppure alla ricchezza accumulata (stock di quello che si accumula anno dopo anno) ma la tendenza all'aumento della distanza tra chi occupa i percentili più bassi e chi i più alti della distribuzione è una tendenza generale degli ultimi decenni in ciascun paese occidentale. La diseguaglianza nell'accesso alle risorse è, secondo Piketty, un portato inerente alle leggi stesse del mercato e del capitalismo. La relativa eguaglianza di cui si è goduto in occidente nel secondo dopoguerra – uno dei periodi più egalitari nella storia – era una creazione politica temporanea. Una volta venute meno le condizioni politiche che la avevano determinata – la reindustrializzazione dei paesi distrutti dalla guerra, la necessità di confrontarsi politicamente con l'Unione Sovietica, l'invenzione dello Stato Sociale – le dinamiche del capitalismo avrebbero riportato il divario tra ricchi e poveri a un suo stato "naturale", insito nel funzionamento del capitalismo.

Su questa interpretazione il dibattito è aperto. Piketty ha lavorato su lunghe serie storiche dei paesi più sviluppati. Altri autori, e segnatamente Branko Milanovic[178], lavorando su scala globale hanno messo in luce che, se consideriamo il pianeta come un'unica economia, mentre in ciascuna nazione le diseguaglianze sono cresciute, a livello mondiale non può esattamente dirsi la stessa cosa. Ciò è dovuto principalmente al sorgere, per la prima volta nella storia di questi paesi, di una classe media in Cina, India, Brasile (cosiddetti BRIC) e altri paesi che si sono integrati realmente nelle catene produttive e di scambio note come globalizzazione soltanto negli ultimi decenni. La distanza esistente tra i redditi medi di questi paesi e quelli dei paesi di vecchia industrializzazione è diminuita, mentre i bassi redditi, nei paesi un tempo ricchi, stagnavano. Le *elites* di questi paesi già ricchi si arricchivano ulteriormente grazie alla partecipazione agli utili d'imprese sempre più grandi a carattere multinazionale. Si allargava quindi nei paesi di vecchia industrializzazione studiati da Piketty il divario tra poveri e ricchi. Il processo complessivo di globalizzazione comporta insieme l'aspetto positivo della crescita dell'eguaglianza nei BRIC e quello

---

[178] BRANCO MILANOVIC, *Global inequality: A New Approach for the Age of Globalization*, Harvard University Press, 2016; ID., *Worlds Apart. Measuring International and Global Inequality*, Princeton, 2005.

negativo della crescita della diseguaglianza nei paesi di vecchia industrializzazione, l'arricchimento relativo dei BRIC – anche se pone gravi problemi, primo di tutti quello dell'effetto sull'ambiente della biosfera di un uso su scala così ampia delle risorse naturali del pianeta.

Se facciamo la fotografia, o meglio, il video di come si muovono le distribuzioni, troviamo dunque che noi in Europa stiamo assistendo all'aumento vertiginoso della diseguaglianza qui, ma la distanza tra il nostro reddito medio e quello dei BRIC è diminuita grazie all'innalzamento della condizione materiale di masse povere. La distanza tra i nostri ultraricchi e gli ultrapoveri che ancora inevitabilmente rimangono nel pianeta, nei BRIC o in alcuni paesi, prevalentemente africani, dove c'è stato addirittura un regresso medio dei redditi legato a malattie e aumento della popolazione, questa distanza è probabilmente aumentata come conseguenza dei processi di arricchimento.

Se misuriamo l'arricchimento, e dividiamo per il numero di esseri umani, c'è stato un arricchimento medio? A questa domanda è difficilissimo dare risposta, come vedremo nel paragrafo riguardo 4. Nel pianeta sono presenti oggi sette miliardi di esseri umani, ce n'erano solo due miliardi dopo la seconda guerra mondiale. Quindi ci sono più persone benestanti di quante ve ne siano mai state, anche se le differenze sono aumentate. Per esserci un arricchimento medio pro capite, la crescita economica deve, naturalmente, essere più veloce di quella della popolazione, e va sottratto il danno ambientale. Ma, per capire se c'è stato un arricchimento vero, dovremmo utilizzare misure che non guardano solo ai valori monetari, ma ai bisogni effettivamente soddisfatti, e questo tipo d'indicatori sono molto difficili da costruire. Torneremo su questo punto.

Perché l'economia di mercato crea diseguaglianze economiche? Per rispondere a questa domanda fondamentale di teoria, dobbiamo tornare alla prima caratteristica della professione economica che ho citato all'inizio, il riferimento al modello standard e cercare di riassumere cosa questo modello ci racconta dell'economia. Il "modello standard" ci dice un mercato è un luogo, – non necessariamente uno spazio fisico, può essere virtuale o intertemporale– dove avvengono degli scambi. Nel mercato entrano degli "agenti" – un termine generale che può significare persone fisiche o entità giuridiche– che possiedono un certo ammontare di determinato bene che hanno prodotto, e vogliono scambiarne una parte per diversificare il loro consumo e ottenere tutti gli altri beni che desiderano, ma non possiedono. Scambiano ciò di cui hanno in eccesso, in genere perché a loro è facile produrlo, con qualcosa che gli manca, in genere perché produrlo, per loro, è difficile e quindi costoso. I beni che ciascuno porta al mercato sono chiamati "dotazioni". Questi agenti sono chiamati "agenti rappresentativi" se hanno alcune caratteristiche personali e comportamentali: sono razionali nelle loro scelte (preferiscono avere di più rispetto ad avere di meno, se preferiscono A rispetto a B e B rispetto a C, allora preferiscono anche A rispetto a C e non viceversa, eccetera), sono perfettamente informati sulle caratteristiche di tutti i beni, e agiscono per massimizzare la loro utilità, che è data da gusti personali non influenzabili o educabili. Anche i mercati hanno delle caratteristiche: possono essere competitivi, dove vige cioè completa libertà di accesso e di recesso senza costi e il singolo agente non ha potere di influenzare il prezzo aumentando o diminuendo le vendite. Oppure possono esibire un grado maggiore o minore di monopolio, dove esistono barriere all'entrata, e costi di transazione e costi di uscita. I prezzi che si formano sul mercato competitivo tengono conto di tutti i costi di produzione (non ci sono cioè le cosiddette esternalità, positive o negative) e i beni scambiati devono avere certe caratteristiche che vedremo più avanti: devono essere sono beni privati, non beni pubblici o comuni. Ma la realtà si discosta spesso dal modello, e ci sono forme di mercato diverse da quello competitivo, che pongono speciali problemi. Vediamo quali.

Il modello standard è esprimibile in forma di equazioni matematiche ed è usato per dimostrare che SE valgono tre condizioni e cioè se:

a) SE i mercati sono liberi e competitivi
b) SE i prezzi riflettono i costi e i beni sono privati
c) SE gli agenti sono rappresentativi

allora in questo caso il mercato è una macchina meravigliosa, la migliore finora inventata per produrre in abbondanza e nelle quantità desiderate i beni che soddisfano i bisogni umani. È in grado di raggiungere uno stato in cui nessuno può stare meglio se non facendo stare meglio qualcun altro, stato che si chiama ottimo Paretiano. Prego chi legge però di tenere a mente questi tre SE, che sono le cosiddette "assunzioni" cioè ciò che gli economisti decidono di assumere come vero per poter proseguire il ragionamento sul funzionamento del mercato.

Il libero mercato competitivo è così efficiente e efficace nel produrre per quattro ragioni principali:

1) Attraverso il sistema dei prezzi passa un flusso d'informazione molto accurata sui desideri delle persone e sui costi dei beni.

2) Considerando solamente il mercato, ad esclusione dei processi produttivi, gli agenti scambiano ciò che hanno e desiderano di meno con ciò che non hanno e desiderano di più, e per questo stesso fatto sono arricchiti, sono maggiormente soddisfatti a parità di valore posseduto.

3) Considerando anche i processi produttivi, gli agenti comprano dal venditore che ha i beni di miglior qualità ai costi più bassi, chi produce ad alto costo beni non desiderati fanno profitti più bassi e possono anche rischiare il fallimento. Questo crea una pressione competitiva che migliora continuamente i processi produttivi, innalza la qualità dei prodotti e ne abbassa continuamente i costi.

4) Ne deriva uno stimolo al progresso tecnico che ci ha dato, nel corso degli anni, dal motore a scoppio all'iphone a tutti i beni e servizi che i nostri nonni non avevano e noi sì. Ciò che alla fine ha determinato la caduta dell'Unione Sovietica non è stata l'assenza di libertà, ma l'assenza di libertà coniugata con la stagnazione tecnologica: nonostante la buona volontà governativa, senza il pungolo dell'arricchimento privato e della competizione, l'economia sovietica non è stata capace oltre un certo limite di produrre, incorporare e diffondere innovazione.

Ma, ci sono numerosi "ma" nel funzionamento di questa macchina meravigliosa, sia in generale, sia per quanto riguarda l'eguaglianza.

Innanzitutto, in un mercato semplice, uniperiodale, senza considerare gli annessi processi produttivi che si svolgono nel tempo tra un mercato e l'altro, gli agenti arrivano nel mercato con dotazioni di beni fissate. Lo scambio avviene a partire dalle dotazioni che ciascuno ha. Se una persona non ha alcuna dotazione, neanche la più basilare, che è la propria capacità di lavoro da vendere, il mercato non gli dà assolutamente niente, (e questo è un serio problema morale). Chi entra nel mercato con una dotazione iniziale scarsa, ne esce più ricco di quando ci è entrato, ma sempre con un valore proporzionale a quella dotazione scarsa. Chi ci entra con una dotazione abbondante alla fine del processo di scambio si arricchisce in proporzione alla dotazione abbondante. L'ottimo Paretiano non è uno solo: è uno solo date le dotazioni di ciascuno, ma ce n'è uno diverso per ogni insieme di dotazioni diverso di chi entra nel mercato. L'atto dello scambio arricchisce tutti i partecipanti in proporzione alla loro ricchezza iniziale. Nel mercato piove sul bagnato, più hai e più ti sarà dato.

C'è un solo modo per ottenere dal mercato più di quanto si otterrebbe vendendo quello che già si possiede, un solo modo, se ci si sente poveri, per diventare più eguali ai ricchi. Ed è qualcosa che viene fatto non dentro il luogo degli scambi, ma dentro i luoghi della produzione, non nel mercato ma a prima e dopo il mercato, cambiando nel tempo i processi produttivi. Bisogna fare innovazione tecnologica, oppure ridurre i salari, ma comunque comprimere i costi in modo da poter portare al mercato beni prodotti a un costo minore, venderli a un prezzo maggiore, avere un profitto maggiore e in questo modo raggiungere lo stesso livello di ricchezza di altri che erano originariamente più ricchi.

Questa è l'unica strada verso l'eguaglianza che il mercato lascia al singolo individuo. Ma come la apre a uno, la chiude a un altro: l'ingresso nel mercato di nuovi beni migliori prodotti a un costo minore farà sì che chi produceva beni peggiori a un costo peggiore non li venderà, andrà in fallimento, diventerà povero. Se non diventerà povero l'imprenditore fallito che può aver accumulato negli anni, diventeranno poveri gli operai che l'imprenditore dovrà licenziare per la chiusura dell'impresa, che dovranno riciclarsi nelle nuove produzioni le quali in genere richiedono meno lavoro, e rischieranno di restare poveri. La società nel complesso si sarà arricchita. La diseguaglianza si sarà riprodotta come effetto stesso della ricerca di maggior eguaglianza di chi si sentiva relativamente povero. Nel capitalismo di libero mercato competitivo la produzione di diseguaglianza è una parte integrante, essenziale, direi quasi complementare al processo di arricchimento. L'economia funziona come un processo di distruzione creatrice[179].

La giurisprudenza correttamente ha individuato apposite procedure fallimentari per recuperare il capitale fisico di un'impresa fallita che ha ancora un valore, reinvestirlo e utilizzarlo per creare nuova ricchezza. È altrettanto ragionevole e illuminato che si provvedano le forme giuridiche per consentire il recupero del valore del capitale umano, nome quest'ultimo con cui gli economisti definiscono le abilità dei lavoratori. Sussidi di disoccupazione, formazione e orientamento dei disoccupati verso una nuova attività lavorativa non sono atti di carità cristiana: dal punto di vista economico sono necessari al recupero del capitale umano che è fisiologicamente dismesso e riutilizzato dai processi produttivi al pari del capitale fisico.

Una seconda conclusione dunque è che abbiamo qui individuato due diverse modalità attraverso cui il mercato libero e competitivo consente e crea la diseguaglianza, e richiede quindi un intervento perequativo:

– prima modalità: il mercato non ha alcuna provvisione per chi non ha niente e non è capace di produrre qualcosa di vendibile. Se non siamo disposti a buttare i bambini poveri e disabili da qualche Rupe Tarpea, dobbiamo allora stabilire con un atto politico che cosa spetta a chi ha avuto la sfortuna di non essere capace di produrre qualcosa di vendibile. E chi pagherà per ciò che decideremo di dare a costoro? C'è una sola possibilità: dovrà essere pagato da chi è stato così fortunato da essere in grado di contribuire con i beni da essi prodotti al benessere e all'arricchimento comuni. Possiamo poi discutere se la forma più efficiente ed efficace per far pervenire quest'ammontare sia il prelievo fiscale e la relativa ridistribuzione, oppure il ricorso a enti e fondazioni del cosiddetto terzo settore, ma non vi è alcun dubbio che un canale di trasferimento di risorse a coloro che non ce la fanno a stare sul mercato è indispensabile in ogni società che ha un'economia capitalista di libero mercato;

---

[179] JOSEPH ALOISIUS SCHUMPETER, *Capitalism, Socialism and Democracy*, New York, 1942: «*The opening up of new markets, foreign or domestic, and the organizational development from the craft shop to such concerns as U.S. Steel illustrate the same process of industrial mutation – if I may use that biological term – that incessantly revolutionizes the economic structure from within, incessantly destroying the old one, incessantly creating a new one. This process of Creative Destruction is the essential fact about capitalism*» (83).

– seconda modalità: lo standard di abilità e conoscenza, necessarie sia all'impresa sia al singolo lavoratore per restare sul mercato, cresce con il progresso tecnologico. Ai tempi dei nostri bisnonni la maggior parte della popolazione era costituita da contadini analfabeti, e per essere un lavoratore qualificato ad alto reddito era sufficiente saper leggere e scrivere. Oggi leggere e scrivere a livello di scuola dell'obbligo non basta per riuscire a uscire dalla disoccupazione e procurarsi una retribuzione adeguata. L'asticella si è spostata e si sposterà continuamente in avanti per i nostri figli. Ciò significa che probabilmente la percentuale di chi ha la sfortuna di non essere capace di stare sul mercato aumenterà, e l'atto politico con il quale come società decidiamo cosa a loro spetta diventa sempre più necessario.

5.3. Le diseguaglianze create dal mercato e quelle create dalle imperfezioni e dai fallimenti del mercato.

La diseguaglianza dunque è l'altra faccia della medaglia di quella ricchezza che il mercato produce. Sopprimere il mercato perché si è avversi alla diseguaglianza è la strada verso l'impoverimento, e in aggiunta non è neppure detto che ci si riesca. Il *trade-off* "meno ricchezza in cambio di più eguaglianza" non ha funzionato in Unione Sovietica, stanti le differenze che esistevano tra la nomenclatura dell'apparato e i cittadini normali. La via maestra verso l'arricchimento di tutti è quella del consentire che il mercato svolga la sua funzione di creazione di ricchezza, e accompagnarlo da un robusto meccanismo di redistribuzione[180].

I problemi nascono perché non è facile consentire al mercato libero e concorrenziale di svolgere liberamente la sua funzione. Il mercato libero e concorrenziale non è per niente un meccanismo naturale, per cui basterebbe *laisser faire*, non porre vincoli. Al contrario: è un'istituzione che va agevolata, coltivata, soggetta a continua manutenzione perché non si creino, ed essa stessa non generi, incrostazioni che gli impediscono di funzionare. Lasciato a se stesso, un mercato libero e concorrenziale perde ben presto le sue caratteristiche di libertà e competitività. Abbiamo detto sopra che, affinché il mercato funzioni, devono verificarsi delle condizioni, dei SE. Vediamo cosa accade se le condizioni descritte alle lett. *a*), *b*) e *c*) non si verificano.

---

[180] J.M. Keynes a questo proposito utilizzava la metafora della "golden goose", l'oca che faceva le uova d'oro e che i contadini uccidono per trovare l'oro dentro l'oca, ma non trovano niente.

5.3.1. Ma SE i mercati non sono competitivi ...

Per definizione, nel mercato libero si può entrare e uscire liberamente, non esistono barriere all'entrata, e un mercato competitivo è un mercato in cui agiscono tanti produttori ciascuno dei quali è un *price-taker*, deve dare il prezzo come dato e non può influenzarlo con il suo comportamento. È questo fatto che lo costringe a cercare il profitto comprimendo i costi. Quando parliamo di barriere all'entrata, non intendiamo solo vincoli giuridici: ci riferiamo soprattutto del fatto che cresce il costo d'impianto. Quando il primo Agnelli ha iniziato a costruire automobili, così come quando Steve Jobs ha cominciato a costruire computers, bastavano un garage e qualche attrezzo, avrebbero potuto farlo tutti. Oggi per entrare nel mercato delle auto o dei computers occorrerebbe un investimento multimiliardario: l'accesso è libero giuridicamente, ma è bloccato di fatto. I concorrenti che facevano computer e macchine che il mercato non ha apprezzato sono falliti e sono stati incorporati dai grandi. Il mercato delle automobili e dei computers è diventato un mercato oligopolistico.

Il mercato in condizioni di monopolio o di oligopolio funziona in maniera molto diversa dal mercato concorrenziale. Il monopolista può influenzare il prezzo di mercato. In monopolio il compratore è ricattato, non può rivolgersi a nessun altro fornitore, e questo consente al monopolista di chiedere un prezzo molto più alto del costo di produzione, e appropriarsi di un extraprofitto. Questo vanifica quanto affermato sopra al punto 1) il sistema dei prezzi non funziona più come preciso sistema d'informazione sui costi. Il monopolista e l'oligopolista possono alzare il prezzo fin quasi al di sotto del costo cui costerebbe al compratore prodursi un bene da solo, e vanificare così tutto il beneficio che deriva dallo scambio. Questo vanifica in buona parte quanto affermato sopra al punto 2).

Inoltre, com'è stato dimostrato da Sylos Labini [181], l'oligopolio rallenta il progresso tecnico. Viene meno il pungolo a ridurre i costi e migliorare il prodotto, esattamente perché è invece possibile alzare i prezzi, vanificando quanto detto sopra al punto 3. Con ciò viene meno l'incentivo a investire in innovazione e il progresso tecnico si ferma [182]. Non avviene quanto detto sopra al

---

[181] PAOLO SYLOS LABINI, *Oligopolio e progresso tecnico*, Milano, 1953.

[182] In questo passaggio è difficile spiegare esattamente cosa succede senza utilizzare modelli matematici. I mercati oligopolistici sono molto complessi perché se ci sono pochi oligopolisti si possono fare delle vere e proprie guerre, fissando prezzi e quantità vendute non solo in vista del massimo profitto ma in vista della eliminazione e dell'avversario. Come si dice in gergo economico si apre uno scenario di interazioni strategiche che lasciano aperte diverse possibilità, più o meno favorevoli ai compratori e allo sviluppo tecnologico, ma resta vero che l'oligopolio può portare alla stagnazione tecnologica, e che avvengono tra imprese fenomeni che somigliano a quelli biologici Darwiniani di selezione evolutiva.

punto 4). Se c'è molto oligopolio, c'è molta diseguaglianza, e non c'è neppure il vantaggio dell'arricchimento medio complessivo.

Tutte le virtù del libero mercato competitivo tendono a evolversi nei vizi del mercato monopolista e oligopolista, che è conseguenza esattamente del modo stesso in cui funzionano i mercati. Non tutti i beni tendono al mercato di oligopolio con la stessa velocità: alcuni non ci tendono, altri di più, i beni ad alto contenuto tecnologico che caratterizzano il nostro tempo hanno una spiccata tendenza verso l'oligopolio non solo per l'effetto dei brevetti ma anche per la barriera costituita dalla conoscenza tecnologica. Questo è ben noto agli economisti e anche ai legislatori, ed esistono in tutti i paesi avanzati le autorità cosiddette "antitrust" – in Italia la "Autorità garante della libera concorrenza e del mercato" – che hanno il compito di individuare e nei limiti del possibile correggere distorsioni della competizione. Esse possono intervenire con provvedimenti di regolamentazione dei prezzi applicati e quantità prodotte in quei casi in cui esistano barriere all'entrata non rimuovibili, situazioni di monopolio derivate dalla proprietà delle reti di distribuzione e altri importanti casi. Senza questa regolamentazione, l'assenza di mercato concorrenziale diventa fonte di rendite parassitarie e di diseguaglianza economica, diseguaglianza ancora più grave e meno giustificata di quella prodotta dal mercato concorrenziale. Una delle possibilità di intervento per limitare i danni se il mercato è oligopolistico può essere fissare dei prezzi massimi, una pratica che è invece altissimamente sconsigliata e che produce scarsità nei mercati concorrenziali. Un'altra possibilità d'intervento è tassare gli extraprofitti e ridistribuirli, anch'essa una pratica che può creare un danno economico per l'intera collettività se i mercati sono competitivi, mentre così non è se si tassano extraprofitti mono o oligopolistici. In politica economica non ci sono soluzioni semplici, "*silver bullets*" magici contro tutti i nemici, panacee contro tutti i mali, anche se periodicamente emergono politici che cercano di guadagnarsi spazio elettorale vendendo toccasana ideologici a favore o contro l'intervento pubblico e a favore o contro il libero mercato. È obbligatorio analizzare ogni situazione specifica, caso per caso, non si possono usare dogmi ideologici ma solo intelligenza.

5.3.2. Ma SE i prezzi non riflettono i costi e i beni non sono privati …

Può accadere che i prezzi di mercato non riflettano correttamente i costi che la collettività sostiene per avere un certo prodotto. Il caso classico è quello dell'inquinamento. Chi produce inquinando può vendere a un prezzo basso, ma il costo del danno che subiscono gli inquinati, o il costo di ripulitura, non sono incorporati in quel prezzo, e questa è un'esternalità negativa. L'inquinatore diventa ricco, i danneggiati ne sono impoveriti perché sono costretti ad accollarsi i costi di pulizia: una diseguaglianza evidentemente molto ingiusta. È necessario un intervento pubblico che tassi l'inquinatore per pagare la pulizia, cosa che lo obbligherà ad alzare il prezzo. Ci sono anche esternalità positive: se io imparo a leggere e scrivere avvantaggio me stessa, se il mio vicino impara a leggere e scrivere avvantaggia se stesso, ma allo stesso tempo avvantaggia anche me ed io lui, perché entrambi viviamo meglio in una società in cui possiamo contare sul fatto che tutti sanno leggere e scrivere. Per questo l'insegnamento può e deve essere non tassato, ma al contrario sussidiato dalle politiche pubbliche. Anche l'allacciarsi a una rete di comunicazione, i *social networks* per esempio, avvantaggia me, e allo stesso tempo avvantaggia tutti gli utenti della stessa rete: i proprietari delle reti si appropriano di valore che è prodotto da tutti gli utenti, non per il fatto di essere più efficienti ma per il solo fatto di essere i più grandi. Le reti più grandi hanno un vantaggio su quelle piccole che rende inevitabile il fallimento delle piccole e l'incorporazione nelle grandi, creando situazioni di esternalità di rete e monopolio congiunte. Esternalità e monopolio devono essere regolamentati dalle autorità se non vogliamo che diventino fonti non solo di diseguaglianza di risorse economiche ma anche di poteri e libertà. Si aprono quindi ulteriori spazi di intervento per le politiche pubbliche, dopo quello rappresentato dal monopolio, e la sempre maggiore pressione dell'economia umana sull'ambiente e sul clima renderà sempre più attuale e necessario questo tipo di regolazione.

I beni e i servizi scambiati sul mercato sono classificabili secondo alcune caratteristiche importanti, la escludibilità e la rivalità. Una mela è un bene escludibile – io posso impedire a un altro di mangiare la mia mela – e rivale nel consumo, o la mangio io, oppure la mangi tu. Per questo la mela è detta "bene privato", e c'è consenso fra gli economisti che i beni privati sono prodotti in maniera soddisfacente dal mercato libero concorrenziale. Ma ci sono beni che non sono escludibili né rivali, ne godono tutti i cittadini, ed è impossibile separare il godimento di ciascuno da quello di tutti: la difesa dei confini nazionali, la salute di tutti derivante dall'esistenza di un sistema fognario adeguato, una strada che serve più case. Questi sono i cosiddetti beni pubblici, e si dimostra che il mercato lasciato a se stesso non li produce nella qualità ottimale – quella cioè che massimizza l'utilità degli agenti. Non m'inoltro nella discussione sui beni comuni, perché la definizione di bene comune è complessa e il consenso circa i beni comuni tra gli economisti è meno diffuso. Ma il consenso sul fatto che alcuni beni debbano essere prodotti come beni pubblici è amplissimamente condiviso. C'è chi propende per una maggiore e chi per una minore ampiezza del settore pubblico, sulla base della possibile esistenza d'inefficienza e corruzione associate alle burocrazie amministrative demandate a produrre beni pubblici: ma anche i più estremisti fra i liberali concedono il carattere pubblico di beni come istruzione, polizia, difesa, e sanità di base.

È aperta la discussione se la lotta alla povertà e alla diseguaglianza sia essa stessa un bene pubblico. Molte persone preferiscono vivere in una società in cui la gente non muore di fame e non dorme per strada, e sono disposte a pagare per questo, come dimostra il fatto che fanno l'elemosina. L'eccessiva mancanza di risorse di alcuni è vissuta con disagio anche da altri, oltre che da chi è deprivato. È quindi perfettamente coerente con l'economia di mercato che l'intervento pubblico si occupi di redistribuzione, di alleviare le situazioni di povertà estrema, e di ripristinare in una certa misura un'eguaglianza che per le ragioni che abbiamo visto, viene continuamente erosa.

Esternalità di beni diversi dai beni privati sono indicati come "fallimenti del mercato" cui le politiche pubbliche devono e possono porre rimedio migliorando l'efficienza dell'economia di mercato stessa.

5.3.3. Ma SE gli agenti non sono rappresentativi...

Il malfunzionamento del mercato può avere radici anche più profonde che non la tendenza di alcuni mercati a trasformarsi da concorrenziali a oligopolistici, e la presenza di esternalità di beni pubblici e comuni. Come abbiamo detto sopra alla lett. *b*) il funzionamento corretto del mercato secondo il modello standard si basa su delle assunzioni circa le caratteristiche degli agenti nel mercato – i venditori e i compratori, i produttori e i consumatori.

Gli economisti neoclassici "mainstream", quelli cioè che lavorano con il modello standard hanno sempre rivendicato il loro individualismo metodologico, cioè il fatto che partendo dall'analisi del comportamento individuale si potesse arrivare all'analisi dell'intero sistema. In questo modo la macroeconomia, cioè lo studio dell'intero sistema economico, trova le sue fondamenta nella microeconomia, lo studio dei singoli individui nei singoli mercati. Altri economisti cosiddetti eterodossi studiano la macroeconomia a partire da grandi aggregati (le classi in Marx, il *surplus* in Sraffa, la domanda e l'offerta aggregata nei keynesiani prima maniera). Partire dagli aggregati pone certamente dei problemi per una disciplina che voglia essere capace di fare delle previsioni: se gli aggregati cambiano, lo studioso ignora perché sono cambiati, previsioni fatte prima del cambiamento sono sbagliate e devono essere rifatte.

L'individualismo metodologico è certamente un aspetto molto attraente di quella che vuole diventare una scienza sociale. Il problema però è che i sostenitori del modello standard hanno messo alla base dei loro modelli non produttori e consumatori simili a quelli che esistono nel mondo reale, ma caricature astratte degli esseri umani. Gli agenti rappresentativi sono gli eredi dell'*homo economicus* che agisce esclusivamente per rendere massima la propria utilità. Quest'utilità ha origine in preferenze che esistono come date, e non si discute come sono formate – l'agente non è né educabile né sensibile alla pubblicità – è completamente razionale nelle scelte. Non ammette altruismo, perché se si assume che le funzioni di utilità siano collegate, cioè che al venditore faccia piacere compiacere il compratore e viceversa, ne nascono una serie di problemi per gli equilibri del modello [183]. Conosce sempre perfettamente tutto, sia le sue preferenze sia le caratteristiche dei beni sul mercato. Perfino le sue aspettative, in un importante sviluppo della macroeconomia che è stato dominante negli ultimi decenni del secolo scorso, sono razionali, cioè in media si verificano.

Gli agenti rappresentativi del modello standard sono utili perché consentono di scrivere i modelli in forma matematica. La matematica è garanzia di coerenza interna, mentre le narrazioni verbali si prestano a contenere contraddizioni non individuate. Inoltre le equazioni matematiche sono facilmente traducibili in stime statistiche. E infine, la matematica consente di fare una selezione di chi è e chi non è abilitato a parlare di economia –solo chi sa maneggiare i modelli matematici è a buon diritto economista– e di produrre modelli togliendo e aggiungendo assunzioni poco realistiche, pubblicando così molti articoli e facendo una buona carriera accademica. Ma allo stesso tempo l'uso di agenti rappresentativi rende il modello standard completamente inutilizzabile a fini concreti di policy: da un modello che parte da assunzioni false non possono derivare indicazioni di policy vere [184].

Il fatto che i comportamenti attribuiti all'*homo economicus* e all'agente rappresentativo nelle assunzioni del modello standard non corrispondano al comportamento degli uomini e delle donne in carne ed ossa è stato un punto sollevato più volte nel dibattito. Una delle più importanti critiche è stata quella espressa nel volume "*Beyond Economic Man*" di Marianne Ferber e Julie Nelson [185], volume che segna uno dei punto di partenza della critica femminista all'economia. La costruzione dell'agente, secondo questi contributi, riporta a uno stereotipo mascolino della razionalità e dell'azione. L'estensione del modello standard allo studio delle interazioni nella famiglia, operata da Gary Becker, è rifiutata come incapace di rendere conto di ciò che realmente avviene tra coniu-

---

[183] Questo implica che non si potrebbe applicare il modello del mercato alle relazioni fra i membri della famiglia, cosa che invece viene fatta correntemente nei modelli di Economia della famiglia di origine Beckeriana, che perciò, dal punto di vista teorico debolissimi, e quindi sbagliati, anche se vengono usati correntemente anche da economiste femministe e anche a favore di policy condivisibili in Italia per esempio DANIELA DEL BOCA-CHRISTOPHER FLINN, *Household behavior and the marriage market*, in *Journal of Economic Theory*, Elsevier, vol. 150, 515-550.

[184] C'è stato anche un interessante dibattito sul tema se sia possibile fondare modelli che fanno previsioni giuste anche su assunzioni sbagliate. Milton Friedman, premio Nobel e importantissima voce dell'Università di Chicago sosteneva appunto di si, ma chi scrive e buona parte degli studiosi di scienze naturali la considerano una posizione epistemologica non tenibile. Cfr. MILTON FRIEDMAN, *Essays in Positive Economics*, 1953, 14.

[185] MARIANNE A. FERBER-JULIE A. NELSON (a cura di), *Beyond Economic Man*, Chicago 1993.

gi e tra genitori e figli, specialmente riguardo alle madri. Viene meno quindi come base per fondare le politiche pubbliche verso le famiglie e verso il lavoro femminile sia all'interno sia all'esterno della famiglia. Importantissimo anche il filone critico che ha radici nell'opera di Herbert Simon[186], che contesta i meccanismi decisionali attribuiti agli agenti e introduce il concetto di razionalità limitata (*bounded rationality*). Da queste critiche si è sviluppato negli anni più recenti un filone noto con il nome di Behavioral economics, che studia gli effetti dei fattori sociali cognitivi psicologici ed emotivi che rendono gli agenti diversi fra loro e determinano una diversa distribuzione delle risorse, e studia le conseguenze di queste differenze e asimmetrie per le politiche economiche.

Detto in termini molto generali e dando per scontata la difficoltà a riassumere in termini semplici una letteratura molto vasta e complessa, il risultato importante è che i modelli ad agenti identici rappresentativi tendono a produrre prescrizioni di *policy* contrarie all'intervento attivo di politica economica, mentre invece i modelli che tengono conto di empatia, irrazionalità, e soprattutto delle asimmetrie informative danno come risultato l'efficacia e l'efficienza dell'intervento di *policy*. Si apre sul piano teorico un'ulteriore terza via che si aggiunge al caso del monopolio e al caso dei fallimenti del mercato, come nel caso del monopolio e nel caso dei beni pubblici, che giustifica e anzi rende necessarie le politiche attive per ripristinare l'efficienza e il buon funzionamento dei mercati. Dunque la terza conclusione è che se le condizioni che sono as-sunte dagli economisti alla base del modello standard sono violate, si creano situazioni in cui alcuni agenti – gli oligopolisti, i produttori con esternalità negative, coloro che si avvantaggiano di asimmetrie informative – possono carpire alla collettività delle rendite ulteriori, e aumentare pertanto la diseguaglianza economica. È compito dell'attore pubblico, dello Stato, rimediare all'assenza di queste condizioni con politiche attive, e ripristinare un'efficienza necessaria al buon funzionamento del mercato.

Il dibattito teorico si è continuamente intrecciato nella storia del pensiero economico con il dibattito sui meriti relativi di Stato e Mercato. Negli ultimi decenni questo dilemma appare superato. Appunto a partire dalla rimozione delle assunzioni irrealistiche, gli economisti concepiscono oggi le politiche pubbliche niente affatto come antagoniste del mercato, ma al contrario come necessarie a ricondurre il mercato al suo corretto funzionamento, rimedio ai fallimenti del mercato. Esemplare il lavoro dell'economista inglese Nicholas Barr[187], che mostra come le principali prassi che costituiscono lo Stato sociale

---

[186] HERBERT A. SIMON, *Models of man: social and rational; mathematical essays on rational human behavior in society setting*, New York, Wiley, 1957.

[187] NICHOLAS BARR, *The Economics of the Welfare State*, Oxford, 1987.

(istruzione, sanità, assicurazioni obbligatorie contro la vecchiaia disoccupazione infortunio e disabilità) sono giustificate e necessarie proprio sulla base delle caratteristiche dei beni oppure degli agenti. L'istruzione va sussidiata perché produce esternalità positive. La sanità va regolata perché vi sono asimmetrie informative tra il paziente il medico e la casa farmaceutica. I sistemi pensionistici sono assicurazioni obbligatorie che impongono agli agenti un comportamento razionale e hanno un effetto positivo di rete – spariscono gli anziani poveri. I sussidi di disoccupazione consentono di riciclare il capitale umano, e quelli di disabilità hanno la funzione, vista prima, di dare a coloro che non possono stare sul mercato il minimo ritenuto politicamente civile. L'antagonismo tra Stato e mercato era di moda ai tempi della lotta tra liberalismo e socialismo. Le attuali teorie economiche vedono il mercato come un'istituzione profondamente inserita nelle istituzioni pubbliche, come suggerisce il termine usato dalla letteratura inglese: embedded cioè collocato entro un letto di istituzioni pubbliche. A partire dal diritto di proprietà, attraverso tutte le politiche sociali e fino alle politiche di pari opportunità e mainstreaming di genere che valorizzano la partecipazione femminile al mercato del lavoro a tutti i livelli, è lo Stato il miglior custode e organizzatore di una economia di mercato. Occorre che lo Stato abbia il mandato preciso di aiutare il mercato a produrre ricchezza per poi ridistribuirla fra tutti i cittadini, perché questa redistribuzione è a sua volta la condizione per continuare a produrre ricchezza. L'antimercatismo generico fisso di certa estrema sinistra, così come l'iperliberismo muscolare di certi ambienti imprenditoriali, sono utilizzati da politici in cerca di spazio elettorale fra persone poco versate in economia; hanno poco da spartire con ciò che pensa la stragrande maggioranza della professione economica e i politici che hanno rispetto delle competenze disciplinari e cultura di governo.

5.4. Il *Welfare State* come insieme di politiche egalitarie.

Se, come abbiamo visto, diseguaglianze economiche esistono prima del mercato, sono aumentate dal funzionamento del mercato concorrenziale, e ancor di più dall'esistenza di forme di mercato oligopolistiche, fallimenti del mercato e asimmetrie informative, allora perché abbiamo assistito nei due secoli più recenti, alla creazione della classe media e a una maggiore equalizzazione di reddito e ricchezza rispetto alle epoche precedenti?

Le ragioni sono numerose e complesse e sono in parte collegate a un'evoluzione storica profonda di tutte le strutture economiche, sociali e politiche che ha origine con la rivoluzione industriale. Ma tra le più importanti di queste ragioni c'è il fatto: la trasformazione economica avvenuta con la rivoluzione industriale ha reso necessaria la costruzione di nuove istituzioni che chiamiamo

Welfare State o Stato Sociale. Lo Stato sociale ha indotto una maggiore eguaglianza economica tra le classi, tra i sessi, tra le aree geografiche, e ha creato un ceto di persone istruite e abbastanza ben pagate nelle amministrazioni pubbliche che ha costituito l'ossatura portante della classe media.

I bisogni materiali degli esseri umani nelle società precedenti erano soddisfatti da un'economia contadina in cui la grande maggioranza della popolazione produceva prevalentemente per l'autoconsumo. Le funzioni degli Stati fino al XVIII secolo si riducevano alla difesa dal nemico esterno, alla polizia per il mantenimento dell'ordine interno, a fornire la struttura giuridica per garantire la proprietà ei beni e l'osservanza dei contratti. La società era basata su nuclei familiari allargati di contadini che si facevano carico sia della produzione per autoconsumo, sia dell'educazione, sia delle cure a malati e disabili. Provvedersi di beni e servizi mediante lo scambio di merci aveva un ruolo piccolo e residuale. Le funzioni pubbliche di provvidenza e di cura del benessere degli sfortunati che non riuscivano a provvedere a se stessi o cadevano fuori dalle reti familiari – gli orfani – se esistevano, erano demandate alla Chiesa.

Il momento di passaggio dall'economia contadina a quella industriale è un momento socialmente drammatico, com'è noto dai racconti di Dickens e dalle altre narrazioni e studi sulle condizioni miserabili della classe operaia in Inghilterra. Dal punto di vista della diseguaglianza va ricordato che esisteva un'enorme sperequazione di risorse tra i titolari del dominio feudale e della proprietà della terra, e i contadini. Probabilmente esistevano anche rilevanti diseguaglianze tra i membri della famiglia contadina, tra i giovani gli adulti e gli anziani, i legittimi e i figli illegittimi, tra famiglia e famiglia e tra membri della famiglia e un ceto di servitù collegato ad alcune delle famiglie più abbienti. Chi sceglieva di andare a lavorare in condizioni terribili nell'industria nascente, fuggiva quindi da una condizione di miseria e diseguaglianza ancora più terribile. La miseria contadina era collegata al rischio di avversità come la grandine, la siccità, la malattia degli uomini o delle bestie, a una relativa prosperità poteva succedere il totale disastro. La migrazione verso le città industriali e l'ingresso nel mercato del lavoro avvenivano in condizioni di relativa eguaglianza con gli altri lavoratori, e i salari, anche i più bassi, erano superiori in media ciò che gli stessi individui potevano trovare nei luoghi di provenienza.

Lo Stato sociale nasce insieme al capitalismo, in Inghilterra, da due movimenti sociali, uno dall'alto e uno dal basso. Dall'alto, le classi dirigenti si rendono conto che per arricchire il paese e dotarlo di un esercito in grado di vincere i conflitti esterni è necessario non solo liberalizzare il mercato, ma anche fornire all'industria una mano d'opera sana e capace, e soldati fisicamente e mentalmente abili: e quindi, istruzione obbligatoria, progetti fognari, progetti abitativi meno malsani. Dal basso, le classi operaie cominciano a formare associazioni a fini di mutuo soccorso che proteggano i lavoratori dai possibili eventi negativi che possono colpire individui resi fragili perché privi della rete di appoggio e di sicurezza costituita dai legami familiari estesi: e quindi fondi assicurativi creati con piccoli contributi dai salari, che possano dare sussidi ai lavoratori, specie ai capofamiglia, in caso di malattia, disoccupazione, infortunio. E fondi pensionistici che garantiscano la sopravvivenza quando la vecchiaia impedisce effettivamente di lavorare. Ma non c'è più la famiglia contadina nella quale i figli mantenevano i genitori.

I provvedimenti "dall'alto" sono fin dalle origini finanziati con il prelievo fiscale sulla porzione più ricca della popolazione. Progressivamente si scopre che estendere, rendere obbligatori e per tutti i lavoratori e finanziare con spesa pubblica anche le parti del welfare nate "dal basso" è fonte di consenso politico per i regimi autoritari e di voti nei regimi democratici instaurati dopo la seconda guerra mondiale. Nascono così prima i fondi pensionistici, poi le assicurazioni sanitarie obbligatorie, e infine i sistemi sanitari nazionali pubblici.

Ci sono variazioni nazionali. Il sociologo danese Esping-Andersen[188] ha elaborato una classificazione, distinguendo tra paesi nordici, paesi anglo-sassoni e paesi dell'Europa continentale, con una variazione aggiuntiva a quest'ultima varietà costituita dai paesi dell'Europa meridionale tra cui l'Italia. Gli Stati sociali possono essere più o meno residuali (dedicati solo alle persone in stato di bisogno) ovvero universali (dedicati a tutti i cittadini). I due meccanismi principali di finanziamento sono il prelievo fiscale e/o la contribuzione obbligatoria. Le forme di erogazione possono essere in forma diretta di servizio pubblico oppure in forma di sussidio monetario. Possono essere lavoristi o no, con i diritti al *welfare* basati sull'essere lavoratore oppure sul semplice essere cittadino, possono tutelare su base individuale oppure familistica, creando una gerarchia tra il capofamiglia i suoi, e le sue, dipendenti. Ma in tutti i paesi, dove più e dove meno, l'effetto complessivo è quello di ridistribuire reddito e ricchezza, innalzando il reddito delle fasce più basse. In aggiunta, i settori cardine che costituiscono lo Stato sociale – istruzione pubblica, sanità e sistemi di salute pubblica, sistemi pensionistici, sussidi di disoccupazione e di disabilità, edilizia abitativa pubblica e sussidi all'accesso della prima abitazione privata – assumono personale per svolgere i servizi e per amministrarli, a salari di mercato o di solito anche leggermente superiori, aumentando anche per questa via l'eguaglianza nell'accesso al reddito.

Ci sono variazioni culturali: le tre grandi culture politiche che fanno da madrine alla creazione dello Stato sociale propongono ciascuna una narrativa diversa. Per la cultura socialdemocratica di derivazione Marxista, gli imprenditori si appropriano di un plusvalore prodotto dai lavoratori e lo Stato sociale è l'alternativa alla rivoluzione per riappropriarsi di questo surplus. Per la cultura cristiana, è dovere morale soccorrere i bisognosi e restituire loro dignità,

---

[188] GOSTA ESPING-ANDERSEN, *Three Worlds of Welfare Capitalism*, Princeton, 1990.

anche attraverso lo Stato sociale. Per la cultura liberale si tratta di stabilire situazioni di partenza simili, alla nascita, per ciascun individuo, le cosiddette Pari Opportunità. È solo così che la competizione tra individui e il riconoscimento del merito portano libertà e prosperità, altrimenti si ricostituiscono blocchi di potere e privilegio autoritari, ingiusti, e portatori di povertà complessiva. L'economia, il mercato competitivo come l'ho descritto nei primi paragrafi, è l'erede di questa visione liberale e richiede politiche di pari opportunità tra le persone. La battaglia contro l'intervento equitativo attuato dallo Stato sociale portata avanti da alcuni economisti *mainstream* anche in Italia è un travisamento dei cardini della cultura liberale.

Dal punto di vista della macroeconomia il processo di redistribuzione attuato dallo Stato sociale è complementare, non alternativo alla crescita economica. Primo, perché la crescita economica richiede una forza lavoro sana e istruita. Secondo, perché (come ha mostrato Pasinetti) in proporzione al reddito le percentuali di risparmio dei ricchi sono inferiori a quelli dei meno ricchi e le percentuali di consumo dei più poveri sono più alte: per cui, la redistribuzione alle classi medie aumenta la domanda aggregata che sola può dare uno sbocco ai nuovi prodotti. In un mondo in cui non si formassero classi medie e non venissero soddisfatti nuovi bisogni di masse di esseri umani l'economia si fermerebbe, anche perché sarebbe difficile impiegare i capitali accumulati dai super ricchi e trovare sbocco commerciale a quel che si produce. Se si vuole che il processo d'innalzamento delle condizioni materiali di vita della specie umana sul pianeta prosegua, la via maestra è quella dell'estensione e di un consolidamento delle istituzioni che regolano il mercato e ridistribuiscono le risorse. Questa è l'eredità di civilizzazione che gli europei possono proporre al resto del pianeta che un tempo hanno oppresso e colonizzato.

I processi di passaggio da società contadine di autoconsumo a società che si approvvigionano mediante lo scambio di mercato non sono un fenomeno storico relegato al passato, sono in atto sotto i nostri occhi. In Cina il flusso dalle campagne alle zone industriali e nelle città è iniziato negli anni '90 e prosegue tuttora, con problemi enormi legati ai permessi di spostamento negati; in Turchia Istanbul è passata da 500.000 a 14,5 milioni di abitanti in tre decadi, in Brasile si è assistito a una vera e propria creazione conscia e volontaria della classe media. Dal 1990 a oggi, riporta l'Unicef, 2.6 miliardi di persone che prima non ne disponevano hanno avuto accesso a un sistema fognario, ma ne restano ancora 2.4 miliardi che usano toilettes all'aria aperta, con il rischio sanitario altissimo di commistione dei residui umani con il sistema di approvvigionamento idrico[189]. Il numero di bambini che non riceve nemmeno l'educazione primaria (elementare) era di 99 milioni nel 2000, è sceso a 59 mi-

[189] Cfr. *http://www.unicef.org/wash/index_43084.html* per documentarsi su questi sviluppi.

lioni nel 2007 e poi il progresso si è fermato, a causa della crisi. La costruzione delle istituzioni necessarie a sostenere questo sviluppo è uno dei compiti politici più importanti della nostra epoca. Fortunatamente, nelle istituzioni internazionali vi è consapevolezza di questo fatto, molto più di quanto non ve ne sia nel dibattito politico elettorale delle singole nazioni.

5.5. Eguaglianza tra chi? Eguaglianza di che cosa.

Come abbiamo appena visto, possono esistere conflitti tra diverse dimensioni dell'eguaglianza: l'eguaglianza tra paesi è stata accompagnata da diseguaglianza entro i paesi, ridistribuire a favore dei più poveri potrebbe aumentare la diseguaglianza tra gruppi. Si apre quindi il problema di definire l'unità di base dell'eguaglianza: gli individui, le famiglie, le aree geografiche, le etnie?

Le culture politiche d'ispirazione marxiana hanno ragionato in termini di classe, lasciando indefinito se la classe fosse composta d'individui con certe caratteristiche o da famiglie con certe caratteristiche, e non prevedendo gli effetti della mobilità sociale. Le culture cristiane tendono a ragionare in termini di famiglie, e a immaginare che all'interno della famiglia le risorse siano distribuite equamente. Le culture liberali hanno inventato il concetto d'individuo, ma, come ha messo magistralmente in luce Carole Pateman [190], ci si riferiva originariamente all'individuo maschio capofamiglia, reso tale dal fatto di essersi aggiudicato una donna in un contratto di sottomissione, e di avere accesso a dei beni. Col passar del tempo e l'allargarsi dei diritti civili politici sociali è diventata dominante e quasi completamente condivisa nel mondo occidentale l'idea che i diritti sono attributi del singolo essere umano e l'eguaglianza va riferita ai singoli esseri umani.

Questa impostazione ha fatto emergere in maniera vistosa ed eclatante l'esistenza della diseguaglianza tra uomini e donne. La ricerca ha documentato in numerose istanze e con numerose metodologie l'esistenza di diseguaglianze sistematiche a sfavore delle donne nell'accesso alle risorse e al potere decisionale, nel mercato del lavoro, nella sfera pubblica, e anche all'interno delle famiglie. A parità di caratteristiche che indicano capacità produttiva, le donne guadagnano in media meno degli uomini, sia per ora lavorata sia come reddito complessivo. Inoltre queste caratteristiche non sono mediamente uguali, perché le famiglie investono meno nello studio e nella formazione delle figlie femmine e le imprese investono poco nella formazione del capitale umano delle assunte femmine, il che contribuisce a impedire alle donne di accedere alle posizioni apicali maggiormente retribuite. Non avendo alti redditi, le donne accumulano meno ricchezza. Inoltre, la ereditano meno degli uomini: in alcuni

---

[190] CAROLE PATEMAN, *The Sexual Contract*, Stanford, 1988.

paesi restrizioni giuridiche limitano l'accesso delle donne all'eredità ma, anche dove esiste eguaglianza fra i sessi sul piano normativo, l'esistenza di una quota discrezionale tende a svantaggiare le figlie femmine. Il caso estremo è quello della documentata assenza dai dati censuari di alcuni paesi di un certo numero di bambine. La preferenza per il figlio maschio provoca aborti selettivi o semplice incuria e malnutrizione verso le bambine, eliminandole [191].

La diseguaglianza di genere e la svalutazione del genere femminile nascono da un insieme di fattori economici, psicologici, giuridici, sociali e culturali. Gli sviluppi più recenti della ricerca hanno messo in luce un problema di percezione: le aspettative che uomini e donne hanno *ex-ante* della performance delle donne è distorta, si ritiene che le donne siano incapaci di fare una serie di cose e ottenere una serie di risultati che, invece, quando si va a misurare ex-post, sono perfettamente in grado di fare. Attivare interventi che contrastino questa percezione e ne combattano gli effetti pratici ristabilendo un'eguaglianza tra i sessi nell'accesso alle risorse e alle posizioni decisionali non è un lusso che le società si permettono per amore della giustizia sociale. È, al contrario, un intervento strutturale necessario a recuperare alla crescita economica le competenze e le capacità femminili, che in caso contrario andrebbero sprecate. Interventi per l'eguaglianza di genere –istruzione delle bambine, educazione sanitaria delle madri, microcredito alle imprese femminili, interventi volti a cambiare le norme sociali discriminatorie verso le donne e le bambine– si sono dimostrate nei paesi in via di sviluppo tra i più efficaci interventi per innescare il processo di crescita economica. Anche nei paesi cosiddetti avanzati come l'Italia si calcola che recuperare all'economia la componente della popolazione femminile che è marginalizzata e non partecipa alle forze di lavoro potrebbe far crescere il Pil, in alcune ipotesi autorevoli di 7 punti percentuali [192].

Ma che cosa è esattamente il Pil? Finora, abbiamo parlato di diseguaglianza di risorse economiche, senza indicare esattamente a quali risorse ci riferiamo. Per decenni l'indicatore principale per misurare la disponibilità di risorse era il Pil pro-capite. Questo indicatore nasce perché le agenzie dedicate di statistica – in Italia l'Istat – hanno sviluppato metodi per misurare il valore di quanto è prodotto annualmente in un paese, il Pil o Prodotto Interno Lordo [193]. Dividendolo quest'ammontare per il numero degli abitanti si ottiene il

[191] In alcune aree della Cina e dell'india c'è un eccesso di maschi anche del 15-20%; il rapporto maschi/femmine riportato dal CIA World factbook (*https://www.cia.gov/library/publications/the-world-factbook/fields/2018.html, 22/07/2016*) è di 1,06 maschi per 1 femmina in Cina, di 1.8 in India.

[192] Vedi il progetto di ricerca dell'Ufficio Studi banca d'Italia, *https://www.bancaditalia.it/pubblicazioni/altri-atti-convegni/2012-donne-economia/index.html.*

[193] Esistono tre metodologie diverse, che vengono usate tutte e tre al fine di verifica re-

Pil pro-capite, misura del reddito medio di cui potrebbe teoricamente disporre il cittadino di un determinato paese. A parità di reddito medio ci possono essere paesi con maggiore o minore diseguaglianza. Insieme al Pil l'altro indicatore principale è lo stock di ricchezza accumulata: il reddito è annuale, la ricchezza è una somma di redditi accumulati negli anni. È il valore di ciò che è posseduto dai residenti di un paese – delle sue case dei suoi impianti, che sono ricchezza privata, cui aggiungiamo le strade e le ferrovie, che sono ricchezza pubblica, per ottenere la ricchezza totale. Dividiamo per la popolazione e abbiamo la ricchezza totale pro-capite, che avrà anch'essa una sua distribuzione più o meno egalitaria, che può essere misurata.

Queste due grandezze, Pil e ricchezza pro-capite, che sono espressi come valori monetari, misurano effettivamente il benessere vero delle persone, il loro accesso a ciò che rende la vita confortevole e degna di essere vissuta? Anche qui c'è un dibattito ampio, che intanto ha mostrato la necessità di depurare questi indicatori da variazioni del valore nominale della moneta dovute a inflazione e deflazione, e si sono pertanto costruiti indicatori di Pil ricchezza reali, non nominali, riferiti a un anno base. Poi si è considerato che il Pil non include le esternalità negative, il valore negativo dell'inquinamento, del riscaldamento globale, e di altri danni co-prodotti insieme al Pil, e quindi tanto più l'economia cresce consumando ambiente, suolo, clima, tanto meno il Pil è un buon indicatore per misurare la ricchezza e le sue differenze. Infine, si è notato che il Pil include solo ciò che è comprato e venduto: non include ciò che è prodotto all'interno delle famiglie, che ha comunque un valore. Tagliare il prato, cucinare una bistecca sono attività che hanno valore di mercato, se non sono fatte da noi in famiglia, devono essere acquistate come servizi, si apre qui il problema della valutazione di tutta l'attività economica non retribuita formalmente che è svolta per i propri familiari, più frequentemente dalle donne ma non solo da loro.

Un'importante costatazione è quella introdotta nella letteratura da C. Vickery e ripresa in numerosi studi anche recenti [194]. La risorsa economica principale a disposizione degli esseri umani è il tempo. È vendere il proprio tempo per ottenere un salario che produce il reddito. Se tutto il proprio tempo è stato venduto, si può diventare poveri di tempo [195]. Una persona che lavora quattro ore al giorno per 1000 euro e una che ne lavora otto al giorno per 1000 euro non hanno eguale accesso alle risorse, anche se nel conteggio del Pil risulta

---

ciproca. Il totale ottenuto viene poi diviso per la popolazione, per darci un reddito medio di cui viene a disporre ciascun abitante.

[194] AJIT ZACHARIAS-THOMAS MASTERSON-EMEL MEMIS, *Time Deficits And Poverty: The Levy Institute Measure Of Time And Consumption Poverty For Turkey* Levy Institute, 2014.

[195] CLARE VICKERY, *The Time-Poor: A New Look at Poverty. The Journal of Human Resources*, 1977. 12(1), 27-48. Retrieved from *http://www.jstor.org/stable/145597.*

che hanno lo stesso reddito, poiché entrambi contribuiscono 1000 euro al reddito nazionale. Nelle quattro ore in cui non lavora per il mercato la persona che lavora quattro ore può curare il giardino, cucinare, andare a teatro, badare ai figli e ai vecchi genitori, eccetera [196]. Quella che lavora otto ore non ha tempo per queste attività, e può addirittura dover pagare una baby sitter o una badante per i bambini e gli anziani: può diventare una "time poor".

Un altro intervento di estrema importanza è stato quello di Amartya Sen e Martha Nussbaum [197]. A partire da una rivisitazione filosofica del concetto di benessere operata congiuntamente a Nussbaum, Sen ha iniziato un movimento verso la revisione del Pil e la creazione di nuovi indicatori che possano adeguatamente misurare non la disponibilità di denaro, ma la capacità di vivere adeguatamente nella propria società, di funzionare socialmente, (le cosiddette "capabilities"). Il primo e principale è l'Indice di Sviluppo Umano, proposto dall'Organizzazione delle Nazioni Unite; a seguire anche le altre organizzazioni internazionali che si occupano di sviluppo come la Banca Mondiale con il World Development Indicator [198] si sono dotate di indicatori che misurano in maniera composita i diversi aspetti che compongono l'accesso alle risorse, e che possono risultare più utili del Pil per misurare gli aspetti ritenuti più importanti per individuare il benessere materiale e culturale delle persone e misurare di conseguenza le diseguaglianze, inclusi fattori come la salute, la durata di vita, l'accesso allo studio, la libertà. Anche la diseguaglianza di genere è misurata con indicatori compositi multidimensionali, che tengono conto, dando a ciascuna un suo peso, delle diverse diseguaglianze (di reddito, di ricchezza, d'istruzione, di presenza nelle posizioni apicali, di tempo di lavoro non retribuito) [199]. Nessun indicatore è perfetto: il coefficiente di Gini non cambia al cambiare della scala (cioè, resta uguale tra due persone se raddoppiamo il reddito di entrambe, non coglie l'aumentare della distanza); del Pil abbiamo parlato; gli indicatori compositi danno un peso alle diverse componenti che è frutto di scelte giustificate ma non le uniche possibili. Tuttavia, disponiamo di

---

[196] Questo significa che la molta retorica fatta intorno alla lotta contro la povertà delle "famiglie monoreddito" è molto poco convincente. Una famiglia con due redditi bassi può essere molto povera di tempo. Bisogna guardare ai redditi orari di ciascuno dei coniugi e ai bisogni veri delle famiglie, non al numero dei percettori di reddito per fare buone politiche contro la povertà.

[197] AMARTYA SEN-MARTHA NUSSBAUM, *The Quality of Life*, Oxford, 1993; S. AMARTYA, *Commodities and Capabilities (1st ed.). New York*, 1985; AMARTHYA SEN-MARTHA NUSSBAUM, *The quality of life*, Oxford, 1993.

[198] *https://it.wikipedia.org/wiki/Indice_di_sviluppo_umano*, h*ttp://data.worldbank.org/products/wdi.*

[199] Cfr. *http://hdr.undp.org/en/content/gender-inequality-index-gii* ed anche *https://it.wikipedia.org/wiki/Indice_di_sviluppo_umano.*

una strumentazione statistica che ci consente di monitorare con un buon grado di accuratezza l'evoluzione delle disuguaglianze in tutte le loro dimensioni.

5.6. Conclusioni: politiche per l'eguaglianza.

In conclusione se si desidera migliorare l'eguaglianza tra due gruppi che hanno un accesso alle risorse in media più basso, può non essere sufficiente migliorare in generale l'eguaglianza distributiva. È necessario un monitoraggio e possono essere necessarie politiche mirate. Ancora, il mercato da solo riproduce la diseguaglianza tra chi entra nel mercato, i suoi meccanismi di funzionamento competitivi di distruzione creatrice generano fisiologicamente crescita delle imprese più efficienti ed eliminazione di quelle meno efficienti con conseguenti arricchimenti e impoverimenti. Infine, i mercati non competitivi generano posizioni di rendita che rendono ancora peggiore la diseguaglianza, e che aprono lo spazio all'intervento pubblico nell'economia e alla complementarietà delle politiche sociali alla crescita economica.

La curatrice di questo volume, Francesca Rescigno, ha chiesto il mio contributo, rispetto alla sostenibilità fiscale delle politiche per l'eguaglianza. Credo che la risposta risulti molto chiara dall'intera analisi che ho svolto. La contrapposizione tra Stato e Mercato è assolutamente mal posta: la spesa pubblica per politiche di redistribuzione non è un *optional* per amore della giustizia, è una componente necessaria alla crescita economica. Vero che lo Stato talvolta ha posto e pone "lacci e lacciuoli" non necessari e inopportuni all'impresa privata e al mercato frenando la crescita economica: questo talvolta succede perché i ceti che si nutrono di spesa pubblica non sono composti di santi, ma di persone che cercano posizioni di rendita e vantaggi per se stessi, a volte illegali come la corruzione, a volte legali e tuttavia improduttivi. Ma è altrettanto vero che il mercato da solo non è in grado di provvedere a se stesso: perché non si auto-mantiene come istituzione, perché è soggetto a fallimenti, perché dal punto di vista macroeconomico non ci sarebbe stata crescita economica in occidente senza l'azione pubblica di tassazione e spesa in sanità, istruzione, pensioni e politiche del lavoro. Il problema quindi non si può porre in termini di sostenibilità fiscale delle politiche, come se esse fossero un lusso di cui si può fare a meno, e non il presupposto della crescita. L'unica sostenibilità che pone qualche problema all'eguaglianza, e di cui qui non ho trattato, è quella ambientale. Creare classi medie che hanno risolto positivamente il problema della soddisfazione di alcuni bisogni e sono dotate di adeguate "capacità" nel senso di Sen, se fatto con le tecnologie di oggi, può non essere sostenibile per l'ambiente del pianeta: ma è sperabilmente possibile sviluppare metodi produttivi meno inquinanti e più efficienti dal punto di vista energetico: su questo tema c'è un dibattito aperto, occorrono competenze tecniche per dare una risposta, ma se sia possibile o meno portare tutta la popolazione del pianeta a standard di vita paragonabili a quelli dell'occidente di oggi dipende anche dalle risposte tecniche e politiche che, come intero genere umano, sapremo dare al problema.

Anche chiedersi se sia possibile la sostenibilità fiscale delle politiche di eguaglianza in Italia è un problema mal posto. Oggi lo Stato italiano si trova in una situazione in cui il *deficit* e il debito pubblici sono tra i più elevati d'Europa. L'unione monetaria europea richiede giustamente un coordinamento delle politiche fiscali, perché senza questo coordinamento la spesa di uno Stato per i suoi cittadini potrebbe trasformarsi in inflazione per tutti. Ma, altrettanto giustamente, va tenuto conto del fatto che l'economia prospera nell'ambito di uno Stato democratico in cui il reddito e la ricchezza prodotti sono continuamente condivisi e rimessi in circolo dalle politiche pubbliche. L'eguaglianza nell'accesso a istruzione, sanità e lavoro perseguite dalle politiche sociali sono un presupposto, non un ostacolo, per la crescita economica. Questo è vero anche per l'ultima generazione d'interventi equitativi, quelli per le pari opportunità tra uomini e donne. Quando sviluppate adeguatamente queste politiche consentiranno di non sprecare il potenziale d'intelligenza e di competenza delle donne. Il debito pubblico italiano e di altri paesi, come pure l'eccessivo *surplus* di bilancia dei pagamenti di altri paesi europei, sono il principale problema politico che, come Europei, abbiamo di fronte. Per trovare la soluzione politica di questo problema va tenuto conto del principio cardine delle politiche pubbliche: promuovere una maggiore eguaglianza tra i cittadini europei, non solo all'interno dei singoli paesi, ma tra paesi. Sono queste politiche che consentiranno, se riusciremo a convincere tutti della loro necessità, di tornare a una ragionevole ed ecologicamente sostenibile crescita economica.

APPENDICE 1: Questa appendice contiene un esempio numerico di intervento equitativo sulla parte bassa della distribuzione, che non fa diminuire la diseguaglianza tra il gruppo mediamente più ricco e il gruppo mediamente più povero, anche se diminuisce la diseguaglianza complessiva e interna a ciascun gruppo.

Prendiamo le due distribuzioni di risorse descritte nella colonna 1 e 2. Facciamo un intervento equitativo cioè aumentiamo di un'unità il reddito di tutti quelli che hanno un reddito di 15 o meno. L'effetto è che la distanza tra i più ricchi e i più poveri diminuisce, sia complessivamente sia in ciascuna delle due distribuzioni, e la distanza tra il reddito medio dei gruppi aumenta, con il gruppo che era mediamente più ricco adesso è mediamente ancora più ricco, e quello mediamente più povero, ancora più povero. Si noti che lo stesso effetto si avrebbe, anche se l'intervento fosse un'integrazione a 15 dei redditi inferiori.

	PRIMA dell'intervento		DOPO l'intervento	
	Uomini	Donne	Uomini	Donne
	10	12	(10+1)=11	(12+1)=13
	15	17	(15+1)=16	17
	20	17	20	17
	25	17	25	17
	30	22	30	22
Media	20	17	20,4	17,2
Differenza tra le medie	3		3,2	

6. Il principio di eguaglianza tra individualizzazione, crisi economica e austerità *

6.1. L'eguaglianza al lavoro tra avanzamenti e criticità.

Il tema dell'eguaglianza impegna il dibattito pubblico da qualche secolo, diviso, tuttavia, tra opposte tensioni. Karl Marx aveva ben evidenziato il contrasto tra l'egualitarismo formale e l'ineguaglianza sostanziale, al punto da sostenere che «*Il diritto può consistere soltanto, per la natura che gli è propria, nell'uso di una uguale misura; ma gli individui dissimili (e non sarebbero individui diversi se non fossero dissimili) sono misurabili con ugual misura solo in quanto li si sottomette a un uguale punto di vista, in quanto vengono considerati da un lato* ben preciso *[...]. Per evitare tutti questi inconvenienti, il diritto dovrebbe essere, invece che uguale, ancora più disuguale*» [200].

Con riferimento all'Italia, è al secondo comma dell'art. 3 della Costituzione che si trova un primo richiamo all'eguaglianza «*È compito della Repubblica rimuovere gli ostacoli di ordine economico e sociale, che, limitando di fatto la libertà e l'eguaglianza dei cittadini, impediscono il pieno sviluppo della persona umana e l'effettiva partecipazione di tutti i lavoratori all'organizzazione politica, economica e sociale del Paese*». È il rimando al profilo dell'eguaglianza che giustifica il diritto del lavoro come diritto "diseguale" [201]. È al primo comma che, invece, si fa riferimento in tema di contrasto alle discriminazioni "*Tutti i cittadini hanno pari dignità sociale e sono eguali davanti alla legge, senza distinzione di sesso, di razza, di lingua, di religione, di opinioni politiche, di condizioni personali e sociali*". Il riferimento al principio di uguaglianza si trova poi nello Statuto dei lavoratori (legge n. 300 del 20 maggio 1970), all'art. 8 «*È fatto divieto al datore di lavoro, ai fini dell'assunzione, come nel corso dello svolgimento del rapporto di lavoro, di effettuare indagini, anche a mezzo di terzi, sulle opinioni politiche, religiose o sindacali del lavoratore, nonché su fatti non rilevanti ai fini della valutazione dell'attitudine professionale del lavoratore*», all'art. 15 «*È nullo qualsiasi patto od atto diretto a: a) subordinare l'occupazione di un lavoratore alla condizione che aderisca o non aderisca ad una associazione sindacale ovvero cessi di farne parte; b) licenziare un lavoratore, discriminarlo nella assegnazione di qualifiche o mansioni, nei trasferimenti, nei provvedimenti disci-*

---

* Di Tania Toffanin.

[200] Cfr. K. MARX, *Critica al programma di Gotha*, Roma, 1968 (orig. 1875, pubblicato postumo nel 1891), 38.

[201] M. NAPOLI, *Prefazione. L'eguaglianza da costruire*, in A. OCCHINO, *L'eguaglianza*, Milano, 2014, IX.

plinari, o recargli altrimenti pregiudizio a causa della sua affiliazione o attività sindacale ovvero della sua partecipazione ad uno sciopero. 2. Le disposizioni di cui al comma precedente si applicano altresì ai patti o atti diretti a fini di discriminazione politica, religiosa, razziale, di lingua o di sesso» e all'art. 16 «*È vietata la concessione di trattamenti economici di maggior favore aventi carattere discriminatorio a mente dell'articolo 15*».

Il rapporto tra eguaglianza e diritto del lavoro è sempre stato attraversato da continue tensioni. In Italia, nello specifico, è nei primi anni '90 che si è posto un deciso freno al riconoscimento del principio di eguaglianza[202], con una sentenza delle Sezioni Unite della Cassazione risalente al 1993, la quale stabiliva che nel rapporto di lavoro era l'autonomia privata la regola, mentre il principio di eguaglianza rappresentava l'eccezione, rimarcando, altresì, la necessità di difendere la libertà dell'iniziativa economica privata. Tuttavia, se agli artt. 2086, 2094 e 2104 c.c. è riconosciuta l'asimmetria presente nel rapporto di lavoro e si avvalora la discrezionalità dei poteri contrattuali del datore di lavoro, è pur vero che proprio l'art. 3 Cost. pone degli interrogativi circa la modalità di esercizio di tali poteri.

Il rapporto antagonistico tra diritto del lavoro ed eguaglianza muta a favore di quest'ultima con la Direttiva 2000/78/CE che stabilisce un quadro generale per la parità di trattamento in materia di occupazione e di condizioni di lavoro. Tale direttiva riprende nei contenuti quanto già affermato nella Carta comunitaria dei diritti sociali fondamentali dei lavoratori adottata nel 1989, ripresi poi dal Trattato di Lisbona (art. 151 del trattato sul funzionamento dell'UE) e dalla Carta dei diritti fondamentali dell'Unione europea. Nello stesso anno un'altra importante direttiva è stata promulgata in relazione alla discriminazioni: si tratta

---

[202] Cfr. M. BARBERA, *L'eguaglianza e il diritto del lavoro*, in A. OCCHINO, *L'eguaglianza*, cit., 3 ss., contributo già pubblicato in AA.VV., *Studi in onore di Tiziano Treu. Lavoro, istituzioni, cambiamento sociale*, vol. II, Napoli, 759-770. Barbera fa riferimento alla sentenza della Cassazione sulla parità di trattamento in relazione alla causa di un lavoratore dipendente contro la SNAM Spa. Si veda Cass. civ, sez. un., 29 maggio 1993, n. 6030. Nella sentenza si sosteneva poi: «*L'art. 41, in realtà, non concerne qualifiche, mansioni e retribuzioni, ma gli atti organizzativi dell'attività di impresa, e questi per loro natura non possono trovare limiti che nel precetto legislativo, al quale spetta (non al giudice) fare in modo che si realizzino tutti i caratteri voluti dalla costituzione di 'libertà', di 'non contrasto con l'utilità sociale', di 'non arrecare danno alla sicurezza, alla libertà ed alla dignità umana'; e, del resto, è lo stesso costituente che si è preoccupato di evitare incertezze, poiché nel secondo comma ribadisce, se ce ne fosse bisogno, che 'la legge determina i programmi ed i controlli opportuni': la legge, non il giudice [...] Dall'art. 41 della Costituzione non discende, come si è visto, un potere del giudice di controllo diretto sugli atti di autonomia privata, in mancanza di atto normativo che specifichi come attuare quella astratta tutela. È questo certamente il punto nodale della questione, che induce a mantenere ferma la giurisprudenza che nega la esistenza di un principio di parità inteso come norma imperativa*».

della Direttiva 2000/43/CE «*che attua il principio della parità di trattamento fra le persone indipendentemente dalla razza e dall'origine etnica*"[203]. Sullo stesso tema, un primo antecedente è rintracciabile nella convenzione OIL n. 143 «*sulle migrazioni in condizioni abusive e sulla promozione della parità di opportunità e di trattamento dei lavoratori migranti*», promulgata nel 1975 che all'art. 10 sancisce: «*Ogni Membro per il quale la convenzione sia in vigore s'impegna a formulare e ad attuare una politica nazionale diretta a promuovere e garantire, con metodi adatti alle circostanze ed agli usi nazionali, la parità di opportunità e di trattamento in materia di occupazione e di professione, di sicurezza sociale, di diritti sindacali e culturali, nonché di libertà individuali e collettive per le persone che, in quanto lavoratori migranti o familiari degli stessi, si trovino legalmente sul suo territorio*». Il successivo art. 12 stabilisce che «*Ogni stato membro deve, con metodi adatti alle circostanze e agli usi nazionali, abrogare qualsiasi disposizione legislativa e modificare qualsiasi disposizione o prassi amministrativa incompatibili con la predetta politica*» sebbene poi all'art. 14 si sottolinei che «*Ogni Membro può [...] respingere l'accesso a limitate categorie di occupazione e di funzioni, qualora tale restrizione sia necessaria nell'interesse dello Stato*».

Nella Direttiva 2000/78/CE si riconosce che «*La discriminazione basata su religione o convinzioni personali, handicap, età o tendenze sessuali può pregiudicare il conseguimento degli obiettivi del trattato CE, in particolare il raggiungimento di un elevato livello di occupazione e di protezione sociale, il miglioramento del tenore e della qualità della vita, la coesione economica e sociale, la solidarietà e la libera circolazione delle persone*»[204]. La direttiva mira a garantire che le persone con una determinata religione o convinzione personale, disabilità, età o orientamento sessuale non subiscano discriminazioni e possano godere della parità di trattamento sul luogo di lavoro. Le discriminazioni da contrastare sono di tipo diretto (differenza nel trattamento riservato a persone che si trovano in situazioni analoghe o significativamente simili, basata su una caratteristica identificabile)[205] e indiretto (differenza di trattamento che può consistere nell'effetto sproporzionatamente pregiudizievole di una politica o di una misura generale che, se pur formulata in termini neutri, produce una discriminazione nei confronti di un determinato gruppo)[206]. Viene riconosciu-

---

[203] Le due direttive sono state recepite nell'ordinamento italiano con i d.lgs. nn. 215/2003 e 216/2003 del 9 luglio 2003, poi modificati dal d.l. n. 59/2008 (legge n. 101/1998) ed infine dal d.lgs. 1° sttembre 2011, n. 150.

[204] Cfr. Direttiva n. 2000/78/CE, punto 11.

[205] Cfr. CEDU, sent. 16 marzo 2010, *Carson e a. c. Regno Unito* [GC] (n. 42184/05); punto 61. Cfr. anche CEDU, sen. 13 novembre 2007, D.H. e a. c. Repubblica ceca [GC] (n. 57325/2000), punto 175; CEDU, sent. 29 aprile 2008, *Burden c. Regno Unito* [GC] (n. 13378/2005), punto 60.

[206] CEDU, sent. 13 novembre 2007, D.H. e a. c. Repubblica ceca [GC] (n. 57325/00),

ta valenza discriminatoria anche alle molestie[207]. Nella direttiva si sottolinea la necessità di intervenire nell'organizzazione del lavoro per evitare tali discriminazioni, adottando "misure appropriate, ossia misure efficaci e pratiche destinate a sistemare il luogo di lavoro in funzione dell'handicap, ad esempio sistemando i locali o adattando le attrezzature, i ritmi di lavoro, la ripartizione dei compiti o fornendo mezzi di formazione o di inquadramento"[208]. Così come si fa riferimento ai costi da destinare al fine di evitare o rimuovere le discriminazioni «*Per determinare se le misure in questione danno luogo a oneri finanziari sproporzionati, è necessario tener conto in particolare dei costi finanziari o di altro tipo che esse comportano, delle dimensioni e delle risorse finanziarie dell'organizzazione o dell'impresa e della possibilità di ottenere fondi pubblici o altre sovvenzioni*»[209]. Nella stessa direttiva si incoraggia poi il dialogo con le parti sociali, al fine di includere il contrasto alle discriminazioni nella contrattazione collettivccca, e con le organizzazioni non governative, per favorire la creazione di un fronte ampio di soggetti impegnati nella parità di trattamento. All'art. 17 della direttiva, infine, è previsto che gli Stati membri debbano determinare appropriate sanzioni, in caso di violazione delle norme nazionali di attuazione della direttiva, e adottare tutti i provvedimenti necessari per la loro applicazione.

Il campo di applicazione della direttiva riguarda tutte le persone, del settore pubblico e di quello privato, in relazione: «*a) alle condizioni di accesso all'occupazione e al lavoro, sia dipendente che autonomo, compresi i criteri di selezione e le condizioni di assunzione indipendentemente dal ramo di attività e a tutti i livelli della gerarchia professionale, nonché alla promozione; b) all'accesso a tutti i tipi e livelli di orientamento e formazione professionale, perfezionamento e riqualificazione professionale, inclusi i tirocini professionali; c) all'occupazione e alle condizioni di lavoro, comprese le condizioni di licenziamento e la retribuzione; d) all'affiliazione e all'attività in un'organizzazione di lavoratori o datori di lavoro, o in qualunque organizzazione i cui membri esercitino una particolare professione, nonché alle prestazioni erogate da tali organizzazioni*»[210].

Il contenuto della direttiva è stato ulteriormente rafforzato dall'articolo 21 della Carta europea dei diritti fondamentali[211], sottoscritta a Nizza nel dicembre

---

punto 184; CEDU, sent. 9 giugno 2009, Opuz c. Turchia (n. 33401/02), punto 183; CEDU, sentenza 20 giugno 2006, Zarb Adami c. Malta (n. 17209/02), punto 80.

[207] Cfr. Direttiva n. 2000/78/CE, comma 3.

[208] Cfr. Direttiva n. 2000/78/CE, punto 20.

[209] Cfr. Direttiva n. 2000/78/CE, punto 21.

[210] Cfr. Direttiva n. 2000/78/CE, art. 3, comma 1.

[211] Nel dicembre 2009, con l'entrata in vigore del trattato di Lisbona, è stato conferito alla Carta lo stesso effetto giuridico vincolante dei trattati.

2000 dal Parlamento europeo, dal Consiglio e dalla Commissione che sancisce il principio di non discriminazione: «*È vietata qualsiasi forma di discriminazione fondata, in particolare, sul sesso, la razza, il colore della pelle o l'origine etnica o sociale, le caratteristiche genetiche, la lingua, la religione o le convinzioni personali, le opinioni politiche o di qualsiasi altra natura, l'appartenenza ad una minoranza nazionale, il patrimonio, la nascita, gli handicap, l'età o le tendenze sessuali. Nell'ambito d'applicazione del trattato che istituisce la Comunità europea e del trattato sull'Unione europea è vietata qualsiasi discriminazione fondata sulla cittadinanza, fatte salve le disposizioni particolari contenute nei trattati stessi*».

Le direttive promulgate a partire dagli anni Duemila contemplano l'intero percorso delle persone all'interno del sistema occupazionale: dall'accesso all'occupazione alle condizioni di lavoro. Tuttavia, non mancano le criticità nei testi delle direttive[212], così come non mancano le ambiguità nel recepimento delle stesse direttive nell'ordinamento italiano[213]. Da allora, a livello europeo e nazionale, l'attività legislativa è proceduta speditamente, contestualmente però a profonde trasformazioni intercorse nella regolazione del lavoro che, di fatto, stanno minando il principio di eguaglianza, nella sua declinazione sostanziale.

6.2. Il principio di eguaglianza alla prova della de-standardizzazione contrattuale.

La rinnovata attenzione all'eguaglianza cela elementi di criticità che vale la pena approfondire, per meglio comprendere la complessità attuale. L'enfasi sulla parità di trattamento e i vincoli antidiscriminatori si collocano, infatti, in una fase di profonda trasformazione degli assetti economici, politici e sociali iniziata nella seconda metà degli anni '70 in concomitanza con l'affermazione del paradigma neoliberista. Si tratta di un processo di lungo corso, iniziato con la fine dei "trenta gloriosi" e culminato in una fase di progressivo indebolimento dello Stato-nazione. L'imminente prospettiva dell'adozione dell'euro – e la conseguente impossibilità di continuare ad adottare politiche di svalutazione monetaria da parte dei governi nazionali, specie per quanto concerne l'Italia, come invece si è potuto fare nel secondo dopoguerra[214] – ha avuto ripercussioni cruciali sulla regolazione del lavoro.

---

[212] Si veda la critica di O. BONARDI, *Le discriminazioni basate sull'età*, in M. BARBERA (a cura di), *Il nuovo diritto antidiscriminatorio. Il quadro comunitario e nazionale*, Milano, 2007, 135-147.

[213] Si confrontino i diversi contributi contenuti in M. BARBERA, *Il nuovo diritto antidiscriminatorio*, cit.

[214] Cfr. A. GRAZIANI, *Lo sviluppo dell'economia italiana. Dalla ricostruzione alla moneta europea, Torino*, 1998.

La nuova divisione internazionale del lavoro intervenuta negli anni '70 e l'affermazione del paradigma neoliberista hanno contribuito in termini decisivi alla flessibilizzazione del mercato del lavoro e al processo di scardinamento del diritto del lavoro. In questi termini, specie in relazione alla regolazione del lavoro, la globalizzazione ha rotto la simmetria nella quale è nato e si è sviluppato il diritto del lavoro, costituita da un lato dallo Stato-nazione, dall'altro dalle barriere alla mobilità transnazionale. Demolendo le barriere alla circolazione dei capitali e delle merci, la globalizzazione ha contribuito a realizzare un'ampia libertà degli scambi economici e una grande mobilità dei processi produttivi. Per contro, alla forza-lavoro questa libertà di movimento è stata preclusa mentre si sono trasformati i rapporti di forza fra le imprese e fra queste e i loro dipendenti a vantaggio delle prime[215]. Occorre, poi, evidenziare l'impatto che la cessazione degli accordi internazionali sul contingentamento delle importazioni di merci provenienti da paesi con limitati diritti accordati al lavoro ha avuto nei sistemi occupazionali europei. Ristrutturazioni, crisi d'impresa e delocalizzazioni hanno notevolmente ridotto lo spazio della parità: la rincorsa alla riduzione del costo del lavoro ha, di fatto, costituito la modalità di "tenuta competitiva" per molte imprese europee. Questa dinamica apre molte riflessioni sia sulle modalità di esercizio della funzione imprenditoriale sia sulla funzione sociale dell'impresa che in questa sede non possiamo enucleare: riflettere su di esse è, tuttavia, cruciale per tematizzare i limiti dell'eguaglianza nel rapporto di lavoro e nella società nel suo insieme.

Negli paesi europei più industrializzati è proprio a partire dagli anni '90 che i governi nazionali iniziano a promuovere riforme del mercato del lavoro che poggiano sulla progressiva de-standardizzazione contrattuale[216]. Tali riforme più che risolvere i problemi di "tenuta competitiva" delle imprese hanno aggravato la condizione dei lavoratori, per i quali, contrariamente a quanto preconizzato dalle suggestive anticipazioni sulla società liberata dal lavoro, sono via via diminuite le opportunità di scelta contestualmente all'aumento della giornata lavorativa[217]. Flessibilizzazione dei rapporti sul mercato del lavoro, maggiore mobilità ed emancipazione dai legami di parentela, rottura dei vin-

---

[215] Cfr. M. ROCCELLA, *Manuale di diritto del lavoro*, Torino, 16-17.

[216] Si vedano i seguenti contributi: CONSEIL D'ORIENTATION POUR L'EMPLOI, *Les réformes des marchés du travail en Europe*, 2015, reperibile in *http://www.coe.gouv.fr/Adoption-du-rapport-Les-reformes-des-marches-du-travail-en-Europe.html* e M. MYANT-S. THEODOROPOULU-A. PIASNA, *Unemployment, Internal Devaluation and Labour Market Deregulation in Europe*, Brussels, 2016.

[217] Considerati gli effetti della de-standardizzazione contrattuale ci si riferisce all'estensione della giornata lavorativa funzionale a garantire la retribuzione prima garantita da contratti di lavoro standard.

coli solidaristici di classe e crisi del movimento operaio sono parte di quella che Ulrich Beck definisce *"società di lavoratori dipendenti individualizzata"* [218] nella quale la trasformazione sistemica del lavoro retribuito comporta la trasformazione della stessa società industriale [219].

I cambiamenti che sono intervenuti sul finire dello scorso secolo hanno modificato radicalmente il rapporto di lavoro, specialmente in relazione alla sua continuità e all'orario di lavoro. In questa direzione, più che l'estensione dei diritti in altre aree del mondo in fase di accelerata industrializzazione, la flessibilizzazione dell'orario di lavoro e la nuova divisione del lavoro ad essa associata ha comportato una redistribuzione sfavorevole del reddito, delle garanzie sociali, delle opportunità professionali e delle carriere all'interno delle imprese [220].

In questo scenario in trasformazione, ricompare il principio di uguaglianza. «*È a partire dagli anni Novanta che la differenza tra occupati e disoccupati, insiders e outsiders, diventa una delle chiavi di lettura principali delle dinamiche del nostro mercato del lavoro e, contemporaneamente, della crisi della funzione regolatrice del diritto [...] essa gode di un indebito vantaggio, quello cioè di presentarsi come una teoria olistica, che non solo descrive gli eventi ma istituisce anche rapporti di causalità fra gli stessi: gli outsiders hanno pochi diritti perché gli insiders ne hanno troppi"* [221]. *La riscoperta della dimensione dell'eguaglianza nella sua dimensione orizzontale (concernente la distribuzione di risorse e opportunità fra lavoratori) avviene a detrimento dell'eguaglianza nella sua dimensione verticale (concernente il rapporto di potere e di classe presente fra datore di lavoro e lavoratore)* [222]. *Come osserva Marzia Barbera: "Il baricentro si sposta dal rapporto al mercato del lavoro e l'eguaglianza assume il significato di eguali opportunità di accesso alla condizione di occupato. Il diritto del lavoro della flessibilità tollera questa idea di eguaglianza perché essa ripropone una risalente distinzione fra la sfera pubblica (in questo caso, il mercato del lavoro) in cui agirebbe il principio di pari opportunità, e sfera privata (il rapporto di lavoro) in cui tornerebbe a prevalere la libertà contrattuale del datore. Con effetti talvolta paradossali, di "cannibalizzazione" dell'eguaglianza: il diritto all'occupabilità può comportare un sacrificio del diritto alla parità di trattamento, rendendo legittima una differenziazione anche marcata della disciplina del rapporto di lavoro, giustificata da un vero o supposto vantaggio in termini occupazionali*» [223].

---

[218] Cfr. U. Beck, *La società del rischio. Verso una seconda modernità*, Roma, 2006, 152.

[219] *Ivi*, 201.

[220] *Ivi*, 204.

[221] Cfr. Barbera, *L'eguaglianza e il diritto del lavoro*, 9-10.

[222] *Ivi*, 6.

[223] *Ivi*, 10.

In questa dinamica, sempre maggiore attenzione è stata riservata all'applicazione della legislazione antidiscriminatoria nel *mercato del lavoro* rispetto al *rapporto di lavoro*. Si tratta di una direzione intrapresa contestualmente all'avvio del dibattito sulla "modernizzazione del diritto del lavoro" [224], all'interno del quale, osserva Barbera, la tutela antidiscriminatoria è stata utilizzata come contrappeso alla flessibilizzazione del rapporto di lavoro. In questi termini, «*L'eguaglianza viene così riscoperta nella sua dimensione orizzontale. Il diritto del lavoro del tempo della flessibilità può tollerare questa manifestazione del principio di eguaglianza perché l'importante, secondo tale impostazione, è garantire a tutti eguali opportunità di accesso al lavoro (anche a un lavoro quale che sia), e non tanto operare un riequilibrio della distribuzione dei rischi del mercato in senso favorevole a lavoratori, che è quanto è richiesto dall'eguaglianza nella sua dimensione verticale, quella verso cui ha teso finora il diritto del lavoro*» [225].

Il *Libro verde, Modernizzare il diritto del lavoro per rispondere alle sfide del XXI secolo* della Commissione europea poneva l'accento sulla necessità di coniugare flessibilità e sicurezza, aumentare l'inclusione e ridurre la vulnerabilità. Nel documento, tuttavia, gli oneri di tale modernizzazione, a carico degli Stati e delle imprese, sono occultati mentre decisiva rilevanza è assegnata alla necessità di ridurre i costi delle protezioni accordate alla tutela del posto di lavoro e agli istituti ad essa collegati. Ma quando ci riferisce ai diritti, la definizione dei costi, del loro ammontare e della loro solvibilità rappresenta una questione centrale e ineludibile. Così come lo è quando ci si riferisce alle azioni da implementare per favorire la rimozione degli ostacoli al raggiungimento di condizioni di sostanziale eguaglianza. Specialmente nei luoghi di lavoro, all'interno dei quali i principi generali devono essere declinati in azioni pratiche che comportano investimenti e, quindi, risorse da destinare ad essi. Di fatto, l'attenzione al tema del costo dei diritti non si indirizza solamente a indagare la tutela effettiva dei diversi diritti ma pone degli interrogativi «*anche a proposito di chi decide come distribuire le nostre limitate risorse pubbliche, per la difesa di quali diritti e a beneficio di chi*» [226]. Non basta, infatti, che si scrivano testi legislativi a favore dell'eguaglianza e della parità di trattamento se non si prevedono adeguate risorse all'attività di monitoraggio circa l'applicazione delle norme e altre risorse da destinare invece all'erogazione di congrue san-

---

[224] Cfr. COMMISSIONE EUROPEA, *Libro verde. Modernizzare il diritto del lavoro per rispondere alle sfide del XXI secolo*, 22 novembre 2006, COM (2006) 708, reperibile in *http://www.europarl.europa.eu/meetdocs/2004_2009/documents/com/com.*

[225] Cfr. M. BARBERA, *Il nuovo diritto antidiscriminatorio. Il quadro comunitario e nazionale*, Milano, 2007.

[226] Cfr. S. HOLMES-C.R. SUNSTEIN, *Il costo dei diritti. Perché la libertà dipende dalle tasse*, Bologna, 2000, 32.

zioni. I diritti costano: costa la loro applicazione, costa la rimozione degli ostacoli che ne pregiudicano la fruizione, come pure costano gli apparati di monitoraggio e sanzionatori. Ma se questa affermazione suona scontata, meno scontata è la ripartizione effettiva dei costi. Se nella società industriale del secondo dopoguerra il riferimento all'eguaglianza costituiva l'asse portante del conflitto industriale, in tempi di crisi, sistemica e non congiunturale, come si coniuga il principio di eguaglianza con la società e l'ordine di mercato?

6.3. L'eguaglianza, tra crisi economica e politiche di austerità.

Il paradosso che si profila ai nostri giorni oppone tensione egualitaria e spinte individualistiche: mentre crescono le rivendicazioni per la parità di trattamento in ambiti molteplici, aumentano contestualmente le pressioni all'individualizzazione in tutti gli ambiti di vita. Nuove tecnologie e ristrutturazioni d'impresa stanno trasformando l'attività lavorativa, nella sua dislocazione temporale e spaziale. Questa trasformazione non ha prodotto, come sottolinea Beck (2006), il superamento del lavoro salariato[227]. La nuova divisione internazionale del lavoro emersa tra gli anni '80 e '90 ha dato vita ad una diversa dislocazione delle attività produttive su base mondiale, realizzando, altresì, enormi vantaggi per le imprese del vecchio continente, collocate su alte posizioni della catena del valore. Parte della produzione *labour intensive* è stata trasferita nei paesi a basso costo del lavoro e con limitati diritti sociali, producendo nuove disuguaglianze. Basti pensare alla riduzione occupazionale conosciuta dall'industria manifatturiera europea dagli anni '90 a oggi[228]. Non solo: nei paesi a più antica industrializzazione non c'è stato quell'aumento di investimenti in lavori altamente qualificati e l'avvento della società della conoscenza, così come preconizzato da molti[229]. Difficoltà strutturali all'interno dei singoli paesi, assenza di politiche industriali, scarso investimento da parte imprenditoriale e crisi economica del 2008 hanno prodotto nuove disuguaglianze e rischi sociali. In tutta Europa, dal 2008 al 2015, con la sola eccezione della Germania, il tasso di disoccupazione è aumentato ovunque. Nei paesi dell'area mediterranea esso è aumentato in misura doppia, nello stesso intervallo temporale[230].

---

[227] Cfr. U. BECK, *La società del rischio*, cit.

[228] Cfr. EUROSTAT, *Labour Force Survey*, in *http://ec.europa.eu/eurostat/web/lfs/data/database*.

[229] Tra i quali: D. BELL, *The Coming of the Post-industrial Society*, New York, 1973 e O. KERN-M. SCHUMANN, *La fine della divisione del lavoro?*, Torino, 1984.

[230] Cfr. EUROSTAT, *Labour Force Survey*, in *http://ec.europa.eu/eurostat/web/lfs/data/database*.

Nel nuovo scenario economico e sociale degli anni Duemila, la flessibilizzazione del rapporto di lavoro ha significato per le imprese la possibilità di disporre della forza-lavoro proporzionalmente alla variabilità della domanda di mercato, scaricando così i rischi d'impresa su lavoratori sempre più dispersi, sottoposti a spinte individualistiche e, sovente, privati della possibilità di rivendicare il rispetto delle condizioni contrattuali, considerate "tipiche" nell'era fordista. In questo contesto, anche le organizzazioni sindacali hanno conosciuto un forte indebolimento, non solo a causa dell'erosione delle garanzie contrattuali prodotta dalle politiche neoliberiste. Molteplici fattori hanno contribuito a tale indebolimento: tra questi, quella che Beck definisce "la giuridificazione del movimento operaio" che, di fatto, ha trasformato molta parte dell'attività rivendicativa in attività di consulenza, indirizzata a trattare quello che nell'era fordista rappresentavano le istanze di classe all'interno di categorie individualizzanti [231]. All'interno di un quadro sempre più caratterizzato da sottoccupazione, discontinuità occupazionale e ridotte coperture assicurative, come coniugare l'antitesi eguaglianza-individualizzazione?

La spinta all'individualizzazione è parte di quel processo di atomizzazione sociale nato sotto l'impulso delle politiche neoliberiste collocate alla fine degli anni '70 che, nonostante la celebrazione dell'individuo, in realtà, pochi risultati positivi hanno prodotto per il benessere individuale [232]. Dalla fine degli anni '70 la retorica del tornaconto individuale e i tentativi di smantellamento dello stato sociale hanno prodotto una costante ridefinizione degli impegni dei governi nell'implementazione di politiche di contrasto alle discriminazioni e di parità. Se da un punto di vista formale il riconoscimento delle differenze ha stimolato la necessità di operare un avanzamento sul piano giuridico, da un punto di vista sostanziale il percorso è ben lungo e non privo di ostacoli. Crisi economica e politiche di austerità stanno, infatti, minando i risultati raggiunti nel periodo pre-crisi sul versante del contrasto alle discriminazioni e delle politiche di parità nei luoghi di lavoro.

In relazione al lavoro, le aree cruciali più esposte alle discriminazioni, sulle quali, quindi, tradizionalmente è stata focalizzata l'attenzione di legislatori e decisori politici sono: il reclutamento, il trattamento retributivo e le condizioni contrattuali, gli avanzamenti di carriera, la formazione e il licenziamento. Analisi centrate sull'effetto del connubio tra crisi economica e politiche di austerità hanno evidenziato una recrudescenza e una maggior diffusione delle discriminazioni. In particolare, sono state osservate le seguenti dinamiche in relazione a tre principali ambiti:

---

[231] Cfr. U. BECK, *La società del rischio*, cit., 129.

[232] Si veda la critica al neoliberismo in D. HARVEY, *Breve storia del neoliberismo*, Milano, 2007.

1) genere: il divario di genere in relazione al trattamento salariale e pensionistico non è certamente il prodotto della crisi economica intervenuta nel 2008 e nemmeno delle politiche di austerità. Si tratta di un problema radicato, connesso principalmente a diverse cause, tra le quali: il retaggio della cultura patriarcale che stimola i datori di lavoro ad attribuire alle donne una minore produttività[233]; l'ineguale distribuzione del carico di lavoro domestico e di cura all'interno della coppia; la segregazione formativa e occupazionale che dirige le donne verso lavori caratterizzati da bassi salari o, in presenza di elevate qualifiche, a occupare ruoli intermedi e non apicali all'interno degli organigrammi aziendali. Tuttavia, l'analisi dell'impatto di genere della crisi economica e delle politiche di austerità mostra evidenti ripercussioni sulle donne. Nella prima fase della crisi si ipotizzava una "tenuta" dell'occupazione femminile, a causa delle iniziali perdite di lavoro nei settori a prevalenza maschile[234]. Ora che si stanno dipanando gli effetti ritardati della crisi e i recenti tagli nel settore pubblico, emerge che le donne sono particolarmente danneggiate. Tagli a posti di lavoro del settore pubblico e dei salari sono stati una tipica risposta di molti governi alla crisi in tutta Europa. Non va dimenticato, tuttavia, che le donne rappresentano in media quasi il 70% dei lavoratori del settore pubblico in Europa. Riduzione dell'occupazione, mancate assunzioni e contenimento salariale nel settore pubblico hanno, quindi, una forte valenza di genere. Occorre poi evidenziare che, proprio per la prevalenza di occupazione femminile, il settore pubblico costituisce un riferimento per la parità di genere al lavoro (avanzamenti di carriera, salari, opzioni di bilanciamento vita-lavoro). In alcuni paesi le politiche di austerità hanno prodotto la riduzione e, in molti casi, la chiusura degli asili nido, con evidenti ripercussioni sulle donne e sul bilanciamento vita-lavoro. In altri paesi, i genitori hanno ricevuto minori contributi statali per l'assistenza dei figli. Così come sono stati ridotti i contributi alle famiglie per l'accudimento degli anziani[235]. Sul versante pensionistico, va rimarcato che le donne già scontano pensioni di importo inferiore a quelle degli uomini, a causa di molteplici fattori: gli effetti delle discriminazioni presen-

---

[233] Cfr. E. PHELPS, *The Statistical Theory of Racism and Sexism*, in *American Economic Review*, 1972 e K. ARROW, *The Theory of Discrimination*, in O. ASHENFELTER-A. REES (a cura di), *Discrimination in Labor Markets*, Princeton, 1973.

[234] J. LESCHKE-M. JEPSEN, *Is the Economic Crisis Challenging the Prevailing Gender Regime? A Comparison of Denmark, Germany, Slovakia, and the United Kingdom*, in *Social Politics*, 2014.

[235] Gli effetti delle politiche di austerità sono state esaminate da European Women's Lobby in *The price of austerity. The impact on women's rights and gender equality in Europe,* 2012, reperibile in *http://www.womenlobby.org/EWL-publishes-report-on-impact-of-the-austerity-measures-on-women-s-rights*. Nel sito della EWL sono presenti anche rapporti dettagliati su singoli casi nazionali.

ti nel mercato del lavoro che, quindi, determinano l'assegnazione di livelli salariali e posizioni gerarchiche inferiori; un'elevata discontinuità lavorativa dovuta alla necessità di prestare lavoro di cura familiare; stereotipi, retaggio della cultura patriarcale che incoraggiano l'inattività femminile o la permanenza nel mercato del lavoro in posizioni a tempo parziale[236]. Stime recenti testimoniano la presenza di un divario pensionistico di genere in Europa pari a quasi il 40%[237]. In questa direzione, il progressivo invecchiamento della popolazione, riduzioni delle prestazioni socio-assistenziali e riforme pensionistiche rischiano di produrre nuove povertà e ridurre lo spazio dell'uguaglianza[238];

2) razza[239]: l'idea secondo la quale i membri di gruppi minoritari sono "gli ultimi a essere assunti e i primi ad essere licenziati"[240] aiuta a spiegare la dinamica del mercato del lavoro, specialmente nei periodi recessivi. In questi termini, i lavoratori immigrati risultano sistematicamente esposti al rischio di subire gli effetti negativi delle turbolenze economiche. Nei periodi non recessivi la vulnerabilità dei lavoratori immigrati è spesso prodotta, come testimonia il caso italiano, dalla stretta dipendenza tra posizione lavorativa e soggiorno: il rilascio del permesso di soggiorno per motivi di lavoro è, infatti, subordinato al possesso di un visto di ingresso per motivi di lavoro in seguito a nulla osta all'assunzione o allo svolgimento dell'attività lavorativa. Si tratta, evidentemente, di una condizione che pregiudica la fruizione delle tutele sociali e anche l'accesso a beni e servizi, a causa della specificità della dinamica migrato-

[236] Va considerato l'aumento del part-time involontario, specialmente dopo la crisi del 2008 e in alcuni paesi europei (nel 2015 il part-time involontario è pari al 30,2% in Irlanda, al 68,3% in Grecia, al 60,1% in Spagna, al 42,1% in Francia e al 60,3% in Italia). Cfr. Eurostat, Labour Force Survey, Involuntary part-time employment as percentage of the total part-time employment, by sex and age, reperibile in *http://ec.europa.eu/eurostat/web/lfs/data/database*.

[237] Cfr. G. BETTI-F. BETTIO-T. GEORGIADIS-P. TINIOS, *Unequal Ageing in Europe: Women's Independence and Pensions*, New York, 2015, 39.

[238] O. BONARDI, *Sistemi di welfare e principio di eguaglianza*, 2012, Torino e D. NATALI, *Pensions after the Financial and Economic Crisis: a Comparative Analysis of Recent Reforms in Europe*, Working Paper, Brussels, 2011.

[239] Al punto 6 del preambolo della dir. 43/2000 si dichiara che «*L'Unione europea respinge le teorie che tentano di dimostrare l'esistenza di razze umane distinte. L'uso del termine 'razza' nella presente direttiva non implica l'accettazione di siffatte teorie*». Tuttavia, condividendo appieno la critica di P. BASSO, in *Razze schiave e razze signore*, Milano, 2000, 5 ss., penso non sia possibile parlare di razzismo se non si ammette che «*le razze esistono e sono socialmente diseguali*» e «*che nel tempo moderno i rapporti di razza sono necessariamente legati e mediati dai rapporti sociali tra classi e nazioni*».

[240] H.J. GILMAN, *Economic Discrimination and Unemployment*, in *The American Economic Review*, 1965.

ria. Di fatto, l'arrivo nei paesi di destinazione precede spesso l'ottenimento di un contratto di lavoro. Le discriminazioni razziali nei luoghi di lavoro si palesano in molteplici aspetti, tra i quali: l'assegnazione a specifici gruppi di lavoratori delle mansioni più sporche, pericolose e umilianti [241]; il loro sotto-inquadramento contrattuale e l'esclusione da programmi formativi, per citarne alcuni. Si tratta di discriminazioni che hanno effetti diretti sull'ammontare del reddito ma anche del trattamento pensionistico. L'analisi delle recenti tendenze evidenzia che l'impatto della crisi non è stato omogeneo nei diversi settori economici: nel settore delle costruzioni si è tradotto con una alta incidenza della disoccupazione dei lavoratori immigrati occupati in tale settore; più stabile, invece, è risultata l'occupazione immigrata nel settore agricolo e in quello del lavoro domestico e di cura [242]. In termini generali, una oramai vasta letteratura mostra che in fasi recessive, a causa di minori disponibilità economiche nei paesi di destinazione, di barriere linguistiche e di limitate conoscenze della normativa vigente, i lavoratori immigrati sono maggiormente esposti al rischio di discriminazione. Questa condizione è particolarmente aggravata dal fatto che, a causa della necessità di rimanere occupati, proprio ai lavoratori immigrati sono imposte condizioni di grave sfruttamento [243]. Sono evidentemente presenti degli aspetti paradossali nello scenario attuale: gli immigrati contribuiscono alla crescita economica alla previdenza pubblica dei paesi di destinazione ma non hanno coperture sociali e previdenziali adeguate; in ogni caso esse continuano ad essere inferiori a quelle accordate alla popolazione autoctona; proprio in virtù dei tagli allo stato sociale e alle politiche destinate all'inclusione. Il principio di eguaglianza e il contrasto alle discriminazioni rischiano di non avere alcun risvolto nella realtà fattuale, con il rischio di aggravare la diffusione del razzismo nei luoghi di lavoro;

3) età: giovani e lavoratori anziani, per ragioni diverse, subiscono discriminazioni nel mercato del lavoro e nel rapporto di lavoro. Per le donne, l'età, a causa dello sbilanciamento presente nel carico riproduttivo, gioca un ruolo cruciale nell'accesso al lavoro e negli avanzamenti di carriera [244]. A sfavore dei

---

[241] Si tratta dei "3D jobs" (Dirty, Dangerous and Demeaning).

[242] P. MARTIN, *Recession and Migration: A New Era for Labor Migration?*, in *International Migration Review*, 2009.

[243] Cfr. FRA, European Union Agency for Fundamental Rights, *Severe labour exploitation: workers moving within or into the European Union States'obligations and victims'rights*, Vienna, 2015, in *http://fra.europa.eu/sites/default/files/fra-2015-severe-labour-exploitation_en.pdf*.

[244] La letteratura sul tema è molto vasta. Tra i vari contributi, si veda C. DUNCAN, W. LORETTO, *Never the Right Age? Gender and Age-Based Discrimination in Employment, Gender,* in *Work and Organization,* 2004; S. SONTAG, *The Double Standard of Ageing*, in I.

giovani gioca la loro presunta minore produttività dovuta alla mancata esperienza lavorativa che, di fatto, spinge i datori di lavoro a inquadrarli in posizioni contrattuali instabili, proprio per compensare la minore produttività[245]. La realtà fattuale ci offre, invece, altre spiegazioni, più coerenti con la composizione del sistema occupazionale e le tipologie contrattuali presenti. La "protezione familiare" che negli anni, tuttavia, è progressivamente venuta meno ha giocato un ruolo negativo nel processo di emancipazione dei giovani dalla famiglia di origine, abbassando le spinte rivendicative e oscurando la questione giovanile all'interno del dibattito politico e sindacale. Specialmente nell'area mediterranea si è registrato un aumento della disoccupazione tra i giovani, parzialmente riconducibile al fenomeno dell'*overeducation,* che implica che ci sia un domanda meno qualificata dell'offerta di lavoro. All'aumento del maggior accesso all'istruzione terziaria tra i giovani non è proporzionalmente aumentata la domanda di lavoro qualificato. Contestualmente è, invece, aumentato il ricorso a stage e tirocini che sovente cela l'utilizzo di lavoro subordinato da parte dei datori di lavoro e non offre né un'adeguata compensazione retributiva né la socializzazione al lavoro da spendere poi in futuri percorsi lavorativi. Spesso l'insicurezza rispetto all'ottenimento di una posizione occupazionale stabile disincentiva anche l'investimento formativo. Va in tale direzione l'aumento dei NEET (i giovani che non sono occupati e non sono inseriti in percorsi di istruzione o formazione): sono oltre 7 milioni, tra i 15 e i 24 anni[246]. Tra i giovani esclusi dal sistema formativo e da quello occupazionale sono presenti soggetti con svantaggi multipli, riconducibili a condizioni familiari particolarmente disagiate. Anche i lavoratori anziani subiscono discriminazioni nel mercato del lavoro, specialmente in caso di passaggio dall'inattività all'attività, di cambio di attività o settore lavorativo a seguito dell'interruzione del precedente rapporto di lavoro. Il possesso di esperienza lavorativa, se manca ai giovani (e per tale ragione sono discriminati), rischia di pregiudicare la condizione dei lavoratori anziani, che proprio per l'autonomia acquisita e la conoscenza dei propri diritti sono meno assoggettabili alle condizioni datoriali. Per contro, i lavoratori anziani sono discriminati a causa delle caratteristiche generalmente attagliate alla forza lavoro più anziana: difficoltà di adattamento alle innovazioni tecnologiche e limitate capacità di resistenza allo sforzo fisico[247]. Il paradosso in tema di età è riconducibile al divario esistente tra la

---

CARVER-P. LIDDIARD (eds.), *An Ageing Population: A Reader and Sourcebook*, Suffolk, 1978.

[245] Cfr. E. REYNERI, *Sociologia del mercato del lavoro*, vol. I, Bologna, 2011, 155 ss.

[246] Cfr. European Commission, DG Employment, in *http://ec.europa.eu/social/main.*

[247] Cfr. E. DRURY, *Age Discrimination against Older Workers in the European Union*, The Geneva Papers on Risk and Insurance, 1994; K. WEST-A. HUSSEIN-C. BURKE, *Age Dis-*

retorica e la realtà fattuale: a livello europeo si enfatizza la valenza dell'occupabilità dei giovani e dell'invecchiamento attivo dei lavoratori anziani ma la limitata offerta di lavoro associata alla crisi economica ha, di fatto, spinto imprese e governi a salvaguardare la forza-lavoro collocata in età compresa fra i 25 e i 55 anni, quella parte di forza-lavoro, in definitiva, che tradizionalmente ha costituito il principale riferimento nell'era fordista, a detrimento dell'inclusione di giovani e meno giovani.

6.4. Nodi irrisolti e prospettive.

Occorre evidenziare che la declinazione del principio di eguaglianza nella sua forma sostanziale necessita di un quadro analitico dal quale partire per implementare qualsivoglia azione positiva. In questa direzione, è la stessa Commissione europea a denunciare l'assenza di dati e informazioni, laddove rileva che sebbene le direttive non impongano agli Stati membri di raccogliere dati sulla parità essi risultano decisivi nella lotta contro le discriminazioni e per la parità di trattamento, specialmente per la discriminazione indiretta. Le informazioni raccolte testimoniano una marginale segnalazione degli eventi di discriminazione, in relazione sia alla denuncia iniziale sia all'avvio di un'azione legale[248]. Così come servirebbe una maggiore attenzione alle discriminazioni multiple, tema sul quale esiste una proposta di direttiva[249].

La crisi economica e le politiche di austerità stanno minando la stabilità di molte posizioni lavorative, i sistemi di *welfare* e, nello specifico, le protezioni sociali accordate ai lavoratori. Nell'accelerazione capitalistica attuale, la flessibilizzazione delle condizioni di lavoro è tale da ridurre lo spazio dell'azione collettiva, con effetti dirompenti sulla regolazione del rapporto di lavoro. I lavoratori sono sempre più segregati all'interno di percorsi individualizzati,

---

crimination and Age Diversity Management within Vulnerable Groups, in O. JUBANY-F. PEROCCO (a cura di), *Vulnerable Workers in Times of Social Transformations. Discrimination and Participation of Young and Older Workers, and Social Dialogue Stances*, Venezia, 1995; A. WALKER, *Combating Age Barriers in Employment*, Luxembourg, 1997.

[248] Cfr. Commissione Europea, *Relazione congiunta sull'applicazione della direttiva 2000/43/CE del Consiglio, del 29 giugno 2000, che attua il principio della parità di trattamento fra le persone indipendentemente dalla razza e dall'origine etnica e della direttiva 2000/78/CE del Consiglio, del 27 novembre 2000, che stabilisce un quadro generale per la parità di trattamento in materia di occupazione e di condizioni di lavoro*, Bruxelles, 17 gennaio 2014, COM(2014) 2 final, 5.

[249] Proposta di direttiva del Consiglio recante applicazione del principio di parità di trattamento fra le persone indipendentemente dalla religione o le convinzioni personali, la disabilità, l'età o l'orientamento sessuale {SEC(2008) 2180} {SEC(2008) 2181}, in *http://eur-lex.europa.eu/legal-content/IT/TXT/PDF*.

messi in concorrenza, su base territoriale dai divari salariali presenti tra paesi e a livello d'impresa dalla continua incitazione alla competizione. Al punto da ipotizzare l'affermazione della "società competitiva generalizzata", una società che poggia sulla società e l'ordine di mercato, fondata su: una filosofia e un'antropologia del rischio e dell'autonomia; la centralità del consumatore, da considerare emblema e misura dell'interesse generale; la concorrenza, come nuova forma sociale del rapporto tra individui[250]. In questo scenario, il principio di eguaglianza rischia di soccombere alla legge ferrea del mercato, senza prospettive di cambiamento. Se, infatti, nel secondo dopoguerra, durante la fase di crescita della società salariale, le disuguaglianze apparivano come ostacoli da superare all'interno di una logica di avanzamento progressivo, oggi, in tempo di crisi e disoccupazione, la preoccupazione più diffusa è di non veder danneggiata la propria condizione esistenziale, a tutto discapito dello stimolo a investire in un progetto collettivo di riduzione delle disuguaglianze. La gestione dell'incertezza ha, quindi, prevalso sulla riduzione delle disuguaglianze[251]. Senza contare la crisi della rappresentanza alla quale assistiamo che, di fatto, non aiuta ad aggregare gli interessi in gioco e a organizzare azioni rivendicative, soprattutto in relazione alle condizioni di lavoro e alle ricadute economiche delle decisioni politiche. In questi termini, la parola "eguaglianza", sebbene ripetuta all'interno dei discorsi e dei programmi politici, risulta completamente staccata dall'esperienza, senza alcuna tensione universale, rapportata sempre più «*all'idea riduttiva di una lotta contro la povertà manifesta*»[252].

Bibliografia

ARROW K.J., *The Theory of Discrimination*, in ASHENFELTER O.-REES A. (a cura di), *Discrimination in Labor Markets*, Princeton, 1973.

BARBERA M, *L'eguaglianza e il diritto del lavoro*, in OCCHINO A. (a cura di), *L'eguaglianza*, Milano, 2014.

BASSO P., *Razze schiave e razze signore*, Milano, 2000.

BECK U., *La società del rischio. Verso una seconda modernità*, Roma, 2006 (orig. *Risikogesellschaft. Auf dem Weg in eine andere Moderne*, Frankfurt am Main, 1986).

BELL D., *The Coming of the Post-industrial Society*, New York, 1973.

[250] Cfr. P. ROSANVALLON, *La société des égaux*, Paris, 2011, 324 ss.

[251] Cfr. R. CASTEL, *Diseguaglianze e vulnerabilità sociale*, in *Rassegna Italiana di Sociologia*, 1997, 52 ss.

[252] Sulla crisi dell'eguaglianza si veda P. ROSANVALLON, *La société des égaux*, cit., 18 ss.

BETTI G.-BETTIO F.-GEORGIADIS T.-TINIOS P., *Unequal Ageing in Europe: Women's Independence and Pensions*, New York, 2015.

BONARDI O., *Le discriminazioni basate sull'età*, in BARBERA M. (a cura di*), Il nuovo diritto antidiscriminatorio. Il quadro comunitario e nazionale*, Milano, 2007, 135-147.

BONARDI O., *Sistemi di welfare e principio di eguaglianza*, Torino, 2012.

CASTEL R., *Diseguaglianze e vulnerabilità sociale,* in *Rassegna Italiana di Sociologia*, XXXVIII, 1, 1997, 41-56.

COMMISSIONE EUROPEA, *Libro verde, Modernizzare il diritto del lavoro per rispondere alle sfide del XXI secolo*, Bruxelles, 22 novembre 2006, COM (2006) 708, def., reperibile in *http://www.europarl.europa.eu/meetdocs/2004_2009/documents/com/com_com(2006)0708_/com_com(2006)0708_it.pdf.*

COMMISSIONE EUROPEA, *Relazione congiunta sull'applicazione della direttiva 2000/43/CE del Consiglio, del 29 giugno 2000, che attua il principio della parità di trattamento fra le persone indipendentemente dalla razza e dall'origine etnica e della direttiva 2000/78/CE del Consiglio, del 27 novembre 2000, che stabilisce un quadro generale per la parità di trattamento in materia di occupazione e di condizioni di lavoro, Bruxelles, 17 gennaio 2014, COM(2014) 2 final*, in *http://eur-lex.europa.eu/legal-content/IT/TXT/PDF.*

CONSEIL D'ORIENTATION POUR L'EMPLOI, *Les réformes des marchés du travail en Europe*, 2015, in *http://www.coe.gouv.fr/Adoption-du-rapport-Les-reformes-des-marches-du-travail-en-Europe.html.*

DRURY E., *Age Discrimination against Older Workers in the European Union, The Geneva Papers on Risk and Insurance*, 19, 1994, 496-502, in *http://aei.pitt.edu/41443/1/A5501.pdf.*

EUROPEAN WOMEN'S LOBBY, *The price of austerity. The impact on women's rights and gender equality in Europe*, 2012, reperibile in *http://www.womenlobby.org/EWL-publishes-report-on-impact-of-the-austerity-measures-on-women-s-rights.*

FRA, EUROPEAN UNION AGENCY FOR FUNDAMENTAL RIGHTS, *Severe labour exploitation: workers moving within or into the European Union States'obligations and victims'rights*, Vienna, 2015, in *http://fra.europa.eu/sites/default/files/fra-2015-severe-labour-exploitation_en.pdf.*

GILMAN H.J., *Economic Discrimination and Unemployment*, in *American Economic Review*, 1965, 1077-1096.

GRAZIANI A., *Lo sviluppo dell'economia italiana. Dalla ricostruzione alla moneta europea*, Torino, 1998.

HARVEY D., *Breve storia del neoliberismo,* Milano, il Saggiatore, 2007.

HOLMES S.-SUNSTEIN C.R., *Il costo dei diritti. Perché la libertà dipende dalle tasse*, Bologna, 2000 (orig. *The Cost of Rights. Why Liberty Depends on Taxes*, New York, 1999).

KERN O.-SCHUMANN M., *La fine della divisione del lavoro? Produzione industriale e razionalizzazione*, Torino, 1991 (orig. *Das Ende der Arbeitsteilung? Rationalisierung in der industriellen Produktion: Bestandsaufnahme, Trendbestimmung*, München, 1984).

LESCHKE J.-JEPSEN M., *Is the Economic Crisis Challenging the Prevailing Gender Regime? A Comparison of Denmark, Germany, Slovakia, and the United Kingdom*, in *Social Politics*, Winter 2014, 485-508.

MARTIN P., *Recession and Migration: A new Era for Labor Migration?*, in *International Migration Review*, 2009, 671-691.
MARX K., *Critica al programma di Gotha*, Roma, 1968 (orig. 1875, pubblicato postumo nel 1891).
MYANT M.-THEODOROPOULOU S.-PIASNA A., *Unemployment, Internal Devaluation and Labour Market Deregulation in Europe*, Brussels, 2016.
NATALI D., *Pensions after the Financial and Economic Crisis: a Comparative Analysis of Recent Reforms in Europe. Working Paper*, Brussels, 2011.
PHELPS E., *The Statistical Theory of Racism and Sexism*, in *American Economic Review*, 62, 1972, 659-661.
REYNERI E., *Sociologia del mercato del lavoro*, vol. I, Bologna, 2011.
ROCCELLA M., *Manuale di diritto del lavoro*, Torino, 2008.
ROSANVALLON P., *La société des égaux,* Paris, 2011.
SONTAG S., *The Double Standard of Ageing*, in CARVER I.-LIDDIARD P. (a cura di), *An Ageing Population: A Reader and Sourcebook*, Suffolk, 1978.
WALKER A., *Combating Age Barriers in Employment*, Luxembourg, 1997.
WEST K.-HUSSEIN A.-BURKE C., *Age Discrimination and Age Diversity Management within Vulnerable Groups*, in JUBANY O.-PEROCCO F. (a cura di), *Vulnerable Workers in Times of Social Transformations. Discrimination and Participation of Young and Older Workers, and Social Dialogue Stances*, Venezia, 2015.

Finito di stampare nel mese di novembre 2016
nella LegoDigit s.r.l. – Via Galileo Galilei, 15/1 – 38015 Lavis (TN)

PROFILI DELLE AUTRICI

Francesca Rescigno

Curatrice del volume. Madre di Romea Giulia, compagna di Daniele, divide le sue giornate con cinque gatti, un cane, tre tartarughi. Prepara maratone e insegna alla Scuola di Scienze Politiche di Bologna Diritto Pubblico e Diritto delle Pari Opportunità, corso nel quale crede fortemente, che vorrebbe rendere obbligatorio per ogni percorso di studi e per il quale è stato pensato questo volume. È membro del collegio docenti del *Master en Derecho Animal y Sociedad della Facultat de Dret* – Universitat Autonoma de Barcelona – Spagna, poiché si batte da sempre per il riconoscimento dei diritti degli esseri animali. È stata membro del Comitato dei Garanti del Comune di Bologna dal 2012 al 2016 e componente del Comitato Etico sulla sperimentazione animale dell'Università di Bologna per tutto il periodo di attività dello stesso. I temi di interesse scientifico, dopo un periodo dedicato all'esame della forma di governo e delle caratteristiche strutturali del sistema istituzionale italiano, si sono concentrati sullo studio dei diritti spaziando dalle pari opportunità, al diritto di asilo, alla configurazione di diritti anche oltre la barriera della specie, fino all'esame del principio di laicità quale motore di eguaglianza. Tra le varie monografie si segnalano negli ultimi anni: *I diritti degli animali. Da* res *a soggetti*, (Giappichelli, 2005); *Il diritto di asilo,* (Carocci, 2011); *Ite missa est. Laicità paradigma di eguaglianza*, (Editoriale Scientifica, 2015).

Lorenza Carlassare

Autrice della prefazione. Professoressa emerita di Diritto Costituzionale all'Università degli Studi di Padova. Allieva di Vezio Crisafulli è stata la prima donna in Italia a ricoprire una cattedra di Diritto Costituzionale. Ha insegnato nelle Università di Padova, Verona e Ferrara. Oltre all'attività scientifica e dottrinaria si è attivata in favore della conoscenza e della difesa della Costituzione con la pubblicazione di opere divulgative, di articoli d'opinione su quotidiani e riviste e con attività sul campo, anche attraverso l'attivismo culturale nell'associazione Libertà e Giustizia fondata a Milano nel 2002 di cui è socia onoraria. Ha fatto parte della commissione per le riforme costituzionali istituita nella XVII Legislatura per elaborare proposte di modifica alla seconda parte della Costituzione. Il 22 giugno 2015, ha ricevuto il riconoscimento "Premio Art. 3" istituito dall'Associazione Art. 3.

Elisabetta Addis

Laureata alla Normale di Pisa, ha conseguito un Ph.D. in Economia presso la Clark University. È stata Fellow del Center for European Studies di Harvard e Visiting Professor dell'Istituto Universitario Europeo di Fiesole. È professore associato di Economia Politica all'Università di Sassari, ed è stata Ricercatrice all'Università di Roma La Sapienza presso la Facoltà di Scienze Statistiche oggi abolita. Ha pubblicato estensivamente su temi di genere: dalle donne soldato ai differenziali salariali, dalle caratteristiche del Welfare State italiano alla questione delle donne e dell'eccellenza scientifica. È membro del Direttivo dell'Associazione Italiana Economisti del Lavoro. È tra le fondatrici di I.A.F.F.E. (International Association For Feminist Economics) e del gruppo Se Non Ora Quando. Vive a Roma. Ha due figlie.

Annalisa Atti

Ricercatrice confermata di Diritto civile presso l'Università degli Studi di Bologna, Scuola di Giurisprudenza; aggregato di Diritto privato, corso di laurea Consulenti del lavoro e delle Relazioni Aziendali. Avvocata, componente del Comitato Pari Opportunità presso il Consiglio dell'Ordine degli avvocati di Bologna.

Chiara Baiamonte

Psicoterapeuta e docente di "Tutela e protezione delle soggettività di genere" nel Master "Tutela, diritti e protezione dei minori" dell'Università di Ferrara. Medico, specialista in psicologia clinica e psicoterapeuta. Da anni svolge attività clinica come psicoterapeuta ad orientamento psicoanalitico a Ferrara e Bologna per bambini, adolescenti, adulti. È docente di "Tutela e protezione delle soggettività di genere" nel Master "Tutela, diritti e protezione dei minori" dell'Università di Ferrara. Dal 2014 è inoltre giudice onorario presso il Tribunale per i Minorenni di Bologna. Tra le più recenti pubblicazioni: *La tutela delle soggettività di genere in infanzia ed adolescenza* (in *I diritti dei minori*, Ed. Junior, 2014), *Crescere in famiglie omogenitoriali* (in "Minori e Giustizia" n. 2/2015, ed. FrancoAngeli), il volume *Le famiglie omogenitoriali in Italia. Relazioni familiari e diritti dei figli*, edizioni Junior, 2015 con Paola Bastianoni.

Maria Giulia Bernardini

Dottoressa di ricerca in Diritti Umani presso l'Università degli Studi di Palermo e avvocata, attualmente è assegnista di ricerca in Filosofia del Diritto presso il Dipartimento di Giurisprudenza dell'Università degli Studi di Ferrara. È autrice della monografia *Disabilità, giustizia, diritto* (Giappichelli, 2016), nonché di numerosi contributi scientifici, nei quali ha approfondito principalmente l'apporto delle teorie critiche (con particolare riferimento a *Disability*, *Feminist* e *Feminist Disability Studies*) ai dibattiti filosofico-giuridici concernenti eguaglianza, autonomia, corporeità, identità.

Giovanna Cosenza

Professore ordinario di filosofia e teoria dei linguaggi, insegna Semiotica, Semiotica dei nuovi media e Semiotica dei consumi all'Università di Bologna, dove presiede il Corso di laurea in Scienze della comunicazione. Dal 2005 è responsabile scientifica del Master in Comunicazione, Management e Nuovi Media, organizzato congiuntamente dall'Università IUAV di Venezia e dall'Università di San Marino, fino al 2015 e, a partire dal 2016, dall'Università di Bologna e dall'Università di San Marino. Dal 2013 è Presidente del Co.Re.Com Emilia-Romagna, il Comitato Regionale per le Comunicazioni dell'Emilia-Romagna, che svolge funzioni di governo e controllo del sistema delle comunicazioni sul territorio regionale per conto di Agcom e del Ministero dello Sviluppo Economico. Si occupa di comunicazione politica, nuovi media, consumi, pubblicità. Dal 2008 scrive il blog Dis.amb.iguando, dove divulga i risultati delle sue ricerche, e dal 2011 ha un blog su "il Fatto Quotidiano", dove discute di comunicazione politica. Tra le sue pubblicazioni più recenti, *Semiotica della comunicazione politica* (a cura di, Carocci, 2007), *SpotPolitik. Perché la "casta" non sa comunicare* (Laterza, 2012), *Introduzione alla semiotica dei nuovi media* (Laterza, 2014).

Marilisa D'Amico

Professore ordinario di Diritto costituzionale presso il Dipartimento di Diritto pubblico italiano e sovranazionale dell'Università degli Studi di Milano, direttore della Sezione di Diritto costituzionale e avvocato cassazionista. Dal settembre 2013 è membro laico del Consiglio di Presidenza della Giustizia amministrativa. È autrice di numerosi saggi e volumi in tema di diritti fondamentali e di giustizia costituzionale. Nella sua attività professionale, ha patrocinato davanti alla Corte costituzionale e alla Corte europea dei diritti dell'uomo, ottenendo importanti vittorie nel campo della fecondazione medicalmente assistita e delle unioni non matrimoniali tra persone dello stesso sesso.

Valeria Dubini

Medico ospedaliero, Direttore di Struttura Complessa presso la ASL di Firenze. Tra i fondatori della Commissione Nazionale per la violenza sulle donne istituita dall'Associazione Ginecologi e Ostetrici Ospedalieri Italiani nel 2000, ha coordinato nel 2006 un manuale dal titolo *Violenza sulle donne: compiti e obblighi del ginecologo* (Ed. Editeam, 2010) poi aggiornato nel 2009. Ha partecipato alla commissione tecnica del Ministero per i neonati fortemente pre-termine. Fa parte della commissione nazionale dell'Istituto Superiore di Sanità per le Linee Guida della Gravidanza Fisiologica e del gruppo nazionale istituito presso l'Istituto Superiore di Sanità sulla Mortalità Materna. Collabora con la Regione Toscana e con l'Agenzia Regionale per l'analisi dei flussi del settore Materno-infantile. Coordina il Centro Medicina di Genere della propria Azienda. Ha partecipato alla stesura del libro pubblicato da ONDA su salute e medicina di genere, alla stesura del rapporto ARS sulla Medicina di Genere in Toscana, alla pubblicazione dedicata ai Medici di Medicina generale su Salute e Genere coordinata dalla dr.ssa Micheli. È membro del direttivo nazionale della Società Italiana di Ginecologia e Ostetricia.

Carla Faralli

Prima donna ordinario alla Facoltà di Giurisprudenza di Bologna. Professore ordinario di Filosofia del Diritto, Etica applicata: Bioetica ed Etica delle professioni, Women and Law; Direttore del CIRSFID; membro del Comitato etico dell'IRCSS Rizzoli e dell'Ordine dei Medici di Bologna; presidente della Società italiana di filosofia del diritto e della Società italiana di diritto e letteratura. Editor di *Ratio Juris* e della *Rivista di filosofia del diritto*. Ha condotto ricerche sulla storia del pensiero giuridico, sull'analisi teorica di concetti fondamentali come Stato, certezza del diritto e fonti del diritto e su temi di carattere socio-antropologico, bioetico, di diritto e genere e di diritto e letteratura.

Orsetta Giolo

Professoressa associata di Filosofia del diritto presso il Dipartimento di Giurisprudenza dell'Università degli Studi di Ferrara, dove insegna "Filosofia del diritto" e "Sociologia del diritto". Attualmente le sue ricerche si concentrano sul giusfemminismo, sulle teorie critiche del diritto e sul fenomeno della criminalità organizzata di stampo mafioso. È redattrice della rivista *Jura Gentium*. Dal 2010 coordina, con Lucia Re, il Gruppo di lavoro interuniversitario sulla Soggettività Politica delle Donne. Dal 2011 coordina (con Stefania Carnevale e Serena Forlati) il Laboratorio Interdisciplinare di studi sulle mafie e sulle altre forme di criminalità organizzata (MaCrO). Tra le sue più recenti pubblicazioni: *Critiche di genere. Corpi, norme e identità nel pensiero femminista* (con M.G. Bernardini), Aracne, Roma, 2015; "Il giusfemminismo e il dilemma del confronto tra le culture", in Th Casadei (a cura di), *Donne, diritto, diritti. Prospettive del giusfemmi-nismo*, Giappichelli, 2015; "Oltre la critica. Appunti per una contemporanea teoria femminista del diritto", in *Diritto e Questioni pubbliche*, vol. 15, 2015; *Diritto potere e ragione nel pensiero di Letizia Gianformaggio* (a cura di B. Pastore), Giappichelli, 2016

Elena Luppi

Ricercatrice in Pedagogia Sperimentale presso il Dipartimento di Scienze dell'Educazione "G.M. Bertin" dell'Università di Bologna dove insegna Progettazione e Valutazione degli Interventi Educativi e Pedagogia Sperimentale. Si occupa, inoltre, di genere ed educazione, è delegata alle pari opportunità del Rettore dell'Università di Bologna. È referente italiana nell'associazione internazionale WITEC (European Association for Women in Science, Engineering and Technology). Fa parte del centro Studi sul Genere e l'Educazione del Dipartimento di Scienze dell'Educazione dell'Università di Bologna.

Tra le sue pubblicazioni recenti sulla materia oggetto del contributo a questo volume: *Educazione intergenerazionale. Prospettive, progetti e metodologie didattico-formative per promuovere la solidarietà fra le generazioni*, 2014, con B. Baschiera e R. Deluigi; *Prendersi cura della terza età. Valutare e innovare i servizi per anziani fragili e non autosufficienti*, 2015, e gli articoli: *Education in old age: an exploratory study*, in *International Journal Of Lifelong Education*, 2009 e *Authonomy and citizenship in the late third age*, in "*Educational Gerontology*", 2010; i contributi *Educare nella terza età, educare alla terza età*, nel volume *Laboratori di animazione per la terza età. Percorsi socioeducativi*, a cura di F. Taddia, 2013, e "*Italy*", in *International Perspectives on Older Adult Education*, a cura di B. Findsen-M. Formosa, 2016.

Valeria Piergigli

Professore ordinario di Diritto pubblico comparato nella Università di Siena dal 2002. In precedenza, ha insegnato nelle Università di Trento, Udine e Parma. Laureata in Giurisprudenza nella Università degli studi di Bologna e dottore di ricerca in Diritto pubblico.

È membro, tra l'altro, della Associazione italiana dei costituzionalisti e della Associazione di diritto pubblico comparato ed europeo; è componente del comitato scientifico della Rivista *Diritto pubblico comparato ed europeo* e del consiglio direttivo del *Devolution Club*; è corrispondente per l'Italia del *National Observatory on Language Rights* della Università di Montreal (Canada).

Autore di alcune monografie e di numerosi saggi in materia di diritti fondamentali, diritti delle minoranze linguistiche e degli immigrati, decentramento territoriale, forme di governo, procedimenti costituenti, beni culturali, fonti normative.

Lucia Scaffardi

Ha ottenuto nel 1996 il PhD in Diritto Costituzionale nell'Università di Bologna, è oggi Professore Associato di Diritto Pubblico Comparato nel Dipartimento di Giurisprudenza dell'Università degli Studi di Parma ed insegna sempre Diritto Pubblico Comparato anche nel Corso di Scienze Politiche.

Membro del Collegio dei docenti del Dottorato in Scienze Giuridiche Delle Università di Modena e Reggio Emilia e dell'Università di Parma. Coordinatrice del BRICS Parma Research Group è stata membro del Comitato Nazionale per la Biosicurezza, le Biotecnologie e per le Scienze della Vita. Presidente della Consulta di Garanzia Statutaria della Regione Emilia Romagna fino al 2016. È membro di diverse associazioni fra cui si segnalano: l'Associazione Italiana dei Costituzionalisti (AIC), l'Associazione Italiana di Diritto Comparato (AIDC) e l'Associazione di Diritto Pubblico Comparato ed Europeo (DPCE). Ha partecipato in qualità di relatrice a numerosi convegni in Italia e all'estero. È autrice di due monografie (*L'ordinamento federale australiano. Aspetti problematici*, Padova, 2000 e *Oltre i confini della libertà di espressione. L'istigazione all'odio razziale*, Padova, 2009) e numerosi saggi di diritto costituzionale italiano e comparato.

Chiara Sgarbi

Specialista in Criminologia clinica e Dottore di ricerca Europeo in Scienze Giuridiche. Assegnista di ricerca del Dipartimento di Giurisprudenza delle Università degli Studi di Modena e Reggio Emilia, collabora con la cattedra di Criminologia, membro del Modena Group on Stalking. Tra le pubblicazioni recenti si segnalano: SGARBI C.-DE FAZIO L., *Lo stalking: profili vittimologici e strumenti di tutela delle vittime*, in, *Rassegna Italiana di Criminologia,* 2014, 50 ss.; SGARBI C., *Lo stalking. Dall'evoluzione del fenomeno alle prospettive di intervento*, in T. CASADEI (a cura di), *Donne, diritto, diritti. Prospettive del Giusfemminismo*, 2015, 131 ss.; DE FAZIO L.-SGARBI C.-MOORE J.-SPITZBERG B., *The Impact of Criminalization of Stalking on Italian Students: Adherence to Stalking Myths, in Journal of Aggression, Maltreatment & Trauma*, 2015, 1106 ss.; DE FAZIO L.-BIGNARDI BARACCHI F.-SGARBI C., *Psicopatia e violenza: rassegna criminologica,* in *Rassegna Italiana di Criminologia,* 2016, 32 ss.

Diletta Tega

Professore abilitato di seconda fascia in Diritto costituzionale (2013 Abilitazione nazionale). Ricercatore confermato di Diritto costituzionale presso la Scuola di Giurisprudenza dell'Università degli Studi di Bologna dal 3 novembre 2014. Vicepresidente del Comitato di Bioetica dell'Ateneo triennio 2016/2019. Insegna Diritto Regionale. Ha conseguito il titolo di Dottore di ricerca in Diritto costituzionale nel 2003 presso l'Università degli studi di Bologna e l'*Université Paris Ouest Nanterre.* Coordina la rubrica Note dall'Europa nonché la Redazione di Quaderni costituzionali. È stata assistente di studio del giudice costituzionale Marta Cartabia (2011-2014). *Emile Noël Research Fellow at NYU School of Law,*

New York (2010). *Italian legal junior expert for the EU Fundamental Rights Agency* (2007-2009), nella cui veste è stata incaricata della stesura di rapporti tematici relativi al grado di tutela dei diritti fondamentali e dell'antidiscriminazione nell'ordinamento italiano. Gli attuali interessi di ricerca riguardano la protezione dei diritti fondamentali e la giurisprudenza costituzionale al tempo della crisi economica.

Tania Toffanin

Dopo aver conseguito il dottorato in Studi del lavoro all'Università di Milano ha svolto attività di ricerca in sociologia economica in Italia e all'estero. Dal 2013 Assegnista di ricerca all'Università Ca' Foscari di Venezia sul progetto "Labour Market Integration of Vulnerable Age Groups through Social Dialogue", DG Employment. È docente a contratto di Sociologia economica al Dipartimento di Filosofia e beni culturali dell'Università Ca' Foscari di Venezia dove è componente del Laboratorio di ricerca sociale (Laris). Tra le sue più recenti pubblicazioni: *Fabbriche invisibili: storie di donne, lavoranti a domicilio* (ombre corte, 2016), *Traiettorie e criticità della presenza delle lavoratrici anziane con bassa scolarità nel sistema occupazionale italiano* (*Sociologia del lavoro*, 2015), *Italian Women in Times of Crisis between Precarity and Austerity* (Beigewum, 2015) e *The Role of Neoliberal Capitalism in Reproducing Gender Inequality in Italy* (*Journal of Contemporary European Studies*, 2011).

Patrizia Tullini

Professore ordinario di Diritto del lavoro presso il Dipartimento di Scienze Giuridiche dell'Università di Bologna. Direttore della rivista elettronica *Labour & Law Issues*, componente del Comitato scientifico della *Rivista Italiana di Diritto del Lavoro*, collabora con le principali Riviste giuslavoristiche. Le linee di studio e di ricerca scientifica riguardano la tutela di genere nell'accesso all'occupazione e nel mercato del lavoro, la protezione della salute e sicurezza nell'ambiente di lavoro, la prevenzione dei rischi psico-sociali e le strategie di contrasto del fenomeno del "mobbing", la promozione del benessere nei luoghi di lavoro.

Maria (Milly) Virgilio

Avvocata libero-professionista, esercita dal 1970; si è particolarmente dedicata alla difesa delle donne colpite da violenza e discriminazione in campo penale, civile e amministrativo e a tutti i livelli di giurisdizione da quella locale fino alla Corte di Giustizia della Comunità Europea, alla Corte di cassazione e alla Corte costituzionale. Dal 1984 al 2012 ricercatrice confermata di diritto penale dell'Università di Bologna. È docente presso i corsi per avvocati della Fondazione Forense Bolognese nonché presso la Scuola di specializzazione per le professioni legali "E. Redenti". È stata assessora alla Scuola, Formazione e Politiche delle differenze nel Comune di Bologna per il mandato amministrativo 2004-2009. È stata responsabile scientifica del progetto Daphne III Lexop – Gli operatori della legge tutti insieme per le donne vittime di violenza del partner nelle relazioni di intimità. Socia della Associazione "Orlando" di Bologna, che gestisce il Centro di documentazione, ricerca e iniziativa delle donne della città di Bologna. Presidente e socia fondatrice della associazione nazionale "GIUdIT – Giuriste d'Italia".

Susanna Zaccaria

Nata a Bologna nel 1971, laureata presso la Facoltà di Giurisprudenza nel 1998 e conseguito il titolo di avvocata nel 2001. Ha sempre svolto la propria attività professionale nel diritto di famiglia, civile penale e minorile, con particolare attenzione alla difesa delle vittime di violenza. Dal 1998 svolge attività di consulenza legale e formazione per l'associazione Casa delle Donne per non subire violenza Onlus, di cui è stata presidente dal giugno 2015 al giugno 2016 quando ha lasciato volontariamente tale incarico in quanto nominata Assessore alle Pari Opportunità e differenze di genere del Comune di Bologna.

Ristampa effettuata nel mese di settembre 2020
nella LegoDigit S.r.l. – Via Galileo Galilei, 15/1 - 38015 Lavis (TN)